广告

株洲中车时代电气股份有限公司
ZHUZHOU CRRC TIMES ELECTRIC CO.,LTD.

半导体事业部

总部地址：株洲市石峰区时代路 169 号时代电气
邮编：412001
电话：0731-28498268 28498124
传真：0731-28498851
欢迎登陆：www.sbu.crrczic.cc

上海办事处地址：上海市陕西路 1283 弄 9 号玉城大厦 2305 室
电话：021-62985985
传真：021-62662695

西安办事处地址：陕西省西安市凤城九路文景小区西区 38 号楼 1102 室
电话：029-82249248
传真：029-82211503

中国西电 CHINA XD

西安西电开关电气有限公司
XI'AN XD SWITCHGEAR ELECTRIC CO., LTD.

实施科技创新 坚持自主研发

252/550/1100kV 系列刚性气体绝缘输电线路的研制及应用

西安西电开关电气有限公司（以下简称西开电气）成立于 2001 年 3 月，是中国西电集团有限公司所属上市公司中国西电电气股份有限公司的核心子公司，其前身是具有 60 多年历史的西安高压开关厂，是我国第一个五年计划期间 156 个国家重点建设项目之一。

在 60 多年的发展中，西开电气经历了自力更生、模仿吸收、再引进消化吸收、再创新，直至完全自主创新的过程，成为同行业百余项产品和技术的开创者，百余项产品和工艺技术填补了国内空白，产品可靠运行在我国 330kV、550kV、800kV 超高压、1100kV 特高压输电线路上。西开电气产品的技术发展与进步，见证了中国超高压、特高压输变电技术从无到有并达到世界领先水平的历史进程。

西开电气的产品遍布全国各地，涉及电网系统、水电、火电、核电和新能源等多个领域。经历了自行设计、技术引进、联合研发和自主创新四个阶段，通过持续的技术发展与升级，西开电气实现了自主研发，拥有了核心技术及自主知识产权，形成了拥有完全自主知识产权的 SF_6 系列开关产品。其主导产品 GIS、GCB、HGIS 的技术性能指标达到世界先进水平，刚性气体绝缘输电线路现场运行超过 20000m。

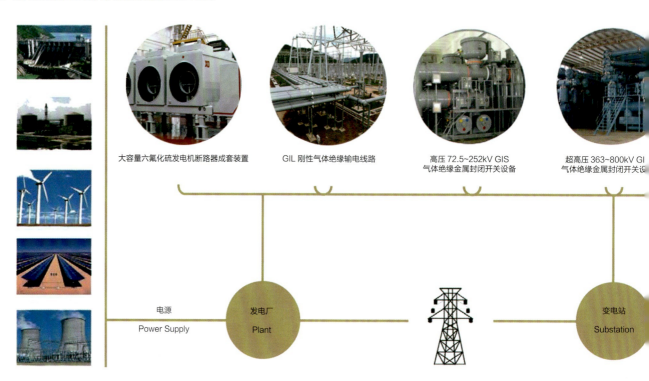

大容量六氟化硫发电机断路器成套装置　　GIL 刚性气体绝缘输电线路　　高压 72.5~252kV GIS 气体绝缘金属封闭开关设备　　超高压 363~800kV GI 气体绝缘金属封闭开关设

电源　Power Supply　　发电厂　Plant　　变电站　Substation

广告

项目研发背景

随着我国经济的飞速发展，电力工业蓬勃发展，输变电设备向大容量、高可靠性、智能化方向发展。水电站、核电站、城市变电站的建设加快，使得具有输送容量大、线路损耗小、可靠性高、电磁辐射低、占用面积小等优点的刚性气体绝缘输电线路（简称GIL）应用日益迫切。

我国大型核电、水电站采用的GIL设备在过去全部依赖进口。为了促进和提升我国重大关键设备技术与装备的设计制造能力并实现国产化，提高电网运行的可靠性、安全性，针对市场需求，西开电气决定研制拥有完全自主知识产权的用于大型核电、水电站的刚性气体绝缘输电线路，并使研发的产品达到国际先进技术水平，具有参与国际市场竞争的能力，打破国外公司的技术垄断。

产品结构及关键技术

西开电气研制的刚性气体绝缘输电线路主要结构包括水平标准段、倾斜标准段、垂直标准段、转角单元、补偿单元、支撑单元等标准段，根据工程的具体情况将若干段连接组合构成整条输电线路。

● 采用单支柱支撑或三支柱支撑结构。考虑到GIL标准单元长度因素，在制造、装配过程中的异物清理困难，为避免残留的异物微粒对产品绝缘造成影响，在支撑绝缘子周围装设了粒子捕捉器。在电场作用下，该装置可将异物微粒收集到安全区域，以保证GIL具有良好的电气性能。

● 为保证产品优异的综合性能，外壳及内导采用优质铝合金材料，内导绝缘支持采用环氧树脂复合材料；内导连接件采用高强度、耐高温、减磨性好的聚乙烯复合材料，以减少产品装配及运行中由内导磨损产生的异物对产品绝缘性能的影响。

● 线路采用分段法兰结构，母线分为直线段、弯角段和竖直段，线路布置可满足各种地形需要，标准单元在工厂内

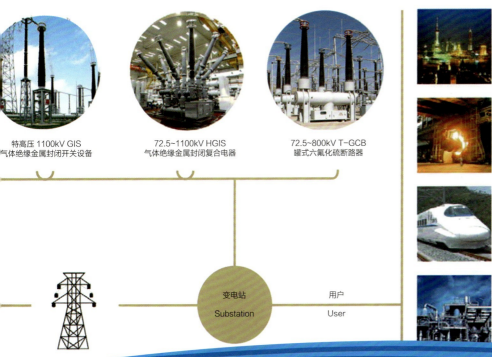

特高压1100kV GIS
气体绝缘金属封闭开关设备

72.5~1100kV HGIS
气体绝缘金属封闭复合电器

72.5~800kV T-GCB
罐式六氟化硫断路器

变电站
Substation

用户
User

完成全部出厂试验，并作为模块运至现场后采用法兰连接，以减少现场安装工作量。（252/550kV GIL 标准单元长度为12m，1100kV GIL 标准单元长度为18m）

● GIL 本体采用固定式与滑动式相结合的支撑结构，以保证 GIL 壳体在温度发生变化时可沿轴线方向自由滑动，可消除由热胀冷缩及基础沉降产生的应力。

● GIL 装设 SF_6 气体密度、水分在线监测装置，实时监测 SF_6 气体；另可装设局部放电监测传感器，定期监测 GIL 中绝缘件的局部放电状况，以确保 GIL 安全可靠运行。

工程应用及意义

2010 年 12 月，550kV 刚性气体绝缘输电线路(GIL)研制成功，通过了型式试验，在国内开辟了行业先河。2013 年三峡电站项目 550kV GIL 成功带电，2017 年滇西北 550kV 新松换流站 550kV GIL 成功带电运行，对落实国家大气污染防治计划具有重要意义。

运行在云南糯扎渡
普洱换流站 550kV GIL

运行在滇西北 ±800kV 新松换流站的 550kV GIL

运行在三峡工程连接右岸
电站和地下电站的 550kV GIL

2015年10月，1100kV刚性气体绝缘输电线路（GIL）研制成功，顺利通过型式试验。2016年，淮南—南京—上海特高压交流输电工程苏州站1100kV GIL顺利投入运行。

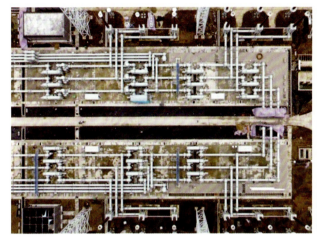

运行在云南糯扎渡普洱换流站550kV GIL

运行在淮南—南京—上海特高压交流输电工程苏州站的1100kV GIL

2015年12月，252kV刚性气体绝缘输电线路（GIL）在国家高压电器质量监督检验中心完成全部型式试验，252kV GIL产品研制成功。至此，秉承科学论证、自主创新的精神，西开电气GIL产品实现了系列化、多规格的发展目标。

温升试验中的252kV GIL

刚性气体绝缘输电线路的研制成功使西开电气在国内率先掌握了GIL在复杂环境地形条件下的工程设计、长导体长壳体的制造、工厂试验及现场安装、试验等核心技术，并实现了产业化，打破了我国GIL产品长期依赖进口的局面。该产品的研发成功和应用满足了我国大型水电、核电建设的要求，保证了我国大型水电、核电的长期可靠和安全运行，并丰富了国内高压输电产品种类，带动了相关产业发展，促进和实现了我国重大装备关键设备技术与装备的国产化。

"一带一路"
开启华荣股份全球战略布局

　　2017年6月8日，由中国石化承建的哈萨克斯坦阿特劳炼油厂石油深加工项目主装置启动试运行，标志着该项目由工程建设转入生产试运行阶段。这是中国石化首次实现中国炼化工程设计技术整体出口中亚市场，对加强中哈双方长期能源合作，深化中哈友谊，助力两国经济社会发展具有重要意义。而该项目所需的防爆电器、防爆灯具，全部由华荣科技股份有限公司提供。

　　石油产业体系作业时采用的产品设备都有特殊性安全要求，防爆电器是不可缺少的产品之一。位于上海嘉定的华荣科技股份有限公司，主要从事防爆电器、防爆灯具、专业照明设备的研发、生产和销售，是中国防爆电器行业的龙头企业，也是中国电器工业协会常务理事单位、中国电器工业协会防爆电器分会理事长单位、上海照明电器行业协会副会长单位。公司先后被评为中国出口质量安全示范企业，上海市高新技术企业，连续10年荣获嘉定先进制造业综合实力金奖。阿特劳炼油厂在全球招标中，选定了华荣的产品。

以和平合作、开放包容、互学互鉴、互利共赢为核心的"一带一路"倡议，引领华荣积极勾画国际化发展蓝图。近年来华荣相继中标土库曼斯坦中亚天然气处理厂、哈萨克斯坦阿特劳炼油厂、PK 炼油厂、哈南线天然气管道等重大项目的防爆电器、防爆灯具产品订单，为其国际化运营带来机遇。

对于华荣来说，更大的机遇已经到来。2017年5月24日，华荣科技股份有限公司（股票简称：华荣股份；股票代码：603855）首次公开发行A股上市仪式在上海证券交易所隆重举行。现场500多名特邀嘉宾见证了振奋人心的时刻。董事长胡志荣在上市仪式上致辞。他强调，上市是华荣股份发展历程中新的里程碑，将以此为新起点，认真经营，扎实工作，加强规范管理，提升专业化研发和创新能力，优化资源配置，努力实现跨越式发展。同时积极履行社会责任，创造良好效益，不负投资者期待和社会各界期望。

华荣上市后，全面加速拓展海外业务，通过先进技术和专业化水平逐步完善国际布局，"走出去"设立全资子公司与合资公司。这是华荣深入推进国际化战略规划，加速布局海外市场迈出的重要步伐。

2017年年底，在阿拉伯联合酋长国第一大都市迪拜的杰贝阿里自由贸易区设立了全资子公司——华荣科技中东有限公司（WAROM TECHNOLOGY MIDDLE EAST FZE），注册资金300万美元。这是华荣在海外第一家综合性子公司，经营范围为石油天然气设备及配件、加油站设备、灯具、电气元件、电线电缆、通信设备、空调／制冷配件、

发电／传输及配电设备、工业厂房设备及配件、建筑设备及机械等贸易活动以及运维服务。迪拜作为全球性国际贸易中心之一，是东西方资本市场的桥梁，也是重要的物流、贸易、交通运输中心。中东是华荣海外重点市场之一，在"贸易之都"迪拜设立子公司，就是立足自身发展，借势"一带一路"建设，导入优势技术和服务能力，组建良好的经营管理团队，结合区域经济发展和产业变化状况，不断适应市场需求，深耕中东、辐射全球，促进公司经营的持续健康发展。之后，根据市场发展需要，由华荣科技中东有限公司控股成立华荣科技中东北非有限公司，是华荣国际市场新征程中的又一里程碑。

2018年年初，华荣在中国香港成立全资子公司——华荣科技（香港）有限公司。

国际会展也是华荣向外界推介产品和服务的重要窗口。近期，公司连续重磅出击德国汉诺威工业博览会、美国休斯敦第49届国际海洋油气技术大会等世界名展，以更加崭新的姿态屹立于国际化大舞台。

作为世界工业贸易的"晴雨表"、全球工业技术发展的风向标，一年一度的德国汉诺威工业博览会（HANNOVER MESSE）吸引了大批全球顶级的企业参展，展示前沿的新产品、新技术，提出全新的工业模式与制造理念。华荣连续15年出征汉诺威工博会，携全系列新产品和智能化系统参加，展现了"华荣智造"的风采，进一步树立了品牌认知度。客户们详细咨询了解公司在欧洲代理、产品范围、证书及业主、EPC入围情况，对产品取得诸多欧盟认证、相关项目业绩和众多产品系列表示赞赏。诸多来访客户现场咨询了华荣防爆LED灯具，并表达了希望深层次合作的愿望。

在美国"能源之都"休斯敦举办的第49届国际海洋油气技术大会(OTC)上，华荣以新产品、新技术及海工装备盛装亮相，成为展馆"中国元素"中一抹亮丽的风景线。展会期间，除美国本土相关大型油气开发公司和海洋装备公司外，还有来自美洲包括巴西、墨西哥、哥伦比亚的用户，也有来自埃及、阿尔及利亚、加纳、印度等非洲、亚洲多个国家和地区的贸易商与用户，更有慕名前来的新客户来访，他们非常认可华荣的产品、技术和质量。公司领导分别与重要客户商讨了合作双赢事宜。同时，华荣主动出击，拜访了参

展的相关船东、业主、EPC 等众多公司，获得了宝贵资源。借助这些举措，华荣在 OTC 展会上的知名度得到了很大的提升。

华荣响应"一带一路"倡议，在把发展目光转向更广阔的全球市场，不断深入拓展"一带一路"沿线市场、储备海外人才、开展国际交流合作的基础上，不忘以做大做强中国制造业为己任，参与了多项国家重大项目建设。

2017 年 5 月 18 日，我国海域可燃冰（天然气水合物）试采成功，世界超深水钻井平台"蓝鲸一号"承担此次试采重任。华荣是来福士海洋工程有限公司的重要供应商，来福士公司建造的多个自升式钻井平台，均采用华荣防爆电器产品。鉴于华荣防爆电器以往的良好业绩和优异性能，"蓝鲸一号"采用了符合国际标准的华荣防爆电器系列产品及设备，其耐高压、耐腐蚀性能优异，为"蓝鲸 1 号"钻井平台的安全稳定运行提供了保障。而后，"蓝鲸一号"的建造商中集集团发来感谢信，感谢华荣"把握国家战略发展方向，满足用户需求，替代进口，为我国防爆电器工业进步做出巨大贡献"。接下来的"蓝鲸二号"同样采用了华荣多系列多个规格的防爆电气产品及设备，这充分体现了华荣的技术优势和产品优势。随着技术研发能力的日益提升，华荣正成为海工用防爆电器设备"国产化"的一支重要力量。

2017 年，华荣人齐心协力，经过 15 个昼夜的奋战，保质保量提前圆满完成了南海岛礁建设项目所需防爆电器产品的交货任务。南海岛礁建设项目使用华荣防爆电器产品，凸显了"科技强企"的含金量，让华荣达到了新的发展高度。华荣人的敬业精神受到了客户的高度赞赏与肯定。也正是有了这么一支支爱岗敬业的员工队伍，华荣才持续保持了长久的生命力和竞争力。

作为民族工业自主品牌的代表，华荣将继续为客户提供优质的产品和服务，鼎力支持国家"一带一路"倡仪，加快华荣全球化战略，在实现从"中国制造"向"中国智造"转变的强国之路上砥砺前行，最终为实现中华民族伟大复兴的中国梦而努力奋斗。

"改革、创新、争先"，发扬长征精神，实施"精、专、特、外"发展战略，向着新高度、向着核心竞争力、向着全球电缆制造业的引领者健步迈进。

50年前，无名小厂，设备简单，技术薄弱，产品低端；50年后，国家大型企业、国家火炬计划重点高新技术企业，上万种产品覆盖八大领域，电缆销售收入150亿元，居行业领先地位。

江苏上上电缆集团南厂区概貌图

专注电缆　质创未来

"上上始终秉持'不求规模最大，但求综合素质最佳'的办企宗旨，实施'精、专、特、外'的战略，视质量为生命，支持国家的绿色电网建设，为社会和客户提供优质产品和优质服务。"南京供电公司副总经理吴峻说。

"我国是名副其实的电缆生产大国，电缆行业也是恶性竞争比较典型的行业，上上电缆作为电缆制造行业的排头兵企业，50年如一日，坚持自主创新，在恶劣的市场环境下，以质量和品牌竖起行业的大旗，希望电缆制造乃至机械制造行业有更多像上上电缆这样的企业。"中国机械工业联合会特别顾问蔡惟慈说。

"从一个不到300人业绩不足400万元的小厂，变成如今年销售额超过百亿元的企业集团，上上坚持市场优先、创新领先，填补世界核电缆的空白，获得江苏质量奖以及中国质量奖提名奖，成为一个自主创新、关爱社会的企业典范。"江苏省常州市分管工业经济的相关领导说。

用户、行业、政府，不同的领域，不同的身份，在江苏上上电缆集团50周年庆典上，对上上半个世纪风雨兼程砥砺前行及对质量的追求，却不约而同地一致地给予了高度评价和充分肯定。

弹指一挥间，半个世纪，金果累累。2017年10月17日，江苏上上电缆集团迎来了50华诞。这天上午，上上电缆隆重举行以"专注电缆、质创未来"为主题的50周年庆典活动，上上的用户代表、供应商代表以及行业领导、专家，溧阳市领导及各部门主要领导及地方企业家代表和上上员工代表等550多人出席庆典。

上上电缆五十周年庆典现场

丁山华董事长作创业汇报

国家核电技术公司专家委员会副主任、原机械工业行业领导孙昌基，中国机械工业联合会特别顾问蔡惟慈，中国电器工业协会会长、正泰集团董事长南存辉，中国电器工业协会常务副会长刘常生，中国电器工业协会副会长、电线电缆分会会长、上海电缆研究所所长魏东，常州市及溧阳市相关领导等出席庆典。

庆典会上，上上为"50年十大优秀员工""50年十大功勋员工"颁发了金牌，奖励其在50年风雨创业路中为企业发展做出的卓越贡献；举行了企业建厂50周年纪念报告《上上之路》首发式；向溧阳教育部门捐赠1000万元成立"上上励志助学金"，资助地方贫困学生读书成才。

庆典会上，溧阳市相关部门向上上赠送题为"百年上上"的特别纪念品，以此激励上上迈向百年老店，不断做强做大；12位嘉宾代表齐聚台上，共同开启上上百年征程。

庆典会上，丁山华董事长作创业汇报，回顾了上上50年风雨历程。

他说，上上的50年历程极不平凡。1967年起步，经过砂轮厂、电线厂、电缆厂，1998年更名为上上电缆，2001年改制至今，始终坚守主业，坚持做电缆。正是因为专心致志做电缆，企业才一路稳步发展。改制后，上上明确"精、专、特、外"发展思路，企业从此进入发展快车道。精，就是做精产品；专，就是专业化生产；特，就是开发特种电缆、高端电缆；外就是参与国际化竞争，与世界接轨。"精、专、特、外"的发展思路与实践，迎来了丰厚的回报：销售额由2001年改制时的不足10亿元，发展到2011年的100亿元。改制后到2016年的16个年头里，上上共上缴税收27.5亿元，是改制前34年总和的27倍。

2017年是上上建厂50年。丁山华董事长说，企业销售额预计在上一年基础上将增加25个亿，达到150亿元，这不仅将为50年创业创新画上圆满句号，也将为党的十九大献上一份重礼。

他说，上上50年的发展离不开技术改造，技改在其发展史上留下了浓墨重彩的一笔。从早期的老厂区到现在的南厂区，再到北厂区、西厂区，厂区一个比一个大，装备一个比一个先进。尤其是改制后，企业大规模改造一轮又一轮，几乎没停过。中压、低压、特种、超高压厂房先后竣工投产，近两年又建了新中压、特控缆厂房，建了6000平方米的新技术中心。上上的技改还在持续。2017年年初，近3万平方米的新能源项目又开工了。丁山华董事长一直认为，改造并不是简单的扩能，而是为了具备高档产品的生产能力，满足高端用户的需求，最终目的是为了更好地服务用户。上上从来没有刻意去追求规模，都是市场需求使然，50年不凡的成就，完全是市场拉动的结果、客户信赖的结果。

丁山华董事长说，记忆最深刻的是西厂区的技改，那是上上建厂以来最大规模的一次改造。当时计划投23亿元，分三期建设，可是一期工程还没结束，2009年金融危机来了。上上没有止步、没有退缩，反而更加坚定了步伐，二期顶着风暴继续上，当时很多人都不看好，也捏着一把汗。但事实证明，经历了惊险，收获了惊喜——逆势而上的改造让上上产品档次、规模上了新台阶。目前，从220伏到50万伏全系列电力电缆及各种特种电缆，上上都具备供货能力。通过技改，上上形成了专业化、规模化生产，建成了亚洲规模领先的特种电缆生产基地，成为全世界规模领先的单个电缆制造企业。

这对国家三代核电建设造成了严重阻碍，怎么办？关键时刻，凭借精良的装备、技术实力以及为国家担当的家国情怀，上上撸起袖子，勇站风口，承担了这项艰巨任务。前后攻克了几十个难关，经受了最残酷的冲击试验，最终上上成功了，美国人服了。目前，国内在建的、运行的所有核电站都有上上电缆，并成功介入四代核电建设。上上在核电缆的研发、制造水平方面已成为世界"领头羊"。

上上电缆西厂区航拍图

三代核电 AP1000 壳内电缆交付仪式

他说，这50年，为了不断满足客户需求，上上坚持技术创新。在做精常规产品的同时，不断开发市场最需要的新品。只有高精尖的新产品才能赢得一片叫好的新市场。1985年，开发矿用电缆，这是建厂以来第一个自主开发的新产品，成功进入煤矿市场；1996年，率先引进进口化学交联生产线，生产中压电缆，便成功地迈进了电力系统；2005年，配套振华港机开发卷筒电缆，这是上上的争气产品，不仅成功替代了进口，打入港口机械领域，更一举走出国门，为国争了光。上上产品已覆盖输配电、新能源、轨道交通、海洋工程、国防建设等众多领域，广泛应用于国家重点工程，上上产品开发已没有禁区。最值得一提的要属核电缆。从1996年开发以来，20年磨一剑，真的是蚂蚁啃骨头、攻坚克难、厚积薄发。开发的二代、二代半核电缆填补了国内空白，随后开发的三代核电壳内电缆填补了世界空白。AP1000三代核电壳内电缆当时是一家美国公司中标，3个月后，他们说不干了，

他说，这50年，上上坚持人诚品优、走质量兴业之路，质量第一在上上从未动摇。电缆有两个特点，一个是看起来黑乎乎的，其貌不扬，做起来非常不容易，都是动态定型、动态控制，不是拍拍胸脯、拍拍脑袋就能做好的。另一个就是它的作用非常了不起，动力电缆就像人的血管，控制电缆就像人的神经，在化工、冶金、煤矿等任何场合使用，一旦出了问题，整个系统都要受影响，所以上上产品质量一定万无一失。质量是企业的生命，是尊严，质量比天大。为了提升产品质量，1987年，上上在行业率先实行质量一票否决制，当时轰动不小，至今已经有30年。紧接着上上引入5S管理、精益生产管理，2004年引入先进的卓越绩效管理模式，目的是通过科学手段确保产品质量。2011年，填补了世界超高压集控系统空白，上上超高压质量控制水平达到世界领先水平。2016年，成为电

缆行业中压电缆远程监控系统的开创者，应用该系统用户在家就可以监测到产品高质量生产全过程，生产过程都是现场直播，方便了用户，也对质量生产提出了更高要求。事实上，质量摆在桌面上是为了客户，但归根结底是为了企业自己。做好了，用户认可了，上上才有长久生存发展的可能。2017年3月份的西安地铁电缆事件就是警示。所以，在上上，质量铁定万无一失，否则就一失万无。高质量才有高回报，几十年来，上上从关注质量、重视质量、追求质量走到了享受质量。经济发展进入新常态后，制造业产品都是供大于求，竞争更加激烈，但上上仍然能够保持每年10亿元左右的增幅，这是上上产品对市场产生了吸引力，是市场对高质量的回报。上上先后获得了首届常州市市长质量奖，江苏省质量奖，第二届、第三届中国质量奖提名奖。

上上电缆荣获第二届"中国质量奖提名奖"

他说，这50年，上上一直把员工看作是最宝贵的财富，企业强、职工富是全体经营者一致的愿望。现在，员工的工作环境、福利待遇、生活水平发生了翻天覆地的变化——吃饭有补贴，住宿有现代化的公寓楼，年年有旅游，节日有福利。近些年，上上员工开汽车上班的越来越多，为此，企业专门建造双层停车场，方便大家停车。凡是企业能想到的、做到的，都尽力做到，以满足员工对美好生活的向往，让员工工作有干劲，生活有奔头。反过来，上上的员工也用出色的工作回报企业——一大批优秀的技术人才、管理人才和上上工匠在各自的岗位上就竞业业、勤勤恳恳，为上上的发展贡献了自己的力量。

50年已成为过去，新的征程已经开始，下一个50年该如何走，希望在哪？出路在哪？丁山华董事长坦言，也迷茫过、深思过。很多企业一会做这个，一会做那个，多元化发展，上上做来做去就做电缆，到底有没有出路？最后还是数据理清了我的思路。机械行业里电缆是第二大产业，仅次于汽车行业。现在电缆的年需求量国内市场规模大约1.3万亿元，上上目前的市场份额多少？就按2017年完成150亿元，也仅仅占国内份额的百分之一点几。随着科学技术的进步、生活水平的提高，智能化、信息化方方面面都要用电缆。电缆是个长寿产业，所以，只要在电缆行业里精耕细作，一定能大有作为。纵观上上的今天，朝气蓬勃、蓄势待发、后劲十足。今后上上还是坚持做电缆，坚持"精、专、特、外"战略，但功夫还要再加码。坚持科技创新、技术进步，坚持质量提升，走品牌发展之路。现在国家已将"质量强国"上升为国家战略，中国经济发展已迈进质量时代，各个层面对产品质量尤其是电线电缆产品质量的关注力度前所未有。这对上上来讲，是强劲的东风。凭借人才、管理、技术、装备、实力，再加工匠精神、工匠功夫，加倍努力，上上有条件把产品做好，精益求精，将产品做成精品，做到极致。同时，不断开发高端产品，满足用户需要。上上要适应新时代，加速融入"互联网＋"，实现智能制造，与世界接轨，将产品全面打向国际市场，在国际上争份额、有名气、做品牌。路在自己脚下，命运在自己手中。实业还要实干，两横一竖还得干，干出样子。最终上上要实现"企业强、职工富""百年老店、行业状元，成为全球电缆行业的引领者"的宏伟愿景。

上上电缆百年征程启动仪式

坚持自主创新 推进

2017年，为上海庙—临沂±800kV特高压直流工程研制成功的509.3MV·A换流变压器

西安西电变压器有限责任公司（简称西电西变）隶属于中国西电电气股份有限公司，专业从事交、直流输变电工程用变压器、电抗器和冶炼、化工、铁道、科研及军工用特种变压器的研发与制造，是我国研制大中型高压、超高压、特高压交直流变压器以及干式变压器、电抗器的国家重点骨干企业。西电西变通过60年的不断创新发展、突破自我，以勇于担当的气魄和破除坚冰的意志，践行央企责任，做行业的"坚守者"，使企业生产经营达到了一个崭新的高峰，各项主要经营指标持续稳定增长，总资产已增长到82.8亿元，并由单一的西变大院变成了一个横跨三省四地，集四家变压器产业主机企业，以及套管、冷却器、开关、绝缘件等配套件企业于一体的变压器产业集团公司，形成了完整的变压器产业链，初步具备了引领行业技术发展和国际竞争力的能力，为实现"世界一流，中国第一"的宏伟目标奠定了坚实的基础。

西电西变坚定走自主创新之路，拥有一批国内变压器行业著名专家和国内行业中青年技术专家，依托重点工程项目的实施，已经培养出一支庞大的技术、管理、生产员工队伍，并不断取得丰硕的科技成果。在国际上率先成功研制出投入商业运行的1000kV 1000MV·A单相有载调压自耦变压器，成功研制了公司首台挂网运行的±800kV干式平波电抗器，在特高压大容量电力变压器研发技术上取得了重大突破；研制出了750kV

2017年，为陕西能源赵石畔煤电有限公司雷龙湾电厂2×1000MW工程研制成功的1000kV 400MV·A单相发电机升压变压器

智能制造 全力迈进新时代

2017年，自主研制成功国际领先的500kV 100MV·A串联变压器

130Mvar单相有级可控并联电抗器；完成了1000kV特高压现解体运输场组装式电力变压器的关键技术研究工作；依托溪浙±800kV直流输电工程，开展了±800kV级特高压换流变压器关键技术研究，在国内率先成功研制出独立全新设计、自主制造、具有完全知识产权的±800kV特高压直流输电工程用高端大容量换流变压器，实现了±800kV特高压高端换流变压器国产化的突破，掌握了特高压换流变压器研制核心技术；研制出了公司首台115kV出口产品移相变压器，实现了产品规格品质的新突破。成功完成了糯扎渡电站送电广东、哈郑±800kV特高压直流输电线路工程用换流变压器的设计制造，再创佳绩；为中国香港中华电力公司研制出132kV牵引变压器、为法国核聚变TTER组织研制出新型变流变压器等新产品。完成了世界上电压等级、容量均领先的电网潮流控制器用500kV串联变压器，以及单柱容量、阻抗均领先的750kV电力变压器。

西电西变近年来共研制了100多台不同电压等级、不同规格的新产品，每年新产品占总产值的产值率达到30%以上，而且近两年快速增长，有60%以上新产品技术性能达到了国际先进水平，有数十种产品荣获国家、省、市科技进步奖，部分产品获得国家和省优、部优称号。西电西变参与研制的特高压交流输电关键技术、成套设备及工程应用，以及特高压±800kV直流输电工程双双获得国家科学技术进步奖特等奖，牢牢占据了国内变压器领域领先地位，为国家科技进步作出了重大贡献。

2017年，为广西防城港核电二期"华龙一号"工程研制成功的500kV 450MV·A主变压器

2016年，为国家电网公司酒泉—湖南±800kV特高压直流输电工程研制成功的412.3MV·A换流变压器，技术性能指标达到国际领先水平

2016年，为国家电网公司锡盟—胜利1000kV特高压交流输变电工程研制成功的1000kV 320Mvar并联电抗器

西电西变紧紧围绕"技术研发先进化""产品结构标准化""工艺流程现代化""技术装备专业化"科技发展思想，在设计技术上以提高开发能力和制造能力为中心，攻克和掌握关键技术，提高产品结构的标准化设计水平。设计标准化工作以研发中心为依托，实施项目管理，搭建完善的组织架构，建立了缜密、高效的管理、监督、评审、验收和奖励流程。制订了"变压器类产品统一设计原则"，规范原材料及组件的选用，推广应用设计手册和工艺规范手册，同时切实推动CAD、PDM、CAE建设，将信息化、智能化引入设计研发环节，将精益化、数字化引入生产制造环节，初步构建了全方位网络化的高端产业平台，实现了设计原则统一化、组件和材料选用规范化、产品设计标准化、设计过程数字化。

西电西变紧跟国家智能制造战略，结合自身转型升级的迫切需求，提升在变压器制造过程中的自动化和智能化水平，提高生产效率和产品质量，降低生产成本和资源消耗，促进变压器制造过程的数字化、网络化、智能化转型。西电西变针对超（特）高压变压器大尺寸、结构复杂的产品特点和多品种、单件小批量、长周期的生产模式，以推进产品全生命周期的"数字化、网络化、智能化"为建设方向，以生产/试验设备数字化改造、虚拟制造与物理制造融合、信息物理生产系统构建、产品智能化升级为建设重点，通过全面应用工业自动化技术、IT技术、制造物联网技术、数据驱动的智能决策技术来构建智能制造数字化车间，为超（特）高压变压器产品的研制、生产和服务提供了先进的技术支撑和管理保障体系。推动信息化与技术、管理、制造、服务的进一步融合，完善了PDM系统设计规范，实现了变压器噪声分析功能，开展了结构化工艺和三维可视化工艺项目系统总体方案的制定和评审，完成了变压器设计专家系统详细设计方案的编制和评审，建立了专家成长模型；根据生产车间实际情况，持续对MES系统开展运维和优化工作，完成了试验数据管理系统主要功能的开发及上线，实现从试验计划、试验方案、试验执行到试验报告全过程的管理；对ERP流程进行了梳理，制订了系统的优化方案，组织开展大数据应用试点，初步建立起企业的决策支持大数据中心、知识共享大数据中心与质量分析大数据中心，实施了智慧能源管理系统，实现了产品装箱扫码系统的全面推广应用。

西电西变创新体制机制和研发模式，组建中国西电智能电气工程研究院（以下简称研究院），打造以变压器产品为设备主体，集端到端集成业务（EPC/PC）、智能变压器系统和工程技术研究于一体的专业化设计研究单位，完善以客户为中心、以需求为导向、产学研深度融合的科技创新组织体系。成为面向市场、面向未来的研发型和服务型组织，代表具有中国与国际领先水平的智能变压器及相关技术领域的研究和工程设计能力的组织，代表中国和国际领先水平的变压器及相关领域的标准制定、检测与认证组织。研究院基于传统的层次化功能部门，通过建立横向协作机制，建立跨功能部门团队，横贯相关功能领域，用灵活直接的方式去面对和响应客户需求，实现快速响应客户需求，端到端流程打通，为公司快速发展、高效运营奠定坚实的基础。

西电西变勇于变革、勇于创新，不断增强企业活力和竞争力，坚定不移地以客户为中心、以需求为导向、以做强做大民族品牌为责任，通过不断地创新和快速的发展，最终实现建成"世界一流，中国第一"变压器产业集团的宏伟目标。

2015年，为国家电网公司灵州—绍兴±800kV直流输电工程研制成功的±800kV 400Mvar干式平波电抗器

2013年，西电西变为山西榆次北500kV变电站研制成功的500kV 1000MV·A现场组装式电力变压器，是现场组装式、三相一体自耦无励磁调压巨型电力变压器

特别推荐
SPECIAL RECOMMENDATION

祝贺江苏上上电缆集团有限公司成立50周年
专注电缆 质创未来

祝贺西安西电变压器有限责任公司成立60周年
坚持自主创新 推进智能制造 全力迈进新时代

株洲中车时代电气股份
有限公司半导体事业部
创新技术推动大功率
半导体器件的持续发展

西安西电开关电气有限公司
实施科技创新 坚持自主研发

华荣科技股份有限公司
"一带一路"开启华荣股份
全球战略布局

中国电器工业年鉴
明鉴电器工业 装备现代电力

中国机械工业年鉴系列

中国电器工业年鉴

2017

中国机械工业年鉴编辑委员会　编
中国电器工业协会

机械工业出版社
China Machine Press

《中国电器工业年鉴》由综述、行业概况、产品与项目、标准化、统计资料和大事记6个部分组成，集中反映2015—2016年电器工业各子行业的生产发展、产品产量、市场销售、科技成果及新产品、质量及标准、基本建设及技术改造等情况，公布电器工业权威统计数据。《中国电器工业年鉴》自1998年首次出版以来，已连续出版19次，成为国内外了解中国电器工业和企业的重要窗口。

《中国电器工业年鉴》的主要发行对象为政府决策机构，电器工业相关企业决策者，从事市场规划、企业规划的中高层管理人员。同时，《中国电器工业年鉴》也发往国内外的投资机构、银行及证券机构等。

图书在版编目（CIP）数据

中国电器工业年鉴. 2017/中国机械工业年鉴编辑委员会，中国电器工业协会编．—北京：机械工业出版社，2018.5

（中国机械工业年鉴系列）

ISBN 978-7-111-59811-4

I. ①中… II. ①中…②中… III. ①电气工业—中国—2017—年鉴 IV. ①F426.6-54

中国版本图书馆CIP数据核字（2018）第094284号

机械工业出版社（北京市西城区百万庄大街22号　邮政编码100037）
责任编辑：董　蕾
责任校对：李　伟
北京宝昌彩色印刷有限公司印制
2018年5月第1版第1次印刷
210mm×285mm・26.25印张・15插页・1050千字
定价：350.00元

凡购买此书，如有缺页、倒页、脱页，由本社发行部调换
购书热线电话（010）68326643、88379829
封面无机械工业出版社专用防伪标均为盗版

中国机械工业年鉴编辑委员会

名誉主任 于 珍 何光远

主 任 王瑞祥 第十一届全国政协提案委员会副主任、中国机械工业联合会会长

副主任 薛一平 中国机械工业联合会执行副会长
 陈 斌 中国机械工业联合会执行副会长
 于清笈 中国机械工业联合会执行副会长
 杨学桐 中国机械工业联合会执行副会长
 赵 驰 中国机械工业联合会执行副会长兼秘书长
 宋晓刚 中国机械工业联合会执行副会长
 张克林 中国机械工业联合会执行副会长
 王文斌 中国机械工业联合会副会长、机械工业信息研究院院长、机械工业出版社社长

委 员（按姓氏笔画排列）
 石 勇 机械工业信息研究院副院长
 刘常生 中国电器工业协会常务副会长
 苏 波 中纪委驻中央统战部纪检组组长
 李 冶 国家能源局监管总监
 邹大挺 国家科学技术奖励工作办公室主任
 周卫东 中国国际贸易促进委员会机械行业分会副会长
 赵 明 中国航天科工集团公司办公厅副局级巡视员
 赵云城 国家统计局工业统计司司长
 赵新敏 中国机械工业联合会副秘书长
 姚 平 中国航空工业集团公司综合管理部政策研究室主任
 徐锦玲 中国船舶工业集团公司办公厅新闻处处长
 郭 锐 机械工业信息研究院副院长、机械工业出版社总编辑
 唐 辉 中国船舶重工集团公司新闻处处长
 隋永滨 中国机械工业联合会专家委专家
 路明辉 中国航天科技集团公司办公厅副主任

中国机械工业年鉴系列

作为「工业发展报告」记录企业成长的每一阶段

中国电器工业年鉴执行编辑委员会

主　　任	陆燕荪	原机械工业部副部长
副 主 任	南存辉	中国电器工业协会会长
	刘常生	中国电器工业协会常务副会长
	郭振岩	中国电器工业协会副会长兼秘书长
	方晓燕	中国电器工业协会副会长
	周彦伦	中国电器工业协会副会长
	裴振江	中国电器工业协会副会长
	苗立杰	中国电器工业协会副会长
	温枢刚	中国电器工业协会副会长
	黄　瓯	中国电器工业协会副会长
	叶　军	中国电器工业协会副会长
	元复兴	中国电器工业协会副会长
	王春华	中国电器工业协会副会长
	胡　伟	中国电器工业协会副会长
	严宏强	中国电器工业协会副会长
	刘　杰	中国电器工业协会副会长
	陈　平	中国电器工业协会副会长
	秦汉军	中国电器工业协会副会长
	魏　东	中国电器工业协会副会长
	章晓斌	中国电器工业协会副会长
	宋向东	中国电器工业协会副会长
	陈　仲	中国电器工业协会副会长
	尹　正	中国电器工业协会副会长
	姚为正	中国电器工业协会副会长
	柳秀导	中国电器工业协会副会长
	于建刚	中国电器工业协会副会长
	沈　欣	中国电器工业协会副会长
	陈建成	中国电器工业协会副会长
	丁山华	中国电器工业协会副会长
	钱　俊	中国电器工业协会副会长
	吴　凯	中国电器工业协会副会长
	杨　林	中国电器工业协会副会长
	徐洪海	中国电器工业协会副会长
	胡德霖	中国电器工业协会副会长
	南　寅	中国电器工业协会副会长
	史　祺	中国电器工业协会副会长
	周明明	中国电器工业协会副会长
	郭满金	中国电器工业协会副会长
	曲云凯	中国电器工业协会副会长
	张天任	中国电器工业协会副会长

中国电器工业年鉴执行编辑委员会

委　　员　（排名不分先后）

金忠利	中国电器工业协会副秘书长
白文波	中国电器工业协会副秘书长
王劲光	中国电器工业协会副秘书长
陈　奎	中国电器工业协会副秘书长
姚志光	中国电器工业协会电站锅炉分会秘书长
孙玉田	中国电器工业协会大电机分会秘书长
范广贤	中国电器工业协会汽轮机分会秘书长
许庆进	中国电器工业协会水电设备分会秘书长
任晓军	中国电器工业协会内燃发电设备分会秘书长
王善武	中国电器工业协会工业锅炉分会秘书长
臧成发	中国电器工业协会高压开关分会秘书长
孙延宏	中国电器工业协会变压器分会秘书长
臧成发	中国电器工业协会绝缘子避雷器分会秘书长
李志勇	中国电器工业协会继电保护及自动化设备分会秘书长
臧成发	中国电器工业协会电力电容器分会秘书长
蔚红旗	中国电器工业协会电力电子分会秘书长
崔　静	中国电器工业协会电控配电设备分会秘书长
季慧玉	中国电器工业协会通用低压电器分会秘书长
蔡忠勇	中国电器工业协会设备网现场总线分会秘书长
金惟伟	中国电器工业协会中小型电机分会秘书长
周修源	中国电器工业协会分马力电机分会秘书长
冯卫斌	中国电器工业协会微电机分会秘书长
吴建国	中国电器工业协会防爆电机分会秘书长
李绍春	中国电器工业协会防爆电器分会秘书长
杨庆轩	中国电器工业协会电焊机分会秘书长
许亿祺	中国电器工业协会工业日用电器分会秘书长
谢浩江	中国电器工业协会电器附件及家用控制器分会秘书长
王洪庆	中国电器工业协会变频器分会秘书长
李春林	中国电器工业协会牵引电气设备分会秘书长
李　琨	中国电器工业协会电炉及工业炉分会秘书长
潘顺芳	中国电器工业协会电动工具分会秘书长
王丽君	中国电器工业协会铅酸蓄电池分会秘书长
周　炯	中国电器工业协会电线电缆分会秘书长

中国电器工业年鉴执行编辑委员会

马林泉　中国电器工业协会绝缘材料分会秘书长
王　冲　中国电器工业协会电工合金分会秘书长
储继君　中国电器工业协会焊接材料分会秘书长
马庆春　中国电器工业协会电碳分会秘书长
赵成刚　中国电器工业协会热缩材料分会秘书长
李　锋　中国电器工业协会电气设备机械结构分会秘书长
果　岩　中国电器工业协会风力发电电器设备分会秘书长
王　琨　中国电器工业协会智能电网设备工作委员会秘书长
曾雁鸿　中国电器工业协会标准化工作委员会副秘书长
马桂山　中国电器工业协会发电设备生产运营专家委员会秘书长

中国电器工业年鉴编辑出版工作人员

总 编 辑　石　勇
主　　编　李卫玲
副 主 编　刘世博　曹　军
编 辑 总 监　任智惠
市 场 总 监　赵　敏
责 任 编 辑　董　蕾
编　　辑　曹春苗　徐艳艳
地　　址　北京市西城区百万庄大街22号（邮编100037）
编 辑 部　电话（010）68997962　传真（010）68997966
市 场 部　电话（010）88379812　传真（010）68320642
发 行 部　电话（010）68326643　传真（010）88379825
E-mail:cmiy_cmp@163.com
http://www.cmiy.com

前　言

2017年是"十三五"的第二年。我国电器工业实现主营业务收入56 755.55亿元，同比增长9.4%；实现利润总额3 440.72亿元，同比增长7.66%。全年实现平稳增长，发展势头良好。电器工业整体技术水平显著提升，重大装备自主化能力不断提升，不仅在超高压、特高压输变电装备上取得突破，在国家政策的推动下，首台套重大装备在火电、风电、核电领域实现了批量应用。与此同时，行业内持续开展的团体标准制定工作也取得了良好的成效，已发布的团体标准得到了良好的应用实施，7项中电协团体标准于2017年入选首批工业和信息化部百项团体标准应用示范项目。

"十三五"以来电器工业进入了调整期。电器工业为电能的生产、传输、变换、分配、使用等多个环节与领域提供各种装备，其特点决定了在大电网供电的背景下，需要遵循用户需求侧的引导。从国家电力投资来看，"十三五"开头两年，全国电源工程建设投资持续下降，火电、核电、风电建设的投资降幅也持续加大，至2017年降幅均在20%以上，火电投资更是下降33.9%。而电网投资也在2017年停止了2013年以来的连续增长，出现了2.2%的降幅。电器工业的市场需求正在进行深度调整，电器工业也因此面临着如何转型发展的问题。

围绕能源生产和消费结构的调整进行发展将是电器工业的核心。十九大报告明确指出，从现在到2020年，是全面建成小康社会的决胜期。电气化作为现代社会的重要标志，奠定了工业机械化和自动化的生产基础，促进了农业的机械化和产业化，极大地改善了人类社会的生活方式和家庭生活质量。经济越发达、人民生活越富足，整个社会的电气化水平也就越高。国家也在倡导"以电代煤、以电代油"的终端消费新模式，通过实施电能替代不断提升电气化水平。全面建成小康社会离不开乡村振兴战略的大力实施，推动农村基础设施提档升级是提高农村民生保障水平的措施之一，国家将加快新一轮农村电网改造升级，制定农村通动力电规划，推进农村可再生能源开发利用。全面建成小康社会也离不开生态文明建设，国家正在构建清洁、低碳、安全、高效的能源体系，加快高效节能技术产品推广应用，着力推动清洁能源技术进步，培育清洁能源产业新的增长点。能源复合中心的中东部地区则可以依托现役煤电高效发电系统和污染物集中治理设施，促进煤电的低碳清洁发展。

我国社会主要矛盾已经转化为人民日益增长的美好生活需要和不平衡不充分的发展之间的矛盾。因此，通过解决发展不平衡不充分的问题以满足人民群众的获得感、幸福感、安全感，是当前电器工业转型发展中的重要思路与方向。在这一过程中，电器工业要重视产业链的完整，注重试验检验手段的齐全，制造出满足用户侧需求的数字化、智能化、信息化、远程化的设备，实现全产业的优化。电器工业生产的产品关乎电网的安全、可靠运行，关乎生活生产的安全、稳定，关乎人民生命财产的安全，因此，产业结构调整都应是以质量升级为目标，保障产品的质量可靠性。电器工业肩负的责任重大，要努力推进产业链协同创新，按照需求侧的升级需求深化供给侧结构性改革，有自信、有担当、有实力地走在通往世界一流的道路上。

陆燕荪

2018.4

编辑说明

一、《中国机械工业年鉴》是由中国机械工业联合会主管、机械工业信息研究院主办、机械工业出版社出版的大型资料性、工具性年刊，创刊于1984年。

二、根据行业需要，1998年中国机械工业年鉴编辑委员会开始出版分行业年鉴，逐步形成了中国机械工业年鉴系列。该系列现已出版了《中国电器工业年鉴》《中国工程机械工业年鉴》《中国机床工具工业年鉴》《中国通用机械工业年鉴》《中国机械通用零部件工业年鉴》《中国模具工业年鉴》《中国液压气动密封工业年鉴》《中国重型机械工业年鉴》《中国农业机械工业年鉴》《中国石油石化设备工业年鉴》《中国塑料机械工业年鉴》《中国齿轮工业年鉴》《中国磨料磨具工业年鉴》《中国机电产品市场年鉴》《中国热处理行业年鉴》和《中国机械工业集团年鉴》。

三、《中国电器工业年鉴》作为该年鉴系列之一，1998年首次出版，2017年版为第19次出版。该年鉴集中反映了电器工业各分行业的发展情况，全面系统地提供了电器工业各分行业的主要经济技术指标。

四、《中国电器工业年鉴》2017年版内容由综述、行业概况、产品与项目、标准化、统计资料和大事记6部分构成，集中反映2015—2016年电器工业各子行业的生产发展、产品产量、市场销售、科技成果及新产品、质量及标准、基本建设及技术改造等情况，公布电器工业权威统计数据。统计数据由国家统计局、中国机械工业联合会相关统计部门和中国电器工业协会提供，数据截至2016年12月31日。

五、《中国电器工业年鉴》主要发行对象为政府决策机构、电器工业相关企业决策者，从事市场规划、企业规划的中高层管理人员。同时，《中国电器工业年鉴》也发往国内外的投资机构、银行、证券机构等。

六、本年鉴在编撰过程中得到了中国电器工业协会及所属分会、研究院所和企业的大力支持和帮助，在此深表谢意。

七、未经中国机械工业年鉴编辑部的书面许可，本书内容不得以任何形式转载。

八、由于水平有限，难免出现错误及疏漏，敬请批评指正。

中国机械工业年鉴编辑部
2018年4月

中国机械工业年鉴系列

《中国机械工业年鉴》
《中国电器工业年鉴》
《中国工程机械工业年鉴》
《中国机床工具工业年鉴》
《中国通用机械工业年鉴》
《中国机械通用零部件工业年鉴》
《中国模具工业年鉴》
《中国液压气动密封工业年鉴》
《中国重型机械工业年鉴》
《中国农业机械工业年鉴》
《中国石油石化设备工业年鉴》
《中国塑料机械工业年鉴》
《中国热处理行业年鉴》
《中国齿轮工业年鉴》
《中国磨料磨具工业年鉴》
《中国机电产品市场年鉴》
《中国机械工业集团年鉴》

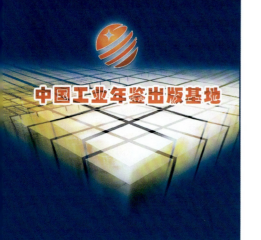

中国工业年鉴出版基地

目 录

综 述

2015年电器工业经济形势分析 ·········· 3
2016年电器工业经济形势分析 ·········· 4
中国电器工业行业信用体系建设（2017—2018）
　　行动方案 ························· 7

行业概况

工业锅炉 ································ 13
工业燃气轮机 ··························· 16
中小型电机 ····························· 20
小功率电机 ····························· 47
微电机 ································· 49
防爆电机 ······························· 52
变压器 ································· 56
电气控制成套设备 ······················ 67
电力电子器件与装置 ···················· 86
电力电容器 ··························· 101
高压开关 ······························ 112
绝缘子避雷器 ·························· 144
自动化及保护设备 ····················· 174
低压电器 ······························ 188
电线电缆 ······························ 207
绝缘材料 ······························ 221
铅酸蓄电池 ··························· 231
电工合金 ······························ 234
电器附件 ······························ 238
家用电器 ······························ 243
牵引电气设备 ·························· 246
电焊机 ································ 251
变频器 ································ 270
智能电网用户端 ······················· 272

产品与项目

2016年度国家科学技术进步奖获奖项目（电工
　　电器部分）······················· 277
2017年度国家科学技术进步奖获奖项目（电工
　　电器部分）······················· 277
2016年度中国机械工业科技进步奖获奖项目（电工
　　电器部分）······················· 278
2017年度中国机械工业科技进步奖获奖项目（电工
　　电器部分）······················· 280
第十九届中国专利优秀奖项目（电工电器部分）···· 283
2017年中国电器工业协会"质量可信产品"
　　推介 ····························· 283

标 准 化

第一部分：标准化综述 ··················· 289
第二部分：标准化突破 ··················· 297
第三部分：国际标准化 ··················· 299
第四部分：标准研究 ····················· 309

统 计 资 料

2015年电器工业企业主要经济指标 ······· 321
2016年电器工业企业主要经济指标 ······· 331
2015—2016年中国电器工业协会各分会企业主要
　　经济指标完成情况 ··············· 339
2016年全国电力工业统计表 ············ 403

大 事 记

大事记（2015年）······················· 409
大事记（2016年）······················· 413

Contents

Overview

Analysis on the Economic Situation of Electrical Equipment
　　Industry in 2015 ································ 3
Analysis on the Economic Situation of Electrical Equipment
　　Industry in 2016 ································ 4
The Construction Action Plan of China Electrical Equipment
　　Industry Credit System ·························· 7

General Situation of the Industry

Industrial Boilers ·································· 13
Industrial Gas Turbines ···························· 16
Small and Medium Electric Machines ················ 20
Fractional-horsepower Motor ······················· 47
Micromotors ······································ 49
Explosion-proof Motors ···························· 52
Transformers ····································· 56
Electrical Distribucion Equipment ··················· 67
Power Electronic Devices and Installations ··········· 86
Power Capacitors ································· 101
High-voltage Switches ····························· 112
Insulator Lightning Arresters ······················· 144
Relay Protection and Automation Equipment ·········· 174
Low-voltage Electrical Apparatus ··················· 188
Electric Wires and Cables ·························· 207
Insulating Materials ······························· 221
Lead-acid Battery ································· 231
Electro-technical Alloys ···························· 234
Electrical Apparatus Attachments ··················· 238
Household Electrical Appliances ···················· 243
Electrical Equipment for Traction ··················· 246
Electric Welding Machines ························· 251
Frequency Converters ····························· 270
The User Terminal of Smart Power Grid ············· 272

Products and Projects

Winning Projects of National Award for Science and Technology
　　Progress in 2016 ······························· 277
Winning Projects of National Award for Science and Technology
　　Progress in 2017 ······························· 277
Scientific & Technological Prize of Chinese Machinery Industry
　　in 2016 ······································· 278
Scientific & Technological Prize of China Electro-Technical
　　Society in 2017 ································ 280
The 19th Excellence Award of China Patent ············ 283
Recommended List of Quality-credible Products of CEEIA
　　in 2017 ······································· 283

Standardization

Part I : Overview of Standardization ················ 289
Part II : Breakthrough in Standardization ············ 297
Part III : International Standardization ·············· 299
Part IV : R&D of Standardization ··················· 309

Statistical Data

Main Economic Indicators of Enterprises of Electrical Equipment
　　Industry in 2015 ······························· 321
Main Economic Indicators of Enterprises of Electrical Equipment
　　Industry in 2016 ······························· 331
Main Economic Indicators of Member-enterprises of CEEIA
　　Branches from 2015 to 2016 ····················· 339
Annual Statistics of China Power Industry in 2016 ······ 403

Chronicle of Events

Chronicle of Events（2015）························ 409
Chronicle of Events（2016）························ 413

中国电器工业年鉴 2017

综述

以宏观视角，分析2015—2016年电器工业整体运行情况及信用体系建设状况

综述

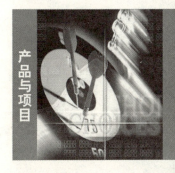
行业概况

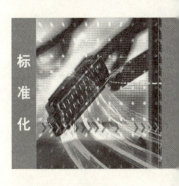
产品与项目

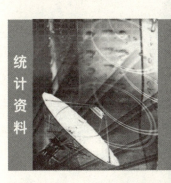
标准化

统计资料

大事记

综述

行业概况

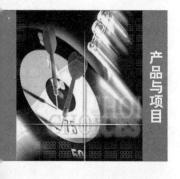
产品与项目

2015年电器工业经济形势分析
2016年电器工业经济形势分析
中国电器工业行业信用体系建设（2017—2018）行动方案

标准化

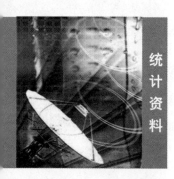
统计资料

大事记

2015年电器工业经济形势分析

2015年,电器工业经济运行面临较大困难,呈现出"总量增长平稳、结构调整利好、外贸形势不容乐观"的特点。

一、2015年电器工业经济运行情况

1. 总体增长平稳

2015年,电器工业实现主营业务收入55 991.06亿元,同比增长5.65%,高于机械行业总体水平。全年逐月累计同比增幅均在5.5%左右波动。

2015年,电器工业完成固定资产投资9 971.78亿元,同比增长9.40%,略高于机械工业总体水平。全年逐月累计同比增幅均在11%左右波动。

2. 结构调整利好

电器工业受市场需求疲软、产能过剩严重等问题的制约,重点监测的主要产品产量中大多数都负增长。然而,利润总额和税金总额却实现了较高速增长。一边是产量的减少,一边是利润的增加,这折射出电工行业的转型升级、结构调整取得一定的成绩。

2015年,电器工业实现利润总额3 461.31亿元,同比增长11.80%,高于主营业务收入增幅6.15个百分点;上缴税金总额1 788.84亿元,同比增长10.70%。

2015年电器工业主要财务指标见表1。

表1 2015年电器工业主要财务指标

指标名称	单位	2015年完成	同比增长(%)	指标名称	单位	2015年完成	同比增长(%)
企业数	家	19 825		负债总计	亿元	26 307.77	6.76
应收账款	亿元	11 176.65	7.97	主营业务收入	亿元	55 991.06	5.65
产成品	亿元	2 287.11	6.64	成本费用总额	亿元	52 452.58	5.52
流动资产合计	亿元	29 931.98	7.18	利润总额	亿元	3 461.31	11.80
资产总计	亿元	47 464.04	8.42	税金总额	亿元	1 788.84	10.70

3. 外贸形势不容乐观

2015年,电器工业反应外贸的指标均为负增长。全年电器工业进出口总额1 549.14亿元,同比下降6.03%;进口额511.86亿元,同比下降10.75%;出口额1 037.28亿元,同比下降3.51%。外贸形势呈持续下滑趋势主要有两方面原因。一是,我国电器工业传统的出口国经过一段高速的电力建设之后,需求呈现出疲软。二是,上述国家在引进我国产品的时候,普遍要求我国转让一定的技术和在其国内采购一定数量的产品。经过这些年的转化,他们已具备一定的电工产品生产能力。

2015年电器工业进出口情况见表2。

表2 2015年电器工业进出口情况

指标名称	金额(亿美元)	同比增长(%)	指标名称	金额(亿美元)	同比增长(%)
进出口总额	1 549.14	-6.03	出口额	1 037.28	-3.51
一般贸易	777.55		一般贸易	552.41	
加工贸易	579.39		加工贸易	372.01	
进口额	511.86	-10.75	贸易差额	525.42	
一般贸易	225.14		一般贸易	327.26	
加工贸易	207.39		加工贸易	164.62	

二、2015年电力建设情况

2015年,电源建设投资完成额为4 091亿元,同比增加了445亿元。其中水电建设投资782亿元,同比减少了178亿元;火电建设投资1 396亿元,同比增加了444亿元;核电建设投资560亿元,同比减少了9亿元。2015年发电设备新增装机容量12 974万kW,同比增加了2 624万kW。其中水电新增装机容量1 608万kW,同比减少了577万kW;火电新增装机容量6 400万kW,同比增加了1 671万kW。

2015年电网建设投资完成额4 603亿元,同比增加了485亿元;新增220kV及以上变电设备容量21 785万kV·A,同比减少了609万kV·A;新增220kV及以上线路长度33 152km,同比减少了2 933km。

2015年全国电力工业统计数据见表3。

表3 2015年全国电力工业统计数据

指标名称	单位	2015年完成	同比增长(%)	指标名称	单位	2015年完成	同比增长(%)
全国全社会用电量	亿kW·h	55 500	0.5	6 000kW及以上电厂发电设备利用小时	h	3 969	-349.0
第一产业用电量	亿kW·h	1 020	2.5	水电	h	3 621	-48.0
第二产业用电量	亿kW·h	40 046	-1.4	火电	h	4 329	-410.0
工业用电量	亿kW·h	39 348	-1.4	电源基本建设投资完成额	亿元	4 091	11.0
轻工业用电量	亿kW·h	6 729	1.3	水电	亿元	782	-17.0
重工业用电量	亿kW·h	32 620	-1.9	火电	亿元	1 396	22.0
第三产业用电量	亿kW·h	7 158	7.5	核电	亿元	560	5.2
城乡居民生活用电量	亿kW·h	7 276	5.0	电网基本建设投资完成额	亿元	4 603	11.7
全口径发电设备容量	万kW	150 673	10.4	发电新增设备容量	万kW	12 974	24.2
水电	万kW	31 937	4.9	水电	万kW	1 608	-26.2
火电	万kW	99 021	7.8	火电	万kW	6 400	33.6
核电	万kW	2 608	29.9	新增220kV及以上变电设备容量	万kV·A	21 785	-2.6
6 000kW及以上电厂供电标准煤耗	g/(kW·h)	315	-4.0	新增220kV及以上输电线路回路长度	km	33 152	-7.8
全国线路损失率	%	6.6	0.0				

注:全社会用电量指标是全口径数据,电源、电网基本建设投资为纳入行业统计的大型电力企业完成数。

〔供稿单位:中国电器工业协会〕

2016年电器工业经济形势分析

2016年以来,我国经济运行遭遇到不少预期内和预期外的冲击与挑战,经济下行压力持续加大。面对错综复杂的形势,党中央、国务院坚持稳中求进的工作总基调,实施了一系列稳增长、调结构、促改革、惠民生、防风险的政策组合,使国民经济运行保持在合理区间,结构调整取得新进展,民生持续改善。2016年电器工业发展稳中向好。

一、2016年电器工业运行总体情况

2016年电器工业表现出以下特点:产品产量稳中有进;固定资产投资增速连续下滑,逐步趋稳;经济效益与上年持平;对外贸易形势依然严峻,但有向好趋势。

1. 产品产量稳中有进

2016年11类主要产品中有9类产量增长,其中8类产品增幅低于10%,增幅超过10%的有1类,即电焊机同比增长幅度为18.77%。2016年电器工业主要产品产量见表1。

表 1　2016年电器工业主要产品产量

产品名称	单位	完成	同比增长（%）	产品名称	单位	完成	同比增长（%）
发电机组	万kW	11 453.74	8.40	电站水轮机	万kW	219.00	4.35
其中：水轮发电机组	万kW	1 407.14	-18.57	燃气轮机	万kW	266.88	-19.04
汽轮发电机	万kW	8 715.41	18.20	交流电动机	万kW	27 764.76	-1.28
风力发电机组	万kW	2 607.14	-9.97	变压器	万kV·A	166 476.05	8.01
工业锅炉（蒸汽）	t	458 104	4.74	电力电缆	万km	5 677.83	1.62
电站锅炉（蒸汽）	t	481 146	8.84	电焊机	万台	677.13	18.77
电站用汽轮机	万kW	7 758.40	1.20	电动手提式工具	万台	25 404.62	3.16

从单月产量来看，发电设备产量大体上保持在1 200万kW左右，变压器在1.4亿kV·A左右，交流电动机在2 300万kW左右，电力电缆在500万km左右，工业锅炉在40 000t（蒸汽）左右。除个别产品波动较大之外，电工行业主要产品各月产量基本稳定。

2. 固定资产投资增速连续下滑，逐步趋稳

严重的产能过剩导致市场竞争加剧，致使行业盈利能力大幅度下降。由于市场机制的作用，近一两年电器工业固定资产投资的增速趋于理性。近期电器工业固定资产投资增速连续下滑，逐步趋稳，2016年电器工业固定资产投资完成10 851.89亿元，同比增长8.83%，比上年同期增速降低了0.57个百分点。

3. 经济效益情况与上年持平

2016年电器工业主营业务收入58 409.99亿元，同比增长5.59%；实现利润总额3 627.03亿元，同比增长4.95%。行业经济效益情况基本与上年持平。2016年电器工业主要财务指标见表2。

表 2　2016年电器工业主要财务指标

指标名称	单位	数值	同比增长（%）	指标名称	单位	数值	同比增长（%）
企业数	家	20 043		亏损面	%	11.89	11.19
应收账款	亿元	12 070.01	8.35	亏损额	亿元	251.52	275.78
产成品	亿元	2 247.38	0.41	资本保值增值率	%	111.52	
流动资产合计	亿元	31 807.67	7.46	资产负债率	%	53.83	55.10
资产总计	亿元	50 901.61	8.45	流动资产周转率	次	1.84	1.87
负债总计	亿元	27 398.86	5.94	成本费用利润率	%	6.63	6.67
主营业务收入	亿元	58 409.99	5.59	主营业务收入利润率	%	6.21	6.25
成本费用总额	亿元	54 716.74	5.66	总资产利润率	%	7.13	7.36
利润总额	亿元	3 627.03	4.95				

4. 对外贸易形势依然严峻，但有向好趋势

2016年，电工行业进出口总额1 503.38亿美元，同比下降2.95%。其中，进口额494.65亿美元，同比下降3.36%；出口额1 008.73亿美元，同比下降2.75%；贸易顺差514.08亿美元。2016年电器工业进出口情况见表3。

表 3　2016年电器工业进出口情况

指标名称	数值（亿美元）	指标名称	数值（亿美元）
进出口总额	1 503.38	出口额	1 008.73
其中：一般贸易	766.77	其中：一般贸易	533.88
加工贸易	537.99	加工贸易	355.81
进口额	494.65	贸易差额	514.08
其中：一般贸易	232.89		300.99
加工贸易	182.18		173.62

二、2016年电力建设情况

2016年，全社会用电量59 198亿kW·h，同比增长5.0%。分产业看，第一产业用电量1 075亿kW·h，同比增长5.3%；第二产业用电量42 108亿kW·h，同比增长2.9%；第三产业用电量7 961亿kW·h，同比增长11.2%；城乡居民生活用电量8 054亿kW·h，同比增长10.8%。

2016年，全国6 000kW及以上电厂发电设备累计平均利用小时为3 785h，同比减少203h。其中，水电设备平均利用小时为3 621h，同比增加31h；火电设备平均利用小时为4 165h，同比减少199h。

2016年电源建设投资完成额为3 429亿元，同比减少662亿元。其中，水电建设投资612亿元，同比减少170亿元；火电建设投资1 174亿元，同比减少222亿元；核电建设投资506亿元，同比减少54亿元。2016年发电设备新增装机容量12 061万kW，同比减少913

万kW。其中，水电新增装机容量1 174万kW，同比减少434万kW；火电新增装机容量4 836万kW，同比减少1 564万kW。

2016年电网建设投资完成额5 426亿元，同比增加了823亿元，随着国家电力建设投资结构的调整，近些年电网建设的投资仍会呈现加快的趋势。2016年新增220kV及以上变电设备容量24 336万kV·A，同比增加2 551万kV·A；新增220kV及以上线路长度34 906km，同比增加1 754km。

2016年全国电力工业统计数据见表4。

表4 2016年全国电力工业统计数据

指标名称	单位	全年累计 绝对量	同比增长（%）
全国全社会用电量	亿kW·h	59 198	5.0
其中：第一产业用电量	亿kW·h	1 075	5.3
第二产业用电量	亿kW·h	42 108	2.9
工业用电量	亿kW·h	41 383	2.9
轻工业用电量	亿kW·h	7 016	4.4
重工业用电量	亿kW·h	34 367	2.6
第三产业用电量	亿kW·h	7 961	11.2
城乡居民生活用电量	亿kW·h	8 054	10.8
全口径发电设备容量	万kW	164 575	8.2
其中：水电	万kW	33 211	3.9
火电	万kW	105 388	5.3
核电	万kW	3 364	23.8
并网风电	万kW	14 864	13.2
并网太阳能发电	万kW	7742	81.6
6 000kW及以上电厂供电标准煤耗	g/(kW·h)	312	-3.0
全国线路损失率	%	6.47	-0.2
6 000kW及以上电厂发电设备利用小时	h	3 785	-5.7
其中：水电	h	3 621	0.9
火电	h	4 165	-5.0
电源基本建设投资完成额	亿元	3 429	-12.9
其中：水电	亿元	612	-22.4
火电	亿元	1 174	0.9
核电	亿元	506	-10.5
电网基本建设投资完成额	亿元	5 426	16.9
发电新增设备容量	万kW	12 061	-8.5
其中：水电	万kW	1 174	-14.6
火电	万kW	4 836	-27.6
新增220kV及以上变电设备容量	万kV·A	24 336	11.1
新增220kV及以上输电线路回路长度	km	34 906	5.0

三、突出矛盾与存在的问题

2016年，电器工业经济虽然实现平稳增长，但经济运行仍存在诸多问题及困难，电工行业发展后劲不足，行业增速回落的压力逐步加大。

1.发电设备进口配套件的国产化应用停滞

我国发电装备行业经过十几年的发展，不仅整机，包括各类关键配套件如泵和阀门等产品性能、质量水平已经完全达到世界一流水平，已没有必要再花费大量的外汇高额进口泵、阀门等配套件。应该尽快推荐国产件的应用，从而提高国内设备厂的整体配套水平。实际上国外这些企业的这些配套件也是跟随国内机组的应用发展起来的。

2. 市场内需不足与产能过剩矛盾凸显

改革开放以来，特别是入WTO以来，我国国民经济高速发展，在宏观经济环境高速发展的浪潮中，在"十五""十一五"期间，我国电工行业出现了"井喷"式的超高速发展。由于种种原因，各个分行业都形成了不同程度的产能过剩。根据中央经济工作会议的精神，我国经济发展进入新常态，国民经济增速将有所放缓，目前和今后一个时期，市场内需不足与产能过剩严重已经成为困扰电工行业发展的一个亟待解决的突出矛盾和问题。

3. 应收账款居高不下，企业资金使用效率下降

不少企业反映货款拖欠现象比较严重，应收货款回笼困难，严重影响了企业的资金周转和正常运营。

根据2016年对电工行业企业调研情况，目前电工行业三大龙头企业应收账款快速上涨，三大龙头企业2013年营业收入1 070.68亿元，应收账款516.41亿元，占当期营业收入的48%；三大龙头企业2014年营业收入1 017.63亿元，应收账款510.33亿元，占当期营业收入的50%；三大龙头企业2015年营业收入935.62亿元，应收账款438.81亿元，占当期营业收入的47%；三大龙头企业2016年1—7月营业收入512.57亿元，应收账款437.3亿元，占当期营业收入的85%。

4. 各项刚性成本持续上涨，中小企业融资困难

一方面，企业成本压力依然较大。企业普遍反映原材料价格上涨、通胀压力以及运输费用等其他相关成本的上升对公司盈利能力带来压力。人工成本快速攀升是企业反映最突出的问题，造成了企业"用工难、招工难"，劳动力市场供不应求，企业不得不采用提高用工工资的方法来争取劳动力，特别是在2016年企业效益不理想的情况下，对企业构成较大压力。

另一方面，借贷、融资成本仍然较高。对于中小企业而言，虽然国家在政策上给予了支持的态度，但融资难的问题依旧在存续。一些小微企业由于缺少信用记录和可抵押资产，不容易申请到贷款。

四、相关措施及政策建议

第一，鼓励企业到海外发展，积极开拓市场，转移一批过剩产能。针对走出去的企业（尤其是重点企业），希望国家外汇局能在购汇、结汇方面给予更为灵活的政策支持。

第二，希望各级国有资产管理部门对其所辖拖欠账款的企业采取一定措施，督促所辖企业偿还所欠发电输变电设备生产企业的账款，对设备制造企业给予帮助。

第三，建立完善中小金融机构，形成为中小企业服务的中小金融机构体系。这可以结合现阶段国有商业银行的改革进行，在中小企业分布较多的县及以下经济区域范围内建立多种形式的金融机构；在国有商业银行退出的过程中可以通过控股等形式进行改造，在农村信用合作社的基础上，建立适合中小企业融资需求的中小商业银行。

〔供稿单位：中国电器工业协会〕

中国电器工业行业信用体系建设（2017—2018）行动方案

贯彻落实发改经体〔2016〕2657号文件精神以及国家发展和改革委员会连维良副主任于2016年12月27日、2017年3月15日在行业协会商会社会信用体系建设工作会议上提出的要求，是在国家经济发展新形势下，促进中国电器工业协会信用体系建设工作不断前行的动力。为此，结合实际，制定本实施方案。

一、中国电器工业协会信用体系建设工作基础

从1988年开始，电工行业先后成立了中国发电设备、中国输变电设备、中国电器、中国电机、中国电工器材、中国工业锅炉六个全国性行业协会组织。为适应改革开放的新形势，有利于形成整体优势促进电工行业的健康持续发展，经机械工业部和国家民政部批准，1997年4月将原有6个协会合并，组建为中国电器工业协会。中国电器工业协会拥有包括大电机、汽轮机、电站锅炉、电站辅机、水电设备、内燃发电设备、变压器、高压开关、绝缘子避雷器、电力电容器、电控配电设备、通用低压电器、电力电子、牵引电气设备、电炉及工业炉、焊接材料、电焊机、中小型电机、分马力电机、微电机、电动工具、电线电缆、工业日用电器、绝缘材料、铅酸蓄电池、电碳、电工专用设备、工业锅炉、电工合金、防爆电机、防爆电器、继电保护及自动化设备、电器附件及家用控制器、现场总线、热缩材料和电气设备机械结构等42个行业分会和标准化工作委员会。按照专业分为发电设备、输电设备、配电设备、用电设备、基础元件和材料五大领域，拥有6 000多家会员企业，分布在全国各地，基本形成了功能齐全、分工协作、优势互补、规范有序、覆盖全行业的组织构架。

中国电器工业协会以振兴和发展中国电器工业为宗旨，努力为会员服务、为行业服务、为政府服务。在政府和会员之间发挥"纽带"和"桥梁"作用。同时在为会员服务、加强行业自律、协调、监督和维护合法权益等方面积极开展工作。组织调查研究，为企业走向市场、开拓市场服务；开展推广宣传，为行业的技术进步和提高产品质量服务；加强国际交流与合作，为行业融入全球化经济铺路；加强信息交流，帮助企业及时掌握行业发展动态，引导行业健康持续发展。

中国电器工业协会多次获得原国家经济贸易委员会授予的"先进协会"，中国机械工业联合会授予的"先进协会"，中国工业经济联合会授予的"中国先进工业行业协会"等多项称号，同时在科研领域也取得了丰硕科研成果，荣获多项国家科技进步奖、中国标准创新贡献奖和机械工业科学技术奖。

近年来，随着政府职能向宏观管理的方向进一步转变，经政府授权和委托中国电器工业协会开展标准化管理、行业统计、科技成果评审、反倾销、反补贴和贸易保障措施的调查、企业信用等级评价等行业管理工作。

二、中国电器工业协会信用建设工作情况

2008年5月，在电器工业行业内开展信用建设（信用等级评价）工作以来，中国电器工业协会不断强化自身建设，深刻认识信用建设工作对于国家经济发展的重要意义，增强使命感和责任感，建立了组织领导机构和相应的管理制度，为开展这项工作奠定了正确的思想基础。制订了适应行业的评价指标体系，其中一级指标四大类——综合素质指标、管理指标、竞争力指标、记录指标。一级指标下设33个二级指标，包含：领导层素质、员工素质、法人治理机构、公司经营年限、公司组织机构及规章制度、行业影响力、综合经济指标、企业文化、财务管理、人力资源管理、安全生产、质量管理、危机管理、节能环保管理、质量水平、技术水平、发展规划及策略、自主品牌建设、自主创新能力、企业标准化工作、售后服务体系建设、诉讼记录、质检记录、劳保记录、工商信用等级、纳税记录、银行信用等级、海关信用等级、高管人员信用记录、企业相关公共记录、关联交易客户、社会责任实施记录、行业责任实施记录。中国电器工业协会始终坚持"忠于职守，不辱使命，确保质量，宁少毋滥，稳步推进"的工作原则，突出发挥协会主导作用，发挥分会协同作用，通过协会网站、刊物、各级行业会议等方式，不断向行业（企业）宣传诚信经营的理念，扩大诚信建设工作的影响力，对提高企业软实力和信用管理水平、提高诚信企业在本行业的知名度、提高诚信企业在国内外市场中的信誉，起到了正面作用。

截至2016年年底，中国电器工业协会多次组织大规模的电器行业信用建设工作会议，根据在信用评价过程中企业反映的共性问题，开展了"企业经营风险""知识产权运用"等专题培训。通过会议及活动的开展，促进了协会与企业、分支机构代表面对面的沟通，增进了同行业之间的直接交流，增强了企业市场经营风险的防范意识，增强了企业对知识产权的保护意识。这个平台拉近了协会与各方的距离，发挥了协会引领行业（企业）深入推进信用体系建设工作和服务企业的作用，进而不断夯实电器工业行业信用体系建设的工作基础。

中国电器工业协会不断完善信用建设的基础管理工作。（1）不断健全信用评价专家库的建设，实行专家聘任制。为确保信用评价的工作质量，提高评价过程公平、公开、公正的透明度，保证评价工作有序进行，经分支机构推荐、协会审批，精通或熟识相关行业产品技术、质量、生产、财务和企业管理等方面的95名专家加入了电器工业信用评审专家库。

（2）搜集整理了国务院及各有关部委2005—2017年发布的关于开展信用建设工作的重要文件。

（3）不断完善企业评价信息档案管理，建立网络体系。信用评价工作资料的管理是一项重要的基础工作，它因评审企业数量的增加，企业人员的更替而具有动态的特点。目前，已将2009—2017年参加信用评价的企业名录及纸质资料进行了梳理存档，同时，与各分支机构建立信息网络，为下一步工作交流奠定基础。

三、中国电器工业协会信用体系建设总体要求和目标

1. 指导思想

全面深入贯彻党的十八大、十八届三中、四中、五中、六中全会和习近平总书记系列重要讲话精神，围绕电器工业信用建设这个中心，明确国家经济发展大局与信用体系建设工作的重大关系，不忘初心，担当使命，履行责任，推进服务。构建守信激励和失信惩戒机制，以及加大力度调动各分支机构信用建设工作的积极性，构建作为与不作为的奖惩机制，大力推进各行业信用建设，提高电器工业整体信用建设水平。

2. 工作原则

遵章守纪，不忘初心，履行使命，全面联动，整体推进。

3. 主要目标

建立全面联动的电器工业信用建设体系和信用等级评价的工作推进机制，实现增量扩面的目标。

四、中国电器工业协会信用体系建设行动计划

1. 建立协会本部的信用承诺制度

协会自身在完善信用体系建设基础工作的同时，建立电器行业整体信用自律公约，并要求各个分会负责人代表本行业签署。

2. 建立信息公开制度

在每年度的全行业大会上，向各行业参加会议的代表、理事、常务理事报告协会应该公布的财务、资产变化、组织机构调整、政府委托重大事项等方面的工作信息。

3. 建立年度报告制度

向上级机关提交年度工作报告文本和相关资料。

4. 帮助企业提高信用管理能力

根据对各行业企业开展信用等级评价的工作情况，针对共性问题，适时组织培训或行业会议。在现场审核过程中，及时对企业提出改进管理的建议，提高其软实力。

5. 建立行业信用信息归集共享制度

协会与诚信企业建立沟通机制，并做到常态化，同时对参加信用评价后在信用管理、诚信意识、市场信誉显著提升的企业，及时通过网络或以简报的形式予以公布。

6. 建立行业信用状况评价制度

协会将在总结梳理信用评价工作经验的基础上，编制统一的电器工业信用评价工作标准。

7. 建立会员企业信用档案

协会在现有基础上完善档案管理制度及管理方式。

8. 建立行业信用红黑名单管理制度

协会在明确红黑名单的界定标准后，依法依规制订相应的管理制度。同时，对信用建设和信用评价工作长期无作为的分会负责人建立约谈制度。

9. 建立守信激励和失信惩戒机制

依照国家信用体系建设的工作部署，结合协会实际，大力宣传诚信行业企业，提升其在社会、在业内、在市场中的信誉和良好形象，发挥协会引领作用。反之，对有失信、造假、欺诈行为的企业予以曝光，并根据其失信造成的危害程度给予相应的处分，直至开除会籍。

10. 建立行业信用网站

协会将进一步发挥网站的作用，健全与分会的网络渠道，做到上情下达，下情上传，保持沟通。

五、中国电器工业协会信用体系建设行动计划的保障措施

1. 组织领导与工作机构

根据变化的情况，调整加强电器工业信用建设领导班子和工作机构建设。

2. 统筹外力与责任考核

对各行业推荐的专家实行动态管理，建立定期联系制度，保持对专家走向的了解和聘用。对信用建设的具体工作人员实施岗位责任考核。

上述行动计划方案，将遵照《制定推进行业信用建设行动方案的指导意见》排出具体的时间节点，依次落实。

〔撰稿人：机械工业北京电工技术经济研究所亢荣、钱斌〕

综述

行业概况

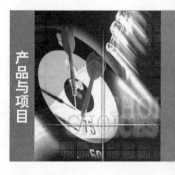
产品与项目

标准化

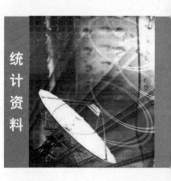
统计资料

大事记

中国电器工业年鉴 2017

行业概况

逐一分析电器工业各分行业的生产、市场、科技成果及新产品、质量标准、基本建设及技术改造、管理等方面在2015—2016年取得的成果，展现未来发展目标

综述

行业概况

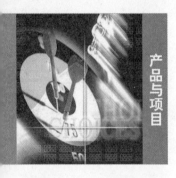
产品与项目

标准化

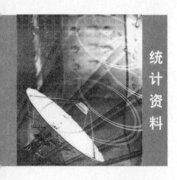
统计资料

大事记

工业锅炉
工业燃气轮机
中小型电机
小功率电机
微电机
防爆电机
变压器
电气控制成套设备
电力电子器件与装置
电力电容器
高压开关
绝缘子避雷器
自动化及保护设备
低压电器
电线电缆
绝缘材料
铅酸蓄电池
电工合金
电器附件
家用电器
牵引电气设备
电焊机
变频器
智能电网用户端

中国电器工业年鉴 2017

行业概况

工业锅炉

行业发展的相关政策及环境 工业锅炉作为热能动力设备，广泛应用于工厂动力、建筑采暖、人民生活等各领域。截至2016年年底，我国锅炉总数达53.44万台，其中工业锅炉52.52万台，较上年减少4.48万台。在用工业锅炉中，80%为燃煤锅炉，约40万台。

从2013年开始，我国在全国范围内开展燃煤锅炉改造行动。在运行管理方面，贯彻和落实锅炉安全、节能、环保"三位一体"的监管体制成为首要任务和手段。

2014年10月29日，国家能源局、国家发改委、环保部等七部委联合发布《燃煤锅炉节能环保综合提升工程实施方案》（发改环资〔2014〕2451号），规划到2018年，推广高效锅炉50万t（蒸汽）。推广高效锅炉、淘汰落后锅炉成为工业锅炉行业现阶段的中心任务。

2015年2月2日，工信部、财政部联合印发《工业领域煤炭清洁高效利用行动计划》，为推进煤炭清洁高效利用，提出"加快落后窑炉、锅炉淘汰步伐，从源头减少煤炭消耗及污染物的产生，并配套相应的末端治理措施"。

新版《中华人民共和国大气污染防治法》对省、自治区、直辖市大气环境质量改善目标、大气污染防治重点任务完成情况进行考核，并从2016年1月1日起施行。2016年是"十三五"开局之年，国家将环保产业列为七大战略新兴产业之首，继续推进大气污染防治，是实施《大气污染防治行动计划》的关键一年。

按照质检总局《2016年特种设备质量安全监察与节能监管工作要点》及《质检总局燃煤锅炉节能减排攻坚战工作方案》部署，2016年继续开展燃煤锅炉节能减排攻坚战，配合国家发展改革委推广高效锅炉、实施锅炉节能环保改造，配合环境保护部整治落后燃煤小锅炉，推进燃煤锅炉节能环保综合提升工程。

在煤改气、生物质燃料、清洁煤三大技术路线中，清洁煤承担着主要任务，其中燃煤替代成为改造主路线。为鼓励燃煤锅炉清洁能源改造，各省市相继出台了燃煤锅炉清洁能源替代工作方案或相关政策。全国各地严格执行新的锅炉大气污染物排放标准以及节能环保综合提升工程实施方案，改造工作稳步推进。

为了进一步激发锅炉企业煤改气、煤改电的积极性，北京市进一步加大力度，将郊区县燃煤锅炉补助标准统一增加到每蒸吨13万元。对20t/h以上燃煤锅炉按照原规模改造工程建设投资30%的比例安排补助资金。

浙江省持续加快燃煤锅炉的淘汰，重点建成区全部淘汰10t/h以下燃煤小锅炉，并将深化县以上城市建成区高污染燃料禁燃区建设和热网工程建设，热负荷在100t/h以上的工业园区在年底前要实现90%以上的集中供热。金华市区采用集中供热或实施天然气、电等清洁能源改造方式，在2016年年底前完成1 479台高污染燃料锅炉淘汰改造。杭州则围绕重油、水煤浆锅炉以及污泥焚烧炉清洁化改造或清洁能源改造项目开展工作。2016年6月底，下属县（市）基本完成淘汰改造；2017年年底，全市全面完成任务。

河北省共有35t/h及以下燃煤工业锅炉18 715台、容量59 300t/h，数量、容量分别占全部燃煤锅炉的65.3%和59%。通过3年时间，完成35t/h及以下燃煤工业锅炉改造，大幅减少污染物排放。

广东省实施锅炉污染整治实施方案（2016—2018年），2016年年底前将城市建成区全部划为高污染燃料禁燃区，并淘汰禁燃区内75%燃用高污染燃料的锅炉。在6月底前基本淘汰位于高污染燃料禁燃区以外的10t/h以下燃用高污染燃料的锅炉。

哈尔滨地区继2015年《哈尔滨市燃煤污染防治条例》正式立法后，2016—2018年采取改造工业生产燃煤锅炉清洁能源、优质煤统一配送、淘汰园区分散燃煤锅炉等措施，对燃煤污染进行管理，以淘汰不符合产业政策的落后产能和设备。

沈阳建成区1 352台10t/h及以下燃煤锅炉全部拆除。

2016年青岛环保局黄岛分局专门制定了《青岛市环境保护局黄岛分局、青岛市黄岛区财政局关于淘汰改造燃煤锅炉资金补贴实施办法》，对高污染燃料禁燃区范围内所有10t/h以下燃煤锅炉实施淘汰或改造使用清洁燃料。截至6月30日仍未完成淘汰改造任务的企业，不再享受补贴政策。青岛市还对其依法从严查处。

需求结构 工业锅炉主要用于工业生产和采暖，不同行业的用处也大有不同。如：石化工业用于聚合、缩合、蒸馏、浓缩、蒸发、熔融、脱氢，化工、精细化工用于聚合、缩合反应、精馏、浓缩、蒸发、熔融，塑料、橡胶工业用于混合、热压、挤压压延、密炼、开炼、硫化成型、拉幅、拉伸、模具加温、保温，油脂工业用于油脂分解、脱臭、脂肪酸蒸馏、脂化反应，纺织工业用于热定型、烘干、热熔染色，医药工业用于制剂、在料混合、配制、消毒、烘干，木材工业用于纤维板、刨花板、层压板成型、热压成型、木材干燥，涂装工业用于油漆烘烤、干燥、高温固化，建筑工业用于沥青溶解、涂料加热、装饰材料加热、防水材料、油毡生产，食品工业用于烘烤食品、米面干燥，饮料酿造罐头用于蒸煮、灌装、消毒、清洗，乳业、酿酒用于蒸馏、高温清洗、消毒，国防科研用于为新技术、新材料、新产品研制等提供稳定热源，其他工业用于造纸、石膏板、皮革干燥成型、洗染、印刷、采油（油田注汽）等行业。

工业部门是我国热力消费的主要领域，约占全国热力消费总量的70%。从供热需求来看，化工、造纸、制药、纺织和有色金属冶炼等行业除一些大型工业企业由自备热电厂供热或企业自建锅炉房供热外，全国工业生产用热的70%以上由热电联产提供。居民采暖的热力消费约占全国热力消费总量 30%，北方采暖地区大型城市建筑物采暖集中供热普及率平均达到 65%，其中热电联产在集中供热中的比例达到 50%。

锅炉的工业用户及应用行业整体形势平稳向好，对锅炉的需求结构影响不大。国家的节能、环保政策对锅炉的需求起到了决定性的作用，大规模的城市化建设和环境改善对工业锅炉的需求结构起到了引领作用。2016 年在上年在用锅炉总量减少 5 万台的基础上又减少了 4 万台，说明在用锅炉的改造替代需求高于扩建增容的需求。

《2017 中国散煤治理调研报告》测算，2015 年散煤消费约 7.5 亿 t，其中，民用生活燃煤约 2.34 亿 t，工业小锅炉燃煤约 2.2 亿 t，工业小窑炉燃煤约 2.36 亿 t，其他未完全统计的散煤约 0.6 亿 t。民用生活燃煤约 90% 用于冬季采暖，用量约 2 亿 t。

《2017 中国散煤治理调研报告》提出，到 2020 年，全国散煤消费要减少 2 亿 t 以上。其中，减量 1.1 亿 t，清洁能源替代 0.7 亿 t，清洁高效利用 0.2 亿 t。在工业领域，主要通过淘汰落后产能实现散煤减量；在民用采暖方面，通过建筑保温、节能等方式实现散煤减量。清洁能源替代即以天然气、电以及可再生能源替代散烧煤。清洁高效利用则需要抓好源头控制，大幅减少污染物排放。

2016 年我国采暖用气约 132 亿 m^3，占采暖燃料的比例约为 9.4%。天然气采暖面积约 12 亿 m^2，主要集中在北京、天津、河北、甘肃、新疆等北方省份。随着禁煤区范围不断扩大，预计到 2020 年天然气采暖面积将达到 20 亿 m^2 左右，采暖用气相应地增加到 210 亿 m^3。"十三五"期间"煤改气"改造量约 12 万 t/h，推算出每年新增燃气锅炉 2.4 万 t/h，新增量以大气污染治理重点地区为主，集中于环渤海、长三角等地区。

在大气污染治理重点地区的经济技术开发区、高新产业园区，带稳定热负荷的天然气热电联产项目是发展重点，江苏将成为领头羊，新增装机容量预计可达 1 100 万 kW 以上；在北方采暖地区，借鉴北京经验，带采暖的热电联产项目将成为建设主流，以河北为代表的京津冀及其周边地区将是增长主力，新增装机预计在 500 万 kW 以上。2020 年全国气电装机规模达到 1.1 亿 kW 以上，占总装机比例超过 5%。

2016 年年末，城市供热能力（蒸汽）7.8 万 t/h，比上年下降 3.0%；供热能力（热水）49.3 万 MW，比上年增长 4.4%；集中供热面积 73.9 亿 m^2，比上年增长 9.9%。2016 年年末，县城集中供热蒸汽供热能力 1.9 万 t/h，比上年增长 35.7%；供热能力（热水）13.0 万 MW，比上年增长 3.7%；集中供热面积 14 亿 m^2，比上年增长 13.8%。2011—2016 年集中供热情况见表 1。

表 1 2011—2016 年集中供热情况

年份	城市集中供热			县城集中供热		
	蒸汽（万 t/h）	热水（万 MW）	集中供热面积（亿 m^2）	蒸汽（万 t/h）	热水（万 MW）	集中供热面积（亿 m^2）
2011	8.5	33.9	47.4	1.5	8.1	7.8
2012	8.6	36.5	51.8	1.4	9.7	9.1
2013	8.4	40.4	57.2	1.3	10.8	10.3
2014	8.5	44.7	61.1	1.3	12.9	11.4
2015	8.1	47.3	67.2	1.4	12.6	12.3
2016	7.8	49.3	73.9	1.9	13.0	14.0

2016 年，国内市场消化了 210 万台燃气采暖热水炉，相比 2015 年增加 49 万台，增幅达到 30.43%。这其中，国产品牌国内销量为 120 万台，同比增长 43%；进口品牌国内销量为 38 万台，同比增长 15%；进口总销量为 52 万台，同比增长 18%。2016 年出口总量 17 万台，同比增长 21%。2010—2016 年我国燃气采暖热水炉销售情况见表 2。

表 2 2010—2016 年我国燃气采暖热水炉销售情况

（单位：万台）

年份	总销量	国产销量（国产品牌 + 进口品牌国内生产）	原装进口销量
2010	70	52	18
2011	98	77	21
2012	120	91	29
2013	152	117	35
2014	164	120	44
2015	161	117	44
2016	210	158	52

大力度的节能环保政策与补贴措施，极大地推进了锅炉改造，扩大了清洁燃料锅炉的需求。市场需求仍处于高位，需求结构变化明显：小于 10t/h 的锅炉以燃气锅炉为主，大于 10t/h 的锅炉仍以燃煤锅炉为主，且向大容量发展。

燃煤工业锅炉仍将是我国的主导产品，燃煤锅炉的需求与地区发展的不平衡相关。燃气锅炉以广东、江苏和浙江为多，华东、华北地区居前；燃煤锅炉则在西北、西南地区为多。

随着技术的发展，各项供热技术和设备的应用日益广泛。2015年我国浅层地热能供暖面积已达3.92亿 m²，中深层地热供暖面积达1.02亿 m²，合计4.94亿 m²，我国地热能年利用总量约为2 000万 t标准煤。国家发改委、国家能源局、国土资源部联合印发的《地热能开发利用"十三五"规划》指明，到2020年全国地热能年利用量达7 000万 t标准煤，京津冀地区地热能年利用量届时达到约2 000万 t标准煤。地热能利用将在今后的采暖市场占据一定比例。

生产发展情况 2016年我国工业锅炉产量达458 103.7t（蒸汽），同比增长0.79%，延续了2015年以来稳中求进的发展态势。2006—2016年全国工业锅炉产量见表3。

表3 2006—2016年全国工业锅炉产量

年份	产量（万 t/h）	同比增长（%）
2006	17.51	11.26
2007	20.86	19.76
2008	22.28	7.59
2009	29.21	18.37
2010	33.64	28.02

（续）

年份	产量（万 t/h）	同比增长（%）
2011	41.33	28.86
2012	43.93	6.29
2013	51.27	16.70
2014	51.20	-0.13
2015	45.45	-11.23
2016	45.81	0.79

注：根据实际复核，个别省份产量失真，工业锅炉年产量应在38万 t/h左右。

科技成果及新产品 在"互联网+"趋势的推动下，国家环境保护燃煤工业锅炉节能与污染控制工程技术中心从"智能"着手，自主研发出创新型锅炉辅助产品——智能锅炉云平台。这款集传统锅炉技术、互联网技术、云计算技术、大数据技术、物联网技术及智能控制技术为一体的智能软件，具有多种强大的辅助功能，可为锅炉用户解决诸多难题。智能锅炉服务云平台的启用，将大幅降低锅炉的运行成本，简化管理，提高工作效率。第七批节能机电设备（产品）推荐目录（工业锅炉部分）见表4。

表4 第七批节能机电设备（产品）推荐目录（工业锅炉部分）

申报单位	设备名称	型号
湘潭锅炉有限责任公司	复合流化床生物质锅炉	SZF18-1.25-BMF、SZSG12-1.25-BMF
营口绿源锅炉有限责任公司	强制循环室燃热水锅炉	QXS58-1.6/130/70-AIII
克雷登热能设备（浙江）有限公司	燃气热水锅炉	QXS10.5-1.25-130/70
方快锅炉有限公司	一体式冷凝承压热水锅炉	WNS7-1.0/115(95)/70-Y、Q
天津宝成机械制造股份有限公司	SZS型46MW燃气热水锅炉	SZS46-1.6/130/70-Q
三浦工业设备（苏州）有限公司	贯流燃气锅炉	CZI-2000GU
江苏四方锅炉有限公司	双锅炉纵置式室燃冷凝热水锅炉	WNS10-1.25-Y、Q
上海工业锅炉有限公司	燃油燃气锅炉	WNS10-1.25-Y、Q
无锡中正锅炉有限公司	冷凝式卧式内燃燃气热水锅炉	WNS14-1.25/130/70-Q
无锡锡能锅炉有限公司	燃油燃气蒸汽锅炉	WNS10-1.25-Y、Q
杭州富尔顿热能设备有限公司	低氮冷凝热水锅炉	LHS0.586-1.0/95/20-YQ

企业技术进步 2015年，"高效煤粉工业锅炉系统技术"被评选为中国及国际"双十佳"最佳节能技术和节能实践项目（节能技术）；"河北省迁西县低品位工业余热用于城镇集中供热"被评选为中国及国际"双十佳"最佳节能技术和节能实践项目（节能实践）。

2015年，煤炭科学技术研究院有限公司"大容量煤粉工业锅炉低氮燃烧的改进"荣获中国能源化学系统优秀职工技术创新成果奖。

陕建金牛集团被认定为陕西省高新技术企业，上海工业锅炉研究所顺利通过高新技术企业复审，江苏四方锅炉有限公司顺利通过国家级高新技术企业复审。

方快锅炉集团生产车间成功入选智能制造试点车间。方快集团生产设备中智能制造设备占比达到80%，自动化生产设备使焊接生产效率提高2倍以上，大型数控加工中心效率提高1倍，使集团整体产能提升3倍以上。

江苏太湖锅炉股份有限公司燃煤锅炉烟气净化新技术研究与工程应用项目获得中国机械工业科学技术奖二等奖。

南通万达锅炉有限公司荣获"2016年度中国固废行业细分领域及单项能力领跑企业"称号。

质量及标准 根据国家质检总局关于2016年全国特种设备安全状况情况的通报，2016年度发生锅炉事故17起，较上年下降40%。其中，违章作业或操作不当原因7起，设备缺陷和安全附件失效原因3起。

《工业锅炉通用工艺守则与典型工艺规程》（修订稿）完成。

2016年7月1日起,《锅炉大气污染物排放标准》(GB 13271—2014)实施对在用燃煤锅炉的排放进行了严格的规定。

《锅炉节能技术监督管理规程》(TSG G0002—2010)第1号修改单,对部分内容进行了修改,并于2016年11月11日起施行。

行业协会活动 中国电器工业协会工业锅炉分会为加强燃烧器的技术研究及有序开发,于2017年6月1—2日召开中国电器工业协会工业锅炉分会燃烧器专业委员会筹备会议。

组织和开展中国电器工业协会团体标准《工业锅炉用气燃料燃烧器》《铸铁锅炉》的编制工作;完成《工业锅炉通用工艺守则与典型工艺规程》修订。

编制完成2015年度工业锅炉行业部分企业经济与技术指标统计分析报告。

工业锅炉分会获中国电器工业协会2015年度先进分支机构称号。

由中国电器工业协会工业锅炉分会、上海工业锅炉研究所主办,雅式展览服务有限公司承办的"2016中国国际供热及热动力技术展览会""第十四届上海国际锅炉、辅机及工艺设备展览会"暨"2016上海国际生物质能利用及技术展览会"于2016年10月11日在上海世博展览馆开幕。

〔撰稿人:中国联合工程公司张浩〕

工业燃气轮机

生产发展情况 重型燃气轮机是发电设备的高端装备,其技术含量和设计制造难度居所有机械设备之首,是机械制造行业的金字塔顶端,在国民经济和能源电力工业中有重要的战略地位。目前燃气轮机联合循环发电已经达到全球发电总量的1/5,最先进的H/J级燃气轮机单循环和联合循环效率已经达到41%和61%,为所有发电方式之冠。燃用天然气的燃机电站污染排放极低,二氧化碳比排放量是超临界燃煤电站的约一半。大力发展天然气发电是包括我国在内的世界各国保护环境、落实《巴黎协定》、减少温室气体排放的主要措施之一。

燃气轮机设计、高温部件制造等核心技术依然受制于国外,关键部件只能依靠进口,尚不能自主设计和制造,燃气轮机运行维护的核心技术仍依赖技术提供方,不仅阻碍了燃气轮机产业的健康发展,还使燃气轮机运营企业无法摆脱成本居高不下的经营困境。我国对发展重型燃气轮机产业高度重视,从2012年开始,国家有关部门开始讨论航空发动机和燃气轮机两机科技重大专项;航空发动机与燃气轮机国家科技重大专项从2016年开始进入实施阶段,已经列为"十三五"发展规划中我国要实施的100个重大工程及项目之首。2016年7月13日,国务院国资委公布《关于组建中国航空发动机集团有限公司的公告》。

在我国经济发展进入新常态、经济增速放缓、电力需求出现负增长的大环境下,我国燃气发电量和装机容量却出现了大幅增长。中国电力企业联合会发布的《2016年电力工业统计快报》指出:2016年燃气发电量1 881亿 kW·h,2015年为1 669亿 kW·h,同比增长12.7%;气电装机容量2016年为7 008万 kW,2015年为6 603万 kW,同比增长6.1%。国家发改委和国家能源局发布的《"十三五"电力发展规划》中预测,"十三五"期间,天然气发电新增投产5 000万 kW,2020年达到1.1亿 kW以上,其中热电冷多联供1 500万 kW。

《中国制造2025——能源装备实施方案》明确,今后的天然气分布式能源示范项目、电力"十三五"规划及相关能源中长期战略规划中气电项目鼓励使用国产燃气轮机。

2015—2016年我国生产各等级系列发电用、中低热值高(焦)炉气发电用或联合循环用燃气轮机的大型企业,包括哈尔滨电气集团(简称哈电集团)、上海电气电站设备有限公司上海汽轮机厂(简称上海汽轮机厂)、东方电气集团东方汽轮机厂有限公司(简称东方汽轮机有限公司)、南京汽轮电机(集团)有限责任公司(简称南汽集团公司)、杭州汽轮机股份有限公司(简称杭汽公司)等面对机遇,不断提高自身竞争力,燃气轮机技术转让与国产化水平进一步提升。燃气轮机及其联合循环发电装置、热电联产、中低热值冶金煤气回收利用、化工行业尾气回收利用等节能环保项目均有不同程度的发展。2015年燃气轮机行业主要企业经济指标见表1。2016年燃气轮机行业主要企业经济指标见表2。

表1 2015年燃气轮机行业主要企业经济指标

指标名称	单位	南京汽轮电机(集团)有限责任公司	上海电气电站设备有限公司上海汽轮机厂	东方电气集团东方汽轮机有限公司	杭州汽轮机股份有限公司
从业人员平均人数	人	2 666	3 117	8 810	2 458
工业总产值	万元	273 679	650 942	1 126 349	211 525
固定资产净值平均余额	万元	48 978	225 184	331 080	33 094
销售收入	万元	272 740	601 657	1 397 216	157 223

(续)

指标名称	单位	南京汽轮电机（集团）有限责任公司	上海电气电站设备有限公司上海汽轮机厂	东方电气集团东方汽轮机有限公司	杭州汽轮机股份有限公司
利税/利润	万元	38 208/17 603	47 706	106 978/1 029	-1 580/-16 324
全员劳动生产率	元/人	305 175	404 579	259 000	257 808
资本保值增值率	%	103.12	22.00	98.30	94.98
总资产贡献率	%	6.11	3.00	3.30	-2.67
产销率	%	99.72	100.00	100.00	97.24
质量损失率	%	0.15	0.13	0.28	0.323
燃气轮机产量	台/MW	6/760.60	3/770	7/185.60	1/50
燃气轮机出口量	台/MW	0	0	0	0
燃气轮机工业产值	万元	70 280	53 902	155 635	22 000

注：哈尔滨电气集团因统计原因未提供数据。

表2　2016年燃气轮机行业主要企业经济指标

指标名称	单位	南京汽轮电机（集团）有限责任公司	上海电气电站设备有限公司上海汽轮机厂	东方电气集团东方汽轮机有限公司	杭州汽轮机股份有限公司
从业人员平均人数	人	2 659	2 957	7 772	2 418
工业总产值	万元	292 793	590 484	950 312	198 006
固定资产净值平均余额	万元	46 478	206 361	316 466	30 896
销售收入	万元	292 482	574 213	1 280 420	215 347
利税/利润	万元	40 652/20 805	38 828	-121 525/-219 657	15 026/3 200
全员劳动生产率	元/人	313 878	400 194	91 300	277 541
资本保值增值率	%	104.60	46.00	45.10	96.00
总资产贡献率	%	6.47	2.00	—	2.50
产销率	%	99.99	100.00	100.00	101.41
质量损失率	%	0.11	0.20	0.22	0.369
燃气轮机产量	台/MW	7/654.80	3/770	12/308.90	2/100.80
燃气轮机出口量	台/MW	1/125	0	1/12.5	0
燃气轮机工业产值	万元	88 296	—	150 412.15	29 800

注：哈尔滨电气集团因统计原因未提供数据。

1. 哈电集团

哈电集团气电产业相关业务主要包括重型燃气轮机及联合循环业务和中小型燃气轮机业务。

重型燃机业务源于2003年哈电与美国通用电气公司（简称GE公司）合作引进的GE重型燃气轮机制造技术，主要产品包括从GE引进的9F.03/9F.05/13E2/9H.01型重型燃气轮机联合循环发电机组。中小型燃气轮机业务主要包括分布式能源、燃驱（管线驱动）等。

9FA重型燃气轮机是当今世界上正式投入商业运行的、技术成熟度最高的燃气轮机机组之一，具有可靠性好、可用率高、安装周期短、机组起停灵活、运行维护费用低等优点。目前是世界上市场占有率最大、累计运行时间最长的F级燃气轮机机组。

哈电集团与GE公司合作的主要燃气轮机产品参数见表3。

表3 哈电集团与GE公司合作的主要燃气轮机产品参数

项目	单位	9FA	9FB	9HA.01	9HA.02
压气机压比		16.7	18.3	21.8	21.8
燃烧温度	℃	1 327	约1 400	约1 500	约1 500
简单循环功率	MW	260	297	397	470
简单循环热耗	kJ·kW^{-1}·h^{-1}	9510	9 176	8 673	8 673
联合循环功率	MW	398	444.26	592	701
联合循环热耗	kJ·kW^{-1}·h^{-1}	6 260	6 091	5 560	5 560
联合循环效率	%	57.5	59.1	>61	>61

2015—2016年，哈电集团共完成4台份重型燃机及联合循环业务。2015—2016年哈电集团燃机项目见表4。

表4 2015—2016年哈电集团燃机项目

年度	项目名称	签订项目数	签订台份数	机型
2015	华电昆山	1	2	9F.05 一拖一多轴
2016	大唐金坛	1	2	9F.05 一拖一多轴

2015—2016年，哈电集团在手执行燃机项目包括河南万众燃机项目、华电昆山燃机项目、华电天津南疆燃机项目、粤电新会燃机项目、大唐金坛燃机项目。

2.上海汽轮机厂

上海汽轮机厂同时拥有AE94.3/V94.3A型燃气轮机和AE94.2/V94.2型燃气轮机的加工制造能力。上海电气集团与意大利安萨尔多能源公司于2014年5月签署了转让协议，上海电气集团正式收购安萨尔多能源40%的股份，并成为安萨尔多唯一的具有产业背景的股东。通过采取收购意大利安萨尔多公司股份的方式，上海电气集团将完全拥有重型燃气轮机核心技术，涵盖研发、设计及长协服务等各个领域，打破了之前国内重型燃气轮机面临的"设计技术不转让、制造技术不完整、服务能力不具备、海外市场不允许"的尴尬局面。上海汽轮机厂主要燃气轮机产品的主要参数和性能见表5。

表5 上海汽轮机厂主要燃气轮机产品的主要参数和性能

项目	单位	AE94.2	AE94.3A	AE64.3A
压比		12.0	20.0	18.2
燃气轮机（GT）功率	MW	185	310	78
燃气轮机（GT）效率	%	36.2	40.0	36.2
联合循环（CCPP）功率	MW	266	456	114
联合循环（CCPP）效率	%	52.5	59.0	54.0

2015年以来，先后有京西、高安屯、无锡西、南桥、宜兴等项目经过紧张的生产加工以及现场调试，全部进入商业运行，运行稳定，性能实验结果均优于合同保证值，为用户的经济效益打下良好的基础，并为区域性环保事业做出突出贡献。

截至2016年年底，上海电气电站设备有限公司累计有89台（套）E级、F级以及6F级的燃气轮机订单，部分设备已经实现出口。同时上海电气电站设备有限公司承包的燃气轮机联合循环电厂EPC工程结合国家"一带一路"倡议，成功承接了非洲、亚洲等国外的EPC项目，取得良好的市场认可。

3.东方汽轮机有限公司

东方汽轮机有限公司2003年从日本三菱公司引进了E级M701D型和F级M701F型燃气轮机制造技术，已经具备制造F级和E级燃气轮机及联合循环机组的能力。

东方汽轮机有限公司一直高度重视燃气轮机产业发展，但国内燃气轮机设计技术和高温部件制造技术等主要依赖进口。为实现燃气轮机完全国产化，自2012年起，该公司在国内率先开展5万kW燃气轮机自主研制工作。2015—2016年，F级50MW燃气轮机自主研发项目继续稳步推进，取得阶段性成果。

压气机部件：完成了1～8级试验件试验，结果符合设计预期；完成了1～17级试验件的安装、调试，通过前期已完成的9～17级和1～8级试验验证，已初步构筑起完整、高效的压气机气动设计和试验验证规范。燃烧器部件：完成了常压下的全部冷、热态试验，试验结果符合设计要求；东方汽轮机有限公司自主研制了燃烧组分效率计算程序，掌握了效率计算的核心技术；50MW燃气轮机燃烧器研发取得阶段性成功。透平部件：陆续完成高温透平叶片冷态流动试验、高温透平叶片冷效试验，进一步验证了50MW燃气轮机透平的研发设计技术。透平叶片研制：完成了8列高温透平叶片毛坯浇注工艺研发，并完成了小批量试制。

50MW燃气轮机原型机研制：完成了整机结构方案评审，完成了进气室、进气缸、燃兼压缸、压气机缸、进口可转导叶、压气机持环、压气机动静叶、中间气封体、透平持环等部套设计，启动了试验件长周期毛坯投料。

GY60A负载压气机完成了整机结构方案部内评审,完成了进气室、进气缸、进口可转导叶、压气机缸、持环、动静叶设计。

燃机研发试验设施建设:完成了天然气增压站项目土建、设备采购、施工和安装、压缩机设备改造;完成了50MW燃气轮机整机试验方案评审,试验系统的方案规划、工艺布局技术方案及评审、可行性研究报告编制及评审、试验系统设计,完成了项目从东方汽轮机直至集团公司立项审批。

通过50MW燃机设计技术、试验验证技术的研究和攻关工作,东方汽轮机有限公司已初步建立起重型燃机的设计和试验验证体系。前期完成的"压气机试验台建设及试验研究""G50燃烧器常压试验及部件改进研究"项目均获东方汽轮机有限公司科技进步奖二等奖。

此外,2016年中国东方电气集团有限公司与三菱日立电力系统公司签订3M701F5燃机技术转让协议暨M701J燃机技术转让框架协议。

4.南汽集团公司

南汽集团公司是国内最早研制生产燃气轮机的企业。从20世纪80年代中期开始,南汽集团公司与美国通用电气公司建立了燃气轮机合作生产关系,合作生产6B(36～42MW)系列燃气轮机。随后双方合作生产6B系列与9E系列重型燃气轮机,成为我国重型燃气轮机生产基地。南汽集团公司燃气轮机的主要产品有6B系列、9E系列、6F系列重型燃气轮机。

6F系列重型燃气轮机在国家推广分布式能源背景下市场需求增长很快。6F.03重型燃气轮机ISO条件下功率为77.4MW,效率为35.5%;燃气-蒸汽联合循环发电成套设备的总功率达120MW,循环热效率达54.0%。6F.01重型燃气轮机ISO条件下功率为49.3MW,效率为37.5%;燃气-蒸汽联合循环发电成套设备的总功率达72MW,循环热效率达54.5%。截至2016年年底,6F系列燃气轮机订单已有15套。

2015年南汽集团公司完成协鑫永和2#机、武汉关山2#机、无锡蓝天2套9E、深能源出口加纳1套9E、中海油惠州1套9E共6套9E燃气轮机联合循环机组的生产发货。与GE公司签署了9E.04重型燃气轮机技术转让协议。用于6F系列机组整机试车的燃气轮机试验站改造工程于2015年完成。

2016年南汽集团公司完成了华能桂林3×6F.01、江苏国信4×6F.03共计7套6F系列燃气轮机的生产发货。

5.杭汽公司

杭汽公司拥有完善的燃气轮机、蒸汽轮机及配套联合循环装置的设计、制造与工程成套能力。其中燃气轮机产品线根据应用领域主要分为低热值高炉煤气机型与天然气分布式机型,燃气轮机单机功率20～56MW,联合循环功率30～80MW,近些年在钢铁冶金、区域分布式、自备电站、热电联产等发电领域取得不俗业绩。

杭汽公司生产的低热值工业重型燃气轮机是以钢铁公司富余的高炉煤气为燃料,其燃机单机出力为30MW等级,联合循环出力为50MW等级,型号为M251S。该型号燃气轮机自首台成功投运后,国内已累计取得21套销售业绩,其中18套已投运,产品效率及可靠性普遍被我国钢铁企业所认同。钢铁厂利用高效率的M251S燃机联合循环发电机组,可回收放散的低热值煤气用于发电、供热,整套装置发电效率超过40%,热电联产效率超过70%,具有显著的高效节能和环保效果,在钢铁厂有着广阔的前景。

2015年杭汽公司完成了1台低热值工业重型燃气轮机组的产出,合同金额约为2.2亿元。2016年杭汽公司完成了2台SGT800工业燃气轮机组的产出,合同金额约为2.98亿元。2016年杭汽公司先后完成了4套SGT800燃机及配套汽机、余热锅炉的联合循环电站主机设备的总成套销售。2015—2016年杭汽公司燃气轮机生产情况见表6。

表6　2015—2016年杭汽公司燃气轮机生产情况

产品代号	燃机型号	数量(套)	配套汽机	汽机型号	最终用户	功率(MW)	燃料	备注
G0017	M251S	1	有	N25-5.8/1.1	天铁集团	50	高炉煤气	2015年9月出厂
G10001 G10002	SGT800	2	有	C22-6.0/1.4 HNG32/25	协鑫集团	54	天然气	2016年10月出厂

随着国内环保形势日益严峻,能源结构面临深度调整,杭汽公司以市场为导向,通过引进先进天然气分布式燃机技术,完成了产品线转型升级。杭汽公司从2015年开始和西门子就引进SGT800燃气轮机生产技术进行谈判并成功签约。SGT800燃气轮机以天然气清洁能源为燃料,采用了世界先进的燃机技术,是目前全球50MW等级工业型燃机中效率最高、业绩最丰富的产品。该型号燃机运行可靠性高,污染物排放低,性能指标优异,联合循环效率出力达75MW,效率达到56%,可广泛应用在各工业园区、经济开发区等的高效分布式发电与冷热电三联供领域。

科技成果及新产品　清华控股集团所属北京华清燃气轮机与煤气化联合循环工程技术公司2016年7月宣布:具有完全自主知识产权的F级重型燃气轮机CGT-60F(燃气温度1400℃)全三维复合倾斜透平第一级静叶片在中国燃气涡轮研究院顺利完成高温冷却效果试验,各项性能指标包括叶片冷却效率、叶片温度分布均优于设计要求,标志着我国重型燃气轮机核心设计制造技术的重大突破。

全三维复合倾斜透平静叶片属于重型燃气轮机领域国内外首创，与传统的直叶片相比，全三维复合倾斜造型气动损失小、效率高，但叶片冷却设计难度大，涉及气动、传热、强度多学科。华清燃机公司经过多年自主创新，攻克了多个设计技术难关，建立了设计体系和设计规范，并获得了11项发明专利。重型燃气轮机叶片尺寸大，超级合金毛坯精密铸造是公认的顶级铸造技术，无锡永瀚公司在国内已率先掌握了这项关键制造工艺。

质量及标准 由全国燃气轮机标准化技术委员会组织修订的6项燃气轮机标准——JB/T 5885—2015《燃气轮机液体燃料接收、贮存和管理》、JB/T 5886—2015《燃气轮机气体燃料的使用导则》、JB/T 8741—2015《燃气轮机包装与贮运技术条件》、JB/T 9591.1—2015《燃气轮机 油系统清洁度》、JB/T 9591.2—2015《燃气轮机 油系统清洁度测试 取样》、JB/T 9591.3—2015《燃气轮机 油系统清洁度测试 用显微镜计数法测定油液中固体颗粒污染度》，于2015年10月10日批准发布，2016年3月1日实施。这6项标准分别对燃气轮机液体燃料的接收、贮存和管理，燃气轮机气体燃料的使用，燃气轮机油系统的清洁度及其取样、测试，以及燃气轮机设备的包装、贮运做出规定。

2015—2016年，全国燃气轮机标准化技术委员会开展了《燃气轮机控制与保护系统》《燃气轮机 词汇》标准的修订，《燃气轮机和燃气轮机机组-气载噪声的测量-工程/测量方法》标准的修订与采标，《燃气轮机 质量控制规范》标准的研究与草案编写，《燃气轮机 压气机叶片材料及制造技术要求》标准的研究，ISO 19372：2015《微型燃气轮机应用 安全》的起草工作。

〔撰稿人：南京燃气轮机研究所朱燕　审稿人：南京汽轮电机（集团）有限责任公司刘卫宁〕

中小型电机

2015年发展情况

生产发展情况 2015年中小型电机行业经济运行呈现以下特征：行业生产、销售下调趋势不止；出口销量和出口收入双双出现负增长；多数企业盈利能力减弱，行业利润同比大幅下降；期末存货和应收应付账款高位运行，大量资金沉淀；订货总量下降，企业所收预付款减少，流动资金紧缺；劳动力成本增加，行业经济效益综合指数下降。

据统计，70家企业完成工业总产值570.7亿元，比上年减少1.43亿元，同比下降0.2%；产品销售收入达到624.3亿元，比上年增加20.8亿元，同比增长3.4%；行业实现利润19.9亿元，比上年减少7.4亿元，同比下降27.2%。2015年中小型电机行业70家企业主要经济指标见表1。2015年中小型电机行业经济效益综合指数前20名企业见表2。

表1　2015年中小型电机行业70家企业主要经济指标

序号	指标名称	单位	2015年	2014年	2015年与上年相比	
					增加额	增长率（%）
1	工业总产值	万元	5 707 014	5 721 306	-14 292	-0.2
2	工业增加值（含应交增值税）	万元	1 266 389	1 357 555	-91 165	-6.7
3	工业销售产值	万元	5 461 786	5 478 146	-16 360	-0.3
4	产品销售收入（不含税）	万元	6 242 838	6 035 116	207 722	3.4
5	货款实际回收额	万元	6 799 642	6 599 775	199 867	3.0
6	产品销售成本	万元	5 237 172	4 980 021	257 151	5.2
7	产品销售费用	万元	235 858	216 148	19 711	9.1
8	产品销售税金及附加（不含应交增值税）	万元	63 605	56 579	7 025	12.4
9	管理费用	万元	398 401	383 430	14 971	3.9
10	财务费用	万元	146 923	148 241	-1 318	-0.9
11	其中：利息支出	万元	143 475	143 768	-293	-0.2
12	其他业务利润	万元	27 802	36 869	-9 067	-24.6
13	利润总额	万元	198 584	272 738	-74 154	-27.2
14	平均流动资产	万元	6 192 622	5 690 955	501 667	8.8
15	期末资产总额	万元	9 798 157	9 132 544	665 613	7.3
16	期末负债总额	万元	6 129 975	5 751 938	378 038	6.6

（续）

序号	指标名称	单位	2015年	2014年	2015年与上年相比 增加额	2015年与上年相比 增长率（%）
17	期末产成品存货	万元	684 794	512 781	172 013	33.5
18	期末应收账款净额	万元	1 825 680	1 773 552	52 128	2.9
19	期末应付账款	万元	1 311 347	1 213 712	97 635	8.0
20	本年订货总量（含上年为当年订货数）	万kW	19 053	19 092	-39	-0.2
21	从业人员劳动报酬	万元	359 253	356 867	2 386	0.7
22	从业人员平均人数	人	70 997	72 299	-1 302	-1.8
23	应交增值税	万元	193 104	190 953	2 151	1.1
24	平均资产总额	万元	9 399 150	8 759 904	639 246	7.3
25	期末所有者权益	万元	3 659 685	3 381 177	278 508	8.2

注：以上汇总数据包含上报中国电器工业协会中小型电机分会统计的大型电机和小功率电机企业。

表2　2015年中小型电机行业经济效益综合指数前20名企业

名次	企业名称	经济效益综合指数	总资产贡献率（%）	资本保值增值率（%）	资产负债率（%）
1	上海日用-友捷汽车电气有限公司	723.5	26.7	131.0	28.6
2	六安江淮电机有限公司	392.2	16.1	113.6	29.5
3	卧龙控股集团有限公司	310.1	13.4	111.5	46.5
4	安徽皖南电机股份有限公司	306.4	20.8	115.5	56.8
5	中电电机股份有限公司	305.7	8.6	104.3	21.5
6	江苏大中电机股份有限公司	299.2	15.3	110.9	40.1
7	山东华力电机集团股份有限公司	278.0	18.0	109.5	44.2
8	浙江金龙电机股份有限公司	264.7	11.8	110.7	35.8
9	江苏远东电机制造有限公司	250.2	24.3	125.3	37.8
10	杭州新恒力电机制造有限公司	246.5	15.4	108.4	32.7
11	江苏锡安达防爆股份有限公司	238.1	10.9	103.9	15.7
12	浙江西子富沃德电机有限公司	234.8	9.0	115.5	61.5
13	杭州江潮电机有限公司	218.0	19.9	130.4	51.5
14	安波电机集团有限公司	214.0	11.8	165.0	42.8
15	山东开元电机有限公司	213.9	9.1	100.8	49.3
16	浙江特种电机有限公司	211.4	20.2	138.4	34.8
17	珠海凯邦电机制造有限公司	208.0	19.7	133.4	58.8
18	江西特种电机股份有限公司	202.0	3.7	122.2	38.7
19	文登奥文电机有限公司	195.7	23.6	110.3	43.5
20	哈尔滨电气动力装备有限公司	193.0	5.3	100.6	91.2

注：上述排名包含上报中国电器工业协会中小型电机分会统计的大型电机和小功率电机企业。

2015年有6家盈利企业的工业增加值、电机收入及销量、回款总额、利润总额、人均收入、所有者权益6项指标实现同时增长，较上年减少4家。行业期末产成品存货大幅度增加，应收账款与上年相比也有小幅增长，由于原基数较高，处于高位运行。

在70家企业中有20家企业亏损，占企业总数的28.6%，其中有7家企业亏损加剧，9家企业新步入亏损；26家企业利润同比减少，占企业总数的37.1%。利润总额超过6 000万元的企业有10家，较2014年减少4家。

2015年70家企业主要指标变化情况见表3。

表 3 2015 年 70 家企业主要指标变化情况

指标名称	变化情况	企业数（家）	占企业总数（%）	指标名称	变化情况	企业数（家）	占企业总数（%）
电机总产量	减产	48	68.6	期末所有者权益	增长	48	68.6
销售收入	减少	49	70.0	成品存货	增长	28	40.0
工业增加值	增长	22	31.4	负债总额	上升	32	45.7
货款回收总额	增长	15	21.4	应收账款净额	增长	49	70.0
企业利润	增加	24	34.3	应付账款	增长	39	55.7
亏损企业		20	28.6	利润总额超过 6 000 万元		10	14.3
人均收入	增长	44	62.9				

产品分类产量 2015 年小型交流电动机产量比上年增长 1.8%，其中永磁电动机产量与上年相比增长 19.8%；大中型交流电动机产量比上年下降 11.7%，其中高压电机产量下降 17.6%；一般交流发电机产量比上年下降 2.2%，直流电动机产量比上年下降 18.9%。全行业总产量达到 18 679.1 万 kW，比上年减产 555.0 万 kW，下降 2.9%。出口电机产量达到 2 587.6 万 kW，比上年下降 7.0%。2015 年中小型电机行业 70 家企业的产品产量见表 4。2015 年中小型电机行业产量超 600 万 kW 的 9 家企业见表 5。

表 4 2015 年中小型电机行业 70 家企业的产品产量

序号	指标名称	2015 年（万 kW）	2014 年（万 kW）	比上年增长 数额（万 kW）	同比增长（%）
1	小型交流电动机	12 267.4	12 047.4	220.0	1.8
	其中：永磁电动机产量	364.5	304.3	60.3	19.8
2	大中型交流电动机	5 182.1	5 867.4	-685.3	-11.7
3	一般交流发电机	934.6	955.5	-20.9	-2.2
4	直流电动机	295.0	363.8	-68.7	-18.9
5	在总产量中：出口产品产量	2 587.6	2 783.1	-195.5	-7.0

表 5 2015 年中小型电机行业产量超 600 万 kW 的 9 家企业

序号	企业名称	总产量（万 kW）	序号	企业名称	总产量（万 kW）
1	卧龙控股集团有限公司（卧龙电气）	1 605.4	6	江苏大中电机股份有限公司	792.0
2	山东华力电机集团股份有限公司	1 195.0	7	哈电集团佳木斯电机股份有限公司	690.9
3	上海电气集团上海电机厂有限公司	921.4	8	安徽皖南电机股份有限公司	683.5
4	六安江淮电机有限公司	860.2	9	西安泰富西玛电机有限公司	633.0
5	湘电集团有限公司	818.9			

注：1. 上述排名包含上报中国电器工业协会中小型电机分会统计的大型电机和小功率电机企业。

2. 卧龙收购南阳防爆后，南阳防爆报表并入卧龙；上述卧龙的电机产量未包含微特电机 3 451.03 万台。

市场及销售 2015 年，中小型电机行业受钢铁、水泥、建材等多个行业产能过剩以及本身产品结构调整、转型升级等因素影响，下行压力较大，整个行业正在经历转型之阵痛。

行业 70 家统计单位中有 49 家企业的销售收入减少，占企业总数的 70%；有 21 家企业的销售收入增加，占企业总数的 30%。有 51 家企业电动机销售收入减少，占企业总数的 72.9%；有 17 家企业电动机销售收入增加，占企业总数的 24.3%，其中有 9 家企业永磁电动机收入增加，占 14 家永磁电机生产企业的 64.3%。有 6 家企业发电机收入增加，占行业 13 家发电机制造企业的 46.2%。

2015 年中小型电机行业销售情况见表 6。2015 年中小型电机行业产品销售收入突破 10 亿元的有 11 家企业比上年减少 2 家，见表 7。2015 年中小型电机行业电动机销售收入突破有 10 亿元的有 10 家企业，比上年减少 1 家，见表 8。

表6 2015年中小型电机行业销售情况

序号	指标名称	单位	2015年	2014年	比上年增长	
					增加额	同比增长(%)
1	产品销售收入（不含税）	万元	6 242 838	6 035 116	207 722	3.4
2	其中：电动机	万元	4 019 834	4 178 103	-158 269	-3.8
3	发电机	万元	285 791	274 238	11 553	4.2
4	总收入中：出口收入	万元	495 270	532 666	-37 396	-7.0
5	产品销售总量	万kW	18 426.4	18 855.6	-429.1	-2.3
6	其中：电动机	万kW	17 376.1	17 819.9	-443.8	-2.5
7	发电机	万kW	969.1	949.1	20.0	2.1
8	总销量中：出口量	万kW	2 659.0	2 754.0	-95.0	-3.5

注：电动机收入中永磁电动机收入18.13亿元，增加0.54亿元，增长3.1%。

表7 2015年中小型电机行业产品销售收入突破10亿元的11家企业

序号	企业名称	销售收入（万元）
1	卧龙控股集团有限公司	1 876 054
2	湘电集团有限公司	1 471 127
3	珠海凯邦电机制造有限公司	283 652
4	山东华力电机集团股份有限公司	224 698
5	上海电气集团上海电机厂有限公司	198 389
6	哈电集团佳木斯电机股份有限公司	150 891
7	上海日用-友捷汽车电气有限公司	146 870
8	六安江淮电机有限公司	146 152
9	江苏大中电机股份有限公司	125 587
10	安徽皖南电机股份有限公司	119 985
11	西安泰富西玛电机有限公司	116 164

注：上述排名包含上报中国电器工业协会中小型电机分会统计的大型电机和小功率电机企业。

表8 2015年中小型电机行业电动机销售收入突破10亿元的10家企业

序号	企业名称	销售收入（万元）
1	卧龙控股集团有限公司（卧龙电气）	482 800
2	珠海凯邦电机制造有限公司	253 340
3	山东华力电机集团股份有限公司	224 698
4	佳木斯电机股份有限公司	150 891
5	六安江淮电机有限公司	146 152
6	上海电气集团上海电机厂有限公司	134 990
7	江苏大中电机股份有限公司	125 587
8	安徽皖南电机股份有限公司	119 985
9	湘电集团有限公司	112 922
10	西安泰富西玛电机有限公司	109 846

注：1. 上述排名包含上报中国电器工业协会中小型电机分会统计的大型电机和小功率电机企业。
2. 卧龙控股的电动机销售收入不包含微特电机17.77亿元的销售收入。

从行业统计数据看，与2014年同期相比，一季度行业出口销量和出口收入略有上升。上半年人民币汇率持续上升，外贸企业竞争力减弱。人民币对主要贸易市场国及贸易竞争国货币汇率提高，在国际市场需求疲弱的情况下进一步加重了外贸生产企业的压力。反之，美元升值使出口物资贬值。二季度电机出口量较一季度下降8.1个百分点，电机出口收入较一季度下降10个百分点。下半年外需的负向拉动作用继续扩大，全年累计电机出口销量2 659.0万kW，同比下降3.5%；电机出口收入约49.5亿元，同比下降7.0%。在41家出口企业中，有25家企业出口销量减少，占出口企业总数的61.0%；有27家企业出口销售收入减少，占出口企业总数的65.9%。2015年中小型电机出口收入超过1亿元的有13家企业比上年减少2家，见表9。

表9 2015年中小型电机出口收入超过1亿元的13家企业

序号	企业名称	出口收入（万元）	出口量（万kW）
1	卧龙控股集团有限公司	113 142	466.8
2	安波电机集团有限公司	50 950	326.7
3	浙江金龙电机股份有限公司	40 342	323.5
4	山东华力电机集团股份有限公司	34 958	218.0
5	江苏大中电机股份有限公司	32 100	270.0
6	文登奥文电机有限公司	30 340	113.0
7	光陆机电有限公司	27 629	88.0
8	江苏微特利电机制造有限公司	20 279	104.0
9	上海电气集团上海电机厂有限公司	19 481	88.8
10	江苏上骐集团有限公司	18 541	46.1
11	河北电机股份有限公司	14 711	81.2
12	无锡欧瑞京机电有限公司	14 692	113.9
13	浙江大速电机有限公司	10 006	50.0

注：上述以电机出口收入排名。

山东华力电机集团股份有限公司2015年加大费用控制力度，重新整合销售市场布局，销售费用下降了4.57%；同时因产销量减少，资金需求相应降低，财务费用同比亦有所降低。全年完成总产量1 195万kW，实现销售收入224 698万元，出口电机218万kW，出口电机收入34 958

万元；利润总额8 197万元，同比增长9.75%。华力电机面对上年各项主要指标均有所下降，出口销量下滑18.05%的局面，紧紧围绕国家产业政策，着眼市场需求，以调整产业结构、转变发展方式为努力方向，不断在产品创新、技术进步、市场开拓及提升产品质量等方面加大力度，提升市场竞争力。华力下决心摈弃了低端客户，为进入风电、铁路、冷冻等行业的中高端客户，在内部加强基础管理，不断根据用户需求调整产品结构，做好用户所需样机研制，加大产品服务力度，外资企业客户比例不断上升。在通用电机方面，做好了YE4系列超超高效电机部分规格的研发试制工作；在电机出口方面，做出了较大调整，积极寻找直销用户，2016年出口订单与内销订单达到5：5，合同订单已排到了8月份。目前，公司新厂区已经建成，在工艺布局、设备购置等方面本着高效、节能、环保、高标准和技术先进、结构合理的原则，加大自动化、高科技装备的购置使用，采用新型生产设备和先进生产工艺，降低一线员工的劳动强度，提高劳动生产率，呈现出企业百年发展蓝图。

福建福安闽东亚南电机有限公司先后承接了国家援缅建设发电机生产基地项目、援助几内亚电站、塞内加尔电站、塞拉利昂电站、马里电站等援外建设工作。2015年，公司发电机组系列产品占年销售额的68%，新能源汽车配套的稀土永磁电机年销售额较上年增长8%；完成工业总产值4.37亿元，实现利润3 389.3万元，上缴税收2 452万元，实现出口创汇2 529.2万美元。整体经济指标与上年度持平，初步实现"保稳定、促增长"的年初既定目标。

安徽皖南电机股份有限公司围绕新能源、智能化、自动化、网络化、信息化加大产品研发和技术改造投入，加快产品结构调整和新产品开发步伐，提高产品的科技含量。公司先后研制了机床专用电机、辊道电机、水冷电机、油田专用电机等，成功研发汽车三个机座号的汽车转向泵用电机，还开发出车用水冷电机、车用驱动电机、车用油冷发电机等汽车用电机，自2013年以来，已供货车用电机20 000余台。公司先后通过了上海宝钢、南京钢铁等技术、质量二方体系审核，产品被选用在很多重要的项目上，如青藏铁路冻土工程模型风洞试验设备用电机。2015年，公司实现电动机销售收入119 985万元，利润总额6 863万元，比上年增长4%。

2015年安徽明腾永磁机电设备有限公司凭借在永磁同步电动机技术成果、产品、科研力量、装备制造能力上取得的巨大优势以及行业地位跻身省机电行业创新企业100强。实现永磁电动机销售收入8 558万元，比上年增长43%；利润总额796万元，比上年增长100.44%。

受传统产业持续低迷影响，江西特种电机股份有限公司的起重冶金电机、高压电机及矿产业等相关产品销量同比出现较大幅度下滑。该公司以市场为导向，加大产品结构调整步伐，加快智能、节能、高效电机的发展速度；同时通过发行股份购买资产并配套募集资金收购了米格电机和九龙汽车，快速布局新能源汽车产业，产业优化转型效益凸显。2015年，新能源汽车电机、风力发电配套电机等产品的销售收入实现快速增长，新能源汽车电机的销售收入同比增长1 201.84%，风力发电及配套电机同比增长57.72%。2015年度营业总收入为89 284.70万元（合并数），比上年同期增加9 954.79万元，同比增长12.55%。

荣成市荣佳动力有限公司以特种电机为主攻方向，瞄准高端客户，国内与西门子真空泵、惠丰机械、陶瓷球磨机等产品配套，国外以北美洲、欧洲、东南亚以及南非、澳大利亚等为主战场，并拓展进入韩国市场，2015年出口额占公司销售总额的71%。实现销售收入7 125万元，其中RYJ系列高效三相异步电动机（IE2）、RYJ2系列超高效三相异步电机（IE3）、MYVP系列变频调速电机、1SWM系列矿井绞车用三相异步电动机和KCTC汽车用开关磁阻电机等高新技术产品销售收入达到6 205万元，占销售总收入的87%。

海阳市长川电机有限公司致力于高效电机、精密主轴等产品的研发和生产。该公司的木工封边机高速电机、木工加工中心自动换刀电主轴、精密平面磨床主轴、交直流伺服电动机等，出口到美国、瑞士、韩国等十几个国家和地区。其中，喷灌电机应用于大型喷灌设备，产品以出口为主，占据全球市场的70%；磨床主轴国内市场占有率达到80%。2016年第一季度，长川电机产销同比增长18%。

重庆赛力盟电机有限责任公司全年产品销售回款38 237万元，比上年增长4.76%。交流发电机和直流电机销售收入有增长，但主打产品交流电动机销售收入持续下降，期末存货上升38%。电动机新增订货困难，预收货款大幅降低，销售回款出现大量承兑汇票，企业资金运作相当困难，导致材料供应不及时、不配套，影响了生产的均衡性；加之新产品、新设计增多，设计周期难以适应市场进度要求，使生产安排难度加大，产品拖期交货严重，市场销售靠存货维持。从订货情况看，2015年总体订货比2014年有所下降。其中，发电机订货实物量比上年下降25.54%，中型电机订货实物量比上年下降41.93%，直流电机订货实物量比上年虽有大幅增长，但基数较低。公司资金回笼困难，贷款总额处于高位，财务费用大幅上升，加之劳动力及运输成本上升，固定资产折旧增长，公司成本压力剧增。各项主要经济指标与上年相比均出现较大幅度的下滑。全年实现主营业务收入40 819万元，比上年下降8.9%。其中，交流电动机销售收入26 921万元，占总收入的65.95%，比上年下降13.98%；发电机销售收入11 316万元，比上年增长15.16%；直流电机销售收入677万元，比上年增长122.70%，但其占总收入的比重仅为1.66%。公司海外市场，辐射面呈扩大趋势，出口渠道多元化发展，总收入中出口电机收入4 001万元，比上年增长13.37%。实现利润总额688万元，比上年下降73.44%；净利润585万元，比上年下降64.57%。

西安泰富西玛电机有限公司面对下游建材行业、钢铁行业、橡胶塑料机械、煤矿机械、火电等行业转型、降耗、快速整合导致传统普通电机市场需求减少的局面，采取了三项措施：一是调整具有技术优势产品的供给能力；二是利用原有产品的市场知名度、覆盖面，巩固某些产品的市场份额；三是加强适销对路产品研发，积极拓展营销渠道。由于行业竞争加剧，公司盈利空间被挤压，资金空前紧张影响了材料供给和产品产出；新产品没有形成系列化推出，影响了竞争力。受这些因素影响，2015年产销与利润指标全部下降。全年完成产量633万kW，其中，大中型交流电动机产量311万kW，比上年下降5.47%；直流电机产量53万kW，与2014年持平；小型交流电动机产量269万kW，比上年下降4.95%。完成电机销量636万kW，比上年下降3.5%；实现销售收入11.62亿元，与上年基本持平；完成利润总额5 471万元，比上年下降17.54%。

在房地产萎缩、电梯市场增速放缓的形势下，电梯行业竞争更加激烈。浙江西子富沃德电机有限公司通过采取延伸产业链、研发新产品、开发新客户等措施，发运和收入仍然保持了增长态势，但是利润率下降。国内市场客户覆盖80%以上的电梯生产厂家，包括西子奥的斯、巨人通力、苏州申龙、康力电梯、上海现代、蒂森克虏伯等；国际市场以南美洲和亚洲为主，逐步向北美洲和欧洲发展，销售额及销售比例呈逐年上升的势头，产品已销往四大洲二十多个国家，包括德国、西班牙、印度、韩国等。2015年公司共计销售141 021台，其中曳引机95 978台，比上年增长9.07%，占总收入的73%；门电机44 938台，其他产品105台，实现营业收入127 292万元，比上年增长24.88%；实现利润总额6 729万元，比上年下降27.72%；上缴税收5 452万元。

2015年河北新四达电机制造有限公司从传统制造企业开始向新型服务型制造转变，放弃了部分低端产品和低端市场，向客户提供个性化产品、集成解决方案，并相继开发了高效轴流泵专用电机、制砂机专用电机以及YX、YXKK系列高压高效电机。公司一方面从引进技术、科研攻关、产品升级等多个方面开展大量工作，实现了YTM系列低速大转矩球磨机专用永磁同步电动机产业化生产，有效提升了产品在本地区市场占有率及品牌效应；另一方面常规产品从矿山行业逐渐转到了水利、制砂和精密陶瓷行业，通过改进产品技术方案与工艺流程，产品更能满足客户使用需求，从而改善了传统产品在转型之后"量小滞销"的被动状况，基本保持了生产的稳定性和延续性。该公司作为机电产品再制造试点单位，不断加强在电机再制造方面的技术与资金投入，形成了产品研发、技术服务的资源综合利用，同时把电机高等级维保服务作为企业科技转型的重要方向之一。2015年较2014年收入虽然有所下降，但毛利水平从24.94%提高到32.64%，毛利高的服务性收入逐渐开始增量，单笔批量大额合同逐渐增多，电力、医药、化工等高端维修、节能业务的市场占有率逐渐提高。全年完成销售收入3 300.64万元，比上年下降21.45%；实现利润总额23.42万元，比上年下降73.26%。

大连电机集团有限公司压缩了普通电机以及低附加值电机产量，加大新产品和适销对路产品的市场拓展力度，新开发的节能与新能源汽车电机系统产品大幅度发展，150kW、120kW的纯电动车电机驱动系统在山东临沂装机运行，已经改造大巴客车近500辆；80kW、70kW的纯电动车电机驱动系统在广东装机运行，已经改造中巴客车近800辆；30kW、20kW的纯电动车电机驱动系统在北京新能源汽车有限公司装机运行，已经改造装配垃圾处理车近5 000辆。在此技术的基础上又成功地开发出两大系列新能源汽车电机驱动系统共计21个规格的产品，进入国家建设部产品名录。2015年，该公司实现销售收入11 280万元，其中汽车电机销售收入932万元，增长767%。

河北电机股份有限公司近几年不断加大技术改造投入力度，增添了高效数控专机，对生产线等重点设备进行了改造，建设了高效节能电机实验室；加大调整产品结构力度，以自主研发高端技术和产品为支撑，大力发展出口和替代进口产品，主动退出通用类电机市场，全力拓展专特高端市场，取得了良好的效果。2015年实现电机销量318.8万kW，完成销售收入52 917万元，出口额2 365万美元，实现利税5 705万元。

文登奥文电机有限公司面对普通三相异步电动机效益不佳、产能过剩的局面，加大台式钻床、高速切割机、家用砂轮机、花园用粉碎机、工场用吸尘器等终端产品的销售力度，产品出口北美洲、欧洲等地区，出口占比从原来的50%上升到90%。公司逐步退出普通效率三相异步电动机生产，只接高效交流电动机订单生产。在高效交流电动机订单不足的情况下，对部分原有生产线进行了调整，对接某一出口产品。根据自身的研发优势和基础条件，开发了符合NEMA标准的钢板壳电机出口北美市场；开发的3～300kW超高效电机与水泵配套，2014年、2015年出口同比增长10%以上。

中车株洲电机有限公司基于近年国家对铁路运输行业投资的大幅增加，不断加强产品的科技研发和工艺创新，提升了轨道交通领域牵引电机、变压器产品的技术含量，同时加强现场生产管理，严控制造质量，产品订单迅速增加。在风力发电领域，外抓市场拓展、内抓合同订单落实，产品优质、按时交货，取得了较高的市场占有率。与此同时，公司围绕国家节能减排、发展高效节能电机的产业政策，在与装备配套的高效节能电机产品的研发创新与客户的拓展上取得了一定的成绩，培养了一批潜在用户。2015年该公司完成销售收入65亿元，同比增长22.6%。

卧龙电气集团股份有限公司董事会大力推进智能制造，加快产业结构调整与转型升级，通过技术强企提高企业核心竞争力，大力推进并购整合，取得协同效益，实现公司经营业绩平稳发展。公司积极推动业务模式从产品本体向系统集成配套和服务业务转型。着眼于高效节能改造、驱动控制等项目，大功率高压变频电机、风机一体式变频电机、水泵一体式变频电机产品项目取得突破；在核电市场开拓方面取得重大突破，尤其是中压核级电机及三大泵电机等取得良好业绩，军工、核电及航空航天类电机业务销售同比增长588.25%。电机及控制业务占主营业务收入的72.58%,其中高压电机及驱动、低压电机及驱动、微特电机及控制营业收入分别为21.41亿元、26.87亿元、17.77亿元,对应毛利率分别为28.82%、27.17%、15.16%,整体毛利较上年同期有一定提升。得益于客户结构和产品结构联动调整优化以及制造工厂机器换人、降本增效工作的持续推进,公司经营业绩稳步增长,经济效益显著提升。高效电机销售同比增长32.66%,无刷直流电机销售同比增长41.11%,新能源汽车电机销售同比增长264.33%。建立了全球战略性大客户管理体系,2015年全球战略性大客户销售超过10亿元,同比增长超过30%。研发方面,建立了全球联合研发体系和统一的技术标准;采购方面,针对共性物料建立了供应资源的共享平台,从而实现了产品、资源、成本方面的全方位合作和优势互补。2015年卧龙电气实现营业收入94.74亿元,同比增长37.45%;实现营业利润4.44亿元,同比增长38.20%;归属于母公司所有者的净利润3.60亿元,比上年4.46亿元下降19.18%;归属于上市公司股东的扣除非经常性损益的净利润3.37亿元,同比增长0.73%;经营活动产生的现金流量净额8.6亿元,同比增长33.81%。

受多方因素影响,哈尔滨电气集团佳木斯电机股份有限公司面对的石油石化、煤炭、煤化工、钢铁和电力行业不景气,由此导致公司2015年各项主要指标均较同期大幅下降。全年累计完成产品产量690.9万kW,同比下降30.44%。其中,主导产品防爆电机完成产量202.6万kW,较同期340.66万kW减少138.06万kW,同比下降40.53%;工业总产值14亿元,同比下降36.5%;订货额16.67亿元,同比下降35.57%;营业收入15亿元,同比下降26.47%;销售回款18.45亿元,同比下降22.39%;应收账款8.6亿元,同比下降13.83%;存货6.5亿元,同比下降26.29%;利润亏损4.6亿元。

科技成果及新产品 重庆赛力盟电机有限责任公司的TKS4000-4/1430 11kV及TKS3600-4/1430 6kV同步电动机、隔爆型三相异步电动机列入2015年重庆市经信委新产品计划项目。其中,TKS4000-4/1430 11kV及TKS3600-4/1430 6kV同步电动机项目是为烧结风机所配套的大容量同步电动机,已经完成设计;隔爆型三相异步电动机项目主要是通过对高压防爆电机铸铝转子的研究,进一步改善电机的通风散热效果,同时,通过降低杂散损耗等措施为开发铸铝转子高效电机进行前期研究,该项目正在进行。该公司还完成了大于10 000kW特大型高压异步电动机YKS1120-6 11 200~16 000kW 10kV电磁方案设计及总装结构设计,为特大型高压电机的订货和生产做好了技术储备;完成了首台外置弯喷结构卧轴双喷冲击式水轮机CJA475-W-70/2×7的设计及制造,通过调整喷管结构,解决了喷嘴装配漏油的技术难题,产品出口尼加拉瓜;完成了中大型水轮发电机SF-K12000-32/5100 10.5kV的自主设计;完成了SFW-K2200-8/1430 11kV竖井式机组用发电机设计,该产品飞逸转速达3倍额定转速,从产品结构设计上解决了转子机械结构刚度及强度问题;参与完成了华中科技大学承担的国家"十二五"攻关计划项目——电磁炮发射的驱动部分KX630-50MJ空心发电机主机部分的结构设计。

河北新四达电机制造有限公司与华中科技大学产学研合作项目——新型高压无刷双馈交流电动机,采用电网电源和变频电源同时馈电的方式,具有可调的功率因数和优良的四象限运行能力,可靠性高,且运行时只要求提供转差功率,降低了整个系统的成本。公司的新型低速大转矩永磁直驱同步电机通过了产品工矿环境运行检测,以安全、高效、节能、一体化为特点,成功实现了机械传动无齿轮化的科技成果落地。通过实际使用检测,节电率10%~20%。公司与河北科技大学合作的"大中型高压电机安全运行关键检测技术的研究"课题项目,通过河北省科技成果鉴定后,近两年又进行了升级研发。将关键部件植入该系统,提升测试系统功能,经应用于低速大转矩永磁同步电机的在线检测,实现了快速检测电机运行的各种关键参数的获取,具备实时处理和数据传送等功能。

浙江西子富沃德电机有限公司列入浙江省省级工业新产品开发项目备案7项:直驱齿轮传动扶梯主机、渐进式安全钳、GETM3.5T永磁同步无齿轮曳引机、GETM2.0D永磁同步无齿轮曳引机、HYW15重载货梯主机、GETM3.5D永磁同步无齿轮曳引机、GETM3.0BZ永磁同步无齿轮曳引机。其中GETM70C曳引机(10m/s)、GETM3.5D永磁同步无齿轮曳引机已通过验收,获得新产品证书。"GETM70C曳引机(10m/s)产业化"通过国家火炬计划项目立项(国科发资〔2015〕436号)。公司的杭州市产学研项目"曳引机用开关磁阻电机及控制器研发项目"通过验收;"伺服驱动器研发及产业化"列入"2015年省电子信息产业重点项目计划"(浙经信电子〔2015〕99号),打破了中高端伺服驱动器由国外产品绝对垄断的格局,并逐步替代进口产品。该公司承建的"浙江省企业技术中心创新能力建设项目"完成验收,公司被认定为"浙江省省级工业设计中心""浙江省省级企业研究院"。2015年,公司申请知识产权18项,其中发明专利3项、实用新型专利10项、外观专利4项、软件著作权1项;授权专利19项,其中发明专利6项、实用新型专利8项、外观专利2项、软件著作权3项。

西安泰富西玛电机有限公司的强迫风冷三边工作三相直线异步电动机、一种直流电机电枢冲片全复式冲模获得国家发明专利授权;一种大型电机冲片磁力式内定位可调定位器、一种交流电机定子铁芯叠压车削一体式胎具、一种无源自励恒压无刷同步发电机、一种分块拼焊式同步电机转子支架、一种能够防雷的高压电机、一种高压电动机轴承外盖、一种超大功率电机用防滤油端盖、一种用于大中型内瓦装交流电机可调定子铁心叠压的胎具、发电机用旋转整流模块的安装结构等获得实用新型专利授权。

大连电机集团有限公司承担的国家重大科技专项"大功率同步伺服(110kW)、异步主轴电机(110kW、250kW)制造工艺技术及可靠性保障技术研究"实现了永磁同步电机齿槽力减少50%以上、功率密度提升10%以上的考核指标，获得北京市科学技术进步奖三等奖。完成了省级引进的"大容量交流伺服电机及驱动器成套产品"海外研发团队关于"15kW、18.5kW、33kW三种规格大容量交流永磁同步伺服电动机及驱动器成套产品的研究"项目。该项目完成了高功率密度设计技术、定子灌胶技术、定转子及槽配合研究、低齿槽转矩的实现研究，以及斜槽研究。项目通过了大连市科委、经信委组织的产品技术鉴定，结论为：产品体积小、功率密度大、过载能力强；工作运行可靠、控制精度高；响应速度快，节能效果明显。

哈尔滨电气集团佳木斯电机股份有限公司承担的重大技术装备研制及重大技术攻关项目"主氦风机研制"，是我国"十一五"《国家中长期科学和技术发展规划纲要》中十六项重大专项——高温气冷堆核电站示范工程核反应堆一回路唯一的动力设备。目前该项目完成了"滑动轴承结构样机""国产电磁轴承结构工艺样机""国产电磁轴承结构试验样机""进口电磁轴承结构工程样机总装、调试及跌落试验"，项目通过了方案设计评审、技术设计评审、施工设计审查，标志着主氦风机已经研制成功，正式开始生产。压水堆核电站余热排出泵用1E级K1类高压三相异步电动机研制项目样机已通过中国机械工业联合会组织的成果鉴定，部分指标优于国外同类产品，其中全尺寸带载LOCA鉴定试验为国际首次。该样机具有以下创新和技术特点：电磁设计充分考虑了事故工况对电机性能的影响，通过增加电机热容量，提高了可靠性；绕组采用高场强耐电晕的优质绝缘材料，优化浸漆工艺；采用引接线与绕组主绝缘一致的结构；电源接插件采用特殊的密封与绝缘结构设计，保证了优异的整体绝缘性能；轴承密封采用成熟的曲路结构，并在端盖处设有泄压装置，确保在LOCA事故下润滑可靠。公司为中国石油化工股份有限公司武汉分公司节能改造项目成功研制TZYWS450-6 450kW正压外壳型无刷双馈同步电动机，与传统高压变频电动机相比，该电动机所需功率由原来的变频器供电改为接工频电源的低压工频绕组供电，成本降低的同时节能效果显著。为徐州管道局输油泵配套研制的YB 800-2 2500kW高速自润滑隔爆型高压三相异步电动机项目，于2015年6月10日通过了中国机械工业联合会和中国石化重大装备国产化办公室组织的鉴定。完成了一级能效YE4 80～355系列图样设计和YBX4 80～355系列图样设计；两系列产品效率可达到GB 18613—2012《中小型三相异步电动机能效限定值及能效等级》中的1级能效标准，已完成能效标识备案。YBPT系列高压变频隔爆型三相异步电动机获2014年度黑龙江省机械工业科学技术奖二等奖。

江西特种电机股份有限公司自主研发的YPQ系列电动汽车专用变频调速三相异步电动机，产品性能指标达到国内领先水平，获得2015年宜春市科学技术进步奖。该公司为适应大型大功率水泵、风机、轧机、磨机、破碎机、输送机等特殊工况和负载而专门开发的710大型铸铝转子高压三相异步电动机，具有结构合理、工艺先进、效率高、噪声振动小、可靠性高等特点，已进入试生产阶段；为上海振华港口智能型轮胎吊开发的QPMA90-1350永磁同步电机具有高效率、高力矩惯量比、高能量密度、低碳环保等特点，该项目尚处于研发阶段；根据国内外专用电机结构，结合塔机行业特点改进研制的YZTDE系列塔机起升用多速电磁制动三相异步电动机极速理想、效率高，结构紧凑、体积小，重量轻，起动电流小，控制方便、可靠性高，能快速制动和准确定位，已进入大批量生产阶段；主要针对煤矿井下驱动采煤机、掘进机、单轨吊车等机械设备配套设计的YBK2系列矿用隔爆型三相异步电动机，通过优化设计改善了电机性能，提高了电机效率，减小了振动和噪声，提高了防爆安全可靠性，已进入试生产阶段。

福建福安闽东亚南电机有限公司与华南理工大学联合研发的产学研项目"质子交换膜燃料电池发电系统的开发研究"实施时间为2010年8月至2020年8月，该项目目前还在研发中。承担的国家"863"科研项目"千瓦级燃料电池与太阳电池互补的供能系统"中的子项目"燃料电池备用应急电源系统的中试规模制造及运行"实施时间为2012年11月至2015年11月，相继成功研发四代氢能燃料电池产品：第一代YNF-400风冷应急备用电源、第二代YNF-400手提式应急备用电源、第三代YNF-500轻型手提式应急备用电源、第四代军用便携式应急备用电源等，目前处于产品小批量推广阶段。承担的福建省重大专项先进装备与制造技术领域"高性能伺服电动机及高精度控制系统的研发及产业化"项目实施时间为2012年9月至2015年9月，产品技术国内领先，处于大批量投产阶段，已为企业带来600多万元的经济效益，后续衍生项目于2016年年初被列入"国家火炬计划产业化示范项目"。该公司利用"互联网+"模式，研发、生产智能电子项目，为用户提供包括方案设计、产品供应、现场施工及技术服务在内的一站式分布式电力系统集成解决方案及全球范围内的交钥匙工程，已在非洲、东南亚、中东等多个国家与地区完成交钥匙工程。公司获得32项专利授权，其中一种用于双电机混合动力离合器的气动膜、一种气控式双行星轮制动离合器、一种纯电动清扫车集成两档变速箱的驱动电机、一种混合动力客车集成双行星轮制动离合器的双电机总成4项获得发明专利授权。

山东华力电机集团股份有限公司与北京航空航天大学联合开发的"磁悬浮稀土永磁高速电动机"产学研合作项目，被列入2015年度山东省泰山产业领军人才项目，已完成30kW 66 000r/min和315kW 22 000r/min磁悬浮电机样机试制，预计2019年完成全系列产品的研发试制。该公司为豪顿华工程有限公司设计开发高铁风机专用电机，已完成铁路动卧风机专用电机、铁路CRH380D型、CRH380B型动车组风机专用电机的开发设计；为歌美飒风电开发设计了8个规格型号的风电偏航专用电机，年供货量超过5 000台；为科禄格设计和生产了200～400℃三个温度等级的烟道消防风机专用电机，并开发了涵盖单速、多速及高效系列高温电机产品，逐步打开了在高层、地下建筑、地铁、隧道等特殊环境的通风设备配套市场；为澳大利亚 ROTOTECH 公司研发 POPE 专用系列电动机，已完成了 H100～355 等 11 个机座号 40 多个规格设计，实现了一般用途电动机和一般用途防爆电动机的便捷转换。

2015 年 9 月中达电机股份有限公司的 YE3-ODP 超高效节能系列三相异步电动机获江苏省科学技术厅颁发的高新技术产品认定证书。该公司的空心轴编码器在自冷电机中的安装结构、内风扇结构三相异步电动机、水利生化用立式电机的轴承组件的润滑结构、一种绝缘端盖、一种 6kV 高压电机定子线圈的绝缘结构等 5 项技术获得了国家发明专利授权。电机机座斜面钻孔专用工装架、冲床自动接料装置、电机转子冲片轴孔与瓜子片分离集料箱结构、一种绕线电机滑环罩通风结构等 4 项技术获得了国家实用新型专利授权。

2015 年 8 月，中车株洲电机有限公司承担的国家"863"计划"高速铁路重大关键技术及装备研制项目"的子课题——"TQ-600 永磁同步牵引电机"通过了由湖南省机械工业协会主持的科技成果鉴定。该项目采用世界新型稀土永磁材料，有效克服了永磁体失磁这一世界难题，同时巧妙设计的轴承散热结构能有效降低轴承温升，确保牵引动力运行的安全可靠。与现有 CRH380A 高速动车组的 YQ－365 异步牵引电机相比，具有高效率、高可靠性、低维护成本等特点，而产品重量则可降低 35%，效率提升 3% 以上，节能也将达到 10% 以上。以一列 8 编组高铁每天往返一次京沪线计算，装载永磁同步牵引电机后，一年可节电逾 100 万 kW·h。该公司为"双级高效永磁同步变频离心式冷水机组项目"配套的高速永磁变频电机系列，历经 6 年时间完成研制、应用和批量生产。通过实际运用检验，该电机与普通冷水机组电机相比，在节能效果、降噪水平、缩减体积、产品质量等方面均有大幅提升，制冷效果迅速高效，节能可达 40% 以上，高出国际先进水平 10%～20%，噪声可降低 8dB 以上，产品整体性能稳定可靠。20 级高效永磁同步变频离心式冷水机组项目获得中国制冷学会科技进步奖一等奖。

安徽皖南电机股份有限公司的"电机高效再制造及负载智能匹配工程技术及产业化"项目，获得 2015 年度安徽省科技进步奖二等奖。该项目针对负载变化，采用自主创新技术，再制造系列高效率电机，匹配于特定负载和工况，智能化地实时改变电机的输出，解决了电动机在高效、高功率因数、高负荷段运行的瓶颈问题。经安徽省电机产品及零部件质量监督检测中心检测，电机的效率在各个功率段平均提升 2% 以上，功率因数在中功率段平均提升 15% 以上，产品性能达到国内领先水平。公司研发的"高速动车组机车试验台用异步牵引电机"列入 2015 年度安徽省科技重大专项项目计划。该电机功率大、速度高，可有效替代进口同类产品，填补国内和国际空白，产品达到国际先进水平。

卧龙电气集团股份有限公司 2015 年申请专利 91 项，其中发明专利 22 项；申请且授权专利 28 项；授权发明专利 11 项。

2015 年，南昌康富科技股份有限公司的 W6-40～160 谐波励磁发电机被国家科技部批准为 2015 年度国家火炬计划项目。该产品具有超强的直接起动异步电动机的能力，是国家标准的 2 倍，可有效降低燃油消耗量，减少染，达到节能减排的效果，具有电压整定范围广、适应环境广、无故障时间长等技术特点，可应用于对发电机性能及可靠性要求比较高的领域。2015 年 8 月 8 日，公司承担的 H500 10 极复合励磁船用发电机、HW4B 系列变速恒频恒压发电装置、40～60kW 高速谐波励磁发电机三项省级新产品项目通过了江西省科技厅、工信委联合组织的专家鉴定。H500 10 极复合励磁船用发电机项目为公司首次设计的 10 极低速船用柴油发电机，可满足船舶上低速柴油机的配套需求。该产品电压波形好、电压调整率高，具有良好的动态性能，带负载能力强，承受非线性负载能力强，电磁兼容性好，抗干扰能力强，可靠性高，整机经济性突出，被鉴定为具有国内同类产品领先水平。HW4B 系列变速恒频恒压发电装置项目可提升轴带发电机的应用范围和使用性能，具有较高的实用价值。产品采用特殊电磁设计，能够使发电机在 65%～135% 额定转速的宽范围内输出波形纯净、电压恒定 400V（或其他定制）、频率恒定 50Hz（或其他定制）的三相交流电，为船舶行业客户提供高效节能、性价比高、输出稳定性强的发电装置，被鉴定为具有国内同类产品领先水平。40～60kW 高速谐波励磁发电机项目为自主研发的高速电机，可适应高速油机的配套需求，产品结构紧凑、重量轻、体积小，在有重量和空间限制的场合使用具有明显的优势，能很好地满足特殊领域的需求，被评价为具有国内同类产品先进水平。2015 年 12 月 23 日，公司承担的 400kW 双输出轨道焊接发电机、3kW 便携式单相发电机、1 300～1 720kW 复合励磁八极船用发电机三项省级新产品项目通过了江西省科技厅、工信委联合组织的专家鉴定。其中，400kW 双输出轨道焊接发电机被鉴定为具有国内同类产品领先水平，3kW 便携式单相发电机、1 300～1 720kW 复合励磁八极船用发电机被鉴定为具有国内同类产品先进水平。公司的一种三相无刷同步发电机定子双电枢迭绕组、双电压调节器发电机、一种单轴承发电机 3 项发明专利相继获得国家知识产权局的授权。

质量 国家中小电机质量监督检验中心、辽宁省产品质量监督检验院和福建省产品质量检验研究院于 2015 年 6—8 月共同承担了 2015 年三相异步电动机产品质量国家监督抽查工作。

此次抽查重点突出安全、节能和环保要求，即重点检验电动机的发热、旋转方向、效率以及振动和噪声等性能指标，特别高度关注电动机的能效指标，并对 2014 年监督抽查中的 21 家不合格企业全部进行了跟踪。抽查企业所在地区涉及河北、山西、辽宁、黑龙江、上海、江苏、浙江、安徽、福建、江西、山东、河南、湖南、广东和陕西 15 个省、直辖市。共抽查 90 家企业的 90 批次产品，约占全国同类生产企业的 10%。经检测，有 73 家企业的

73批次产品合格，17家企业的17批次产品不合格，抽查企业合格率和产品合格率均为81.1%。与2014年三相异步电动机产品质量国家监督抽查结果相比，此次抽查的合格率上升了3个百分点。

此次抽查电动机产品依据的标准主要有GB 755—2008《旋转电机 定额和性能》、GB 1971—2006《旋转电机 线端标志与旋转方向》、GB 10068—2008《轴中心高为56 mm及以上电机的机械振动 振动的测量、评定及限值》、GB 10069.3—2008《旋转电机噪声测定方法及限值 第3部分：噪声限值》、GB 14711—2013《中小型旋转电机通用安全要求》、GB 18613—2012《中小型三相异步电动机能效限定值及能效等级》、GB/T 1032—2012《三相异步电动机试验方法》、GB/T 10069.1—2006《旋转电机噪声测定方法及限值 第1部分：旋转电机噪声测定方法》以及相关的法律法规、部门规章和规范，经备案现行有效的企业标准及产品明示质量要求。按照抽查方案，此次抽查的考核依据标准均为强制性标准，所以强标评定合格率亦为81.1%；没有推荐性标准，没有推标评定符合率；产品销售额加权合格率为98.4%。

被抽查的90家企业中，有19家大型企业、28家中型企业、43家小型企业，分别占抽查企业总数的21.1%、31.1%和47.8%，合格率分别为94.7%、78.6%和76.7%。其中，中、小型企业的合格率低于总体合格率81.1%，基本反映了电机行业总体质量状况，同时也从产品质量水平这个角度比较客观地反映出了行业企业技术能力和管理能力的现状。按生产企业规模统计的企业及产品合格率见表10。

表10 按生产企业规模统计的企业及产品合格率

企业规模	抽查企业数（家）	合格企业数（家）	企业合格率（%）	抽查产品数（种）	合格产品数（种）	产品合格率（%）
大型	19	18	94.7	19	18	94.7
中型	28	22	78.6	28	22	78.6
小型	43	33	76.7	43	33	76.7
合计	90	73	81.1	90	73	81.1

按检验项目统计，有8家企业的产品涉及安全指标不合格项，有12家企业产品涉及环保指标的项目不合格，有10家企业产品涉及能效指标项目不合格。按照三类项目属性进行统计，安全、环保和能效的合格率分别为91.1%、86.7%和88.9%。17家不合格企业中，有6家企业的产品涉及一种属性质量指标不合格，8家企业产品涉及两种属性质量指标不合格，3家企业的产品涉及三种及以上属性的质量指标不合格。按检验项目统计的合格率见表11。

表11 按检验项目统计的合格率

序号	检测项目名称	检测数（家）	合格数（家）	合格率（%）	检测项目属性	检测数（家）	合格数（家）	合格率（%）
1	旋转方向	90	87	96.7				
2	接线盒及接线装置	90	90	100.0				
3	接地	90	86	95.6				
4	引线防护	90	89	98.9				
5	接线端子	90	90	100.0				
6	定额试验	90	88	97.8	安全	90	82	91.1
7	热试验	90	89	98.9				
8	接触电流	90	90	100.0				
9	绝缘电阻	90	90	100.0				
10	介电强度试验	90	90	100.0				
11	机械强度试验	90	90	100.0				
12	振动的测定	90	83	92.2				
13	噪声的测定	90	85	94.4	环保	90	78	86.7
14	效率测定	89	79	88.8	能效	90	80	88.9

按照三相异步电动机监督抽查项目的性能属性，安全、环保和能效三类项目不合格占比分别为33.3%、36.4%和30.3%。按安全、环保和能效三类项目统计的不合格占比情况见表12。

表12 按安全、环保和能效三类项目统计的不合格占比情况

序号	检验项目	检测项目属性	不合格批次	不合格占比（%）
1	旋转方向	安全	11	33.3
2	接地			
3	引线防护			
4	定额			
5	热试验			
6	振动的测定	环保	12	36.4
7	噪声的测定			
8	效率	能效	10	30.3
9	合计		33	100.0

我国三相异步电动机的主要生产区集中于东部地区，生产企业群主要位于河北、辽宁、江苏、浙江、福建、山东、广东等省。此次抽查是自2011年以来的第三次三相异步电动机产品质量国家监督抽查，大部分区域的抽查合格率呈上升趋势。产业集中地区抽样数及合格率见表13。

表13 产业集中地区抽样数及合格率

地区	2015年 企业数（家）	2015年 合格率（%）	2014年 企业数（家）	2014年 合格率（%）	2011年 企业数（家）	2011年 合格率（%）
河北省	14	78.6	15	86.7	7	57.1
辽宁省	3	100.0	3	100.0	11	63.6
江苏省	15	66.7	11	81.8	14	71.4
浙江省	18	77.8	9	66.7	17	64.7
福建省	10	100.0	10	90.0	22	81.8
山东省	2	100.0	8	100.0	8	100.0
广东省	7	100.0	12	58.3	6	50.0

与2014年、2011年抽查结果相比，旋转方向、接地、引线防护、热试验和效率项目的合格率都有上升；定额试验、振动和噪声项目的合格率有所下降。效率项目的合格率虽然有所上升，但还是不合格项目中合格率最低的项目。2015年与2014年、2011年抽查合格率对比见表14。

表14 2015年与2014年、2011年抽查合格率对比（%）

项目名称	2015年	2014年	2011年
旋转方向	96.7	90.6	95.5
接地	95.6	88.5	95.5
引线防护	98.9	97.9	92.0
定额试验	97.8	97.9	/
热试验	98.9	97.9	92.9
振动	92.2	92.7	89.3
噪声	94.4	99.0	97.3
效率	88.9	87.5	95.5

注：2011年效率指标是按GB 18613—2006《中小型三相异步电动机能效限定值及能效等级》的能效限定值来考核的。

自1986年国家对中小型电机产品实施监督抽查以来，三相异步电动机产品的监督抽查已经进行20次，抽查的平均合格率为65.1%，总体合格率趋升。2015年抽查合格率为81.1%，比平均合格率高16个百分点。

2015年，江苏大中电机股份有限公司等27家企业的33个型号的低压三相异步电动机、兰州电机股份有限公司等7家企业的21个型号的高压三相异步电动机、广东省东莞电机有限公司等21家企业的25个型号的永磁同步电动机入选工信部《节能机电设备（产品）推荐目录（第六批）》。

2015年，浙江金龙电机股份有限公司的JM4-180M-4、JM4-355M-4和重庆赛力盟电机有限责任公司的YCE2-355L1-4、YCE2-355L-6共4个规格的低压三相异步电动机，哈尔滨电气集团佳木斯电机股份有限公司的YB3 450-2和江苏航天动力机电有限公司的Y2W 400-2共2个规格的高压三相异步电动机，宁波韵升股份有限公司的71YS-K15FWJ751、苏州汇川技术有限公司的ISMH3-75C15CD、天津市科麟机电设备有限公司的TS280M-4、无锡市华文机电有限公司的BYT180M2-4、江苏爱尔玛科技有限公司的XYT280M-8、江苏吉泓达电机科技有限公司的TYYB315M-4共6个规格的永磁同步电动机被入选《"能效之星"产品目录（2015年）》。

安徽皖南电机股份有限公司于2015年导入实施ISO/TS 16949《汽车生产件与相关维修零件组织应用ISO 9001：2008的特殊要求》的质量体系认证，并顺利通过认证审核，标志着该公司的电机产品获得汽车行业的准入资格。

浙江西子富沃德电机有限公司荣膺2015年度浙江省人民政府质量奖。该公司还荣获2015年度全国机械工业优秀质量管理小组活动成果一等奖。

标准 全国旋转电机标准化技术委员会派代表参加了2015年1月27—30日在德国Bruchsal的SEW公司召开的IEC/TC2 WG28、WG31，IEC/SC22G/WG18联合工作组会议。WG28工作组主要负责IEC 60034-2-3《变频器供电的交流电动机确定效率和损耗》的试验方法标准制定；WG31工作组主要负责IEC 60034-30-2《变频器供电的交流电动机能效分级标准》制定；IEC/SC22G/WG18工作组主要负责IEC 61800-9-1/2标准的制定。会议对变频器供电电机的效率分级、效率测试方法，变频器供电系统的效率分级及试验方法涉及的共性问题达成了一致意见。

全国旋转电机标准化技术委员会派代表参加了2015年4月1日WG12在德国法兰克福召开的工作组会议。会议主要讨论了标准IEC 60034-1和IEC 60034-12标准CD文件各国处理意见，并决定这两项标准进入CDV阶段。

全国旋转电机标准化技术委员会还派代表参加了2015年10月5—7日在柏林召开的WG28和WG31工作组会议。WG28工作组主要讨论了标准IEC 60034-4修订的CD文件，正式启动了IEC 60034-2-3标准的修订工作。WG31工作组重点讨论了IEC 60034-30-2第2 CD文件的

各国意见回复。

2015年11月19—21日,全国旋转电机标准化技术委员会七届四次年会在江苏无锡召开。会议总结了电机行业标准化"十三五"发展规划的编制,旋标委2015年标准的制修订和新标准的宣贯、IEC文件回复及参与IEC国际标准化活动等方面的工作;介绍了强制性国家标准改革整合精简的精神;评审了旋标委归口的8项强制性标准;审查了《单速三相笼型感应电动机起动性能》等3项国标和《螺杆压缩机专用直驱式变频调速永磁同步电动机技术条件》等8项行标;对列入2016年度复审计划的GB/T 756—2010《旋转电机 圆柱形轴伸》等6项国标和JB/T 7590—2005《电机用钢质波形弹簧 技术条件》等27项行标进行了复审;讨论通过了2016年准备立项的交流变速电机能效分级(IE代码)等8项标准计划。

2015年旋转电机标委会负责制定及归口的相关标准见表15。

表15 2015年旋转电机标委会负责制定及归口的相关标准

序号	标准号	项目名称
1	JB/T 12218—2015	永磁无铁心发电机 技术条件
2	JB/T 12219—2015	YFP系列(IP55)风机专用变频调速三相异步电动机技术条件(机座号80～400)
3	JB/T 12220—2015	YSP系列(IP55)水泵专用变频调速三相异步电动机技术条件(机座号80～355)
4	JB/T 12221—2015	YYSP系列(IP55)压缩机专用变频三相异步电动机技术条件(机座号80～355)
5	JB/T 12222—2015	YYSE2系列(IP55)压缩机专用三相异步电动机技术条件(机座号80～355)
6	JB/T 12223—2015	封闭式离心制冷机用三相异步电动机技术条件
7	JB/T 11706.2—2015	三相交流电动机拖动典型负载机组能效等级 第2部分:螺杆空压机机组能效等级

2015年,由旋转电机标委会负责编制的GB/T 28562—2012《YVF系列变频调速高压三相异步电动机技术条件(机座号355～630)》获中国机械工业科学技术奖三等奖,GB/T 29314—2012《电动机系统节能改造规范》获电工标准-正泰创新奖一等奖。旋转电机标委会参加编制的GB/T 26670—2011《中小型电机环境意识设计导则》获电工标准-正泰创新奖三等奖。

安徽皖南电机股份有限公司被安徽省知识产权局评为"安徽省知识产权贯标工作优秀单位"。

基本建设及技术改造 山东华力电机集团有限公司在荣成市经济开发区崂山工业园建设的集团新总部总投资5亿元,年生产能力达1 500万kW,是华力电机集团的核心生产基地。2015年完成投资6 280万元,其中基本建设投资3 230万元、技术更新改造投资3 050万元。现已完成12万m²厂房和办公楼建设,购买数控车床、电机涂装线、电机转子压铸机、开式压力机等160余台(套)。该公司计划于2016年第四季度实施搬迁。

河北电机股份有限公司2015年固定资产投资5 934万元,其中基本建设投资3 200万元、技术更新改造投资2 734万元。公司对18条电机生产线、4条绕组嵌线生产线、3条端盖生产线和4条机座生产线,按照人、机、加工对象、加工进度、生产效率、制造成本、生产周期等逐条进行分析,找出了差距;提出了以提高加工效率、稳定产品质量、降低加工成本为目标的改进方案;积极采纳数控、复合、高速、精准高效加工技术,进行机座、端盖、嵌线等生产线的改造。河北电机结合自身特点,拟建设适应多品种、小批量生产的半自动化、自动化、柔性加工单元,逐步从工业2.0走向工业3.0,为最终实施智能制造夯实基础。

中达电机股份有限公司总投资逾1亿元在无锡市新吴区建设的现代化新厂区,占地面积逾8万m²,年生产能力800万kW。2015年该公司固定资产投资710万元,其中基本建设投资280万元、技术更新改造投资430万元。

荣成市荣佳动力有限公司鉴于新能源汽车的发展趋势,未来5年内着重开发车用动力集成系统,针对电动汽车电驱动控制系统的特点,对电动汽车用开关磁阻调速电机及电控系统、变速器、发动机以及整车动力控制器一体化集成进行开发设计,使系统可靠性提高,成本降低。该项目有4项实用新型专利作为技术支撑,拥有自主知识产权;相关科技成果获得山东省优秀节能成果奖和威海市科技进步奖。公司计划投资5 800万元用于项目开发及其产业化投资,项目竣工投产后可形成年产3万台(套)车用动力集成系统的生产能力,年实现销售收入12 700万元、利润2 100万元、税金2 700万元,出口创汇500万美元。

江西特种电机股份有限公司因实现了利用锂云母制备电池级碳酸锂的规模化生产,已具备年产2 000t碳酸锂的产能,市场需求旺盛,2015年公司固定资产投资29 114.31万元。该公司锂云母制备电池级碳酸锂的新技术已经完成中试,正在快速进行二期6 000t碳酸锂生产线的建设。

哈尔滨电气集团佳木斯电机股份有限公司2015年完成固定资产投资6 828万元,其中基本建设投资6 286万元、技术更新改造投资542万元。通过投资项目的实施,公司的生产能力有了很大提高,全年可完成产品产量逾1 000万kW,尤其是高压、高效节能电机的产能大幅提高;技术改造投资主要为科研大楼尾款、试验变压器、试验站验收尾款、冲槽机尾款等。

福建福安闽东亚南电机有限公司下属子公司厦门亚南电机有限公司已累计完成固定资产投资5 800万元,完成建筑面积逾6万m²,形成标准化工业厂房2座、综合试验大楼1座;下属子公司福建亚南电机有限公司对现有的生产线进行智能化技术改造，已建成自动化生产流水线4条，配套机器人自动装配设备，初步实现"机器代工"。

西安泰富西玛电机有限公司固定资产投资1 493万元，其中基本建设投资228万元、技术更新改造投资1 265万元。主要是购置电机检测、试验、生产设备，解决防爆电机生产的瓶颈；购置复杂模具加工中心、数控拉型机、数控涨型机、数控绕线机、数控加工中心，提高电加工技术能力和机加工水平；对电机试验站设备进行更新、升级、改造，提高电机试验能力。

河北新四达电机股份有限公司作为国家工信部"机电再制造产品认证"试点单位，在科研投入、设备升级等方面投入专项资金，用于电机再制造、节能改造，与河北省设备管理协会联合开发针对区域存量电机的数据库系统。2015年，固定资产投资1 000万元，其中基本建设投资600万元、技术更新改造投资400万元。

浙江西子富沃德电机有限公司基于MES系统的工厂物联网项目被列入杭州市第二批物联网项目。该项目充分利用了工厂物联网技术，实现了车间的设备互联和企业资源计划（ERP）等异构系统的纵向深度集成，为整个工厂实现智能生产奠定了扎实的基础。该项目投运以来，在提质、增效、降成本方面取得了较好的效果，以2016年一季度实际生产运营结果核算，预计全年可为公司产生直接经济效益500余万元。列入杭州市工业企业信息化应用项目"质量提升与物流追踪系统"项目被评为2015年第一批杭州市物联网推广应用示范项目。"年产15万台高效节能永磁同步无齿轮曳引机制动器自动化生产线技术改造"项目列入2015年杭州市第一批重点工业投资（技术改造）项目计划，12月底竣工验收。2015年，该公司技术更新改造投资3 160.1万元。

大连电机集团有限公司2015年完成了辽宁省节能电机与控制类电机工程实验室的技术改造，完成投资1 900万元，建有360控制类电机试验站以及2MW电机试验站，提升了电机试验能力。

对外合作 2015年6月，南昌康富电机技术有限公司整体变更为"南昌康富科技股份有限公司"，并于2015年11月11日正式在全国中小企业股份转让系统挂牌上市，股票代码834262。

卧龙电气集团股份有限公司及控股孙公司绍兴澳特彼电机有限公司与上海大郡动力控制技术有限公司于2015年7月28日共同签署了《关于设立浙江卧龙大郡新能源电机有限公司的合资协议》。根据合资协议，卧龙电气、绍兴澳特彼电机有限公司以及上海大郡共同出资2 000万元设立卧龙大郡。其中卧龙电气出资600万元，占注册资本30%；绍兴澳特彼电机有限公司出资800万元，占注册资本40%；上海大郡出资600万元，占注册资本30%。卧龙大郡的经营范围是各类驱动电机的研发、制造、加工和销售以及进出口业务。10月，该公司达成投资新能源汽车动力总成产业化项目议案，在浙江省绍兴市上虞区经济开发区新征用地103 323 m²（155亩），用于新能源汽车电机及电机控制系统的产业化生产。卧龙电气继3月成功并购南防集团后，12月又成功并购意大利OLI公司。据卧龙电气公告，公司及其通过全资子公司香港卧龙控股集团有限公司在意大利新设立的卧龙意大利控股集团有限公司就收购OLI股份公司（OLI S.p.A.，全球最大的振动电机制造商）80%股份与WAM GROUP S.p.A.及Giorgio Gavioli先生签订股份购买协议，其中WAM GROUP S.p.A.转让78%、Giorgio Gavioli先生转让2%，合计80%股份，交易价格为57 114 189.97欧元。

江西特种电机股份有限公司继2015年4月以6亿元收购杭州米格电机有限公司100%股权后，2015年9月以16 500万元注册上海江尚实业有限公司（100%股权），总投资16 920万元，其经营范围为商务咨询（除经纪）、投资管理、物业管理、保洁服务。2015年11月，江特以291 200万元收购江苏九龙汽车制造有限公司100%股权，该公司2015年实现3.39亿元利润，超出利润目标1.39亿元。江特电机借助九龙汽车成熟的整车制造经验，同时引进日本、欧洲等国外先进的造车技术，拟打造国内最先进的四化电动车生产基地。2015年12月，江特在德国设立全资子公司Jiangte Motor Germany GmbH江特电机（德国）有限公司。该公司注册资本2.5万欧元，总投资619.5万美元，经营范围为研发和经销电机、发电机、能源技术和车辆技术。

哈尔滨电气集团佳木斯电机股份有限公司与大连深蓝泵业有限公司、上海阿波罗机械股份有限公司签订合作协议，承担研制中石油项目液化天然气压气站泵样机配套电机——LNG接收站低温潜液电动机，目前已经完成绝缘系统研究，并提供大连深蓝泵业有限公司低压（380V）110kW-2p、高压（6 000V）400kW-2p两个规格样机装配试验。

浙江西子富沃德电机有限公司与浙江工业大学、浙江省特种设备检验研究院共同筹划的"面向产业联盟的特种设备云设计服务平台关键技术研究及其应用"项目被列入2014年度省重大科技专项计划项目。2015年该项目已完成特种共性设计服务系统研究开发，包括设备建模、知识库、初始方案快速设计、设备独立模块设计服务等模块，开展了三维参数化模型和云设计平台构架模型及其关键技术的研究开发工作，相关技术申请发明专利5项。该公司由浙江省级博士后试点单位成功晋升为国家级博士后工作站。9月，公司博士后工作站吸纳浙江工业大学张元鸣，开展"面向特种设备的云制造若干关键技术研究"。

大连电机集团有限公司通过前期引进伺服电动机技术，以及后来引进海外技术团队合作研发新品，设计水平有了大幅度的提高。经过消化吸收，开发了众多新产品，其中2015年开发的15kW、18.5kW、33kW三种规格大容量交流永磁同步伺服电动机及驱动器成套产品通过了大连市科委、经信委组织的产品技术鉴定；利用新的设计理念开发出的30-8汽车永磁电机驱动系统，已经获得用户装机试车运行，效果良好；50-4汽车永磁电机驱动系统已经完成设计，正在试制中。

管理改革 北京毕捷电机股份有限公司从2011年开始京城电通文化创意产业园的一期、二期开发建设，2014年全面推进剩余存量土地房屋资源的盘活利用，截至2014年9月，原有生产制造环节和编制全部停产退出，企业开始由生产制造型向服务经营型转变。2014年12月26日毕捷电机与山东力久特种电机股份有限公司签订《山东力久特种电机股份有限公司向北京毕捷电机股份有限公司定向增发股份认股协议》，以投资合作形式发展电机产业。如今，一、二期文化创意产业园已经形成可观经济效益，一个具有电机文化理念的、后工业时代园林式高端科研与创意园区正在形成。

〔撰稿人：中国电器工业协会中小型电机分会曹莉敏
审稿人：中国电器工业协会中小型电机分会金惟伟〕

2016年发展情况

生产发展情况 行业64家数据汇总统计显示：2016年与2015年相比，行业生产、销售同比略降；行业利润总额实现了相对较高的增幅；出口销量和出口收入略有增长；订单增加，存货减少；应收应付账款全年高位运行，流动资金吃紧；人工成本上升，行业从业人员下降7%左右；行业经济效益综合指数为187.7。

2016年度有6家上年同期参加行业统计的企业，因兼并重组、清算或停产整顿退出行业统计，导致行业经济效益综合指数缺乏可比性（2015年行业经济效益综合指数为181.0）。虽然其他主要经济指标是64家企业的同比数据，但由于剔除了前述企业后，对行业主要经济指标的汇总也有相关影响。

62家企业（未包含南京汽轮和中车永济）完成工业总产值535.79亿元，比上年减少30.14亿元，下降5.3%；产品销售收入达到620.55亿元，比上年减少2.78亿元，下降0.4%；行业实现利润24.72亿元，比上年增加6.25亿元，增长33.9%。2016年中小型电机行业62家企业主要经济指标见表1。2016年中小型电机行业经济效益综合指数前20名企业见表2。

表1 2016年中小型电机行业62家企业主要经济指标

序号	指标名称	单位	2016年	2015年	2016年与上年相比 增加额	增长率（%）
1	工业总产值	万元	5 357 873	5 659 247	-301 374	-5.3
2	工业增加值（含应交增值税）	万元	1 195 395	1 249 489	-54 094	-4.3
3	工业销售产值	万元	5 205 930	5 441 759	-235 829	-4.3
4	产品销售收入（不含税）	万元	6 205 473	6 233 282	-27 809	-0.4
5	货款实际回收额	万元	6 995 901	6 792 262	203 639	3.0
6	产品销售成本	万元	5 249 477	5 223 100	26 377	0.5
7	产品销售费用	万元	235 130	239 151	-4 021	-1.7
8	产品销售税金及附加(不含应交增值税)	万元	58 393	63 641	-5 248	-8.2
9	管理费用	万元	405 737	397 767	7 970	2.0
10	财务费用	万元	136 934	145 131	-8 197	-5.6
11	其中：利息支出	万元	130 575	143 333	-12 758	-8.9
12	其他业务利润	万元	25 562	30 486	-4 924	-16.1
13	利润总额	万元	247 239	184 709	62 530	33.9
14	平均流动资产	万元	6 334 949	6 109 701	225 248	3.7
15	期末资产总额	万元	10 201 228	9 626 952	574 276	6.0
16	期末负债总额	万元	6 197 782	6 029 914	167 868	2.8
17	期末产成品存货	万元	602 128	746 936	-144 808	-19.4
18	期末应收账款净额	万元	1 910 477	1 739 544	170 933	9.8
19	期末应付账款	万元	1 400 858	1 273 777	127 081	10.0
20	本年订货总量（含上年为当年订货数）	万kW	20 168	18 600	1 568	8.4
21	从业人员劳动报酬	万元	369 325	366 210	3 115	0.9
22	从业人员平均人数	人	65 271	70 088	-4 817	-6.9
23	应交增值税	万元	190 245	174 171	16 073	9.2
24	平均资产总额	万元	9 893 725	9 269 415	624 310	6.7
25	期末所有者权益	万元	3 998 682	3 592 657	406 025	11.3

注：以上汇总数据包含上报中国电器工业协会中小型电机分会统计的大型电机和小功率电机企业，但未包含南京汽轮电机（集团）有限责任公司和中车永济电机有限公司。

表2 2016年中小型电机行业经济效益综合指数前20名企业

名次	企业名称	经济效益综合指数	总资产贡献率（%）	资本保值增值率（%）	资产负债率（%）
1	上海日用-友捷汽车电气有限公司	738.2	22.9	113.2	33.6
2	六安江淮电机有限公司	402.5	15.9	118.5	27.9
3	安徽皖南电机股份有限公司	321.9	18.6	107.1	57.0
4	卧龙控股集团有限公司	318.3	12.0	108.4	48.7
5	浙江西子富沃德电机有限公司	309.8	11.9	118.3	53.5
6	江苏大中电机股份有限公司	299.0	15.0	109.9	35.7
7	中电电机股份有限公司	292.8	4.9	101.8	24.9
8	浙江金龙电机股份有限公司	279.7	11.2	99.0	35.6
9	山东华力电机集团股份有限公司	269.6	16.6	113.0	36.6
10	江苏锡安达防爆股份有限公司	245.6	12.1	104.4	11.4
11	上海电气集团上海电机厂有限公司	238.7	3.6	101.7	66.8
12	安波电机集团有限公司	229.1	10.0	124.4	38.7
13	杭州新恒力电机制造有限公司	225.5	10.4	112.2	28.5
14	江西特种电机股份有限公司	221.7	3.3	199.4	28.7
15	珠海凯邦电机制造有限公司	220.2	22.2	136.3	47.8
16	山东开元电机有限公司	219.6	10.2	102.1	45.8
17	无锡欧瑞京机电有限公司	212.5	15.4	126.9	44.5
18	杭州江潮电机有限公司	203.9	15.5	120.1	46.2
19	浙江特种电机有限公司	203.1	13.6	126.1	28.5
20	广东省东莞电机有限公司	199.0	6.9	103.1	37.4

注：上述排名包含上报中国电器工业协会中小型电机分会统计的大型电机和小功率电机企业，但未包含南京汽轮电机（集团）有限责任公司和中车永济电机有限公司。

2016年有15家盈利企业的工业增加值、电机收入及销量、回款总额、利润总额、人均收入、所有者权益6项指标实现同时增长，较上年增加9家企业。行业期末产成品存货下降约20%。应收应付账款与上年相比，均有约10%的增长，全年处于高位运行。

在64家企业中有15家企业亏损，占企业总数的23.4%，其中有8家企业亏损加剧，3家企业新步入亏损；20家企业利润同比减少，占企业总数的31.2%。利润总额超过6 000万元的企业有13家，较2015年增加1家。

2016年64家企业主要指标变化情况见表3。

表3 2016年64家企业主要指标变化情况

指标名称	变化情况	企业数（家）	占企业总数（%）	指标名称	变化情况	企业数（家）	占企业总数（%）
电机总产量	减产	31	48.4	期末所有者权益	增长	46	71.9
销售收入	减少	35	54.7	成品存货	增长	27	42.2
工业增加值	增长	30	46.9	负债总额	上升	29	45.3
货款回收总额	增长	35	54.7	应收账款净额	增长	37	57.8
企业利润	增加	29	45.3	应付账款	增长	37	57.8
亏损企业		15	23.4	利润总额超过6 000万元		13	20.3
人均收入	增长	50	78.1				

产品分类产量 2016年小型交流电动机产量比上年增长2.1%，其中永磁电动机产量与上年相比，增长1.0%；大中型交流电动机产量比上年下降3.1%，其中高压电机产量下降4.2%；一般交流发电机产量比上年下降14.0%，直流电动机产量比上年下降10.2%。全行业总产量达到18 399.8万kW，比上年减产60.8万kW，下降0.3%。出口电机产量达到2 796.8万kW，比上年增长7.9%。2016年中小型电机行业64家企业的产品产量见表4。2016年中小型电机行业产量超600万kW的8家企业见表5。

表4　2016年中小型电机行业64家企业的产品产量

序号	指标名称	2016年（万kW）	2015年（万kW）	比上年增长	
				数额（万kW）	增长率（%）
1	小型交流电动机	12 451.1	12 197.8	253.3	2.1
	其中：永磁电动机产量	364.5	360.9	3.6	1.0
2	大中型交流电动机	4 918.7	5 078.2	−159.5	−3.1
3	一般交流发电机	763.6	887.8	−124.2	−14.0
4	直流电动机	266.5	296.8	−30.3	−10.2
5	在总产量中：出口产品产量	2 796.8	2 592.6	204.2	7.9

表5　2016年中小型电机行业产量超600万kW的8家企业

序号	企业名称	总产量（万kW）	序号	企业名称	总产量（万kW）
1	卧龙控股集团有限公司（卧龙电气）	1 720.82	5	江苏大中电机股份有限公司	794.7
2	山东华力电机集团股份有限公司	1 102.0	6	上海电气集团上海电机厂有限公司	770.0
3	六安江淮电机有限公司	883.6	7	安徽皖南电机股份有限公司	754.5
4	湘电集团有限公司	840.1	8	哈电集团佳木斯电机股份有限公司	610.6

注：1. 上述排名包含上报中国电器工业协会中小型电机分会统计的大型电机和小功率电机企业。
　　2. 上述卧龙的电机产量未包含微特电机4 198.38万台。

市场及销售　2016年，中小型电机行业转型阵痛加剧。在严峻的市场倒逼作用下，行业优胜劣汰的进程明显加快；虽然产销仍处于明显的相对困难时期，但部分企业已迈出实质性步伐，主动抑制盲目扩张冲动，收缩战线、突出主业，有的已从"减量提质"转为"量质双升"。总体而言，有回升态势。

行业64家统计单位中有35家企业的销售收入减少，占企业总数的54.7%；有29家企业的销售收入增加，占企业总数的45.3%，比上年提高15个百分点；有38家企业电动机销售收入减少，占企业总数的59.4%；有25家企业电动机销售收入增加，占企业总数的39.1%，比上年提高15个百分点，其中有8家企业永磁电动机收入增加，占13家永磁电动机生产企业的61.5%；有10家企业发电机收入减少，占行业12家发电机制造企业的83.3%。

2016年中小型电机行业销售情况见表6。2016年中小型电机行业产品销售收入突破10亿元的11家企业见表7。2016年中小型电机行业电动机销售收入突破10亿元的8家企业见表8。

表6　2016年中小型电机行业销售情况

序号	指标名称	单位	2016年	2015年	比上年增长	
					增加额	增长率（%）
1	产品销售收入（不含税）	万元	6 205 473	6 233 282	−27 809	−0.4
2	其中：电动机	万元	3 864 566	3 998 177	−133 611	−3.3
3	发电机	万元	239 210	295 345	−56 135	−19.0
4	总收入中：出口收入	万元	510 157	486 783	23 374	4.8
5	产品销售总量	万kW	18 285.8	18 318.2	−32.3	−0.2
6	其中：电动机	万kW	17 454.8	17 258.8	196.0	1.1
7	发电机	万kW	732.6	978.1	−245.6	−25.1
8	总销量中：出口量	万kW	2 670.5	2 624.2	46.4	1.8

注：电动机收入中永磁电动机收入20.63亿元，增加2.51亿元，增长13.8%。

表7　2016年中小型电机行业产品销售收入突破10亿元的11家企业

序号	企业名称	销售收入（万元）
1	卧龙控股集团有限公司	1 998 300
2	湘电集团有限公司	1 524 507
3	山东华力电机集团股份有限公司	198 534
4	上海电气集团上海电机厂有限公司	179 567
5	珠海凯邦电机制造有限公司	174 375
6	上海日用－友捷汽车电气有限公司	161 106
7	六安江淮电机有限公司	150 079
8	安徽皖南电机股份有限公司	134 010
9	江苏大中电机股份有限公司	128 581
10	哈电集团佳木斯电机股份有限公司	115 947
11	江西特种电机股份有限公司	101 745

注：上述排名包含上报中国电器工业协会中小型电机分会统计的大型电机和小功率电机企业。产品销售收入突破10亿元的企业比2015年减少2家。

表8　2016年中小型电机行业电动机销售收入突破10亿元的8家企业

序号	企业名称	销售收入（万元）
1	卧龙控股集团有限公司（卧龙电气）	502 925
2	山东华力电机集团股份有限公司	198 534
3	六安江淮电机有限公司	150 079
4	珠海凯邦电机制造有限公司	148 207
5	安徽皖南电机股份有限公司	134 010
6	江苏大中电机股份有限公司	128 581
7	上海电气集团上海电机厂有限公司	124 063
8	哈电集团佳木斯电机股份有限公司	115 947

注：1. 上述排名包含上报中国电器工业协会中小型电机分会统计的大型电机和小功率电机企业。电动机销售收入突破10亿元的企业比2015年减少2家。
2. 卧龙控股的电动机销售收入不包含微特电机18.99亿元的销售收入。

错综复杂的国际经济形势，为对外贸易带来诸多不确定性因素，英国脱欧、美联储加息预期、国际经济市场动荡、地缘政治局势、恐怖主义威胁等，抑制了国际经贸往来，导致全球贸易持续低迷；加之企业成本居高不下导致部分订单向外转移，外需不振。行业内有不少出口企业调整策略，积极寻找直销用户，取得了一定的成效。

从行业统计数据看，行业出口销量和出口收入与2015年同期相比，一季度双双下降，上半年降幅略有收窄，三季度降幅进一步收窄，到了第四季度逐步回暖，同比双双有所增长；电机出口销量比上年增长1.8%，电机出口收入比上年增长4.8%。在39家出口企业中，有17家企业出口销量增加，占出口企业总数的43.6%；有19家企业出口量减少，占48.7%。有18家企业出口销售收入增加，占比46.2%；有21家企业出口销售收入减少，占出口企业总数的53.8%。2016年中小型电机出口收入超过1亿元的12家企业比2015年减少1家，见表9。

表9　2016年中小型电机出口收入超过1亿元的12家企业

序号	企业名称	出口收入（万元）	出口量（万kW）
1	卧龙控股集团有限公司	117 014	482.7
2	浙江金龙电机股份有限公司	55 302	324.5
3	安波电机集团有限公司	52 546	306.7
4	光陆机电有限公司	35 566	150.0
5	山东华力电机集团股份有限公司	34 579	245.0
6	江苏大中电机股份有限公司	32 128	272.0
7	文登奥文电机有限公司	31 850	119.0
8	上海电气集团上海电机厂有限公司	25 932	108.3
9	江苏上骐集团有限公司	19 096	47.9
10	江苏微特利电机制造有限公司	16 887	89.0
11	无锡欧瑞京机电有限公司	15 409	127.9
12	河北电机股份有限公司	12 851	77.2

注：上述以电机出口收入排名。

受国内外经济形势波动的影响，卧龙控股集团旗下的卧龙电气经营业绩出现一定的下滑。公司在坚持推进智能制造与产业转型升级的既定方向下，加快整合公司内部资源，继续深化电机及控制产业的战略聚焦，组建了国际化的专业经营团队，成功推进了网格化营销平台建设，建立了和全球大客户的战略合作关系，围绕电机及驱动控制的主业，建立了统一的研发平台，组织开展了多项产品的全球联合设计，推动产品的升级换代，提高企业核心竞争能力，为实现公司中长期经营业绩储备动能。2016年卧龙电气实现营业收入89.14亿元，同比下降5.91%；实现营业利润3.20亿元，同比下降28%；归属于母公司所有者的净利润2.53亿元，同比下降29.69%；归属于上市公司股东的扣除非经常性损益的净利润8 108.72万元，同比下降75.92%；经营活动产生的现金流量净额9 441.57万元，同比下降89.02%。高压电机及驱动完成销售收入175 611万元，比上年下降17.99%；低压电机及驱动完成销售收入327 313万元，比上年增长21.82%；微特电机及控制完成销售收入189 295万元，比上年增长6.5%。电机及控制业务收入占主营收入的比例由2015年的72.58%提高到2016年的79.93%，进一步确立了关键核心业务的地位，稳固了卧龙国内电机行业的龙头地位。

江西特种电机股份有限公司积极贯彻"升级、转型"战略，重点发展碳酸锂、新能源汽车、伺服电动机、电动汽车电机等产品；同时，对内强化企业管理，对外巩固整合并购重组后的产业。加快电机产品的升级步伐，上年收购的杭州米格电机先后开发了双源助力转向泵电机、采用塑封工艺的E系列电机、0.9度小步距角并能实现闭环控制的步进电机等新产品，进入了AGV、关节机器人、智能识别转向、新能源汽车等新行业，2016年伺服电动机和新能源汽车电机的销售收入占比达40%以上；锂矿产业银锂公司高效低成本提锂技术取得重大突破并成功投产；电动汽车产业重点从电动汽车的电控、电池、智能驾驶、互联互通等方面入手，通过控股、参股等方式，引进国外先进高端技术，为公司电动汽车产业的发展占领技术制高点，收购的宜春客车厂7款客车成功入选国家推荐目录，进入国家补贴名单。全年公司实现营业收入298 471.17万元，比上年同期增加209 186.47万元，同比增长234.29%；利润总额23 678.49万元，比上年同期增加21 000.56万元，同比增长784.21%（主要是收购九龙汽车、米格电机合并报表所致，营业收入中，电动机销售收入84 118万元、利润总额6 903万元，比上年同期分别增长70.68%和17.72%）；归属母公司净利润19 729.70万元，比上年同期增加15 790.93万元，同比增长400.91%。

针对市场需求逐年萎缩、电机销售一路下滑的局面，山东华力电机集团股份有限公司为改变公司普通产品占比超过40%的局面，摆脱低端产品的恶性竞争环境，利用研发平台资源，突破了一批共性和关键技术，先后为全球著名的空调冷冻设备生产商研发了空调冷冻机专用系列电机，为全球著名风力发电机生产商研发了风力发电机专用辅助电机，为全球先进通风产品生产商研发了高温风机专用系列电机，研发的高铁风机专用系列电动机产品已实现装车试运行。公司全年实现销售收入19.9亿元，其中完成出口收入3.5亿元，利润总额8 049万元，电动机总产量1 102万kW，其中小型电动机产量990万kW、中型电动机产量112万kW。受原材料价格大幅波动、订单不足等因素影响，与上年同期比较，各项主要指标完成情况均有所下降，销售收入下降11.64%，总产量下降7.8%，出口产销量下降1.08%，利润总额同降1.81%。

安徽皖南电机股份有限公司加快产品开发和技术改造步伐。子公司威能电机开发出了极具竞争力的特种电机——盾构机掘进盘主驱动电机，在机械接口、外形尺寸、负载温升等各项指标上达到了一流水平，满足了盾构机刀盘电机特定的性能要求。公司还针对转子铸铝上、下模传统制造的弊端，引进了新的线切割和加工中心，改进了铸铝模的加工方法。2016年，皖南电机营造"人人关注质量细节、人人打造精美产品"的氛围，各大类产品保持了增长势头，同时积极向市场推广高压电机产品，高压电机的订单逐步增加，为全公司营销稳增长打下了坚实的基础。该公司全年完成销售收入134 010万元，比上年同期增长11.69%，实现利润总额6 811万元。

中达电机股份有限公司面对低能效电机市场下滑的形势，加快了高效节能电机产业化进程，压缩普通电机销售占比，将公司的高效节能电机拓展到风机、造纸、冶金等机械行业，同时积极开拓国外市场，扩大国际市场份额。2016年，该公司二级能效电机销售比例呈上升趋势，期末产成品存货减少，订货量上升。全年完成产品销售收入24 563万元，比上年增加506万元，增长2.10%。虽然材料价格波动导致材料成本上升，但还是实现利润1 598万元，比上年增加114万元，增长7.68%。

2016年，江苏大中电机股份有限公司高效节能电机产品获得了较高的市场认同，各业务板块获得了重要突破和增长，合同履行率达到100%。全年完成销售收入12.8亿元，实现利润6 593万元，均比上年增长。

安徽明腾永磁机电设备有限公司加大永磁同步电动机产品广告、展会投入，加强售前、售后服务；成立了重庆销售分公司，扩大了销售团队的规模，提高并优化了销售团队的奖励政策；通过合肥销售中心、北京分公司、重庆分公司、西南办事处四个销售区域，在全国范围内加大市场开拓力度，加强销售技术支撑，抓住石化、交通、纺织等领域的风机、水泵、皮带机、机床等机械设备的节能改造项目，加快高效永磁电机推向市场的步伐。公司的TYZD系列低速直驱三相永磁电动机销售签约单位76家，比上年增长31.0%，实现了小规模量产。全年完成工业总产值11 838万元，同比增长33.64%。低压永磁电动机完成产量17.36万kW，同比增长18.34%；高压永磁电动机完成产量3.01万kW，同比增长14.89%。完成销售总量20.01万kW，同比增长37.45%。完成销售收入11 763万元，同比增长37.45%，占全国市场销售份额约0.2%，其中低压永磁电机完成销售收入9 660万元，同比增长100.67%。实现利润1 059.97万元，同比增长33.15%。

四川宜宾力源电机有限公司经过近几年调整，产品结构发生了很大的变化。在和波坦公司配套的过程中，消化吸收法国先进技术，并兼蓄德国、西班牙技术，形成自己的集成创新技术，申请了中国专利。现塔式起重机电机占企业销售收入的70%，占塔式起重机行业中高端市场70%的份额。该公司还根据德国ABM公司的低净空行车技术，开发了行车驱动系统进口替代产品。该低净空行车与我国传统行车相比，噪声低15～20dB，用电省一半，从外观到性能都优于德国ABM公司进口产品，已小批量生产并出口到中东、南非等地区，初步建立了市场信誉。公司通过科技创新正逐步走出困境，2016年完成销售收入9 387万元，实现利润214万元。

福建福安闽东亚南电机有限公司专利技术保有量达176项（其中发明专利技术48项），形成以"YANAN"商标为核心的、共36枚商标的商标体系，核心商标"YANAN"在马德里十六国注册使用。2016年公司生产经营保持了较好的运营态势，整体经济指标与上年基本持平，主导产品发电机、发电机组产品的营销比例出现小幅变动，新能源系列机电产品总体呈现增幅加快的趋势，又一座亚南智能电站以一揽子交钥匙方案，在非洲投入使用。全年累计完成销售收入4.03亿元，实现利润2 229.91万元，上缴税收2 188.84万元，实现出口创汇4 274.25万美元。

浙江西子富沃德电机有限公司2016年实现营业收入97 040万元，实现利润10 912万元，上缴税收5 380万元。共计销售137 269台，其中曳引机98 990台、门电机

5 770台、其他产品32 509台，支柱产品曳引机占总销量的72%。

河北新四达电机股份有限公司2016年配合河北省区域能效提升计划，加大对区域存量电机提供节能改造、再制造服务的力度，虽主营业务收入小幅下降，但新产品TPYM系列低速大转矩球磨机专用永磁同步电动机市场影响力逐步提高，还通过了SKF电机修复中心认证，可提供国际顶尖电机维保服务。

河北电机股份有限公司在采购成本上升、铸件供应急剧萎缩、下游行业用户急需提供定制服务的背景下，提出了产业升级、流程再造的工作目标，启动了精益生产管理项目，建立劳动力授权机制，形成标准化、统一化的精益生产模式。同时加大技术改造投入，对高效数控专机和生产线等重点设备进行了补充和改造，加强高效节能实验室建设，生产流程、生产活动和劳动效率有了明显改进和提升。2016年，该公司永磁电机销量增加，合作开发的丹麦BLUE FAN项目达到年产5 000台；高压电机逐步走向量产，填补了该公司在高压及超高压产品领域的空白。全年实现电机销量299万kW，完成销售收入47 213万元，其中出口电机销售收入12 850万元，实现利税3 630万元。由于原材料价格上涨，导致生产成本增加，公司销售利润下滑。

2016年，文登奥文电机有限公司完成销售收入39 282万元，比上年同期增长6%；出口销售收入31 850万元，占全年销售收入的81%；实现利润总额4 600万元。

西安泰富西玛电机有限公司2016年企业经营状况下行压力为近年来罕见，产销与利润指标全部大幅下降，跌出行业前10名，利润亏损，生产经营相当困难。主要原因：一是在国家降库存、去产能、调结构的大背景下，钢铁、水泥、建材、房地产市场洗牌效应显现，冲击了电机的有效供给；二是集团公司筹划借壳上市，从西玛电机公司抽调部分流动资金进行支援，导致资金吃紧，制约了材料采购，影响了订单生产，合同履约率降低；三是企业在依靠科技创新、加快产品结构调整、实施科学管理方面与市场要求存在一定差距。

山西电机制造有限公司创新研发低压高效电机取得突破，材料占比降低，设计降本取得成效，高性价比的2级能效YE3系列电机试制成功，并通过权威机构测试。该公司上半年受过剩产能影响，用于钢铁、煤矿等行业的YR系列绕线转子三相异步电动机，YZR系列起重及冶金用三相异步电动机、YTS系列提升机专用调速三相异步电动机销量大幅下滑，但随着公司产品销售从原有的煤炭市场逐步向风机、热力、空压机等市场转移，YE3高效电机的推广，销售运行逐渐趋稳。全年完成工业总产值25 164.38万元，同比增长23.69%；完成工业增加值5 884.36万元，同比增长2%；完成产品销售收入20 231.06万元，同比增长70.32%；实现利润69.12万元，同比增长263.79%。

佳木斯电机股份有限公司主要业务领域石油石化、煤化工项目数量逐年减少、缓停项目增多，煤炭、钢铁行业相关主机厂订货量下滑，加之出口不景气，订货、回款等亦有所下降，产成品存货居高不下。越来越多的客户需要特殊定制产品，普通标准电机客户要求公司降低成本重新定价，导致电机销售价格持续走低，伴随原材料价格的节节攀升，利润空间被严重挤压。2016年公司各项主要指标均较同期有较大幅度下降。全年累计完成产品产量610.6万kW，同比下降15.07%；其中主导产品防爆电机产品产量177万kW，较上年同期202万kW减少25万kW，下降12.37%；小型交流电动机产量微增长，大中型交流电动机产量下滑，其中高压电机下滑明显。实现工业总产值11.5亿元，同比下降17.44%；订货额15.18亿元，同比下降8.9%；营业收入11.59亿元，同比下降23.16%；销售回款13.99亿元，同比下降24.17%；应收账款10.25亿元，同比上涨0.17%；存货7.13亿元，同比上涨0.62%；利润亏损4.9亿元。企业处于艰难的转型之中。

科技成果及新产品 2016年，河北新四达电机股份有限公司研制的"TPYM系列磨机专用永磁同步变频电动机（95～800kW 380V/660V）"通过了河北省工信厅组织的省级新产品新技术鉴定。该项目产品通过优化设计齿槽尺寸，消除了电机低频转矩脉动，实现了磨机的低速大转矩直接驱动；采用多极多条独立并联支路及不等跨距新型绕组连接形式，解决了低压大电流问题，提高了电机效率；采用机电一体化设计，简化了动力传输的中间环节，提高了系统效率及可靠性，项目平均提高能效20%左右。由中科院顾国彪院士领衔的7位相关行业专家学者组成的鉴定委员会认为，该项目产品在设计、结构工艺上有创新，相关技术处于国内同类产品领先水平。项目产品经国家大中型电机质量监督检验中心检测，各项技术指标符合产品标准规定，多家用户使用证明，电机运行稳定可靠，节电效果显著，具有明显的经济和社会效益。

卧龙电气股份有限公司进一步完善健全研发管理体系，推行产品全生命周期管理（PLM），统一全集团的新产品研发策略，扩大全球研发组织及技术能力，加强了与全球院校在基础性预研性项目方面的合作，筹建欧洲、北美、亚太技术研发平台，并以平台化及模块化的管理模式提升新产品的研发质量及应用特性。分别在中国、欧洲、日本建立了电机与驱动控制的研发中心，建立了统一的研发平台，组织开展了多项产品的全球联合设计，相继承接和完成了核四代主泵电机与泵控系统、控制棒驱动机构用电机及控制系统、核四代气体加热风机、港口岸基电源、核动力舰船发电系统等一系列高技术含量的产品开发。2016年7月21日，由卧龙电气浙江灯塔电源有限公司承担的绍兴市院校科技合作专项资金项目"4G通信基站用大容量锂离子电池的研制"通过绍兴市科技局组织的验收。项目针对4G通信基站应用要求的48V 50A·h大容量锂离子电池系统，电芯采用改性磷酸铁锂正极材料，优化生产工艺及电解液配方，降低了电池内阻，改善了电池高低温性能，产品具有体积小、重量轻、寿命长、耐高低温、大电流充放电能力强、安全和环保等优点。由卧龙电气机械本部与美国NovaTorqueg公司技术团队共同合作完成了

Frame 182T系列超超高效电机的试制生产，填补了国内同类产品的空白。

浙江西子富沃德电机有限公司2016年开展科研项目13项，总计投入研发费用4 251万元，其中10个研发项目顺利完成开发，形成了安全部件、限速器、扶梯电机、超薄电机、钢带电机等多个成果；申请知识产权24项，其中发明专利8项、实用新型专利9项、外观专利6项、软件著作权1项；授权专利13项，其中发明专利2项、实用新型专利7项、外观专利3项、软件著作权1项。其中，公司承担的省级工业新产品开发项目"GETM3.5D永磁同步无齿轮曳引机"（项目编号：201501AN110）通过了由浙江省经济和信息化委员会委托、临安市经济和信息化局于2016年3月15日组织的鉴定。专家组认为：该产品优化电磁设计方案，采用制动器静音机构和高精度铁心定位加工工艺，研制出的产品具有主机运行振动噪声低、运行效率高和平稳度好等特点；相关技术已获授权实用新型专利1项、外观专利1项，受理发明专利1项；产品在设计、加工技术上有创新，相关技术处于国内同类产品领先水平。该产品还获得了2016年度浙江省优秀工业产品荣誉证书。GETM3.5D永磁同步无齿轮曳引机、GETM70C曳引机(10m/s)进行了科技成果登记。与浙江工业大学、浙江省特种设备检验研究院共同筹划的"面向产业联盟的特种设备云设计服务平台关键技术研究及其应用项目"被评为2016年杭州市工厂物联网和工业互联网实现项目，并顺利通过验收（杭经信物联〔2016〕282号）。公司的T系列主机及工艺研发项目列入临安市重点研发项目，PMB-140永磁同步无齿轮曳引机研究开发项目列入杭州市农业与社会发展科研项目。

兰州电机股份有限公司研制的2.0MW同步风力发电机、YKK500-6 630kW 10kV高效三相异步电动机、TFZPW型144kW中频无刷同步发电机、TMW4800-30/2900 4 800kW 6 000V矿山磨机用无刷三相同步电动机4种产品，于2016年12月23日通过省级新产品鉴定。专家一致认为，这4种产品在电机技术上达到国内领先水平。

佳木斯电机股份有限公司承担的重大技术装备研制及重大技术攻关项目"主氦风机研制"，2016年完成了第一台订货电机制造。完成了华龙一号10kV高压电机产品样机试制。压水堆核电站余热排出泵用1E级K1类高压三相异步电动机获得黑龙江省科技进步奖三等奖；YB3系列隔爆型高压三相异步电动机获得佳木斯市科技进步奖一等奖；PBG18W75-75-31537-2二段反应进料泵系统获得佳木斯市科技进步奖二等奖。公司承担的中石油LNG接收站低温潜液电动机项目，2016年与大连深蓝泵业有限公司合作完成7个规格电机，并提供4个规格样机。其中，110kW-2p电机与泵体的试验已经完成，电机各项电气性能符合要求；500kW-4p电机与泵体的试验即将完成；2200kW-2p电机生产制造正在进行；同时，通过大连深蓝以第一完成人身份获"船用高压低温潜液电机"实用新型专利及发明专利授权。公司承担的"TZYW/TAW10000-20/3250正压外壳型/增安型无刷励磁同步电动机研制"项目为黑龙江省应用技术研究与开发计划。2016年完成了单支撑同步电机转子轴系设计研究；驱动往复式压缩机同步电机定子电流波动及飞轮力矩选择计算研究；压缩机系数计算研究；转子支架与轴的过盈配合计算研究等。试制3台样机完成全套试验，各项性能均满足技术协议要求，已交付用户使用。公司独立研制开发的YBX4、YE4系列超高效率电动机，完成了能效标识备案，在国内首家通过了H80～355全系列的CQC认证、节能认证，YBX4系列还取得了防爆合格证，具备了市场订货的条件。

江西特种电机股份有限公司4项产品列入《2016年度江西省重点新产品计划项目（第一批）》，分别是4～6m纯电动商用车驱动电机、YPB（F）3系列变频高效调速三相异步电动机、盾构机主驱动水冷电机、空压机永磁同步电动机。上述4项产品均已进入小批生产阶段。其中，4～6m纯电动商用车驱动电机具有结构紧凑、重量轻、可靠性高、转矩脉动小、高效节能的特点。YPB（F）3系列变频高效调速三相异步电动机主要应用于风机、水泵、造纸等对效率有特殊要求的行业，能与国内外各种变频装置配套，构成交流调速系统，具有较高的精度和动态性能，具有节能、环保、高效等特点。盾构机主驱动水冷电机振动小、噪声低、效率高、耐腐、防潮、耐湿热。空压机永磁同步电动机具有效率高、起动电流小、起动力矩大、体积小、重量轻等特点。公司"利用仿真分析技术研发的高效节能电机"项目，于2016年12月通过了江西省科技厅组织的重点新产品鉴定，专家一致认为该项目达到国内领先水平。项目研究了提高电机效率的多项新技术，已获2项发明专利、3项实用新型专利。运用该项目技术开发的新型高效节能电机产品，在功率相同的情况下，功率密度、效率、重量等优于国内同类产品，获江西省科学技术进步奖二等奖。

山东华力电机集团股份有限公司先后与上海电器科学研究院、北京航空航天大学、哈尔滨理工大学等高校院所建立了产学研合作关系，积极开展高效节能、高速高能量密度电机、电机一体化设计、电机控制、新能源等研究，并借势加快已有科研成果的转化和应用。与北京航空航天大学合作开发的基于磁悬浮技术的稀土永磁高速电动机，已完成了产品设计，并于2016年通过了国家相关部门的技术鉴定，产品技术达到国际先进水平。

河北电机股份有限公司自主研发的新能源汽车电机通过国家轿车质量监督检测中心测试，各项指标满足《电动汽车用驱动电机系统》的要求，列入国家电动汽车电机生产目录，在北汽集团电动汽车装配后运转4万h无故障。正在研制的电动汽车大巴电机，电机峰值转矩达2 400N·m。

江苏大中电机股份有限公司研制的新能源汽车驱动电机TZ210XHDT及其控制系统KTZ32X20FHDT于2016年7月通过国家检测中心认定并进入国家工信部目录。该产品具有调速范围宽、起动转矩大、控制精度高、转矩密度高、后备功率高、效率高、转矩平稳、低噪声、耐高温、耐潮等特点,绿色节能,安全可靠,维护简单。目前,已被授权生产。研制的YE4超超高效率三相异步电动机获批江苏省高新技术产品。

2016年2月,文登奥文电机有限公司的高精密砂带砂盘多用抛磨机获威海市科技进步奖二等奖。2016年3月,公司的"IE4超高效电机工程实验室"被认定为山东省工程实验室。2016年11月,奥文电机有限公司被山东省知识产权局授予"山东省知识产权示范企业"。2016年12月15日,公司的工业设计中心被认定为山东省工业设计中心。2017年4月17日,文登奥文电机有限公司拥有自主知识产权的"AW3系列高效电机再制造技术",被山东省循环经济促进会评为"山东省循环经济创新科技成果一等奖",同时,该成果被列为"山东省循环经济十大创新科技成果"。

安徽皖南电机股份有限公司和合肥工业大学联合申报的"电机高效再制造及负载智能匹配工程技术及产业化"项目,获得安徽省科技进步奖二等奖。该项目以原低效电机为对象,采用最新3D打印技术优化风路结构,开发外部低风摩损耗、内部热传导最优的电机散热路径,整体上降低电机温升;将表面工程技术及转子导体脱壳技术应用于电机再制造,整体上降低电机附加损耗,提升电机能效水平;将原来的普通绕组接线拆分开来,按照变化负载特定工况将绕组接线方式创新性地改为适应高中低负载特性的组合结构,智能化地实时改变电机的输出,解决了电动机运行在高效、高功率因数、高负荷段的瓶颈问题,提升了节能效果。该公司承建的"安徽省汽车电机工程技术研究中心"于2016年3月通过了安徽省科技厅组织的评估验收。2016年6月3日,公司的"低速大转矩智能节能永磁驱动电机的研发及产业化项目",以专家综合评分第一名的成绩中标工信部2016年工业强基工程项目。此次中标,企业将得到工信部和财政部给予的不超过项目总投资预算20%的资金支持。公司在YB3系列隔爆型电动机基础上研发的YBX3系列高效率隔爆型电动机,其功率范围为0.18~375kW,效率指标达到GB 18613—2012《中小型三相异步电动机能效限定值及能效等级》2级能效值,具有噪声低、安全可靠等优点,获宣城市第七届科学技术奖二等奖。

康富科技股份有限公司2016年被认定为"南昌市科技小巨人培育企业"。全年完成6项省(重点)新产品项目的省级鉴定,其中,"1 800kW智能监测高压发电机""320kW车载方舱电站发电机"和"400kW高防护核电应急发电机"技术处于国内领先水平,"1 200~1 600kW六极复合励磁船用发电机""1 200~2 000kW高压数据中心应急电源"和"700kW六极谐波励磁燃气发电机"技术处于国内先进水平。"400kW高防护核电应急发电机KF-W4-400"被评为2016年度江西省优秀新产品二等奖,"1 800kW智能监测高压发电机SB-GW4-1800-10.5kV"和"1 200~2 000kW高压数据中心应急电源THCS1800PT"获评为2016年度江西省优秀新产品三等奖。2016年度获得受理专利20项(发明专利5项、实用新型专利15项),获得授权发明专利3项、实用新型专利15项。

康富科技股份有限公司的恒频恒压轴带节能发电机产品采用了正弦波脉宽调制高频逆变、自动调压、数字化测量、控制与保护等多项先进技术,大大提高了船舶主发动机的效率,节能效果达到50%~70%。2016年3月11日,公司自主研发的变速恒频恒压轴带发电机顺利通过中船重工集团第722研究所的环境测试;6月16日,装备了康富科技恒频恒压轴带节能发电机等产品的绿动200艘内河LNG动力干散货新能源运输船首制船在试航过程中,全部一次性顺利通过测试,动态性能优越,运行安全可靠,各项性能指标完全符合要求;7月6日,恒频恒压轴带节能发电机产品顺利通过中国船级社(CCS)型式认可。8月26日,供中电投2 200kW核电专用永磁励磁高压发电机顺利通过测试验收;8月30日,装备了康富科技6极1 600kW高效环保船用轴带发电机的中韩航线豪华客滚船"华东明珠8"成功试航;2016年10月,批量供北京亦庄大数据中心用14套高品质永磁励磁高压发电机顺利通过现场验收并正式投入运营,产品动态性能优越,运行安全可靠,各项性能指标完全满足和优于设计要求。期间,康富科技批量供南昌轨道交通(地铁)专用大功率发电机顺利通过测试验收,各项性能指标均达到设计要求;高效环保船用发电机获得了中华人民共和国渔业船舶检验局颁发的型式认可证书(证书号:C00001600260)。2016年年初,公司六极700kW船用发电机一次性顺利通过俄罗斯RS船检试验。2016年11月11日,公司一批六极1 600kW高效环保船用轴带发电机一次性顺利通过韩国KR船检试验。

质量 国家中小电机质量监督检验中心、辽宁省产品质量监督检验院、福建省产品质量检验研究院和国家排灌及节水设备产品质量监督检验中心于2016年7—10月共同承担了2016年三相异步电动机产品质量国家监督抽查工作。

2016年三相异步电动机监督抽查重点检验电动机的发热、旋转方向、效率以及振动和噪声等性能指标,并高度关注电动机的能效指标,对2015年监督抽查中的17家不合格企业全部进行了跟踪。抽查企业所在地区涉及河北、山西、辽宁、云南、上海、江苏、浙江、安徽、福建、江西、山东、河南、湖南、广东和陕西共15个省、直辖市。共抽查了127家企业的127批次产品,抽查企业数量约占全国同类生产企业的12%。经检测,有109家企业的109批次产品合格,18家企业的18批次产品不合格,抽查企业合格率和产品合格率均为85.8%。与2015年三相异步电动机产品质量国家监督抽查结果相比,此次抽查的合格率上升了4.7个百分点。

此次抽查电动机产品的依据标准主要有GB 755—2008《旋转电机 定额和性能》,GB 1971—2006《旋转电机 线端标志与旋转方向》,GB 10068—2008《轴中心高为56mm及以上电机的机械振动 振动的测量、评定及限值》,GB 10069.3—2008《旋转电机噪声测定方法及限值 第3

部分：噪声限值》，GB 14711—2013《中小型旋转电机通用安全要求》，GB 18613—2012《中小型三相异步电动机能效限定值及能效等级》，GB/T 1032—2012《三相异步电动机试验方法》，GB/T 10069.1—2006《旋转电机噪声测定方法及限值 第1部分：旋转电机噪声测定方法》；相关的法律法规、部门规章和规范；经备案现行有效的企业标准及产品明示质量要求。按照抽查方案，此次抽查的考核依据标准均为强制性标准，强标评定合格率亦为85.8%；没有推荐性标准，没有推标评定符合率；产品销售额加权合格率为95.6%。

被抽企业中有国有、私营、合资、外资、股份有限公司、有限责任公司以及港、澳、台商投资有限公司等经济类型，抽查覆盖了大、中、小型企业。在被抽查的127家企业中，有17家大型企业、33家中型企业、77家小型企业，分别占抽查企业总数的13.4%、26.0%和60.6%，其中，大型企业产品合格率为94.1%，中型企业产品合格率为97.0%，小型企业产品合格率为79.2%。中型企业产品合格率较上年提高了18.4个百分点，小型企业产品合格率仍低于本次抽查的总体合格率85.8%。这基本反映了电机行业总体质量状况，同时也从产品质量水平这个角度比较客观地反映出行业企业技术能力和管理能力的现状。按生产企业规模统计的企业及产品合格率见表10。

表10 按生产企业规模统计的企业及产品合格率

企业规模	抽查企业数（家）	合格企业数（家）	企业合格率（%）	抽查产品数（种）	合格产品数（种）	产品合格率（%）
大型	17	16	94.1	17	16	94.1
中型	33	32	97.0	33	32	97.0
小型	77	61	79.2	77	61	79.2
合计	127	109	85.8	127	109	85.8

此次抽查检验项目包括旋转方向、接线盒及接线装置、接地、引线防护、接线端子、定额试验、热试验、接触电流、绝缘电阻、介电强度试验、机械强度试验、振动的测定、噪声的测定、效率测定，共计14项。其中，旋转方向、接线盒及接线装置、接地、引线防护、接线端子、定额试验、热试验、接触电流、绝缘电阻、介电强度试验、机械强度试验是安全方面的指标，振动和噪声是环保方面的指标，效率测定是能效方面的指标。

有16家企业的产品涉及安全指标不合格项，有7家企业产品涉及能效指标项目不合格。按照三类项目属性进行统计，安全和能效的合格率分别为87.4%和94.4%。18家不合格企业中，有13家企业的产品涉及一种属性质量指标不合格；5家企业产品涉及两种属性质量指标不合格。按检验项目统计的合格率见表11。

表11 按检验项目统计的合格率

序号	检测项目名称	检测数（家）	合格数（家）	合格率（%）	检测项目属性	检测数（家）	合格数（家）	合格率（%）
1	旋转方向	127	117	92.1	安全	127	111	87.4
2	接线盒及接线装置	127	127	100.0				
3	接地	127	119	93.7				
4	引线防护	114	113	99.1				
5	接线端子	127	126	99.2				
6	定额试验	127	126	99.2				
7	热试验	127	127	100.0				
8	接触电流	108	108	100.0				
9	绝缘电阻	127	127	100.0				
10	介电强度试验	127	127	100.0				
11	机械强度试验	127	127	100.0				
12	振动的测定	127	127	100.0	环保	127	127	100.0
13	噪声的测定	125	125	100.0				
14	效率测定	125	118	94.4	能效	125	118	94.4

按照三相异步电动机监督抽查项目的性能属性,安全、环保和能效三类项目不合格占比分别为69.6%、0和30.4%。按安全、环保和能效三类项目统计的不合格占比情况见表12。

表12 按安全、环保和能效三类项目统计的不合格占比情况

序号	检验项目	检测项目属性	不合格批次	不合格占比（%）
1	旋转方向	安全	16	69.6
2	接地			
3	引线防护			
4	定额			
5	热试验			
6	振动的测定	环保	0	0
7	噪声的测定			
8	效率	能效	7	30.4
9	合计		23	100.0

（续）

我国三相异步电动机的主要生产区集中于东部地区,生产企业群主要位于河北、辽宁、江苏、浙江、福建、山东、广东等省。此次是自2014年以来连续第三次"三相异步电动机产品质量国家监督抽查",从几个产业集中区的跟踪抽查情况看,江苏和山东两个电机生产大省合格率不高,应引起有关方面高度重视。产业集中地区抽样数及合格率见表13。

表13 产业集中地区抽样数及合格率

地区	2016年		2015年		2014年	
	企业数（家）	合格率（%）	企业数（家）	合格率（%）	企业数（家）	合格率（%）
河北省	19	89.5	14	78.6	15	86.7
辽宁省	3	100.0	3	100.0	2	100.0
江苏省	20	70.0	15	66.7	11	81.8
浙江省	22	90.9	18	77.8	9	66.7
福建省	8	100.0	10	100.0	10	90.0
山东省	10	70.0	2	100.0	8	100.0
广东省	10	80.0	7	100.0	12	58.3

2016年与2015年、2014年抽查结果相比,引线防护、定额试验、热试验、振动、噪声及效率项目的合格率都有上升;旋转方向的合格率较2015年有所下降。2016年与2015年、2014年抽查合格率对比见表14。

表14 2016年与2015年、2014年抽查合格率对比   （%）

项目名称	2016年	2015年	2014年	项目名称	2016年	2015年	2014年
旋转方向	92.1	96.7	90.6	热试验	100.0	98.9	97.9
接地	93.7	95.6	88.5	振动	100.0	92.2	92.7
引线防护	99.1	98.9	97.9	噪声	100.0	94.4	99.0
定额试验	99.2	97.8	97.9	效率	94.4	88.9	87.5

注：2016年出现了接线端子项目不合格,合格率为99.2%。

自1986年起国家对中小型电机产品实施监督抽查以来,三相异步电动机产品的监督抽查已经进行21次,抽查的平均合格率为66.1%。2016年抽查合格率为85.8%,比平均合格率高19.7个百分点,总体合格率趋升。三相异步电动机历次监督抽查合格率状况见图1。

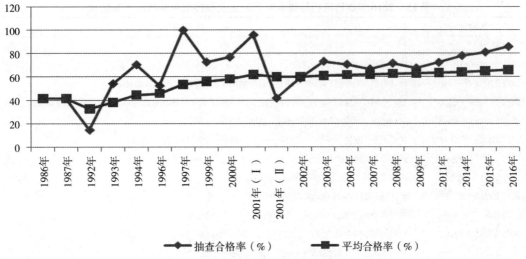

图1 三相异步电动机历次监督抽查合格率状况

2016年，浙江西子富沃德电机有限公司技术中心国家级实验室通过中国合格评定国家认可委员会（CNAS）的审核和现场认证，取得了CNAS实验室认可。

2016年，丹东山川电机有限公司等20家企业的22个型号的低压三相异步电动机、卧龙电气南阳防爆集团股份有限公司等6家企业的18个型号的高压三相异步电动机、文登奥文电机有限公司等11家企业的14个型号的永磁同步电动机入选工信部《节能机电设备（产品）推荐目录（第七批）》。

2016年，江苏久知电机技术有限公司的XY112M-2～XY160L-6、江苏吉鸿达电机科技有限公司的TYYA110S-4～TYYA355L1-8永磁同步电动机列入工信部《"能效之星"产品目录（2016年）》。

文登奥文电机有限公司AW3系列高效电机被评为"山东省能效领跑者"。

2016年，安徽皖南电机股份有限公司研制的YE4系列（IP55/IP56）超超高效率三相异步电动机获得中国节能产品认证证书、CQC证书、CCC证书。该产品效率指标达到了我国GB 18613—2012《中小型三相异步电动机能效限定值及能效等级》标准规定的1级能效水平，相当于国际电工委员会（IEC）的IE4能效水平，该系列电机共有13个机座号95个规格。公司的"YLV系列低压大功率电动机"获安徽省名牌产品称号。以皖南电机为龙头的电机产业集群所处地泾县被认定为安徽省电机专业商标品牌基地。

江苏大中电机股份有限公司的YE4系列超超高效率三相异步电动机、TYJX系列超高效率三相永磁同步电动机两个系列产品效率达到1级能效水平，获得中国节能产品认证证书，该公司获得2016年江苏省泰州市市长质量奖。

山东华力电机集团股份有限公司将质量工作从过去的"事后把关"转向"事前把关，全程跟踪"，通过质量实时监测和大数据分析，实现了制造过程质量水平的全面量化和可控化，全年产品一次合格率由原来的93%提升到99.8%。

标准 全国旋转电机标准化技术委员会组团参加了2016年5月16—20日在美国华盛顿召开的IEC/TC2 WG12、WG28、WG31工作组会议。WG12工作组会议重点讨论了IEC 60034-1《旋转电机 定额和性能》的1788/CDV文件投票情况，CDV文件已经获得通过，并讨论了IEC 60034-11标准的修订工作，决定开启新一版标准修订。WG28工作组会议重点讨论了IEC 60034-2-3《确定变频电机效率和损耗的试验方法》，该标准2013年发布，遗留了大量问题，需进一步修订；工作组还讨论了IEC 60034-4标准的修订问题。WG31工作组会议重点讨论了IEC 60034-30-2《交流变速电机能效分级，IE代码》，决定发布DTS文件投票表决；2016年10月13日，WG31工作组在瑞士苏黎世召开会议投票通过了IEC 60034-30-2/DTS文件。

2016年5月24—27日，全国旋转电机标准化技术委员会派代表参加了在法国格勒诺布尔召开的MT10维护工作组会议。该工作组主要负责IEC 60034-18系列标准的制定，2016年新立项标准IEC/TS 60034-27-5《旋转电机 绕组绝缘重复冲击电压下离线局部放点试验》。

2016年11月7—10日，全国旋转电机标准化技术委员会七届五次年会在湖南省张家界市召开。一年来秘书处完成了归口国家标准和行业标准的集中复审；组织完成了7项国标、8项行标、1项协标的制修订，及16项国标、10项行标的计划申报；完成标准宣贯、咨询、培训等工作，提出了2017年工作计划。

2016年旋转电机标委会负责制定及归口的相关标准发布情况见表15。

表15 2016年旋转电机标委会负责制定及归口的相关标准发布情况

序号	标准号	项目名称
批准发布的国家标准		
1	GB/T 4831—2016	旋转电机产品型号编制方法
2	GB/T 17948.4—2016	旋转电机 绝缘结构功能性评定 成型绕组试验规程 电压耐久性评定
3	GB/T 17948.5—2016	旋转电机 绝缘结构功能性评定 成型绕组的试验规程热、电综合应力耐久性多因子评定
4	GB/T 17948.7—2016	旋转电机 绝缘结构功能性评定 总则
5	GB/T 20833.1—2016	旋转电机 旋转电机定子绕组绝缘 第1部分：离线局部放电测量
6	GB/T 20833.2—2016	旋转电机 旋转电机定子绕组绝缘 第2部分：在线局部放电测量
7	GB/T 22715—2016	旋转交流电机定子成型线圈耐冲击电压水平
8	GB/T 21210—2016	单速三相笼型感应电动机起动性能
9	GB/T 32877—2016	变频器供电交流感应电动机确定损耗和效率的特定试验方法
10	GB/T 32891.1—2016	旋转电机 效率分级（IE代码）第1部分：电网供电的交流电动机
11	GB/T 5171.21—2016	小功率电动机 第21部分：通用试验方法
批准发布的行业标准		
1	JB/T 12728—2016	Y、YX系列高压三相异步电动机技术条件及能效分级（机座号355-630）
2	JB/T 12729—2016	YKK、YXKK系列10kV三相异步电动机技术条件及能效分级（机座号400-630）
3	JB/T 12730—2016	YKK、YXKK系列高压三相异步电动机技术条件及能效分级（机座号355-630）
4	JB/T 12731—2016	中小电机单位产品能源消耗限额
5	JB/T 6217—2016	PB系列隔爆型屏蔽电动机（带泵）技术条件
6	JB/T 7842—2016	YZR-Z系列起重专用绕线转子三相异步电动机技术条件
7	JB/T 8157—2016	小功率单相串励电动机通用技术条件
8	JB/T 9543—2016	小功率齿轮减速异步电动机 通用技术条件
9	JB/T 9546—2016	YLJ系列卷绕用力矩三相异步电动机 技术条件
10	JB/T 12680—2016	SRM系列（IP55）开关磁阻调速电动机技术条件(机座号63～355)
11	JB/T 12681—2016	TYCKK系列(IP44)高效高压永磁同步电动机 技术条件
12	JB/T 12682—2016	TYC系列(IP23)高效高压永磁同步电动机 技术条件
13	JB/T 12683—2016	YBZPE系列起重用隔爆型电磁制动变频调速三相异步电动机 技术条件（机座号112～250）
14	JB/T 12684—2016	YBZP系列起重用隔爆型变频调速三相异步电动机 技术条件（机座号112～250）
15	JB/T 12685—2016	高压电机定子线圈 技术条件
16	JB/T 2839—2016	电机用刷握及集电环
17	NB/T 42084—2016	起重及冶金用三相异步电动机能效限定值及能效等级
18	JB/T 12686—2016	推杆电动机通用技术条件

2016年，由旋转电机标委会负责编制的GB/T 29314—2012《电动机系统节能改造规范》获中国机械工业科学技术奖二等奖。GB/T 21972.2～3《起重及冶金用变频调速三相异步电动机技术条件 第2部分：YZP系列起重及冶金用变频调速三相异步电动机(轴流风机冷却)》《起重及冶金用变频调速三相异步电动机技术条件 第3部分：YZP系列起重及冶金用变频调速三相异步电动机（离心风机冷却）》两项标准，获电工标准-正泰创新奖三等奖。

上海电机系统节能工程技术研究中心有限公司的"电机数字化车间运行管理标准研究与试验验证"，列入2016年国家工信部智能制造综合标准化项目。该项目主要开展电机数字化车间运行管理标准研究，在已有MES环境下构建基于图形可视化技术的生产过程监控系统VMES，建立兼顾工厂信息模型和虚拟制造执行的智能制造运行管理系统的标准，引导电机制造企业智能制造有序发展。

基本建设及技术改造 山东华力电机集团股份有限公司2016年固定资产投资4830万元，其中基本建设投资2650万元、技术更新改造投资2180万元。对组装生产线自动化改造和机械加工单元化加以改进，极大地提升了企业的工艺水平，企业的生产效率提高10%，劳动强度降低15%，生产能力增加100万kW。该集团公司还计划总投资1.1亿元，建设"基于磁悬浮技术的稀土永磁高速电动机智能制造数字化车间"，该项目已列入国家工信部智能制造新模式应用项目。项目主要以超超高效电机和磁悬浮稀土永磁高速电动机产业化的智能制造模式为目标，集成应用高档数控机床、多关节机器人、桁架式机器人、传感与控制装置、工业云网关、智能物流系统及立体仓库等关键装备，实现高效电机的智能制造。并以工业园区内两大生产基地功能协同一体的研发和远程运营管理平台为依托手段，开发协同系统的互联互通核心软硬件，实现融合

PLM、MES、WMS、ERP、能效管理等基于研发、测试和产业化协同一体的智能制造新模式。项目建成投产后，总体生产效率提高25%，生产运营成本降低25%，产品不良品率降低40%，单位产值能耗降低12%，产品研制周期缩短35%，公司年新增超超高效电机和稀土永磁高速电动机300万kW，产品技术水平达到国际先进水平。项目达产后，新增销售收入96 000万元，新增利润6 640万元，新增税金6 680万元，出口创汇2 000万美元。

河北电机股份有限公司2016年固定资产投资5 512.32万元。其中基本建设投资3 486.67万元，主要新建中大型电机生产车间，项目占地面积7 584m²；技术更新改造投资2 025.65万元，对高效数控专机和生产线等重点设备进行了补充和改造，引进德国舒曼S2015SP型数控线圈涨型机、德国舒曼T670型数控线圈包带机等国内外自动化先进生产设备，可日产45台电动机，其中高压电机15台、低压大功率电机30台，预计年产值达3.25亿元。该套设备组成的生产线实现了生产过程不落地、免损伤，达到无损装配，一次合格率由70%提高到98%。自投产以来，实现质量问题零投诉。投资1 500万元新建的型式试验室，2016年8月被认定为石家庄市重点实验室，正在申请国家CNAS实验室。

中达电机股份有限公司2016年1月启动智慧工厂项目建设，对部分车间增加电子化、信息化设备，实行数字智能化工厂改造。它以产品全生命周期的相关数据为基础，打通与CAPP、生产执行系统MES连接，进一步扩展到整个产品生命周期的新型生产组织方式。该项目集成了产品、过程和系统数据库，通过先进的可视化、仿真和文档管理，提高产品的质量和生产过程涉及的数据静态质量、动态性能，生成经验证过的、实际生产所需的各种工艺数据和文档，重现全面的制造过程控制管理。项目全部改造完成后年产量将达到600万kW，产值超过8亿元，金加工设备逾300台（套），可完成30万套以上的铸件及其他金属加工件生产；将由原来H280以下电机生产占70%的产能提升至H315以上电机占65%的新产能，由原最高生产2 000kW中型电机，提升到能生产5 000kW大型电机的能力。2016年完成固定资产投资651万元，其中基本建设投资173万元，购置新设备及技术更新改造投资478万元。

江西特种电机股份有限公司2016年固定资产投资32 635.47万元。对现有车间进行了一期技术改造，该生产线占地面积逾2 000m²，配套引进了先进的汽车电机自动化装配检测线，实现了汽车电机自动化生产线的高效性、可靠性、稳定性和流畅性，满足了公司新能源汽车中巴电机的生产需求。公司的硫酸钠蒸发至二次沉锂工艺技改项目，是锂云母制备高纯度碳酸锂工艺大技改项目中对硫酸钠蒸发至二次沉锂工序环节进行工艺改进的技改项目。通过该项目的实施，降低现有沉锂后母液蒸发倍数，对超标的硫酸钠固体返工处理并适当解决硫酸钠穿滤的问题。技改完成后二次沉锂产品产量有明显提高，硫酸钠产品中锂含量稳定在较低值，硫酸钠穿滤现象有明显改善，硫酸钠蒸发的蒸发能耗有明显下降，产出的二次沉锂产品各质量指标基本能达到工业二级标准，已进入试生产阶段。调整批量生产的电机产品浸漆工艺，更新购进集预烘、冷却、浸漆、烘干于一体的浸烘设备。整个工艺过程采用链条传动式，浸漆工装表面采用不粘漆涂料，滴漆工位下面有托盘，使滴下绝缘漆进入浸漆缸，且能根据工件大小调整绝缘漆黏度及浸漆时间，保证工件挂漆量。该工艺方案的实施，省除了铲漆工序，提高了工效，有效节约了绝缘漆。

2016年12月16日，安徽皖南电机股份有限公司子公司威能电机有限公司的"500万kW大功率高效电机项目"奠基仪式在安徽泾县经济开发区皖南电机新厂举行。该项目占地面积约9万m²，计划总投资5.15亿元，主要生产大功率高效电机，项目完成目标是实现年产值10亿元。

河北新四达电机股份有限公司2016年起进行二期电机节能再制造设计检测管理公共服务平台——"云中心"建设，预计投资6 500万元。2016年已投资2 000万元，其中，基本建设投资1500万元、技术更新改造投资500万元。该项目完成后，将通过"云中心"在线采集电厂、水泥、化工、矿山、水利等相关用户企业存量电机的耗能数据进行分析，为客户提供电机节能设计、再制造、检测、日常维护、故障维修、专家诊断、售后服务等产品全生命周期服务。

卧龙电气股份有限公司2016年总投资38 905万元的"新能源汽车电机智能制造新模式应用"列入了2016年工信部智能制造新模式应用示范项目。该项目结合智能制造标准，研究虚拟仿真、工业互联网、多总线无缝集成、信息安全等关键技术，研发生产管理软件、工业通信网关、可编程逻辑控制单元、在线检测装备等核心软硬件，集成应用数控机床、机器人、3D打印、传感与控制装置、智能物流、立体仓库等关键技术装备，实现融合研发设计（PLM）、制造执行（MES）、过程控制系统（PCS、DNC）、智能物流仓储（WES）、企业资源计划（ERP）、在线检测、能效管理、远程维护为一体的智能制造新模式，最终建成拥有自主知识产权的集冲压、嵌线、金加工、绝缘系统、整机总装等多个关键工艺流程的新能源汽车电机制造数字化车间。项目完成后，可实现总体生产效率提高25%、生产运营成本降低25%、产品不良品率降低40%、能源综合利用率提高10%、产品研制周期缩短35%，实现产品设计的数字化率100%，关键加工工序数控化率85%，故障率＜3%。2016年6月，由卧龙电气与开山压缩机共同出资设立的浙江卧龙开山电机有限公司正式投产。该公司主要生产配套浙江开山压缩机用机座号280～450系列低压高效节能电机，预计年产值2亿元。

浙江西子富沃德电机有限公司于2016年6月在临安於潜开发区投资的"年产6万t电梯部件清洁铸造及精密加工项目"正式开工，总投资15 977万元，并注册成立了杭州西子富沃德精密机械有限公司，其经营范围为生产机电配件、电器配件、电梯部件，建成后形成年产无齿轮曳引机三大关键零部件12万套、电梯用轿顶轮组装10万套、电梯用对重轮组装10万套的生产规模。公司还对"年产20万只安全钳自动化生产线技术改造"项目投资1 111.82万元,项目主要采用电梯安全装置(即安全钳技术)或工艺,引进具有国内先进水平的自动化设备,购置自动倒角机、安全上料机构、包装工位可视化设备、全电动搬运车、高速冷焊机等国产设备。项目建成后形成年产20万只安全钳的生产能力,产品具有性能稳定、安全可靠、安装维修便捷等特点。

2016年,佳木斯电机股份有限公司完成固定资产投资4 887万元,其中基本建设投资4 646万元、技术更新改造投资241万元,主要增添生产急需的电焊机、起重机、摇臂钻床、绝缘电阻仪等设备。

山西电机制造有限公司2016年固定资产投资17 236万元,其中基本建设投资7162万元、技术更新改造投资9 063万元,主要增添高压电机线圈包带机器人、63T低压铸铝设备等。

四川宜宾力源电机有限公司2015年投资4 000万元新建24 000 m^2 生产厂房、7 000 m^2 的4层仓库,于2016年3月竣工,已搬迁完毕投入生产。

福建福安闽东亚南电机有限公司于2016年12月正式启动公司退城入园工作,计划在2017年年底前迁入铁湖机电配套产业园区。

2016年,江苏大中电机股份有限公司列入工信部的"超高效节能电机智能制造新模式应用"项目,总投资22 000万元。该项目集中攻克建设高效节能电机数字化车间的关键及瓶颈技术,项目完成后总体生产效率提高25%,生产运营成本降低25%,产品不良品率降低40%,能源综合利用率提高10%,产品研制周期缩短35%,实现产品设计的数字化100%,关键加工工序数控化率85%,核心设备故障率<3%。

对外合作 2016年2月29日,江西特种电机股份有限公司通过设立在德国的全资子公司Jiangte Motor Germany GmbH 江特电机(德国)有限公司,以155万欧元(约合人民币1 120万元)的价格收购德国尉尔驱动及能源技术有限公司相关资产(包括生产及办公的土地、厂房、生产设备等固定资产及无形资产),并将江特电机(德国)有限公司更名为德国尉尔驱动及能源技术有限公司。江特还围绕电动汽车的"三电系统"进行布局。2016年,公司以5.88亿日元的价格(约合人民币3 400万元)对日本电动车设计公司进行增资扩股,增资价格为每股7万日元。增资完成后,公司持有日本电动车设计公司8 400股股票,占日本电动车设计公司股权比例的50%。2016年9月,江特全资子公司德国尉尔驱动及能源技术有限公司以159万欧元(约合人民币1 150万元)的价格收购德国艾科姆有限公司(ECOmove GmbH),该公司主要从事电动汽车的轻量化技术研发和应用。2016年8月,江特以9 000万日元增资日本OAK株式会社,至此江特持有该公司30%的股份,日本OAK株式会社主要经营锂离子电池的设计、研发、组装、制造相关业务。

佳木斯电机股份有限公司与哈工大签订的电动汽车电机研究与开发项目,从2012年5月起至2016年,三批7个规格共19台样机已全部发给哈工大,目前在哈工大进行的基础性试验已经完成,正在等待北理工进行国家863汽车电机检测中心认证。与大连怀民电机节能技术有限公司合作的电机绕组改进项目电机已经全面推广使用,为公司节省大量的原材料成本。

2016年5月,卧龙电气与深圳市平安创新资本投资有限公司、涛石能源股权投资基金(上海)合伙企业(有限合伙)、上海鸿石商贸有限公司、南阳防爆投资有限责任公司、南阳特电投资有限公司、上海瑞鸿股权投资合伙企业(有限合伙)、杭州天诺投资有限公司、浦江睿丰投资合伙企业(有限合伙)、上海博音投资合伙企业(有限合伙)、深圳市德宝文化用品专业市场有限公司、北京九合寰宇投资有限公司、北京瑞源投资中心(有限合伙)就收购卧龙电气南阳防爆集团股份有限公司13 200万股股份签订《2016年股份转让协议》,合计交易价格11.20亿元。2016年6月,公司与荣信电力电子股份有限公司等签订《关于辽宁荣信电气传动技术有限责任公司、辽宁荣信高科电气有限公司、辽宁荣信电机控制技术有限公司的股权转让协议》,收购荣信传动84.91%股权、荣信高科80.01%股权及荣信电机90.00%股权,合计交易价格21 980.00万元。卧龙电气还先后投资设立了卧龙国际韩国株式会社,注册资本9万美元;卧龙国际(马来西亚)有限公司,注册资本50万美元,负责经营电机及其控制产品进出口业务。6月22日,卧龙控股集团赞助国际特斯拉奖(TeslaAward)的合同签字仪式在美国新泽西州电气和电子工程师协会(IEEE)总部举行。卧龙集团将赞助今后十年的国际特斯拉奖项。卧龙电气南阳防爆集团和中石油物资公司在北京签订境外项目《国际货物与服务采购框架协议》。

浙江西子富沃德电机有限公司与浙江工大学、浙江省特种设备检验研究院共同筹划的"面向产业联盟的特种设备云设计服务平台关键技术研究及其应用项目"被列入2014年度省重大科技专项计划项目。该项目面向产业联盟的特种设备(如电梯等)云设计服务平台关键技术展开研究,具体包括特种设备共性设计服务系统、特种设备安全计算服务系统、云设计平台架构模式及其关键技术等子系统与关键技术,最后将项目成果至少应用于6家联盟内企业,使应用企业的产品设计周期缩短25%以上。2016年该项目按照计划进度顺利展开,相关技术申请发明专利3项,软著2项,论文3篇。公司与东南大学针对开关磁阻电机激励及响应测试、磁特性参数建模、仿真系统搭建及系统仿真、测试系统搭建及实测等合作开展"开关磁阻电机驱动系统建模及分析研究"。

〔撰稿人:中国电器工业协会中小型电机分会曹莉敏〕

小功率电机

2016年我国电机装机总容量逾4亿kW，年耗电量达12 000亿kW·h，占全国总用电量的60%，占工业用电量的80%。其中风机、水泵、压缩机的装机总容量已超过2亿kW，年耗电量达8000亿kW·h，占全国总用电量的40%左右，因此电机的节能要求极大，也是节能效果最能体现的地方。采用新型电机设计、新工艺及新材料，通过降低电磁能、热能、机械能的损耗来提高输出效率，高效节能电机比传统电机效率高3%～5%。目前达到2级能效指标电机的占比不足10%，因此发展空间广阔。随着电力电子技术、计算机技术、微电子技术及控制理论的发展和应用，小功率电机的应用领域日益广泛。

产销情况 2016年，全国交流电动机产量为2.77亿kW，比上年下降1.27%。电机进出口形势也不容乐观，2016年度我国电机出口总额为96.04亿美元，同比下降3.8%，占全球市场份额10%左右；进口金额36.25亿美元，同比下降7%。从2016年度我国电机进出口主要市场统计看，出口主要市场为亚洲、欧洲和北美洲，三大市场出口额占总出口近90%。

2016年卧龙电气集团股份有限公司实现营业收入89.14亿元，同比下降5.91%；实现营业利润3.20亿元，同比下降28%；归属于母公司所有者的净利润2.53亿元，同比下降29.69%；归属于上市公司股东的扣除非经常性损益的净利润8 108.72万元，同比下降75.92%；经营活动产生的现金流量净额9 441.57万元，同比下降89.02%。

中山大洋电机股份有限公司2016年实现营业收入680 520.52万元，营业利润58 958.52万元，利润总额65 198.84万元，净利润54 847.03万元，其中归属于上市公司股东的净利润为50 935.01万元，与上年同期相比，营业收入增长38.54%，营业利润增长58.38%，利润总额增长50.08%，净利润及归属于上市公司股东的净利润分别增长47.39%、49.29%。

莱克电气股份有限公司2016年实现营业收入43.77亿元，同比增长9.34%；营业成本31.72亿元，同比增长1.91%；公司总资产50.95亿元，比年初增长36.97%；总负债21.19亿元，比年初增长82.50%；资产负债率为41.59%；归属于上市公司股东的净利润5.01亿元，同比增长37.83%。公司整体经营业绩持续稳定增长。

无锡新宏泰电器科技股份有限公司2016年实现营业收入37 722.13万元，比上年同期下降4.39%，主要原因是全年订单减少、业务量下降导致。实现净利润7 021.19万元，利润比上年同期上涨1.73%，主要原因是销售收入上涨、各种人工、费用等成本控制有成效。

肇庆市力佳电机有限公司2016年总产值为3 823万元，其中新产品产值为705万元；总销售额为3 792万元，其中出口交货值为64.2万元。

转型升级 全球白色家电需求缓慢增长，制造业产能过剩，行业竞争加剧，优胜劣汰的趋势日益明显。小型家用电器随着消费需求的改变增长迅速，同时随着"中国制造2025"的推进、绿色低碳经济和消费新需求的变化，产业结构调整、企业升级转型成为未来企业生存发展的必然要求。未来3年白色家电需求增长将进一步放缓，产品更新换代成为主流趋势。

变频化、智能化、高端化趋势已成为行业共识，机器人智能装备和自动化生产成为制造升级、转型方向，为低耗高效、直流变频电机的发展提供支持。消费需求诱发白电产业变革，物联网的兴起使得直流化、模块化、机电一体化成为未来技术发展趋势。

政策推动发展 近年来，在国家各级政府部门陆续出台的多种产业政策的推动下，新能源汽车销量大幅增长。新能源汽车领域搭载的电机类型多为交流电动机，也有少部分车型搭载直流电动机。直流电动机调速性能好，在一定负载条件下实现均匀平滑的无级调速，调速范围较宽，起动力矩大，因此在新能源领域中的少量（近千台）装机多用于客车等大型车辆。而交流电动机工作效率较高，噪声相对较小，优势较大，因此在新能源乘用车领域被广泛应用。

2016年新能源汽车驱动电机的装机量高达59.5万台，与新能源汽车产量近似。永磁同步电动机依旧是主流，装机量超过45万台，占比高达76%；交流异步电动机装机量超过14万台，占比23%；其次还有混合励磁同步电动机、无刷/永磁直流电动机装机量近2 000台，占比不到1%。

科技成果及新产品 2016年浙江瑞翔机电科技股份有限公司的"风扇电机RX864"通过新产品鉴定。该产品符合国家节能减排的政策，具有体积小、重量轻、噪声低、电磁干扰小、防护等级高等优点，可降低能耗和材料的损耗，并且能够在高温、低温、振动、潮湿的恶劣环境中可靠地工作。项目实现产业化后，预计该产品正常年销售量为4万套，均售价为80元，年销售总额为320万元，利润总额28.728万元，税金9.576万元。

质量及标准 2016年，分马力电机分会开展了3项国家标准的制修订和5项行业标准的制修订任务，申报了4项国家标准立项工作。小功率电机领域进行了13项推荐性国家标准、4项在研推荐性国家标准制修订计划、45项推荐性行业标准、7项在研推荐性行业标准制修订计划的复审。2016年，国标委发布了1项小功率电机国家标准，工信部发布了4项小功率电机行业标准。

2016年分马力电机分会开展的标准制修订项目见表1。2016年分马力电机分会申报的标准立项见表2。2016年国家发布的小功率电机标准见表3。

表1　2016年分马力电机分会开展的标准制修订项目

序号	计划号	标准类别	项目名称	代替标准
1	20150353-T-604	国家标准	电机在一般环境条件下使用的湿热试验要求	GB/T 12665—2008
2	20150354-T-604	国家标准	电风扇用电动机通用技术条件	GB/T 5089—2008
3	20153579-T-604	国家标准	小功率电动机　第22部分：永磁无刷直流电动机试验方法	制定
4	2015-1484T-JB	行业标准	YC系列电容起动异步电动机　技术条件	JB/T 1011—2007
5	2015-1485T-JB	行业标准	YU系列电阻起动异步电动机　技术条件	JB/T 1010—2007
6	2015-1486T-JB	行业标准	YY系列电容运转异步电动机　技术条件	JB/T 1012—2007
7	2015-1491T-JB	行业标准	单相电动机起动用电子开关　技术条件	制定
8	2015-1492T-JB	行业标准	小功率直流电动机　通用技术条件	JB/T 5276—2007

表2　2016年分马力电机分会申报的标准立项

序号	标准项目名称	标准性质	制修订
1	小功率电动机　第23部分：永磁有刷直流电动机试验方法	推荐	制定
2	小功率电动机　第24部分：单相异步电动机试验方法	推荐	制定
3	小功率电动机　第25部分：永磁同步电动机试验方法	推荐	制定
4	小功率电动机　第26部分：单相交流串励电动机试验方法	推荐	制定

表3　2016年国家发布的小功率电机标准

序号	标准编号	标准名称	发布日期	实施日期
1	GB/T 5171.21—2016	小功率电动机　第21部分：通用试验方法	2016.08.29	2017.03.01
2	JB/T 8157—2016	小功率单相串励电动机通用技术条件	2016.01.15	2016.06.01
3	JB/T 9543—2016	小功率齿轮减速异步电动机　通用技术条件	2016.01.15	2016.06.01
4	JB/T 9546—2016	YLJ系列卷绕用力矩三相异步电动机　技术条件	2016.01.15	2016.06.01
5	JB/T 12686—2016	推杆电动机通用技术条件	2016.01.15	2016.06.01

2016年中国电器工业标准化工作会议暨中国电器工业协会标准化工作委员会第三届会员大会上，GB/T 5171.1—2014《小功率电动机　第1部分：通用技术条件》获得"电工标准-正泰创新奖"三等奖。

全国旋转电机标准化技术委员会小功率电机分技术委员会2016年年会于11月16—18日在福建省厦门市召开。参加会议的委员和相关企业代表共33人。

基本建设及技术改造　根据企业年报，行业内企业基本建设和技术改造投入力度加大。扩大生产规模，加大技术创新和生产工艺设备改造投入，从而加快产品升级，降低生产成本，极大地提高了生产率和产品的技术质量水平，增强了企业市场竞争力。

卧龙电气集团股份有限公司分别在中国、欧洲、日本建立了电机与驱动控制研发中心，对公司主导产品建立了统一的产品研发平台，致力于电机与控制技术领域的领先技术的研究和开发，拥有了一大批自主知识产权，在家用类电机及控制技术、大功率驱动控制技术、高效电机等领域的研究开发方面达到国内领先水平，部分产品达到国际领先水平。

无锡新宏泰电器科技股份有限公司2016年共获得33项专利，其中包括11项发明专利和22项实用新型专利。基本建设及技术改造总投入4460万元，开展了NHT-JG022电动操作机构技术改造，共投资2100万元。其中新添设备69台，报废设备26台，处理设备12台，改造设备9台。

行业活动　2016年10月20—22日，中国电工技术学会小功率电机专业委员会第六届换届会议暨2016年全国小功率电机学术交流会在武汉召开，来自清华大学、安徽大学、西安交通大学、卧龙电气、福建安波电机、浙江联宜电机等多家高校及相关企业的共43名代表参加。

2016年分马力电机分会引导京马电机有限公司、威海顺意电机股份有限公司等近十家会员企业申请政府资助及科技项目。

〔撰稿人：中国电器科学研究院有限公司刘静　审稿人：中国电器科学研究院有限公司张序星〕

微电机

2015年发展情况

生产发展情况 随着全球经济形势下行压力逐渐加大，我国微电机行业的发展也受到一定影响，从2011—2015年统计数据来看，我国微电机行业发展较以往略有下滑。

2015年微电机行业重点企业经济效益综合指数前10名企业见表1。2015年微电机行业出口额前10名企业见表2。

表1 2015年微电机行业重点企业经济效益综合指数前10名企业

序号	企业名称	经济效益综合指数
1	浙江琦星电子有限公司	6.30
2	杭州集智机电股份有限公司	6.06
3	卧龙控股集团有限公司	2.79
4	东阳市东政电机有限公司	2.46
5	成都精密电机厂	2.08
6	南通镇康焊接机电有限公司	1.91
7	深圳拓邦股份有限公司	1.70
8	上海司壮电机有限公司	1.68
9	西安微电机研究所	1.21
10	苏州电讯电机厂	0.66

表2 2015年微电机行业出口额前10名企业

序号	企业名称	2015年（万元）	2014年（万元）
1	卧龙控股集团有限公司	72 715	67 262
2	上海金陵电机股份有限公司	5 232	6 049
3	常州市金坛微特电机有限公司	2 480	3 620
4	东阳市东政电机有限公司	2 162	2 842
5	天津市中环天虹微电机有限公司	1 348	1 713
6	上海司壮电机有限公司	900	1 080
7	浙江琦星电子有限公司	578	702
8	山东祥合博山微电机厂	510	480
9	天津高胜机械有限公司	461	749
10	山东巨源机械有限公司	177	183

市场及销售 2015年在市场需求放缓、经济增速回落及国际市场疲软的背景下，国内微电机行业部分内销及出口企业在一季度出现了订单萎缩、盈利下降的问题，从二季度开始，随着企业各种应对措施效果的不断显现，总体上年度运营情况相对平稳，与上年相差不大。

浙江琦星电子有限公司2015年实现工业总产值5.37亿元，同比下降5%。工业缝纫机用伺服电动机及其控制系统实现4.7亿元的销售收入，同比下降12.9%。

杭州集智机电股份有限公司2015年在整个行业相对疲软、产能下降的状况下，依靠较强的研发实力，积极开发新产品、开拓新市场，扩大产品覆盖面，实现产值9 882万元，较2014年增长106%，在所统计的企业中表现较为突出。

广东嘉和微特电机股份有限公司2015年面对订单萎缩、各方面成本上升、盈利能力大幅下降的困难，加大生产线流程优化组合力度，组建自动化、半自动化及局部智能化生产线，进一步优化设计、提升工艺、降低成本、提高新品成果转化率，全年实现工业总产值10 059万元、销售收入9 884万元、利润779万元，总体发展情况略好于往年。

天津万特机械有限公司是一家外贸型中小企业，2013年更名为天津高胜机械有限公司。2015年该公司经营情况比2014年明显好转，销售数量、生产产值均有明显增加。2015年全年实现工业总产值1 984万元，同比增长41%；利润总额108万元，同比增长200%。目前该公司老用户的订单数量比较稳定并逐步扩大，是企业顺利运营并取得效益的基础。

中特科技工业（青岛）有限公司2015年根据市场和客户的需求加大了研发力度，研发制造了多款新产品，大大提高了用户的生产率和产品精度，并且降低了成本和能耗。2015年完成销售收入1 123万元，同比增长58.4%；完成新产品开发、设计制造6项，并投入正式生产，增加产值约190万元。同年通过ISO 9001国际标准质量体系认证。

科技成果及新产品 浙江联宜电机股份有限公司2015年总体稳中有增，在家用电器电机领域有所扩展，如原汁机和变频风机；在电动轮椅和机器人等行业取得了较大技术突破，获得国际客户认可，进入量产。

浙江琦星电子有限公司已取得的知识产权有83项，其中软件著作权登记5项、国家专利证书78项。2015年申报已受理但还没有取得证书的28项，参与2项国家标准及2项行业标准的起草。该公司新增4项产品小批量试制试用，主要运用在绣花机、花样机等领域；正在研发的伺服控制系统有两大系列，主要是数控机床用伺服电动机及其控制系统、数控机床装备用机械手。

杭州集智机电股份有限公司2015年研发了汽车离合器总成全自动平衡机、汽车发电机冷却风扇盘装电机全自动平衡机、摩托车发电机外转子全自动平衡机、离合器压盘全自动平衡机、五工位电机转子出口型全自动平衡机等10项新产品。

标准 全国微电机标准化技术委员会顺利完成了国家标准及国家标准计划项目和行业标准计划项目的清理整

顿。组织制定完成《电动机用电磁制动器通用技术条件》等2项国家标准及3项行业标准,组织申报了12项行业标准的制修订,完成了"十二五"规划工作。

全国微电机标准化技术委员会于2015年11月5日在成都召开年会,组织行业专家审查并通过了《微电机安全通用要求》等7项标准项目,并于年底前完成标准报批工作。

基本建设及技术改造 浙江琦星电子有限公司2015年投入研发的经费1 812万元,其中试制和检测设备购置费用312万元,办公设备费用32万元,引进人才及其他费用223.8万元。研发中心设有财务科并制订了财务管理等制度,对研发费用进行专项管理。

广东嘉和微特电机股份有限公司2015年计划总投资1亿元,创建永磁直流电机研发和生产示范基地。

行业管理 微电机分会推荐广东惠州龙德科技有限公司参与品牌战略活动,开展诚信体系建设。

完成《中国电器工业年鉴·微电机行业概况》的编写和上报;及时完成《行业统计年报》的填报;出版《微电机》和《微电机通讯》,改进了办刊质量,充实信息内容;分会对中国微电机行业门户网站进行了部分改版,增加功能模块,充分利用微电机分会会员单位的技术实力,打造网上贸易平台,建立网上采购及供需链,展示企业信息及产品,设立在线技术论坛,拓展企业信息交流与商贸合作空间。

〔供稿单位:中国电器工业协会微电机分会〕

2016年发展情况

生产发展情况 近年来面对我国制造业综合成本上升和国家加快转变经济发展方式以及国内外市场需求减弱等不良因素,微电机行业企业及时调整产业结构、优化人员调配、大力提高产品附加值,同时采取应用新技术、开发新产品、开拓新市场等措施,2016年行业发展稳中有增。

据对微电机行业19家企业的统计,2016年工业总产值达到206.3亿元,同比增长11%;工业销售产值204.2亿元,同比增长11.8%;新产品产值25.99亿元,同比增长11.2%;实现利润33.4亿元,同比增长9.2%;运营成本148.4亿元,同比增长18%;出口额达到23.8亿元,同比增长11.2%;全年从业人员数2.2万人,同比增长19.4%。

2016年微电机行业19家企业主要经济指标见表1。2016年微电机行业重点企业经济效益综合指数前10名企业见表2。2016年微电机行业重点企业工业增加值增速前10名企业见表3。2016年微电机行业出口额前10名企业见表4。2016年微电机行业工业销售产值增速前10名企业见表5。

表1 2016年微电机行业19家企业主要经济指标

序号	指标名称	单位	2016年	2015年	同比增长(%)	序号	指标名称	单位	2016年	2015年	同比增长(%)
1	工业总产值	万元	2 063 328	1 853 940	11.0	5	年末所有者权益合计	万元	1 525 603	1 266 477	20.0
2	工业销售产值	万元	2 042 501	1 837 513	11.8	6	主营业务成本	万元	1 484 486	1 257 744	18.0
3	新产品产值	万元	259 928	233 541	11.2	7	主营业务利润	万元	334 552	306 099	9.2
4	出口交货值	万元	237 750	210 452	12.9	8	从业人员数	人	22 084	18 489	19.4

表2 2016年微电机行业重点企业经济效益综合指数前10名企业

序号	企业名称	经济效益综合指数	序号	企业名称	经济效益综合指数
1	江苏超力电器有限公司	4.42	6	成都精密电机厂	1.81
2	山东山博电机集团有限公司	2.64	7	卧龙控股集团有限公司	1.81
3	深圳拓邦股份有限公司	2.25	8	汉中万目仪电有限责任公司	1.73
4	西安微电机研究所	2.09	9	天津安全电机有限公司	1.43
5	无锡黄氏电器制造有限公司	2.02	10	苏州电讯电机厂有限公司	1.40

表3 2016年微电机行业重点企业工业增加值增速前10名企业

序号	企业名称	2016年(万元)	2015年(万元)	同比增长(%)	序号	企业名称	2016年(万元)	2015年(万元)	同比增长(%)
1	惠州市龙德科技有限公司	2 000	1 000	100.0	6	宁波菲仕电机技术有限公司	1 222	1 029	18.8
2	成都精密电机厂	1 030	741	39.0	7	汉中万目仪电有限责任公司	4 213	3 773	11.7
3	江苏超力电器有限公司	16 182	12 405	30.4	8	卧龙控股集团有限公司	251 466	233 380	7.7
4	深圳拓邦股份有限公司	49 431	38 273	29.2	9	山东祥和集团博山微电机厂	850	840	1.2
5	西安微电机研究所	2 265	1 900	19.2	10	常州市金坛微特电机有限公司	1 689	1 731	-2.4

表4 2016年微电机行业出口额前10名企业

序号	企业名称	出口额（万元）	序号	企业名称	出口额（万元）
1	深圳拓邦股份有限公司	103 619	6	惠州市龙德科技有限公司	3 000
2	卧龙控股集团有限公司	85 833	7	宁波菲仕电机技术有限公司	2 916
3	江苏苏州优德通力科技有限公司	18 504	8	常州市金坛微特电机有限公司	2 560
4	河北电机股份有限公司	13 800	9	江苏超力电器有限公司	2 343
5	山东山博电机集团有限公司	3 277	10	山东祥和集团博山微电机厂	900

表5 2016年微电机行业工业销售产值增速前10名企业

序号	企业名称	2016年	2015年	同比增长（%）	序号	企业名称	2016年	2015年	同比增长（%）
1	惠州市龙德科技有限公司	8 000	5 000	60.0	6	卧龙控股集团有限公司	1 610 373	1 487 130	8.3
2	江苏超力电器有限公司	63 211	48 460	30.4	7	西安微电机研究所	6 025	5 579	8.0
3	深圳拓邦股份有限公司	170 013	140 886	20.7	8	山东祥和集团博山微电机厂	3 250	3 180	2.2
4	汉中万目仪电有限责任公司	8 236	7 287	13.0	9	山东山博电机集团有限公司	24 789	24 278	2.1
5	宁波菲仕电机技术有限公司	8 443	7 553	11.8	10	成都精密电机厂	3 300	3 280	0.6

市场及销售 2016年微电机行业总体运营情况相对平稳，各项指标比上年略有增长。

山东得普达电机股份有限公司近年来积极投资技术研发，2016年资产总值7 113万元，比上年增长20%，其中流动资产较上年增加2 750万元。利润总额961万元，比上年增长近36%。该公司科研人员2016年实现数量翻番，科技活动的经费筹集总额逾360万元。

山东祥和集团博山微电机厂在生产上调整主要瓶颈工序，保证了年初制订的12万台电机入库的目标。2016年实现销售收入3 250万元，同比增长2.2%；生产电机116 983台，同比增长4.93%；实现利润202.34万元，与上年基本持平。

宁波菲仕电机技术有限公司在生产模式和发展模式上有新突破，不断开辟新行业，2016年发展平稳，主营业务收入8 483万元，较2015年增长近14%。

江苏超力电器有限公司重点改进企业销售增长基础、新品开发管控、企业综合管理，2016年发展势头良好，实现销售收入6.32亿元，比上年增加1.5亿元，增长24%；海外市场完成3 100万元，比上年增长5%。2016年该企业新开发包括东风日产、吉利汽车、汉腾、云度等在内的新客户18家，为轿车配套的产品占销售总额的70%，为B级车配套的产品占比达60%。

常州市金坛微特电机有限公司2016年实现销售收入6 864万元，与往年基本持平，但未完成8 000万元的目标。全年实现营业利润114.6万元，远低于400万元的净利目标。应收账款余额2 176.5万元，超目标576.5万元。资金回笼率91.8%，出口和新增长点资金回笼率为97.85%；应付账款余额2 291万元，超年初1 779万元，增欠货款512万元。

广东嘉和微特电机股份有限公司2016年加大新产品研发的力度，扩大产品种类，稳固内销市场，大力开拓外销市场，全年实现工业总产值9 068万元，同比增长19%；实现销售收入9 347万元，同比增长20%。

深圳拓邦股份有限公司2016年大力开发新产品、新市场，及时调整产业结构，提高产品附加值，增强公司的产品竞争力，全年实现营业收入170 300.05万元，同比增长20.88%；实现营业利润15 001.90万元，同比增长71.54%；实现净利润13 555.67万元，同比增长75.35%。

汉中万目仪电有限责任公司2016年及时调整产销模式，各项指标均超过计划，并创历史新高。全年完成产值6 794万元，同比增长11.6%；销售7 024万元，同比增长12.9%；利润631万元，同比增长18%。

苏州优德通力科技有限公司2016年通过强化海外营销团队、大力开发新客源、建设海外自主物流仓库、提高库存周转率、推进材料零库存管理等有效措施，全年实现销售收入19 176.9万元，同比下降27%。

科技成果及新产品 山东祥和集团博山微电机厂2016年取得2项专利成果，其中蔬菜大棚卷帘机电机实用新型专利权和外观专利成果显著。新产品交流伺服电动机进入试制阶段。

常州市金坛微特电机有限公司2016年成功开发的7个规格的园林设备无刷电机已上车试验，其中2个规格已进入小批生产。完成了商用跑步机无刷电机的前中期开发。同时完成了电动叉车双效永磁同步无刷电机、特种纺织无刷电机、电动汽车空调压缩无刷电机性能样机的开发。

汉中万目仪电有限责任公司研发新品微型电机减速器，成功为智能电表、3D打印机、飞行器、共享单车等提供智能驱动重要部件。

苏州优德通力科技有限公司2016年新申报了一种电阻式控制器、一种水位探测电话报警器、一种立式浮子开关等17项专利及7项非专利技术。

浙江琦星电子有限公司2016年共申请专利逾70项，其中发明专利32项、实用新型专利36项、外观专利2项，并依旧致力于机械手的新品研发。

深圳拓邦股份有限公司对高新兴技术充分布局。截至2016年年末，该公司累计申请发明专利79件、实用新型专利141项、外观设计专利30项，其中拥有有效发明专利27项、实用新型专利69项、外观设计专利9项。

标准 全国微电机标准化技术委员会顺利完成了国家标准及国家标准计划项目和行业标准计划项目的清理整顿工作。

全国微电机标准化技术委员会于2016年9月17日在西安召开年会，会议组织行业专家审查并通过了《微电机安全通用要求》等7项标准项目，并年底前完成标准报批工作。

基本建设及技术改造 汉中万目仪电有限责任公司2016年投入逾500万元提高企业自动化生产线及厂区配套设施，并扩招80名新员工补充生产。

山东得普达电机股份有限公司2016年总投资4 900万元建设电机自动化生产线，生产规模6万台/年，占地面积6 000 m^2，主要安装设备包括智能全自动装配生产线、高精度数控机床、自动绕嵌机等。

"淄博市高效电机系统工程技术研究中心"已在山东祥和集团博山微电机厂挂牌进入筹备阶段，2017年12月至2018年12月为试运行阶段。该中心的建立能实现电机和控制关键技术环节的突破，使产品产业化达到国内领先水平。

河北电机股份有限公司2016年克服企业运营成本上升、竞争加剧等诸多不利因素影响，新建成5t一拖二中频感应电炉，新增自动化设备、机加工数控设备、涂装烘干设备等提高生产力。

常州市金坛微特电机有限公司克服当前企业发展遇到的多方面困难，艰难地完成了跑步机电机自动生产线的建设，2016年10月份开始试运行，生产线基本正常，可以投入正式运行。

广东嘉和微特电机股份有限公司2016年总投资3 000万元，进行微电机转子装配生产线智能化技术改造及微特电机定子生产线智能机器人产业化两个项目的建设。

深圳拓邦股份有限公司2016年正式筹建拓邦印度私人有限公司，以进军印度PCB市场。该公司位于印度普纳市，占地面积为1.67万 m^2，建筑面积近2.55万 m^2。

苏州优德通力科技有限公司于2016年3月开始在苏州市吴中开发区旺山工业园建设厂房，固定资产总投资约5 000万元，占地面积32 400m^2，建筑面积约36 400 m^2。截至2016年11月基本完成新厂区的主体建设。

宁波菲仕电机技术有限公司2016年5月开工建设的新厂区已完成主体竣工建设、中间结构的验收、内部装修设计方案的确定。

行业管理 截至2016年微电机分会现有会员总数228家。2016年秘书处发展新会员单位5家：中特科技工业（青岛）有限公司、福州万德电气有限公司、科磁电子科技（上海）有限公司、深圳市正德精密技术有限公司等。

2016年9月21日，中国电器工业协会微电机分会六届五次理事会议在西安召开，共计36家理事单位及会员企业的39名代表参加。会议的主要议题是：总结微电机分会2015年工作，安排部署2016年。会议由微电机分会秘书长张朴主持。莫会成理事长介绍了西安微电机研究所新任所长谭顺乐。

2016年微电机分会组织专家学者先后赴金坛、常州、无锡、东阳等地进行调研、考察、学习。平均每年走访调研考察近20家会员企业。每到一家企业，理事会的领导和专家亲临设计、生产一线，详细了解企业主要产品的设计研发、生产制造工艺等各类情况，同企业相关负责人进行深入翔实的交流沟通，学习探讨，听取会员意见，为会员服务。

微电机分会于2016年8月1—5日在西安举办了"永磁无刷电动机课程设计"培训班。西安微电机研究所邵晓强副总工作为主讲人，讲解了永磁无刷电动机运行、设计原理及设计过程中的技术难点。

2016年9月中旬，分会在西安主办了第22届微特电机技术创新与发展论坛。来自全国行业企业、高校、科研院所90余家单位的逾200位代表参加。报告论文集收集综述类、应用类、设计与研究、管理论文共40多篇。

按时完成行业统计及《中国电器工业年鉴·微电机行业概况》的撰写，2016年通过网站向会员提供市场、技术等信息300多条。

〔撰稿人：西安微电机研究所延石　审稿人：西安微电机研究所冯卫斌〕

防爆电机

生产发展情况 2016年，防爆电机行业主要用户经营效益普遍不佳，导致整个防爆电机行业市场需求萎缩，行业竞争激烈，综合经济效益持续下滑，经营压力增加。从行业企业统计数据汇总分析来看，2016年防爆电机行业企业的防爆电机产量、订货量与销售量均出现下滑；产成品库存增加较快；防爆电机产品价格下滑，量价齐跌，企业盈利均下滑较多；行业经济整体运营质量同比出现下降。

2016年末行业企业存货资金占压22.6亿元，同比减少3.0亿元，降幅12.5%。其中产成品资金占压10.5亿元，同比减少2.8亿元，降幅23.0%。行业综合经济效益指数为212.1。

2016年防爆电机行业工业总产值前15名企业见表1。2016年防爆电机行业工业增加值前15名企业见表2。2016年防爆电机行业部分企业经济效益指标见表3。

表1 2016年防爆电机行业工业总产值前15名企业

序号	企业名称	2016年（万元）	2015年（万元）	同比增长（%）
1	山东华力电机集团股份有限公司*	192 876	222 518	-13.30
2	六安江淮电机有限公司*	150 068	146 126	2.69
3	卧龙电气南阳防爆集团股份有限公司*	146 776	167 218	-12.22
4	安徽皖南电机股份有限公司*	134 977	122 154	10.50
5	江苏大中电机股份有限公司*	128 922	128 563	0.28
6	佳木斯电机股份有限公司*	121 957	139 988	-12.88
7	西安泰富西玛电机有限公司*	65 169	135 289	-51.83
8	上海品星防爆电机有限公司*	40 932	40 524	1.00
9	宁夏西北骏马电机制造股份有限公司	26 642	31 810	-16.20
10	中达电机股份有限公司*	26 188	27 008	-3.03
11	江苏华源电机有限公司*	16 624	13 762	20.80
12	江苏环球特种电机有限公司*	11 595	13 487	-14.03
13	无锡东元电机有限公司	11 170	12 540	-10.90
14	佳木斯防爆电机有限公司	8 700	8 000	8.75
15	江苏远中电机股份有限公司*	5 095	4 300	18.49

注：带*者的工业总产值，含非防爆电机工业总产值数据。

表2 2016年防爆电机行业工业增加值前15名企业

序号	企业名称	2016年（万元）	2015年（万元）	同比增长（%）
1	六安江淮电机有限公司*	48 321	46 301	4.36
2	卧龙电气南阳防爆集团股份有限公司*	48 106	52 431	-8.25
3	山东华力电机集团股份有限公司*	46 483	47 285	-1.69
4	安徽皖南电机股份有限公司*	33 220	29 984	10.79
5	江苏大中电机股份有限公司*	31 082	31 000	0.26
6	西安泰富西玛电机有限公司*	13 034	29 764	-56.20
7	宁夏西北骏马电机制造股份有限公司	9 501	11 344	-16.25
8	上海品星防爆电机有限公司*	5 371	5 352	0.36
9	中达电机股份有限公司*	5 108	5 720	-10.70
10	江苏远中电机股份有限公司	4 636	3 990	16.19
11	江苏环球特种电机有限公司*	2 739	2 976	-7.96
12	江苏华源电机有限公司*	1 496	1 073	39.42
13	无锡锡山安达防爆电气设备有限公司	349	437	-20.14
14	河南安阳华安煤矿电机有限公司	247	-106	
15	佳木斯防爆电机有限公司	122	118	3.39

注：带*者的工业增加值，含非防爆电机工业增加值数据。

表3 2016年防爆电机行业部分企业经济效益指标

序号	企业名称	总资产贡献率（%）	资产保值增值率（%）	资产负债率（%）	流动资产周转率（%）	成本费用利润率（%）	劳动生产率（元／人）	产品销售率（%）	经济效益综合指数
1	江苏远中电机股份有限公司*	4.0	101.6	27.7	1.5	1.4	713 192.3	94.2	496.5
2	六安江淮电机有限公司*	14.8	118.5	27.9	2.1	8.7	458 888.9	100.0	398.5
3	安徽皖南电机股份有限公司*	12.6	107.1	57.0	2.0	5.4	342 474.2	99.2	311.1
4	江苏大中电机股份有限公司*	14.8	109.9	35.7	3.3	5.4	293 226.4	99.7	298.2
5	上海品星防爆电机有限公司*	13.0	107.2	42.3	5.8	3.4	253 349.1	96.6	287.2
6	山东华力电机集团股份有限公司*	16.7	113.0	36.6	4.2	4.2	232 997.5	100.2	269.5

(续)

序号	企业名称	总资产贡献率（%）	资产保值增值率（%）	资产负债率（%）	流动资产周转率（%）	成本费用利润率（%）	劳动生产率（元/人）	产品销售率（%）	经济效益综合指数
7	江苏环球特种电机有限公司*	13.0	109.3	22.9	2.8	7.9	171 187.5	99.7	222.4
8	卧龙电气南阳防爆集团股份有限公司*	8.5	118.2	34.2	0.7	13.2	143 343.3	100.6	200.1
9	中达电机股份有限公司*	7.4	139.7	33.8	1.8	7.0	128 341.7	93.8	178.1
10	江苏华源电机有限公司*	13.8	372.9	75.2	1.8	5.0	32 521.7	96.4	154.0
11	宁夏西北骏马电机制造股份有限公司	4.1	104.1	32.8	0.4	0.7	91 093.0	83.8	105.3
12	无锡锡山安达防爆电气设备有限公司	3.1	93.3	62.8	0.4	2.4	60 172.4	99.7	92.8
13	西安泰富西玛电机有限公司*	0.5	81.2	65.3	0.3	-5.2	106 574.0	97.8	84.6
14	佳木斯防爆电机有限公司	6.8	83.6	64.0	3.2	0.3	6 100.0	82.9	83.0
15	宁波长江电机实业有限公司*	3.2	103.0	23.1	0.8	0.7	28 277.8	95.6	69.2
16	苏州特种电机厂有限公司	4.4	89.8	86.9	1.0	-1.6	34 074.1	100.0	63.7
17	河南安阳华安煤矿电机有限公司	-3.6	80.0	84.3	0.2	-27.5	24 215.7	110.4	-62.0
18	佳木斯电机股份有限公司*	-15.1	17.7	52.2	0.5	-36.7	-126 816.6	97.4	-72.9
19	丹东黄海电机有限公司*	-7.0	85.7	206.5	0.8	-24.6	-11 666.7	102.5	-189.7

注：带*者含非防爆电机数据。

产品产量及销售 2016年，从整体来看防爆电机行业的生产、销售、订货同比下降。防爆电机行业全年总产量6420万kW，同比减少218万kW，较上年同期下滑3.3%；防爆电机产量1 149万kW，同比减少109万kW，较上年同期下降8.6%；高压防爆电机产量346万kW，同比减少76万kW，较上年同期下降18%；低压防爆电机产量776万kW，同比减少7万kW，较上年同期减少0.9%。防爆电机销量1 204万kW，同比减少110万kW，较上年同期下降8.4%；防爆电机累计订货1 293万kW，同比减少1万kW，较上年同期下降0.1%。

2016年产量超过250万kW的企业有7家，分别为：山东华力电机集团股份有限公司、六安江淮电机有限公司、江苏大中电机股份有限公司、安徽皖南电机股份有限公司、卧龙电气南阳防爆集团股份有限公司、佳木斯电机股份有限公司、西安泰富西玛电机有限公司。防爆电机产量超过百万千瓦规模的防爆电机企业有卧龙电气南阳防爆集团股份有限公司、佳木斯电机股份有限公司、佳木斯防爆电机有限公司、江苏大中电机股份有限公司、上海品星防爆电机有限公司5家企业，合计产量951万kW，占防爆电机总产量的82.77%。其中，防爆电机产量250万kW以上的企业为卧龙电气南阳防爆集团股份有限公司，达到293万kW，同比减少63万kW，降幅17.7%；佳木斯电机股份有限公司产量达到169万kW，同比减少34万kW，降幅16.75%；上海品星防爆电机有限公司产量达到209万kW，同比减少5万kW，降幅2.3%；江苏大中电机股份有限公司达到158万kW，同比增加2万kW，同比增长1.28%；佳木斯防爆电机有限公司达到122万kW，同比增加4万kW，同比增长3.39%。

2016年全行业实现电机产品销售收入107.5亿元，同比减少12.8亿元，降幅10.7%；行业企业2016年防爆电机销售产值25.8亿元，同比减少11.3亿元，降幅30.4%。防爆电机行业市场表现略差于非防爆电机行业。

在参加统计的企业中有15家企业电机销售收入较上年同期增加，占整个企业总数的58%；行业企业防爆电机销售产值同比增加的有13家，占企业总数的50%。

在参加统计的25家企业中，有13家企业利润上升，占企业总数的52%；有7家企业利润下滑，占企业总数的28%；5家企业亏损，占企业总数的20%。利润总额超过4 000万元的企业有5家，分别为：卧龙电气南阳防爆集团股份有限公司、六安江淮电机有限公司、山东华力电机集团股份有限公司、安徽皖南电机股份有限公司、江苏大中电机股份有限公司。

质量及标准 为了上报标准的尽快实施，防爆电机标准化分技术委员会（SAC/TC9/SC1）秘书处配合出版社进行了25项标准印刷前的校对、修改工作。分别是：JB/T 5337.1—2015《无火花型三相异步电动机技术条件 第1部分：YW2系列无火花型三相异步电动机（机座号80～355）》、JB/T 7565.2—2015《隔爆型三相异步电动机技术条件 第2部分：YB3—W、YB3—TH、YB3—THW、YB3—TA、YB3—TAW系列隔爆型三相异步电动机（机座号63～355）》、JB/T 7565.3—2015《隔爆型三相异步电动机技术条件 第3部分：YB3—F1、YB3—WF1、YB3—F2、YB3—WF2系列隔爆型三相异步电动机（机座号63～355）》、JB/T 7565.4—2015《隔爆型三相异步电动机技术条件 第4部分：YB3系列隔爆型(Exd II CT1～T4)三相异步电动机（机座号63～355）》、JB/T 7565.5—2015《隔爆型三相异步电动机技术条件 第5部分：YBF3系列风机用隔爆型三相异步电动机（机座号63～355）》、JB/T 7565.6—2015《隔爆型三相异步电动机技术条件 第6部分：YB3-H系列船用隔爆型三相异步电动机（机座号63～355）》、JB/T 9595.1—2015《增安型三相异步电动机技术条件 第1部分：YA2系列增安型三相异步电动机（机座号80～355）》、JB/T 9595.2—2015《增安型三相异步电动机技术条件 第2部分：YA2-W、YA2-WF1、YA2-WF2、YA2-F1、YA2-F2系列户外、户外防腐、户外防腐增安型三相异步电动机（机座号80～355）》、JB/T 10352—2015《YFB2系列粉尘防爆型三相异步电动机（机座号63～355）技术条件》、JB/T 11201.2—2015《隔爆型变频调速三相异步电动机技术条件 第2部分：YBBP系列隔爆型（ExdⅡCT1～T4）变频调速三相异步电动机（机座号80～355）》、JB/T 11201.3—2015《隔爆型变频调速三相异步电动机技术条件 第3部分：YBBP-W、YBBP-TH、YBBP-THW系列隔爆型变频调速三相异步电动机（机座号80～355）》、JB/T 11202.2—2015《高压增安型三相异步电动机技术条件 第2部分：YAKK、YAKK-W系列高压增安型三相异步电动机（机座号355～630）》、JB/T 12301—2015《YBSD系列矿用隔爆型双速三相异步电动机技术条件》、JB/T 12302—2015《TBZY系列（IP55）螺杆抽油泵专用直驱式隔爆型三相永磁同步电动机技术条件（机座号225～355）》、JB/T 12303—2015《YA2系列增安型高压三相异步电动机技术条件（机座号355～560）》、JB/T 12304—2015《TZYW系列正压外壳型无刷励磁同步电动机（4P、6P）技术条件》、JB/T 12305.1—2015《高效率高压隔爆型三相异步电动机技术条件 第1部分：YBX3系列高效率高压隔爆型三相异步电动机（机座号355～630）》等。

防爆电机标准化分技术委员会（SAC/TC9/SC1）秘书处根据中国机械工业联合会标准工作部的要求，按照最新模板完成了《高效率隔爆型三相异步振动电机》等15项防爆电机行业标准征求意见及意见处理工作。

基本建设及技术改造 2016年，防爆电机行业实现基本建设及更新改造投资额10 830万元，同比下降24.4%，投资速度放缓。统计的防爆电机行业25家企业中，10家企业进行了基本建设及技术改造，占被调查企业总数的40%。

2016年防爆电机行业部分企业完成基本建设及技术改造投资额见表4。

表4 2017年防爆电机行业部分企业完成基本建设及技术改造投资额

序号	企业名称	投资额（万元）	序号	企业名称	投资额（万元）
1	佳木斯防爆电机有限公司	200	6	中达电机股份有限公司	1 341
2	西安泰富西玛电机有限公司	956	7	六安江淮电机有限公司	2 499
3	无锡锡山安达防爆电气设备有限公司	129	8	山东华力电机集团股份有限公司	3 500
4	宁夏西北骏马电机制造股份有限公司	22	9	江苏环球特种电机有限公司	496
5	上海品星防爆电机有限公司	105	10	佳木斯电机股份有限公司	241

行业活动

1. 顺利完成换届

中国电器工业协会防爆电机分会于2016年9月25—28日在新疆乌鲁木齐召开了防爆电机分会三届五次暨四届一次会员大会，完成了换届工作。大会选举产生了由卧龙电气南阳防爆集团股份有限公司等12家单位组成的分会四届理事会，卧龙电气南阳防爆集团股份有限公司总经理白照昊当选为第四届理事会理事长，南阳防爆电气研究所所长王军当选为常务副理事长，哈尔滨电气集团佳木斯电机股份有限公司总经理刘清勇、江苏锡安达防爆股份有限公司董事长吴亦清、山东山防防爆电机有限公司董事长尹文志、江苏大中电机股份有限公司董事长周巧林当选为副理事长，南阳防爆电气研究所副所长吴建国当选为秘书长，南阳防爆电气研究所行业部主任陈瑞当选为副秘书长。并将防爆电机分会第四届理事会换届材料——防爆电机分会第四届理事会组成名单、2016年防爆电机分会会员大会纪要、防爆电机分会第三届理事会工作报告、防爆电机分会工作条例等材料上报中国电器工业协会备案。

2. 开展信用等级评价

卧龙电气南阳防爆集团股份有限公司、江苏大中电机股份有限公司、江苏环球特种电机有限公司、无锡华达电机有限公司、安徽皖南电机股份有限公司、上海品星防爆电机有限公司和西北骏马电机制造有限公司等企业进行了信用评价，均获得AAA级信用评价证书。

3. 做好行业经济指标统计工作

防爆电机协会秘书处坚持进行行业年度经济指标的统计、汇总、分析和通报工作，该方面工作得到了理事长单位（卧龙电气南阳防爆集团股份有限公司）统计部门的大力支持。秘书处的行业信息统计机构重视这方面工作，为会员企业提供全面、准确及时的行业经济信息服务。每年两次发文征询各企业经济指标数据，每年年初将上年度经济指标数据上报中国电器工业协会，同时将经济统计报表和数据分析分发各会员单位。

4. 积极反映行业诉求，发挥好桥梁和纽带作用

作为全国防爆电机行业的代表，坚持倾听会员企业的呼声，抓住会员企业最迫切、最关注、最直接的问题寻求对策，在为行业发展、为企业发展做好服务的同时，积极向各级政府主管部门反映行业发展的诉求，实事求是地反映存在的问题和困难，积极参加《防爆电气生产许可证实施细则》修订工作，发挥行业协会与政府的桥梁与纽带作用，共同为行业发展创造良好的政策环境。

5. 为会员企业产品进入国际市场提供服务

分会秘书处所在单位南阳防爆电气研究所先后与国际上十余个国家的权威防爆检验机构建立了相互承认防

爆检验结果的合作关系，为我国防爆产品取得国外认证进入国际市场提供了方便快捷的通道。2015年，南阳防爆电气研究所在荷兰合资注册成立认证机构——CNEX-GLOBAL B.V，已通过荷兰国家认证认可委员会的评审，成为荷兰国家防爆认证检测机构和质量体系认证机构。2015年9月，成为欧盟 ATEX 指定的认证检测机构，代码2614。2016年1月，又通过 IECEx 评审，成为 IECEx CB。

6. 做好技术交流、培训和咨询工作

分会关注国家、行业有关产业政策、技术发展动态，为企业提供最新最全面的信息服务。分会将配合有关部门加强对有关标准、文件的培训和咨询，为企业生产经营做好服务。

〔撰稿人：中国电器工业协会防爆电机分会李岳玲〕

变 压 器

2015年是电力建设发展较快的一年，也是特高压核准开工规模最大的一年，酒泉—湖南、准东—皖南及国家大气污染防治行动计划"四交四直"工程全面核准开工。《配电网建设改造行动计划（2015—2020年）》的发布，为变压器行业提供了发展契机。国家进一步加大电网基础设施投资力度，根据中电联发布的《2016年度全国电力供需形势分析预测报告》，2015年完成电网投资4 603亿元，同比增长11.7%；全国净增发电装机容量1.4亿kW，创年度投产规模历史新高。2015年变压器产量为16.54亿kV·A。

试验鉴定 2015年6月，西安西电变压器有限责任公司为云南电网与南网主网鲁西背靠背直流异步联网工程研制的 PKDFP-160-3125-150 平波电抗器，一次性通过全部试验，各项指标达到了技术协议和国家标准要求。

2015年7月，西安西电变压器有限责任公司制造的灵绍工程首台 ±800kV 400Mvar 干式平波电抗器一次性通过全部试验。该产品是国内单台额定直流连续电流最大的干式平波电抗器，抗震、温升要求高，防雨降噪要求严格。

2015年7月，西安西电变压器有限责任公司为新疆信友奇台电厂 2×600MW 项目设计制造的 750kV 750MV·A 三相一体升压变压器，一次性通过全部试验，各项性能指标达到了国家标准和技术协议的要求。这台产品容量大、阻抗高、重量大、损耗要求严格，在解决结构件局部过热及运输问题方面，难度较大。该公司通过优化电气设计方案、内部绝缘结构，并对阻抗、损耗、温升、绝缘性能等进行全面系统核算，产品具有材料消耗小、重量轻、体积小、噪声低、节能环保等优点。

2015年7月，西安西电变压器有限责任公司为内蒙古锦联铝材有限公司铝镁合金二期年产 2×50万 t 电解铝项目研制的 220kV 157MV·A 整流变压器通过试验，产品可靠性和综合技术指标达到国际领先水平。产品额定容量达到157MV·A，直流输出电压最高达1 580V，效率高达99.2%，是公司目前生产的额定容量最大、直流输出电压最高的整流变压器。

2015年7月，武汉泰普变压器开关有限公司生产的无励磁分接开关 WDL I 2500/252，应用于山东泰开变压器有限公司3台500kV自耦变压器均一次性通过试验，这是国产开关首次在500kV自耦变压器上应用。

2015年9月，特变电工衡阳变压器有限公司研制的新一代 ODFS-ZN-3340000/500 智能变压器一次通过全部试验，性能指标均优于技术协议要求。

2015年9月，江苏华鹏变压器有限公司生产的 ODFS-13-3340000/500 变压器一次性通过了短路承受能力试验，该试验由 ASTA 试验机构监视。这是国内目前通过短路承受能力试验的最大500kV单相自耦变压器。

2015年11月西安西电变压器有限责任公司为锡盟—山东特高压工程研制的1 000 kV 电抗器全部一次性通过所有试验。公司为该工程生产了13台1 000kV 280Mvar并联电抗器。

研发 2015年1月，国家电网公司在秦皇岛召开方便运输的大型特高压交流变压器研制总结会议，全面总结了由保定天威保变电气股份有限公司研制的1 000kV、150万kV·A 特高压变压器国产化工作。与工程大量应用的单相100万kV·A 特高压变压器相比，该变压器容量增加50%，技术水平更高、研制难度更大。保定天威保变电气股份有限公司先后研制出2台样机。

2015年3月海鸿电气自主研发的世界首台110kV级、4万kV·A 容量立体卷铁心油浸式电力变压器一次性试制成功，产品各项性能指标均优于国家标准。与 S11 对比，空载损耗下降36%，负载损耗下降11%。

2015年9月，山东泰开变压器有限公司研制的 ODFS-3340000/500 低局放电力变压器通过国家级技术鉴定。专家一致认为该产品结构合理、设计先进，在原500kV产品技术基础上，进一步优化了设计，提高了工艺水平，产品局部放电量达到近乎无局放水平，综合技术性能指标达到同类产品国际水平。

2015年10月，西安西电变压器有限责任公司成功研制国内首台高性能220kV 70MV·A 串联变压器。该产品应用在南京220kV西环网统一潮流控制器工程，属于柔性交流输电技术之一。

2015年10月，西安西电变压器有限责任公司成功研制第7台灵绍工程 ±800kV 400Mvar 干式平波电抗器。至此，已为该工程提供了7台产品，全部一次通过所有型式试验。

投运 2015年1月，西安西电变压器有限责任公司设计的国内500kV SSP-1210000/500 升压变压器在神华万州电厂百万千瓦机组投运。该产品由常州基地制造，是国内目前设计制造的500kV等级三相容量及单柱容量最大的变压器。该产品结构合理，设计及工艺先进，通过电、磁、热、力等方面的优化设计，采用漏磁控制和复合屏蔽技术、大电流引出线等新结构，控制了漏磁，降低了损耗，解决了局部过热难题，具有局部放电小、损耗小、温升低、噪声低等特点，产品技术性能达到国际领先水平。

西安西电变压器有限责任公司承接了淮南—南京—上海特高压交流输变电工程13台1 000kV电抗器、4台1 000kV变压器合同。该公司常州基地生产的第一台1 000kV特高压大容量无载调压自耦变压器于2015年2月顺利通过了全部试验项目，并于2015年4月在公司800t变压器专用码头成功启运。

2015年5月特变电工衡阳变压器有限公司为淮南平圩电厂生产的1 000kV发电机变压器成功投运。该公司研制了4台产品，是世界首创的由发电机出口电压27kV直接升压至1 000kV的绿色节能创新产品，为电厂节省了一个500kV变电站的建设成本。

重点企业

1. 特变电工股份有限公司

特变电工股份有限公司的变压器产业目前在超、特高压交直流输变电，大型水电及核电等关键输变电设备研制方面已达到世界领先水平。依托国家级工程实验室、企业技术中心和博士后科研工作站，公司先后承担了我国多项重大科研攻关计划，掌握了一大批代表世界节能输变电最高技术水平、具有自主知识产权的核心技术产品，包括1 000kV特高压交流变压器及电抗器、±800kV特高压直流换流变压器，750kV变压器及电抗器，百万千瓦大型核电、水电及火电主变，330kV铁路牵引变压器等。2015年公司变压器生产量为2.26亿kV·A，居世界前三位、亚洲第一位。

2. 天威保变电气股份有限公司

变压器主要技术如下：

（1）41.2万kV·A ±600kV高端换流变压器研制，针对网侧绕组、阀侧绕组的连续式结构，线圈纵绝缘及沿面爬电问题，有载开关外置结构等技术进行了深入分析研究。

（2）81万kV·A 220kV级三相一体变压器的研制，进一步针对特大容量变压器身温升控制、低压大电流引线、漏磁分析控制技术等进行分析，开发研究工程需要的81万kV·A 220kV级三相一体变压器的相关关键技术。

（3）117万kV·A 500kV级三相一体自耦变压器的研制，针对薄绝缘、框架式引线结构、低压引线外其余引线采用模块化、框架式结构等关键技术进行研究。

（4）1 000kV·A 1 000kV级单相自耦变压器的研制，针对主、纵绝缘优化，引线结构改进，器身油道布置以及油流分布，温升控制等技术难点进行了研究。

（5）30.25万kV·A ±500kV换流变压器的研制，针对器身容量大、直流极性反转试验对于器身绝缘的特殊要求、隔板系统的合理设计与布置，开发研究工程需要的30.25万kV·A ±500kV换流变压器的相关关键技术。

（6）±500kV直流输变电工程YY型换流变压器研制，针对高端换流变网侧与阀侧线圈合理布置、大容量器身的绝缘结构分析与布置等关键技术进行研究，开发研究工程需要的±500kV直流输变电工程YY型换流变压器研制的相关关键技术。

（7）118万kV·A 500kV级三相一体发电机变压器的研制，重点研究超大容量带来的漏磁控制技术难题，器身内部复杂结构带来的温升控制技术难题，器身压紧力控制技术、承受短路能力结构等关键技术难点。

（8）500kV干式平波电抗器技术开发及样机研制，针对500kV干式平波电抗器的线圈采用多层圆筒式并联结构，层与层之间有散热气道，包封与包封之间采用冷却气道撑条，线圈上、下端轴向拉紧等关键技术问题进行了研发。

（9）发电机主变承受短路能力及局部放电控制技术研究，针对220kV级以上发电机变压器承受短路能力及局部放电控制进行了更深入地研究。

新产品 《"能效之星"产品目录（2015年）》（变压器）见表1。《节能机电设备（产品）推荐目录（第六批）》（变压器）见表2。

表1 《"能效之星"产品目录（2015年）》（变压器）

序号	制造商	产品型号	能效指标（实测值）		能效指标（评价值）	
			空载能耗（kW）	负载能耗（kW）	空载能耗（kW）	空载能耗（kW）
1.1 油浸式非晶合金铁心配电变压器						
1	常德国力变压器有限公司	SBH15-M-500/10	0.204	4.631	优于能效一级	优于能效一级
2	上海置信电气非晶有限公司	SBH-M-400/10-NX1	0.143	3.906		
3	天津市特变电工变压器有限公司	S（B）H15-M-630/10-NX1	0.235	5.314		
4	特变电工股份有限公司	SH-M-630/10-NX1	0.216	5.078		
5	江苏宏源电气有限责任公司	SBH-M-200/10-NX1	0.087	2.362		

（续）

序号	制造商	产品型号	能效指标（实测值）		能效指标（评价值）	
			空载能耗(kW)	负载能耗(kW)	空载能耗(kW)	空载能耗(kW)
1.2 油浸式电工钢带铁心配电变压器						
1	江苏华鹏变压器有限公司	S-M-1600/10-NX1	1.111	11.520	优于能效一级	优于能效一级
2	江苏宏源电气有限责任公司	S-M-800/10-NX1	0.621	5.459		
1.3 干式非晶合金铁心配电变压器						
1	正泰电气股份有限公司	SCBH-1250/10-NX1	0.526	8.806	优于能效一级	优于能效一级
2	明珠电气有限公司	SCBH16-2500/10-NX1	0.774	15.99		
1.4 干式电工钢带铁心配电变压器						
1	顺特电气设备有限公司	SCB-2500/10-NX1	2.477	14.775	优于能效一级	优于能效一级
2	海鸿电气有限公司	SGB-RL-1600/10-NX1	1.518	9.38		
3	特变电工股份有限公司	SC（B）-1250/10-NX1	1.295	7.822		
4	明珠电气有限公司	SCB-800/10-NX1	0.905	5.706		
5	江苏宏源电气有限责任公司	SC（B）-1000/10-NX1	1.23	7.488		
1.5 电力变压器						
1	山东华驰变压器股份有限公司	SZ11-20000/35	14.337	83.196	优于能效一级	优于能效一级
2	江苏华鹏变压器有限公司	SSZ-180000/220（JN）	72.78	488.43		
3	华城电机（武汉）有限公司	SZ11-6300/35	5.472	36.933		

表2　《节能机电设备（产品）推荐目录（第六批）》（变压器）

序号	设备名称	型号	主要技术参数	执行标准	申报单位
2.1 配电变压器					
1	油浸式配电变压器	S-M-(30-1600)/10-NX2	容量：30～1600kV·A；额定电压：10kV；空载损耗：0.093kW（50kV·A），0.332kW（315kV·A），0.801kW（1000kV·A），0.97kW（1250kV·A）；负载损耗：0.635kW（50kV·A），2.712kW（315kV·A），8.408kW（1000kV·A），9.97kW（1250kV·A）	标准指标（2级能效）：空载损耗：0.1kW（50kV·A），0.34kW（315kV·A），0.831kW（1000kV·A），0.97kW（1250kV·A）；负载损耗：0.87kW（50kV·A），3.65kW（315kV·A），10.3kW（1000kV·A），12kW（1250kV·A）	特变电工股份有限公司
2	干式变压器	SC（B）-(30-2500)/10-NX2	容量：30～2500kV·A；额定电压：10kV；空载损耗：0.157kW（50kV·A），0.549kW（315kV·A），0.706kW（630kV·A），1.511kW（1600kV·A）；负载损耗：0.799kW（50kV·A），2.811kW（315kV·A），4.811kW（630kV·A），9.65kW（1600kV·A）	标准指标（2级能效）：空载损耗 0.215kW（50kV·A），0.705kW（315kV·A），1.04kW（630kV·A），1.96kW（1600kV·A）；负载损耗：1kW（50kV·A），3.47kW（315kV·A），5.96kW（630kV·A），11.73kW（1600kV·A）	特变电工股份有限公司
3	非晶合金电力变压器	SH-M-(30-1600)/10-NX2	容量：30～1600kV·A；额定电压：10kV；空载损耗：0.035kW（50kV·A），0.144kW（315kV·A），0.33kW（1000kV·A），0.426kW（1250kV·A）；负载损耗：0.75kW（50kV·A），3.093kW（315kV·A），8.717kW（1000kV·A），10.31kW（1250kV·A）	标准指标（2级能效）：空载损耗：0.043kW（50kV·A），0.17kW（315kV·A），0.45kW（1000kV·A），0.53kW（1250kV·A）；负载损耗：0.91kW（50kV·A），3.83kW（315kV·A），10.3kW（1000kV·A），12kW（1250kV·A）	特变电工股份有限公司

（续）

序号	设备名称	型号	主要技术参数	执行标准	申报单位
4	电力变压器	S11-M-500/10	容量：500kV·A；额定电压：10kV；空载损耗：0.467kW（500kV·A）；负载损耗：5.278kW（500kV·A）	标准指标（2级能效）：空载损耗：0.48kW（500kV·A）；负载损耗：5.41kW（500kV·A）	四川盛鑫源电器设备制造有限公司
5	配电变压器	S-M-（30-10000）/10-NX2	容量：30～1000kV·A；额定电压：10kV；空载损耗：0.139kW（100kV·A），0.326kW（315kV·A），0.684kW（800kV·A）；负载损耗：1.43kW（100kV·A），3.52kW（315kV·A），7.4kW（800kV·A）	标准指标（2级能效）：空载损耗：0.15kW（100kV·A），0.34kW（315kV·A），0.7kW（800kV·A）；负载损耗：1.58kW（100kV·A），3.83kW（315kV·A），7.5kW（800kV·A）	沈阳全密封变压器股份有限公司
6	干式非晶配电变压器	SCBH13-（30-2500）/10-NX2	容量：30～2500kV·A；额定电压：10kV；空载损耗：1.315kW（160kV·A），0.311kW（500kV·A），0.478kW（1000kV·A），0.645kW（1600kV·A）；负载损耗：1.881kW（160kV·A），4.271kW（500kV·A），7.269kW（1000kV·A），10.375kW（1600kV·A）	标准指标（2级能效）：空载损耗：0.17kW（160kV·A），0.36kW（500kV·A），0.55kW（1000kV·A），0.76kW（1600kV·A）；负载损耗：2.13kW（160kV·A），4.88kW（500kV·A），8.13kW（1000kV·A），11.73kW（1600kV·A）	天津市特变电工变压器有限公司
7	油浸式非晶合金铁心配电变压器	SBH-M-（30-1600）/10-NX2	容量：30～1600kV·A；额定电压：10kV；空载损耗：0.065kW（100kV·A），0.183kW（500kV·A），0.226kW（630kV·A），0.542kW（1600kV·A）；负载损耗：1.237kW（100kV·A），5.001kW（500kV·A），5.785kW（6300kV·A），12.037kW（1600kV·A）	标准指标（2级能效）：空载损耗：0.075kW（100kV·A），0.24kW（500kV·A），0.32kW（630kV·A），0.63kW（1600kV·A）；负载损耗：1.58kW（100kV·A），5.41kW（500kV·A），6.2kW（6300kV·A），14.5kW（1600kV·A）	天津市特变电工变压器有限公司
8	配电变压器	S13-M-1000/10-0.4	容量：1000kV·A；额定电压：10kV；空载损耗：0.822kW；负载损耗：10.125kW	标准指标（2级能效）：空载损耗：0.83kW；负载损耗：10.3kW	浙江纪元变压器有限公司
9	配电变压器	S（B）H15-M-1000/10	容量：1000kV·A；额定电压：10kV；空载损耗：0.279kW；负载损耗：10.499kW	标准指标（2级能效）：空载损耗：0.45kW；负载损耗：9.27kW	浙江纪元变压器有限公司
10	配电变压器	S-M.RL-1000/10-NX2	容量：1000kV·A；额定电压：10kV；空载损耗：0.817kW；负载损耗：10.272kW	标准指标（2级能效）：空载损耗：0.83kW；负载损耗：10.3kW	安德利集团有限公司
11	配电变压器	S-M.RL-500/10-NX2	容量：500kV·A；额定电压：10kV；空载损耗：0.462kW；负载损耗：5.389kW	标准指标（2级能效）：空载损耗：0.48kW；负载损耗：5.41kW	安德利集团有限公司
12	配电变压器	S-M.RL-125/10-NX2	容量：125kV·A；额定电压：10kV；空载损耗：0.165kW；负载损耗：1.858kW	标准指标（2级能效）：空载损耗：0.17kW；负载损耗：1.89kW	安德利集团有限公司
13	配电变压器	S13-M-800/10	容量：800kV·A；额定电压：10kV；空载损耗：0.692kW；负载损耗：7.328kW	标准指标（2级能效）：空载损耗：0.7kW；负载损耗：7.5kW	浙江江山变压器股份有限公司
14	配电变压器	SH15-M（F）-200/10G2	容量：200kV·A；额定电压：10kV；空载损耗：0.114kW；负载损耗：2.723kW	标准指标（2级能效）：空载损耗：0.12kW；负载损耗：2.73kW	浙江江山变压器股份有限公司
15	配电变压器	S13-M.R（F）-200/10G2	容量：200kV·A；额定电压：10kV；空载损耗：0.231kW；负载损耗：2.71kW	标准指标（2级能效）：空载损耗：0.24kW；负载损耗：2.73kW	浙江江山变压器股份有限公司
16	配电变压器	S13-M（F）-200/10G2	容量：200kV·A；额定电压：10kV；空载损耗：0.232kW；负载损耗：2.484kW	标准指标（2级能效）：空载损耗：0.24kW；负载损耗：2.73kW	浙江江山变压器股份有限公司
17	配电变压器	SBH16-M-1250/10	容量：1250kV·A；额定电压：10kV；空载损耗：0.506kW；负载损耗：10.158kW	标准指标（1级能效）：空载损耗：0.53kW；负载损耗：10.8kW	浙江江山变压器股份有限公司
18	配电变压器	SCBH16-500/10	容量：500kV·A；额定电压：10kV；空载损耗：0.355kW；负载损耗：3.812kW	标准指标（1级能效）：空载损耗：0.36kW；负载损耗：4.635kW	浙江江山变压器股份有限公司

（续）

序号	设备名称	型号	主要技术参数	执行标准	申报单位
19	配电变压器	SBH15-M-315/10	容量：315kV·A；额定电压：10kV；空载损耗：0.171kW；负载损耗：3.558kW	标准指标（2级能效）：空载损耗：0.17kW；负载损耗：3.83kW	浙江永固输配电设备有限公司
20	油浸式非晶合金配电变压器	SBH-M-30-1600/10-NX2	容量：30～1600kV·A；额定电压：10kV；空载损耗：0.046kW（80kV·A），0.081kW（160kV·A），0.29kW（800kV·A），0.502kW（1600kV·A）；负载损耗1.237kW（80kV·A），0.06kW（160kV·A），6.85kW（800kV·A），13.634kW（1600kV·A）	标准指标（2级能效）：空载损耗：0.06kW（80kV·A），0.1kW（160kV·A），0.38kW（800kV·A），0.63kW（1600kV·A）；负载损耗：1.31kW（80kV·A），2.31kW（160kV·A），7.5kW（800kV·A），14.5kW（1600kV·A）	上海置信电器非晶有限公司
21	三相干式电工钢带配电变压器	SCB-RL-30-2000/10-NX2	容量：30～2000kV·A；额定电压：10kV；空载损耗：0.409kW（160kV·A），1.061kW（630kV·A），1.201kW（800kV·A），2.412kW（2000kV·A）；负载损耗：2.082kW（160kV·A），5.86kW（630kV·A），6.9kW（800kV·A），14.171kW（2000kV·A）	标准指标（2级能效）：空载损耗：0.43kW（160kV·A），1.07kW（630kV·A），1.215kW（800kV·A），2.44kW（2000kV·A）；负载损耗：2.13kW（160kV·A），5.88kW（630kV·A），6.96kW（800kV·A），14.45kW（2000kV·A）	华翔翔能电气股份有限公司
22	三相油浸式电工钢带配电变压器	S-M.RL-30-1250/10-NX2	容量：30～1250kV·A；额定电压：10kV；空载损耗：0.161kW（125kV·A），0.335kW（315kV·A），0.689kW（800kV·A），0.959kW（1250kV·A）；负载损耗：1.845kW（125kV·A），3.791kW（315kV·A），7.46kW（800kV·A），11.959kW（1250kV·A）	标准指标（2级能效）：空载损耗：0.17kW（125kV·A），0.34kW（315kV·A），0.7kW（800kV·A），0.97kW（1250kV·A）；负载损耗：1.89kW（125kV·A），3.83kW（315kV·A），7.5kW（800kV·A），12kW（1250kV·A）	华翔翔能电气股份有限公司
23	三相油浸式非晶合金配电变压器	SH-M-30-400/10-NX2	容量：30～400kV·A；额定电压：10kV；空载损耗：0.04kW（50kV·A），0.138kW（250kV·A）；负载损耗：0.885kW（50kV·A），3.154kW（250kV·A）	标准指标（2级能效）：空载损耗：0.043kW（50kV·A），0.14kW（250kV·A）；负载损耗：0.91kW（50kV·A），3.2kW（250kV·A）	华翔翔能电气股份有限公司
24	三角形立体卷铁心配电变压器	S13-M.RL-1000/10-NX2	容量：1000kV·A；额定电压：10kV；空载损耗：0.802kW；负载损耗：10.28kW	标准指标（2级能效）：空载损耗：0.83kW；负载损耗：10.3kW	申大变压器有限公司
25	三角形立体卷铁心配电变压器	S13-M.RL-315/10-NX2	容量：315kV·A；额定电压：10kV；空载损耗：0.32kW；负载损耗：3.635kW	标准指标（2级能效）：空载损耗：0.34kW；负载损耗：3.83kW	申大变压器有限公司
26	三角形立体卷铁心配电变压器	S13-M.RL-100/10-NX2	100kV·A；额定电压：10kV；空载损耗：0.143kW；负载损耗：1.455kW	标准指标（2级能效）：空载损耗：0.15kW；负载损耗：1.58kW	申大变压器有限公司
27	三相油浸配电变压器	S13-M-500/10	500kV·A；额定电压：10kV；空载损耗：0.449kW；负载损耗：5.042kW	标准指标（2级能效）：空载损耗：0.48kW；负载损耗：5.41kW	武汉天仕达电气有限公司
28	油浸非晶合金变压器	SBH15-M-500/10	500kV·A；额定电压：10kV；空载损耗：0.22kW；负载损耗：5.367kW	标准指标（2级能效）：空载损耗：0.24kW；负载损耗：5.41kW	甘肃宏宇变压器有限公司
29	非晶合金立体卷铁心变压器	SH15-M.RL-30-630/10-NX2	容量：30～630kV·A；额定电压：10kV；空载损耗：0.037kW（50kV·A），0.139kW（315kV·A），0193kW（400kV·A），0.252kW（630kV·A）；负载损耗：0.816kW（50kV·A），3.624kW（315kV·A），4.43kW（400kV·A），5.886kW（630kV·A）	标准指标（2级能效）：空载损耗：0.043kW（50kV·A），0.17kW（315kV·A），0.2kW（400kV·A），0.32kW（630kV·A）；负载损耗：0.91kW（50kV·A），3.83kW（315kV·A），4.52kW（400kV·A），6.2kW（630kV·A）	海鸿电气有限公司
30	油浸式配电变压器	S13-M-1600/10	容量：1600kV·A；额定电压：10kV；空载损耗：4.156kW；负载损耗：13.96kW	标准指标（2级能效）：空载损耗：1.17kW；负载损耗：14.5kW	卧龙电气银川变压器有限公司
31	油浸式立体卷铁心变压器	S-M-RL-1600/10	容量：1600kV·A；额定电压：10kV；空载损耗：1.041kW；负载损耗：13.94kW	标准指标（2级能效）：空载损耗：1.17kW；负载损耗：14.5kW	卧龙电气银川变压器有限公司

(续)

序号	设备名称	型号	主要技术参数	执行标准	申报单位
32	油浸式非晶合金变压器	SBH15-1600/10	容量：1 600kV·A；额定电压：10kV；空载损耗：0.375kW；负载损耗：14.21kW	标准指标（2级能效）：空载损耗：0.63kW；负载损耗：14.5kW	卧龙电气银川变压器有限公司
33	配电变压器	SCBH15-(30-2500)/10-NX1	容量：30～2 500kV·A；额定电压：10kV；空载损耗：0.138 5kW（160kV·A），0.317kW（500kV·A），0.518kW（1 000kV·A），0.704kW（1 600kV·A）；负载损耗：1.861kW（160kV·A），4.277kW（500kV·A），7.284kW（1 000kV·A），0.325kW（1 600kV·A）	标准指标（1级能效）：空载损耗：0.17kW（160kV·A），0.36kW（500kV·A），0.55kW（1 000kV·A），0.76kW（1 600kV·A）；负载损耗：2.025kW（160kV·A），4.635kW（500kV·A），7.725kW（1 000kV·A），11.145kW（1 600kV·A）	天津市特变电工变压器有限公司
34	油浸式非晶合金铁心配电变压器	SBH-M-(30-1600)/10-NX1	容量：30～1 600kV·A；额定电压：10kV；空载损耗：0.058kW（100kV·A），0.157 5kW（400kV·A），0.235kW（630kV·A），0.284kW（1 250kV·A）；负载损耗：1.108kW（100kV·A），4.005kW（400kV·A），5.134kW（630kV·A），9.560kW（1 250kV·A）	标准指标（1级能效）：空载损耗：0.075kW（100kV·A），0.2kW（400kV·A），0.32kW（630kV·A），0.53kW（1 250kV·A）；负载损耗：1.42kW（100kV·A），4.07kW（400kV·A），5.58kW（630kV·A），10.8kW（1 250kV·A）	天津市特变电工变压器有限公司
35	环氧浇注干式变压器	SCB13-500/10-NX1	容量：500kV·A；额定电压：10kV；空载损耗：0.831kW；负载损耗：4.025kW	标准指标（1级能效）：空载损耗：0.835 1kW；负载损耗：4.39kW	河南铜牛变压器有限公司
36	干式变压器	SCB13-1250/10-NX1	容量：1 250kV·A；额定电压：10kV；空载损耗：1.483kW；负载损耗：7.984kW	标准指标（1级能效）：空载损耗：1.505kW；负载损耗：8.72kW	河南铜牛变压器有限公司
37	树脂浇注型非晶铁心干式变压器	SCBH15-1600/10	容量：1 600kV·A；额定电压：10kV；空载损耗：0.701kW；负载损耗：11.472kW	标准指标（2级能效）：空载损耗：0.76kW；负载损耗：11.73kW	山东达驰电气有限公司
38	有载调容配电变压器	S13-M.ZT-315(100)/10	容量：315（100）kV·A；额定电压：10kV；空载损耗：0.31kW（315kV·A），0.128kW（100kV·A）；负载损耗：3.75kW（315kV·A），1.4kW（100kV·A）	标准指标（2级能效）：空载损耗：0.34kW（315kV·A），0.15kW（100kV·A）；负载损耗：3.83kW（315kV·A），1.5kW（100kV·A）	南阳市鑫特电气有限公司
39	树脂浇注立体卷铁心干式变压器	SCB-RL-30-2500/10-NX1	容量：30～2 500kV·A；额定电压：10kV；空载损耗：0.327kW（160kV·A），0.587kW（315kV·A），0.811kW（500kV·A），1.42kW（1 250kV·A），1.518kW（1 600kV·A），2.572kW（2 500kV·A）；负载损耗：1.733kW（160kV·A），2.974kW（315kV·A），3.96kW（500kV·A），7.977kW（1 250kV·A），9.38kW（1 600kV·A），14.584kW（2 500kV·A）	标准指标（1级能效）：空载损耗：0.385kW（160kV·A），0.635kW（315kV·A），0.835kW（500kV·A），1.505kW（1 250kV·A），1.765kW（1 600kV·A），2.59kW（2 500kV·A）；负载损耗：1.915kW（160kV·A），3.125kW（315kV·A），4.39kW（500kV·A），8.72kW（1 250kV·A），10.555kW（1 600kV·A），15.455kW（2 500kV·A）	海鸿电气有限公司
40	敞开式立体卷铁心干式变压器	SGB-RL-1000-2500/10-NX1	容量：1 000～2 500kV·A；额定电压：10kV；空载损耗：1.402kW（1 250kV·A），1.579kW（1 600kV·A），2.333kW（2 500kV·A）；负载损耗：8.162kW（1 250kV·A），9.938kW（1 600kV·A），15.178kW（2 500kV·A）	标准指标（1级能效）：空载损耗：1.505kW（1 250kV·A），1.765kW（1 600kV·A），2.59kW（2 500kV·A）；负载损耗：9.335kW（1 250kV·A），11.32kW（1 600kV·A），16.605kW（2 500kV·A）	海鸿电气有限公司
41	立体卷铁心变压器	S-M.RL-30-1600/10-NX2	容量：30～1 600kV·A；额定电压：10kV；空载损耗：0.142kW（100kV·A），0.264kW（315kV·A），0.548kW（800kV·A），1.071kW（1 600kV·A）；负载损耗：1.456kW（100kV·A），3.13kW（315kV·A），6.171kW（800kV·A），13.913kW（1 600kV·A）	标准指标（2级能效）：空载损耗：0.15kW（100kV·A），0.34kW（315kV·A），0.7kW（800kV·A），1.17kW（1 600kV·A）；负载损耗：1.58kW（100kV·A），3.83kW（315kV·A），7.5kW（800kV·A），14.5kW（1 600kV·A）	海鸿电气有限公司

（续）

序号	设备名称	型号	主要技术参数	执行标准	申报单位
42	油浸式配电变压器	S-M-1600/10-NX1	容量：1 600kV·A；额定电压：10kV；空载损耗：1.168 kW；负载损耗：14.223 kW	标准指标（1级能效）：空载损耗1.17 kW；负载损耗14.5kW	正泰电气股份有限公司
43	油浸式配电变压器	SBH15-M-315/10-NX1	容量：315kV·A；额定电压：10kV；空载损耗：0.146 kW；负载损耗：3.096 kW	标准指标（1级能效）：空载损耗0.17 kW；负载损耗3.83kW	正泰电气股份有限公司
44	油浸式配电变压器	SBH15-M-630/10-NX2	容量：630kV·A；额定电压：10kV；空载损耗：0.171 kW；负载损耗：5.419 kW	标准指标（2级能效）：空载损耗0.32 kW；负载损耗6.2kW	正泰电气股份有限公司
45	干式配电变压器	SCBH-1250/10-NX1	容量：1250kV·A；额定电压：10kV；空载损耗：0.526 kW；负载损耗：8.806 kW	标准指标（1级能效）：空载损耗0.65 kW；负载损耗9.69kW	正泰电气股份有限公司
46	油浸式配电变压器	S-M-(30-1600)/10-NX1	容量：30～1 600kV·A；额定电压：10kV；空载损耗：0.138kW（100kV·A），0.472kW（500kV·A），0.558kW（630kV·A），1.109kW（1 600kV·A）；负载损耗：1.104 kW（100kV·A），3.854kW（315kV·A），4.725kW（630kV·A），11.444kW（1 600kV·A）	标准指标（1级能效）：空载损耗：0.15kW（100kV·A），0.48kW（500kV·A），0.570kW（630kV·A），1.17kW（1 600kV·A）；负载损耗：1.2 kW（100kV·A），4.12kW（315kV·A），4.96kW（630kV·A），11.6kW（1 600kV·A）	特变电工股份有限公司
47	干式配电变压器	SC（B）-(30-2500)/10-NX1	容量：30～2 500kV·A；额定电压：10kV；空载损耗：0.239kW（100kV·A），0.722kW（500kV·A），1.295kW（1 250kV·A），2.398kW（2 500kV·A）；负载损耗：1.246 kW（100kV·A），4.039kW（500kV·A），7.822kW（1 250kV·A），14.155kW（2 500kV·A）	标准指标（1级能效）：空载损耗：0.29kW（100kV·A），0.835kW（500kV·A），1.505kW（1 250kV·A），2.59kW（2 500kV·A）；负载损耗：1.415 kW（100kV·A），4.39kW（500kV·A），8.72kW（1 250kV·A），15.455kW（2 500kV·A）	特变电工股份有限公司
48	非晶合金干式变压器	SC（B）H-(30-2500)/10-NX1	容量：30～2500kV·A；额定电压：10kV；空载损耗：0.108kW（100kV·A），0.272kW（500kV·A），0.458kW（1 250kV·A），0.631kW（1 600kV·A）；负载损耗：1.104kW（100kV·A），4.094kW（500kV·A），8.212kW（1 250kV·A），10.142kW（1 600kV·A）	标准指标（1级能效）：空载损耗：0.13kW（100kV·A），0.36kW（500kV·A），0.65kW（1 250kV·A），0.76kW（1 600kV·A）；负载损耗：1.49kW（100kV·A），4.635kW（500kV·A），9.205kW（1 250kV·A），11.145kW（1 600kV·A）	特变电工股份有限公司
49	非晶合金配电变压器	SH-M-(30-1000)/10-NX1	容量：30～1 000kV·A；额定电压：10kV；空载损耗：0.063kW（100kV·A），0.169kW（500kV·A），0.216kW（630kV·A）；负载损耗：1.26kW（100kV·A），0.445kW（500kV·A），5.078kW（630kV·A）	标准指标（1级能效）：空载损耗：0.075kW（100kV·A），0.24kW（500kV·A），0.32kW（630kV·A）；负载损耗：1.42kW（100kV·A），4.87kW（500kV·A），5.58kW（630kV·A）	特变电工股份有限公司
50	三相油浸式配电变压器	S-M-1600/10-NX1	容量：1 600kV·A；额定电压：10kV；空载损耗：1.111kW；负载损耗：11.592kW	标准指标（1级能效）：空载损耗1.17kW；负载损耗11.6kW	江苏华鹏变压器有限公司
51	配电变压器	SBH15-M-630/10	容量：630kV·A；额定电压：10kV；空载损耗：0.171kW；负载损耗：5.35kW	标准指标（2级能效）：空载损耗0.32 kW；负载损耗6.2kW	明珠电气有限公司
52	油浸式电工钢带铁心配电变压器	SB-M-250/10-NX2	250kV·A；额定电压：10kV；空载损耗：0.283kW；负载损耗：3.066kW	标准指标（2级能效）：空载损耗0.29kW；负载损耗3.2kW	明珠电气有限公司
53	油浸式电工钢带铁心配电变压器	SBH15-M-1600/10	容量：1 600kV·A；额定电压：10kV；空载损耗：0.388kW；负载损耗：12.67kW	标准指标（2级能效）：空载损耗0.63 kW；负载损耗14.5kW	明珠电气有限公司

（续）

序号	设备名称	型号	主要技术参数	执行标准	申报单位
54	干式电工钢带铁心配电变压器	SCB13-800/10-NX1	容量：800kV·A；额定电压：10kV；空载损耗：0.905kW；负载损耗：5.706kW	标准指标（1级能效）：空载损耗：1.095kW；负载损耗：6.265kW	明珠电气有限公司
55	干式电工钢铁心配电变压器	SCB13-1000/10-NX1	容量：1 000kV·A；额定电压：10kV；空载损耗：1.259kW；负载损耗：7.065kW	标准指标（1级能效）：空载损耗：1.275kW；负载损耗：7.315kW	明珠电气有限公司
56	干式电工钢铁心配电变压器	SCB13-1600/10-NX1	容量：1 600kV·A；额定电压：10kV；空载损耗：1.577kW；负载损耗：9.916kW	标准指标（1级能效）：空载损耗：1.765kW；负载损耗：10.555kW	明珠电气有限公司
57	干式非晶合金铁心配电变压器	SCBH16-630-2500/10-NX1	容量：630～2 500kV·A；额定电压：10kV；空载损耗：0.301kW（630kV·A），0.754kW（1 600kV·A），0.774kW（2 500kV·A）；负载损耗：5.36kW（630kV·A），10.96kW（1 600kV·A），15.99kW（2 500kV·A）	标准指标（1级能效）：空载损耗：0.41kW（630kV·A），0.76kW（1600kV·A），1.2kW（2 500kV·A）；负载损耗：5.66（630kV·A），11.145kW（1 600kV·A），17.525kW（2 500kV·A）	明珠电气有限公司
58	油浸式非晶合金配电变压器	S（B）H-M-（30-1600）/10-NX1	容量：30～1 600kV·A；额定电压：10kV；空载损耗：0.068kW（100kV·A），0.176kW（400kV·A），0.429kW（1 000kV·A），0.479kW（1 600kV·A）；负载损耗：1.314kW（100kV·A），3.856kW（400kV·A），9.005kW（1 000kV·A），11.91kW（1 600kV·A）	标准指标（1级能效）：空载损耗：0.075kW（100kV·A），0.2kW（400kV·A），0.45kW（1 000kV·A），0.63kW（1 600kV·A）；负载损耗：1.42kW（100kV·A），4.07kW（400kV·A），9.27kW（1 000kV·A），13.05kW（1 600kV·A）	华城电机（武汉）有限公司
59	干式电工钢带配电变压器	SCB13-30-2500/10-NX1	容量：30～2 500kV·A；额定电压：10kV；空载损耗：0.287kW（100kV·A），0.601kW（315kV·A），1.23kW（1 000kV·A），2.62kW（2 000kV·A）；负载损耗：1.404kW（100kV·A），3.213kW（315kV·A），7.488kW（1 000kV·A），13.329kW（2 000kV·A）	标准指标（1级能效）：空载损耗：0.29kW（100kV·A），0.635kW（315kV·A），1.275kW（1 000kV·A），2.195kW（2 000kV·A）；负载损耗：1.52kW（100kV·A），3.355kW（315kV·A），7.885kW（1 000kV·A），14.005kW（2 000kV·A）	江苏宏源电气有限责任公司
60	油浸式非晶合金配电变压器	SH（B）-M-（30-800）/10-NX1	容量：30～800kV·A；额定电压：10kV；空载损耗：0.054kW（100kV·A），0.087kW（200kV·A），0.205kW（630kV·A）；负载损耗：1.356（100kV·A），2.362kW（200kV·A），5.34kW（630kV·A）	标准指标（1级能效）：空载损耗：0.075kW（100kV·A），0.12kW（200kV·A），0.32kW（630kV·A）；负载损耗：1.42kW（100kV·A），2.455kW（200kV·A），5.58kW（630kV·A）	江苏宏源电气有限责任公司
61	配电变压器	S-M-30-1600/10-NX1	容量：30～1 600kV·A；额定电压：10kV；空载损耗：0.129kW（100kV·A），0.361kW（400kV·A），0.621kW（800kV·A），1.049kW（1 600kV·A）；负载损耗：1.175kW（100kV·A），3.514kW（400kV·A），5.459kW（800kV·A），11.488kW（1 600kV·A）	标准指标（1级能效）：空载损耗：0.15kW（100kV·A），0.41kW（400kV·A），0.7kW（800kV·A），1.17kW（1 600kV·A）；负载损耗：1.58kW（100kV·A），4.52kW（400kV·A），7.5kW（800kV·A），14.5kW（1 600kV·A）	江苏宏源电气有限责任公司
62	干式非晶合金配电变压器	SCBH-30-2500/10-NX2	容量：30～2 500kV·A；额定电压：10kV；空载损耗：0.167kW（160kV·A），0.312kW（500kV·A），0.546kW（1 250kV·A），0.645kW（1 600kV·A）；负载损耗：2.0kW（160kV·A），4.474kW（500kV·A），8.985kW（1 250kV·A），11.625kW（1 600kV·A）	标准指标（2级能效）：空载损耗：0.17kW（160kV·A），0.36kW（500kV·A），0.65kW（1 250kV·A），0.76kW（1 600kV·A）；负载损耗：2.13kW（160kV·A），4.88kW（500kV·A），9.69kW（1 250kV·A），11.73kW（1 600kV·A）	上海置信电气非晶有限公司

（续）

序号	设备名称	型号	主要技术参数	执行标准	申报单位
63	油浸式非晶合金配电变压器	SBH-M-30-1600/10-NX1	容量：30～1 600kV·A；额定电压：10kV；空载损耗：0.056kW（100kV·A），0.143kW（400kV·A），0.248kW（630kV·A），0.513kW（1 600kV·A）；负载损耗：1.404kW（100kV·A），3.906kW（400kV·A），5.276kW（630kV·A），12.987kW（1 600kV·A）	标准指标（1级能效）：空载损耗：0.075kW（100kV·A），0.2kW（400kV·A），0.32kW（630kV·A），0.633kW（1 600kV·A）；负载损耗：1.42kW（100kV·A），4.07kW（400kV·A），5.58kW（630kV·A），13.05kW（1 600kV·A）	上海置信电气非晶有限公司
64	干式非晶合金配电变压器	SCBH-30-2500/10-NX1	容量：30～2 500kV·A；额定电压：10kV；空载损耗：0.098kW（100kV·A），0.316kW（500kV·A），0.495kW（1 000kV·A），0.778kW（2 000kV·A）；负载损耗：1.333kW（100kV·A），4.423kW（500kV·A），7.518kW（1 000kV·A），13.388kW（2 000kV·A）	标准指标（1级能效）：空载损耗：0.13kW（100kV·A），0.36kW（500kV·A），0.55kW（1 000kV·A），1.0kW（2 000kV·A）；负载损耗：1.49kW（100kV·A），4.635kW（500kV·A），7.725kW（1 000kV·A），13.725kW（2 000kV·A）	上海置信电气非晶有限公司
65	配电变压器	S13-M-100/10	容量：100kV·A；额定电压：10kV；空载损耗：0.134kW；负载损耗：1.174kW	标准指标（1级能效）：空载损耗：0.15kW；负载损耗：1.58kW	广州广高高压电器有限公司
66	三相非晶合金铁心配电变压器	SBH15-M-800/10	容量：800kV·A；额定电压：10kV；空载损耗：0.327kW；负载损耗：6.563kW	标准指标（1级能效）：空载损耗：0.38kW；负载损耗：6.75kW	广州广高高压电器有限公司
67	油浸式三相非晶合金铁心配电变压器	SBH16-630/10	容量：630kV·A；额定电压：10kV；空载损耗：0.27kW；负载损耗：5.137kW	标准指标（1级能效）：空载损耗：0.32kW；负载损耗：5.58kW	广州广高高压电器有限公司
68	配电变压器	SCB11-1250/10	容量：1 250kV·A；额定电压：10kV；空载损耗：1.586kW；负载损耗：9.571kW	标准指标（1级能效）：空载损耗：1.67kW；负载损耗：9.69kW	山东华驰变压器股份有限公司
69	配电变压器	SB13-M-315/10	容量：315kV·A；额定电压：10kV；空载损耗：0.13kW；负载损耗：3.56kW	标准指标（1级能效）：空载损耗：0.34kW；负载损耗：3.83kW	山东华驰变压器股份有限公司
70	配电变压器	SBH15-M-630/10	容量：630kV·A；额定电压：10kV；空载损耗：0.274kW；负载损耗：5.611kW	标准指标（1级能效）：空载损耗：0.32kW；负载损耗：6.2kW	山东华驰变压器股份有限公司
71	油浸式非晶合金配电变压器	SBH15-M-400/10	容量：400kV·A；额定电压：10kV；空载损耗：0.1163kW；负载损耗：4.52kW	标准指标（2级能效）：空载损耗：0.2kW；负载损耗：4.52kW	杭州钱江电气集团有限公司
72	油浸式非晶合金配电变压器	SBH15-M-500/10	容量：500kV·A；额定电压：10kV；空载损耗：0.204kW；负载损耗：4.631kW	标准指标（1级能效）：空载损耗：0.24kW；负载损耗：5.41kW	常德国力变压器有限公司
73	油浸式立体卷铁心配电变压器	S13-M.RL-100/10-NX2	容量：100kV·A；额定电压：10kV；空载损耗：0.132kW；负载损耗：1.372kW	标准指标（2级能效）：空载损耗：0.15kW；负载损耗：1.58kW	绿能电力科技有限公司
74	油浸式非晶合金配电变压器	SBH15-M-100/10-NX2	容量：100kV·A；额定电压：10kV；空载损耗：0.067kW；负载损耗：1.46kW	标准指标（2级能效）：空载损耗：0.075kW；负载损耗：1.58kW	绿能电力科技有限公司
75	非晶合金配电变压器	SH15-M-100/10-NX2	容量：100kV·A；额定电压：10kV；空载损耗：0.063kW；负载损耗：1.56kW	标准指标（2级能效）：空载损耗：0.075kW；负载损耗：1.58kW	泰州海田电气制造有限公司
76	非晶合金配电变压器	SH15-M-250/10-NX2	容量：250kV·A；额定电压：10kV；空载损耗：0.131kW；负载损耗：2.666kW	标准指标（2级能效）：空载损耗：0.14kW；负载损耗：3.2kW	泰州海田电气制造有限公司
77	非晶合金配电变压器	SH15-M-800/10-NX2	容量：800kV·A；额定电压：10kV；空载损耗：0.276kW；负载损耗：7.396kW	标准指标（2级能效）：空载损耗：0.38kW；负载损耗：7.5kW	泰州海田电气制造有限公司
78	非晶合金配电变压器	SH15-M-1600/10-NX2	容量：1 600kV·A；额定电压：10kV；空载损耗：0.421kW；负载损耗：13.828kW	标准指标（2级能效）：空载损耗：0.63kW；负载损耗：14.5kW	泰州海田电气制造有限公司

（续）

序号	设备名称	型号	主要技术参数	执行标准	申报单位
79	油浸式非晶合金配电变压器	SH-M-30-400/10-NX1	容量：30～1 000kV·A；额定电压：10kV；空载损耗：0.041kW（50kV·A），0.808kW（250kV·A）；负载损耗：0.138kW（50kV·A），2.803kW（250kV·A）	标准指标（1级能效）：空载损耗：0.043kW（50kV·A），0.82kW（250kV·A）；负载损耗：0.14kW（50kV·A），2.88kW（250kV·A）	华翔翔能电气股份有限公司
80	油浸式电工钢带配电变压器	S-M.RL-30-1600/10-NX1	容量：30～1 600kV·A；额定电压：10kV；空载损耗：0.125kW（80kV·A），0.337kW（315kV·A），0.565kW（630kV·A），1.134kW（1 600kV·A）；负载损耗：1.017kW（80kV·A），3.009kW（315kV·A），4.919kW（630kV·A），10.138kW（1 600kV·A）	标准指标（1级能效）：空载损耗：0.13kW（80kV·A），0.34kW（315kV·A），0.57kW（630kV·A），1.17kW（1 600kV·A）；负载损耗：1.05kW（80kV·A），3.065kW（315kV·A），4.96kW（630kV·A），11.6kW（1 600kV·A）	华翔翔能电气股份有限公司
81	干式电工钢带配电变压器	SCB-RL-200-2500/10-NX1	容量：200～2 500kV·A；额定电压：10kV；空载损耗：0.96kW（630kV·A），1.208kW（1 000kV·A），1.685kW（1 600kV·A）；负载损耗：5.084kW（630kV·A），7.241kW（1 000kV·A），10.395kW（1 600kV·A）	标准指标（1级能效）：空载损耗：0.965kW（630kV·A），1.275kW（1 000kV·A），1.765kW（1 600kV·A）；负载损耗：5.29kW（630kV·A），7.315kW（1 000kV·A），10.555kW（1 600kV·A）	华翔翔能电气股份有限公司
82	油浸式非晶合金配电变压器	SBH15-M-100/10	容量：100kV·A；额定电压：10kV；空载损耗：0.061kW；负载损耗：1.41kW	标准指标（2级能效）：空载损耗：0.075kW；负载损耗：1.58kW	福建和盛置信非晶合金变压器有限公司
83	干式配电变压器	SC13-100/10	容量：100kV·A；额定电压：10kV；空载损耗：0.236kW；负载损耗：1.36kW	标准指标（1级能效）：空载损耗：0.29kW；负载损耗：1.415kW	武汉振源电气股份有限公司
84	干式配电变压器	SCB13-500/10	容量：500kV·A；额定电压：10kV；空载损耗：0.759kW；负载损耗：4.32kW	标准指标（1级能效）：空载损耗：0.835kW；负载损耗：4.39kW	武汉振源电气股份有限公司
85	树脂绝缘干式配电变压器	SC-160/10-NX2	容量：160kV·A；额定电压：10kV；空载损耗：0.413kW；负载损耗：2.058kW	标准指标（2级能效）：空载损耗：0.43kW；负载损耗：2.13kW	顺特电气设备有限公司
86	树脂绝缘干式配电变压器	SC-630/10-NX2	容量：630kV·A；额定电压：10kV；空载损耗：1.006kW；负载损耗：5.724kW	标准指标（2级能效）：空载损耗：1.07kW；负载损耗：5.88kW	顺特电气设备有限公司
87	树脂绝缘干式配电变压器	SCB-2500/10-NX1	容量：2 500kV·A；额定电压：10kV；空载损耗：2.477kW；负载损耗：14.775kW	标准指标（1级能效）：空载损耗：2.59kW；负载损耗：15.455kW	顺特电气设备有限公司
88	油浸式硅钢配电变压器	S-M-30-500/10-NX1	容量：30～500kV·A；额定电压：10kV；空载损耗：0.16kW（125kV·A），0.463kW（500kV·A）；负载损耗：1.351kW（125kV·A），3.848kW（500kV·A）	标准指标（1级能效）：空载损耗：0.17kW（125kV·A），0.48kW（500kV·A）；负载损耗：1.44kW（125kV·A），4.12kW（500kV·A）	上海置信电气非晶有限公司
89	干式硅钢配电变压器	SCB-200-2500/10-NX2	容量：200～2 500kV·A；额定电压：10kV；空载损耗：0.714kW（500kV·A），1.104kW（1 000kV·A），2.002kW（2 000kV·A）；负载损耗：3.815kW（500kV·A），6.644kW（1 000kV·A），12.846kW（2 000kV·A）	标准指标（2级能效/1级能效）：空载损耗：0.93kW/0.835kW（500kV·A），1.415kW/1.27kW（1 000kV·A），2.44kW/2.195kW（2 000kV·A）；负载损耗：4.88kW/4.39kW（500kV·A），8.13kW/7.315kW（1 000kV·A），14.45kW/13.005kW（2 000kV·A）	上海置信电气非晶有限公司
2.2 电力变压器					
1	有载调压电力变压器	SZ11-16000/35	容量：16 000kV·A；额定电压：35kV；空载损耗：12.291kW；负载损耗：72.265kW	标准指标（1级能效）：空载损耗：13kW；负载损耗：73.9kW	华城电机（武汉）有限公司

（续）

序号	设备名称	型号	主要技术参数	执行标准	申报单位
2	有载调压电力变压器	SZ11-8000/35	容量：8 000kV·A；额定电压：35kV；空载损耗：6.759kW；负载损耗：40.905kW	标准指标（1级能效）：空载损耗：7.8kW；负载损耗：42.7kW	华城电机（武汉）有限公司
3	有载调压电力变压器	SZ11-6300/35	容量：6 300kV·A；额定电压：35kV；空载损耗：5.472kW；负载损耗：36.933kW	标准指标（1级能效）：空载损耗：5.6kW；负载损耗：38.6kW	华城电机（武汉）有限公司
4	有载调压电力变压器	SSZ-180000/220	容量：180 000kV·A；额定电压：220kV；空载损耗：72.78kW；负载损耗：488.43kW	标准指标（1级能效）：空载损耗：122.9kW；负载损耗：628.5kW	江苏华鹏变压器有限公司
5	有载调压电力变压器	SZ11-63000/110	容量：63 000kV·A；额定电压：110kV；空载损耗：21.712kW；负载损耗：209.421kW	标准指标（1级能效）：空载损耗：44.8kW；负载损耗：233.5kW	江苏华鹏变压器有限公司
6	有载调压电力变压器	SZ11-10000/35	容量：10 000kV·A 额定电压：35kV；空载损耗：9.23kW；负载损耗：46.25kW	标准指标（2级能效）：空载损耗：9.9kW；负载损耗：51kW	武汉振源电气股份有限公司
7	有载调压电力变压器	SZ11-20000/35	容量：20 000kV·A；额定电压：35kV；空载损耗：14.337kW；负载损耗：83.196kW	标准指标（1级能效）：空载损耗：15.4kW；负载损耗：87kW	山东华驰变压器股份有限公司
8	三绕组有载调压电力变压器	SSZ11-50000/110	容量：50 000kV·A；额定电压：110kV；空载损耗：28.85kW；负载损耗：211.18kW	标准指标（1级能效）：空载损耗：48.3kW；负载损耗：226.6kW	杭州钱江电气集团股份有限公司
9	电力变压器	SFZ11-40000/132	容量：40 000kV·A；额定电压：132kV；空载损耗：26.152kW；负载损耗：163.47kW	标准指标（1级能效）：空载损耗：40.9kW；负载损耗：190.4kW	杭州钱江电气集团股份有限公司

注：1. 配电变压器执行标准为 GB 20052—2013《三相配电变压器能效限定值及能效等级》。
　　2. 电力变压器执行标准为 GB 24790—2009《电力变压器能效限定值及能效等级》。

质量及质量管理　2015年12月，中国质量协会在云南省昆明市组织召开了2015年度全国现场管理星级评价暨全国质量信得过班组经验交流大会。西安西电变压器有限责任公司产品试验中心变压器试验室被命名为"2015年度全国质量信得过班组"。

2015年8月，顺特电气设备有限公司通过中国质量认证中心（CQC）广州分中心对低压成套设备的3个认证产品——BLOKSET（21）、XM30、BLOKSET低压无功功率补偿柜（3），共25个单元（证书）进行的3C工厂检查。此次3C检查按新颁布的强制性产品认证实施细则进行，审核涉及的部门主要有开关柜制造部、开关质检、质量监理室、供应商管理部、物流部等，审核人员对现场生产过程、产品性能、现场实验、相关文件、记录等进行了检查，提出了改进意见和建议。

2015年4月4日顺特电气设备有限公司被广东省机械质量协会授予质量管理与品牌建设"标兵单位"。

杭州钱江电气集团股份有限公司自主研制的220kV三相智能化组合式交流电力变压器被浙江省优秀工业产品评选委员会评为2015年"浙江省优秀工业产品"。该产品设计合理，综合性能达到国内同类产品领先水平，个体运输重量降低为原来的近1/3，解决了大容量变压器在山区等地区的运输问题；空载、负载损耗实测值分别为119kW和540kW，相比国家标准值单台产品30年变电成本可节约1 950万元，节能效果十分显著。

西安西电变压器有限责任公司2015年开展"质量月"活动。2015年"质量月"活动以《中国制造2025》为指导，紧密围绕"西电2025"发展战略和西电集团"十二五"质量发展战略规划，强化企业质量管理主体责任，以推动精益质量管理为主线，从宣传培训、经验推广、检查整改、持续改善等方面入手，通过张贴宣传画，悬挂横幅标语，利用简报、广播、电子大屏幕等多种形式进行广泛宣传，举办"质量之痛，警钟长鸣"质量警示展览，开展以"我为质量献计献策、共促质量稳步发展"为主题的质量征文，促进全员参加质量活动，强化全员质量意识。

〔撰稿人：中国电器工业协会变压器分会屈万里〕

电气控制成套设备

生产发展状况 2015—2016年,电气控制成套设备行业产量和产值均比上年出现不同幅度的增长。

2015年,面对持续较大的经济下行压力,电控配电行业整体呈现弱势中改善的局面,尤其在工业增加值方面表现出积极变化,行业发展总体平稳,结构调整与转型升级继续推进。110家企业完成工业总产值1 110.05亿元,比上年增加88.36亿元,同比增长8.64%;完成产品销售产值1 066.41亿元,比上年增加82.78亿元,同比增长8.42%;完成工业增加值253.99亿元,比上年增加28.84亿元,同比增长12.81%;完成主营业务收入1 025.25亿元,同比增长7.01%;实现利润总额89.01亿元,同比增长9.39%。与2014年同期相比,除主营业务收入增幅回落以外,其他指标增幅均有小幅回升。

2016年,在经济增速换挡、结构调整、动能转换相互交织的情况下,经济下行压力依然较大,电控配电行业面临比以往更大的挑战,以结构调整为主的平稳中低速增长态势还将持续。93家企业完成工业总产值1 032.89亿元,比上年增加87.88亿元,同比增长9.30%;完成产品销售产值1 012.97亿元,比上年增加105.35亿元,同比增长11.61%;完成工业增加值273.31亿元,比上年增加8.23亿元,同比增长3.11%;完成主营业务收入936.27亿元,同比增长8.24%;实现利润总额82.21亿元,同比增长9.89%。与2015年同期相比,主要经济指标增速均有小幅回升,但工业增加值增幅回落较为明显,行业内部深层次的矛盾凸显。

2015—2016年电气控制成套设备行业重点企业工业总产值排序见表1。2015—2016年电气控制成套设备行业重点企业工业增加值排序见表2。2015—2016年电气控制成套设备行业重点企业销售产值排序见表3。2015—2016年电气控制成套设备行业重点企业主营业务收入排序见表4。2015—2016年电气控制成套设备行业重点企业总资产贡献率排序见表5。2015—2016年电气控制成套设备行业重点企业资本保值增值率排序见表6。2015—2016年电气控制成套设备行业重点企业资产负债率排序见表7。2015—2016年电气控制成套设备行业重点企业全员劳动生产率排序见表8。2015—2016年电气控制成套设备行业重点企业经济效益综合指数排序见表9。

表1 2015—2016年电气控制成套设备行业重点企业工业总产值排序

序号	企业名称	2015年(万元)	序号	企业名称	2016年(万元)
1	大全集团有限公司	1 809 354	1	大全集团有限公司	1 825 265
2	许继集团有限公司	1 080 155	2	许继集团有限公司	1 415 321
3	有能集团有限公司	814 640	3	有能集团有限公司	939 207
4	江苏东源电器集团股份有限公司	755 908	4	江苏东源电器集团股份有限公司	810 396
5	隆盛电气集团有限公司	622 800	5	正泰电气股份有限公司	657 617
6	深圳市宝安任达电器实业有限公司	592 295	6	环宇集团(南京)有限公司	343 589
7	正泰电气股份有限公司	493 654	7	深圳市宝安任达电器实业有限公司	273 000
8	环宇集团(南京)有限公司	299 991	8	远东电器集团有限公司	242 306
9	安徽中电兴发与鑫龙科技股份有限公司	269 260	9	宁波天安(集团)股份有限公司	235 676
10	宁波天安(集团)股份有限公司	256 609	10	北京科锐配电自动化股份有限公司	226 415
11	远东电器集团有限公司	238 855	11	江苏华威线路设备集团有限公司	222 838
12	江苏华威线路设备集团有限公司	215 691	12	天津百利特精电气有限公司	201 040
13	常熟开关制造有限公司(原常熟开关厂)	181 491	13	常熟开关制造有限公司(原常熟开关厂)	181 014
14	北京科锐配电自动化股份有限公司	152 073	14	江苏士林电气设备有限公司	134 045
15	天津百利特精电气有限公司	139 958	15	川开电气有限公司	129 239
16	江苏士林电气设备有限公司	133 010	16	北京合纵科技股份有限公司	126 221
17	川开电气股份有限公司	131 877	17	江森自控空调冷冻设备(无锡)有限公司	114 448
18	威腾电气集团	131 169	18	向荣集团有限公司	109 119
19	万控集团有限公司	120 658	19	山东东辰节能电气设备有限公司	105 211
20	东营市东辰节能电力设备有限公司	108 784	20	裕丰电气有限公司	98 634
21	四川电器集团股份有限公司	92 758	21	浙江群力电气有限公司	96 742
22	上海天灵开关厂有限公司	89 669	22	四川电器集团股份有限公司	92 758

（续）

序号	企业名称	2015年（万元）	序号	企业名称	2016年（万元）
23	北京合纵科技股份有限公司	89 424	23	浙宝电气（杭州）集团有限公司	87 121
24	浙宝电气（杭州）集团有限公司	87 121	24	库柏（宁波）电气有限公司	75 541
25	杭申集团有限公司	85 773	25	杭州欣美成套电器制造有限公司	70 845
26	库柏（宁波）电气有限公司	79 371	26	山东寿光巨能电气有限公司	69 230
27	宁波华通电器集团股份有限公司	73 919	27	杭申集团有限公司	67 612
28	上海南华兰陵电气有限公司	71 490	28	上海宝临电气集团有限公司	67 004
29	上海宝临电气集团有限公司	71 128	29	常州太平洋电力设备（集团）有限公司	62 000
30	常州太平洋电力设备（集团）有限公司	68 200	30	宁夏力成电气集团有限公司	61 275
31	山东寿光巨能电气有限公司	65 311	31	江苏海纬集团有限公司	54 934
32	宁夏力成电气集团有限公司	65 027	32	上海南华兰陵电气有限公司	51 319
33	宁波燎原电器集团股份有限公司	62 137	33	福州天宇电气股份有限公司	50 346
34	福州天宇电气股份有限公司	61 117	34	波瑞电气有限公司	48 241
35	天水二一三电器有限公司	61 100	35	江苏万奇电器集团有限公司	46 630
36	河南新开电气集团股份有限公司	59 635	36	上海纳杰电气成套有限公司	44 594
37	杭州欣美成套电器制造有限公司	53 922	37	北京市潞电电气设备有限公司	41 141
38	上海纳杰电气成套有限公司	53 140	38	欧伏电气股份有限公司	40 064
39	广东顺开电气集团有限公司	49 726	39	宁波燎原电器集团股份有限公司	39 790
40	上海天正机电（集团）有限公司	49 220	40	陕西雷特尔电气有限公司	39 656
41	江苏海纬集团有限公司	47 752	41	广州市半径电力铜材有限公司	39 599
42	波瑞电气有限公司	47 556	42	重庆众恒电器有限公司	37 000
43	浙江群力电气有限公司	46 664	43	锦州锦开电器集团有限责任公司	34 998
44	江苏万奇电器集团有限公司	41 449	44	安科瑞电气股份有限公司	33 754
45	广州市半径电力铜材有限公司	40 556	45	天津久安集团有限公司	33 150
46	欧伏电气股份有限公司	38 290	46	浙江容大电力设备制造有限公司	32 976
47	云南云开电气股份有限公司	37 068	47	成都科星电力电器有限公司	31 388
48	天津久安集团有限公司	35 720	48	银川市立恒电气设备有限公司	27 622
49	北京普驰电气有限公司	34 115	49	天津市德利泰开关有限公司	27 593
50	北京潞电电气设备有限公司	33 266	50	云南云开电气股份有限公司	27 138
51	锦州锦开电器集团有限责任公司	32 823	51	深圳市光辉电器实业有限公司	24 309
52	成都科星电力电器有限公司	31 388	52	北京通州开关有限公司	24 050
53	陕西雷特尔电气有限公司	30 943	53	苏州万龙电气集团股份有限公司	24 000
54	安科瑞电气股份有限公司	30 872	54	广东正超电气有限公司	23 104
55	山东鲁亿通智能电气股份有限公司	29 835	55	宁波耀华电气科技有限责任公司	22 627
56	天津市德利泰开关有限公司	28 795	56	福建森达电气股份有限公司	20 898
57	银川市立恒电气设备有限公司	27 037	57	唐山创元方大电气有限责任公司	19 632
58	浙江容大电力设备制造有限公司	26 125	58	余姚市舜能电力设备有限公司	16 831
59	温州兴机电器有限公司	26 012	59	沈阳蓝英工业自动化装备股份有限公司	16 168
60	苏州万龙电气集团股份有限公司	25 000	60	广东珠江开关有限公司	15 760

表2　2015—2016年电气控制成套设备行业重点企业工业增加值排序

序号	企业名称	2015年（万元）	序号	企业名称	2016年（万元）
1	大全集团有限公司	505 065	1	大全集团有限公司	535 688
2	许继集团有限公司	308 027	2	有能集团有限公司	393 654
3	有能集团有限公司	286 855	3	江苏东源电器集团股份有限公司	294 512

（续）

序号	企业名称	2015年（万元）	序号	企业名称	2016年（万元）
4	深圳市宝安任达电器实业有限公司	146 732	4	正泰电气股份有限公司	163 963
5	江苏华威线路设备集团有限公司	140 949	5	江苏华威线路设备集团有限公司	145 081
6	常熟开关制造有限公司（原常熟开关厂）	97 930	6	许继集团有限公司	101 911
7	正泰电气股份有限公司	75 436	7	常熟开关制造有限公司（原常熟开关厂）	98 115
8	安徽中电兴发与鑫龙科技股份有限公司	72 042	8	深圳市宝安任达电器实业有限公司	96 000
9	环宇集团（南京）有限公司	68 260	9	天津百利特精电气股份有限公司	80 317
10	江苏海纬集团有限公司	50 088	10	环宇集团（南京）有限公司	69 683
11	川开电气股份有限公司	48 679	11	江苏海纬集团有限公司	57 705
12	宁波天安（集团）股份有限公司	38 491	12	江森自控空调冷冻设备（无锡）有限公司	51 424
13	北京科锐配电自动化股份有限公司	34 709	13	川开电气有限公司	47 705
14	江苏士林电气设备有限公司	34 396	14	北京科锐配电自动化股份有限公司	41 390
15	山东寿光巨能电气有限公司	32 814	15	山东寿光巨能电气有限公司	34 783
16	四川电器集团股份有限公司	30 845	16	四川电器集团股份有限公司	30 845
17	远东电器集团有限公司	22 960	17	向荣集团有限公司	29 329
18	陕西雷特尔电气有限公司	20 829	18	陕西雷特尔电气有限公司	27 115
19	常州太平洋电力设备（集团）有限公司	20 379	19	北京合纵科技股份有限公司	24 824
20	宁波燎原电器集团股份有限公司	20 293	20	江苏士林电气设备有限公司	20 107
21	福州天宇电气股份有限公司	20 216	21	江苏万奇电器集团有限公司	19 838
22	威腾电气集团	20 036	22	远东电器集团有限公司	18 954
23	宁波华通电器集团股份有限公司	19 658	23	常州太平洋电力设备（集团）有限公司	18 826
24	宁夏力成电气集团有限公司	18 437	24	库柏（宁波）电气有限公司	17 919
25	上海天灵开关厂有限公司	18 000	25	山东东辰节能电气设备有限公司	16 735
26	天津百利特精电气股份有限公司	17 181	26	北京市潞电电气设备有限公司	16 388
27	江苏万奇电器集团有限公司	16 621	27	裕丰电气有限公司	15 244
28	天水二一三电器有限公司	16 544	28	杭州欣美成套电器制造有限公司	14 417
29	上海南华兰陵电气有限公司	16 039	29	安科瑞电气股份有限公司	14 317
30	库柏（宁波）电气有限公司	15 508	30	哈尔滨朗昇电气股份有限公司	13 782
31	广东顺开电气集团有限公司	14 868	31	宁波燎原电器集团股份有限公司	13 548
32	杭申集团有限公司	14 504	32	杭申集团有限公司	13 207
33	东营市东辰节能电力设备有限公司	13 100	33	浙江群力电气有限公司	12 730
34	安科瑞电气股份有限公司	12 608	34	浙宝电气（杭州）集团有限公司	12 573
35	浙宝电气（杭州）集团有限公司	12 573	35	欧伏电气股份有限公司	12 108
36	山东鲁亿通智能电气股份有限公司	11 986	36	上海南华兰陵电气有限公司	10 500
37	河南新开电气集团有限公司	11 975	37	福州天宇电气股份有限公司	9 034
38	欧伏电气股份有限公司	11 143	38	上海宝临电气集团有限公司	8 963
39	杭州欣美成套电器制造有限公司	11 119	39	广州市半径电力铜材有限公司	7 897
40	上海宝临电气集团有限公司	10 258	40	江苏现代电力科技股份有限公司	7 753
41	云南云开电气股份有限公司	8 956	41	云南云开电气股份有限公司	7 749
42	广州市半径电力铜材有限公司	8 516	42	上海纳杰电气成套有限公司	7 561
43	江苏现代电力科技股份有限公司	8 330	43	浙江容大电力设备制造有限公司	7 358
44	成都瑞联电气股份有限公司	7 131	44	广东正超电气有限公司	5 979
45	浙江群力电气有限公司	6 699	45	广东珠江开关有限公司	5 906
46	上海纳杰电气成套有限公司	6 555	46	波瑞电气有限公司	5 496
47	广东正超电气有限公司	6 510	47	余姚市舜能电力设备有限公司	5 463
48	余姚市电力设备修造厂	6 198	48	北京通州开关有限公司	5 260

(续)

序号	企业名称	2015年(万元)	序号	企业名称	2016年(万元)
49	杭州鸿雁电力电气有限公司	6 123	49	万电电气股份有限公司	4 884
50	河北宝凯电气有限公司	5 971	50	成都科星电力电器有限公司	4 656
51	北京潞电电气设备有限公司	5 816	51	天津市德利泰开关有限公司	4 376
52	波瑞电气有限公司	5 419	52	福建森达电气股份有限公司	4 341
53	哈尔滨朗昇电气股份有限公司	5 217	53	锦州锦开电器集团有限责任公司	4 308
54	天津市德利泰开关有限公司	5 021	54	西安长城开关制造有限公司	4 000
55	浙江容大电力设备制造有限公司	4 936	55	天津久安集团有限公司	3 707
56	天津久安集团有限公司	4 904	56	宁波天安（集团）股份有限公司	3 531
57	北京通州开关有限公司	4 800	57	银川市立恒电气设备有限公司	3 314
58	成都科星电力电器有限公司	4 656	58	南京曼奈柯斯电器有限公司	3 015
59	西安长城开关制造有限公司	4 300	59	天津市华明合兴机电设备有限公司	2 486
60	福建森达电气股份有限公司	4 187	60	杭州鸿程科技有限公司	2 104

表3　2015—2016年电气控制成套设备行业重点企业工业销售产值排序

序号	企业名称	2015年(万元)	序号	企业名称	2016年(万元)
1	大全集团有限公司	1 809 354	1	大全集团有限公司	1 825 265
2	许继集团有限公司	1 076 623	2	许继集团有限公司	1 415 321
3	有能集团有限公司	794 234	3	有能集团有限公司	920 423
4	江苏东源电器集团股份有限公司	720 133	4	江苏东源电器集团股份有限公司	771 807
5	深圳市宝安任达电器实业有限公司	592 295	5	正泰电气股份有限公司	623 501
6	隆盛电气集团有限公司	573 740	6	环宇集团（南京）有限公司	354 209
7	正泰电气股份有限公司	500 000	7	深圳市宝安任达电器实业有限公司	278 300
8	环宇集团（南京）有限公司	299 754	8	远东电器集团有限公司	242 306
9	安徽中电兴发与鑫龙科技股份有限公司	269 260	9	宁波天安（集团）股份有限公司	222 612
10	远东电器集团有限公司	238 855	10	北京科锐配电自动化股份有限公司	221 411
11	宁波天安（集团）股份有限公司	214 932	11	天津百利特精电气有限公司	188 302
12	常熟开关制造有限公司（原常熟开关厂）	177 271	12	江苏华威线路设备集团有限公司	182 591
13	北京科锐配电自动化股份有限公司	152 389	13	常熟开关制造有限公司（原常熟开关厂）	176 688
14	天津百利特精电气有限公司	144 735	14	北京合纵科技股份有限公司	127 841
15	威腾电气集团	131 169	15	江苏士林电气设备有限公司	127 340
16	川开电气股份有限公司	129 750	16	川开电气有限公司	125 858
17	万控集团有限公司	120 062	17	江森自控空调冷冻设备（无锡）有限公司	114 210
18	江苏士林电气设备有限公司	110 842	18	向荣集团有限公司	109 119
19	东营市东辰节能电力设备有限公司	105 554	19	山东寿光巨能电气有限公司	100 850
20	山东寿光巨能电气有限公司	95 146	20	裕丰电气有限公司	98 634
21	四川电器集团股份有限公司	90 390	21	山东东辰节能电力设备有限公司	98 411
22	浙宝电气（杭州）集团有限公司	88 860	22	浙江群力电气有限公司	96 742
23	上海天灵开关厂有限公司	88 032	23	四川电器集团股份有限公司	90 390
24	北京合纵科技股份有限公司	86 303	24	浙宝电气（杭州）集团有限公司	88 860
25	杭申集团有限公司	85 666	25	库柏（宁波）电气有限公司	74 492
26	库柏（宁波）电气有限公司	78 412	26	杭州欣美成套电器制造有限公司	70 845
27	上海南华兰陵电气有限公司	76 546	27	杭申集团有限公司	67 617
28	上海宝临电气集团有限公司	70 315	28	上海宝临电气集团有限公司	67 004
29	宁波华通电器集团股份有限公司	70 143	29	常州太平洋电力设备（集团）有限公司	62 000

（续）

序号	企业名称	2015年（万元）	序号	企业名称	2016年（万元）
30	常州太平洋电力设备（集团）有限公司	68 200	30	福州天宇电气股份有限公司	59 770
31	宁波燎原电器集团股份有限公司	61 243	31	宁夏力成电气集团有限公司	59 506
32	宁夏力成电气集团有限公司	60 422	32	上海南华兰陵电气有限公司	55 557
33	河南新开电气集团股份有限公司	57 632	33	江苏海纬集团有限公司	54 934
34	天水二一三电器有限公司	54 636	34	上海纳杰电气成套有限公司	44 594
35	杭州欣美成套电器制造有限公司	53 922	35	江苏万奇电器集团有限公司	42 201
36	上海纳杰电气成套有限公司	52 218	36	波瑞电气有限公司	42 116
37	福州天宇电气股份有限公司	51 346	37	欧伏电气股份有限公司	40 064
38	广东顺开电气集团有限公司	49 726	38	广州市半径电力铜材有限公司	39 599
39	江苏海纬集团有限公司	47 752	39	宁波燎原电器集团股份有限公司	38 994
40	浙江群力电气有限公司	46 614	40	北京市潞电电气设备有限公司	38 748
41	波瑞电气有限公司	40 646	41	陕西雷特尔电气有限公司	37 381
42	广州市半径电力铜材有限公司	40 556	42	锦州锦开电器集团有限责任公司	34 920
43	上海天正机电（集团）有限公司	40 479	43	天津久安集团有限公司	33 150
44	江苏万奇电器集团有限公司	39 113	44	浙江容大电力设备制造有限公司	32 957
45	云南云开电气股份有限公司	38 683	45	安科瑞电气股份有限公司	32 936
46	欧伏电气股份有限公司	38 290	46	天津市德利泰开关有限公司	28 893
47	天津久安集团有限公司	35 719	47	成都科星电力电器有限公司	28 717
48	锦州锦开电器集团有限责任公司	34 175	48	云南云开电气股份有限公司	27 774
49	天津市德利泰开关有限公司	31 475	49	银川市立恒电气设备有限公司	25 420
50	安科瑞电气股份有限公司	30 717	50	北京通州开关有限公司	24 050
51	山东鲁亿通智能电气股份有限公司	30 125	51	广东正超电气有限公司	23 104
52	北京潞电电气设备有限公司	29 942	52	苏州万龙电气集团有限公司	23 029
53	陕西雷特尔电气有限公司	29 894	53	宁波耀华电气科技有限责任公司	21 052
54	成都科星电力电器有限公司	28 717	54	深圳市光辉电器实业有限公司	20 090
55	银川市立恒电气设备有限公司	27 037	55	唐山创元方大电气有限责任公司	19 632
56	浙江容大电力设备制造有限公司	24 081	56	福建森达电气有限公司	17 376
57	温州兴机电器有限公司	24 012	57	余姚市舜能电力设备有限公司	17 073
58	深圳市光辉电器实业有限公司	23 051	58	沈阳蓝英工业自动化装备股份有限公司	16 168
59	北京通州开关有限公司	22 000	59	江苏现代电力科技股份有限公司	15 086
60	协成科技股份有限公司	20 788	60	慈溪市大明电气设备成套有限公司	13 150

表4　2015—2016年电气控制成套设备行业重点企业主营业务收入排序

序号	企业名称	2015年（万元）	序号	企业名称	2016年（万元）
1	大全集团有限公司	1 743 605	1	大全集团有限公司	1 752 254
2	许继集团有限公司	916 144	2	许继集团有限公司	1 204 509
3	有能集团有限公司	782 238	3	有能集团有限公司	891 030
4	江苏东源电器集团股份有限公司	613 256	4	江苏东源电器集团股份有限公司	659 664
5	隆盛电气集团有限公司	560 520	5	正泰电气股份有限公司	593 074
6	深圳市宝安任达电器实业有限公司	547 251	6	环宇集团（南京）有限公司	354 417
7	正泰电气股份有限公司	502 347	7	深圳市宝安任达电器实业有限公司	263 680
8	环宇集团（南京）有限公司	299 845	8	远东电器集团有限公司	242 306
9	安徽中电兴发与鑫龙科技股份有限公司	248 940	9	江苏华威线路设备集团有限公司	206 054
10	远东电器集团有限公司	238 855	10	宁波天安（集团）股份有限公司	184 394

（续）

序号	企业名称	2015年（万元）	序号	企业名称	2016年（万元）
11	宁波天安（集团）股份有限公司	226 559	11	北京科锐配电自动化股份有限公司	176 971
12	江苏华威线路设备集团有限公司	203 024	12	常熟开关制造有限公司（原常熟开关厂）	176 688
13	常熟开关制造有限公司（原常熟开关厂）	177 271	13	北京合纵科技股份有限公司	127 841
14	北京科锐配电自动化股份有限公司	145 781	14	川开电气有限公司	119 411
15	天津百利特精电气股份有限公司	125 335	15	江苏士林电气设备有限公司	113 938
16	川开电气股份有限公司	121 848	16	江森自控空调冷冻设备（无锡）有限公司	111 357
17	万控集团有限公司	120 062	17	向荣集团有限公司	108 119
18	威腾电气集团	111 683	18	浙江群力电气有限公司	99 742
19	江苏士林电气设备有限公司	110 842	19	山东东辰节能电气设备有限公司	98 411
20	东营市东辰节能电力设备有限公司	105 554	20	四川电器集团股份有限公司	90 187
21	北京合纵科技股份有限公司	91 070	21	山东寿光巨能电气有限公司	89 087
22	四川电器集团股份有限公司	90 187	22	浙宝电气（杭州）集团有限公司	85 645
23	上海天灵开关厂有限公司	88 032	23	天津百利特精电气股份有限公司	83 254
24	浙宝电气（杭州）集团有限公司	85 645	24	杭申集团有限公司	81 119
25	山东寿光巨能电气有限公司	84 044	25	库柏（宁波）电气有限公司	71 825
26	库柏（宁波）电气有限公司	80 439	26	上海宝临电气集团有限公司	63 591
27	上海南华兰陵电气有限公司	76 544	27	常州太平洋电力设备（集团）有限公司	59 443
28	上海宝临电气集团有限公司	72 030	28	福州天宇电气有限公司	59 409
29	宁波华通电器集团股份有限公司	70 227	29	杭州欣美成套电器制造有限公司	58 332
30	常州太平洋电力设备（集团）有限公司	67 603	30	宁夏力成电气集团有限公司	56 506
31	宁夏力成电气集团有限公司	56 422	31	上海南华兰陵电气有限公司	55 557
32	河南新开电气集团有限公司	54 912	32	江苏海纬集团有限公司	54 934
33	上海天正机电（集团）有限公司	52 657	33	上海纳杰电气成套有限公司	44 892
34	天水二一三电器有限公司	52 371	34	江苏万奇电器集团有限公司	42 201
35	广东顺开电气集团有限公司	52 343	35	波瑞电气有限公司	42 116
36	福州天宇电气有限公司	51 346	36	欧伏电气股份有限公司	39 982
37	江苏海纬集团有限公司	47 752	37	广州市半径电力铜材有限公司	39 599
38	浙江群力电气有限公司	46 614	38	北京市潞电电气设备有限公司	38 747
39	杭州欣美成套电器制造有限公司	44 657	39	陕西雷特尔电气有限公司	36 516
40	上海纳杰电气成套有限公司	44 631	40	锦州锦开电器集团有限责任公司	34 958
41	波瑞电气有限公司	40 646	41	安科瑞电气股份有限公司	32 926
42	广州市半径电力铜材有限公司	40 556	42	浙江容大电力设备制造有限公司	32 177
43	江苏万奇电器集团有限公司	39 113	43	宁波燎原电器集团有限公司	31 647
44	欧伏电气股份有限公司	38 222	44	天津久安集团有限公司	31 107
45	云南云开电气股份有限公司	37 104	45	云南云开电气股份有限公司	29 270
46	天津久安集团有限公司	34 679	46	天津市德利泰开关有限公司	28 893
47	锦州锦开电器集团有限责任公司	33 423	47	重庆众恒电器有限公司	27 358
48	天津市德利泰开关有限公司	31 475	48	银川市立恒电气设备有限公司	25 552
49	宁波燎原电器集团有限公司	31 146	49	成都科星电力电器有限公司	24 178
50	安科瑞电气股份有限公司	30 717	50	北京通州开关有限公司	23 760
51	山东鲁亿通智能电气股份有限公司	30 125	51	苏州万龙电气集团股份有限公司	23 029
52	北京潞电电气设备有限公司	29 942	52	广东正超电气有限公司	23 019
53	陕西雷特尔电气有限公司	29 646	53	宁波耀华电气科技有限责任公司	21 909
54	银川市立恒电气设备有限公司	25 580	54	深圳市光辉电器实业有限公司	20 090
55	成都科星电力电器有限公司	24 178	55	唐山创元方大电气有限责任公司	19 632

（续）

序号	企业名称	2015年（万元）	序号	企业名称	2016年（万元）
56	温州兴机电器有限公司	24 012	56	余姚市舜能电力设备有限公司	17 318
57	苏州万龙电气集团股份有限公司	23 490	57	福建森达电气股份有限公司	17 283
58	浙江容大电力设备制造有限公司	23 356	58	沈阳蓝英工业自动化装备股份有限公司	16 168
59	北京通州开关有限公司	21 800	59	慈溪市大明电气设备成套有限公司	14 052
60	协成科技股份有限公司	20 733	60	广东珠江开关有限公司	13 078

表5　2015—2016年电气控制成套设备行业重点企业总资产贡献率排序

序号	企业名称	2015年（%）	序号	企业名称	2016年（%）
1	有能集团有限公司	98.82	1	有能集团有限公司	93.30
2	杭州鸿程科技有限公司	97.94	2	江苏海纬集团有限公司	70.70
3	隆盛电气集团有限公司	93.39	3	江森自控空调冷冻设备（无锡）有限公司	58.35
4	江苏海纬集团有限公司	68.82	4	江苏万奇电器集团有限公司	56.05
5	江苏万奇电器集团有限公司	61.80	5	欧伏电气股份有限公司	45.32
6	天津市华明合兴机电设备有限公司	48.17	6	常熟开关制造有限公司（原常熟开关厂）	36.50
7	常熟开关制造有限公司（原常熟开关厂）	39.68	7	江苏士林电气设备有限公司	33.71
8	杭州鸿雁电力电气有限公司	37.39	8	天津市德利泰开关有限公司	30.78
9	海口海明电器有限公司	31.67	9	库柏（宁波）电气有限公司	30.69
10	天津市德利泰开关有限公司	31.65	10	环宇集团（南京）有限公司	25.38
11	江苏士林电气设备有限公司	29.39	11	扬州市开云电气有限责任公司	23.89
12	库柏（宁波）电气有限公司	28.42	12	浙宝电气（杭州）集团有限公司	23.27
13	上海南华兰陵电气有限公司	27.16	13	杭州鸿程科技有限公司	22.37
14	环宇集团（南京）有限公司	26.01	14	宁波耀华电气科技有限责任公司	21.74
15	哈尔滨朗昇电气股份有限公司	25.97	15	山东寿光巨能电气有限公司	20.70
16	陕西雷特尔电气有限公司	24.82	16	江苏东源电器集团股份有限公司	20.56
17	银川市立恒电气设备有限公司	23.48	17	哈尔滨朗昇电气股份有限公司	19.80
18	浙宝电气（杭州）集团有限公司	22.98	18	浙江容大电力设备制造有限公司	19.51
19	江苏东源电器集团股份有限公司	22.41	19	上海南华兰陵电气有限公司	18.86
20	常德市天马电器成套设备有限公司	22.10	20	上海纳杰电气成套有限公司	18.83
21	宁波耀华电气科技有限责任公司	21.93	21	万电电气股份有限公司	18.32
22	山东寿光巨能电气有限公司	20.86	22	福建森达电气股份有限公司	18.08
23	威腾电气集团	20.83	23	安科瑞电气股份有限公司	17.85
24	江苏现代电力科技股份有限公司	20.83	24	北京通州开关有限公司	17.17
25	福建森达电气股份有限公司	20.33	25	远东电器集团有限公司	16.01
26	万电电气股份有限公司	19.89	26	浙江群力电气有限公司	15.31
27	广东正超电气有限公司	18.68	27	常德天马电器股份有限公司	15.19
28	慈溪市大明电气设备成套有限公司	17.66	28	山东东辰节能电气有限公司	14.67
29	北京通州开关有限公司	17.31	29	银川市立恒电气设备有限公司	14.33
30	宁波福力达电力科技有限公司	16.85	30	江苏现代电力科技股份有限公司	14.14
31	安科瑞电气股份有限公司	16.81	31	杭州欣美成套电器制造有限公司	14.11
32	欧伏电气股份有限公司	16.51	32	广东正超电气有限公司	13.98
33	上海纳杰电气成套有限公司	16.49	33	江苏华威线路设备集团有限公司	13.71
34	安徽中电兴发与鑫龙科技股份有限公司	15.64	34	四川电器集团股份有限公司	13.48
35	宁波甬新东方电气有限公司	15.24	35	宁波福力达电力科技有限公司	13.21
36	东营市东辰节能电力设备有限公司	15.03	36	许继集团有限公司	11.47

（续）

序号	企业名称	2015年（%）	序号	企业名称	2016年（%）
37	宁波燎原电器集团股份有限公司	15.02	37	川开电气有限公司	11.40
38	山东鲁亿通智能电气股份有限公司	14.91	38	浙江松菱电气有限公司	11.25
39	江苏华威线路设备集团有限公司	14.46	39	苏州万龙电气集团股份有限公司	11.22
40	成都瑞联电气股份有限公司	14.33	40	大全集团有限公司	11.04
41	万控集团有限公司	14.30	41	陕西雷特尔电气有限公司	11.02
42	上海天灵开关厂有限公司	14.23	42	波瑞电气有限公司	10.61
43	浙江群力电气有限公司	14.22	43	北京基业达电气有限公司	10.32
44	苏州万龙电气集团股份有限公司	14.19	44	常州太平洋电力设备（集团）有限公司	10.07
45	宁波华通电器集团有限公司	13.91	45	河北宝凯电气股份有限公司	9.80
46	四川电器集团股份有限公司	13.89	46	广东珠江开关有限公司	9.68
47	广东顺开电气集团有限公司	13.63	47	余姚市舜能电力设备有限公司	9.37
48	杭州欣美成套电器制造有限公司	13.49	48	杭州鸿雁电力电气有限公司	8.91
49	河北宝凯电气有限公司	13.05	49	北京科锐配电自动化股份有限公司	8.83
50	上海宝临电气集团有限公司	12.96	50	宁夏力成电气集团有限公司	8.78
51	河南新开电气集团有限公司	12.48	51	佛山奇正电气有限公司	8.62
52	遵义长征电器开关设备有限责任公司	12.43	52	上海宝临电气集团有限公司	8.42
53	常州太平洋电力设备（集团）有限公司	12.31	53	沈阳蓝英工业自动化装备股份有限公司	8.34
54	北京潞电电气设备有限公司	12.18	54	南京曼奈柯斯电器有限公司	8.30
55	川开电气股份有限公司	12.10	55	正泰电气股份有限公司	8.15
56	温州兴机电器有限公司	11.78	56	北京市潞电电气设备有限公司	8.15
57	大全集团有限公司	11.65	57	黑默（天津）电气工程系统有限公司	8.12
58	远东电器集团有限公司	11.62	58	上海航大电气有限公司	8.09
59	北京合纵科技股份有限公司	11.39	59	上海振大电器成套有限公司	7.98
60	许继集团有限公司	11.35	60	裕丰电气有限公司	7.95

表6　2015—2016年电气控制成套设备行业重点企业资本保值增值率排序

序号	企业名称	2015年（%）	序号	企业名称	2016年（%）
1	深圳市宝安任达电器实业有限公司	319.37	1	天津百利特精电气股份有限公司	256.36
2	宁波福富力达电力科技有限公司	246.82	2	杭州鸿程科技有限公司	253.72
3	安徽中电兴发与鑫龙科技股份有限公司	224.80	3	陕西佳星电器有限公司	244.67
4	厦门宏发电气有限公司	221.31	4	哈尔滨朗昇电气股份有限公司	186.43
5	山东鲁亿通智能电气股份有限公司	204.93	5	银川市立恒电气设备有限公司	157.70
6	常州太平洋电力设备（集团）有限公司	192.96	6	有能集团有限公司	141.83
7	福建森达电气股份有限公司	189.97	7	库柏（宁波）电气有限公司	141.77
8	杭州鸿雁电力电气有限公司	164.34	8	浙江容大电力设备制造有限公司	135.56
9	哈尔滨朗昇电气股份有限公司	160.56	9	浙江群力电气有限公司	133.28
10	江苏士林电气设备有限公司	148.39	10	北京兴业建达电气有限公司	132.24
11	欧伏电气股份有限公司	145.23	11	江森自控空调冷冻设备（无锡）有限公司	131.08
12	隆盛电气集团有限公司	140.30	12	杭州欣美成套电器制造有限公司	127.08
13	东营市东辰节能电力设备有限公司	138.90	13	黑默（天津）电气工程系统有限公司	123.43
14	江苏东源电器集团股份有限公司	135.76	14	北京合纵科技股份有限公司	123.38
15	宁波甬新东方电气有限公司	131.97	15	江苏海纬集团有限公司	119.30
16	慈溪市大明电气设备成套有限公司	131.79	16	环宇集团（南京）有限公司	118.20
17	环宇集团（南京）有限公司	130.00	17	欧伏电气股份有限公司	117.11

（续）

序号	企业名称	2015年（%）	序号	企业名称	2016年（%）
18	浙江群力电气有限公司	126.58	18	远东电器集团有限公司	114.67
19	浙江容大电力设备制造有限公司	126.14	19	江苏万奇电器集团有限公司	114.48
20	陕西雷特尔电气有限公司	123.78	20	天津市德利泰开关有限公司	113.70
21	杭州欣美成套电器制造有限公司	121.01	21	上海纳杰电气成套有限公司	113.18
22	西安长城开关制造有限公司	119.46	22	遵义长征电力科技股份有限公司	111.76
23	苏州万龙电气集团股份有限公司	118.94	23	正泰电气股份有限公司	111.54
24	有能集团有限公司	116.77	24	许继集团有限公司	110.68
25	深圳市光辉电器实业有限公司	116.17	25	常熟开关制造有限公司（原常熟开关厂）	110.58
26	海口海明电器有限公司	115.36	26	北京通州开关有限公司	110.05
27	北京合纵科技股份有限公司	115.03	27	常州太平洋电力设备（集团）有限公司	109.78
28	上海纳杰电气成套有限公司	115.03	28	安科瑞电气股份有限公司	109.74
29	上海天灵开关厂有限公司	114.63	29	杭州鸿雁电力电气有限公司	108.64
30	易霸科技（威海）股份有限公司	114.56	30	河北宝凯电气有限公司	108.35
31	江苏万奇电器集团有限公司	113.96	31	福州天宇电气股份有限公司	107.70
32	四川电器集团股份有限公司	113.40	32	西安长城开关制造有限公司	107.69
33	江苏海纬集团有限公司	112.77	33	福建森达电气股份有限公司	106.76
34	常熟开关制造有限公司（原常熟开关厂）	111.80	34	波瑞电气有限公司	106.57
35	天津科峰电气有限公司	111.14	35	北京科锐配电自动化股份有限公司	106.47
36	宁波耀华电气科技有限责任公司	110.46	36	向荣集团有限公司	106.34
37	广东正超电气有限公司	110.13	37	万电电气股份有限公司	106.19
38	常德市天马电器成套设备有限公司	110.01	38	山东寿光巨能电气有限公司	106.00
39	许继集团有限公司	109.83	39	温州市欧姆林电气辅件有限公司	105.94
40	成都瑞联电气股份有限公司	109.48	40	苏州万龙电气集团股份有限公司	105.92
41	北京潞电电气设备有限公司	109.44	41	南京曼奈柯斯电器有限公司	105.82
42	成都科星电力电器有限公司	109.41	42	上海航大电气有限公司	105.61
43	天津市德利泰开关有限公司	109.11	43	广东正超电气有限公司	105.57
44	天津市华明合兴机电设备有限公司	108.99	44	佛山奇正电气有限公司	105.56
45	安科瑞电气股份有限公司	108.09	45	唐山创元方大电气有限责任公司	105.51
46	北京通州开关有限公司	107.67	46	上海宝临电气集团有限公司	105.44
47	广州市半径电力铜材有限公司	107.62	47	余姚市舜能电力设备有限公司	104.47
48	温州市欧姆林电气辅件有限公司	107.45	48	深圳市光辉电器实业有限公司	104.29
49	江苏瑞恩电气股份有限公司	107.42	49	北京电器有限公司	104.12
50	天水二一三电器有限公司	107.20	50	北京市潞电电气设备有限公司	103.89
51	山东寿光巨能电气有限公司	107.00	51	天津久安集团有限公司	103.68
52	天津久安集团有限公司	106.90	52	裕丰电气有限公司	103.64
53	宁波华通电器集团股份有限公司	106.67	53	浙江松菱电气有限公司	103.50
54	协成科技股份有限公司	106.53	54	宁波福力达电力科技有限公司	103.01
55	波瑞电气有限公司	106.15	55	广州电器元件厂	102.95
56	唐山创元方大电气有限责任公司	106.05	56	温州通达开关有限公司	102.40
57	长沙电控辅件总厂	105.59	57	上海振大电器成套有限公司	102.20
58	远东电器集团有限公司	105.42	58	浙宝电气（杭州）集团有限公司	102.03
59	余姚市电力设备修造厂	105.37	59	长沙电控辅件总厂	101.63
60	广东顺开电气集团有限公司	105.00	60	扬州市开云电气有限责任公司	100.99

表7 2015—2016年电气控制成套设备行业重点企业资产负债率排序

序号	企业名称	2015年（%）	序号	企业名称	2016年（%）
1	成都瑞联电气股份有限公司	8.45	1	遵义长征电力科技股份有限公司	3.14
2	陕西雷特尔电气有限公司	9.06	2	远东电器集团有限公司	3.74
3	厦门宏发电气有限公司	12.75	3	陕西佳星电器有限公司	4.34
4	东营市东辰节能电力设备有限公司	13.34	4	上海精成电器成套有限公司	6.58
5	慈溪奇国电器有限公司	14.26	5	慈溪奇国电器有限公司	10.02
6	大连神通电气有限公司	15.09	6	江苏海纬集团有限公司	13.31
7	上海振大电器成套有限公司	15.22	7	北京通州开关有限公司	16.14
8	上海精成电器成套有限公司	16.18	8	余姚市舜能电力设备有限公司	17.23
9	海口海明电器有限公司	17.01	9	西安长城开关制造有限公司	17.42
10	江苏海纬集团有限公司	19.16	10	广州电器元件厂	18.33
11	宁波福力达电力科技有限公司	19.24	11	波瑞电气有限公司	18.38
12	安科瑞电气股份有限公司	19.59	12	天津文纳尔电气系统有限公司	18.75
13	深圳市光辉电器实业有限公司	19.67	13	山东东辰节能电气设备有限公司	19.04
14	波瑞电气有限公司	21.83	14	扬州市东云电气有限责任公司	19.46
15	北京通州开关有限公司	22.94	15	万电电气股份有限公司	20.65
16	万电电气股份有限公司	23.43	16	高强电气科技发展有限公司	20.77
17	福建森达电气股份有限公司	24.33	17	安科瑞电气股份有限公司	22.06
18	江苏东源电器集团股份有限公司	24.48	18	福建森达电气股份有限公司	22.74
19	广东正超电气有限公司	24.62	19	杭州鸿程科技有限公司	24.70
20	山东鲁亿通智能电气股份有限公司	24.87	20	天津久安集团有限公司	24.85
21	南京华洋电气有限公司	25.39	21	常州太平洋电力设备（集团）有限公司	25.53
22	江苏现代电力科技股份有限公司	26.23	22	深圳市光辉电器实业有限公司	26.01
23	杭州鸿程科技有限公司	26.51	23	江苏万奇电器集团有限公司	26.24
24	天津久安集团有限公司	26.98	24	上海振大电器成套有限公司	27.92
25	常州太平洋电力设备（集团）有限公司	27.10	25	天津百利特精电气有限公司	29.15
26	江苏万奇电器集团有限公司	27.72	26	银川市立恒电气设备有限公司	29.18
27	河南新开电气集团股份有限公司	27.87	27	江苏东源电器集团股份有限公司	29.29
28	西安长城开关制造有限公司	28.13	28	广东正超电气有限公司	29.69
29	天津文纳尔电气系统有限公司	29.37	29	哈尔滨朗昇电气股份有限公司	32.46
30	银川市立恒电气设备有限公司	30.13	30	四川电器集团股份有限公司	35.26
31	常德市天马电器成套设备有限公司	30.88	31	上海航大电气有限公司	35.81
32	余姚市电力设备修造厂	31.50	32	裕丰电气有限公司	36.22
33	广东明电电力设备有限公司	32.12	33	宁波耀华电气科技有限责任公司	36.34
34	广州市半径电力铜材有限公司	33.21	34	有能集团有限公司	36.35
35	广东顺开电气集团有限公司	35.16	35	山东寿光巨能电气有限公司	36.78
36	四川电器集团股份有限公司	35.26	36	宁波福力达电力科技有限公司	36.83
37	上海航大电气有限公司	36.54	37	黑默（天津）电气工程系统有限公司	36.95
38	山东寿光巨能电气有限公司	36.78	38	宁夏力成电气集团有限公司	37.87
39	安徽中电兴发与鑫龙科技股份有限公司	38.90	39	常熟开关制造有限公司（原常熟开关厂）	37.98
40	浙宝电气（杭州）集团有限公司	39.23	40	温州通达开关有限公司	38.37
41	黑默（天津）电气工程系统有限公司	39.35	41	浙宝电气（杭州）集团有限公司	39.23
42	温州通达开关有限公司	39.90	42	川开电气有限公司	39.66
43	北京科锐配电自动化股份有限公司	39.99	43	常德天马电器股份有限公司	40.22
44	川开电气股份有限公司	40.49	44	佛山奇正电气有限公司	41.51
45	江苏士林电气设备有限公司	40.90	45	长沙电控辅件总厂	42.93

（续）

序号	企业名称	2015年（%）	序号	企业名称	2016年（%）
46	常熟开关制造有限公司（原常熟开关厂）	41.07	46	易霸科技（威海）股份有限公司	43.28
47	有能集团有限公司	42.10	47	陕西雷特尔电气有限公司	43.76
48	宁波耀华电气科技有限责任公司	42.30	48	北京科锐配电自动化股份有限公司	47.42
49	慈溪市大明电气设备成套有限公司	42.41	49	江苏现代电力科技股份有限公司	48.52
50	唐山盾石电气有限责任公司	42.43	50	苏州万龙电气集团股份有限公司	48.65
51	上海南华兰陵电气有限公司	42.78	51	环宇集团（南京）有限公司	49.03
52	长沙电控辅件总厂	44.10	52	杭州鸿雁电力电气有限公司	49.18
53	天津百利特精电气股份有限公司	45.47	53	库柏（宁波）电气有限公司	49.24
54	苏州万龙电气集团股份有限公司	45.65	54	江苏士林电气设备有限公司	50.11
55	欧伏电气股份有限公司	46.08	55	江森自控空调冷冻设备（无锡）有限公司	50.65
56	北京普驰电气有限公司	47.08	56	沈阳蓝英工业自动化装备股份有限公司	50.81
57	天水二一三电器有限公司	47.10	57	江苏华威线路设备集团有限公司	51.45
58	长沙诚源电器成套有限公司	47.14	58	向荣集团有限公司	51.87
59	环宇集团（南京）有限公司	47.41	59	重庆众恒电器有限公司	52.16
60	江苏瑞恩电气股份有限公司	47.66	60	上海南华兰陵电气有限公司	52.50

表8　2015—2016年电气控制成套设备行业重点企业全员劳动生产率排序

序号	企业名称	2015年（元/人）	序号	企业名称	2016年（元/人）
1	北京合纵科技股份有限公司	4 824 569.89	1	哈尔滨朗昇电气股份有限公司	1 997 391.30
2	江苏东源电器集团股份有限公司	2 108 114.00	2	江苏东源电器集团股份有限公司	1 936 305.06
3	江苏海纬集团有限公司	1 304 382.81	3	陕西雷特尔电气有限公司	1 819 798.66
4	陕西雷特尔电气有限公司	1 210 988.37	4	有能集团有限公司	1 530 536.55
5	有能集团有限公司	1 117 036.60	5	江苏海纬集团有限公司	1 510 602.09
6	深圳市宝安任达电器实业有限公司	978 213.33	6	江森自控空调冷冻设备（无锡）有限公司	1 163 438.91
7	江苏华威线路设备集团有限公司	783 921.02	7	宁波燎原电器集团有限公司	1 129 000.00
8	哈尔滨朗昇电气股份有限公司	756 086.96	8	浙江群力电气有限公司	860 135.14
9	江苏士林电气设备有限公司	674 431.37	9	江苏华威线路设备集团有限公司	821 523.22
10	山东寿光巨能电气有限公司	672 418.03	10	裕丰电气有限公司	769 898.99
11	杭州鸿程科技有限公司	672 000.00	11	山东寿光巨能电气有限公司	672 785.30
12	四川电器集团股份有限公司	614 442.23	12	江苏万奇电器集团有限公司	652 565.79
13	上海振大电器成套有限公司	599 166.67	13	四川电器集团股份有限公司	614 442.23
14	川开电气股份有限公司	598 754.12	14	大全集团有限公司	576 008.60
15	宁波燎原电器集团有限公司	595 102.64	15	常熟开关制造有限公司（原常熟开关厂）	570 104.59
16	常熟开关制造有限公司（原常熟开关厂）	580 154.03	16	向荣集团有限公司	566 196.91
17	远东电器集团有限公司	569 727.05	17	川开电气有限公司	538 432.62
18	大全集团有限公司	543 080.65	18	浙江容大电力设备制造有限公司	529 352.52
19	西安长城开关制造有限公司	537 500.00	19	杭州欣美成套电器制造有限公司	516 727.60
20	江苏万奇电器集团有限公司	532 724.36	20	西安长城开关制造有限公司	500 000.00
21	上海南华兰陵电气有限公司	520 746.75	21	北京合纵科技股份有限公司	489 618.15
22	浙江群力电气有限公司	468 461.54	22	远东电器集团有限公司	471 492.54
23	上海天灵开关厂有限公司	447 761.19	23	北京市潞电电气设备有限公司	419 130.43
24	常州太平洋电力设备（集团）有限公司	419 320.99	24	深圳市宝安任达电器实业有限公司	417 391.30
25	安徽中电兴发与鑫龙科技股份有限公司	403 596.64	25	正泰电气股份有限公司	402 165.81
26	杭州欣美成套电器制造有限公司	387 425.09	26	山东东辰节能电气设备有限公司	398 452.38

（续）

序号	企业名称	2015年（元／人）	序号	企业名称	2016年（元／人）
27	广东顺开电气集团有限公司	387 187.50	27	常州太平洋电力设备（集团）有限公司	396 336.84
28	中天电气技术有限公司	377 851.85	28	江苏士林电气设备有限公司	370 977.86
29	杭州鸿雁电力电气有限公司	364 440.48	29	上海南华兰陵电气有限公司	358 361.77
30	浙江容大电力设备制造有限公司	347 605.63	30	上海纳杰电气成套有限公司	340 581.08
31	威腾电气集团	338 445.95	31	广州市半径电力铜材有限公司	327 676.35
32	余姚市电力设备修造厂	331 443.85	32	库柏（宁波）电气有限公司	315 476.94
33	宁波华通电器集团股份有限公司	327 088.19	33	杭州鸿程科技有限公司	300 571.43
34	广州市半径电力铜材有限公司	323 802.28	34	余姚市舜能电力设备有限公司	293 709.68
35	山东鲁亿通智能电气股份有限公司	321 352.01	35	天津百利特精电气股份有限公司	292 593.81
36	银川市立恒电气设备有限公司	320 650.51	36	银川市立恒电气设备有限公司	285 689.66
37	东营市东辰节能电力设备有限公司	319 512.20	37	北京通州开关有限公司	256 585.37
38	许继集团有限公司	288 037.22	38	福建森达电气股份有限公司	250 924.86
39	上海纳杰电气成套有限公司	284 994.35	39	江苏现代电力科技股份有限公司	246 910.83
40	福州天宇电气股份有限公司	273 189.19	40	北京科锐配电自动化股份有限公司	235 170.45
41	宁夏力成电气集团有限公司	269 941.43	41	南京曼奈柯斯电器有限公司	233 740.31
42	库柏（宁波）电气有限公司	267 847.15	42	广东珠江开关有限公司	233 438.74
43	北京通州开关有限公司	258 064.52	43	浙宝电气（杭州）集团有限公司	218 660.87
44	宁波甬新东方电气有限公司	249 432.62	44	宁波福力达电力科技有限公司	213 692.31
45	福建森达电气股份有限公司	246 294.12	45	天津市华明合兴机电设备有限公司	205 454.55
46	江苏现代电力科技股份有限公司	241 449.28	46	环宇集团（南京）有限公司	187 723.60
47	成都瑞联电气股份有限公司	227 827.48	47	广东正超电气有限公司	186 261.68
48	浙宝电气（杭州）集团有限公司	218 660.87	48	波瑞电气有限公司	172 830.19
49	广东正超电气有限公司	216 279.07	49	常德天马电器股份有限公司	171 440.68
50	河北宝凯电气有限公司	209 493.68	50	天津市德利泰开关有限公司	163 283.58
51	北京科锐配电自动化股份有限公司	201 095.02	51	万电电气股份有限公司	162 800.00
52	常德市天马电器成套设备有限公司	193 277.31	52	安科瑞电气股份有限公司	158 373.89
53	环宇集团（南京）有限公司	185 036.60	53	杭申集团有限公司	152 858.80
54	正泰电气股份有限公司	184 756.65	54	欧伏电气股份有限公司	148 020.78
55	天津市德利泰开关有限公司	182 581.82	55	成都科星电力电器有限公司	138 980.30
56	北京潞电电气设备有限公司	179 506.17	56	天津久安集团有限公司	132 392.86
57	天水二一三电器有限公司	172 334.48	57	福州天宇电气股份有限公司	130 738.06
58	波瑞电气有限公司	170 401.26	58	浙江松菱电气有限公司	118 192.77
59	江苏瑞恩电气股份有限公司	164 296.30	59	慈溪奇国电器有限公司	114 576.47
60	杭申集团有限公司	163 887.01	60	许继集团有限公司	110 676.59

表9　2015—2016年电气控制成套设备行业重点企业经济效益综合指数排序

序号	企业名称	2015年	序号	企业名称	2016年
1	北京合纵科技股份有限公司	30.33	1	江苏海纬集团有限公司	15.29
2	江苏海纬集团有限公司	15.53	2	哈尔滨朗昇电气股份有限公司	13.88
3	江苏东源电器集团股份有限公司	14.34	3	江苏东源电器集团股份有限公司	13.17
4	有能集团有限公司	10.25	4	有能集团有限公司	12.58
5	陕西雷特尔电气有限公司	9.07	5	陕西雷特尔电气有限公司	11.96
6	远东电器集团有限公司	7.91	6	江森自控空调冷冻设备（无锡）有限公司	10.62
7	常熟开关制造有限公司（原常熟开关厂）	6.77	7	宁波燎原电器集团股份有限公司	7.38
8	深圳市宝安任达电器实业有限公司	6.65	8	远东电器集团有限公司	7.26

（续）

序号	企业名称	2015 年	序号	企业名称	2016 年
9	哈尔滨朗昇电气股份有限公司	6.51	9	江苏万奇电器集团有限公司	6.92
10	江苏万奇电器集团有限公司	6.34	10	常熟开关制造有限公司（原常熟开关厂）	6.65
11	江苏华威线路设备集团有限公司	5.81	11	浙江群力电气有限公司	6.39
12	浙宝电气（杭州）集团有限公司	5.62	12	江苏华威线路设备集团有限公司	6.08
13	山东寿光巨能电气有限公司	5.62	13	浙宝电气（杭州）集团有限公司	5.63
14	江苏士林电气设备有限公司	5.52	14	山东寿光巨能电气有限公司	5.62
15	四川电器集团股份有限公司	5.04	15	四川电器集团股份有限公司	5.00
16	宁波燎原电器集团股份有限公司	4.67	16	浙江容大电力设备制造有限公司	4.61
17	川开电气股份有限公司	4.62	17	大全集团有限公司	4.58
18	上海南华兰陵电气有限公司	4.62	18	杭州欣美成套电器制造有限公司	4.40
19	大全集团有限公司	4.38	19	川开电气有限公司	4.24
20	杭州鸿雁电力电气有限公司	4.16	20	向荣集团有限公司	4.22
21	安徽中电兴发与鑫龙科技股份有限公司	4.14	21	江苏士林电气设备有限公司	3.89
22	浙江群力电气有限公司	4.01	22	库柏（宁波）电气有限公司	3.81
23	常州太平洋电力设备（集团）有限公司	3.97	23	北京合纵科技股份有限公司	3.70
24	江苏现代电力科技股份有限公司	3.85	24	常州太平洋电力设备（集团）有限公司	3.69
25	西安长城开关制造有限公司	3.73	25	山东东辰节能电气设备有限公司	3.61
26	上海天灵开关厂有限公司	3.72	26	西安长城开关制造有限公司	3.46
27	山东鲁亿通智能电气股份有限公司	3.65	27	上海南华兰陵电气有限公司	3.40
28	广东顺开电气集团有限公司	3.52	28	北京市潞电电气设备有限公司	3.31
29	杭州欣美成套电器制造有限公司	3.51	29	江苏现代电力科技股份有限公司	3.30
30	隆盛电气集团有限公司	3.49	30	银川市立恒电气设备有限公司	3.30
31	库柏（宁波）电气有限公司	3.24	31	正泰电气股份有限公司	3.29
32	威腾电气集团	3.24	32	杭州鸿程科技有限公司	3.26
33	浙江容大电力设备制造有限公司	3.17	33	深圳市宝安任达电器实业有限公司	3.25
34	东营市东辰节能电力设备有限公司	3.14	34	上海纳杰电气成套有限公司	3.25
35	福建森达电气股份有限公司	3.12	35	安科瑞电气股份有限公司	3.13
36	宁波华通电器集团有限公司	3.10	36	天津市华明合兴机电设备有限公司	3.05
37	成都瑞联电气股份有限公司	3.07	37	福建森达电气股份有限公司	2.88
38	余姚市电力设备修造厂	3.04	38	北京通州开关有限公司	2.81
39	许继集团有限公司	2.91	39	余姚市舜能电力设备有限公司	2.69
40	广州市半径电力铜材有限公司	2.87	40	天津市德利泰开关有限公司	2.68
41	北京通州开关有限公司	2.86	41	环宇集团（南京）有限公司	2.63
42	上海纳杰电气成套有限公司	2.86	42	欧伏电气股份有限公司	2.63
43	宁波甬新东方电气有限公司	2.81	43	广州市半径电力铜材有限公司	2.59
44	安科瑞电气股份有限公司	2.75	44	沈阳蓝英工业自动化装备股份有限公司	2.39
45	天津市德利泰开关有限公司	2.74	45	南京曼奈柯斯电器有限公司	2.37
46	宁夏力成电气集团有限公司	2.71	46	北京科锐配电自动化股份有限公司	2.33
47	广东正超电气有限公司	2.70	47	万电电气股份有限公司	2.28
48	环宇集团（南京）有限公司	2.64	48	宁波福力达电力科技有限公司	2.27
49	河北宝凯电气有限公司	2.54	49	常德天马电器股份有限公司	2.21
50	万电电气股份有限公司	2.24	50	广东正超电气有限公司	2.18
51	欧伏电气股份有限公司	2.18	51	波瑞电气有限公司	2.07
52	福州天宇电气股份有限公司	2.17	52	杭申集团有限公司	1.90
53	北京潞电电气设备有限公司	2.03	53	许继集团有限公司	1.81
54	北京科锐配电自动化股份有限公司	2.01	54	天津久安集团有限公司	1.60

（续）

序号	企业名称	2015年	序号	企业名称	2016年
55	正泰电气股份有限公司	2.01	55	成都科星电力电器有限公司	1.59
56	波瑞电气有限公司	2.01	56	宁波耀华电气科技有限责任公司	1.57
57	河南新开电气集团股份有限公司	1.99	57	上海宝临电气集团有限公司	1.56
58	天水二一三电器有限公司	1.96	58	浙江松菱电气有限公司	1.55
59	天津久安集团有限公司	1.95	59	福州天宇电气股份有限公司	1.48
60	海口海明电器有限公司	1.93	60	杭州鸿雁电力电气有限公司	1.47

2015年经济运行特点

（1）产销增速趋缓，产销率下降到95.40%。根据2015年电控配电行业总体的生产、销售情况，行业增速呈现稳中趋缓态势。据统计，2015年电控配电行业110家企业的工业总产值、工业销售产值和工业增加值三项指标的同比增幅分别为8.64%、8.42%和12.81%，同比增幅略有提高；产销率仅为95.40%，比上年同期下降0.27个百分点。上报数据的110家企业中，全年生产销售增长的企业占整个行业的57%左右，8%左右的企业生产销售与上年持平，还有35%左右的企业生产销售比上年有所下降。

由于宏观经济增速整体放缓，市场有效需求增长动力不足，产品价格持续低迷，而原材料、劳动力、财务费用等仍保持一定增速，电控配电行业发展面临进一步收缩趋势，产能过剩问题凸显，结构调整阵痛显现。行业内洗牌已经开始。

（2）行业亏损面扩大，盈利增长难度加大。上报数据的110家企业2015年实现利润总额89.01亿元，同比增长9.39%，增幅比2014年同期提高2.21个百分点，其中有41.82%的企业利润增长率同比下降。统计显示，在110家报表企业中，有6家企业出现亏损，企业亏损面5.45%，比2014年同期提高2.62个百分点。主营业务收入为1 025.25亿元，同比增长7.01%，增幅回落了2.82个百分点。其中主营业务收入同比增长的企业为70家，占统计企业数的63.64%。同时，主营业务成本增长5.12%，增加2.88个百分点。总资产贡献率15.77%，成本费用利润率为8.79%，比上年同期分别减少1.45和0.44个百分点。

这些数据进一步表明电控配电行业经济结构持续调整的态势，并且在不断加强和深化。企业景气分化，同一行业内冰火两重天。一方面，一些大型企业、上市企业紧抓市场、政策机遇，发挥其规模、品牌等优势，发展相对较好；另一方面，生产量大面广产品的传统企业、中小企业依然普遍面临生存难、转型难的困境。

（3）新产品研发投入加大，企业创新意识增强。2015年上报数据的110家企业统计显示，科技活动筹集经费总额同比增长6.89%，研究与试验发展经费支出同比增长9.34%，新产品开发经费支出同比增长21.92%。2015年上报数据的110家电控配电企业开发的新产品可统计的产值约410.65亿元，同比增长10.38%，科技成果转化进程加快。2015年，在上报数据的110家企业生产的产品中，获国家级奖项的有8种，省级奖项的17种，各地区、市级奖项的25种。企业开发的新产品，获得各级各类科技进步奖项情况好于上年。

2016年经济运行特点

（1）产销增速平稳，产销基本平衡，行业内企业分化加剧。根据2016年电控配电行业总体的生产、销售情况，行业增速呈现稳中趋缓态势。据统计，2016年电控配电行业93家企业的工业总产值、工业销售产值和主营业务收入三项指标的同比增幅分别为9.30%、11.61%和8.24%，略有提高；产销率为96.18%，比上年同期增加0.78个百分点。上报数据的93家企业中，全年生产销售增长的企业占整个行业的55%左右，5%左右的企业生产销售与上年持平，还有40%左右的企业生产销售比上年有所下降。

2016年，电控配电行业企业盈利增长难度不断加大。在资金紧张，内外需减弱、增效困难的背景下，企业面临着生存问题，中小企业面临的形势更为严峻。

（2）成本增长较快，盈利增长难度依然较大。上报数据的93家企业2016年实现利润总额82.21亿元，同比增长9.89%，增幅与2015年同期相比提高了0.5个百分点，其中有40.86%的企业利润增长率同比下降。统计显示，在93家报表企业中，有4家企业出现亏损，企业亏损面4.30%，比2015年同期减少1.15个百分点。实现主营业务收入1 006.74亿元，同比增长8.24%，增幅提高1.23个百分点。其中主营业务收入同比增长的企业58家，占统计企业数的62.37%。主营业务成本同比增长8.96%，比上年同期提高3.84个百分点。企业三费增长回落明显，管理费用及财务费用同比增长3.31%，增幅比上年回落7.06个百分点；营业费用同比下降1.81%，降幅比上年扩大1个百分点。总资产贡献率14.07%，成本费用利润率为8.72%，比上年同期分别减少1.7和0.07个百分点。

（3）新产品研发投入减缓，固定资产投资乏力。2016年上报数据的93家企业统计显示，科技活动筹集经费总额同比增长4.75%，研究与试验发展经费支出同比增长6.34%，新产品开发经费支出同比增长12.32%。2016年上报数据的93家电控配电企业开发的新产品可统计的产值约420.37亿元，同比增长5.35%，增幅低于上年，科技成果转化进程有所减慢。2016年，在上报数据的93家企业生产的产品中，获国家级奖项的有9种产品，省级奖项的有13种，各地区、市级奖项的30种。企业开发的新产品获得各级各类科技进步奖项与上年相当。

行业投资增长乏力。自年初累计完成固定资产投资

14.36亿元,同比下降9.45%,较上年同期(同比增长8.60%)下降18.05个百分点。

随着经济运行减速换挡的进行,以中小企业为主的电控配电行业发展确实面临着较大的下行压力。通过市场倒逼机制,颇具规模和实力的大企业集团率先转变发展方式,自主创新意识日益增强,研发投入逐年加大,而中小企业受创新意识淡薄、资金不足、融资困难和研发力量薄弱等因素制约,自主创新活跃度相对较低。

科技成果及新产品 2015年8月电控配电分会发出了组织成立新型模数化组装式电控配电柜体全国联合设计组的通知。此次新结构设计采用20mm模数化新型拼装式型材,并设计新型钣金三通替代铝制铸件,结构更紧凑,组装便捷,提高效率,可大幅降低成本;采用钢化玻璃门设计,提高柜体安全性能。

2016年电控配电分会再次组织25家企业成立GZK组装式电控配电柜全国联合设计组。此次新结构设计采用25mm模数化新型拼装式型材,并设计新型钣金三向连接器替代铝制三通件,产品结构紧凑,组装便捷,高效节能,大幅降低成本。

2015年,四川电器集团股份有限公司自行研发12kV大容量高海拔、7.5kV高海拔电流互感器,能满足海拔高度4 500m使用要求,大容量(30V·A)、高保护倍数(10P30)、高精度(0.2S级)。

2015年,深圳市宝安任达电器实业有限公司优化引进的智能型UPS输入及输出配电柜,关键核心技术有:DSP全数字控制技术;两级防雷技术;C级防雷箱(选件)、D级防雷板(标准配置);智能化电池管理技术;网络监控技术;UPS远程网络监控管理系统。该项目采用全数字控制技术,具有优越的电气性能,满足国际安规及电磁兼容标准,拥有完善的智能监控及网络管理功能。其开发的高频在线式模块化UPS电源获得宝安区科技进步奖,节能环保型接触器获得宝安区科学技术奖专利奖。

江苏海纬集团有限公司2015年自行研发的高速高铁用多重复合抗干扰电缆管箱,具有高强度(载荷强度≥165kg/m)、高防腐蚀(抗酸、碱、盐)、高阻燃防火(外层氧指数达42%以上,内层防火性能达到A1级)、抗老化、抗紫外线、抗电磁干扰、使用寿命长(30年以上)等优点。

上海纳杰电气成套有限公司2015年开发的分布式能源管理系统,准确度等级0.5S、0.2S,具有多种通信模式(RS485、无线、光纤、载波),采用高性能工业级嵌入式微处理器,适用于-30～75℃户外安装的运行环境。其开发的智能路灯远程控制箱采用GPRS通信技术、数据采集技术、城市地图地理信息GIS技术,可实现集中控制、现场自动控制、定时控制、远程控制等多种控制方式。

盛隆电气集团有限公司2015年开发出有源滤波柜OVE-APF。开发的SL-HPF7000多功能谐波保护器,采用特殊合金材料,应用频段宽,在抗浪涌、瞬时脉冲中显示出很高的响应速度(纳秒级)、瞬间消除高频噪声及瞬时干扰特性。

北京基业达电气有限公司2015年自主研发出直流30kW 500V直流快充一体桩和63A交流充电桩两种新产品。直流30kW 500V直流快充一体桩输入电压为三相(380±15%)V,输出电压为直流500V,输出电流≤60A,额定交流频率为50Hz±1Hz,防护等级IP54,工作环境温度-20～50℃,相对湿度5%～95%。该公司2016年开发的交流超薄壁挂充电桩,额定输入电压为单相220V,额定输出电压为单相220V,额定输出电流为16A、32A,输入频率为45～65Hz,外壳防护等级IP54。

江苏东源电器集团股份有限公司2015年完成了智能化太阳能光伏箱变、智能化环保型环网柜、电动汽车高压配电箱等7项高端产品的试制开发,部分通过了型式试验和国家级鉴定,高压箱已实现产业化,获取发明专利授权11项,新申报发明专利4项、实用新型专利3项。风电和光伏智能变电站项目获得市级二等奖;固体绝缘环网柜获得省级高新技术产品奖。2016年完成了电动汽车交流充电桩、电动汽车车载充电机、多功能一体化光伏变电站的开发。分体式气体绝缘开关设备项目获得市级专利优秀奖,DAPF有源滤波器项目列入国家级火炬计划项目。

常熟开关制造有限公司(原常熟开关厂)2015年开发出CW3-1000万能式断路器和CEPA3智能配电一体机。CW3-1 000万能式断路器额定电流200～1 000A,额定电压AC400、690V,额定极限短路分断能力65kA,额定运行短路分断能力50kA,额定短时耐受电流42kA,电气寿命最高达6500次,机械寿命(免维护)15 000次,主要技术性能指标达到国际领先水平。CEPA3智能配电一体机采用"即录即成"的配置模式,具有集中控制、远程无人值守的特性。工作电源DC9～36V,功耗≤6W,工作环境温度0～50℃,相对湿度≤90%,防护等级IP65,综合性能达到国际先进水平。

常熟开关制造有限公司(原常熟开关厂)2016年开发的产品有:CW3R-2500万能式断路器、CM5(Z)-250、400/630 AC690V高性能塑料外壳式断路器、CM5L(ZL)250、400带剩余电流保护(B型)塑料外壳式断路器、CM3DC2-250HU/3P DC1500V直流塑料外壳式断路器、CTE1H-100混合式快速转换装置、CAP2-3200自动转换开关电器、CAP1-100二极自动转换开关电器、CGD3-32直流隔离开关、CJPV1光伏直流绝缘监测装置。

CW3R-2500万能式断路器面向新能源场合应用设计开发,具有综合智能化功能和多样化通信功能,额定电流630～2 500A,额定电压400V、440V、690V,额定短路分断能力最高达85kA,额定短时耐受电流达65kA,机械寿命3万次,690V电气寿命1万次,综合性能指标达到国际先进水平,其中机械寿命达到国际领先水平。

CM5(Z)-250、400/630 AC690V高性能塑料外壳式断路器额定电流32～630A;额定电压400V、440V、690V、800V、1 000V;额定短路分断能力最高达200kA,交流1 000V分断能力最高达35kA,交流690V分断能力最高达80kA;主要技术性能指标达到国际领先水平。

CM5L（ZL）250、400 带剩余电流保护(B 型)塑料外壳式断路器在国内率先实现塑壳断路器的 B 型剩余电流保护功能，并实现了 30mA～1A 的精确测量。额定电流 125～400A，额定电压 400V、440V、500V，额定短路分断能力最高达 150kA，综合性能达到了国际先进水平。

CM3DC2-250HU/3P DC1500V 直流塑料外壳式断路器额定电流 63～250A，额定冲击耐受电压 12kV，额定极限短路分断能力 20kA，额定运行短路分断能力 20kA，可满足 1 500V 直流光伏场合的需求。

CTE1H-100 混合式快速转换装置属国内外首创，弥补了目前在线式 UPS 供电方案的不足。额定电流 100A，额定电压 400(-15%～10%)V，功率因数≥0.85，额定冲击耐受电压 8kV。

CAP2-3200 自动转换开关电器额定工作电流 800～3 200A，额定短路接通能力 105kA，触头转换时间≤1.5s，额定短时耐受电流 50kA/1s，电气寿命 1 000 次，机械寿命 5 000 次，综合技术性能国内领先，并达到国际先进水平。

CAP1-100 二极自动转换开关电器额定工作电流 32～100A，额定工作电压 AC230V/DC220V，额定限制短路电流 10kA，触头转换时间≤75ms，电气寿命 6 000 次，机械寿命 12 000 次，综合性能指标达到国际先进水平。

CGD3-32 直流隔离开关可应用于小型(包括家用)太阳能系统的各级汇流箱、逆变器以及电池系统。额定工作电流 13～32A，额定绝缘电压 1 000V，额定冲击电压 8kV，额定短时耐受电流 800A/1s，短路接通能力 1.4kA，综合性能指标达到国际先进水平。

CJPV1 光伏直流绝缘监测装置系统直流电压范围 100～1 000V，额定绝缘电压 1 000V，1 分钟工频耐压 AC4kV，额定冲击耐受电压 8kV，综合性能达到国际先进水平。

浙江群力电气有限公司 2015 年开发出 FZW28F-12/630-20 户外分界真空负荷开关和 ZW32-12/630-20 户外真空断路器。2016 年开发出 KYN28A-12 型铠装移开式户内交流金属封闭开关设备、QSQ-12/630C-20 型气体绝缘环网开关设备和 XBJ-40.5/0.4kV-2000kVA 系列高压 / 低压预装式变电站。

中天电气技术有限公司 2015 年开发的智能户内铠装移开式金属封闭式开关柜，额定电压 12kV，额定电流 400～1250A，额定频率 50Hz，额定短路开断电流 40～315kA，雷电冲击耐受电压 75kV/85kV，额定短时耐受电流 25～40kA(4s)，额定峰值耐受和额定短路关合电流 63～100kA，接地回路额定短时耐受电流值为 27.4～34.8kA，4s。外壳防护等级 IP4X。

川开电气有限公司 2016 年开发的 CMD190 低压成套开关设备，额定工作电压 400V，额定绝缘电压 690V，水平母线额定工作电流 5 000A，水平母线额定短时耐受电流 100kA，水平母线额定峰值耐受电流 220kA，外壳防护等级 IP40，具有抗燃弧性能。

江苏士林电气设备有限公司 2015 年开展了智能风电输电设备干线系统技术改造项目、高压直流乙丙橡胶绝缘母线关键技术研发及产业化项目。

万控集团有限公司 2015 年开发出 KYN61-40.5(Ⅱ)交流金属封闭开关设备柜体，采用模块化行程开关驱动装置及一体化丝杠螺母传动接地开关操作装置，额定电压 40.5kV，主母线额定电流 1 250～2 000A，额定短路耐受电流(主回路、接地开关) 31.5kA，额定峰值耐受电流(主回路、接地开关)80kA。

威腾电气集团 2015 年开发出 GMZ 核电中压树脂母线，设计电流 2 000～4 000A，额定工作电压 12kV，额定短时耐受电流 40kA。

天津百利特精电气股份有限公司 2015 年开发了 KYN28A-12 大电流开关柜、智能型抽屉柜、接触网用电流互感器、TM40C/M-100 智能化塑料外壳式断路器、TW40-2500 万能式断路器，开展了紧凑型三相电压互感器的研究、肘头式新电压互感器的研究、智能电表系列产品的研究、220kV 电子式互感器的研究、110～220kV 油浸式电流互感器的研究、国网计量专用电流互感器的研究。其中，TW40-2500 万能式断路器国内市场需求 4 000 台 / 年。

天津百利特精电气股份有限公司 2016 年开发的产品有：TQ50-1250G 双电源转换开关、TW30G 系列框架式空气隔离开关、LZZBT2-27.5 电流互感器、JDZ10-10DC 计量手车用电压互感器、JDZ10-10DA 计量手车用电压互感器、LZZBJ9-10C3 计量手车用电流互感器、计量手车、LZZBJ5-35A 电流互感器、JZW2-10R 电压互感器、JZW2-10-S 电压互感器、GGJ 低压电容柜、XDD 金属计量箱、FXDD 非金属计量箱、浪涌保护器、小水力发电专用中置室。其中，GGJ 低压电容柜额定电压 380V，额定频率 50Hz，I_n=84A～505A，I_{cw}=15kA，U_e=380V，U_i=660V；60～360kvar，三相补偿，户内型。XDD 金属计量箱与 FXDD 非金属计量箱 I_n=10～200A，I_{cw}=6kA，U_e=380V/220V，U_i=500V，50Hz。小水力发电专用中置室额定电压 3.6～12kV，防护等级 IP4X，主母线额定电流 630A，4s 热稳定电流有效值 25kA、31.5kA，额定动稳定电流峰值 63kA、80kA。

正泰电气股份有限公司 2015 年开发的 GFM-40.5 共箱封闭母线，额定电压 40.5kV，额定频率 50Hz，额定电流 5 000A，1min 工频耐受电压 120kV，额定冲击耐受电压 215kV，额定短时耐受电流 100kA/2s，额定峰值耐受电流 210kA/0.3s，防护等级 IP65。开发的 NGMT-40.5 绝缘管型母线额定电压 40.5kV，额定频率 50Hz，额定电流 5 000A，局部放电＜5pC。2016 年开发的 NCF3 风力发电母线槽，额定工作电压 660V，额定电流 1 000～2 000A，额定短时耐受电流 50kA。

远东电器集团有限公司开发的 DWB 型智能节能低压无功功率补偿装置项目，获得青岛市科技进步奖三等奖。2015 年已开发的 YBM-12/0.4 智能型高低压预装式变电站项目中，高压单元额定电压 12kV，额定电流 630A，额定频率50Hz，额定短时耐受电流20kA，额定峰值耐受电流50kA，额定短路关合电流50kA，1分钟工频耐受电压42/48kV；低压单元额定电压0.4kV，额定电流1 600A，额定短时耐受电流30kA，额定峰值耐受电流63kA，分回路额定电流800A，1分钟工频耐受电压2kV。

大全集团有限公司2015年已开发的产品有：IDT智能精密列头柜、MODAQO-M模数化智能低压柜的优化改造、外壳作PE的铝合金母线槽、浇注母线耐火材料。IDT智能精密列头柜额定频率50/60Hz，主回路额定电流50A、63A、80A、100A、160A、225A、250A，分支回路额定电流6A、10A、16A、20A、25A、32A、40A、50A、63A，技术上达到国际高端水平，填补了国内高端列头柜的空白。优化改造后的MODAQO-M模数化智能低压柜额定电压400V/690V，额定频率50Hz，额定电流630～4 000A，主母排额定短时耐受电流65～100kA，主母排额定峰值耐受电流143～220kA。该产品成熟后在替代进口的同时还能节约大量外汇并将带动元器件行业相关产业的发展。

2016年大全集团有限公司已开发的项目有：MODAN6000 600宽抽屉柜、MODAN6000核电级低压配电柜、有轨电车充电装置、SIMACS智能综合监控系统、E-House智能变电站、BL新三箱、DQL母线槽。

MODAN6000核电级低压配电柜额定绝缘电压1 000V，额定电压400V/690V，冲击耐压8kV，过压等级Ⅲ，额定绝缘电压交流1 000V/直流1 200V，短时耐压3 000V(1min)，耐10%的酸碱腐蚀，技术达到国际高端水平。

SIMACS智能综合监控系统测温范围-20～125℃，测温精度±1℃，测温节点数量3 950个，工作电压110～265V，工作温度-5～40℃，24小时平均值不超过35℃，有线加无线双通道（RF433Hz+RS485+以太网）。该系统填补了行业空白。

唐山盾石电气有限责任公司2016年开发了新型遥测温度低压柜，将抽屉柜垂直排的角排方式改为矩形排。为提高S8低压柜使用安全性能，在抽屉柜垂直排中加入测温点传感器，然后通过网络传输至中控显示，从而监视控制垂直母排的温度。

上海宝临电气集团有限公司2016年开发了智能型电动汽车充电桩，服务两种充电对象：铅酸蓄电池电动车电池制式直流72V/135A·h、直流144V/100A·h；锂电池电动车电池制式直流144V/180A·h。

慈溪奇国电器有限公司2016年开发的配电装置的母线防护罩，额定工作电压380V、660V，额定绝缘电压660V，额定电流1 000A（垂直线）。

远东电器集团有限公司2016年开展的GCS-0.4Z智能低压开关柜升级研发项目，主母线（水平母线）的额定电流、额定短时耐受电流和额定峰值耐受电流分别为1 600A、30kA、63kA，配电母线（垂直母线）额定电流、额定短时耐受电流和额定峰值耐受电流分别为800A、15kA、30kA，主开关的分断能力50kA，开关的额定电流、开关的额定极限短路分断能力、额定运行短路分断能力和额定短时耐受电流分别为1 600A、50kA、50kA、50kA/1s，外壳防护等级IP65。

向荣集团有限公司2016年开发出Blokset型低压成套开关柜、XR-APF有源电力滤波器。Blokset型低压成套开关柜母线系统采用梳形布置方式，搭接深度为单根铜排厚度的5倍，搭接处温升比满排搭接方式降低3～5℃，有助于提高设备的动稳定、热稳定性能，达到节能减排的效果。主母线额定电流为6 300A，配电母线额定电流为3 200A，额定短时耐受电流为100kA/s，额定峰值耐受电流为220kA，过电压类别Ⅳ。XR-APF有源电力滤波器是专用于低压电网3次、5次、7次、11次、13次及以上的谐波有源滤波装置。额定电压400V，额定频率50Hz，绝缘电阻不小于100MΩ，绝缘强度2 000V(60s)，冲击电压5kV，谐波补偿率试验≥85%，损耗值≤5%，额定峰值耐受电流143kA。

广东珠江开关有限公司2016年开发的ZKP37智能开关柜监控装置，可通过安卓软件远程读取开关柜状态数据。开发的ZKP1-C在线测温装置通过控制芯片对测量值进行处理，把处理后的结果通过无线模块对外发送，显示装置接收处理后判断是否达到预警或报警值，并将接收到的温度数据上传给上位机，实现远程监控。

北京科锐配电自动化股份有限公司2016年开发的110kV、35kV装配式变电站，应用环保节能、轻型钢结构建筑体系，以镀锌轻钢龙骨为结构构件，通过铆、栓接而成主体钢构，内、外侧配装非金属材料装饰板构成各功能模块主体，在现场组装为变电站，现场无尘化施工。

宁波耀华电气科技有限责任公司2016年被评为国家高新技术企业、省级高新技术企业研究开发中心，获得国家火炬计划项目。宁波耀华电气科技有限责任公司2016年开发的FN-12D/T630负荷开关(与SF₆开关柜配套)，额定电压12kV，额定电流630A。开发的ZN-12/T630-20真空断路器(与SF6开关柜配套)，额定电压12kV，额定电流630A，额定短路开断电流20kA，短路电流开断次数30次。

有能集团有限公司2016年开发出3 000m高海拔35kV中压成套开关柜和交流汇流箱。交流汇流箱防护等级不低于IP65，单台最大容量不得超过250kV·A，配置监控单元。

四川电器集团股份有限公司2016年开发的LN□-40.5/2500-31.5 SF6断路器，额定电压40.5kV，额定电流2 500A，额定短路开断电流31.5kA，额定短路关合电流80kA，额定雷电冲击耐受电压185kV，额定工频耐受电压95kV，机械耐久10 000次，额定短路持续时间4s，额定电容器组开断电流800A。

上海纳杰电气成套有限公司开发的智能型高、低压开关柜获上海名牌产品称号。2016年开发的新型小型化GGD低压开关柜，额定电压400V，额定电流2 500A（主母线）、1 000A/2 500A（分支母线），额定短路开断电流50kA（塑壳）、65kA（框架）。开发的中压大电流开关设备额定电压12kV，额定电流4 000A，额定短路开断电流40kA，断路器手车采用中置式结构。开发的中压智能型环保气体绝缘开关柜，12kV，1 250A/31.5kA。

哈尔滨朗昇电气股份有限公司2015年自主研发户内环网开关柜智能报警装置及报警方法。威海华通开关设备有限公司2016年开展了嵌入式网络型配电数据服务器开发与应用项目研发。天津市华明合兴机电设备有限公司2016年开发出电涌保护器后备式保护装置、自复式过压保护器、故障电弧探测装置。

获奖情况 电控配电分会在联合企业共同研发新产品的同时，也很重视科技成果的申报。近五年由分会组织企业联合开发的项目连年获得科技进步奖二等奖，并获得23项专利，2016年度除GZK组装式电控配电柜获得10项实用新型专利授权并被受理4项发明专利外，由分会组织企业联合设计的产品"GGL低压成套开关设备开发及应用"项目获得中国机械工业科学技术奖二等奖。

浙宝电气（杭州）集团有限公司的ZBF(AV)-20交流金属封闭环网开关设备，2015年获得浙江省优秀工业产品称号。

杭州欣美成套电器制造有限公司开发的XGN113-12（F）/T630-20箱型固定式户内高压交流金属封闭开关设备（固体绝缘环网柜），2015年获得浙江省输配电设备行业优秀新产品奖二等奖。FZN72-12D/T630-20高压交流真空负荷开关获得浙江省输配电设备行业优秀新产品奖三等奖。

北京科锐配电自动化股份有限公司的具备自组网同步采集的新型故障定位系统、智能分布式保护测控一体化终端、油浸式配电变压器、智能环网柜、抗低温环网柜、模数化配送式变电站预制仓6个项目，获得2016年北京市新产品新技术创新奖；智能配电网自愈控制保护测控一体化终端研发项目获得中国电力科学技术进步奖二等奖；基于环模式运行的混合组网的网络式保护方法项目获得中国专利优秀奖。

2015年四川电器集团股份有限公司"电气化铁道箱式并联所的开发与应用"项目获得省级科技进步奖三等奖。

盛隆电气集团有限公司2015年获东湖高新区经济贡献奖，连续两年被评为湖北省名牌和武汉市名牌企业。

哈尔滨朗昇电气股份有限公司2015年成为国家级高新技术企业，公司主营产品获得"黑龙江省质量奖"，公司被评为"哈尔滨市百家优秀企业"。

常州太平洋电力设备（集团）有限公司开发的XGN55A-2×27.5气体绝缘金属封闭开关设备2015年获得常州市科学技术进步奖一等奖。2016年，大型智能环保节能轨道交通牵引变压器的技术研发及产业化项目获得江苏省科技成果转化奖。

2015年，常熟开关制造有限公司（原常熟开关厂）的高性能光伏发电系统关键元件的研发和产业化项目分别获得江苏省人民政府科技进步奖三等奖、苏州市人民政府三等奖和常熟市人民政府科技进步奖一等奖；多功能、高性能的新型CM5系列塑料外壳式断路器项目获得中国机械工业科技进步奖二等奖。2016年，该公司的"新一代信息互动化自动转换开关的研发和产业化"项目，获得苏州市人民政府科技进步奖一等奖。

2015年，浙江群力电气有限公司的QDCZY-1电气运行参数及状态检测仪项目获得浙江省输配电行业优秀新产品二等奖，"QZWJ-001开关柜智能温度扫描仪"项目获得浙江省输配电行业优秀新产品三等奖。2016年，公司的"基于感应取能的模块化电源研究开发"项目获得全国电力职工技术成果奖一等奖。

库柏（宁波）电气有限公司的ASN3-12/T1250-31.5铠装移开式交流金属封闭开关设备、CE-12/T2500-40户内高压交流真空断路器、ASN3-12/T5000-50铠装移开式交流金属封闭开关设备、CE-12/T5000-50户内高压交流真空断路器四个项目，2015年分别获得浙江机械工业科学技术奖三等奖；ASN3-12/T1250-31.5智能型交流金属封闭开关设备项目获得国家重点新产品证书。

天津百利特精电气股份有限公司"俱进QC小组"获得2015年天津市优秀质量管理小组。

许继集团有限公司的SIVACON 8PT低压成套开关设备和控制设备项目2015年获得河南省工业和信息化科技成果奖二等奖。

北京科锐配电自动化股份有限公司智能配电网自愈控制一体化终端项目，获得2015年中国质量评价协会科技奖－科技创新产品优秀奖。公司获得2015中关村高成长企业TOP100成就奖。

2016年，大全集团有限公司的直流配电系统大容量断路器快速分断技术及应用项目，获得国家技术发明奖二等奖。

库柏（宁波）电气有限公司获得2016年浙江省信用示范企业和国家工商总局2015—2016年度守合同重信用企业称号。

天津市华明合兴机电设备有限公司2016年获得国家高新技术企业称号。

宁波耀华电气科技有限责任公司2016年被评为国家高新技术企业、省级高新技术企业研究开发中心，获得国家火炬计划项目。

上海纳杰电气成套有限公司获得上海市2014—2015年度重合同守信用企业称号，获评上海市2014—2015年度合同信用等级AAA级。

质量及标准 2015—2016年电控配电分会有22家企业的43个产品和14家企业的47个产品分别通过了箱式变电站、低压成套开关设备及相关附件产品"质量可信产品"的评审。

2015年，全国低压成套开关设备和控制设备标准化技术委员会（简称标委会）完成了3项标准报批稿的复核和上报。其中，GB 7251.5—2017《低压成套开关设备和控制设备 第5部分：公用电网电力配电成套设备》于2018年2月1日实施，GB/T 3797—2016《电气控制设备》、GB/T 10233—2016《低压成套开关设备和电控设备基本试验方法》均在2016年9月1日实施。

2015年，标委会完成了2项国家标准和2项行业标准送审稿的审查，并于2016年完成报批稿的复核和上报。其中GB/T 33346—2016《风力发电导电轨（密集型母线槽）》、GB/Z 18859—2016《封闭式低压成套开关设备和控制设备 在内部故障引起电弧情况下的试验导则》于2017年7月1日实施，JB/T 10323—2016《低压抽出式成套开关设备和控制设备主电路用接插件》、JB/T 10263—2016《低压抽出式成套开关设备和控制设备辅助电路用接插件》于2017年4月1日实施。

2016年，标委会完成了3项国家标准和2项行业标准送审稿的审查。其中GB/T 7251.3—2017《低压成套开关设备和控制设备 第3部分：由一般人员操作的配电板（DBO）》、GB/T 7251.4—2017《低压成套开关设备和控制设备 第4部分：对建筑工地用成套设备（ACS）的特殊要求》、GB/T 24276—2017《通过计算进行低压成套开关设备和控制设备温升验证的一种方法》于2018年5月1日实施；JB/T 8456—2017《低压直流成套开关设备和控制设备》、JB/T 8634—2017《湿热带型电控设备》于2018年4月1日实施。

2015年标委会对负责归口的5项国家标准进行了复审，并上报电器工业协会。其中，GB/T 24621.1—2009《低压成套开关设备和控制设备的电气安全应用指南 第1部分：成套开关设备》继续有效，GB/T 24275—2009《低压固定封闭式成套开关设备和控制设备》、GB/T 24274—2009《低压抽出式成套开关设备和控制设备》、GB/T 7251.8—2005《低压成套开关设备和控制设备 智能型成套设备通用技术要求》进行修订，GB/T 24277—2009《评估部分型式试验成套设备（PTTA）短路耐受强度的一种方法》废止。2016年，标委会进行了归口的强制几天国家标准及计划整合精简工作。2016年全国低压成套开关设备和控制设备标准化技术委员会标准复审结果见表10。

表10　2016年全国低压成套开关设备和控制设备标准化技术委员会标准复审结果

序号	标准编号/项目计划编号	标准名称/计划项目名称	评估结论
1	GB 7251.1—2013	低压成套开关设备和控制设备　第1部分：总则	转化为推荐性国家标准
2	GB 7251.12—2013	低压成套开关设备和控制设备　第2部分：成套电力开关和控制设备	转化为推荐性国家标准
3	GB 7251.2—2006	低压成套开关设备和控制设备　第2部分：对母线干线系统（母线槽）的特殊要求	转化为推荐性国家标准
4	GB 7251.3—2006	低压成套开关设备和控制设备　第3部分：对非专业人员可进入场地的低压成套开关设备和控制设备——配电板的特殊要求	转化为推荐性国家标准
5	GB 7251.4—2006	低压成套开关设备和控制设备　第4部分：对建筑工地用成套设备（ACS）的特殊要求	转化为推荐性国家标准
6	GB 7251.5—2008	低压成套开关设备和控制设备　第5部分：对公用电网动力配电成套设备的特殊要求	转化为推荐性国家标准
7	GB 7251.6—2015	低压成套开关设备和控制设备　第6部分：母线干线系统（母线槽）	转化为推荐性国家标准
8	GB 9089.5—2008	户外严酷条件下的电气设施　第5部分：操作要求	转化为推荐性国家标准
9	20110966—Q—604	低压成套开关设备和控制设备　第5部分：公用电网电力配电成套设备	转化为推荐性国家标准计划

2015年10月标委会与电控配电设备分会、江苏省配电设备产品质量监督检验中心联合在江苏省扬中市召开GB 7251.1—2013和GB 7251.6—2015强制性国家标准宣贯会，80多名地方代表参加了会议。2016年标委会联合中国质量认证中心召开了两场宣贯会，分别是：2016年4月26日与中国质量认证中心北京分中心合作在北京对华北地区母线槽生产企业的35人进行GB 7251.6—2015标准培训，2016年5月24日与中国质量认证中心广州分中心合作在广州分中心会议室对广东地区母线槽生产企业的70多人进行新版母线槽标准培训。

行业活动　2015年4月，电控配电设备分会组织考察团赴德国开展了为期9天的商务考察，26家相关企业的44位领导和技术专家参加。代表们参观了2015汉诺威工业博览会，参观了菲尼克斯智能化端子生产线、实验室，威图壳体工业4.0结构生产线。

2016年4月，电控配电设备分会再次组织了20余家企业共45位企业代表赴欧洲进行商务考察。代表们参观了2016汉诺威工业博览会，走访了法国施耐德总部，听取了施耐德公司全球能效管理专家对施耐德工厂智能化管理的介绍。

2015年12月、2016年11月，中国电器工业协会电控配电设备分会分别在苏州和成都召开了2015年和2016年行业年会。2015年有来自行业250余家企业的400余名代表参加了会议，2016年有170余家企业的近300名代表参加了会议。两年年会上都特邀总会及中国质量认证中心领导做电工行业发展、标准化工作管理及国家强制性产品认证发展等内容的报告，表彰了"GGL-Z智能型固定式低压成套开关设备"全国联合设计产品获中国机械工业科学技术奖二等奖的企业。

〔撰稿人：天津电气科学研究院有限公司孟蝶　审稿人：天津电气科学研究院有限公司崔静〕

电力电子器件与装置

2015年发展情况

生产发展状况 2015年,电力电子行业面对全球周期性低谷的影响和国家"增长速度换挡期、结构调整阵痛期、前期刺激政策消化期的三期叠加"的局面,适应经济发展新常态,积极进行机构调整、转型升级和科技创新,积极落实"一带一路"倡议,加快电力电子产品走出去,积极开拓海外市场,行业经济运行情况总体平稳。

根据中国电器工业协会电力电子分会对电力电子行业31家主要生产厂家基本生产情况的统计,2015年31家厂家共实现工业总产值3 494 661.55万元,比上年增长17.11%,增幅比上年减少5.26个百分点;工业销售产值3 385 685.99万元,比上年增长15.39%,增幅比上年增加2.11个百分点;工业增加值662 978.65万元,比上年下降2.55%,增幅比上年减少16.93个百分点;主营业务收入3 452 242.82万元,比上年增长15.82%,增幅比上年增加3.42个百分点;主营业务利润376 482.07万元,比上年增长20.92%,增幅比上年减少3.17个百分点;盈亏相抵后实现利润总额224 144.65万元,比上年增长36.70%,增幅比上年减少39.68个百分点。2015年电力电子行业31家企业主要经济指标完成情况见表1。2015年电力电子行业31家企业经济效益指标完成情况见表2。

表1 2015年电力电子行业31家企业主要经济指标完成情况

指标名称	2015年指标值（万元）	比上年增长（%）	增长（下降）的企业数（家）	增（降）幅30%以上的企业数（家）
工业总产值	3 494 661.55	17.11	14	3
工业销售产值	3 385 685.99	15.39	12	1
其中：出口交货值	63 919.32	3.95	10	1
工业增加值	662 978.65	-2.55	10	3
主营业务收入	3 452 242.82	15.82	13	1
主营业务利润	376 482.07	20.92	12	6
利润总额（盈亏相抵后）	224 144.65	36.70	15	7
税金总额	203 253.89	10.08	12	8
年末资产总额	5 563 501.18	21.68	20	5
年末所有者权益	2 675 524.33	30.71	21	6
年末负债总额	2 889 137.84	14.59	11	2
科技活动经费筹集总额	169 174.82	11.82	14	3
研究与试验发展经费支出	79 920.62	-3.02	8	3
新产品开发经费支出	63 802.08	5.46	14	6
新产品产值	1 230 728.95	12.87	10	2
固定资产合计	799 808.11	14.45	12	6
累计完成固定资产投资	370 911.79	26.51	15	11
全年从业人员平均人数	27 915人	9.46	10	1
年末科技活动人员	8 109人	2.83	12	3
年末研究与试验发展人员	3 663人	1.16	10	1

注：年末负债总额指标中，增长（下降）的企业数是指负债减少的企业数，增（降）幅30%以上的企业数是指负债总额下降30%以上的企业数。

表2 2015年电力电子行业31家企业经济效益指标完成情况

指标名称	单位	电工行业标准值	2015年电力电子行业平均值	达标企业数（家）
总资产贡献率	%	10.70	9.18	7
资本保值增值率	%	120.00	130.71	10
资产负债率	%	≤60.00	51.93	21
流动资产周转率	次	1.52	1.13	5
成本费用利润率	%	3.71	6.96	13

（续）

指标名称	单位	电工行业标准值	2015年电力电子行业平均值	达标企业数（家）
全员劳动生产	元/人	16 500	237 499	12
产品销售率	%	96.00	96.88	19
经济效益综合指数			1.88	

产品分类产量 2015年电力电子行业参加年报统计的31家企业中，生产电力电子器件的有13家，生产电力电子设备的有8家，生产电力半导体器件和电力电子设备配套件的有7家，生产电力电子器件和设备的有1家，生产电力电子器件和设备以及配套件的有2家。2015年电力电子行业参加年报统计的31家企业共生产电力电子器件1 313 835万只，销售5 076 445万只，其中销往国外20 617万只；生产电力半导体器件和电力电子设备配套件484万套，销售517万套，其中销往国外250万套；生产电力电子设备逾3万台、1 339万kW，销售近3万台、1 336万kW。

2015年电力电子行业参加年报统计的31家企业中，电力半导体器件主要生产厂家有（按厂家名称汉语拼音排序）：安徽省祁门县黄山电器有限责任公司、北京京仪椿树整流器有限责任公司、丹阳市科宇整流器有限公司、佛山市蓝箭电子股份有限公司、湖北台基半导体股份有限公司、江苏东晨电子科技有限公司、江苏捷捷微电子股份有限公司、上海南泰整流器有限公司、深圳方正微电子有限公司、深圳深爱半导体股份有限公司、天津中环半导体股份有限公司、西安卫光科技有限公司、西安中车永电电气有限责任公司、浙江正邦电力电子有限公司、中国电子科技集团公司第五十五研究所。2015年电力电子行业31家企业电力电子器件产、销、存情况见表3。

表3 2015年电力电子行业31家企业电力电子器件产、销、存情况

器件名称	产量（只）	国内销量（只）	国外销量（只）	年末库存（只）
合计	13 138 350 184	50 558 280 148	206 172 737	2 323 494 167
整流管	4 804 116 622	4 218 680 090	104 713 052	1 036 513 192
晶闸管	591 157 663	548 612 173	40 012 123	3 266 858
晶体管	4 845 419 636	42 943 982 638	61 363 189	1 283 282 562
电力模块	258 507	673 780	63 617	5 968
电力组件	884 094	887 504	20 756	6
各种芯片、管芯	2 896 513 662	2 845 443 963		425 581

2015年电力电子行业参加年报统计的31家企业中，电力电子设备主要生产厂家有（按厂家名称汉语拼音排序）：北京东风电器有限公司、北京京仪椿树整流器有限责任公司、河南森源集团有限公司、九江赛晶科技股份有限公司（原名九江九整整流器有限公司）、山东锦华电力设备有限公司、上海南泰整流器有限公司、厦门科华恒盛股份有限公司、西安爱科赛博电气股份有限公司、西安西电电力系统有限公司、西安中车永电电气有限公司、淄博市临淄银河高技术开发有限公司。2015年电力电子行业31家企业电力电子设备产、销、存情况见表4。

表4 2015年电力电子行业31家企业电力电子设备产、销、存情况

产品名称	产量（台）	产量（kW）	国内销量（台）	国内销量（kW）	年末库存（台）	年末库存（kW）
合计	31 106	13 389 412	28 797	13 360 577	2 087	15 390
一般工业用变流器	872	384 211	840	374 611	32	9 600
光伏变流器	1 315	651 500	1 315	651 500		
交流变频调速设备	50		50			
软起动器	12 015		11 015		1 000	
直流电动机调速设备	7		4		3	
同步电动机励磁设备	2		2			
电镀电源	17	2 001	17	2 001		
电解电源	156	13 155	11	458		
其他电化学用电源	89	49 653	4	48 905		
感应加热、热处理电源	12 004	1 217	11 004	1 217	1 000	

（续）

产品名称	产量（台）	产量（kW）	国内销量（台）	国内销量（kW）	年末库存（台）	年末库存（kW）
其他直流电源	2		2			
其他机动车用电力电子装置	341	818 400	341	818 400		
牵引用整流设备（轨道交通）	523	2 344 500	525	2 344 500	1	
无功补偿设备	912	510 000	912	510 000	5	
直流输电用阀组件	144	3 000 000	144	3 000 000		
航空航天用变流器	277	24 930	259	23 310	18	1 620
有源滤波装置（APF）	1 858	377 532	1 830	373 362	28	4 170
轻型直流输电设备	1	1 000 000	1	1 000 000		
直流场设备	4	4 200 000	4	4 200 000		
其他	517	12 313	517	12 313		

注：表中数量与容量不吻合的，是因为有的单位只报了二者之一。

2015年电力电子行业参加年报统计的31家企业中，电力电子配套件主要生产厂家有（按厂家名称汉语拼音排序）：北京京仪椿树整流器有限责任公司、常州市武进可控硅附件有限公司、河北华整实业有限公司、河北中瓷电子科技有限公司、江阴市赛英电子有限公司、上海南泰整流器有限公司、无锡市陶都电子器件厂、无锡天杨电子有限公司、宜兴市东昊合金材料有限公司、淄博市临淄银河高技术开发有限公司。2015年电力电子行业31家企业电力电子配套件产、销、存情况见表5。

表5　2015年电力电子行业31家企业电力电子配套件产、销、存情况

产品名称	产量（只/套）	国内销量（只/套）	国外销量（只/套）	年末库存（只/套）
合计	4 842 140	2 666 700	2 498 575	340 466
平板形管壳（凸台）	1 185 000	561 000	831 000	144 900
平板形管壳（凹台）	635 000	263 000	500 000	26 800
螺栓形管壳（含内压接式结构）	195 074	899	213 025	15 315
模块外壳	1 312 030	757 260	554 760	20 280
散热器（水冷）	5 200	4 800		
散热器（风冷）	43 064	38 263		1
散热器（热管）	8 000	7 800		
模块用散热器	6 219	5 115		8
组件用散热器	6 010	5 810		3
散热器配套件	80 000	61 000		
压接式门极结构件	200 834	117 410	83 424	23 120
门极引线	106 324	74 354	31 970	14 333
定位环	199 597	110 145	89 452	27 846
模块结构件	239 788	127 244	112 544	19 760
氧化铝陶瓷覆铜板	600 000	515 000	80 000	46 500
氮化铝陶瓷覆铜板	20 000	17 600	2 400	1 600

新产品、新技术　我国IGBT领域的企业在国家的支持和鼓励下，不断提高创新能力，改进完善工艺技术，不断提高产品质量，增加品种形成系列，提高产品附加值和市场竞争力，力争改变市场被国外产品垄断的局面。IGBT研发和制造商嘉兴斯达半导体股份有限公司生产的IGBT模块已广泛应用于电焊机、变频器、UPS、风电、光伏以及电动车等领域，并获得用户高度认可，在大多数场合基本可以代替国际品牌。西安中车永电电气有限公司生产的IGBT模块自配到铁路变流器上。其研发和生产的"6 500V/200A IGBT模块"产品2015年通过了由中国电器工业协会电力电子分会组织的鉴定。国产IGBT品牌与国际品牌竞争的态势开始形成。

西安中车永电电气有限公司的研发项目有：

（1）国家02专项产品研制项目：600V/30A塑封式IPM模块研制，IPM生产线已建成，600V/30A IPM首批产品下线并完全通过各项指标测试，正在应用验证阶段；

600V/450A 和 600V/600A IGBT 模块应用，已经完成产品研制，具备批量化生产供应能力。

（2）中国中车公司产品预研项目：①6 500V/750A 高压大功率 IGBT 模块研制，已经完成新产品研制，并具备批量化生产水平。②国产芯片自主设计 6 500V/200A IGBT 模块封装，研制出具有自主知识产权、我国最高电压等级高铁"中国芯"6 500V/200A IGBT 模块，填补了国内在高压 IGBT 模块自主开发领域的技术空白。目前已经装配机车运行 7 万 km，运行状态良好。③IGBT 芯片背面生产线建设，已经完成 IGBT 芯片背面线厂房的改造。④3X 动车系统集成单元功率模块研制，已完成。

（3）产品预研项目：正在进行 1.5MW 风电变频器用 1 700V/1 000A IGBT 模块的研制、柔性直流输变电系统用 1 700V/2 000A 压接式 IGBT 模块、南非车用 3 300V/1 000A IGBT 模块研制和 1 000kW 重型轨道车主整流装置项目预研；已完成 237A 电机整流装置项目预研。

西安西电电力系统有限公司的研发项目有：

（1）国家"863"计划：固态短路限流技术及装置研发和电力电子直流断路器关键技术研究与样机研制，前者已完成课题的研发工作，后者已完成课题鉴定。

（2）国家能源局下达任务：柔性直流输电控制保护系统设计与样机研制，已完成课题鉴定。

（3）公司自主研发项目：±350kV/1 000MW 柔性直流输电换流阀关键技术研究及装置研制、基于高海拔风冷的 ±500kV 光控（LTT）换流阀及阀控系统设备研制、TVM 板 TFM 板结构换流阀组件功能测试台的设计与制造、换流阀噪声治理和 TCU 结构换流阀组件功能测试台的设计与制造，均已完成课题鉴定；异步联网直流系统研究与成套设计，已完成所有研究报告和设备技术规范的编制，正在进行工程建设中的技术问题澄清；弱交流网络直流系统成套设计研究，正在进行工程建设中的技术问题澄清。

佛山市蓝箭电子科技有限公司开发的新产品有：基于家电与工控领域的新型功率器件、新型电源管理器件（PMIC）及其配套器件、VDMOS 和 IGBT 及其检测设备、智能家居终端电源的功率器件。前三者均处于中试阶段，后者处于研究阶段。

江苏东晨电子科技有限公司自主进行 EPON 通信传输可编程序电压保护集成电路（IC）的研发及产业化。已形成 EPON 通信传输低电容可调型电压保护 IC——P61089 的工艺平台；解决了高门一线间电压技术、双面异型金属化技术；同时完成低电容结构、低触发的优化设计。项目产品产业化后，预计可实现年销售收入约 1 800 万元。

天津中环半导体股份有限公司自主开发成功的国内领先项目有：Trench 肖特基芯片的研发及产业化、肖特基芯片正面酸残留异常的改善、VDMOS 和肖特基芯片背面腐蚀均匀性的改善、肖特基芯片的正面金属 Undercut 形貌的改善、40V MBR 系列肖特基芯片的 ESD 改善、硅桥 5S 外形手动线改装。

九江赛晶科技股份有限公司按照省新产品计划，研发 ICS 智能晶闸管整流装置控制系统，已完成原理样机定型。

江苏捷捷微电子股份有限公司自主研发 2 500V/10A SiC 肖特基二极管制作技术，技术上国内领先，目前尚处于样品阶段。自主研发成功国内领先项目有：800V/100A 高压放电管产品，110V/1A 高压触发二极管，汽车用 TVS 产品（DO-218AB 型），JSA1941 型 PNP 硅三重扩散平面大功率三极管，台面造型中降低台面侧向腐蚀技术，快恢复二极管，JX014 型门极灵敏触发单向晶闸管。

西安爱科赛博电气股份有限公司自主研发：APF-mac+ 户外功率平衡装置 V2.0+ 户外 SVG V2.0，已完成环境试验和 20 套小批量生产；户外串联交流电压质量治理装置研发项目，处于 TR1 评审中；可编程序交流电源控制方法的改进，目前仍处在控制方案的前期准备阶段；高精度电源项目，已完成 DPWM 精度提高方法的研究及 Dither 算法优化和谐波分析，Dither 算法优化和多相并联优化还在研究中。

北京东风电器有限公司开展 HXN3B 交流内燃机车电器部件研发和大修机车电气系统改造，正处于研制阶段；检测装置电控系统开发，已小批量生产。该公司在高铁大型养路机械产品需求加大，且大型养路机械产品从国外进口成本较高的情况下，通过对德国、奥地利、美国和瑞士的铁路大型养路机械产品以及日本的高铁电力机车电控系统产品的引进、消化、吸收再创新，已完成小批量装车和调试。并根据市场需求和发展变化，相继开发了电动轮矿用自卸车和铰接式货车等矿山车辆牵引变流器等电气系统，已小批量生产。

河南森源集团有限公司自主研发 SZCD-J15 型交流充电桩、SZCD-Z15-M 智能型直流充电模块、SGPB500LT 型光伏并网逆变装置、SSVG-100K-0.4 型低压静止无功发生器、LKSGA-0.4 型滤波电抗器、SY-656G 型微机智能光伏箱变测控装置、组串式光伏逆变器。

湖北台基半导体股份有限公司 2015 年加快高端和新型电力电子器件的研发和市场化，研发焊接模块关键技术和 IGBT 封装技术，跟踪和研究 SiC（碳化硅）和 GaN（氮化镓）宽禁带半导体材料和器件技术，培育新的增长点。研发的项目有：①国家"863"计划：4 000A/4 500V 新型高压场控型可关断晶闸管器件 (ETO)，已按计划完成科研任务，并制成样品。②省科技重大项目：焊接模块和 IGBT 模块，攻克了多项 IGBT 封装关键技术；开发了多款 IGBT 模块，通过海外客户测试验证；完成了 IGBT 模块产线建设，通过试车，达到批量生产能力。③公司科技项目：7.5kV 压接式高压器件，已形成全系列品种和批量生产能力；感应加热用 7.5kV 高压快速晶闸管；300kA 大功率脉冲功率器件，70～190kA 系列产品批量供货；3.6kV 高压模块，已开发多款高压大功率模块并投放市场，商业化水平达到 4 200V。

无锡天杨电子有限公司研制大功率 IGBT 和大功率 GTO 用管壳，已批量供货。

淄博市临淄银河高技术开发有限公司自主研发氮化

铝基陶瓷覆铜板：铜键合强度≥4N/mm，DBC 热导率 180W/（m·K），DBC 热膨胀系数 4.7×10^{-6}/℃，陶瓷片介电强度 15kV/mm。已小批量投产。

中国电子科技集团公司第五十五研究所自主研发 1 000W 级 LDMOS 芯片、S 波段 LDMOS、WK0004 型 PIN 管、5in 芯片电容。

北京京仪椿树整流器有限责任公司自选科技项目有：蓝宝石晶体炉开关电源辅助设备，试生产阶段；IGBS12000A/12.5V 高频开关电源和真空凝壳炉，研究阶段；钢轨铁磨变流器（含冷却装置）、整流电源、KAYEX 单晶炉电源柜、整流器 1 100A/290V 整流电源和十二通道温控器，均处于中试阶段；KFPS-6500A/96V 智能电源分配装置、七星单晶炉电源柜、有源电力滤波器模块、合成炉电源，均处于小试阶段。

浙江正邦电力电子有限公司研发的项目有：①地方科技项目：省级电力电子器件研发中心建设，处于中试阶段；②自选科技项目：方片性能提升技术，试生产阶段；大功率 FSRD 芯片研发，中试阶段；台面保护新工艺研发，中试阶段；芯片生产污水处理新工艺研发，已完成。

2015 年电力电子行业荣誉获得情况见表 6。

表 6　2015 年电力电子行业荣誉获得情况

获奖单位	获奖时间	奖项名称、等级	获奖项目、产品名称	颁奖单位
西安西电电力系统有限公司	2015.10	2015 年度中国机械工业科学技术奖一等奖	超、特高压直流输电用直流转换开关研制及应用	中国机械工业联合会、中国机械工程学会
西安中车永电电气有限公司	2015.2	陕西省科学技术奖一等奖	高压大功率 IGBT 模块的研制及产业化	陕西省人民政府
江苏东晨电子科技有限公司	2015.6	江苏省科技型中小企业		宜兴市科学技术局
	2015.11	第十三届中国国际半导体博览会暨高峰论坛（IC CHNA 2015）优秀参展产品奖	EPON 通信传输可编程电压保护 IC	中国半导体行业协会、中国电子器材总公司、上海市集成电路行业协会
	2015.12	无锡市科技进步奖		无锡市科学技术局
	2015.12	江苏省民营科技企业		江苏省民营科技企业协会
天津中环半导体股份有限公司	2015 年	中国电子材料行业 50 强企业	总排名第三，其中 18 家半导体材料企业中居第二名	中国电子材料行业协会
九江赛晶科技股份有限公司	2015.8	"863"计划	电解铝负荷（三期）稳流装置调频控制升级改造	科技部
江苏捷捷微电子股份有限公司	2015.11	高新技术产品	瞬态电压印制二极管	江苏省科技厅
	2015.2	科技进步奖	高结温双向可控硅器件、超级 247 晶闸管器件	南通市市政府
西安爱科赛博电气股份有限公司	2015.12	国家科学技术进步奖二等奖	大功率特种电源的多时间尺度精确控制技术及其系列产品开发	国务院
河南森源集团有限公司	2015.7	2015 年中国电子信息百强企业		中国电子信息行业联合会
	2015.8	2015 中国民营企业制造业 500 强		中华全国工商业联合会
	2015.8	2015 中国民营企业 500 强		中华全国工商业联合会
	2015.10	第四届河南工业突出贡献奖		河南工业突出贡献奖组委会、河南省工业经济联合会
	2015.11	河南民营企业制造业 100 强		河南省工商业联合会
	2015.11	河南民营企业 100 强		河南省工商业联合会
湖北台基半导体股份有限公司	2015.7	2014 年度全省纳税信用 A 级纳税人		湖北省地方税务局
	2015.8	2015 年襄阳工业企业 100 强		襄阳市企业联合会、市企业家协会
	2015.11	襄阳市第四届文明诚信示范企业称号		襄阳市精神文明建设会员会、襄阳市工商局、襄阳市个体私营企业协会
中国电子科技集团公司第五十五研究所	2015 年	首届中国电子材料 50 强行业 10 强企业		中国电子材料行业协会
	2015 年	第 17 届中国专利优秀奖	6 英寸 VDMOS 管用硅外延片制造方法	国家知识产权局
北京京仪椿树整流器有限责任公司	2015.12	中国机械工业科学技术奖三等奖	IGBS 系列蓝宝石晶体制备用低压大电流电源系统研究	中国机械工业联合会

质量管理 西安中车永电电气有限公司采用 IRIS 铁路质量管理体系；全面推行质量工资制，根据生产、研发、管理、销售、服务等环节，分阶段执行不同的质量工资；推行管理层和执行层分离的质量管理保证体系实施方案。

江苏东晨电子科技有限公司设置了独立的品质部，全面负责产品质量日常工作，并在生产部车间设置质量内控。

天津中环半导体股份有限公司通过 ISO 9001：2008、ISO 14001：2004 和 GB/T 28001—2011 认证。

江苏捷捷微电子股份有限公司形成了合理化建议、5S 管理、8D 方法、WHY-WHY 分析方法、纠正与预防措施等现代管理方法，产品质量保持优质稳定，一次交验合格率始终保持在 99% 以上，主导产品关键指标始终保持国内领先水平。

西安爱科赛博电气股份有限公司 2015 年顺利通过 GB/T 19001—2008 年度监督审核、GJB 9001B—2009 质量管理体系认证审核、国家三级保密资格认证审核和三级安全标准化认证。编制、分解、落实、检视和考核质量目标，建立质量体系，定期进行审核、评价、整改、优化和完善，对过程质量问题进行稽核、预警、整改和闭环，重大质量问题建立 8D 处理流程。

西安西电电力系统有限公司与用户进行约谈并签订质量保证协议，对供方进行监造，推行现场管理，利用信息化手段确保质量管理过程的顺利进行。对重点产品进行监造，对订货、设计、零部件采购、检验、装配、例行试验、现场安装调试以及售后服务等全过程进行控制。加强质量管理技术及理论知识的培训，推进各种群众性质量活动的开展，营造浓厚的质量氛围。

河南森源集团有限公司建立健全质量管理组织结构，建立周密严格的质量管理制度，加强质量监控制度，加强现场质量控制。产品一次交检合格率达到 95%，抽检合格率达到 100%。

湖北台基半导体股份有限公司 2015 年完成质量管理体系 ISO 9001、国际铁路行业标准体系 IRIS 和职业健康安全管理体系认证证书的换发。

中国电子科技集团公司第五十五研究所在民品产业质量管理方面采取的主要措施有：①提升自动化管理水平：将 MES 自动化管理系统应用于生产流水作业中，实现 EAP 实时监控及生产数据的自动采集功能，有效防范大规模生产的批量缺陷，实现全过程条码化管理。②提升客户服务能力：设立专门的客户服务岗位，由质量部门牵头，将客户投诉信息及时准确地传递到相关责任部门，并全部要求按照 8D 分析思路及时有效地完成原因分析及纠正预防，不断提升客户满意度。③完善管控体系：在各类管理体系已经建立的基础上，以 ISO 9001 为主导管理体系，融合环境、职业健康安全、知识产权等管理体系共用的要素，从文件层面一体化，自上而下优化标准，达到一体运行的效果，并利用管理评审、内部审核对各个体系运行情况、融合程度进行监视和测量。2015 年共新增加文件和记录近 200 份，修改文件和记录超 300 份，编制了"测量系统分析作业指导书""安全锁定管理规定""QC 小组活动管理办法""公司招标工作管理办法""公司议标工作管理办法"等适应公司发展需要的一系列文件。

北京京仪椿树整流器有限责任公司年初部署全年质量工作，统一安排质量体系的内部现场审核、管理评审和外部现场审核工作。在军工产品研制中，严格按照质量体系文件的规定，从合同评审、设计开发、采购、试制生产、检验试验、交付使用和售后服务方面进行全过程的质量管理和质量控制，以满足用户的要求。

江阴市赛英电子股份有限公司采取如 6σ、8D、PDCA 等一系列的质量控制方法，并推动零缺陷等的管理，产品成品率稳中有升。

无锡市陶都电力器件厂对 ISO 9001：2008 质量管理体系进一步完善和改进，并采用 FMEA 和 SPC 等质量工具对该厂的产品质量进行控制，还成立了 QC 质量小组，产品质量明显提高。

无锡天杨电子有限公司通过了 ISO 9001 质量体系管理认证和 ISO 14001 环境体系管理认证。

基本建设及技术创新 西安西电电力系统有限公司计划两个项目：①电力电子应用研发能力建设项目：计划总投资 20 225 万元，在厂区现有实验室及设施的基础上，新增研发、实验设备及软件，新建电力电子装置运行实验室、RTDS 实时数字仿真实验室、电力电子装置关键件实验室及微网关键设备实验室，已累计完成投资 11 216 万元。②柔性直流输电研发能力建设项目：计划总投资 18 973 万元，在厂区现有预留空地上新建试验厂房 7 020m^2，新建电磁兼容特性试验室、柔性直流输电功率单元及阀组件试验系统、柔性直流输电换流器运行试验系统、柔性直流输电设备绝缘试验系统、柔性直流输电换流阀全电压小电流试验系统，新增部分专用仪器仪表设备及系统软件，已累计完成投资 451 万元。

西安中车永电电气有限公司完成 IPM 封装生产线建设，完成固定资产投资 3 057 万元。

佛山市蓝箭电子科技有限公司 2015 年研发投入费用达 1 549.17 万元，改造与开发产品检测设备，改善划片、粘片、压焊、测试等技术，提高了产品的质量。同时研发出具有国际先进水平的产品，如 BRD5Nb0、BRG15N12OD、BRG2oN120D、BRG25N120D 等 VDMOS 及 IGBT 产品。

天津中环半导体股份有限公司及下属公司 2015 年科技投入达 11 373 万元，科技立项近百项，其中重点项目 20 余项，累计申请专利 290 余项。

江苏捷捷微电子股份有限公司围绕公司主营业务和近期、中期、远期重点新产品开发计划，建设了包括超快恢复功率二极管研发试验线、功率 MOSFET、IGBT 研发试验线、碳化硅器件研发试验线三条新产品研发试验线和一个产品性能检测和试验站，开展新型电力（功率）半导体器件芯片设计和制造技术、封装工艺技术的研发。公司产品线覆盖了从目前的晶闸管、半导体保护器件，到近期主推的快速恢复二极管，以及中期功率 MOSFET、IGBT，并跟踪研究功率器件发展的热点——碳化硅器件。

西安爱科赛博电气股份有限公司苏州子公司购土地面积 1.67 万 m^2（25 亩）进行厂房建设。围墙等施工前准备工作已完成，准备启动厂房一期项目建设。

北京东风电器有限公司为提高电动轮项目的技术水平，购买了比利时 VITO 公司的节能技术。该项技术的使用大大减少了电动轮的耗能，降低了使用成本。

河南森源集团有限公司研究开发了智能型充电桩、无功补偿装置、无功补偿滤波装置、电能质量治理控制器、静止无功补偿发生器，以及逆变器等装置技术的升级改造。

湖北台基半导体股份有限公司取得专利 13 项，取得计算机软件著作权"SEMIPRO 器件选型软件"1 项。

深圳深爱半导体股份有限公司进行 SOP、DIP 封装形式功率 IC 器件封装线的建设，形成 LED 驱动 IC 的生产能力。

江阴市赛英电子股份有限公司征地面积 2.13 万 m^2（32 亩），新建厂房面积 20 000m^2。新购置 CNC 加工中心、自动镀镍流水线等设备 40 余台（套），改造自动金属化炉、焊接炉等设备，不断提高系统化、自动化生产水平。

无锡天杨电子有限公司对关键工序进行自动化改造，以稳定产品质量；对产品工序进行优化及改造，以降低污染物产生及原材料消耗。

无锡市陶都电力器件厂对生产设备进行更新改造，更换自动化数控机床，购买最先进的圆锯机切割铜棒，设计制作了新的自动化电镀生产线。

淄博市临淄银河高技术开发有限公司投资 1 550 万元，成功完成生产 10 万片氮化铝基陶瓷覆铜生产线的建设。

中国电子科技集团公司第五十五研究所以其全资子公司扬州国扬电子有限公司为主体，在五十五所扬州功率电子产业园新建新型半导体功率模块厂房和一条新型半导体功率模块专业化生产线，配置国际先进的工艺制作、产品测试和可靠性测试设备。项目建成后，国扬公司将利用五十五所自主开发和生产的新型半导体（碳化硅、氮化镓等）器件芯片，开发各类新型半导体功率模块。

标准化 电力电子技术领域的标准化工作目前由全国电力电子系统和设备标准化技术委员会（SAC/TC60）和全国输配电用电力电子器件标准化技术委员会（SAC/TC413）分工负责。两个标准化技术委员会的秘书处均由西安电力电子技术研究所承担。

全国电力电子系统和设备标准化技术委员会（SAC/TC60）下设 5 个分技术委员会（SC）：TC60/SC1"含半导体电力变流器的调速电气传动系统分委员会"、TC60/SC2"输配电系统电力电子技术分委员会"、TC 60/SC3"不间断电源分技术委员会"、TC 60/SC4"逆变电源分技术委员会"和 TC60/SC5"电机软起动分技术委员会"。对口的国际标准化组织包括：国际电工委员会电力电子系统和设备技术委员会（IEC/TC22）、电力电子系统和设备技术委员会稳定电源分委员会（IEC/TC22/SC22E）、电力电子系统和设备技术委员会输配电系统电力电子分委员会（IEC/TC22/SC22F）、电力电子系统和设备技术委员会含半导体电力变流器的调速电气传动系统分委员会（IEC/TC22/SC22G）、电力电子系统和设备技术委员会不间断电源系统分委员会（IEC/TC22/SC22H）。

2015 年 12 月，国务院办公厅印发《国家标准化体系建设发展规划（2016—2020 年）》，这是我国标准化领域第一个国家专项规划，明确将"加强特高压及柔性直流输电、智能电网、微电网及分布式电源并网、电动汽车充电基础设施标准制修订，研制大规模间歇式电源并网和储能技术等标准""加强核电、风电、海洋能、太阳热能、光伏发电用装备和产品标准制修订，开展低压直流系统及设备、输变电设备、储能系统及设备……电力电子系统和设备、高速列车电气系统……等标准化工作，提高我国电工电气产品的国际竞争力"和"加强关键基础零部件标准研制"列为工业标准化重点领域的内容，将"围绕集成电路、高性能电子元器件、半导体照明……等领域，研究制定关键技术和共性基础标准"列为"新一代信息技术标准化"重大工程的内容，将按照《标准联通"一带一路"行动计划（2015—2017）》要求，"在电力电子设备、家用电器、数字电视广播、半导体照明等领域，开展标准化互联互通项目"列为"中国标准走出去"重大工程的内容。国务院印发发展规划明确"电力电子系统和设备"是前所未有的。

2015 年标准化工作主要有：

（1）积极开展自主创新和以企业为主体开展标准制修订工作，完善技术标准体系建设。完成电力电子系统和设备、电力电子器件及附件两个专业领域标准体系的年度修订并上报。2015 年，5 项国家标准获得批准发布；复审 5 项国家标准，上报 11 项国家标准和 8 项行业标准复审结果；处于起草、征集意见、审查和报批阶段的国家标准和行业标准分别有 31 项和 18 项。

（2）实质性参与国际标准化活动。2015 年，继续组织我国专家参加 IEC 大会和 IEC/TC22 电力电子系统和设备技术委员会及其全部 4 个分委员会年度会议。在 IEC/TC22 电力电子系统和设备技术委员会年度会议上，我国代表团提议下次年会（2017 年）在中国召开并涵盖 IEC/TC22 及其所有 4 个分委员会，当场得到 IEC/TC22 主席、秘书以及多位分委员会主席、秘书和与会专家的赞许和认同并写入年会纪要。

我国专家苟锐锋 2006 年担任 IEC/TC22/SC22F 输配电系统电力电子技术分委员会主席，2015 年卸任。IEC 秘书长兼首席执行官弗朗兹·韦斯威克先生签发感谢证书，对苟锐锋担任 IEC/TC22/SC22F 主席 9 年间，领导该分委员会开展的卓有成效的工作表示感谢。

2015 年，我国又有一位专家荣获 IEC 1906 奖。

2015 年，我国专家提出 1 项 IEC 新标准提案和 2 项 IEC 标准修正案。截至 2015 年年底，我国现有 IEC/TC22 及其分委员会工作组召集人 4 人，正式注册的专家在册数 79 人次（有的专家同时在两个或多个工作组正式注册），遍布在 IEC/TC22 及其分委员会 37 个工作组中的 26 个。此外，应 IEC/TC47/SC47E 半导体分立器件分委员会 WG3 功率器件工作组召集人要求，我国专家经推荐、工信部和国家标准委批准，正式注册成为该分委员会 WG3 功率器件工作组迄今唯一一位中国成员。

体制改革 江苏东晨电子科技有限公司由宜兴市东晨电子科技有限公司改制而成。北京东风电器有限公司由北京东风机车电器厂改制而成。

江阴市赛英电子有限公司 2015 年完成第一轮股改，更名为江阴市赛英电子股份有限公司。

无锡天杨电子有限公司由无锡小天鹅陶瓷有限责任公司改制，改制后运行正常，2015 年注册资本由 300 万元增加到 1 000 万元。

经营管理 深圳方正微电子有限公司为了尽快走出经济困境，积极开发宽禁带半导体产品，联合高校和一些合作商分担产品开发的风险和成本。同时积极申请一些关键项目的政府资助和补贴。

河南森源集团有限公司年初谋划新能源产业市场，在光伏发电建设项目比较集中、总量比较大的青海、新疆、甘肃、内蒙古等地加大人员布局，同时要求销售公司各部在各自分管的区域重点关注新能源产业建设项目，积极捕捉信息并及时跟进。2015 年新能源领域的订单占年度总订单量的 40%，同比大幅增加。

深圳深爱半导体股份有限公司在受市场领域转型影响、营销收入受制的情况下，开拓 LED 驱动 IC 领域，同时加大力度进行电源、适配器等应用功率器件领域的开拓。

中国电子科技集团公司第五十五研究所克服了外部经济环境下行的不利因素，产业销售收入依然保持了稳定的增长趋势，整体盈利能力也较往年有所改善。

天津中环半导体股份有限公司强调以顾客为中心的理念，借助台湾代理和与国际同行的合作，扩大公司在国际市场的份额；通过改革工艺设备、优化成本，实现节能降耗，避免因环境问题造成经济损失；通过纠正或预防措施防止不合格事件发生或再次发生，实现公司成本的不断降低和利润的不断增长。

西安爱科赛博电气股份有限公司采用专业平台支撑行业应用模式，聚焦电力电子电能变换和控制专业，形成平台积累，抗风险能力强。采用应用领域适度多元化，在产品涉及多行业、多领域，客户群分散的情况下，加强产品的营销力度。

湖北台基半导体股份有限公司将重点放在国内高端客户、重点工程、军工应用、海外市场等高端领域。运用资本市场平台，适时开展合资、合作和兼并重组。深化产学研合作和科研平台建设，在技术导入、产品研发、试验检测、应用研究等方面深入开展横向合作。

政策 2015 年，电力电子系统和设备被列入《中国制造 2025》和《国家标准化体系建设发展规划（2016—2020 年）》中的发展重点。

国家制造强国建设战略咨询委员会发布的《〈中国制造 2025〉重点领域技术路线图（2015 版）》涉及新一代信息技术产业等十大领域，其中涉及电力电子的有新一代信息技术、航空航天装备、海洋工程装备及高技术船舶、先进轨道交通装备、节能与新能源汽车、电力装备和新材料七大领域。

行业活动

1.《电力电子器件"十三五"发展规划》《可再生能源发电与现代电网专题》和《电力电子行业"十三五"发展指导意见》编制

2015 年，中国电器工业协会电力电子分会组织本行业专家和学者，完成了国家发改委和工信部要求的《电力电子器件"十三五"发展规划》和国家能源局要求的《能源科技创新规划（2016—2025 年）》可再生能源发电与现代电网专题中的"先进电力电子技术"部分的编制工作。又根据中国电器工业协会统一部署，组建了分会理事长陆剑秋，常务副理事长肖向锋，分会正、副理事长，正、副秘书长等专家 37 人组成的编制组，召开了《电力电子行业"十三五"发展指导意见》编制专题会议，整合《电力电子器件"十三五"行动计划》和《能源科技创新规划（2016—2025 年）》可再生能源发电与现代电网专题中的"先进电力电子技术"部分，编制了《电力电子行业"十三五"发展指导意见》。

2. 瞄准世界性前沿热点技术，积极开展各项活动

宽禁带半导体材料和器件已成为热门话题，碳化硅（SiC）电力电子器件是目前国际上具有领先技术优势的国家和重点企业大力发展的前沿热点技术。《2015 年电力电子器件产业升级技术改造的指南》中将 IGBT、SiC 器件、GaN 器件列为主要内容，行业内有 2 家 IGBT 生产企业、1 家 SiC 器件生产企业和 2 家 GaN 生产企业得到支持。

2015 年 5 月 10—14 日，由 IEEE 主办、首次在中国举行的"国际功率半导体器件与集成电路会议（International Symposium on Power Semiconductor Devices and ICs，ISPSD 2015）"在香港召开。会议首次由中国内地学者——浙江大学盛况教授担任技术委员会主席。此次会议汇集了国际功率半导体领域内最顶尖的科研机构和公司在宽禁带、高压、低压、功率集成和功率封装等五大领域的最新科研成果。会议共录用论文 96 篇，其中宽禁带领域论文 38 篇，占全部论文的近 40%。

2015 年 10 月，电力电子分会与东莞天域半导体科技有限公司等单位协助中国宽禁带功率半导体及应用产业联盟举办了 2015 年宽禁带功率半导体及应用技术研讨会。国内外专家就宽禁带半导体晶体生长、外延、器件设计、制造和应用的国内外发展趋势和最新成果做了全面的论述。

2015 年 11 月，电力电子分会与上海先进半导体制造股份有限公司等单位协助中国 IGBT 技术创新与产业联盟召开了首届中国 IGBT 技术创新与产业联盟学术会议。

电力电子分会还组织并主持了上海北车永电电子科技有限公司开发的"6 500V/25A IGBT 芯片及 6 500V/50A

FRD 芯片"和西安永电电气有限责任公司研发和生产的"6 500V/200A IGBT 模块"产品鉴定。

为了促进大功率电机变频软起动装置国产化，中国电器工业协会电力电子分会于 2015 年 5 月组织召开了大功率变频软起动应用技术交流会。

〔撰稿人：中国电器工业协会电力电子分会郭彩霞
审稿人：中国电器工业协会电力电子分会蔚红旗〕

2016 年发展情况

生产发展状况 2016 年，电力电子行业面对错综复杂的国内外环境，积极进行结构调整、转型升级和科技创新，积极落实"一带一路"倡议，开拓海外市场，行业经济总体保持了平稳运行的态势。

根据中国电器工业协会电力电子分会对电力电子行业 25 家主要生产企业基本生产情况的统计，2016 年 25 家企业共实现工业总产值 3 957 597.71 万元，比上年增长 24.05%，增幅比上年（17.11%）拓宽了 6.94 个百分点；工业销售产值 3 957 282.98 万元，比上年增长 26.70%，增幅比上年（15.39%）拓宽了 11.32 个百分点；工业增加值 724 354.23 万元，比上年增长 19.22%，增幅比上年（-2.55%）拓宽了 21.77 个百分点；主营业务收入 3 937 342.19 万元，比上年增长 28.72%，增幅比上年（15.82%）拓宽了 12.9 个百分点；主营业务利润 515 258.24 万元，比上年增长 18.23%，增幅比上年（20.92%）收窄了 2.69 个百分点；盈亏相抵后实现利润总额 267 034.12 万元，比上年增长 27.74%，增幅比上年（36.70%）收窄了 8.96 个百分点。2016 年电力电子行业 25 家企业主要经济指标完成情况见表 1。2016 年电力电子行业 25 家企业经济效益指标完成情况见表 2。

表 1 2016 年电力电子行业 25 家企业主要经济指标完成情况

指标名称	2016 年指标值（万元）	比上年增长（%）	增长（下降）的企业数（家）	增（降）幅 30% 以上的企业数（家）
全年工业总产值	3 957 597.71	24.05	18	7
全年工业销售产值	3 957 282.98	26.70	16	5
其中：出口交货值	44 486.06	21.62	6	4
工业增加值	724 354.23	19.22	16	8
主营业务收入	3 937 342.19	28.72	17	4
主营业务利润	515 258.24	18.23	16	11
利润总额（盈亏相抵后）	267 034.12	27.74	13	7
税金总额	235 282.06	15.86	21	11
年末资产总额	6 051 995.80	23.98	19	2
年末所有者权益	2 831 169.27	16.12	19	3
年末负债总额	3 328 695.50	?36.23	-25	-20
科技活动经费筹集总额	195 326.48	34.30	14	5
研究与试验发展经费支出	101 371.95	55.59	8	4
新产品开发经费支出	68 685.08	30.66	12	2
新产品产值	1 373 450.00	35.35	15	4
累计完成固定资产投资	269 033.25	-22.01	9	8
全年从业人员平均人数	24 152 人	4.40	12	0
年末科技活动人员	7 532 人	8.75	10	1
年末研究与试验发展人员	3 893 人	18.44	8	2

注：年末负债总额指标中，变化的企业数是指负债减少的企业数，增（降）幅 30% 以上的企业数是指负债总额下降 30% 以上的企业数。

表 2 2016 年电力电子行业 25 家企业经济效益指标完成情况

指标名称	单位	电工电器行业标准值	2016 电力电子行业平均值	达标企业数（家）
总资产贡献率	%	14.00	9.98	7
资本保值增值率	%	125.00	116.12	4
资产负债率	%	≤ 60.00	55.00	16
流动资产周转率	次	1.89	1.19	3

(续)

指标名称	单位	电工电器行业标准值	2016电力电子行业平均值	达标企业数（家）
成本费用利润率	%	7.00	7.19	13
全员劳动生产率	元/人	188 000.00	299 914.80	11
产品销售率	%	97.40	99.99	17
经济效益综合指数			2.36	

产品分类产量 2016年电力电子行业参加年报统计的25家企业中，生产电力电子器件的有9家，生产电力电子设备的有6家，生产电力半导体器件和电力电子设备的配套件有4家，生产电力电子器件+设备的有3家，生产电力电子器件+配套件的有1家，生产电力电子器件+设备+配套件的有2家。25家企业共生产电力电子器件1 079 956万只，销售1 177 122万只，其中销往国外19 011万只；生产电力半导体器件和电力电子设备配套件486万套，销售496万套，其中销往国外267万套；生产电力电子设备逾3万台、6 179万kW，销售逾3万台、6 176万kW。

2016年电力电子行业参加年报统计的电力半导体器件主要生产厂家有（按生产厂家名称汉语拼音排序）：安徽省祁门县黄山电器有限责任公司、北京卅普科技有限公司、常州瑞华电力电子器件有限公司、丹阳市科宇整流器有限公司、佛山市蓝箭电子股份有限公司、湖北台基半导体股份有限公司、江苏东晨电子科技有限公司、江苏捷捷微电子股份有限公司、上海南泰整流器有限公司、深圳深爱半导体股份有限公司、天津中环半导体股份有限公司、西安中车永电电气有限责任公司、浙江正邦电力电子有限公司、淄博市临淄银河高技术开发有限公司、中国电子科技集团公司第五十五研究所。2016年电力电子行业25家企业电力电子器件产、销、存情况见表3。

表3　2016年电力电子行业25家企业电力电子器件产、销、存情况

器件名称	产量（只）	国内销量（只）	国外销量（只）	年末库存（只）
合计	10 799 557 406	11 581 110 374	190 104 767	758 854 254
整流管	4 843 460 967	5 744 971 046	30 295 926	300 559 534
晶闸管	962 366 634	929 159 718	32 151 858	1 935 520
晶体管	4 989 541 176	4 903 913 308	127 497 000	456 203 783
电力模块	2 238 579	1 251 941	129 201	13 535
电力组件	1 283 724	1 276 408	30 782	6
各种芯片、管芯	666 326	537 953	0	141 876

2016年电力电子行业参加年报统计的电力电子设备主要生产厂家有（按生产厂家名称汉语拼音排序）：北京东风电器有限公司、北京金自天正智能控制股份有限公司、北京卅普科技有限公司、常州瑞华电力电子器件有限公司、河南森源集团有限公司、九江赛晶科技股份有限公司、上海南泰整流器有限公司、西安爱科赛博电气股份有限公司、西安西电电力系统有限公司、西安中车永电电气有限公司、淄博市临淄银河高技术开发有限公司。2016年电力电子行业25家企业电力电子设备产、销、存情况见表4。

表4　2016年电力电子行业25家企业电力电子设备产、销、存情况

产品名称	产量（台）	产量（kW）	国内销量（台）	国内销量（kW）	年末库存（台）	年末库存（kW）
合计	33 139	61 784 700	32 121	61 760 800	2 225	19 810
一般工业用变流器	812	298 100	809	297 500	37	10 200
光伏变流器	2 600	1 300 000	2 600	1 300 000		
交流变频调速设备	35		35			
软起动器	12 505		12 305		1 200	
直流电动机调速设备	9		12			
电解电源	210	18 900				
其他电化学用电源	60	580				

(续)

产品名称	产量（台）	产量（kW）	国内销量（台）	国内销量（kW）	年末库存（台）	年末库存（kW）
感应加热、热处理电源	13 027		13 134		910	
其他直流电源	4		4			
其他机动车用电力电子装置	146	350 400	146	350 400		
牵引用整流设备（轨道交通）	444	1 581 840	444	1 581 840		
无功补偿设备	66	7 000	66	7 000		
直流输电用阀组件	412	58 100 000	412	58 100 000		
航空航天用变流器	282	25 380	266	23 940	34	3 060
有源滤波装置（APF）	1 904	102 500	1 888	100 120	44	6 550
交流电力控制器	623					

注：表中台数与容量不吻合的，是因为有的单位只报了二者之一。

2016年电力电子行业参加年报统计的电力电子配套件主要生产厂家有（按生产厂家名称汉语拼音排序）：河北华整实业有限公司、江阴市赛英电子有限公司、上海南泰整流器有限公司、无锡天杨电子有限公司、宜兴市东昊合金材料有限公司、淄博市临淄银河高技术开发有限公司。2016年电力电子行业25家企业电力电子配套件产、销、存情况见表5。

表5 2016年电力电子行业25家企业电力电子配套件产、销、存情况

产品名称	产量（只/套）	国内销量（只/套）	国外销量（只/套）	年末库存（只/套）
合 计	4 864 218+760t	2 291 627+543t	2 669 960+130t	200 958+68t
平板形管壳（凸台）	1 137 463	310 996	887 016	98 282
平板形管壳（凹台）	628 100	111 191	567 832	25 702
螺栓形管壳（含内压接式结构）	66 085	50	95 264	250
模块外壳	1 432 688	769 119	647 820	16 029
散热器（风冷）	243	85		159
模块用散热器	33	2	0	39
组件用散热器	1 159	35		1 127
压接式门极结构件	211 698	122 955	85 623	3 120
门极引线	236 354	154 854	67 850	13 650
定位环	208 720	105 505	90 215	13 000
模块结构件	309 675	166 835	126 840	16 000
氧化铝陶瓷覆铜板	550 000	530 000	50 000	11 500
铝碳化硅基板	60 000		50 000	
氮化铝陶瓷覆铜板	22 000	20 000	1 500	21 00
钼片	760t	543t	130t	68t

市场及销售 西安中车永电电气有限公司在其主打产品——轨道交通用变流器、功率模块、功率器件等受到国家煤炭等行业去产能政策的影响、销售收入同比有较大下降的情况下，采取了多项技术创新、降成本等措施，整体经营正常。

湖北台基半导体股份有限公司加快新型器件的研发和高端客户的开发，同时提升品质、降低成本，以稳定和提高市场占有率。2016年，公司进一步完善了销售招标制和研发项目制，加大激励和考核力度，取得了较好的经营绩效。公司着力传统应用领域器件的研发和销售，高功率感应加热领域订单增加明显，保持了公司在感应加热领域的领先地位；通过加强市场推广，高压产品在软起动领域得到客户广泛认可，器件销量增速加快；通过对非对称结构器件及组件产品、焊接模块和IGBT产品的推广，扩展了产品线。

河南森源集团有限公司电力系统市场拓展成效显著，大集团客户营销深入推进；新能源发电板块实现新突破，禹州、汝州、三门峡光伏发电装机总容量达362MW，并网发电232MW；积极参与国家光伏精准扶贫项目，光伏构件业务发展迅速，比上年增长近3倍；紧跟国家"一带一路"倡议，先后在非洲、南亚、中亚、东欧确定国际业务发展区域。目前已在非洲签订4亿美元业务的合作框架协议，在南亚、中亚已取得多个合作意向。2016年，集团销售收入首次突破300亿元，同比增长31%。

天津中环半导体股份有限公司专注于单晶硅的研发和生产，以单晶硅为起点和基础，朝着纵深化和延展化两个方向发展。纵向向半导体行业延伸，形成功率半导体产业，横向向新能源光伏产业领域扩展，形成公司的新能源产业，形成了独特的"半导体材料＋节能型半导体器件"和"新能源光伏材料—高效光伏电站"双产业链商业模式。公司还着力对半导体材料进行产品结构性升级，一方面在半导体器件领域坚定地淘汰落后产能；另一方面适应市场，降低6in（1in=25.4mm）及以下产品的单价，主动降低库存。

新产品、新技术　西安中车永电电气有限公司自主和合作完成13项新产品的研发，分别是：动力集中型动车组牵引辅助变流器、四方导轨车牵引系统、新兴市场系列IGBT模块、600A/650V IGBT器件、电动车用650V/450A IGBT器件、淄博美林600V/30A IPM模块、1.5MW风电变频器用1 700V/1 000A IGBT模块、600V/30A塑封式IPM模块、3 300V/1 000A IGBT模块、柔性直流输变电系统用1 700V/2 000A压接式IGBT模块、高压静电除尘用智能IGBT模块、深圳地铁三号线IPM电源模块和专项IGBT平台研发。

西安西电电力系统有限公司自主研发项目进展如下：6 250A/±1 100kV直流输电小组件换流阀研制完成了试验阀塔物资采购和试验委托；±500kV直流输电直流场设备集成与金具研究已完成课题鉴定；特高压小组件换流阀用饱和电抗器已完成课题鉴定；酒泉—湖南5 000A/±800kV特高压直流输电湘潭站换流阀研制正在进行低端调试；金沙江中游电站送电广西±500kV直流输电工程系统研究与成套设计已完成课题鉴定；滇西北特高压直流输电工程系统研究与成套设计已向业主提交最终的各专题研究报告。

佛山市蓝箭电子股份有限公司开发的新产品中，处于研究阶段的有：半导体器件智能装备试点示范研发、一种IGBT复合装载连线的方法专利技术应用研发、基于提高绿色电源能效的大功率器件核心技术研发、新型功率器件及电源管理器技术研发以及差异化2 724贴片式LED产品的关键技术研发。处于小试阶段的有：集成电路封测设备研发、"一种封装硅芯片的方法及其形成的电子元件"专利技术、智能家居终端电源的功率器件研发以及锂电池管理器件的研发。处于中试阶段的有：片式集成电路创新平台建设和一种表面贴装式IED封装体及其制造方法等专利技术研发。

湖北台基半导体股份有限公司自主研发的项目有：①7.5kV高压器件：开发出7kV高压整流管6个品种，7.5kV产品通过内部测试和用户试用。②高压快速晶闸管：电压7 500V、关断时间100μs，新增6个规格品种。③大功率脉冲功率器件：指标300kA，已向多个科研项目提供90~250kA脉冲功率开关组件。④高压模块：电压3 600V，已开发多款高压大功率模块并投放市场，商业化水平达到4 200V。省科技重大项目——焊接模块和IGBT模块：电压1 200V、电流1 000A/1 500A，开发出4个IGBT和焊接模块品种。科技部"863"计划——ETO器件：电压4 500V、电流4 000A，按计划进度完成科研任务，制作出样品。

江苏捷捷微电子股份有限公司自主研发的2 500V/10A SiC肖特基二极管制作技术，处于国内领先地位，样品已通过验收。自主研发成功的具有国内领先水平的项目有：800V/100A高压放电管产品，110V/1A高压触发二极管——汽车用TVS产品；JSA1941型PNP硅三重扩散平面大功率三极管；台面造型中降低台面侧向腐蚀技术的研究；快恢复二极管，JX014型门极灵敏触发单向晶闸管。

西安爱科赛博电气股份有限公司研发项目有：①APF-mac+户外功率平衡装置V2.0+户外SVG V2.0：已经批产。②户外串联交流电压质量治理装置研发项目：已处于收尾阶段，准备小批试制。③可编程序交流电源控制方法的改进：已经转入生产，计划后续转批产。④雷达吸收负载：完成初样样机的客户试用，正在进行正样样机的研发。⑤高精度电源项目：研究DPWM精度提高方法，Dither算法优化和谐波分析已完成。

北京卅普科技有限公司自主研发的项目有：感应加热电源能量监控系统，首台设备已出厂；全数字化串联谐振电源（60kW×2/10～50kHz），初样开发完成；500A快恢复二极管，开发中。

河南森源集团有限公司自主研发的项目有：SZCNB-1型新能源智能储能电池包、SZCD-Z130智能型直流充电桩、SZCD-J7.5-Y艺术型交流充电桩、SZCD-J7.5-B壁挂式交流充电桩、STUC-100-0.4三相负荷不平衡自动调节装置、SGPB630L光伏并网逆变装置、通信基站用风光互补微网供电系统及装置。

淄博市临淄银河高技术开发有限公司自主研发的光伏发电太阳能追踪器用无触点换向模块，已处于小试阶段。

浙江正邦电子股份有限公司完成地方和企业自选科技项目有：省级电力电子器件研发中心建设、大功率FSRD芯片研发、功率二极管方片化关键工艺研发、方形晶闸管芯片高压化技术、台面保护新工艺研发。

天津中环半导体股份有限公司自主研发大直径玻璃钝化芯片（GPP）和太阳能硅片智能制造两个项目，并研发成功微堆/塑堆、肖特基二极管和塑堆产品组立—涂胶良率项目。

北京东风电器有限公司应市场需求，研发CDD7A1型阿根廷车用电气系统和出口古巴内燃机车电气系统。研发成功投入生产的有：XM-1500MBG型钢轨铣磨列车电气系统、智能打磨控制系统和工程/矿车远程监控系统。

河北华整实业有限公司自主研发技术国内领先的新型紊流散热器，已批量生产。

2016年电力电子行业荣誉获得情况见表6。

表6 2016年电力电子行业荣誉获得情况

单位名称	获得时间	荣誉名称、等级	项目、产品名称	颁发单位
西安西电电力系统有限公司	2016.2	2015年陕西省科学技术奖一等奖	柔性直流输电关键技术研究与核心设备研制	陕西省人民政府
	2016.2	2015年陕西省科学技术奖二等奖	±800kV/5 000A特高压直流输电换流阀研制	陕西省人民政府
	2016.2	2015年陕西省科学技术奖三等奖	±500kV同塔双回直流输电工程系统研究及直流场设备成套	陕西省人民政府
	2016.4	2015年度中国电工技术学会科学技术奖二等奖	柔性直流输电关键技术研究与核心设备研制	中国电工技术学会
	2016.1	中国西电集团2013—2015年度科技创新项目	多端柔性直流输电项目	中国西电集团公司
	2016.3	2015年度西电集团公司科学技术奖特等奖	柔性直流输电换流阀例行试验及型式试验的技术研究和回路建设	中国西电集团公司
	2016.3	2015年度西电集团公司科学技术奖二等奖	晶闸管级测试仪	中国西电集团公司
	2016.10	2016年度中国机械工业科学技术奖	柔性直流输电换流阀例行试验及型式试验的技术研究和回路建设	中国机械工业联合会、中国机械工程学会
	2016.10	2016年度中国机械工业科学技术奖	±800kV/5 000A特高压直流输电换流阀研制	中国机械工业联合会、中国机械工程学会
	2016	"十二五"机械工业优秀创新团队奖	特高压直流输电换流阀研发创新团队	中国机械工业联合会
	2016	"十二五"机械工业优秀科技成果转化项目奖	柔性直流输电关键技术研究与核心设备研制	中国机械工业联合会
江苏东晨电子科技有限公司	2016.11	第十四届中国国际半导体博览会暨高峰论坛（IC CHNA 2016）优秀参展产品奖	双电源可编程晶闸管型过压保护集成电路P9110	中国半导体行业协会、中国电子器材总公司、上海市集成电路行业协会
	2016.12	江苏省高新技术产品	高压浅台面结构功率器件（晶闸管）	江苏省科学技术厅
江阴市赛英电子股份有限公司	2016.2	无锡市科学技术进步奖三等奖	平板全压接大功率IGBT多台架精密陶瓷结构件	无锡市人民政府
佛山市蓝箭电子股份有限公司	2016.4	广东省机械工程学会科学技术奖二等奖	新型片式LED全自动在线检测与分类及装带成套设备	广东省机械工程学会科学技术奖评审委员会
	2016.4	广东省机械工程学会科学技术奖二等奖	新型片式LED全自动在线检测与分类及装带成套设备	广东省机械工程学会、广东省机械行业协会
江苏捷捷微电子股份有限公司	2016.7	高新技术产品	新型门极灵敏触发单向可控硅芯片	江苏省科技厅
	2016.12	高新技术产品	高冲击性能低漏电密度的单向低压TVS器件	
	2016.12	高新技术产品	新型高压整流二极管器件	
	2016.12	高新技术产品	DO-218AB型汽车用二极管器件	
淄博市临淄银河高技术开发有限公司	2016.10	2016年淄博市科学技术发展计划	光伏发电太阳能追踪器用无触点换向模块	淄博市科技局
西安爱科赛博电气股份有限公司	2016.4	西安高新区2015年度自主创新示范单位		西安市高新区管委会
	2016.4	西安高新区2015年度军民融合示范企业		西安市高新区管委会
河南森源集团有限公司	2016.7	2016年中国电子信息百强企业		中国电子信息行业联合会
	2016.8	2016中国民营企业制造业500强		中华全国工商业联合会
	2016.8	2016中国民营企业500强		中华全国工商业联合会
	2016.11	河南民营企业制造业100强		河南省工商业联合会
	2016.11	河南民营企业100强		河南省工商业联合会
	2016.11	河南民营企业纳税100强		河南省工商业联合会

（续）

单位名称	获得时间	荣誉名称、等级	项目、产品名称	颁发单位
湖北台基半导体股份有限公司	2016.4	安全生产标准化二级企业		国家安全生产监督管理局
	2016.6	优秀成果奖	晶圆QC小组非抛光工艺攻关及应用	襄阳市质监局、襄阳市质量协会、襄阳市科技协会
	2016.6	2015年度生产管理优秀奖		正泰集团
	2016.9	襄阳工业百强企业		襄阳市企业家协会
	2016.11	2014—2015年度守合同重信用企业		襄阳市工商管理局
中国电子科技集团公司第五十五研究所	2016年	第十届（2015年度）中国半导体创新产品和技术	4～6in低掺厚层碳化硅外延片	中国半导体行业协会、中国电子材料行业协会、中国电子专用设备工业协会、中国电子报社
	2016年	中国半导体行业材料十强企业		中国半导体行业协会
	2016年	技术标准优秀奖二等奖	《200mm硅外延片》国家标准	全国半导体材料分标准化技术委员会
天津中环半导体股份有限公司	2016年	天津市专利优秀奖	一种硅片边缘氧化膜腐蚀用设备	天津市人民政府

质量管理　湖北台基半导体股份有限公司建立了完善的质量管理部门并采取如下措施：各部门按照质量管理体系文件的要求作业和运行，并编制体系审核的计划；以顾客为关注焦点，制订了顾客抱怨处理流程，配置了服务顾客的相关专业团队，对于顾客的任何要求给予响应，并制订计划拜访客户；在生产过程中，制订相关作业指导书、检验指导书以及质量控制计划，并实施和控制；积极向国际标准看齐，完善标准化工作；积极倡导全员参与质量改善和改进的活动，并对取得绩效的部门和个人进行适当的奖励；每年度制订严格的部门KPI考核体系；与供方建立互利互惠的关系，制订产品的质量协议和技术协议，从源头上控制原材料的质量。这些举措提升了管理体系建设和实际管理能力，提高了客户的满意度，年度经营目标的达成率稳步提高。

佛山市蓝箭电子股份有限公司建立科技人员业绩考核制度，并从项目中按比例提取奖金对参与科技创新活动的人员进行奖励。

河南森源集团有限公司多项产品通过荷兰KEMA实验室完整型式试验，获得最高级别——"complete"级试验报告和认证证书。

中国电子科技集团公司第五十五研究所2016年在运行体系的自动化管理提升和质量控制体系的完善上取得了一定的成绩，成品率均达到或超过年初预定标准，客户满意度不断上升，得到一些高端客户的认可。在质量管理上采取了如下措施：

（1）完善管控体系：通过客户的牵引，对接国际化公司的质量管理理念及管理体系，提高生产现场的产品管理标准和全体员工的质量意识，提升了公司整体的质量体系管控水平，开拓了高端客户市场。

（2）提升自动化管理水平：推行的MES自动管理系统不断完善，采购、仓储、生产、销售等环节实现了全面数字化管理，通过对物流站点的标准化条码控制，员工操作失误率大大降低，产品的追溯性进一步强化，纠正预防措施进一步落实。

（3）加强质量团队建设，提升客户服务能力：充实质量团队人员，细化分工了质量管理职责，通过专人对口管理，责任更加明确。

西安西电电力系统有限公司2016年通过了"直流换流阀"陕西省和西安市名牌产品复评；选送参加全国机械工业第三十五次质量信得过班组、质量管理小组代表大会，发表的2个QC成果"柔性直流输电换流阀功率模块例行试验回路的研制"和"研制省力安全型柔直功率单元拆卸工装"获得一等奖，另一个QC成果"阀电抗器吊装工具改进"获得二等奖；选送的信得过班组，发表课题"加强管理，提高创新，全力以赴搞好班组建设"获得一等奖。

西安爱科赛博电气股份有限公司顺利通过GB/T 19001—2008年度监督审核、GJB 9001B—2009质量管理体系认证审核、国家三级保密资格认证审核，获得OHSAS 18001：2007职业健康安全管理体系国际联盟证书。

无锡天杨电子有限公司通过了ISO 9001质量管理体系认证、ISO 14001环境管理体系认证和QHSAS 18001职业健康安全管理体系认证。

淄博市临淄银河高技术开发有限公司通过实施ISO 9001质量管理体系认证和ERP综合管理软件系统，实现了规范化、精细化管理。

北京东风电器有限公司通过ISO 9000质量管理体系认证、ISO 9001：2000质量管理体系认证，整流柜、电器柜、辅助交流柜等获得捷克VOP CZ、S.P和BV LCIE China认证机构颁发的CE认证证书，铁道机车整流柜和电力机车充电机通过CRCC认证，正在组织铁路系统欧盟标准的IRIS管理体系认证。多年连续被中国质量协会授予"国际质量信誉AAA++企业"。

基本建设及技术创新 西安西电电力系统有限公司2016年度技改建设项目总投资10 773万元，其中电力电子应用研发能力建设项目设备投资3 000万元，柔性直流输电研发能力建设项目投资7 773万元。电力电子应用研发能力建设项目全面竣工验收，柔性直流输电研发能力建设项目完成厂房钢结构主体的安装。完成了中水回用及污水改造工程、材料库房改造工程、锅炉房屋面翻新工程的施工建设及公司热力站后期整改工作。配合工程需要，完成了MMC阀底座安装等辅助工作。逐步解决和改善超、特高压直流输电换流阀产业化及新厂区建设项目后期遗留问题。

湖北台基半导体股份有限公司2016年取得专利2项，同时持续进行多项研发项目，不断丰富器件种类。针对技术改造升级，公司开展了四方面工作。一是加快市场结构调整。持续扩大电气设备领域份额，加强在高端装备、新能源、现代交通等电力电子系统和设备领域的开发耕耘，重点面向海外市场、国内中高端市场、重点工程和军工业务。二是加快产品结构调整。进一步提升品质、优化成本，持续提升功率半导体器件竞争力；重点开发新型IGBT模块和IGCT等智能化器件，加速产业化进程；跟踪和研发以SiC（碳化硅）和GaN（氮化镓）为代表的第三代宽禁带半导体材料和器件技术。三是通过合作和重组运作，扩充产品线和市场覆盖的深度、广度。四是深化产学研合作和科研平台建设，在技术导入、产品研发、试验检测、应用研究等方面深入开展横向合作。

佛山市蓝箭电子股份有限公司2016年研发投入1 996.9万元，改造与开发产品检测设备，改善划片、粘片、压焊、测试等技术，提高了产品质量，研发出具有国际先进水平的产品。

江苏捷捷微电子股份有限公司建设了3条新产品研发试验线（超快恢复功率二极管研发试验线，功率MOSFET、IGBT研发试验线，碳化硅器件研发试验线）和1个产品性能检测试验站。

河南森源集团有限公司研究开发了新能源智能储能电池包、智能型充电桩、三相负荷不平衡自动调节装置、通信基站用风光互补微网供电系统及装置，以及光伏并网逆变装置等装置技术的升级改造。2016年，共有31项新产品和科技成果通过鉴定，其中国家级鉴定有16项新产品和10项科技成果。

江阴市赛英电子股份有限公司新的ERP系统已经投入使用，正在购置自动化设备，不断提高系统化、自动化生产水平。

淄博市临淄银河高技术开发有限公司正在建设一条国内先进的光伏发电太阳追踪器用无触点换向模块生产线。项目产业化后预计年产光伏发电太阳追踪器用无触点换向模块20 000块，产值1 200万元，利税约360万元。

中国电子科技集团公司第五十五研究所2016年重点建设的项目是：以五十五所全资子公司扬州国扬电子有限公司为主体，在五十五所扬州功率电子产业园新建的新型半导体功率模块厂房和一条新型半导体功率模块专业化生产线。生产线配置国际先进的工艺制作、产品测试和可靠性测试设备，利用五十五所自主开发和生产的新型半导体（碳化硅、氮化镓等）器件芯片（肖特基二极管和开关器件等芯片），开发各类新型半导体功率模块，满足军用、民用、以及特种应用需要的中高端新型半导体功率模块的研制和生产。

截至2016年年底，天津中环半导体股份有限公司及其下属公司科研投入达39 145万元，功率场效应晶体管量产产品品种达48种，肖特基二极管量产产品品种达184种；拥有知识产权212项，其中发明专利80项，实用新型80项，集成电路布局35项。

北京东风电器有限公司投资建设了交流传动试验站和钢轨打磨试验站。

标准化 2016年标准化工作主要有：

1. 强制性国家标准整合精简

对归口管理的电力电子系统和设备专业领域5项强制性国家标准和5项强制性国家标准计划项目提交了预评估意见。2017年3月和5月国家标准化管理委员会先后发布2017年第7号国家标准公告和国标委综合〔2017〕50号文，确认：5项强制性国家标准转化为推荐性国家标准，5项强制性国家标准计划项目转化为推荐性国家标准计划项目。

2. 推荐性国家标准和行业标准集中复审

对归口管理的电力电子专业领域推荐性国家标准和行业标准（包括制修订计划）逐项评估，提交了复审结论。

国家标准52项：继续有效23项、修订28项、废止1项。国家标准计划项目25项：继续执行25项。

机械行业标准80项：继续有效16项、修订57项、废止7项。机械行业标准制修订计划项目19项：延期18项、废止1项。

能源行业标准制修订计划项目7项：继续有效7项。

3. 完善技术标准体系建设

开展调整编制"十三五"技术标准体系建设方案工作，内容包括：《机械工业"十三五"技术标准体系建设方案——电力电子系统和设备专业领域》和《机械工业"十三五"技术标准体系建设方案——电力电子器件及附件专业领域》，以及相应的现行标准项目汇总表、在研标准制修订计划项目汇总表、拟制修订标准项目汇总表、国际标准项目转化情况汇总表、标准"走出去"情况汇总表、承担国际标准化组织领导职务及秘书处情况汇总表。

4. 积极开展自主创新和以企业为主体标准制修订工作

组织开展自主创新和以企业为主体的国家标准《柔性直流输电系统成套设计规范》《柔性直流输电换流器技术规范》《柔性直流输电换流阀技术规范》《柔性直流输电

用电压源换流器阀基控制器试验》《柔性直流输电用电力电子器件技术规范》《电动机软起动装置》系列标准（7项）、《光伏系统用逆变器的安全要求》《电梯节能逆变电源装置》《电工术语 电力半导体器件》和《电力半导体器件用散热器》系列（3项），以及行业标准《核电用UPS系统》《三电平双向DC/AC变换器技术规范》《直流储能系统用双向变流设备》《数据机房用不间断电源》《大容量不间断电源》《模块化不间断电源》《一体化不间断电源》《二极管模块》系列（6项）、《晶闸管模块》系列（6项）、《绝缘栅双极晶体管（IGBT）》系列（5项）和《电力半导体器件用管壳》系列（3项）等的研究。

2016年，向国家标准委申报立项国家标准项目10项，国家标准委批准立项3项。向国家标准委报批国家标准16项，国家标准委批准发布国家标准2项。审查国家标准、行业标准送审稿8项，正在制修订尚未审查的国家标准13项、行业标准24项。

5. 实质性参与国际标准化活动

继续派专家参加国际电工委员会IEC/TC22/SC22F输配电系统电力电子技术分委员会年会，争取到该分委员会2017年年会与IEC/TC22电力电子系统和设备技术委员会及其另外3个分委员会一并在西安召开。派专家参加了国际电工委员会IEC/TC47/SC47E半导体分立器件分委员会年会及其WG3功率器件工作组会议。

2016年，我国专家提出IEC标准新提案4项、修正案3项。截至2016年年底，我国现有IEC/TC22及其分委员会工作组召集人增加至6人，正式注册的专家在册数84人次（有的专家同时在两个或多个工作组正式注册），遍布在IEC/TC22及其分委员会41个工作组中的27个。

6. 标准化工作为企业服务

充分利用分会会刊《电力电子信息》中的"标准化园地"专栏，宣传标准化工作方针政策，传递标准化工作信息等。分会秘书长应邀在中广核工程有限公司介绍了我国电力电子技术标准，在分会理事会议和分会年会上通报了标准化工作情况。

〔撰稿人：中国电器工业协会电力电子分会郭彩霞
审稿人：中国电器工业协会电力电子分会蔚红旗〕

电力电容器

2015年发展情况

"十二五"行业发展回顾　长期以来，由于大多数电力电容器产品应用在电力系统中，行业的运行受国家电力投资规模的影响一直较大，分析行业经济运行指标即可见端倪。电力电容器行业2015年完成工业总产值50.56亿元，比2010年下降2.10%，"十二五"期间平均每年下降0.42%；2015年完成销售产值47.91亿元，比2010年下降3.80%，"十二五"期间平均每年下降0.76%；2015年实现利润总额3.98亿元，比2010年增长5.85%，"十二五"期间平均每年增长1.17%。2011—2015年电力电容器行业主要经济指标见表1。

表1　2011—2015年电力电容器行业主要经济指标

年份	工业总产值（亿元）	销售产值（亿元）	利润总额（亿元）	销售利润率（%）	年份	工业总产值（亿元）	销售产值（亿元）	利润总额（亿元）	销售利润率（%）
2010	51.64	49.80	3.79	7.61	2013	59.95	60.23	4.68	8.28
2011	51.32	50.28	3.32	6.60	2014	49.93	55.61	4.46	8.49
2012	56.17	53.08	3.19	6.01	2015	50.56	47.91	3.98	8.31

电力电容器行业2015年高压并联电容器产值17.78亿元，比2010年下降12.60%，"十二五"期间平均每年下降2.52%；低压并联电容器产值9.72亿元，比2010年增长0.20%，"十二五"期间平均每年增长0.04%；并联成套补偿装置产值9.21亿元，比2010年增长4.05%，"十二五"期间平均每年增长0.81%；滤波电容器产值4.58亿元，比2010年增长23.45%，"十二五"期间平均每年增长4.69%；滤波成套补偿装置2.29亿元，比2010年增长106.30%，"十二五"期间平均每年增长21.26%；CVT产值3.12亿元，比2010年下降23.72%，"十二五"期间平均每年下降4.74%。2011—2015年电力电容器行业产品产值见表2。

表2　2011—2015年电力电容器行业产品产值　　　　（单位：亿元）

年份	高压并联电容器	低压并联电容器	并联补偿成套装置	滤波电容器	滤波成套装置	CVT	其他	合计
2010	20.34	9.70	8.85	3.71	1.11	4.09	3.06	50.86
2011	19.52	9.13	9.24	3.77	1.27	3.36	3.94	50.23

（续）

年份	高压并联电容器	低压并联电容器	并联补偿成套装置	滤波电容器	滤波成套装置	CVT	其他	合计
2012	19.58	10.23	10.15	4.72	1.89	3.43	3.66	53.66
2013	18.79	9.67	13.10	6.85	3.19	3.98	3.67	59.25
2014	18.12	9.75	10.08	2.10	0.40	3.62	4.36	48.43
2015	17.78	9.72	9.21	4.58	2.29	3.12	3.46	50.16

目前来看，电力电容器行业要保持稳定持续的发展，很大程度上仍依赖于电网建设，特别是在"西电东送"大背景下的特高压交直流输电及其配套工程，这些工程对高压并联和交直流滤波电容器的需求量巨大。2015年全国有蒙西—天津南1 000kV特高压交流输变电工程、榆横—潍坊1 000kV特高压交流输变电工程、酒泉—湖南±800kV特高压直流输变电工程、内蒙古锡盟—江苏泰州±800kV特高压直流输变电工程，同时包括新疆准东煤电基地准东至华东特高压直流输电工程配套煤电项目、宁夏宁东煤电基地宁东至浙江特高压直流输电工程配套煤电项目、内蒙古锡盟煤电基地锡盟至山东特高压交流输电工程配套煤电项目等多个项目开工，这为电力电容器行业的发展提供了有力的保障。

中低压产品，除了继续发展以自愈式电容器为主的低压无功补偿和交流滤波装置外，还向中压领域迈进，重点开展直流支撑（DC-Link）电容器、换流阀用电容器、机车电容器等产品的研制，以满足柔性输电、新能源及轨道交通等领域快速发展的需要。

主要经济指标 2015年国家电网加大投资力度，电网投资达到4 521亿元，同比增长17.10%，多条特高压交直流工程开工建设。据不完全统计，2015年电力电容器行业工业总产值、订货额小幅上涨，行业销售产值、产品销售收入、利润总额等指标继续小幅下降。2015年电力电容器行业完成工业总产值50.56亿元，比上年增长1.27%。另一方面，各厂家之间竞争的加剧使高压电力电容器产品的价格也出现明显下降，行业多数产品出现了产量增加、产值下降的情况。

2015年产值超过5亿元的企业为2家，产值在1亿元以上的企业共有16家。行业排名靠前的企业中，西容、日新电机等企业2015年工业总产值均有不同程度下降，桂容、思源、合容、新东北电气保持了一定增长，低压电容器产品市场整体保持稳定。整体来看，2015年电力电容器行业出现微幅增长。

部分龙头、骨干企业销售产值和工业增加值出现较大幅度的下降，桂容、日新电机、新东北电气等企业的销售产值降幅均在35%以上，因此行业销售产值出现一定幅度的下降。行业各主要企业中，工业增加值在5 000万元以上的有9家；15家企业收入超过1亿元，其中有8家企业收入超过2亿元；利润总额上千万元的企业有9家，行业产品价格持续下降，行业各企业主营业务收入下降速度较快，导致行业利润下降。

2015年报送统计资料的企业30家（2014年31家），无锡华能电力电容器有限公司退出报表统计，该公司2015年产值估计在1 500万元左右。2014年由于青岛恒顺众昇集团股份有限公司进行了业务的重大转型，对行业报表数据造成了重大影响，因此调整2014年行业主要经济指标中的部分数据。2014—2015年电力电容器行业主要经济指标见表3。

表3 2014—2015年电力电容器行业主要经济指标

序号	项目	单位	2015年	2014年	比上年增长（%）
1	工业总产值	万元	505 587.81	499 262.23	1.27
2	其中：新产品产值	万元	86 168.17	54 166.23	59.08
3	工业销售产值	万元	479 144.98	556 091.74	-13.84
4	其中：出口交货值	万元	14 174.97	15 069.07	-5.93
5	工业增加值	万元	147 421.90	161 125.19	-8.51
6	产品订货额	万元	530 819.30	497 932.74	6.60
7	主营业务收入	万元	454 648.62	493 788.86	-7.93
8	主营业务成本	万元	304 743.29	319 044.44	-4.48
9	主营业务税金及附加	万元	2 328.21	3 464.09	-32.80
10	应交增值税	万元	15 953.27	21 487.76	-25.76
11	营业费用	万元	41 843.89	51 022.88	-17.99
12	管理费用	万元	36 037.73	37 382.22	-3.60

(续)

序号	项目	单位	2015年	2014年	比上年增长（%）
13	财务费用	万元	3 911.26	5 305.46	-26.28
14	其中：利息支出	万元	3 757.57	4 407.52	-14.75
15	其他业务收入	万元	2 705.04	2 628.48	2.91
16	利润总额	万元	39 754.83	44 626.08	-10.92
17	年末资产合计	万元	1 137 041.69	964 373.22	17.90
18	年末流动资产	万元	785 231.99	634 851.08	23.69
19	年末流动资产年平均余额	万元	708 814.17	622 797.03	13.81
20	其中：应收账款余额	万元	257 930.29	247 604.33	4.17
21	年末固定资产	万元	206 624.71	203 479.78	1.55
22	年末固定资产净值年平均余额	万元	159 201.77	148 461.12	7.24
23	全年完成基建投资额	万元	5 963.62	3 889.70	53.31
24	年末负债合计	万元	603 385.00	489 661.92	23.23
25	年末所有者权益合计	万元	530 334.81	473 112.90	12.09
26	工业中间投入合计	万元	336 089.34	312 317.06	7.61
27	全年从业人员平均人数	人	7 667	7 895	-2.89
28	年末科技活动人员合计	人	1 593	1 514	5.22
29	年末研究与试验发展人员	人	794	785	1.15
30	科技活动经费筹集总额	万元	13 233.26	13 421.82	-1.41
31	研究与试验发展经费支出	万元	11 061.00	12 427.20	-10.99
32	新产品开发经费支出	万元	6 167.80	6 910.89	-10.75
33	万元产值能耗（标煤）	t	0.07	0.06	15.19

2015年电力电容器行业经济效益综合指标总体有小幅下降，主要原因是2015年各指标全线下降。电力电容器行业经济效益指标评价对比见表4。

表4 电力电容器行业经济效益指标评价对比

经济效益评价指标	单位	全国标准值	2015年	2014年	同比增长（%）
总资产贡献率	%	10.7	7.32	9.33	-21.54
资本保值增值率	%	120	101.32	103.52	-2.13
资产负债率	%	≤60	50.62	50.46	0.32
流动资产周转率	次	1.52	0.98	1.56	-37.18
成本费用利润率	%	3.71	7.70	7.94	-3.02
全员劳动生产率	元/人	16 500	212 531	218 020	-2.52
工业产品销售率	%	96	98.09	103.89	-5.58
经济效益综合指数	—	—	2.10	2.24	-6.25

经济运行特点

1. 工业销售产值出现下降，行业龙头骨干企业下降明显

2015年电力电容器行业的销售产值出现下降，集中体现在行业龙头企业销售产值大幅度下降，大部分骨干企业销售产值出现不同程度下降。据不完全统计，电力电容器行业2015年完成工业销售产值47.91亿元，比上年下降13.84%。

2. 产销出现下降

电力电容器行业完成产品销售收入45.47亿元，比上年下降7.93%。产品销售率为98.09%，比上年下降5.58%。产品销售价格持续下降。

3. 产品订货额有所增长

2015年电力电容器行业实现产品订货额53.08亿元，同比上涨6.60%。各企业努力开拓市场，同时国网、南网多条特高压交直流工程的开工建设保证了行业主要产品高压并联电容器、滤波电容器及其成套产品的订单。

4. 原材料价格总体降低，降低了企业生产成本

2015年电力电容器行业原材料价格持续降低，钢材、薄膜、金属化膜、铝箔、浸渍剂价格均有不同程度下降。原材料价格的下降带动了生产成本的下降，2015年电力电容器行业主营业务成本比上年下降4.48%。2014—2015年电力电容器行业原材料平均价格见表5。2014—2015年电力电容器行业原材料用量见表6。

表5　2014—2015年电力电容器行业原材料平均价格

原材料名称	2015年（元/吨）	2014年（元/吨）	比上年增长（%）
钢材	9 785	13 122	-25.43
薄膜	35 137	37 417	-6.09
金属化膜	47 408	48 625	-2.51
铝箔	33 796	36 330	-6.97
浸渍剂	15 686	19 188	-18.25

表6　2014—2015年电力电容器行业原材料用量

原材料名称	2015年（t）	2014年（t）	比上年增长（%）
钢材	10 684	7 604	40.50
薄膜	7 751	6 282	23.38
金属化膜	2 873	3 172	-9.43
铝箔	4 174	3 875	7.72
浸渍剂	10 995	9 725	13.06

5. 科研经费基本持平

2015年电力电容器行业在主营收入减少4亿元的情况下，科技活动经费筹集总额只减少了200万元。这充分说明行业各企业持续重视科研力量的发展，争取开发出技术水平高的新产品来加强竞争力，占领市场。

产品分类产量　2015年电力电容器行业主要产品中，并联电容器、电容式电压互感器的产量有小幅增长，产值小幅下降；成套装置的产量、产值都有小幅增长；滤波电容器产量、产值大幅增长；电热电容器的产量、产值有一定下降；串联电容器的产量有大幅增长，产值大幅下降；其他电容器的产量大幅下降，产值有一定增长。

高压并联电容器产量同比增长19.28%，产值同比下降1.86%；低压并联电容器产量同比下降0.39%，产值同比下降0.31%。这说明并联电容器尤其是高压并联电容器产品的单价下降。

随着国内特高压工程建设的增多，2015年滤波电容器需求大幅增长。其产量、产值比上年出现大幅增长，产量增幅远大于产值增幅，说明该类产品单价也在下降。

电容式电压互感器2015年产量同比增长4.28%，产值同比下降13.92%。该类产品总体的价格除750 kV及以上产品外，其他产品价格出现持续下降的趋势。

电热电容器2015年产量同比下降26.06%，产值同比下降31.18%，说明需求和价格继续下降。

其他电容器中，耦合电容器随着电容式电压互感器产品需求下降而下降，断路器电容器2015年产量、产值大幅下降，脉冲电容器2015年产量、产值大幅增长。因这几类产品总体产值较小，对行业整体情况影响不大。

成套装置2015年产量同比增长2.70%，产值同比增长9.08%。由于多项特高压工程开工建设，对滤波电容器及其成套装置的需求较大，滤波成套装置出现了较大幅度的增长。

2014—2015年电力电容器行业主要产品产量见表7。
2014—2015年电力电容器行业主要产品产值见表8。

表7　2014—2015年电力电容器行业主要产品产量

产品类型	产量单位	2015年	2014年	比上年增长（%）
一、电力电容器合计	万kvar	32 702	31 543	3.67
1. 并联电容器小计	万kvar	21 975	20 008	9.83
高压并联电容器	万kvar	11 736	9 839	19.28
其中：集合式高压并联电容器	万kvar	356	375	-5.07
低压并联电容器	万kvar	10 043	10 082	-0.39
2. 滤波电容器	台	33 976	7 243	369.09
其中：直流滤波电容器	台	2 424	2 253	7.59
3. 电容式电压互感器	万kvar	1 290	1 237	4.28
	台	11 154	11 023	1.19
其中：110 kV	万kvar	230	162	41.92
220 kV	万kvar	388	246	57.72
330 kV	万kvar	65	62	4.84
500 kV	万kvar	276	206	33.98
750 kV及以上	万kvar	235	120	95.83
4. 电热电容器	万kvar	6 248	8 450	-26.06
5. 串联电容器	台	4 635	549	744.26
6. 其他电容器	台	1 280	1 561	-18.01
二、成套装置	台（套）	12 230	11 908	2.70
其中：并补成套	台（套）	10 933	11 052	-1.08
滤波成套	台（套）	1 297	831	56.08
三、其余产品合计	台（套）	48 355	100 060	-51.67

表8　2014—2015年电力电容器行业主要产品产值

产品类型	2015年（万元）	2014年（万元）	比上年增长（%）
一、电力电容器合计	369 403	356 917	3.50
1. 并联电容器小计	276 320	278 661	-0.84
高压并联电容器	177 834	181 210	-1.86
其中：集合式高压并联电容器	7 119	9 368	-24.01
低压并联电容器	97 177	97 481	-0.31
2. 滤波电容器	45 832	21 035	117.88
其中：直流滤波电容器	956	650	47.08
3. 电容式电压互感器	31 200	36 244	-13.92
其中：110 kV	6 634	7 000	-5.23
220 kV	6 278	5 399	12.28
330 kV	1 284	2 043	-37.15
500 kV	4 696	5 024	-6.53
750 kV及以上	9 468	5 335	77.47
4. 电热电容器	5 226	7 594	-31.18
5. 串联电容器	5 898	15 583	-62.15
6. 其他电容器	3 087	1 870	65.08
二、成套装置	115 039	105 462	9.08
其中：并补成套	92 102	100 799	-8.63
滤波成套	22 937	3 975	477.03
三、其余产品合计	20 351	18 525	9.86

市场及销售 2015年电力电容器行业销售情况与2014年相比小幅下降：产品销售率为98.09%，比上年下降5.58%；销售收入45.46亿元，比上年下降7.93%。行业龙头、骨干企业中出现了一些销售收入大幅下降的企业，对行业整体的影响较大。行业骨干企业中西容、桂容的销售收入均超过5亿元，有16家企业的销售收入超过1亿元。行业主要产品中并联电容器、滤波电容器、电热电容器销量均有增长，电容式电压互感器产品销量有所下降。2015年电力电容器行业主要产品销量见表9。

表9 2015年电力电容器行业主要产品销量

产品名称	2015年（万kvar）	2014年（万kvar）	比上年增长（%）
并联电容器	10 832	10 520	2.97
滤波电容器（台）	20 200	3 185	534.22
电容式电压互感器	769	938	-18.02
电热电容器	8355	8352	0.04

2015年电力电容器行业完成出口交货值14 175万元，比上年下降5.93%。2015年电力电容器行业出口情况见表10。

表10 2015年电力电容器行业出口情况

公司名称	产品型号/名称	出口量（台/套）	出口交货值（万元）	出口市场
西安西电电力电容器有限责任公司	电容式电压互感器	346	1 048	非洲、亚洲、美洲
	并联及成套	1万kvar	11	亚洲
	电流互感器	121	187	非洲、亚洲
	成套装置	3	33	亚洲
桂林电力电容器有限责任公司	电容式电压互感器	47	120	东南亚、非洲
	电流互感器	45	170	非洲
	成套装置	71	742	非洲、东南亚
日新电机（无锡）有限公司	电容式电压互感器	607	1 680	东南亚、非洲
	电容器	3.75万kvar	362	泰国、菲律宾
	电抗器、变压器		82	日本
上虞电力电容器有限公司	RFM3.0-5450-0.7J	1 600	650	印度
	滤波电容器	410	220	印度
合容电气股份有限公司	高压并联电容器		1151	东南亚、欧美、非洲
浙江指月电气有限公司	BSMJ自愈式低压并联电容器		784	土耳其、俄罗斯
	控制器JKL5CF		173	俄罗斯、巴基斯坦
	交流接触器CJ19		99	俄罗斯
上海思源电力电容器有限公司	并联电容器	30	32	越南
广东顺容电气有限公司	并联电容器	112	106	波兰
苏州士林电机有限公司	低压并联电容器	569 480	2 703	中国台湾、东南亚
浙江九康电气有限公司	低压并联电容器	2 958	2 468	中东、美洲
深圳市三和电力科技有限公司	并联补偿成套装置	62	757	非洲、欧美、东南亚

新产品及专利 据不完全统计，2015年电力电容器行业共有3家企业的13种新产品通过了市级以上新产品鉴定。2015年电力电容器行业未发放型号证书；共完成3家企业提交的20个新产品鉴定资料的预审。

2015年，电力电容器行业获得科技进步奖励及名牌产品称号等的项目有：新东北电气集团电力电容器有限公司的±800kV特高压直流输电交流滤波电容器装置获得辽宁省技术创新重点项目，电容器产品获得辽宁省名牌产品称号；上海思源电力电容器有限公司电容器产品获得上海市名牌产品称号。

日新电机（无锡）有限公司获得实用新型专利4项，新东北电气集团电力电容器有限公司获得实用新型专利2项，苏州电力电容器有限公司获得实用新型专利8项、发明专利2项，上海永锦电气集团有限公司获得发明专利1项，深圳市三和电力科技有限公司获得实用新型专利2项、外观设计专利2项。

标准及质量 全国电力电容器标准化技术委员会第八届一次会议于2015年10月在浙江省宁波市召开。来自全国电力电容器行业的制造企业、科研院所、运行部门的委员、观察员、标准制修订工作组成员共80人参加。标委会向大会做"第七届全国电力电容器标准化技术委员会工作总结"以及"2014—2015年度IEC/TC 33标准制修订动态"的报告。会议对房金兰等5位先进工作者及淄博莱宝电力电容器公司等6家先进单位进行了表彰。大会对3项国家标准的送审稿进行了讨论，提出了审查意见。

2015年，发布实施的标准2项：GB/T 31954—2015《高

压直流输电系统用交流PLC滤波电容器》、GB/T 32130—2015《高压直流输电系统用直流PLC滤波电容器》。

2014年10月至2015年9月，秘书处共收到IEC/TC 33工作文件9份，完成投票文件4份。

2015年国家电力电容器质量监督检验中心检验并发放试验报告的产品共有150项，比上年有所减少。从发放检验报告的产品类型看，由于2015年特高压交直流工程增多，所以送试的交直流滤波产品、串联电容器产品增多。2015年国家电力电容器质量监督检验中心发放检验报告产品分类见表11。

表11 2015年国家电力电容器质量监督检验中心发放检验报告产品分类

序号	产品类型	委托数量（项）
1	串联电容器	7
2	直流支撑电容器	3
3	电力电子电容器	2
4	高压自愈并联电容器	1
5	高电压并联电容器	41
6	高电压并联电容器装置	2
7	集合式高电压并联电容器	4
8	低电压自愈式并联电容器	52
9	低电压非自愈式并联电容器	1
10	低电压非自愈式滤波电容器	1
11	交流滤波电容器	20
12	直流滤波电容器	6
13	电容器用压嵌式绝缘套管	4
14	直流断路器用电容器	2
15	均压电容器	2
16	换流阀用饱和电抗器	1
17	高电压单相电力电容器	1
	总计	150

重大技术改造情况 2015年，电力电容器行业基本建设及技术改造投入5964万元。西安西电电力电容器有限责任公司投入资金继续进行咸阳互感器项目技术改造。深圳市三和电力科技有限公司投资500万元进行静止无功补偿装置开发。桂林电力电容器有限责任公司铁山工业园建设的特高压电力电容器检测中心2015年建成使用。日新电机（无锡）有限公司投入资金进行互感器技术改造。新东北电气集团电力电容器有限公司购置卷绕机1台。苏州电力电容器有限公司继续进行试验站改造建设。上虞电力电容器有限公司继续投资进行技术改造。上海思源电力容器公司改造试验室。淄博莱宝电力电容器有限公司继续投资电容器用聚丙烯薄膜项目。

企业管理 2015年，新东北电气集团电力电容器有限公司通过ISO9001复审。日新电机（无锡）有限公司、上海永锦电气集团有限公司、淄博莱宝电力电容器有限公司通过ISO 9001：2008质量管理体系认证、ISO 9001：2004环境管理体系监督认证、GB/T 28001—2001职业健康安全管理体系监督审核的复审。

上海永锦电气集团有限公司国家级中小企业技术创新基金项目通过验收。佛山市顺德区胜业电气有限公司参加2015年德国汉诺威工业展。深圳市三和电力科技有限公司参加2015年澳大利亚国际设备与技术电力展览会。

行业活动 中国电器工业协会电力电容器分会2015年会员大会于2015年10月在浙江省宁波市召开，来自全国电力电容器行业及相关行业的89位代表参加。主要议题是电力电容器分会换届选举。经选举，产生了由25家会员单位组成的分会第七届理事会。在随后召开的七届一次理事会上，西安高压电器研究院有限责任公司副总经理元复兴当选理事长，西安西电电力电容器有限责任公司董事长袁洪亮和桂林电力电容器有限责任公司总经理卢有盟当选副理事长。由理事长提名、理事会选举，西安高压电器研究院有限责任公司总经理助理臧成发当选秘书长。

会议邀请国家电力电容器质检中心/全国电力电容器标委会贺满潮高工介绍了2015年度电力电容器产品检测情况及标准化工作情况，西高院研发中心贾华高工做"从并联无功补偿的变化看电力电容器的发展"专题报告，李滨涛高工做"从国标GB/T 21221—2007——苄基甲苯（M/DBT）绝缘油中氯含量的问题"的交流发言。

中国电工技术学会电力电容器专委会2015年学术年会于2015年10月在宁波市召开，国务院三峡办、工信部、中国电工技术学会、中国电机工程学会领导到会并讲话，来自全国72家行业单位的94位代表参会。会议期间，审议通过专委会2015年工作报告及2016年学会工作计划，宣讲了行业"十三五"发展指导意见，进行了学术交流活动，对评出的6篇优秀论文进行了颁奖。征集论文30篇，编辑出版了《2015年输变电年会论文集》。

编辑出版《2014电力电容器行业年鉴》，共收集31家企业的统计资料，包括了国内大多数高压产品的生产企业。完成了《电力电容器通讯》2015年6期的编辑、出版、发行工作。

《电力电容器与无功补偿》2015年共出版6期，在原有栏目基础上新增加清洁能源、特种电容器、电力系统应用等栏目，作者群及稿源范围扩大，基金项目数量大幅提高，相关科研、技术人员共发表论文112篇。

〔供稿单位：中国电器工业协会电力电容器分会〕

2016年发展情况

特高压、配电网及农网的建设为输变电设备制造企业提供了较好的发展机遇。2016年国网计划投资4390亿元，实际完成4977亿元，同比增长10%；国家电网"三交一直"特高压工程投产，目前已投运"六交五直"。2016年"特高压输电"首次写入政府工作报告，国网承诺将进一步加快特高压建设。

电力电容器行业的大中型企业，仍需要密切关注"两网"特高压交直流输电工程的动态，通过采用节能环保的原材料，优化现有设计和工艺，引入智能制造技术，提升企业管理水平，在降低生产成本的同时保持产品的高可靠性，重点解决电容器渗漏油、接头发热、容值变化、噪声超标等问题。

中压及低压产品生产企业，则需要将重点向配电网建设、农网改造等方向靠拢，在产品具备高可靠性、免维护的基础上，实现无功功率与谐波共同治理、就地补偿和远距离监控协同工作。

对于诸如风光发电、交通运输等行业，电容器应考虑在复杂运行环境中的耐候性、稳定性、高储能密度，并注重电容器的系统管理。

主要经济指标 2016年报送统计资料的企业27家，比上年减少3家。根据各企业报送的统计报表，2016年电力电容器行业工业总产值、销售产值、产品销售收入、订货额小幅上涨，利润总额指标继续小幅下降。2015—2016年电力电容器行业主要经济指标见表1。

表1 2015—2016年电力电容器行业主要经济指标

序号	项 目	单位	2016年	2015年	比上年增长（%）
1	工业总产值	万元	563 248.04	505 587.81	11.40
2	其中：新产品产值	万元	131 717.63	86 168.17	52.86
3	工业销售产值	万元	540 937.99	479 144.98	12.90
4	其中：出口交货值	万元	17 771.63	14 174.97	25.37
5	工业增加值	万元	150 626.21	147 421.90	2.17
6	产品订货额	万元	547 147.53	530 819.30	3.07
7	主营业务收入	万元	499 223.69	454 648.62	9.80
8	主营业务成本	万元	331 849.97	304 743.29	8.89
9	主营业务税金及附加	万元	3 292.37	2 328.21	41.42
10	应交增值税	万元	22 225.36	15 953.27	39.32
11	营业费用	万元	47 653.09	41 843.89	13.88
12	管理费用	万元	40 230.78	36 037.73	11.64
13	财务费用	万元	4 431.59	3 911.26	13.30
14	其中：利息支出	万元	2 889.11	3 757.57	-23.11
15	其他业务收入	万元	2 808.08	2 705.04	3.81
16	利润总额	万元	35 685.21	39 754.83	-10.24
17	年末资产合计	万元	877 784.84	1 137 041.69	-22.80
18	年末流动资产	万元	674 864.73	785 231.99	-14.06
19	年末流动资产年平均余额	万元	674 225.64	708 814.17	-3.54
20	其中：应收账款余额	万元	272 887.65	257 930.29	5.80
21	年末固定资产	万元	191 124.18	206 624.71	-7.50
22	年末固定资产净值年平均余额	万元	137 017.83	159 201.77	-13.93
23	全年完成基建投资额	万元	3 312.40	5 963.62	-44.45
24	年末负债合计	万元	474 407.33	603 385.00	-21.38
25	年末所有者权益合计	万元	395 473.71	530 334.81	-25.43
26	工业中间投入合计	万元	358 388.29	336 089.34	6.63
27	全年从业人员平均人数	人	6 766	7 667	-11.75
28	年末科技活动人员合计	人	1 446	1 593	-9.23
29	年末研究与试验发展人员	人	688	794	-13.35
30	科技活动经费筹集总额	万元	12 514.00	13 233.26	-5.43
31	研究与试验发展经费支出	万元	12 146.00	11 061.00	9.80
32	新产品开发经费支出	万元	9 170.30	6 167.80	48.68
33	万元产值能耗（标煤）	t	0.06	0.07	-14.28

注：资产总额、负债总额和所有者权益不包含青岛恒顺众昇等3家企业的相关数据。

2016年产值超过5亿元的企业2家，产值超过3亿元的企业6家，产值在1亿元以上的企业有18家；18家企业主营业务收入超1亿元，6家企业收入超3亿元；工业增加值在5 000万元以上的有10家。行业主要企业中，日新电机2016年工业总产值和工业增加值出现较大幅度增长，桂容、西容、思源工业总产值有小幅增长，低压电容器产品的市场整体保持稳定。

2016年电力电容器行业实现利润总额3.57亿元，比上年下降10.24%，利润总额上千万元的企业有12家。行业利润整体下降主要是行业产品单价下降造成的，行业整体的成本费用均有所增长也是导致利润减少的原因之一。

2016年电力电容器行业各企业经济效益综合指标总体来看有小幅回升。经济效益指标中，总资产贡献率、全员劳动生产率都有一定幅度增长，流动资产周转率、成本费用利润率均有微幅增长；产品销售率整体持续走低，已接近全国标准值；资本保值增值率降低说明行业各企业净资产减少，而且该指标已大幅低于国家标准值。电力电容器行业经济效益指标评价对比见表2。

表2 电力电容器行业经济效益指标评价对比

经济效益评价指标	单位	全国标准值	2016年	2015年	同比增长（%）
总资产贡献率	%	10.7	8.27	7.32	12.98
资本保值增值率	%	120	95.72	101.32	-5.53
资产负债率	%	≤60	52.15	50.62	3.02
流动资产周转率	次	1.52	1.05	0.98	7.14
成本费用利润率	%	3.71	7.83	7.70	1.69
全员劳动生产率	元/人	16 500	237 214	212 531	11.61
工业产品销售率	%	96	96.55	98.09	-1.57
经济效益综合指数	—		2.28	2.10	8.57

经济运行情况分析

1. 行业产销情况整体回升

电力电容器行业2016年完成工业总产值56.32亿元，比上年增长11.40%，过去五年年均增长1.95%；完成工业销售产值54.09亿元，比上年增长12.80%，过去五年年均增长1.52%；产品销售收入49.92亿元，比上年增长9.80%。行业整体产销情况比2015年有所回升。

2. 工业销售产值出现回升，行业主要企业回升明显

2016年电力电容器行业的销售产值出现增长，行业主要企业回升明显，桂容、西容、日新电机等企业的增幅均在25%以上。

3. 产品订货额有所增长

2016年电力电容器行业实现产品订货额54.71亿元，同比上涨3.07%，从侧面反映出行业来年的发展趋势。

4. 应收账款余额持续增长

2016年电力电容器行业应收账款余额27.29亿元，比上年增长5.80%。应收账款已占到当年行业主营业务收入的54.67%。日新电机、合容电气、思源电容器的应收账款比上年均有较大幅度增加。

5. 新产品研发经费大幅增长

2016年电力电容器行业新产品研发经费0.92亿元，比上年增长48.68%，说明行业企业持续重视科研力量的发展，在开发新产品上加大投入。电力电容器行业新产品产值2016年已达到13.17亿元，比上年增长52.86%。

据不完全统计，2016年电容器行业主要原材料价格除金属化膜外都出现小幅度回落，主要原材料用量均出现一定程度增长。2015—2016年电力电容器行业原材料平均价格见表3。2015—2016年电力电容器行业原材料用量见表4。

表3 2015—2016年电力电容器行业原材料平均价格

原材料名称	2016年（元/吨）	2015年（元/吨）	比上年增长（%）
钢材	9 077	9 785	-7.23
薄膜	34 920	35 137	-0.62
金属化膜	51 417	47 408	8.46
铝箔	31 856	33 796	-5.74
浸渍剂	14 598	15 686	-6.94

表4 2015—2016年电力电容器行业原材料用量

原材料名称	2016年（t）	2015年（t）	比上年增长（%）
钢材	10 755	10 684	0.66
薄膜	11 924	7 751	53.84
金属化膜	3 062	2 873	6.58
铝箔	5 102	4 174	22.23
浸渍剂	13 641	10 995	24.06

产品分类产量 2016年电力电容器行业主要产品中，并联电容器的产量有小幅增长，产值小幅下降，其中高压并联电容器产量有一定幅度增长，产值微幅下降；滤波电容器产量、产值大幅增长；电容式电压互感器产量小幅增长，产值增长幅度超过产量；电热电容器的产量小幅增长，产值增长幅度超过产量；串联电容器的产量有小幅下降，产值大幅增长；其他电容器的产量、产值有较大幅度增长；成套装置产量增长幅度较大，产值增幅较小，其中并联补偿成套产量小幅增长，产值小幅下降，滤波成套产量增幅较小，产值增幅较大。其他产品产量产值均有一定增长。

高压并联电容器产量比上年增长16.78%，产值比上年下降0.59%；低压并联电容器产量比上年下降2.92%，产值比上年下降6.37%。说明并联电容器产品的单价持续下降，尤其是高压并联电容器单价下降幅度较大。

随着国内特高压工程建设的增多，2016年滤波电容器需求大幅增长，产值达到7.06亿元，产量产值比上年大幅增长，但产量增幅远大于产值增幅，说明该类产品单价也在下降。

电容式电压互感器2016年产量比上年增长2.79%，产值比上年增长19.36%，该类产品的总体价格在2016年出

现了全面回升，110～750kV 产品均出现产值增长速度超过产量的情况。

电热电容器2016年产量比上年增长11.24%，产值比上年增长36.89%，说明该类产品2016年需求和价格均出现了回升情况。

串联电容器2016年产量比上年下降19.91%，产值比上年增长47.25%。从应用情况来看该类产品使用越来越广泛，产品单价较高。

其他电容器中，耦合电容器2016年随着电容式电压互感器产品需求回暖出现上涨，断路器电容器产量、产值大幅下降，脉冲电容器产量、产值均大幅下降。因这几类产品总体产值较小，对行业整体情况影响不大。

成套装置2016年产量比上年增长28.88%，产值比上年增长4.64%。其中并联补偿成套装置的产量出现小幅增长，产值却出现了微幅下降；滤波电容器及其成套装置的需求较大，产量、产值均出现了较大幅度的增长。

2015—2016年电力电容器行业主要产品产量见表5。
2015—2016年电力电容器行业主要产品产值见表6。

表5　2015—2016年电力电容器行业主要产品产量

产品类型	产量单位	2015年	2014年	比上年增长（%）
一、电力电容器合计	万 kvar	37 484	32 702	14.62
1. 并联电容器小计	万 kvar	23 512	21 975	6.99
高压并联电容器	万 kvar	13 705	11 736	16.78
其中：集合式高压并联电容器	万 kvar	239	356	-32.87
低压并联电容器	万 kvar	9 750	10 043	-2.92
2. 滤波电容器	台	75 181	33 976	221.28
其中：直流滤波电容器	台	2 465	2 424	1.69
3. 电容式电压互感器	万 kvar	1 326	1 290	2.79
	台	10 187	11 154	-8.67
其中：110 kV	万 kvar	206	230	-10.43
220 kV	万 kvar	382	388	-1.55
330 kV	万 kvar	95	65	46.15
500 kV	万 kvar	324	276	17.39
750 kV 及以上	万 kvar	244	235	3.83
4. 电热电容器	万 kvar	6 950	6 248	11.24
5. 串联电容器	台	3 712	4 635	-19.91
6. 其他电容器	台	205	1 280	-83.98
二、成套装置	台（套）	15 762	12 230	28.88
其中：并联补偿成套	台（套）	12 290	10 933	12.41
滤波成套	台（套）	1 426	1 297	9.95
三、其余产品合计	台（套）	58 780	48 355	21.56

表6　2015—2016年电力电容器行业主要产品产值

产品类型	2015年（万元）	2014年（万元）	比上年增长（%）
一、电力电容器合计	397 032	369 403	7.48
1. 并联电容器小计	268 728	276 320	-2.75
高压并联电容器	176 792	177 834	-0.59
其中：集合式高压并联电容器	4 033	7 119	-43.35
低压并联电容器	90 895	97 177	-6.37
2. 滤波电容器	70 562	45 832	53.96
其中：直流滤波电容器	1 857	956	94.24
3. 电容式电压互感器	37 241	31 200	19.36
其中：110 kV	7 358	6 634	10.91
220 kV	7 102	6 278	13.13
330 kV	2 198	1 284	71.18
500 kV	5 900	4 696	25.63
750 kV 及以上	12 663	9 468	33.75
4. 电热电容器	7 154	5 226	36.89
5. 串联电容器	8 685	5 898	47.25
6. 其他电容器	4 538	3 087	47
二、成套装置	120 372	115 039	4.64
其中：并联补偿成套	87 708	92 102	-4.77
滤波成套	32 477	22 937	41.59
三、其余产品合计	28 385	20 351	39.48

市场及销售　2016年电力电容器行业销售比2015年有小幅上升：销售收入49.92亿元，比上年增长9.80%；产品销售率为96.55%，比上年下降1.57%。西容、桂容的销售收入均超过5亿元，有18家企业的销售收入超过1亿元。行业主要产品中并联电容器、滤波电容器、电容式电压互感器销量均有增长，电热电容器销量有所下降。2016年电力电容器行业主要产品销量见表7。

表7　2016年电力电容器行业主要产品销量

产品名称	2016年（万 kvar）	2015年（万 kvar）	比上年增长（%）
并联电容器	12 789	10 832	18.07
滤波电容器（台）	36 415	20 200	80.27
电容式电压互感器	1 972	769	156.44
电热电容器	5 502	8 355	-34.41

2016年电力电容器行业实现出口交货值17 772万元，比上年增长25.37%。2016年电力电容器行业出口情况见表8。

表8 2016年电力电容器行业出口情况

公司名称	产品型号/名称	出口量（台、套）	出口交货值（万元）	出口市场
西安西电力电容器有限责任公司	电容式电压互感器	348	845	非洲、亚洲、美洲
	耦合电容器	1万kvar	28	非洲、亚洲、美洲
	并联及成套装置	4	205	亚洲
	电流互感器	351	848	非洲、亚洲
桂林电力电容器有限责任公司	电容式电压互感器	144	456	东南亚、非洲
	成套装置	143	1 287	非洲、东南亚、巴西
日新电机（无锡）有限公司	电容式电压互感器	523	1 481	非洲、委内瑞拉
	箱式电容器	3	136	日本
	柜式电容器	1	42	泰国
	单台电容器	1	32	埃塞俄比亚
苏州电力电容器有限公司	成套装置	1	38	德国
	GGWB10-1149/383AKW	4	32	刚果（金）
	GGWB10-720/240AKW	5	42	刚果（金）
	BFM11.951-244-1W	40	12	南非
上虞电力电容器有限公司	RFM3.0-5450-0.7J	2 100	880	印度
	滤波电容器	560	245	印度
合容电气股份有限公司	高压并联电容器	587	328	东南亚、欧美、非洲
浙江指月电气有限公司	BSMJ自愈式低压并联电容器		897	东南亚
	控制器JKL5CF		194	非洲
	交流接触器CJ19		100	东南亚
上海思源电力电容器有限公司	并联电容器	8	622	哥伦比亚
广东顺容电气有限公司	并联电容器	112	106	波兰
苏州士林电机有限公司	低压并联电容器	709 780	3 244	中国台湾、东南亚
浙江九康电气有限公司	低压并联电容器	120 000	1 365	中东、美洲
深圳市三和电力科技有限公司	并联补偿成套装置	78	929	非洲、欧美、东南亚

新产品及专利 据不完全统计，2016年电力电容器行业共有2家企业的21种新产品通过了市级以上新产品鉴定。2016年电力电容器行业未发放型号证书，共完成2家企业提交的14项新产品鉴定资料预审。

2016年电力电容器行业获得科技进步奖及名牌产品称号的项目有：西安西电力电容器有限责任公司的"±800kV直流输电工程用特高压直流滤波电容器成套装置"被评为"十二五"机械工业优秀科技成果；合容电气股份有限公司的高压并联电容器获得西安市名牌产品称号，干式空心并联电抗器产品获得陕西省名牌产品称号；上海思源电力电容器有限公司的滤波电容器组产品获2016年上海市高新技术成果转化项目。

日新电机（无锡）有限公司获授权实用新型专利5项；苏州电力电容器有限公司获授权实用新型专利6项；合容电气股份有限公司获授权发明专利3项、实用新型专利5项；上海永锦电气集团有限公司获授权实用新型专利5项；苏州士林电机有限公司获授权实用新型专利2项；深圳市三和电力科技有限公司获授权发明专利1项、外观设计专利2项。

标准与质量 2016年10月20日，全国电力电容器标准化技术委员会第八届第二次会议在广西桂林召开。来自全国电力电容器及其应用行业的制造企业、科研院所、运行部门的委员（或委员代表）、观察员、标准制修订工作组成员共80人参加了会议，其中标委会委员（或委员代表）36人。大会审议通过"全国电力电容器标准化技术委员会2015—2016年度工作总结"以及"2016年度IEC/TC 33标准制修订动态"的报告，并对3项国家标准的送审稿进行了讨论，提出了审查意见。

2016年10月21日，能源行业无功补偿和谐波治理装置标准化技术委员会第二届第一次会议在广西桂林召开。来自无功补偿与谐波治理装置行业的制造企业、科研院所、运行部门的委员（或委员代表）、观察员、标准制修订工作组成员共64人参加了会议，其中标委会委员（或委员代表）39人。大会宣读了国家能源局下发的换届批文，并宣布第二届标委会正式成立。标委会向大会做"第一届能源行业无功补偿和谐波治理装置标委会工作总结报告"，并对在第一届标委会工作中有突出贡献的上海南自科技股份有限公司等6家先进单位和陈晓宇等4位先进个人进行了表彰。对1项行业标准的送审稿进行了讨论，提出了审查意见。

2016年，发布实施电力电容器相关标准3项：GB/T 3667.1—2016《交流电动机电容器 第1部分：总则 性能、试验和额定值 安全要求 安装和运行导则》，GB/T 3667.2—2016《交流电动机电容器 第2部分：电动机起动电容器》，GB/T 19749.1—2016《耦合电容器及电容分压器 第1部分：总则》。

上报或完成国家标准及能源行业标准报批稿6项：GB/T 6115.2—201×《电力系统用串联电容器 第2部分：串联电容器组用保护设备》，GB/T 12747.1—201×《标称电压1000V及以下交流电力系统用自愈式并联电容器 第1部分：总则 性能、试验和定额 安全要求 安装和运行导则》，GB/T 12747.2—201×《标称电压1000V及以下交流电力系统用自愈式并联电容器 第2部分：老化试验、自愈性试验和破坏试验》，GB/T ××××—××××《超级电容器 第1部分：总则》，NB/T ××××—××××《矿热炉供电系统用无功补偿装置设计与应用导则》以及GB/T ××××—××××《无功补偿装置术语》（该标准已完成报批稿，等待提交报批。）

正在制修订的标准9项：GB/T 11024.1—201×《标称电压1 000 V以上交流电力系统用并联电容器 第1部分：总则》（修订），GB/T 11024.2—201×《标称电压1 000 V以上交流电力系统用并联电容器 第2部分：耐久性试验》（修订），GB/T 11024.3—201×《标称电压1 000 V以上交流电力系统用并联电容器 第3部分：并联电容器和并联电容器组的保护》（修订），GB/T 11024.4—201×《标称电压1 000 V以上交流电力系统用并联电容器 第4部分：内部熔丝》（修订），JB/T ××××—××××《电力电容器用插片式金属防爆盖板组件》（修订），JB/T ××××—××××《电力电容器用圆形及椭圆形铝外壳》（制定），NB/T ××××—××××《配电网串联电容器补偿装置》（制定），GB/T 30841—2014《高压并联电容器装置的通用技术要求》（英文版翻译），IEC ×××××《声压法测定电力电容器单元的声功率级和指向特性》（IEC新工作项目提案）。

2016年，共收到IEC/TC33国际标准草案投票文件4份，均在截止日期前按时完成了投票工作，投票率100%。

2016年，SAC/TC45完成了IEC工作组专家的更新工作，现共有21位已注册的IEC工作组专家。目前，TC33下设工作组、维护组和联合工作组共7个，我国专家加入了其中6个，工作组参加覆盖率85.7%。

IEC/TC 33的年会及其工作组会议于2016年11月14—18日在意大利米兰召开。全国电力电容器标准化技术委员会组织国内5位专家参加。米兰年会期间召开的WG13、MT19和MT18工作组会议，均有我国的工作组专家出席。他们积极参加会议讨论，充分陈述我国意见。

2016年国家电力电容器质量监督检验中心检验并发放试验报告的产品共有117项。从发放检验报告的产品类型看，特高压交直流输电工程用各类电容器仍占有较大比重，送试的高压并联电容器、交直流滤波产品、串联电容器等产品种类较2015年相当。2016年发放检验报告数量比2015年减少幅度较大，主要是低压自愈式并联电容器产品的送试数量下降明显。2016年国家电力电容器质量监督检验中心发放检验报告产品分类见表9。

表9 2016年国家电力电容器质量监督检验中心发放检验报告产品分类

序号	产品类型	委托数量（项）
1	高压并联电容器	45
2	交流滤波电容器	23
3	直流滤波电容器	5
4	串联电容器	4
5	高压并联电容器装置	1
6	低压自愈式并联电容器	30
7	低压并联电容器装置	1
8	脉冲电容器	3
9	电力电子电容器	2
10	中性母线冲击电容器	1
11	隔直电容器	1
12	ASDC专用滤波电容器	1
13	保护电容器装置	1
14	中压复合式晶闸管投切开关	1
	总计	117

重大技术改造 2016年，电力电容器行业基本建设及技术改造投入3 312万元。其中，桂林电力电容器有限责任公司铁山工业园继续进行技改；日新电机（无锡）有限公司投入资金对特高压用CVT项目进行技术改造；合容电气股份有限公司投入资金对材料库房进行改造优化；上海思源电力电容器公司进行车间改造；上海永锦电气集团有限公司进行车间技改；淄博莱宝电力电容器有限公司继续投资"电容器用聚丙烯薄膜"项目；深圳市三和电力科技有限公司开展"智能电网电能控制关键技术"研发。

企业管理 2016年，苏州电力电容器有限公司、淄博莱宝电力电容器有限公司通过了ISO 9001的复审。上海思源电力电容器有限公司、上海永锦电气集团有限公司、深圳市三和电力科技有限公司通过了ISO 9001：2008质量管理体系、ISO 9001：2004环境管理体系、GB/T 28001—2001职业健康安全管理体系监督审核的复审。

上虞电力电容器有限公司更名为绍兴市上虞电力电容器有限公司。

温州威斯康工业有限公司获得温州市高新技术企业称号。

佛山市顺德区胜业电气有限公司参加2016年德国汉诺威工业展。

深圳市三和电力科技有限公司参加了在意大利米兰举办的2016年IEC/TC33年会。

行业活动 中国电器工业协会电力电容器分会第七届

二次会员大会于2016年9月24日在西安召开，共有68家单位的101位代表参加。会议宣布了批准无锡市云锡三冶焊料有限公司等2家企业入会的决定以及取消无锡市东亭电力电容器厂等6家企业会员单位资格的决定。

会议邀请多位专家做专题报告：国家电网经济研究院技术专家薛英林做题为"高压直流输电系统滤波用电容器成套设计与工程实践"的报告；南方电网广州超高压局江一主任做题为"电力电容器在直流工程中的运行情况及建议"的专题报告；清华大学党智敏教授做题为"规模化高储能密度聚合物薄膜介质材料及其电容器研究"的专题报告；新疆大学袁铁江教授做题为"储能规模化并网应用关键技术"的专题报告；西电电气研究院贾华高工做题为"电力电容器行业'十三五'发展的机遇和变革"的专题报告；全国电力电容器标委会刘菁高工做2016年标准化工作报告；国家电力电容器质量监督检验中心贺满潮高工介绍了2016年度电力电容器产品检测情况。

中国电工技术学会电力电容器专委会2016年学术年会于2016年10月30日至11月1日在上海召开，中国电工技术学会、国务院三峡建委、中国科学技术协会及专委会挂靠单位西安高压电器研究院领导到会并讲话，来自全国65家行业单位的87位代表参会。会议审议通过专委会2016年工作报告及2017年工作计划。专委会共征集电力电容器介质材料研究、单元及成套产品设计及制造工艺提升、无功及谐波治理控制保护策略研究、试验检验方法探究、运行故障分析等方面的文章47篇，编辑出版了《输变电年会2016论文集》，对评选出的8篇优秀论文进行了颁奖。

编辑、出版了《2015电力电容器行业年鉴》，共收集30家企业的统计资料。完成《电力电容器通讯》2016年6期的编辑、出版、发行工作。完成《电力电容器行业通讯录（2016）》编制。出版《电力电容器与无功补偿》期刊6期，刊登论文总计142篇。

〔供稿单位：中国电器工业协会电力电容器分会〕

高压开关

2015年发展情况

电力行业发展情况 随着我国经济发展进入新常态，电力生产消费也呈现新常态特征。2015年，全国全社会用电量5.55万亿kW·h，同比增长0.5%（增速同比回落3.3个百分点）。固定资产投资特别是房地产投资增速持续放缓，导致黑色金属冶炼和建材行业用电同比分别下降9.3%和6.7%，其合计下拉全社会用电量增速1.3个百分点，是第二产业用电量下降、全社会用电量低速增长的主要原因；其次，经济结构调整和工业转型升级促使高新技术行业比重上升，高耗能行业比重下降，单位GDP电耗下降、电能利用效率提升；再次，气温因素和电力生产自身耗电减少。几种因素相互作用，共同造成了电力消费增速放缓的结果。

2015年，全国主要电力企业合计完成投资8694亿元，同比增长11.4%。其中，完成电网投资4603亿元，同比增长11.7%；完成电源投资4091亿元，同比增长11.0%。

2015年，全国净增发电装机容量1.4亿kW，创年度投产规模历史新高。截至年底，全国全口径发电装机容量15.07亿kW，同比增长10.5%。年底全口径发电量5.60万亿kW·h，同比增长0.6%。全国发电设备利用小时3969h，同比降低349h，连续三年下降。

随着并网风电、太阳能装机及发电量快速增长，电力供应结构逐年优化。2015年，非化石能源发电装机容量和发电量占比分别比2010年提高8.1和8.3个百分点。

2015年，全国新增水电装机1817万kW，全年水电投资同口径同比下降17.0%，已连续两年下降。年底全口径水电装机容量3.2亿kW。全年发电量1.11万亿kW·h，同比增长5.1%。设备利用小时3621h，为近二十年来的年度第三高水平。

2015年，全国新增并网风电装机3050万kW，再创新高，同比增长47.2%。年底并网风电装机容量1.3亿kW，世界第一。其中，"十二五"期间累计净增容量近1亿kW。全年发电量1851亿kW·h，同比增长15.8%。设备利用小时1728h，同比减少172h。

2015年，全国新增光伏装机1513万kW，同比增长41.5%，连续3年新增装机超过1000万kW。年底光伏发电累计装机容量达4318万kW，成为全球光伏发电装机容量最大的国家。其中，光伏电站为3712万kW，分布式为606万kW。全年发电量达到392亿kW·h。设备利用小时1133h。

2015年，全国新增核电机组600万kW，同比增长29.9%。"十二五"期间，核电装机容量净增1526万kW，年均增长19.2%。截至2015年年底核电装机容量2608万kW。全年发电量1609亿kW·h，同比增长27.2%。设备利用小时7350h，同比减少437h。

2015年，全国新增火电装机7202万kW（其中煤电5186万kW），为2009年以来年度投产最多的一年。年底全国全口径火电装机9.9亿kW（其中煤电8.8亿kW，占火电比重为89.3%），同比增长7.8%。全口径发电量40771亿kW·h，同比下降2.3%，连续两年下降。火电发电设备利用小时创1969年以来的年度最低值4329h，同比减少410h。

2015年，110（66）kV及以上输变电工程共竣工投产2927个项目（不含特高压项目），变电总容量255257.1MV·A，线路总长度50600.2km。其中：750kV输变电工程14个项目，变电容量16800MV·A，线路长度1 021.3km；500kV输变电工程132个项目，变电容量68 140MV·A，线路长度7 091.1km；330kV输变电工程37个项目，变电容量9 700MV·A，线路长度913.7km；220kV输变电工程803个项目，变电容量95 092.1MV·A，线路长度20 478.9km；110kV输变电工程1 897个项目，变电容量64 701.8MV·A，线路长度20 003.5km；东北地区66kV输变电工程44个项目，总容量823.2MV·A，线路1 091.7km。

2015年新开工1 994个项目（不含特高压项目），变电总容量221 178.3MV·A，线路总长度39 263.2km。2015年在建项目2 935个，变电总容量339 480.1MV·A，线路总长度61 412.4km。

特高压电网进入大规模建设、加速发展的新阶段，"四交四直"特高压工程纳入国家大气污染防治行动计划并全部开工。至"十二五"末累计建成"三交四直"、在建"四交五直"特高压工程，在运在建特高压输电线路长度超过2.5万km，变电（换流）容量超过2.7亿kV·A。

"十二五"发展情况 "十二五"期间，高压开关行业快速增长的步伐放缓，稳中求进成为主题。与2010年年末相比，2015年高压开关行业工业总产值同比增长28.16%，年均增长5.09%；出口交货值同比增长40.57%，年均增长7.05%；工业增加值同比增长27%，年均增长4.9%；利润总额同比增长22.92%，年均增长4.21%；资产总额同比增长47.06%，年均增长8.02%；行业内科技人员同比增长16.33%，年均增长3.07%。

"十二五"期间，通过引进、消化、吸收国外先进技术和自主创新，新产品、新技术、新工艺不断推出，高压开关行业主要产品的技术水平达到国际先进水平，部分领域国际领先，生产能力稳居世界第一。

三维设计、计算机辅助分析和仿真技术的广泛应用使产品设计工作从经验定性设计阶段进入定量数值计算分析、精确设计阶段，设计效率显著提高。基本建成与国际接轨的完整的开关设备标准体系，覆盖了产品设计、生产制造、所用原材料、试验验证及使用维护的各个方面，对引领新产品的研发及保证产品性能和质量起到了巨大的作用。西安高压电器研究院有限责任公司已成为国际领先水平的同类实验室之一，开创了众多国际第一，如开关设备合成试验能力为国际第一，世界首次成功完成了1 100kV GIS产品的全套型式试验等。

随着数字化制造技术的逐步推广，高压开关行业内已建立起了机械加工、绝缘工艺、装配制造等各领域完备的加工制造体系，实现了全系列产品的国产化制造，生产制造能力得到跨越式提升。

"特高压交流输电关键技术、成套设备及工程应用"项目荣获国家科学技术进步奖特等奖。复合绝缘真空断路器、固封极柱真空断路器等新型开关元件和C-GIS充气柜、固体绝缘开关柜、模块化智能变电站等新型成套设备以及满足特殊领域和使用场合的新型发电机保护断路器、铁道电气化开关设备、直流系统开关设备等专用产品集中推出，满足了电力工业的发展需要，完善了高压开关行业产品体系。

"十二五"期间，72.5kV及以上气体绝缘金属封闭开关设备产量增长33.08%，年均增长5.88%。72.5kV及以上户外高压交流SF_6断路器下降1.16%，年均下降0.23%。40.5kV及以下高压交流真空断路器增长33.95%，年均增长6.02%。40.5kV及以下高压交流金属封闭开关设备增长50.86%，年均增长8.57%。预装式变电站增长46.15%，年均增长7.88%。

"十二五"期间，高压开关产业结构进一步优化，逐步实现从生产型制造向服务型制造的转变。行业内上市公司已达30余家，正在进行股份制改制企业数十家，大型企业集团日益壮大，具有专业竞争优势的新兴企业迅速成长，"专、精、特"产业集群蓬勃发展。现代企业制度不断完善，信息化管理和科学质量管理体系深入推广，先进管理模式广泛应用。

生产发展情况 2015年，高压开关行业在各种不利因素的影响下，主要经济指标低速增长；成本费用控制加强，增幅低于主营业务收入增长率，部分项目明显下降。2015年高压开关行业主要经济指标见表1。

表1 2015年高压开关行业主要经济指标

序号	项 目	单位	2015年	2014年	同比增长（%）
1	全年从业人员人数（总计）	万人	16.20	16.69	-2.95
2	其中：从事高压开关人数	万人	8.70	8.70	0.00
3	从事科技活动人数	万人	4.06	4.10	-1.09
4	从事研发人员人数	万人	2.16	2.20	-1.96
5	工业总产值	亿元	1 945.48	1 927.46	0.93
6	其中：高压开关产值	亿元	1 070.51	1 068.92	0.15
7	新产品产值	亿元	627.28	704.88	-11.01
8	工业销售产值	亿元	1 889.90	1 860.68	1.57
9	其中：出口交货值	亿元	55.03	52.11	5.60

(续)

序号	项目	单位	2015年	2014年	同比增长（%）
10	工业增加值	亿元	473.77	469.48	0.91
11	主营业务收入	亿元	1 839.14	1 797.95	2.29
12	主营业务成本	亿元	1 329.61	1 318.56	0.84
13	营业费用	亿元	91.64	97.78	-6.28
14	主营业务税金及附加	亿元	10.72	9.94	7.82
15	应交增值税	亿元	75.47	79.32	-4.85
16	管理费用及财务费用	亿元	134.00	133.06	0.71
17	其中：利息支出	亿元	24.24	19.49	24.35
18	其他业务收入	亿元	16.33	26.83	-39.12
19	利润总额	亿元	148.73	146.65	1.42
20	其中：高压开关部分	亿元	79.07	77.58	1.92
21	年末资产合计	亿元	2 232.37	2 001.18	11.55
22	年末固定资产原价	亿元	548.75	456.36	20.24
23	年末固定资产净值	亿元	339.58	314.87	7.85
24	全年完成基建投资额	亿元	34.68	41.26	-15.94
25	全年更改措施项目完成投资额	亿元	7.33	8.86	-17.29
26	流动资产年平均余额	亿元	1 398.38	1 252.10	11.68
27	其中：应收账款余额	亿元	624.41	500.75	24.69
28	年末负债合计	亿元	1 163.85	1 074.79	8.29
29	年末所有者权益合计	亿元	989.60	903.68	9.51
30	全年科技活动经费使用数	亿元	55.98	56.13	-0.27
31	研究与发展经费支出	亿元	51.34	48.38	6.11
32	新产品开发经费支出	亿元	35.29	37.49	-5.87
33	全员职工工资总额	亿元	94.02	86.85	8.26
34	资本保值增值率	%	112.48	110.23	2.04
35	资产负债率	%	52.14	53.71	-2.92
36	流动资产周转率	次	1.32	1.44	-8.33
37	成本费用利润率	%	9.56	9.47	0.95
38	工业全员劳动生产率	万元/人	29.25	28.12	4.02
39	产品销售率	%	97.14	96.54	0.62
40	总资产贡献率	%	11.27	12.01	-6.16
41	销售利税率	%	12.77	13.12	-2.67
42	资金利税率	%	13.52	15.06	-10.23
43	人均创利税	万元/人	14.50	14.13	2.64
44	税金总额	亿元	86.19	89.26	-3.44
45	利税总额	亿元	234.92	235.91	-0.42
46	应收账款占流动资产比率	%	44.65	39.99	11.65
47	经济效益综合指数	%	2.88	2.83	1.77
48	万元产值能耗平均水平（标煤）	t	0.04	0.04	0.00

2014年和2015年均参加行业统计的企业共计205家。据此205家企业经济指标数据分析：2015年工业总产值合计1 860.75亿元，较上年增加73.03亿元，同比增长4.09%；利润总额合计140.63亿元，较上年增加8.04亿元，同比增长6.06%；上缴利税总额合计223.09亿元，较上年增加6.79亿元，同比增长3.14%；出口交货值合计53.38亿元，较上年增加6.98亿元，同比增长15.04%；新产品产值合计606.84亿元，较上年减少51.27亿元，同比下降7.8%；全年科技活动投入合计51.91亿元，较上年增加1.9亿元，同比增长3.8%。

1. 工业总产值

（1）行业工业总产值。2015年，高压开关行业完成工业总产值1 945.48亿元，较上年增加18.02亿元，同比增长0.93%，较上年降低5.8个百分点。

高压开关行业中工业总产值1亿元以上的企业165家，占行业统计企业数的64.96%，较上年减少27家。产值10亿元以上企业29家，占行业统计企业数的11.42%，与上年企业数相同。产值20亿元以上企业17家，占行业统计企业数的6.69%，与上年企业数相同，其产值合计1 239.95亿元，占行业总产值的63.73%，较上年提高3.98个百分点。2015年高压开关行业工业总产值企业构成情况见表2。

表2　2015年高压开关行业工业总产值企业构成情况

企业类别	企业数（家）	占比（%）	产值（亿元）	占比（%）
20亿元以上	17	6.69	1 239.95	63.73
10亿～20亿元	12	4.72	160.1	8.23
5亿～10亿元	35	13.78	252.29	12.97
1亿～5亿元	101	39.76	245.31	12.61
1亿元以下	89	35.04	47.83	2.46
总计	254	100.00	1 945.48	100.00

2015年，工业总产值增长率20%以上的企业30家，较上年减少16家，占行业统计企业数的11.81%，较上年下降5.81个百分点；产值增长率50%以上的企业7家，较上年减少5家，占行业统计企业数的2.76%，较上年下降1.84个百分点。

工业总产值1亿元以上的企业中，增长率20%以上的企业24家，较上年减少14家；增长率50%以上的企业5家，较上年减少3家。工业总产值10亿元以上的企业中，增长率20%以上的企业7家，较上年增加2家；增长率50%以上的企业1家。

2015年，工业总产值下降的企业116家，较上年增加21家，占行业统计企业数的45.67%，较上年上升9.27个百分点。

2015年工业总产值前5位企业见表3。

表3　2015年工业总产值前5位企业

序号	企业名称	工业总产值（亿元）
1	河南森源集团有限公司	231.06
2	大全集团有限公司	180.94
3	许继集团有限公司	108.02
4	平高集团有限公司	85.41
5	有能集团有限公司	81.46

（2）高压开关产值。2015年，全行业完成高压开关产值1 070.51亿元，较上年增加1.59亿元，同比增长0.15%，较上年下降2.72个百分点。高压开关产值1亿元以上的企业128家，较上年增加22家，占行业统计企业数的50.39%，较上年下降7.08个百分点。高压开关产值10亿元以上的企业22家，较上年增加3家，占行业统计企业数的8.66%，较上年提高1.38个百分点。高压开关产值20亿元以上企业10家，与上年持平，占行业统计企业数的3.94%，较上年提高0.11个百分点。2015年高压开关产值企业构成情况见表4。

表4　2015年高压开关产值企业构成情况

企业类别	企业数（家）	占比（%）	产值（亿元）	占比（%）
20亿元以上	10	3.94	494.99	46.24
10亿～20亿元	12	4.72	162.09	15.14
5亿～10亿元	20	7.87	144.79	13.53
1亿～5亿元	86	33.86	207.86	19.42
1亿元以下	126	49.61	60.78	5.68
总计	254	100.00	1 070.51	100.00

2015年，高压开关产值增长率低于工业总产值增长率0.78个百分点。高压开关产值占工业总产值的比重为55.03%，较上年（占55.46%）下降0.43个百分点。

高压开关产值增长率20%以上的企业38家，较上年减少18家，占行业统计企业数的14.96%，较上年下降6.5个百分点。高压开关产值增长率50%以上的企业11家，较上年减少12家，占统计企业数的4.33%，较上年下降4.48个百分点。

高压开关产值1亿元以上的企业中，增长率20%以上企业25家，较上年减少11家；增长率50%以上的企业9家，较上年减少2家。高压开关产值10亿元以上的企业中，增长率20%以上的企业7家，较上年增加3家。

高压开关产值较上年减少的企业105家，较上年减少15家，占行业统计企业数的41.34%，较上年提高6.86个百分点。

2015年高压开关产值前5位企业见表5。

表5 2015年高压开关产值前5位企业

序号	企业名称	高压开关产值（亿元）
1	平高集团有限公司	85.41
2	西安西电开关电气有限公司	75.29
3	山东泰开高压开关有限公司	74.17
4	河南森源集团有限公司	72.00
5	江苏东源电器集团股份有限公司	40.00

2. 工业增加值

2015年，高压开关行业完成工业增加值473.77亿元，较上年增加4.29亿元，同比增长0.91%，较上年下降13.85个百分点。

工业增加值1亿元以上的企业78家，较上年减少4家，占行业统计企业数的30.71%，较上年下降0.71个百分点。工业增加值5亿元以上的企业17家，较上年减少2家，占行业统计企业数的6.69%，较上年下降0.59个百分点。工业增加值10亿元以上的企业10家，与上年持平，占行业统计企业数的3.94%，较上年提高0.11个百分点。

工业增加值增长率20%以上的企业49家，较上年减少14家，占行业统计企业数的19.29%，较上年下降4.85个百分点。增长率50%以上的企业19家，较上年减少4家，占统计企业数的7.48%，较上年下降1.33个百分点。

2015年，工业增加值降低的企业105家，较上年增加10家，占行业统计企业数的41.34%，较上年提高4.94个百分点。

2015年工业增加值前5位企业见表6。

表6 2015年工业增加值前5位企业

序号	企业名称	工业增加值（亿元）	序号	企业名称	工业增加值（亿元）
1	大全集团有限公司	50.51	4	有能集团有限公司	28.69
2	河南森源集团有限公司	33.41	5	平高集团有限公司	26.19
3	许继集团有限公司	30.80			

主要产品产量 2015年，高压开关行业生产总量维持平稳，中压产品产量出现回升。

全年生产126 kV及以上电压等级气体绝缘金属封闭开关设备16 886间隔，较上年同比下降7.68%；生产126 kV及以上电压等级高压SF$_6$断路器7 021台，较上年同比下降0.79%；生产预装式变电站54 702台，同比增长15.1%，增速同比提高4.01个百分点；生产40.5 kV及以下电压等级高压真空断路器715 697台，同比增长3.75%，增速同比提高10.7个百分点；生产隔离开关306 674组，同比下降15.49%；生产接地开关283 404组，同比增长6.33%；生产真空灭弧室2 300 544只，同比增长13.6%，增速同比提高18.82个百分点。

据参加2014年和2015年行业统计的205家企业产量数据，2015年126kV及以上SF$_6$断路器合计6 666台，较上年减少224台，同比下降3.25%；126kV及以上气体绝缘金属封闭开关设备合计16 530间隔，较上年减少874间隔，同比下降5.03%；40.5kV及以下真空断路器合计666 422台，较上年增加10 337台，同比增长1.58%；40.5kV及以下金属封闭开关设备合计710 772面，较上年增加48 610面，同比增长7.34%；预装式变电站52 875台，较上年增加9 365台，同比增长21.52%；生产隔离开关305 213组，较上年减少14 719组，同比下降4.6%；生产接地开关221 067组，较上年增加11 306组，同比增长5.39%。

2015年高压开关产品产量见表7。

表7 2015年高压开关产品产量

产品类别	单位	800 kV及以上	550 kV	363 kV	252 kV	126 kV	72.5 kV	40.5 kV	24 kV	12 kV	27.5 kV/55 kV
SF$_6$断路器	台	80	98	125	1 116	5 602	2 214	6 772		225	856
真空断路器	台						33	57 662	7 949	646 574	3 512
气体绝缘金属封闭开关设备	间隔	113	653	177	4 856	11 087	107	2 494		2 450	
敞开式组合电器	组				69	457	13	396			
金属封闭开关设备	面							79 529	10 156	425 192	3 433
环网柜	台							546	2 633	250 148	
隔离开关	组	356	953	758	10 618	20 922	4 477	20 935	111	243 922	3 622
接地开关	组		237	113	619	477	37	27 211	243	254 467	
负荷开关	台							9 314	467	122 606	
熔断器	只							8 680	6 693	250 656	
分段器	台										
重合器	台									909	

(续)

产品类别	单位	800 kV 及以上	550 kV	363 kV	252 kV	126 kV	72.5 kV	40.5 kV	24 kV	12 kV	27.5 kV /55 kV
高压接触器	台							656	3 077	36 210	
箱式变电站	台					65		15 918	3	38 716	
高压真空灭弧室	只				422	5	142 392	74 698	2 082 179		848

1. 气体绝缘金属封闭开关设备

2015年，800kV及以上电压等级气体绝缘金属封闭开关设备产量113间隔，较上年减少5间隔。生产企业3家。

550kV气体绝缘金属封闭开关设备产量653间隔，较上年增加114间隔，同比增长21.15%。生产企业6家。

363kV气体绝缘金属封闭开关设备产量177间隔，较上年减少129间隔。生产企业3家。

252kV气体绝缘金属封闭开关设备产量4 856间隔，较上年增加133间隔，同比增长2.82%。生产企业13家，较上年减少1家。

126kV气体绝缘金属封闭开关设备产量11 087间隔，较上年减少1 517间隔，同比下降12.04%。生产企业26家，较上年减少2家。产量500间隔以上的企业7家，较上年减少1家，产量合计8 217间隔，占行业生产总量的74.11%，较上年提高0.55个百分点。

2015年气体绝缘金属封闭开关设备产量前3位企业见表8。

表8　2015年气体绝缘金属封闭开关设备产量前3位企业

电压等级	企业名称	产量（间隔）
252kV	平高集团有限公司	1 035
	山东泰开高压开关有限公司	1 027
	西安西电开关电气有限公司	906
126kV	西安西电开关电气有限公司	2 204
	山东泰开高压开关有限公司	2 082
	北京北开电气股份有限公司	1 039

2. 高压交流断路器

2015年高压断路器不同电压等级产品产量比例见表9。

表9　2015年高压断路器不同电压等级产品产量比例

电压等级	SF_6系列（%）	真空系列（%）
126kV及以上	100.00	
72.5kV	98.53	1.47
40.5kV	10.51	89.49
12kV	0.03	99.97

（1）800kV户外高压交流SF_6断路器。2015年，我国800kV及以上电压等级户外高压交流SF_6断路器产量80台，较上年增加61台。生产企业4家，较上年增加2家。

（2）550kV户外高压交流SF_6断路器。2015年，550kV户外高压交流SF_6断路器产量98台，较上年减少26台。生产企业5家，与上年持平。产量最高的企业为平高集团有限公司（产量63台）。

2015年，363kV户外高压交流SF_6断路器产量125台，较上年增加8台。生产企业3家。产量最高的企业为西安西电开关电气有限公司（产量50台）。

（3）252kV户外高压交流SF_6断路器。2015年，252kV户外高压交流SF_6断路器产量1 116台，较上年增加85台，同比增长8.24%。生产企业6家，与上年持平。

（4）126kV户外高压交流SF_6断路器。2015年，126kV户外高压交流SF_6断路器产量5 602台，较上年减少184台，同比下降3.18%。生产企业14家，较上年减少4家。产量500台以上的企业4家，与上年持平，产量合计4 201台，占行业产量的74.99%，较上年提高5.11个百分点。

2015年户外高压交流SF_6断路器产量前3位企业见表10。2006—2015年SF_6气体绝缘金属封闭开关设备和SF_6高压交流断路器的产量比例见表11。

表10　2015年户外高压交流SF_6断路器产量前3位企业

电压等级	企业名称	产量（台）
252kV	江苏省如高高压电气有限公司	554
	西安西电高压开关有限责任公司	230
	平高集团有限公司	226
126kV	山东泰开高压开关有限公司	1 560
	江苏省如高高压电器有限公司	1 501
	西安西电高压开关有限责任公司	630

表11　2006—2015年SF_6气体绝缘金属封闭开关设备和SF_6高压交流断路器的产量比例

年份	252kV	126kV
2006	1.57∶1	0.72∶1
2007	1.55∶1	0.78∶1
2008	1.65∶1	1.01∶1
2009	2.13∶1	1.06∶1
2010	2.41∶1	1.41∶1
2011	3.53∶1	1.74∶1
2012	3.72∶1	2.09∶1
2013	3.65∶1	2.08∶1
2014	4.58∶1	2.18∶1
2015	4.35∶1	1.98∶1

（5）72.5kV断路器。2015年，72.5kV高压交流SF_6断路器产量2 214台，较上年增加194台，同比增长9.6%。生产企业8家，较上年减少1家。产量最高的企业为山东泰开高压开关有限公司（产量537台），占行业总量的24.25%。

(6) 40.5kV 断路器。2015 年，40.5kV 高压交流 SF$_6$ 断路器产量 6 772 台，较上年增加 1 112 台，同比增长 19.65%。生产企业 14 家，较上年减少 1 家。产量 500 台以上的企业 6 家，较上年增加 2 家。产量最高的企业为山东泰开高压开关有限公司（产量 1 182 台），占行业总量的 17.45%。

40.5kV 高压交流真空断路器产量 57 662 台，较上年增加 4450 台，同比增长 8.36%。生产企业 61 家，较上年增加 2 家。产量在 1 000 台以上的企业 9 家，较上年增加 1 家，产量合计 43 539 台，占行业生产总量的 75.51%，较上年提高 5.29 个百分点。产量最高的企业为山东泰开高压开关有限公司（产量 12 693 台），占行业生产总量的 22.01%。

2015 年 40.5kV 高压交流真空断路器产量企业构成见表 12。

表 12 2015 年 40.5kV 高压交流真空断路器产量企业构成

企业类别	企业数（家）	占比（%）	产量合计（台）	占比（%）
产量 1 000 台以上	9	14.75	43 539	75.51
产量 500～1 000 台	11	18.03	7 823	13.57
产量 100～500 台	22	36.07	5 434	9.42
产值 100 台以下	19	31.15	866	1.50
总计	61	100.00	57 662	100.00

(7) 24kV 高压交流真空断路器。2015 年，24kV 高压交流真空断路器产量 7 949 台，较上年减少 130 台，同比下降 1.61%。生产企业 21 家，较上年增加 3 家。产量最高的企业为陕西龙翔电器有限公司（产量 1 441 台）。

(8) 12kV 断路器。2015 年，12kV 高压交流 SF$_6$ 断路器产量 225 台，较上年减少 592 台，同比下降 72.46%。生产企业 3 家，较上年减少 1 家。产量最高的企业为山东泰开高压开关有限公司（产量 105 台）。

12kV 高压交流真空断路器产量 646 574 台，较上年增加 21 283 台，同比增长 3.4%。生产企业 114 家，较上年减少 1 家。产量在 10 000 台以上的企业 14 家，与上年持平，产量合计为 381 118 台，占行业生产总量的 58.94%，较上年下降 0.38 个百分点。

2015 年 12kV 高压交流真空断路器产量企业构成见表 13。2015 年 12kV 高压交流真空断路器产量前 5 位企业见表 14。

表 13 2015 年 12kV 高压交流真空断路器产量企业构成

企业类别	企业数（家）	占比（%）	产量合计（台）	占比（%）
产量 10 000 台以上	14	12.28	381 118	58.94
产量 5 000～10 000 台	16	14.04	115 942	17.93
产量 1 000～5 000 台	48	42.11	131 516	20.34
产值 1 000 台以下	36	31.58	17 998	2.78
总计	114	100.00	646 574	100.00

表 14 2015 年 12kV 高压交流真空断路器产量前 5 位企业

序号	企业名称	产量（台）
1	施耐德（陕西）宝光电器有限公司	52 480
2	华仪电器集团（华仪电气）有限公司	49 315
3	河南森源电气股份有限公司	45 031
4	厦门 ABB 开关有限公司	41 708
5	山东泰开高压开关有限公司	35 275

3. 交流金属封闭开关设备

(1) 40.5kV 气体绝缘金属封闭开关设备（C-GIS）。2015 年，40.5kV 气体绝缘金属封闭开关设备（C-GIS）产量 2 494 间隔，较上年减少 169 间隔，同比下降 6.35%。生产企业 10 家，较上年增加 1 家。产量最高的企业为沈阳高压成套开关股份有限公司（产量 832 间隔），占行业生产总量的 33.36%。

(2) 12kV 气体绝缘金属封闭开关设备（C-GIS）。2015 年，12kV 气体绝缘金属封闭开关设备（C-GIS）产量 2 450 间隔，较上年增加 161 间隔，同比增长 7.03%。生产企业 6 家，较与上年持平。产量最高的企业为上海天灵开关厂有限公司（产量 999 间隔）。

(3) 40.5kV 交流金属封闭开关设备。2015 年，40.5kV 高压交流金属封闭开关设备产量 79 529 面，较上年增加 9 603 面，同比增长 13.73%。生产企业 82 家，较上年增加 2 家。产量 2 000 面以上的企业 9 家，较上年增加 2 家，产量合计 53 166 面，占行业生产总量的 66.85%，较上年提高 5.54 个百分点。2015 年 40.5kV 高压交流金属封闭开关设备各产品系列产量见表 15。2015 年 40.5kV 交流金属封闭开关设备产量企业构成情况见表 16。2015 年 40.5kV 高压交流金属封闭开关设备产量前 5 位企业见表 17。

表 15 2015 年 40.5kV 高压交流金属封闭开关设备各产品系列产量

产品系列	产量（面）	占比（%）	比上年增加百分点
KYN 系列	70 923	89.18	-1.97
XGN 系列	6 229	7.83	1.01
GBC、JYN、KGN 等系列	2 377	2.99	0.96

表 16 2015 年 40.5kV 交流金属封闭开关设备产量企业构成情况

企业类别	企业数（家）	占比（%）	产量合计（面）	占比（%）
产量 2 000 面以上	9	10.98	53 166	66.85
产量 1 000～2 000 面	5	6.10	8 075	10.15
产量 500～1 000 面	14	17.07	10 310	12.96
产值 500 面以下	54	65.85	7 978	10.03
总计	82	100.00	79 529	100.00

表17 2015年40.5kV高压交流金属封闭开关设备产量前5位企业

序号	企业名称	产量（面）
1	山东泰开高压开关有限公司	11 666
2	安徽中电兴发与鑫龙科技股份有限公司	11 504
3	河南森源电气股份有限公司	9 028
4	江苏东源电器集团股份有限公司	6 000
5	宁波天安（集团）股份有限公司	4 130

（4）24kV交流金属封闭开关设备。2015年，24kV高压交流金属封闭开关设备产量10 156面，较上年增加731面，同比增长7.76%。生产企业26家，较上年增加2家。产量500面以上的企业5家，较上年减少1家，产量合计6 699面，占行业生产总量的65.96%，较上年下降6.1个百分点。产量最高的企业为安徽中电兴发与鑫龙科技股份有限公司（产量3 925面）。

（5）12kV交流金属封闭开关设备。2015年，12kV高压交流金属封闭开关设备产量425 192面，较上年增加23 052面，同比增长5.73%。生产企业142家，较上年减少6家。产量10 000面以上的企业8家，较上年增加1家，产量合计163 689面，占行业生产总量的38.5%，较上年提高3.43个百分点。2015年12kV金属封闭开关设备各产品系列产量见表18。2015年12kV交流金属封闭开关设备产量企业构成见表19。2015年12kV高压交流金属封闭开关设备产量前5位企业见表20。

表18 2015年12kV金属封闭开关设备各产品系列产量

产品系列	产量（面）	占比（%）	比上年增加百分点
KYN系列	358 396	84.29	-1.31
XGN系列	52 473	12.34	0.81
DFW系列	5 045	1.19	-0.26
其他系列	9 278	2.18	0.76

表19 2015年12kV交流金属封闭开关设备产量企业构成

企业类别	企业数（家）	占比（%）	产量合计（面）	占比（%）
产量10 000面以上	8	5.63	163 689	38.50
产量5 000～10 000面	17	11.97	111 070	26.12
产量1 000～5 000面	56	39.44	123 857	29.13
产量500～1 000面	23	16.20	18 275	4.30
产值500面以下	38	26.76	8 301	1.95
总计	142	100.00	425 192	100.00

表20 2015年12kV高压交流金属封闭开关设备产量前5位企业

序号	企业名称	产量（面）
1	安徽中电兴发与鑫龙科技股份有限公司	37 461
2	山东泰开高压开关有限公司	29 645
3	河南森源电气股份有限公司	29 481
4	浙宝电气（杭州）集团有限公司	15 733
5	厦门ABB开关有限公司	14 820

（6）环网柜。2015年，40.5kV环网柜产量546面。生产企业3家，较上年增加2家。产量最高的企业为正泰电气股份有限公司（产量325面）。

24kV环网柜产量2 633面，较上年增加1 706面。生产企业6家，较上年增加3家。产量最高的企业为北海银河开关设备有限公司（产量1 156面）。

12kV环网柜产量250 148面，较上年增加11 285面，同比增长4.72%。生产企业100家，较上年减少9家。产量5 000面以上的企业18家，较上年增加1家，产量合计191 311面，占行业生产总量的76.48%，较上年提高9.21个百分点。2015年12kV环网柜产量企业构成见表21。2015年12kV环网柜产量前5位企业见表22。

表21 2015年12kV环网柜产量企业构成

企业类别	企业数（家）	占比（%）	产量合计（面）	占比（%）
产量5 000面以上	18	18.95	191 311	76.48
产量1 000～5 000面	19	20.00	41 944	16.77
产量500～1 000面	14	14.74	9 709	3.88
产值500面以下	44	46.32	7 184	2.87
总计	95	100.00	250 148	100.00

表22 2015年12kV环网柜产量前5位企业

序号	企业名称	产量（面）
1	北京双杰电气股份有限公司	19 242
2	青岛特锐德电气股份有限公司	17 896
3	北京合纵科技股份有限公司	17 637
4	北京科锐配电自动化股份有限公司	15 049
5	大亚电器集团有限公司	14 031

4. 高压交流隔离开关与接地开关

（1）800kV高压交流隔离开关。2015年，800kV及以上电压等级高压交流隔离开关产量356组，较上年增加171组，同比增长92.43%。生产企业5家，较上年增加1家。产量最高的企业为山东泰开高压开关有限公司（产量179组）。

（2）550kV高压交流隔离开关和接地开关。2015年，550kV高压交流隔离开关产量953组，较上年增加219组，同比增长29.83%。生产企业6家，与上年持平。产量最高的企业为山东泰开高压开关有限公司（产量393组）。

550kV高压交流接地开关产量237组，较上年增加

138组，同比增长139.39%。生产企业4家，较上年增加1家。产量最高的企业是平高集团有限公司（产量84组）。

（3）363kV高压交流隔离开关和接地开关。2015年，363kV高压交流隔离开关产量758组，较上年增加27组，同比增长3.69%。生产企业6家，与上年持平。产量最高的企业为山东泰开高压开关有限公司（产量266组）。

363kV高压交流接地开关产量113组，较上年减少26组，同比下降18.71%。生产企业4家，与上年持平。产量最高的企业为山东泰开高压开关有限公司（产量96组）。

（4）252kV高压交流隔离开关和接地开关。2015年，252kV高压交流隔离开关产量10 618组，较上年增加798组，同比增长8.13%。生产企业7家，较上年减少3家。产量1 000组以上的企业4家，与上年持平，产量合计9 307组，占行业生产总量的87.65%，较上年提高6.53个百分点。产量最高的企业是山东泰开高压开关有限公司（产量3 287组）。

252kV高压交流接地开关产量619组，较上年减少121组，同比下降16.35%。生产企业4家，与上年持平。产量最高的企业为山东泰开高压开关有限公司（产量349组），占行业产量的56.38%。

（5）126kV高压交流隔离开关和接地开关。2015年，126kV高压交流隔离开关产量20 922组，较上年减少6 767组，同比下降24.44%。生产企业14家，较上年减少1家。产量2 000组以上的企业共3家，较上年减少2家，产量合计15 656组，占行业生产总量的74.83%，较上年下降12.31个百分点。产量最高的企业为山东泰开高压开关有限公司（产量7 972组）。

126kV高压交流接地开关产量477组，较上年增加143组，同比增长42.81%。生产企业5家，较上年增加1家。产量最高的企业是湖南长高高压开关集团股份公司（产量199组）。

（6）40.5kV高压交流隔离开关和接地开关。2015年，40.5kV高压交流隔离开关产量20 935组，较上年减少11 019组，同比下降34.48%。生产企业18家，较上年增加1家。产量1 000组以上的企业4家，较上年减少3家，产量合计17 739组，占行业生产总量的84.73%，较上年下降5.21个百分点。产量最高的企业为山东泰开高压开关有限公司（产量7 076组）。

40.5kV高压交流接地开关产量27 211组，较上年减少2 786组，同比下降9.29%。生产企业11家，较上年减少2家。产量2 000组以上的企业4家，与上年持平，产量合计为23 679组，占行业生产总量的87.02%，较上年提高13.59个百分点。产量最高的企业为河南森源集团有限公司（产量10 743组）。

（7）24kV高压交流隔离开关和接地开关。2015年，24kV高压交流隔离开关产量111组，生产企业2家。24kV高压交流接地开关产量243组，生产企业1家。

（8）12kV高压交流隔离开关和接地开关。2015年，12kV高压交流隔离开关产量243 922组，较上年减少32 236组，同比下降11.67%。生产企业23家，较上年减少4家。产量10 000组以上的企业8家，较上年减少1家，产量合计为222 620组，占行业生产总量的91.27%，较上年提高2.22个百分点。产量最高的企业是华仪电器集团（华仪电气）有限公司（产量82 758组）。

12kV高压交流接地开关产量254 467组，较上年增加26 626组，同比增长11.69%。生产企业19家，较上年减少1家。产量10 000组以上的企业7家，较上年减少1家，产量合计为223 566组，占行业生产总量的87.86%，较上年提高0.49个百分点。产量最高的企业为浙江恒博电气制造有限公司（产量57 100组）。

5.高压交流负荷开关和熔断器

（1）40.5kV高压交流负荷开关。2015年，40.5kV高压交流负荷开关产量9 314台，较上年增加3 250台，增长率53.59%。生产企业7家，较上年增加1家。产量最高的企业为华仪电器集团（华仪电气）有限公司（产量为3 177台）。

（2）12kV高压交流负荷开关。2015年，12kV高压交流负荷开关产量122 606台，较上年减少45 245台，同比下降26.96%。生产企业33家，较上年减少6家。产量最高的企业为温州新机电器有限公司（产量18 041台）。

（3）12kV高压交流熔断器。2015年，12kV高压交流熔断器产量250 656只，较上年减少168 199只，同比下降40.16%。生产企业6家，较上年减少2家。产量50 000只以上的企业3家，与上年持平，其产量合计227 375只，占行业生产总量90.71%，较上年提高1.02个百分点。产量最高的企业为慈溪市台联电器成套厂（产量98 550只）。

6.预装式变电站

（1）40.5kV预装式变电站。2015年，40.5kV预装式变电站产量15 918台，较上年增加5 286台，同比增长49.72%。生产企业16家，较上年减少2家。产量最高的企业为河南森源集团有限公司（产量5 277台）。

（2）12kV预装式变电站。2015年，12kV预装式变电站产量38 716台，较上年增加1 822台，同比增长4.94%。生产企业73家，较上年减少5家。产量1 000台以上的企业9家，较上年减少1家，产量合计23 742台，占行业生产总量的64.35%，较上年下降1.09个百分点。2015年12kV预装式变电站产量前5位企业见表23。

表23 2015年12kV预装式变电站产量前5位企业

序号	企业名称	产量（台）
1	青岛特锐德电气股份有限公司	6 293
2	河南森源集团有限公司	3 680
3	宁波天安（集团）股份有限公司	3 175
4	浙宝电气（杭州）集团有限公司	2 908
5	天津市三源电力设备制造有限公司	2 762

7.高压接触器

2015年，40.5kV高压接触器产量656台，较上年增加 350 台，同比增长 114.38%。生产企业 3 家，较上年增加 1 家。产量最高的企业为无锡市蓝虹电子有限公司（产量 322 台）。

12kV 高压接触器产量 36 210 台，较上年增加 1 522 台，同比增长 4.39%。生产企业 10 家，较上年增加 2 家。产量最高的企业为无锡市蓝虹电子有限公司（产量 27 793 台），占行业生产总量的 76.76%，较上年下降 2.86 个百分点。

8. 高压交流真空灭弧室

（1）40.5kV 高压交流真空灭弧室。2015 年，40.5kV 高压交流真空灭弧室产量 142 392 只，较上年增加 9 628 只，同比增长 7.25%。生产企业 9 家，较上年减少 2 家，产量最高的企业为成都旭光电子股份有限公司（产量 39 972 只）。

（2）24kV 高压交流真空灭弧室。2015 年，24kV 高压交流真空灭弧室产量 74 698 只，较上年增加 4 052 只，同比增长 5.74%。生产企业 7 家，较上年减少 3 家，产量最高的企业为湖北汉光科技股份有限公司（产量 21 300 只）。

（3）12kV 高压交流真空灭弧室。2015 年，12kV 高压交流真空灭弧室产量 2 082 179 只，较上年增加 261 001 只，同比增长 14.33%。生产企业 10 家，较上年减少 2 家，产量最高的企业为陕西宝光集团（股份）有限公司（产量 369 262 只）。

市场及销售

1. 主营业务收入

2015 年，高压开关行业实现主营业务收入 1 839.14 亿元，较上年增加 41.19 亿元，同比增长 2.29%，较上年下降 4.75 个百分点。

高压开关行业中主营业务收入 1 亿元以上的企业 163 家，占行业统计企业数的 64.17%，较上年下降 6.33 个百分点。主营业务收入 10 亿元以上的企业 31 家，与上年持平，占统计企业数的 12.2%，较上年提高 0.32 个百分点。主营业务收入 20 亿元以上企业 17 家，较上年增加 2 家，占统计企业数的 6.69%，较上年提高 0.94 个百分点，其收入合计为 1 169.53 亿元，占行业总收入的 63.59%，较上年提高 6.31 个百分点。2015 年主营业务收入企业构成见表 24。

表 24 2015 年主营业务收入企业构成

企业类别	企业数（家）	占比（%）	收入（亿元）	占比（%）
20 亿元以上	17	6.69	1 169.53	63.59
10 亿~20 亿元	14	5.51	167.11	9.09
5 亿~10 亿元	34	13.39	229.81	12.50
1 亿~5 亿元	98	38.58	225.15	12.24
1 亿元以下	91	35.83	47.54	2.58
总计	254	100.00	1 839.14	100.00

2015 年，主营业务收入增长率 20% 以上的企业 41 家，较上年减少 3 家，占行业统计企业数的 16.14%，较上年下降 0.72 个百分点。主营业务收入增长率 50% 以上的企业 10 家，较上年增加 1 家，占行业统计企业数的 3.94%，较上年提高 0.49 个百分点。主营业务收入增长率 100% 以上的企业 1 家，与上年持平。

主营业务收入 1 亿元以上的企业中，增长率 20% 以上企业 31 家，较上年减少 4 家；增长率 50% 以上企业 7 家，较上年增加 2 家。主营业务收入 10 亿元以上的企业中，增长率 20% 以上企业 8 家，较上年增加 1 家。

2015 年主营业务收入前 5 位企业见表 25。

表 25 2015 年主营业务收入前 5 位企业

序号	企业名称	主营业务收入（亿元）
1	河南森源集团有限公司	224.88
2	大全集团有限公司	174.36
3	许继集团有限公司	91.61
4	平高集团有限公司	87.24
5	有能集团有限公司	78.22

2015 年，完成其他业务收入 16.33 亿元，较上年减少 10.5 亿元，同比下降 39.12%。

2. 工业销售产值

2015 年，全行业完成工业销售产值 1 889.90 亿元，较上年增加 29.22 亿元，同比增长 1.57%，较上年下降 4.63 个百分点，高于工业总产值增长率 0.64 个百分点。产品销售率 97.14%，较上年增加 0.6 个百分点。2015 年工业销售产值前 5 位企业见表 26。

表 26 2015 年工业销售产值前 5 位企业

序号	企业名称	工业销售产值（亿元）
1	河南森源集团有限公司	224.80
2	大全集团有限公司	180.92
3	许继集团有限公司	107.66
4	平高集团有限公司	81.17
5	有能集团有限公司	79.42

3. 出口交货值

2015 年，全行业实现出口交货值 55.03 亿元，较上年增加 2.92 亿元，同比增长 5.6%，较上年下降 13.02 个百分点。90 家企业完成出口业务，与上年持平，占行业统计企业数的 35.43%，较上年提高 0.95 个百分点。

高压开关行业出口交货值 1 000 万元以上企业 51 家，较上年减少 1 家，占出口企业的 56.67%，较上年下降 1.11 个百分点。出口 1 亿元以上企业 12 家，较上年减少 3 家，占出口企业的 13.33%，较上年下降 3.34 个百分点，出口值合计 38.03 亿元，占行业出口总值的 69.11%，较上年下降 1.13 个百分点。

出口交货值增长率 20% 以上的企业 24 家，较上年减少 3 家；增长率 50% 以上的企业 14 家，较上年增加 1 家；增长率 100% 以上的企业 11 家，较上年增加 3 家。出口值

1亿元以上的企业中,增长率20%以上的企业7家,与上年持平;增长率50%以上的企业4家,与上年持平。

出口交货值占工业销售产值的比重为2.91%,较上年提高0.11个百分点。

2015年出口交货值前5位企业见表27。

表27　2015年出口交货值前5位企业

序号	企业名称	出口交货值（亿元）
1	正泰电气股份有限公司	8.58
2	平高集团有限公司	6.90
3	大全集团有限公司	4.59
4	西安西电开关电气有限公司	3.24
5	新东北电气集团高压开关设备有限公司	3.03

4. 利润总额

（1）行业利润总额。2015年,实现利润总额148.73亿元,较上年增加2.08亿元,同比增长1.42%,较上年下降14.81个百分点。

利润总额1 000万元以上的企业125家,较上年减少10家,占行业统计企业数的49.21%,较上年下降2.51个百分点。1亿元以上的企业25家,较上年减少1家,占行业统计企业数的9.84%,较上年下降0.12个百分点,其利润合计108.05亿元,占行业总额的72.65%,较上年提高3.96个百分点。2亿元以上企业14家,与上年持平,占行业统计企业数的5.51%。

利润总额增长率20%以上的企业60家,较上年减少15家,占行业统计企业数的23.62%,较上年下降5.12个百分点。增长率50%以上的企业27家,较上年减少10家,占行业统计企业数的10.63%,较上年下降3.55个百分点。增长率100%以上的企业13家,较上年减少5家,占统计企业数的5.12%,较上年下降1.78个百分点。

利润总额1 000万元以上的企业中,增长率20%以上企业34家,较上年减少13家;增长率50%以上企业17家,较上年减少3家;增长率100%以上企业6家,较上年减少4家。利润总额1亿元以上的企业中,增长率20%以上企业8家,较上年减少1家;增长率50%以上企业2家,较上年减少3家。

2015年,利润总额较上年下降的企业117家,较上年增加24家,占行业统计企业数的46.06%,较上年提高8.13个百分点。亏损企业9家,较上年增加2家。

2015年利润总额前5位企业见表28。

表28　2015年利润总额前5位企业

序号	企业名称	利润总额（亿元）
1	河南森源集团有限公司	14.32
2	许继集团有限公司	10.71
3	大全集团有限公司	10.67
4	有能集团有限公司	10.10
5	平高集团有限公司	8.55

（2）高压开关产品利润。2015年,实现高压开关产品利润79.07亿元,较上年增加1.49亿元,同比增长1.92%,较上年下降9.24个百分点。

高压开关产品利润1 000万元以上的企业96家,较上年减少5家,占行业统计企业数的37.8%,较上年下降0.9个百分点。高压产品利润1亿元以上的企业18家,较上年减少1家,占行业统计企业数的7.09%,较上年下降0.18个百分点,其高压产品利润合计49.86亿元,占行业总额的63.06%,较上年提高4.72个百分点。

高压开关产品利润增长率20%以上的企业52家,较上年减少20家,占行业统计企业数的20.47%,较上年下降7.12个百分点。增长率50%以上的企业23家,较上年减少18家,占统计企业数的9.06%,较上年下降6.64个百分点。增长率100%以上的企业12家,较上年减少10家,占统计企业数的4.72%,较上年下降3.71个百分点。

高压开关产品利润下降的企业108家,较上年增加30家,占行业统计企业数的42.52%,较上年提高12.63个百分点。

2015年,高压开关产品利润占利润总额的比例为53.16%,较上年提高0.26个百分点。

2015年高压开关产品利润前5位企业见表29。

表29　2015年高压开关产品利润前5位企业

序号	企业名称	利润总额（亿元）
1	平高集团有限公司	8.55
2	山东泰开高压开关有限公司	6.12
3	西安西电开关电气有限公司	5.58
4	河南森源集团有限公司	4.46
5	华仪电器集团（华仪电气）有限公司	3.22

技术发展动态　2015年,高压开关行业企业克服经济困境,通过自主创新,研发出一批绿色、可靠的高性能设备,行业技术水平整体提高,基本达到国际先进水平,部分达到国际领先水平,为高压开关行业产业结构调整奠定了坚实基础。

1. 特高压、超高压开关设备

（1）GXL2-1100气体绝缘金属封闭刚性输电线路。由西安西电开关电气有限公司研制,在国家高压电器质量监督检验中心等试验机构进行了型式试验,2015年12月21日通过中国西电集团公司级产品技术鉴定和项目验收。该产品包含了GIL产品的全部功能单元,主要为直线段单元、直角拐弯单元、可变角度拐弯单元以及补偿单元等,标准母线单元长15m;隔板采用内置式盆式绝缘子,导体支撑采用单柱式绝缘支撑。额定电流8 000A,雷电冲击电压2 640kV,操作冲击电压1 980kV,短时工频耐受电压1 210kV,能满足1 100kV工程项目用户需求。该产品属自主创新设计,拥有自主知识产权,其综合技术性能属国内领先、国际先进水平。

（2）高压开关设备一二次融合关键技术研究。由平高集团有限公司依托河南省重大专项和国家"863"计划课题开展研究，内容涵盖了基础研究到工程应用各个阶段。关键技术包括：高压开关一二次融合系统建模技术、高压开关多参量综合评估和诊断技术、一二次融合设备的电磁兼容可靠性技术、专用二次设备与一次设备集成技术、一二次融合高压开关设备系统检测调试技术、基于一二次融合技术的智能高压开关设备工程应用技术。主要创新点：建立了一二次融合系统结构模型，实现了智能开关分专业设计向整体集成设计的转变，解决了由于专业壁垒无法有效开展一二次融合设计的问题；提出了开关设备多参量综合评估与诊断方法，解决了数据来源单一、缺乏有效融合、利用率低、难以支撑状态监测系统高级应用等问题，为开关设备状态检修提供了有力的技术支撑；在国际上率先建立了智能高压开关设备调试平台，解决了智能高压开关设备调试可操作性差、缺乏统一检测调试设备、调试效率低等问题，实现了调试可视化、标准化，大大提高了生产制造效率和设备调试智能化水平；基于"一体化设计、一体化制造、一体化试验"原则，实现了一二次融合技术在智能高压开关设备上的应用，填补了国内外空白，有力支持了智能电网建设，带动了行业技术进步。其成果在山东烟台芝罘变、宁夏石嘴山河滨变等300多个工程中成功应用，累计为公司创造经济效益近100亿元。

（3）ZF55-1100（L）/Y6300-63型气体绝缘金属封闭开关设备。由平高集团有限公司研制。该设备由断路器、隔离开关/接地开关/快速接地开关、电流互感器（CT）、母线、避雷器、进出线套管等元件组成，采用SF_6气体作为绝缘和灭弧介质，各元件气室独立，分别采用指针式SF_6密度控制器进行监控。其中断路器为罐式结构，采用双断口串联水平布置，灭弧室采用混合压气式结构，灭弧室断口间并联有60~6 000Ω的合闸电阻（由英国摩根或日本东海高热生产）和1 080pF的电容器（由日本TDK生产），机构布置在金属罐体下部中间位置，配用液压操动机构；CT采用内置式结构，装于断路器两端，隔离开关与接地开关、快速接地开关共体布置，隔离开关垂直操作，配用电动操动机构装于隔离开关一端，接地开关布置在隔离开关侧面水平操作，配用电动机构，接地开关只作工作接地，不具备关合额定短路电流的能力，快速接地开关配用弹簧操动机构，套管采用复合套管，垂直布置在进出线两端，各元件均为单极结构，相互间采用电气联锁，由汇控柜控制。该设备结构先进，具有强大的开断能力、良好的绝缘水平、可靠的力学性能。产品技术参数高：短路开断电流63kA，峰值耐受电流171kA，额定通流6 300A（DS及母线8 000A），CB、DS/ES/FES机械寿命5 000次。该设备用断路器灭弧室采用双断口水平布置，由平高完全独立自主研制，是我国自主研发制造的首台百万伏63kA双断口断路器，填补了国内空白。

（4）GXL3-1100/8000-63型刚性气体绝缘输电线路。由新东北电气集团高压开关设备有限公司自主研发，具有自主知识产权，技术性能达到国际先进水平。外壳铝合金螺旋焊管构成，导体采用铝合金管，壳体与导体同轴布置。采用三柱式绝缘子隔离导体和壳体，当母线段需要分割气室时使用盆式绝缘子，所有绝缘子都安装在壳体内部。该产品专业化、标准化生产程度高，技术成熟，安装便利快捷，不受大气和环境条件影响。单根管节标准段长度12~18m设计，安装对接面少，降低漏气风险，可以长期、稳定、低成本的运行，具有架空输电线路和电缆系统不可比拟的优越性。

（5）ZPLW1-1120/Y6600-6600高压直流旁路开关。由西安西电高压开关有限责任公司研制，额定电压1 100kV，额定短时直流电流6 600 A，额定直流转移电流6 600 A，断路器机械寿命5 000次，额定直流耐受电压（60min）1 680kV（对地）、840kV（断口间），额定雷电冲击耐受电压2 700 kV（对地）、1 360 kV（断口间）。该产品为柱式双断口结构，灭弧室水平布置，带并联阻容均压装置，配用液压弹簧操动机构，外绝缘全部采用空心复合绝缘套管，减轻了产品重量。支柱采用三角形支撑结构，机械稳定性好，合闸操作采用加速传动结构，合闸时间≤60ms，机械寿命达到5 000次。综合技术性能达到国际领先水平。

（6）LLG-1100直流光学电流互感器。由西安西电高压开关有限责任公司研制，额定一次电压±1 100kV、额定一次电流4 500A、准确级0.2、直流干耐受电压+1 680kV 60min、额定雷电冲击耐受电压（峰值）2 700kV、额定操作冲击耐受电压（峰值）2 100kV。该产品为悬挂式结构，利用光纤传感器测量直流电流，对萨格纳克式的光纤环进行了改进设计，同时采用光纤测温技术对光纤环进行温度补偿，解决了振动、温度对测量精度的影响，线性度好；采集单元与合并单元一体集成设计，按标准协议输出，通用性好；产品整体设计合理，具有绝缘结构简单可靠、测量精度高、线性度好、测量频带宽、抗电磁干扰能力强、体积小、重量轻等特点。综合技术性能达到国内领先水平。

（7）LEN1（50）直流电子式电流互感器。由西安西电高压开关有限责任公司研制，额定一次电流±50A；测量范围±300A；准确级1.0；工频耐受电压3kV 1min；额定短时耐受电流（方均根值）30kA，1s；霍尔传感器的响应时间延迟3μs；霍尔传感器的di/dt精度追踪≥50A/μs；截止频率（-3dB）≥4kHz（整套测量装置），50kHz（霍尔装置）；正常工作温度范围：-25~40℃；辅助电源220V。该产品采用霍尔电流传感器，可同时测量交直流电流；霍尔电流传感器和采集单元采用两路电源供电，两路电源之间可实现无缝切换，提高了产品的可靠性；产品绝缘结构简单可靠、线性度好、测量范围宽、抗干扰能力强、防护等级高、数字量输出等特点。综合技术性能达到国内领先水平。

2. 高压开关设备

（1）72.5kV气体绝缘金属封闭式开关设备（50Hz、60Hz）。由西安西电开关电气有限公司研制，2015年12

月21日通过中国西电集团公司级产品技术鉴定和项目验收，在CESI试验站进行了型式试验。产品采用全三相共箱式结构，断路器配上置弹簧操动机构；采用三工位结构隔离接地开关，配电动机构；快速接地开关配电动弹簧操动机构；体积小，重量轻；可同时满足额定频率50Hz和60Hz，额定短路开断电流40kA，额定电流2 500A，断路器、隔离开关、接地开关机械寿命均达到M2级，可靠性高。可同时满足IEC和IEEE标准涵盖的地区用户需求，属国内首创，综合技术性能属国内领先、国际先进水平。

（2）363kV智能隔离断路器（双断口）研制成功。由西安西电开关电气有限公司研制，2015年12月21日通过中国西电集团公司级产品技术鉴定和项目验收。产品在国家高压电器质量监督检验中心等单位进行了型式试验。该产品包括隔离断路器、光学电流互感器、接地开关、智能元件，具有变电站中高压线路上切换控制、故障保护的功能，是新一代智能变电站的关键设备，满足额定电流4 000A大电流要求；断路器采用大容量的自能灭弧单元，满足额定短路开断电流50kA的开断要求；产品载流能力大、开断能力强、结构简单、可靠性高、维护方便，填补了国内空白，综合技术性能达到国际先进水平。

（3）高压开关设备智能化关键技术通过鉴定。由西安西电开关电气有限公司研制，2015年12月21日通过中国西电集团公司级产品技术鉴定，产品经国家高压电器质量监督检验中心、国家仪器仪表元器件质量监督检验中心型式、性能试验。该项目是国家"863"计划"智能电网关键技术研发"子课题，实现了252kV GIS、550kV罐式断路器与电子式互感器、传感器、智能组件的一体化设计、试验；实现了高压开关设备的选相顺序控制、温度、开关位置的在线监测；完成了断路器机械寿命和电气寿命评估方法，提高了智能高压开关设备的安全性、可靠性，满足了智能高压开关设备的产业化要求。该项目研究内容已在试点工程应用，技术处于国内领先、国际先进水平。

（4）ZF9D-252/T4000-50型气体绝缘金属封闭开关设备。由西安西电开关电气有限公司、西安高压电器研究院有限责任公司联合研发，整体结构采用主母线三相共箱，其余部分采用分相式结构，壳体材料采用铝筒及铸铝壳体材料，可避免磁滞和涡流循环引起的发热且重量轻；水平卧式断路器采用自能灭弧室，配用弹簧操动机构；母线侧和进出线侧采用公用的三工位隔离接地开关模块结构，齿轮齿条传动方式，并采用伞齿和花键结构实现三相换向传动，减少元件数量的同时，提高了产品的操作可靠性。该产品采用了一种全新的小型化布置结构，结构紧凑新颖，元部件模块化设计，零件数量少，具有标准化程度高、性能可靠、占地面积小、可整间隔运输的优点。该产品属于自主研发，拥有自主产权，达到国内领先、国际先进的技术水平。

（5）ZF27-420（L）/Y4000-50型气体绝缘金属封闭开关设备。由平高集团有限公司研制，用于额定电压为420kV的电力系统中，对输电线路进行控制、测量、保护和切换。主要元件包括断路器、隔离开关、检修用普通接地开关、快速接地开关、电流互感器、电压互感器、进出线套管、主母线等，可按用户要求组合成所需的主接线方式。该产品额定电流达4 000A，额定开断电流50kA，额定峰值电流达135kA，额定短时工频耐压650kV。断路器机械寿命达到10 000次。各项技术参数都达到IEC规定的最高值。该产品为完全自主研制，整体结构具有体积小、机械可靠性高、通流能力强、绝缘参数高等优点。

（6）ZF15-420/Y4000-63型气体绝缘金属封闭开关设备。由新东北电气集团高压开关设备有限公司自主研发，由断路器、隔离开关、接地开关、外装式电流互感器、电压互感器、氧化锌避雷器、母线、出线套管、伸缩节、支架及汇控柜等主要组件组成，是城网改造、大型发电厂、变电站的重要输变电设备。以SF_6作为绝缘介质，导电部均封闭在充以SF_6气体的壳体内。模块化设计、布置紧凑灵活，铝外壳、导电性良好，无涡流损耗，单相结构设计，配有性能先进的在线监测装置。具有体积小、占地面积小、不受外界环境影响、运行安全可靠、配置灵活、维护简单、检修周期长等技术特点。

（7）ZGW1-100（50）/J7200-50高压直流隔离开关。由西安西电高压开关有限责任公司研制，额定直流电压100 kV；额定电流7 200 A；额定短时耐受电流50 kA；额定峰值耐受电流125 kA；60min直流耐受电压230kV（湿）（对地）、230kV（湿）（断口）；雷电冲击耐受电压（峰值）600 kV（对地）、600kV（断口）；机械寿命6 000次。采用双柱水平旋转式结构，机械转动部分采用双层轴承全密封结构，导电杆采用双层铝方管整体焊接结构，触头采用折弯式触片结构；操动机构采用双涡轮减速机结构。综合技术性能达到国内领先水平。

（8）JSQX-132电磁式电压互感器。由西安西电高压开关有限责任公司研制，最高工作电压145kV；额定一次电压$132/\sqrt{3}$ kV；额定二次电压$110/\sqrt{3}$ V；准确级及额定输出：二次绕组1.0级，100 VA，3P级，75 VA；额定频率50Hz；额定工频耐受电压（方均根值）275kV；额定雷电冲击耐受电压650kV；SF_6气体额定工作压力（20℃）0.4MPa（表压）。一次绕组采用塔形结构，高压线圈层间使用树脂涂层聚酯薄膜，零部件通用性强，可以满足145kV GIS产品的市场需求，综合技术性能达到国际先进水平。

（9）110kV城市中心模块化智能箱式变电站。由青岛特锐德电气股份有限公司开发。该变电站按功能划分模块进行标准化设计、工厂化生产、模块化建设，根据各类变电站的不同配置选用不同的模块实现积木式组合。整站分为七类配送式预制舱：110kV、35kV、10kV、二次组合设备、变压器、接地变消弧线圈、无功补偿等预制舱。采用紧凑型变电站布局方式，预制舱立体布置，110kV预制舱式GIS组合电器置顶，消防通道置于立体变电站和变压器之间。预制舱采用微正压防尘、箱体保温隔热、智能环控和双层钢板发泡等技术，智能化管控，满足60年使用寿命，外形尺寸标准化模数。具有占地面积小、建站周期短、安全可靠性高、外形美观等特点，为变电站建设提供了一种全新解决方案。

3. 中压开关设备

2015年，中压开关设备制造企业通过自主创新，开发出自有核心技术；通过完善产品结构、提高可靠性，缩小与世界领先水平的差距；通过建设自主品牌，提升企业竞争力。在产品智能化、小型化、集成化、环境友好、高可靠、少（免）维护、精品化等方面均取得了一定成果，更好地满足了电力工业的发展需要。

（1）智能开关设备的应用技术开发。智能化变电站依然处于发展阶段，在建设实践中需要先进可靠的智能开关设备。智能开关设备的应用技术开发可归纳为三个层次：第一层是依据开关设备监测需求将不同物理量转换成数据信息并传输的是传感技术及信息传输技术；第二层是对各种智能装置的技术开发或者集成的智能装置技术，并且与开关设备进行融合；第三层是以开关设备智能控制和状态评估为基础的智能应用技术，提升开关设备技术性能和经济寿命，并能够在一定区域内协同工作拓展智能开关设备应用。

开关柜中手车、接地开关、隔离开关的电动操作已成为某些智能化开关柜的基本选项，开关设备微机综合保护装置、各类传感器在开关设备中的应用已十分普遍。随着开关设备电动执行元件的较快发展，具有自动化、智能化功能的断路器、接地开关和隔离开关已应用于开关柜，通过与微电子技术、计算机技术、信息传输技术相结合，使开关柜成为智能化配电装置。

智能开关设备专用传感器的开发，将开关设备的运行状态信息包括绝缘状态、通流状态、操作动作状态、核心元件（如灭弧室）状态等电量信息、非电量信息转化为数据信息，形成设备控制、管理的基础信息；并将多种信息传输方式包括总线方式、通信协议方式、传输介质、信息接口方式等形成统一的、相应时间满足需求的标准，形成规范通用的应用基础平台。

智能开关设备的集成应用需基于智能化变电站发展与建设，根据智能开关设备的内涵和主要技术特征，开展智能开关设备关键技术的集成应用研究，使得智能开关设备得到进一步的应用与发展。智能化开关设备需要依托数字采集和网络传输技术，通过标准规约实现信息共享，从而满足智能变电站、智能配电网的运行要求。

智能开关设备的集成应用开发——智能开关设备的站控层应用。通过构建通用技术平台，形成智能开关柜、智能断路器、智能柱上开关、智能环网柜等的共性通用技术的软件和硬件平台，并形成系列化和标准化，使得智能开关设备在更高层次上实现数字采集、网络传输、信息共享，为集成应用创造平台。在智能变电站的应用中可提供全景数据，实现智能远动、一体化测控、移动巡检等。

智能开关设备的智能高级应用开发——智能开关设备的系统层应用。通过对多种基础信息进行综合管理和判断，形成开关设备的智能控制和综合评价，进而支撑开关设备的运行管理；并基于多台智能开关设备协同运行，形成区域性智能设备应用，对电网实现优化支撑。

（2）开关设备的智能制造。智能制造是制造技术和信息技术的结合，涉及众多行业产业。一些企业在开关设备生产中践行《中国制造2025》纲要，在不同环节加入了人工智能、机器人和数字制造，或多或少地分别开展生产流程的智能化、产品的智能化、智能化管理、智能服务等，以提升企业的核心竞争力。

生产过程的智能化，通过改造、提升形成数字化生产线、数字化车间、智能工厂，实现生产方式的现代化、智能化。

开关设备产品的智能化，把传感器、仪表、软件系统等智能化技术融合到不同的开关装备中去，使得开关设备智能化。

企业、用户探索开关设备运行、维护的新模式，如：企业包所生产产品的运行、维护，促进开关设备制造企业的新业态和新模式先前发展。

针对管理的智能化。在物流信息化、能源管理智慧化上推进智能化管理，将信息技术与现代管理理念融入企业管理。

针对服务的智能化。以在线监测、远程诊断、云服务、远程通信为技术基础，实现用户服务的及时、智能，使企业高效、准确、及时了解用户的潜在需求并实时响应，探索产品交付后对产品实现线上线下服务以及实现产品的全生命周期管理。

（3）干燥空气（或N_2）绝缘的金属封闭开关设备的开发。为了防止地球大气变暖，降低环境负荷、节能减排，削减SF_6气体使用量的呼声日益高涨。呼吁在中压开关设备上首先实现绿色环保，不少企业在设计、制造、运行、维护、回收等各个环节都考虑了一些措施。在设计上考虑以干燥空气（或N_2）作主绝缘介质，同时也考虑了绝缘方式的复合化。在制造、运行环节中通过采取不使用或减少使用有害物质措施实现开关设备无污染、少污染，通过低损耗设计实现运行中的节能减排。在产品寿命终结时，考虑通过采取提高回收率措施使报废回收时不同种类的材料好剥离、好分类、好回收。

为了满足环境保护的要求，减少SF_6气体在中压开关设备的使用量，一些企业在积极进行主绝缘介质为干燥空气或N_2的替代技术或替代结构的开发，积极研究空气、混合气体、固体、真空等多种绝缘结构及其复合绝缘结构的应用，也在进行新的绝缘气体研究。针对替代SF_6气体绝缘的开关设备进行了开发，将主绝缘介质由SF_6气体改为采用干燥空气、N_2。

许多企业开发了12kV干燥空气的气体绝缘环网柜，以干燥压缩空气、N_2作绝缘介质；大多以真空灭弧室作开断单元，用于断路器或负荷开关；也有企业在尝试以干燥压缩空气作为灭弧介质的直动压气式灭弧室作开断元件，用于负荷开关。产品的主要技术参数：额定电流630A，额定短时耐受电流20kA，额定短路开断电流20kA，柜宽尺寸400～550mm。不少产品有多种柜型，如断路器柜、负荷开关柜、母联柜、计量柜等，已有数种类型产品进入市场。

（4）空气绝缘开关柜耐受内部电弧故障的实际能力得以提高。一些用户在企业的生产现场或者用户的安装现场直接从交货的产品中随机抽查进行有关项目的抽检试验，其中的抽检项目就有耐受内部电弧故障。如果抽检试验不合格，则视为同批次供货产品不合格。一些企业对内部电弧故障试验引用了仿真软件，分析内部燃弧时电弧产生的能量和燃弧过程中开关柜的内部压力，试验前对开关柜燃弧试验的能量和开关柜内部的压力进行分析。通过仿真内部电弧故障时柜内高温气体的压力、温度分布，分析开关柜柜体变形的原因，以及柜体变形后泄漏高温、高压气体缝隙的成因，提出改进措施。

通过仿真对内部燃弧故障试验的认知程度得到提高。内部燃弧试验的电弧能量与短路电流值、引弧点长度和位置有关，燃弧过程的最大压力与电弧能量、开关柜的容积、泄压通道的大小和泄压板的重量有关。

经过仿真和摸底试验，提出了一系列改进措施：通过柜门结构的改善与加强，观察窗使用材料的提高与结构的改善，柜体侧面板连接结构的改变，柜体正面、侧面、后面面板上螺栓孔的加强、加密，连接螺钉、螺母的加强、加密与调整等一系列措施的实施，空气绝缘开关柜耐受内部电弧故障的能力切实得到提高。

（5）空气绝缘固定柜的研发受到关注。多年来，铠装型移开式开关柜市场占有率一直很高。在使用铠装型移开式开关柜的用户中，额定电流630～2000A、额定短时耐受电流25～31.5kA、额定短路开断电流25～31.5kA的产品约占70%。

基于真空断路器的可靠性目前已经有较大提高，一些企业再次关注空气绝缘固定式开关柜的开发。首先关注12kV、额定电流630～2000A的空气绝缘铠装固定式开关柜的开发，将用户简单地分成必须使用、不必要使用手车柜两类。对于不必使用手车柜的用户，将其按对开关柜的基本功能、附加功能、特殊功能等需求进行分类，分别对待。从产品零部件的标准化、生产的规模化等方面考虑并实现产品加工的社会分工，在保证质量的前提下利用规模效应降低成本、缩短供货周期。开发的中等参数的固定柜有正装、侧装两大类，柜宽尺寸400～500mm。在这个类别上规模化生产，使得产品性能与质量稳定可靠，性价比高。

（6）切合电容组专用真空断路器的进一步开发。在12～40.5kV系统中，实用、经济的无功功率补偿方法是安装并联电容器组。针对12kV尤其是40.5kV真空断路器在投切电容器组时产生的重燃现象，切合电容器组专用的真空断路器得到进一步研究与开发。

首先从真空灭弧室内部结构和开断过程进行分析，在触头材料、触头分离速度的选择等方面采取措施。其次，为了减小真空断路器的重燃概率，对40.5kV电压等级在真空断路器的布置上采用串联双断口。

（7）中低压直流断路器已有开发。轨道交通、船舰、交直流混联（如光伏并网）配网、直流输电及柔性直流输电等多个领域涉及多个电压等级的直流开断技术。其中柔性直流输电具有输送距离远、线路损耗小、输电方式灵活、可隔离交流故障等优点，可以广泛应用于可再生能源并网、分布式发电并网、孤岛供电、大型城市电网供电等领域。在城市轨道交通方面，由于其建设投资呈上升趋势，对中低压直流断路器的需求增加。一些大的开关设备制造公司，从开关设备的角度出发，积极探索研究基于人工过零的高压直流开断技术和基于机械开关与电力电子器件结合的混合式高压直流开断技术。有些公司针对某个特定使用场合，开展了中低压直流断路器产品的开发。

装用情况 截至2015年年底，国家电网公司72.5～1100kV高压开关设备装用量持续增长。其中，断路器106 003台，同比增加6 572台，增幅6.6%；隔离开关368 454组，同比增加24 587组，增幅7.2%；组合电器64 663间隔，同比增加7 696间隔，增幅13.5%。72.5kV及以上电压等级断路器设备无油化改造持续深入，无油化率已达到99.5%，同比提高0.2个百分点。

1. 断路器

72.5kV及以上断路器共106 003台，其中瓷柱式断路器101 677台，罐式断路器4 326台。126kV断路器装用量最大，62 951台，占59.4%。2015年配网规模基本情况见表30。6～20kV配电开关设备类型见表31。

表30 2015年配网规模基本情况

电压等级	线路长度（km）	变压器容量（kV·A）	开关数量（台）
全口径	3 351 878	956 985	3 082 295
20kV	15 039	9 147	61 935
10kV	3 328 914	946 732	3 018 170
6kV	7 925	1 106	2 190
城市配网规模	642 427	424 959	2 079 089
20kV	7 772	5 734	43 513
10kV	633 975	419 063	2 035 194
6kV	680	162	382
县城配网	2 709 504	532 027	1 003 206
20kV	7 268	3413	18 422
10kV	2 694 990	527 669	982 976
6kV	7 246	944	1 808

表31　6～20kV配电开关设备类型

区域	合计（万台）	柱上开关（台）					非柱上开关（台）				
		油	真空	SF$_6$	其他	小计	油	真空	SF$_6$	其他	小计
全口径	308.2	2 631	579 666	109 724	30 518	722 539	9 009	954 409	1 277 352	118 991	2 359 761
城市电网	207.9	155	234 741	45 865	20 494	301 255	6 237	664 516	1 016 049	91 032	1 777 834
县城电网	100.3	2 476	344 925	63 859	10 019	421 279	2 772	289 893	261 303	27 959	581 927

2.开关柜

12～40.5kV开关柜共710 285面，同比增加100 188面，增幅为16.4%；手车式开关柜488 731面，固定式开关柜221 554面，两者装用比例约2.2∶1。

12kV开关柜装用绝对数量最大，占总数量的88.4%。24kV仅在江苏、浙江等地少量装用，绝对数量最小。手车式开关柜、断路器柜装用比例大，是目前电网的主流型式。常规空气绝缘开关柜仍最多，充气柜、固体绝缘柜等小型化开关柜装用量不断增加。

缺陷分析　2015年，公司系统72.5kV及以上开关类设备共发生缺陷19 939台次，同比减少894台次。其中，危急缺陷1 194台次，严重缺陷4 374台次，一般缺陷14 371台次。

1.断路器

断路器发生缺陷9 039台次，断路器危急和严重缺陷中，126kV和252kV缺陷数量最多，分别占该类缺陷数量的58%和36%。800kV及以上和252kV缺陷率相对较高。缺陷数量与投运年限大体呈正态分布，而缺陷率则随投运时间的增加总体呈上升趋势。缺陷设备数量主要集中在投运时间为6～10年和11～15年，分别占34.3%和31.4%。

断路器危急和严重缺陷主要表现为本体SF$_6$气体泄漏，占43.5%；操动机构无法储能，占20.2%；机构箱渗水或封堵不严，占9.4%；操动机构漏油、漏气，占5.1%；控制回路断线，占5.0%。

2.组合电器

组合电器发生缺陷3 218间隔次，126kV危急和严重缺陷数量最多，363kV和252kV缺陷率相对较高。

投运时间1～5年和6～10年的组合电器发生的危急和严重缺陷最多，分别为444间隔次和386间隔次，分别占39.7%和34.5%。运行时间达到21年及以上的设备缺陷率最高，设备的缺陷率随投运时间的增加明显上升。

组合电器危急和严重缺陷主要表现为SF$_6$低压力闭锁，占24.2%；SF$_6$低压力报警，占17.8%；断路器操动机构问题，占10.4%；SF$_6$成分异常、湿度超标，占7.7%等。

3.隔离开关

2014年，公司系统72.5kV及以上隔离开关发生缺陷7 682台次。隔离开关缺陷设备投运时间主要集中在6～10年，占45.8%。其次为11～15年和1～5年，分别占21.2%和19.8%。

危急和严重缺陷主要表现为导电回路发热缺陷，占34.1%；操动机构二次部件损坏，21.6%；分合闸操作不到位，占19.1%；本体一次部件损坏，16.0%。

主要问题

1.组合电器设备免维护优点未能体现，故障多发

2006—2015年十年间，组合电器设备装用量大幅增加，然而其缺陷、故障却越来越多，免维护特点未能体现，组合电器故障消除给现场运维人员带来了更多麻烦。故障特点主要表现为：运行不足5年的新投设备故障比例大，异物导致的内部放电故障占比约1/3，高电压等级、特殊地域、特殊运行环境下的组合电器故障率较高，现场安装质量不良造成的故障较多。

2.SF$_6$气体泄漏仍是断路器、组合电器顽疾

断路器、组合电器设备发生的严重、危急缺陷中，SF$_6$气体泄漏缺陷数量最多，分别占断路器和组合电器设备严重、危急缺陷的43.5%和42.0%；另外，2015年开展的组合电器带电检测竞赛中，SF$_6$气体泄漏缺陷检出次数最多。针对断路器、组合电器本体SF$_6$气体泄漏的多发缺陷，开展开关设备用绝缘密封件材料特性研究，针对不同环境条件、运行工况提出密封圈（垫）的差异化设计和选型，尤其是高寒低温地区应优先选择更耐低温、不易变形的材质。

3.特殊地域、特殊环境下的故障偏高

针对特殊运行条件的设备差异化设计不足。以伸缩节为例，近几年因伸缩节原因引发的故障和异常达到35起，约30%为伸缩节设计不合理导致，伸缩节问题主要发生在青海、甘肃等昼夜温差较大的西部地区。

型号证书发放　2015年度西安高压电器研究院共为26家科研生产单位9类高压开关设备产品发放型号证书107个，其中颁发证书16个。

试验检测　2015年国家高压电器质量监督检验中心、机械工业高压电器产品质量检测中心（沈阳）、电力工业电力设备及仪表质量检验检测中心、上海电气输配电试验中心有限公司（上海华通试验站）共对2 331台各类高压电器设备实施了试验，其中开关柜633台、断路器679台、环网柜499台、隔离开关197台。

行业活动

1.组织召开会议

2015年3月28日，高压开关分会七届四次常务理事工作会议在汕头市召开，75名代表出席。会议审议了浙江上美输配电有限公司等加入第七届理事单位、麦克奥迪（厦门）电气股份有限公司等加入第七届常务理事单位的申请，一致同意向七届三次理事会提交审批。会议审查批准江苏大全高压开关有限公司等16家单位成为高压开关分会会员，通过27家拖欠会费的会员单位予以注销会员资格的

决定。

2015年7月9—12日，高压开关分会2015年年会在济南市召开。国家电网公司科技部沈江副主任、西安交大王建华教授、中国机电产品进出口商会韩春霞等10位专家做专题发言。会议期间，西安高压电器研究院有限责任公司、西安交通大学和DNV-GLKEMA实验室联合召开了高压开关设备试验技术及认证国际研讨会，同期举办了高压电器设备及配套产品展示。

2015年8月29日，高压开关分会组织召开的预装式变电站技术研讨会在宁波市召开，行业内76名专家代表出席。西安交通大学、青岛特锐德电气股份有限公司、北京科锐配电自动化股份有限公司、许继开关公司等单位的专家分别从电力变压器的快速恢复研究，箱式变电站的精致化、精益化、工业化设计和生产，模块化变电站的技术研究历程、趋势及工程实施关键，预装式变电站与装配式变电站技术及工程应用等几个方面做专题介绍。

2015年9月19日，高压开关分会七届五次常务理事会在营口市召开，64名代表出席。会议审议通过了增补西安高压电器研究院副总工程师臧成发为秘书处副秘书长的决定，审查批准山东汇能电气有限公司等36家单位成为中国电器工业协会高压开关分会会员，批准44家拖欠会费的会员单位注销其会员资格的决定。

2.编制、出版会刊、年鉴等资料

完成2015年1～12期《高压开关行业通讯》编辑、出版工作。2015年全刊共开设16个栏目，其中新增"故障分析"栏目；并针对国内关注的技术焦点开设了研讨专题，如"高压开关操动机构"专题和"预装式变电站"专题。

完成《"十三五"高压开关行业发展规划建议》的编写。

完成2015版《高压开关行业年鉴》的编制，共收录261家行业企业资料，覆盖了行业内全部电压等级和产品类型，包含了行业内大多数大中型企业和骨干企业。"综述"中新增"高压开关设备运行情况"和"行业发展环境和市场需求"等部分内容。

〔供稿单位：中国电器工业协会高压开关分会〕

2016年发展情况

电力行业发展情况 2016年，全国电力供需进一步宽松、部分地区过剩。全国用电形势呈现增速同比提高、动力持续转换、消费结构继续调整的特征。全社会用电量59198亿kW·h，同比增长5.0%，较上年同比提高4个百分点。第三产业用电量持续保持较高增速；制造业中的四大高耗能行业合计用电量同比零增长，而装备制造、新兴技术及大众消费品业增长势头较好。

电力行业控制投资节奏、优化投资结构的效果开始显现。2016年年底，全国全口径发电装机容量16.5亿kW，同比增长8.2%，其中非化石能源6.0亿kW，占总发电装机容量的比重较上年提高1.7个百分点。全年全国全口径发电量5.99万亿kW·h，同比增长5.2%；发电设备利用小时3785h，同比下降203h。

全国主要电力企业合计完成投资同比增长3.3%。在国家配电网建设改造行动计划及新一轮农村电网改造升级等政策引导下，电网投资同比增长16.9%，其中占电网总投资58%的110kV及以下电网投资同比增长35.6%；在国家促进燃煤发电有序发展等一系列政策措施影响下，电源投资同比下降12.9%。

生产发展情况 2016年，高压开关行业积极应对不利因素的影响，主要经济指标整体回升。2016年高压开关行业主要技术经济指标见表1。

表1 2016年高压开关行业主要技术经济指标

序号	项目	单位	2016年	2015年	同比增长（%）
1	全年从业人员人数（总计）	万人	15.93	16.20	-1.68
2	其中：从事高压开关人数	万人	8.40	8.70	-3.47
3	从事科技活动人数	万人	4.09	4.06	0.65
4	从事研发人员人数	万人	2.22	2.16	2.65
5	工业总产值	亿元	2138.03	1945.48	9.90
6	其中：高压开关产值	亿元	1093.03	1070.51	2.10
7	新产品产值	亿元	779.43	627.28	24.26
8	工业销售产值	亿元	2107.17	1889.90	11.50
9	其中：出口交货值	亿元	61.85	55.03	12.39
10	工业增加值	亿元	490.93	473.77	3.62
11	主营业务收入	亿元	2018.66	1839.14	9.76
12	主营业务成本	亿元	1516.75	1329.61	14.07
13	营业费用	亿元	96.36	91.64	5.15
14	主营业务税金及附加	亿元	12.26	10.72	14.33
15	应交增值税	亿元	85.78	75.47	13.67
16	管理费用及财务费用	亿元	146.78	134.00	9.54

(续)

序号	项 目	单位	2016年	2015年	同比增长（%）
17	其中：利息支出	亿元	23.76	24.24	-1.99
18	其他业务收入	亿元	15.53	16.33	-4.89
19	利润总额	亿元	176.71	148.73	18.81
20	其中：高压开关部分	亿元	86.42	79.07	9.29
21	年末资产合计	亿元	2 451.45	2 232.37	9.81
22	年末固定资产原价	亿元	541.21	548.75	-1.37
23	年末固定资产净值	亿元	369.87	339.58	8.92
24	全年完成基建投资额	亿元	39.46	34.68	13.79
25	全年更改措施项目完成投资额	亿元	12.67	7.33	72.90
26	流动资产年平均余额	亿元	1 573.14	1 398.38	12.50
27	其中：应收账款余额	亿元	644.21	624.41	3.17
28	年末负债合计	亿元	1 335.38	1 163.85	14.74
29	年末所有者权益合计	亿元	1 112.58	989.60	12.43
30	全年科技活动经费使用数	亿元	67.49	55.98	20.57
31	研究与发展经费支出	亿元	56.48	51.34	10.00
32	新产品开发经费支出	亿元	44.17	35.29	25.16
33	全员职工工资总额	亿元	97.52	94.02	3.72
34	资本保值增值率	%	114.36	112.48	1.67
35	资产负债率	%	54.47	52.14	4.47
36	流动资产周转率	次	1.28	1.32	-3.03
37	成本费用利润率	%	10.04	9.56	5.02
38	工业全员劳动生产率	万元/人	30.82	29.25	5.38
39	产品销售率	%	98.56	97.14	1.46
40	总资产贡献率	%	11.81	11.27	4.79
41	销售利税率	%	13.61	12.77	6.58
42	资金利税率	%	14.14	13.52	4.59
43	人均创利税	万元/人	17.25	14.50	18.97
44	税金总额	亿元	98.04	86.19	13.75
45	利税总额	亿元	274.75	234.92	16.95
46	应收账款占流动资产比率	%	40.95	44.65	-8.29
47	经济效益综合指数	%	3.00	2.88	4.17
48	万元产值能耗平均水平（标煤）	t	0.04	0.04	0.00

1. 工业总产值

（1）行业工业总产值。2016年，高压开关行业完成工业总产值2 138.03亿元，较上年增加192.55亿元，增长率9.9%，较上年提高8.97个百分点。

2016年，高压开关行业中工业总产值1亿元以上的企业157家，占行业统计企业数的63.56%，较上年减少8家。产值10亿元以上企业32家，占行业统计企业数的12.96%，较上年增加3家。产值20亿元以上企业18家，占行业统计企业数的7.29%，较上年增加1家，其产值合计1 485.26亿元，占行业总产值的69.47%，较上年提高了5.74个百分点。2016年工业总产值企业构成见表2。

表2 2016年工业总产值企业构成

企业类别	企业数（家）	占比（%）	产值合计（亿元）	占比（%）
20亿元以上	18	7.29	1 485.26	69.47
10亿~20亿元	14	5.67	175.27	8.20
5亿~10亿元	28	11.34	190.66	8.92
1亿~5亿元	97	39.27	241.74	11.31
1亿元以下	90	36.44	45.10	2.10
总计	247	100.00	2 138.03	100.00

2016年，工业总产值增长率20%以上的企业47家，较上年增加17家，占行业统计企业数的19.03%，较上年

提高 7.22 个百分点；产值增长率 50% 以上的企业 11 家，较上年增加 4 家，占行业统计企业数的 4.45%，较上年提高 1.69 个百分点。

2016 年，工业总产值 1 亿元以上的企业中，增长率 20% 以上的企业 33 家，较上年增加 9 家；增长率 50% 以上的企业 6 家，较上年增加 1 家。工业总产值 10 亿元以上的企业中，增长率 20% 以上的企业 10 家，较上年增加 3 家；增长率 50% 以上的企业 3 家，较上年增加 2 家。

2016 年，工业总产值下降的企业 99 家，较上年减少 17 家，占行业统计企业数的 40.09%，较上年下降 5.58 个百分点。

2016 年工业总产值前 5 位企业见表 3。

表 3　2016 年工业总产值前 5 位企业

序号	企业名称	工业总产值（亿元）
1	河南森源集团有限公司	312.19
2	大全集团有限公司	182.53
3	许继集团有限公司	141.53
4	平高集团有限公司	99.20
5	有能集团有限公司	93.92

（2）高压开关产值。2016 年，完成高压开关产值 1 093.03 亿元，较上年增加 22.52 亿元，同比增长 2.1%，较上年提高 2.95 个百分点。

高压开关产值 1 亿元以上的企业 124 家，较上年减少 4 家，占行业统计企业数的 50.2%，较上年下降 0.17 个百分点。高压开关产值 10 亿元以上的企业 21 家，较上年减少 1 家，占行业统计企业数的 8.5%，较上年下降 0.16 个百分点。高压开关产值 20 亿元以上的企业 11 家，较上年增加 1 家，占行业统计企业数的 4.45%，较上年提高 0.51 个百分点。2016 年高压开关产值企业构成见表 4。

表 4　2016 年高压开关产值企业构成

企业类别	企业数（家）	占比（%）	产值合计（亿元）	占比（%）
20 亿元以上	11	4.45	556.02	50.87
10 亿~20 亿元	10	4.05	150.59	13.78
5 亿~10 亿元	18	7.29	128.96	11.80
1 亿~5 亿元	85	34.41	201.19	18.41
1 亿元以下	123	49.80	56.27	5.15
总计	247	100.00	1 093.03	100.00

2016 年，高压开关产值增长率 20% 以上的企业 49 家，较上年增加 11 家，占行业统计企业数的 19.84%，较上年上升 4.88 个百分点。高压开关产值增长率 50% 以上的企业 18 家，较上年增加 7 家，占统计企业数的 7.29%，较上年上升 2.96 个百分点。

高压开关产值 1 亿元以上的企业中，增长率 20% 以上的企业 30 家，较上年增加 5 家，占行业统计企业数的 12.15%；增长率 50% 以上的企业 11 家，较上年增加 2 家，占行业统计企业数的 4.45%。高压开关产值 10 亿元以上的企业中，增长率 20% 以上的企业 6 家，较上年减少 1 家。

2016 年，高压开关产值较上年减少的企业 97 家，较上年减少 8 家，占行业统计企业数的 39.27%，较上年下降 2.07 个百分点。

2016 年，高压开关产值增长率低于工业总产值增长率 7.8 个百分点。高压开关产值占工业总产值的比重为 51.12%，较上年（占 55.03%）下降 3.91 个百分点。

2016 年高压开关产值前 5 位企业见表 5。

表 5　2016 年工业总产值前 5 位企业

序号	企业名称	工业总产值（亿元）
1	河南森源集团有限公司	101.46
2	平高集团有限公司	99.20
3	山东泰开高压开关有限公司	75.21
4	新东北电气集团高压开关设备有限公司	59.42
5	西安西电开关电气有限公司	46.08

2.工业增加值

2016 年，高压开关行业完成工业增加值 490.93 亿元，较上年增加 17.16 亿元，同比增长 3.62%，增幅较上年提高 2.71 个百分点。

工业增加值 1 亿元以上的企业 71 家，较上年减少 7 家，占行业统计企业数的 28.75%，较上年下降 1.96 个百分点。工业增加值 5 亿元以上的企业 17 家，与上年持平，占行业统计企业数的 6.88%，较上年提高 0.19 个百分点。工业增加值 10 亿元以上企业 9 家，较上年减少 1 家，占行业统计企业数的 3.64%，较上年下降 0.3 个百分点。

工业增加值增长率 20% 以上的企业 48 家，较上年减少 1 家，占行业统计企业数的 19.43%，较上年提高 0.14 个百分点。增长率 50% 以上的企业 16 家，较上年减少 3 家，占统计企业数的 6.48%，较上年下降 1 个百分点。

2016 年，工业增加值降低的企业 96 家，较上年减少 9 家，占行业统计企业数的 38.87%，较上年下降 2.47 个百分点。

2016 年工业增加值前 5 位企业见表 6。

表 6　2016 年工业增加值前 5 位企业

序号	企业名称	工业增加值（亿元）
1	大全集团有限公司	53.57
2	河南森源集团有限公司	44.05
3	有能集团有限公司	39.37
4	江苏东源电器集团股份有限公司	29.45
5	平高集团有限公司	28.68

主要产品产量　2016 年，高压开关行业产品生产总量稳中有升。全年生产 126 kV 及以上电压等级气体绝缘金

属封闭开关设备 18 143 间隔，同比增长 7.45%，增速较上年提高 15.12 个百分点；生产 126 kV 及以上电压等级高压 SF_6 断路器 7 175 台，同比增长 2.19%，增速较上年提高 2.98 个百分点；生产预装式变电站 56 139 台，同比增长 2.63%，增速较上年下降 12.47 个百分点；生产 40.5 kV 及以下电压等级高压真空断路器 780 925 台，同比增长 9.11%，增速较上年提高 5.36 个百分点；生产隔离开关 345 825 组，同比增长 12.77%，增速较上年提高 28.26 个百分点；生产接地开关 286 454 组，同比增长 1.08%，较上年下降 5.25 个百分点；生产真空灭弧室 2 671 544 只，同比增长 16.13%，增速较上年提高 2.53 个百分点。2016 年高压开关产品产量见表 7。

表 7　2016 年高压开关产品产量

产品类别	单位	800 kV 及以上	550kV	363kV	252kV	126kV	72.5kV	40.5kV	24kV	12kV	27.5kV/55kV
SF_6 断路器	台	106	119	76	1 286	5 588	1 561	7 204		410	887
真空断路器	台							63 350	9 472	704 417	3 686
气体绝缘金属封闭开关设备	间隔	202	848	220	3 895	12 978	73	3 952	164	4 184	
敞开式组合电器	组			100		270	22	407			
金属封闭开关设备	面							79 124	9 602	418 466	3 247
环网柜	台							5 415	2 133	297 213	
隔离开关	组	420	1 225	658	11 003	21 273	4 754	20 138	827	273 952	11 575
接地开关	组		312	204	822	615	58	36 038	2 383	246 022	
负荷开关	台							10 677	691	129 825	
熔断器	只							22 937	34 012	339 424	
重合器	台									1 355	
高压接触器	台							369	1 801	35 607	
箱式变电站	台					176		18 331	21	37 611	
真空灭弧室	只				130	4		175 154	71 962	2 421 631	2 663

1. 气体绝缘金属封闭开关设备

2016 年，800kV 及以上电压等级气体绝缘金属封闭开关设备产量 202 间隔，较上年增加 89 间隔。生产企业 3 家。

550kV 气体绝缘金属封闭开关设备产量 848 间隔，较上年增加 195 间隔，同比增长 29.86%，较上年提高 8.71 个百分点。生产企业 6 家，与上年持平。

363kV 气体绝缘金属封闭开关设备产量 220 间隔，较上年增加 43 间隔，同比增长 24.29%。生产企业 2 家，较上年减少 1 家。

252kV 气体绝缘金属封闭开关设备产量 3 895 间隔，较上年减少 961 间隔，同比下降 19.79%，较上年下降 22.61 个百分点。生产企业 11 家，较上年减少 2 家。

126kV 气体绝缘金属封闭开关设备产量 12 978 间隔，较上年增加 1 891 间隔，同比增长 17.05%，较上年提高 29.09 个百分点。生产企业 25 家，较上年减少 1 家。产量 500 间隔以上的企业 9 家，较上年增加 2 家，产量合计 11 041 间隔，占行业生产总量的 85.07%，较上年提高 10.96 个百分点。

2016 年气体绝缘金属封闭开关设备产量前 3 位企业见表 8。

表 8　2016 年气体绝缘金属封闭开关设备产量前 3 位企业

电压等级	企业名称	产量（间隔）
252kV	山东泰开高压开关有限公司	1 056
	平高集团有限公司	1 027
	西安西电开关电气有限公司	530
126kV	山东泰开高压开关有限公司	2 335
	西安西电开关电气有限公司	2 244
	平高集团有限公司	1 521

2. 高压交流断路器

2016 年高压断路器不同电压等级产品产量比例见表 9。

表 9　2016 年高压断路器不同电压等级产品产量比例

电压等级	SF_6 系列（%）	真空系列（%）
126kV 及以上	100.00	
72.5kV	100.00	
40.5kV	10.21	89.79
12kV	0.06	99.94

（1）800kV户外高压交流SF_6断路器。2016年，我国800kV及以上电压等级户外高压交流SF_6断路器产量106台，较上年增加26台，同比增长32.5%。生产企业4家，与上年持平。

（2）550kV户外高压交流SF_6断路器。550kV户外高压交流SF_6断路器产量119台，较上年增加21台，同比增长21.43%。生产企业5家，与上年持平。产量最高的企业为平高集团有限公司（产量50台）。

363kV户外高压交流SF_6断路器产量76台，较上年减少49台。生产企业3家，与上年持平。产量最高的企业为西安西电开关电气有限公司（产量30台）。

（3）252kV户外高压交流SF_6断路器。252kV户外高压交流SF_6断路器产量1286台，较上年增加170台，同比增长15.23%，较上年提高6.99个百分点。生产企业7家，较上年增加1家。

（4）126kV户外高压交流SF_6断路器。2016年，126kV户外高压交流SF_6断路器产量5588台，较上年减少14台，同比下降0.25%，较上年提高2.93个百分点。生产企业14家，与上年持平。产量500台以上的企业4家，与上年持平，产量合计4272台，占行业产量的76.45%，较上年提高1.46个百分点。

2016年户外高压交流SF_6断路器产量前3位企业见表10。2007—2016年SF_6气体绝缘金属封闭开关设备和SF_6高压交流断路器的产量比例见表11。

表10　2016年户外高压交流SF_6断路器产量前3位企业

电压等级	企业名称	产量（台）
252kV	山东泰开高压开关有限公司	412
	江苏省如高高压电气有限公司	386
	平高集团有限公司	240
126kV	山东泰开高压开关有限公司	1612
	江苏省如高高压电气有限公司	1450
	西安西电高压开关有限责任公司	708

表11　2007—2016年SF_6气体绝缘金属封闭开关设备和SF_6高压交流断路器的产量比例

年份	252kV	126kV
2007	1.55∶1	0.78∶1
2008	1.65∶1	1.01∶1
2009	2.13∶1	1.06∶1
2010	2.41∶1	1.41∶1
2011	3.53∶1	1.74∶1
2012	3.72∶1	2.09∶1
2013	3.65∶1	2.08∶1
2014	4.58∶1	2.18∶1
2015	4.35∶1	1.98∶1
2016	3.03∶1	2.32∶1

（5）72.5kV断路器。2016年，72.5kV高压交流SF_6断路器产量1561台，较上年减少653台，同比下降29.49%，较上年下降39.09个百分点。生产企业6家，较上年减少2家。产量最高的企业为山东泰开高压开关有限公司（产量572台），占行业总量的36.64%，较上年提高12.39个百分点。

（6）40.5kV断路器。2016年，40.5kV高压交流SF_6断路器产量7204台，较上年增加432台，同比增长6.38%，较上年下降13.27个百分点。生产企业13家，较上年减少1家。产量500台以上的企业6家，与上年持平。产量最高的企业为山东泰开高压开关有限公司（产量1331台），占行业总量的18.48%，较上年提高1.03个百分点。

40.5kV高压交流真空断路器产量63350台，较上年增加5688台，增长率9.86%，较上年提高1.5个百分点。生产企业62家，较上年增加1家。产量在1000台以上的企业9家，与上年持平，产量合计48114台，占行业生产总量的75.95%，较上年提高0.48个百分点。产量最高的企业为山东泰开高压开关有限公司（产量13815台），占行业生产总量的21.8%。2016年40.5kV高压交流真空断路器产量企业构成见表12。2016年40.5kV高压交流真空断路器产量前3位企业见表13。

表12　2016年40.5kV高压交流真空断路器产量企业构成

企业类别	企业数（家）	占比（%）	产量合计（台）	占比（%）
产量1000台以上	9	14.52	48114	75.95
产量500～1000台	13	20.97	9348	14.76
产量100～500台	23	37.10	4,975	7.85
产值100台以下	17	27.42	913	1.44
总计	62	100.00	63350	100.00

表13　2016年40.5kV高压交流真空断路器产量前3位企业

序号	企业名称	产量（台）
1	山东泰开高压开关有限公司	13815
2	江苏东源电器集团股份有限公司	11800
3	河南森源电气股份有限公司	9789

（7）24kV高压交流真空断路器。2016年，24kV高压交流真空断路器产量9472台，较上年增加1523台，增长率19.16%，较上年提高20.77个百分点。生产企业23家，较上年增加2家。产量最高的企业为正泰电气股份有限公司（产量2300台）。

（8）12kV断路器。2016年，12kV高压交流SF_6断路器产量410台，较上年增加185台，同比增长82.22%。生产企业2家，较上年减少1家。产量最高的企业为湛江高压电器有限公司（产量296台）。

12kV高压交流真空断路器产量704417台，较上年增加57843台，同比增长8.95%，较上年提高5.55个百分点。生产企业125家，较上年增加11家。产量在10 000台以上的企业16家，较上年增加2家，产量合计410 044台，占行业生产总量的58.21%，较上年下降0.73个百分点。2016年12kV高压交流真空断路器产量企业构成见表14。2016年12kV高压交流真空断路器产量前5位企业见表15。

表14　2016年12kV高压交流真空断路器产量企业构成

企业类别	企业数（家）	占比（%）	产量合计（台）	占比（%）
产量10 000台以上	16	12.80	410 044	58.21
产量5 000~10 000台	20	16.00	143 944	20.43
产量1 000~5 000台	50	40.00	132 650	18.83
产值1 000台以下	39	31.20	17 779	2.52
总计	125	100.00	704 417	100.00

表15　2016年12kV高压交流真空断路器产量前5位企业

序号	企业名称	产量（台）
1	施耐德（陕西）宝光电器有限公司	52 480
2	河南森源电气股份有限公司	44 912
3	华仪电器集团（华仪电气）有限公司	40 250
4	山东泰开高压开关有限公司	37 146
5	厦门ABB开关有限公司	36 377

3. 交流金属封闭开关设备

（1）40.5kV气体绝缘金属封闭开关设备（C-GIS）。2016年，40.5kV气体绝缘金属封闭开关设备（C-GIS）产量3 952间隔，较上年增加1 458间隔，同比增长58.46%。生产企业12家，较上年增加2家。产量最高的企业为施耐德开关（苏州）有限公司（产量1 583间隔），占行业生产总量的40.05%。

（2）12kV气体绝缘金属封闭开关设备（C-GIS）。2016年，12kV气体绝缘金属封闭开关设备（C-GIS）产量4 184间隔，较上年增加1 734间隔，同比增长70.78%。生产企业9家，较上年增加3家。产量最高的企业为杭州欣美成套电器制造有限公司（产量2 254间隔）。

（3）40.5kV交流金属封闭开关设备。2016年，40.5kV高压交流金属封闭开关设备产量79 124面，较上年减少405面，同比下降0.51%，较上年减少14.24个百分点。生产企业76家，较上年减少6家。产量2 000面以上企业8家，较上年减少1家，产量合计52 288面，占行业生产总量的66.08%，较上年下降0.77%。

2016年40.5kV高压交流金属封闭开关设备各产品系列产量见表16。2016年40.5kV交流金属封闭开关设备产量企业构成见表17。2016年40.5kV高压交流金属封闭开关设备产量前5位企业见表18。

表16　2016年40.5kV高压交流金属封闭开关设备各产品系列产量

产品系列	产量（面）	占比（%）	比上年增加百分点
KYN系列	72 386	91.48	2.30
XGN系列	5 333	6.74	-1.09
GBC、JYN、KGN等系列	1 405	1.78	-1.21

表17　2016年40.5kV交流金属封闭开关设备产量企业构成

企业类别	企业数（家）	所占比例（%）	产量合计（面）	所占比重（%）
产量2 000面以上	8	10.53	52 288	66.08
产量1 000~2 000面	8	10.53	11 793	14.90
产量500~1 000面	11	14.47	7 636	9.65
产值500面以下	49	64.47	7 407	9.36
总计	76	100.00	79 124	100.00

表18　2016年40.5kV高压交流金属封闭开关设备产量前5位企业

序号	企业名称	产量（面）
1	山东泰开高压开关有限公司	13 681
2	安徽中电兴发与鑫龙科技股份有限公司	11 522
3	河南森源电气股份有限公司	9 847
4	江苏东源电器集团股份有限公司	6 100
5	宁波天安（集团）股份有限公司	3 338

（4）24kV交流金属封闭开关设备。2016年，24kV高压交流金属封闭开关设备产量9 602面，较上年减少554面，同比下降5.45%。生产企业24家，较上年减少2家。产量500面以上的企业5家，与上年持平，产量合计6 461面，占行业生产总量的67.29%，较上年提高1.33个百分点。产量最高的企业为安徽中电兴发与鑫龙科技股份有限公司（产量3 950面）。

（5）12kV交流金属封闭开关设备。2016年，12kV高压交流金属封闭开关设备产量418 466面，较上年减少6 726面，同比下降1.58%。生产企业127家，较上年减少15家。产量10 000面以上的企业7家，较上年减少1家，产量合计160 733面，占行业生产总量的38.41%，较上年下降0.09个百分点。2016年12kV金属封闭开关设备各产品系列产量见表19。2016年12kV交流金属封闭开关设备产量企业构成见表20。2016年12kV高压交流金属封闭开关设备产量前5位企业见表21。

表19　2016年12kV金属封闭开关设备各产品系列产量

产品系列	产量（面）	占比（%）	比上年增加百分点
KYN系列	340 155	81.29	-3.00
XGN系列	49 000	11.71	-0.63
DFW系列	22 606	5.40	4.21
其他系列	6 705	1.60	-0.58

表20　2016年12kV交流金属封闭开关设备产量企业构成

企业类别	企业数（家）	占比（%）	产量合计（面）	占比（%）
产量10 000面以上	7	5.51	160 733	38.41
产量5 000～10 000面	16	12.60	115 162	27.52
产量1 000～5 000面	52	40.94	120 738	28.85
产量500～1 000面	19	14.96	13 408	3.20
产值500面以下	33	25.98	8 425	2.01
总计	127	100.00	418 466	100.00

表21　2016年12kV高压交流金属封闭开关设备产量前5位企业

序号	企业名称	产量（面）
1	山东泰开高压开关有限公司	39 352
2	安徽中电兴发与鑫龙科技股份有限公司	37 550
3	河南森源电气股份有限公司	29 074
4	北京合纵科技股份有限公司	15 390
5	浙宝电气（杭州）集团有限公司	14 668

（6）环网柜。2016年，40.5kV环网柜产量5 415面，较上年增加4 869面。生产企业5家，较上年增加2家。产量最高的企业为宁波天安（集团）股份有限公司（产量4 716面）。

24kV环网柜产量2 133面，较上年减少500面。生产企业5家（均为华东区），较上年减少1家。产量最高的企业为大全集团有限公司（产量1 116面）。

12kV环网柜产量297 213面，较上年增加47 065面，同比增长18.81%，较上年提高14.09个百分点。生产企业85家，较上年减少10家。产量5 000面以上的企业18家，与上年持平，产量合计241 829面，占行业生产总量的81.37%，较上年提高4.89个百分点。

2016年12kV环网柜产量企业构成见表22。2016年12kV环网柜产量前5位企业见表23。

表22　2016年12kV环网柜产量企业构成

企业类别	企业数（家）	占比（%）	产量合计（面）	占比（%）
产量5 000面以上	18	21.18	241 829	81.37
产量1 000～5 000面	23	27.06	43 424	14.61
产量500～1 000面	9	10.59	6 161	2.07
产值500面以下	35	41.18	5 799	1.95
总计	85	100.00	297 213	100.00

表23　2016年12kV环网柜产量前5位企业

序号	企业名称	产量（面）
1	北京双杰电气股份有限公司	28 111
2	北京合纵科技股份有限公司	26 296
3	青岛特锐德电气股份有限公司	22 483
4	北京科锐配电自动化股份有限公司	21 334
5	大亚电器集团有限公司	14 211

4. 高压交流隔离开关

（1）800 kV高压交流隔离开关。2016年，800kV及以上电压等级高压交流隔离开关产量420组，较上年增加64组，同比增长17.98%。生产企业5家，与上年持平。产量最高的企业为山东泰开高压开关有限公司（产量208组）。

（2）550kV高压交流隔离开关。2016年，550kV高压交流隔离开关产量1 225组，较上年增加272组，同比增长28.54%。生产企业6家，与上年持平。产量最高的企业为山东泰开高压开关有限公司（产量373组）。

（3）363kV高压交流隔离开关和接地开关。2016年，363kV高压交流隔离开关产量658组，较上年减少100组，同比下降13.19%。生产企业6家，与上年持平。产量最高的企业为山东泰开高压开关有限公司（产量260组）。

（4）252kV高压交流隔离开关。2016年，252kV高压交流隔离开关产量11 003组，较上年增加385组，同比增长3.63%。生产企业8家，较上年增加1家。产量1 000组以上的企业3家，较上年减少1家，产量合计9 173组，占行业生产总量的83.37%，较上年下降4.28个百分点。产量最高的企业是湖南长高高压开关集团股份公司（产量3 505组）。

（5）126 kV高压交流隔离开关。2016年，126kV高压交流隔离开关产量21 273组，较上年增加351组，同比增长1.68%。生产企业13家，较上年减少1家。产量2 000组以上的企业共4家，较上年增加1家，产量合计17 116组，占行业生产总量的80.46%，较上年提高5.63个百分点。产量最高的企业为山东泰开高压开关有限公司（产量5 519组）。

（6）40.5 kV高压交流隔离开关。2016年，40.5kV高压交流隔离开关产量20 138组，较上年减少797组，同比下降3.8%。生产企业18家，与上年持平。产量1 000组以上的企业5家，较上年增加1家，产量合计16 474组，占行业生产总量的81.81%，较上年下降2.92个百分点。产量最高的企业为山东泰开高压开关有限公司（产量5 622组）。

（7）24kV高压交流隔离开关。2016年，24kV高压交流隔离开关产量827组，较上年增加716组。生产企业4家，较上年增加2家。

（8）12 kV高压交流隔离开关。2016年，12kV高压交流隔离开关产量273 952组，较上年增加30 030组，同比增长12.31%，较上年提高23.98个百分点。生产企业25家，较上年增加2家。产量10 000组以上的企业9家，较上年增加1家，产量合计为243 819组，占行业生产总量的89%，较上年下降2.27个百分点。产量最高的企业是华仪集团（华仪电气）股份有限公司（产量82 176组）。

5. 高压交流接地开关

2016年，550kV高压交流接地开关产量312组，较上年增加75组，同比增长31.65%。生产企业3家，较上年减少1家。产量最高的企业是平高集团有限公司（产量155组）。

363kV高压交流接地开关产量204组，较上年增加91组，同比增长80.53%。生产企业4家，与上年持平。产量最高的企业为山东泰开高压开关有限公司（产量144组）。

252kV高压交流接地开关产量822组，较上年增加203组，同比增长32.79%。生产企业5家，较上年增加1家。产量最高的企业为山东泰开高压开关有限公司和湖南长高高压开关集团股份公司（产量218组）。

126kV高压交流接地开关产量615组，较上年增加138组，同比增长28.93%。生产企业5家，与上年持平。产量最高的企业是湖南长高高压开关集团股份公司（产量220组）。

40.5kV高压交流接地开关产量36 038组，较上年增加8 827组，同比增长32.44%。生产企业14家，较上年增加3家。产量2 000组以上的企业5家，较上年增加1家，产量合计为32 418组，占行业生产总量的89.96%，较上年提高2.94个百分点。产量最高的企业为河南森源集团有限公司（产量10 861组）。

24kV高压交流接地开关产量2 383组，较上年增加2 140组。生产企业3家，较上年增加2家。

12kV高压交流接地开关产量246 022组，较上年减少8 445组，同比下降3.32%。生产企业15家，较上年减少4家。产量10 000组以上的企业6家，较上年减少1家，产量合计218 982组，占行业生产总量的89.01%，较上年提高1.15个百分点。产量最高的企业为浙江恒博电气制造有限公司（产量60 936组）。

6. 高压交流负荷开关和熔断器

2016年，40.5kV高压交流负荷开关产量10 677台，较上年增加1 363台，同比增长14.63%。生产企业8家，较上年增加1家。产量最高的企业为宁波天安（集团）股份有限公司（产量为4 582台）。

12kV高压交流负荷开关产量129 825台，较上年增加7 219台，同比增长5.89%。生产企业38家，较上年增加5家。产量最高的企业为温州新机电器有限公司（产量14 395台）。

12kV高压交流熔断器产量339 424只，较上年增加88 768只，同比增长35.41%。生产企业7家，较上年增加1家。产量50 000只以上的企业4家，较上年增加1家，其产量合计319 394只，占行业生产总量94.1%，较上年提高3.39个百分点。产量最高的企业为西安翰德电力电器制造有限公司（产量100 000只）。

7. 预装式变电站

2016年，40.5kV预装式变电站产量18 331台，较上年增加2 413台，同比增长15.16%。生产企业16家，与上年持平。产量最高的企业为河南森源集团有限公司（产量6 401台）。

12kV预装式变电站产量37 611台，较上年减少1 105台，同比下降2.85%。生产企业65家，较上年减少8家。产量1 000台以上的企业10家，较上年增加1家，产量合计26 033台，占行业生产总量的69.22%，较上年提高4.87个百分点。2016年12kV预装式变电站产量企业构成见表24。2016年12kV预装式变电站产量前5位企业见表25。

表24　2016年12kV预装式变电站产量企业构成

企业类别	企业数（家）	占比（%）	产量合计（台）	占比（%）
产量1 000台以上	10	15.38	26 033	69.22
产量500～1 000台	9	13.85	5 467	14.54
产量100～500台	20	30.77	5 231	13.91
产值100台以下	26	40.00	880	2.34
总计	65	100.00	37 611	100.00

表25　2016年12kV预装式变电站产量前5位企业

序号	企业名称	产量（台）
1	宁波天安（集团）股份有限公司	4 098
2	河南森源集团有限公司	4 092
3	青岛特锐德电气股份有限公司	3 897
4	浙宝电气（杭州）集团有限公司	2 758
5	沈阳昊诚电气股份有限公司	2 470

8. 高压接触器

2016年，40.5kV高压接触器产量369台，较上年减少287台，同比下降43.75%。生产企业2家，较上年减少1家。产量最高的企业为无锡市蓝虹电子有限公司（产量242台）。

2016年，12kV高压接触器产量35 607台，较上年减少603台，同比下降1.67%。生产企业12家，较上年增加2家。产量最高的企业为无锡市蓝虹电子有限公司（产量20 464台），占行业生产总量的57.47%。

9. 高压交流真空灭弧室

40.5kV高压交流真空灭弧室产量175 154只，较上年增加32 762只，同比增长23.01%，较上年提高15.76个百分点。生产企业11家，较上年增加2家。产量最高的企业为成都旭光电子股份有限公司（产量35 933只）。

24kV高压交流真空灭弧室产量71 962只，较上年减少2 736只，同比下降3.66%。生产企业9家，较上年增加2家。产量最高的企业为湖北汉光科技股份有限公司（产量21 300只）。

12kV高压交流真空灭弧室产量2 421 631只,较上年增加339 452只,同比增长16.3%,较上年提高1.98个百分点。生产企业12家,较上年增加2家。产量最高的企业为陕西宝光集团(股份)有限公司(产量562 455只)。

市场及销售

1. 主营业务收入

2016年,高压开关行业实现主营业务收入2 018.66亿元,较上年增加179.52亿元,同比增长9.76%,较上年提高7.47个百分点。

高压开关行业中主营业务收入1亿元以上的企业151家,较上年减少12家,占行业统计企业数的61.13%,较上年下降3.04个百分点。主营业务收入10亿元以上的企业29家,较上年减少2家,占统计企业数的11.74%,较上年下降0.46个百分点。主营业务收入20亿元以上的企业16家,较上年减少1家,占统计企业数的6.48%,较上年下降0.21个百分点,其收入合计为1 355.98亿元,占行业总收入的67.17%,较上年提高3.58个百分点。

2016年主营业务收入企业构成见表26。

表26　2016年主营业务收入企业构成

企业类别	企业数(家)	所占比例(%)	收入合计(亿元)	所占比重(%)
20亿元以上	16	6.48	1 355.98	67.17
10亿~20亿元	13	5.26	176.08	8.72
5亿~10亿元	31	12.55	217.04	10.75
1亿~5亿元	91	36.84	221.68	10.98
1亿元以下	96	38.87	47.88	2.37
总计	247	100.00	2 018.66	100.00

2016年,主营业务收入增长率20%以上的企业50家,较上年增加9家,占行业统计企业数的20.24%,较上年提高4.1个百分点。主营业务收入增长率50%以上的企业12家,较上年增加2家,占行业统计企业数的4.86%,较上年提高0.92个百分点。主营业务收入增长率100%以上的企业2家,较上年增加1家。

主营业务收入1亿元以上的企业中,增长率20%以上的企业29家,较上年减少2家,占行业统计企业数的11.74%;增长率50%以上的企业4家,较上年减少3家,占行业统计企业数的1.62%。主营业务收入10亿元以上的企业中,增长率20%以上的企业8家,与上年持平。

2016年主营业务收入前5位企业见表27。

表27　2016年主营业务收入前5位企业

序号	企业名称	主营业务收入(亿元)
1	河南森源集团有限公司	308.86
2	大全集团有限公司	175.23
3	许继集团有限公司	120.45
4	平高集团有限公司	101.38
5	有能集团有限公司	89.10

2016年,完成其他业务收入15.53亿元,较上年减少0.8亿元,同比下降4.89%。

2. 工业销售产值

2016年,全行业完成工业销售产值2 107.17亿元,较上年增加217.27亿元,同比增长11.50%,较上年提高9.94个百分点,高于工业总产值增长率1.6个百分点。产品销售率98.56%,较上年提高1.42个百分点。2016年工业销售产值前5位企业见表28。

表28　2016年工业销售产值前5位企业

序号	企业名称	工业销售产值(亿元)
1	河南森源集团有限公司	307.87
2	大全集团有限公司	182.53
3	许继集团有限公司	141.53
4	平高集团有限公司	98.46
5	有能集团有限公司	92.04

3. 出口交货值

2016年,全行业实现出口交货值61.85亿元,较上年增加6.82亿元,同比增长12.39%,较上年提高6.79个百分点。84家企业完成出口业务,较上年减少6家,占行业统计企业数的34%,较上年下降1.43个百分点。

高压开关行业出口交货值1 000万元以上的企业50家,较上年减少1家,占出口企业数的59.52%,较上年提高2.85个百分点。出口1亿元以上的企业14家,较上年增加2家,占出口企业数的16.67%,较上年提高3.34个百分点,出口值合计45.19亿元,占行业出口总值的73.06%,较上年提高3.95个百分点。

出口交货值增长率20%以上的企业33家,较上年增加9家,占出口企业数的39.29%;增长率50%以上的企业18家,较上年增加4家,占出口企业数的21.43%;增长率100%以上的企业11家,与上年持平,占出口企业数的13.1%。出口交货值1亿元以上的企业中,增长率20%以上的企业6家,较上年减少1家;增长率50%以上的企业3家,较上年减少1家。

出口交货值占工业销售产值的比重为2.94%,较上年提高0.03个百分点。

2016年出口交货值前5位企业见表29。

表29　2016年出口交货值前5位企业

序号	企业名称	出口交货值(亿元)
1	正泰电气股份有限公司	9.55
2	新东北电气集团高压开关设备有限公司	4.98
3	厦门宏发电力电器有限公司	4.80
4	大全集团有限公司	4.55
5	西安西电开关电气有限公司	3.81

4.利润

（1）行业利润总额。2016年，全行业实现利润总额176.71亿元，较上年增加27.98亿元，增长率18.81%，较上年提高17.39个百分点。

利润总额1 000万元以上的企业115家，较上年减少10家，占行业统计企业数的46.56%，较上年下降2.65个百分点。1亿元以上的企业26家，较上年增加1家，占行业统计企业数的10.53%，较上年提高0.69个百分点，其利润合计138.07亿元，占行业总额的78.13%，较上年提高5.48个百分点。2亿元以上企业17家，较上年增加3家，占行业统计企业数的6.88%，较上年提高1.37个百分点。

2016年，利润总额增长率20%以上的企业62家，较上年增加2家，占行业统计企业数的25.1%，较上年提高1.48个百分点。增长率50%以上的企业32家，较上年增加5家，占行业统计企业数的12.96%，较上年提高2.33个百分点。增长率100%以上的企业17家，较上年增加4家，占统计企业数的6.88%，较上年提高1.76个百分点。

2016年，利润总额1 000万元以上的企业中，增长率20%以上的企业34家，与上年持平；增长率50%以上的企业15家，较上年减少2家；增长率100%以上的企业6家，与上年持平。利润1亿元以上的企业中，增长率20%以上的企业12家，较上年增加4家；增长率50%以上的企业4家，较上年增加2家。

2016年，利润总额较上年下降的企业111家，较上年减少6家，占行业统计企业数的44.94%，较上年下降1.12个百分点。亏损企业11家，较上年增加2家。

2016年利润总额前5位企业见表30。

表30 2016年利润总额前5位企业

序号	企业名称	利润总额（亿元）
1	河南森源集团有限公司	17.80
2	许继集团有限公司	12.83
3	盛隆电气集团有限公司	12.13
4	有能集团有限公司	11.13
5	大全集团有限公司	11.00

（2）高压开关产品利润。2016年，实现高压开关产品利润86.42亿元，较上年增加7.35亿元，同比增长9.3%，较上年提高7.38个百分点。

高压开关产品利润1 000万元以上的企业93家，较上年减少3家，占行业统计企业数的37.65%，较上年下降0.15个百分点。高压开关产品利润1亿元以上的企业17家，较上年减少1家，占行业统计企业数的6.88%，较上年下降0.21个百分点，其高压产品利润合计57.95亿元，占行业总额的67.06%，较上年提高4个百分点。

高压开关产品利润增长率20%以上的企业54家，较上年增加2家，占行业统计企业数的21.86%，较上年提高1.39个百分点。增长率50%以上的企业31家，较上年增加8家，占统计企业数的12.55%，较上年提高3.49个百分点。增长率100%以上的企业17家，较上年增加5家，占统计企业数的6.88%，较上年提高2.16个百分点。

高压开关产品利润下降的企业94家，较上年减少14家，占行业统计企业数的38.06%，较上年下降4.46个百分点。

高压开关产品利润占利润总额的比例为48.9%，较上年下降4.26个百分点。

2016年高压开关产品利润前5位企业见表31。

表31 2016年高压开关产品利润前5位企业

序号	企业名称	高压开关利润（亿元）
1	平高集团有限公司	10.29
2	西安西电开关电气有限公司	7.54
3	山东泰开高压开关有限公司	6.18
4	新东北电气集团高压开关设备有限公司	6.05
5	河南森源集团有限公司	5.80

技术发展动态

1.特高压、超高压开关设备

（1）ZTFW1-824/6300-50（Ⅳ）±800kV充气式直流穿墙套管。由西安西电开关电气有限公司研制，2016年9月28日通过中国西电集团公司组织的产品技术鉴定和项目验收。样机在国家绝缘子避雷器质量监督检验中心等单位进行了型式试验。样机采用直线型布置，SF_6气体作为内绝缘介质，额定电流8 000A，内部不设绝缘支撑，整根导体两端固定连接，并设有应力补偿装置，具有重量轻、结构简单、散热条件好等优点，综合技术性能处于国际领先水平。产品属自主创新设计，具有自主知识产权。该产品的成功研制打破了ABB、西门子等国外公司在特高压套管行业的垄断地位。

（2）ZF16-1100（L）/Y8000-63气体绝缘金属封闭开关设备。由山东泰开高压开关有限公司研制，已通过型式试验。该产品额定电流8 000A，主母线额定电流10 000A，机械寿命10 000次。其中，断路器额定短路开断电流63kA，满容量开断（即电气寿命）20次；隔离开关开合母线转换电流2 520A（400V）；接地开关开合电磁感应电流500A（50kV），开合静电感应电流50A（180kV），额定短路关合电流171 kA。产品技术参数达到国际先进水平。该设备整体占地面积小，运行安全可靠。导体采用内外均匀布置导电弹簧的创新结构，通流能力强。断路器采用卧式布置，双断口串联对称结构，断口装设并联电容器，可有效均衡双断口承担的电压；配用自制大功率CTY-30液压弹簧机构，力学性能稳定；隔离开关设置分合闸阻尼电阻，有效抑制回路产生的暂态过电压（VFTO）。

（3）LW15-1100/Y4000-63高压交流SF_6断路器。西安西电高压开关有限责任公司研制，由三个单极组成，单极为双柱四断口结构，单极配用两台液压弹簧操动机构，同极两台液压弹簧机构电气串联操作，三极电气联动。满足FC2试验恢复电压2 900kV的容性电流开断能力；背对背电容器组电流开合试验累计完成关合600次、最短开断能力超过552次；电气寿命63kA 23次；直流衰减常数为120ms；机械寿命达到10 000次。额定电流4 000A；额定短路开断电流63kA；容性电流开合试验C2级：试验电流400A，试验电压$1.3\times1 100/\sqrt{3}$V；机械寿命10 000次；容性电流开断附加试验FC2：试验电流400A，恢复电压峰值2 900kV。该产品具有优良的开断性能，可靠性高，填补了国际空白，综合技术性能达到国际领先水平。

（4）LEGMH-1100电子式电流互感器。由西安西电高压开关有限责任公司研制，最高工作电压1 100kV，额定一次电流3 000A，准确级0.2/5TPE，额定短时热电流（方均根值）63 kA 3s，额定动稳定电流（峰值）160kA，准确限值系数Kalf20。该产品为超大直径（ϕ1 405mm）母线穿心式光纤电流互感器，产品光纤传感环为外置式，适用于1 100kV GIS，准确级达到0.2级，具有测量精度高、抗干扰能力强、结构简单、安装维护便捷等特点，综合技术性能达到国际先进水平。

（5）ZGW2-816/J8000-40高压直流隔离开关。由西安西电高压开关有限责任公司研制，额定直流电压816kV，额定电流8 000A，2h过负荷电流8 800A，额定短时耐受电流40kA/3s，额定峰值耐受电流100kA，60min直流耐受电压1 224kV，额定雷电冲击耐受电压1 950kV，额定操作冲击耐受电压1 675kV，机械寿命6 000次。该产品采用水平伸缩式结构，配用电动操动机构，结构紧凑，占地面积小；额定电流为8 000A，2h过负荷电流达到8 800A，产品通流能力强；动触头采用双层触片结构，动静触头采用密封保护结构，环境适应性强；静触头密封罩采用扭簧拨杆式结构，复位可靠；绝缘支撑采用复合绝缘子三角形布置，结构稳定性、机械可靠性高，具有良好的抗震性能；综合技术性能达到国际领先水平。

（6）直流百万伏阀厅接地开关。由平高集团有限公司研发，拥有自主知识产权，已完成所有型式试验，各项性能参数达到世界领先水平，成为世界首台直流百万伏阀厅接地开关，填补了我国在该项技术上的空白，应用市场前景非常广阔。

（7）国内首台大容量发电机断路器通过温升试验。由西安西电研究院有限公司和西安西电开关电气有限公司联合研制，2016年9月14日在西高院低压电器检测室通过温升试验和冷却丧失试验。

（8）平高集团±1 100 kV直流穿墙套管通过全套绝缘试验。该产品技术参数达到国际领先水平，填补了国际空白。

（9）创新型ZGW□-1120/J6300-40水平伸缩式户外特高压直流隔离开关与大电流ZGW□-408/J8000-31.5户外高压直流隔离开关。由湖南长高高压开关集团股份公司研制。这两类产品采用梅花形内藏式触指，抗环境污秽能力极好，动静侧支柱瓷绝缘子采用三柱品形排列以增强其抗弯抗震可靠性，主导电部分采用特定的优质铝合金材料，具有结构先进、外形美观、抗腐蚀性强、操作轻便、动作稳定可靠、检修周期长以及高抗震能力等优点。ZGW□-1120/J6300-40填补了国内空白，ZGW□-408/J8000-31.5打破了长期以来国际跨国公司的技术垄断，达到国内领先水平。

（10）JW9-1100（W）超B类接地开关。由湖南长高高压开关集团股份公司研制。该产品由上、下导电管组成，分闸时，接地开关向下缩回合拢折叠；合闸时，接地开关完全伸直后合闸操作完成，其圆柱形纯铜镀银动触头可靠地插入梅花形触指结构的静触头内，整个结构先进、外形紧凑、美观、占地面积小，操作轻巧灵活，填补了国内空白。

2. 高压开关设备

（1）550kV高压交流单断口SF_6断路器在GIS中的应用。由西安西电开关电气有限公司研制，2016年9月28日通过中国西电集团公司组织的产品技术鉴定和项目验收。该项目样机在国家高压电器质量监督检验中心等单位进行了型式试验。样机断路器采用单断口结构，配液压操动机构。该产品额定电压550kV、额定电流5 000A、额定短路开断电流63kA，应用在550kV GIS中，使GIS整体结构紧凑，方便维护。GIS可整间隔运输，综合技术性能处于国际先进水平，自主创新设计，具有自主知识产权。

（2）ZF9-363气体绝缘金属封闭开关设备（50/60Hz）。由西安西电开关电气有限公司研发，2016年12月22日通过了中国西电集团公司组织的产品技术鉴定和项目验收。样机在意大利CESI试验站进行了型式试验。产品采用单断口断路器，卧式布置，配液压弹簧操动机构；结构紧凑，可整间隔运输，现场安装工作量小；额定短时耐受电流63kA，额定电流4000A，产品机械寿命均达到M2级，综合技术性能处于国际先进水平。

（3）ZF16-363（L）/Y5000-50气体绝缘金属封闭开关设备。由山东泰开高压开关有限公司研制，已通过型式试验。该产品额定电流5000A，机械寿命10 000次。其中，断路器额定短路开断电流50kA，满容量开断（即电气寿命）20次；隔离开关开合母线转换电流1 600A（300V）；接地开关开合电磁感应电流600A（35kV），开合静电感应电流50A（100kV）。产品技术参数达到国内领先水平。363kV组合电器采用全新小型化设计，间隔宽度最小为2.3m。外壳采用铝合金材料，产品质量轻、对地基载荷要求小、耐腐蚀、涡流损失小、外壳温升低。断路器为单断口立式布置，采用"压气+热膨胀"的自能式灭弧原理，开断能力强。断路器配用液压弹簧机构，可靠性高，维护工作量少。

（4）ZF7C-145气体绝缘金属封闭开关设备（50/60Hz）。由西安西电开关电气有限公司研制，2016年12月22日通过中国西电集团公司组织的产品技术鉴定和项目验收。样机在荷兰KEMA试验站进行了型式试验。产品采用全三相共箱式结构，间隔宽度0.8m；断路器配用弹簧操动机构，采用三工位隔离-接地开关及快速接地开关一体化设计。产品额定电流3150A，开断短路电流40kA，快速接地开关关合短路电流104kA；综合技术性能处于国际先进水平。

（5）LW25-420/Y5000-50高压交流SF_6断路器。由西安西电高压开关有限责任公司研制，额定电压420kV；额定电流5 000A；额定频率50Hz；额定短路开断电流50kA；额定工频耐受电压（1min）对地520kV，断口610kV；额定短时耐受电流（3s）50kA；额定峰值耐受电流（峰值）125kA；额定短路关合电流（峰值）125kA；机械寿命10 000次。该产品由三个单极组成，每极配用一台CYA5-Ⅱ液压弹簧操动机构，每极为单柱双断口结构，无均压电容器，首开极系数1.5，SF_6气体年漏气率不大于0.1%，产品结构简单，力学性能稳定，综合技术性能达到国际先进水平。

（6）LW9A-72.5/T3150-40高压交流SF_6断路器。由西安西电高压开关有限责任公司研制，额定电压72.5kV；额定电流3 150A；额定频率50Hz/60Hz；额定短路开断电流40kA；额定工频耐受电压（1min）对地160kV，断口160kV；额定短时耐受电流（3s）40 kA；额定峰值耐受电流（峰值）100 kA/104 kA；额定短路关合电流（峰值）100 kA/104 kA；机械寿命10 000次。该产品由三个单极组成，配用一台弹簧操动机构，三极机械联动，适用于50/60Hz系统，短路开断电流40kA，SF_6年泄漏率不大于0.1%，产品结构简单，力学性能稳定，综合技术性能达到国际先进水平。

（7）ZCW9-126（L）/T3150-40集成式智能隔离断路器。由西安西电高压开关有限责任公司研制，额定电压126kV；额定电流3 150A；额定频率50Hz；额定短路开断电流40kA；额定工频耐受电压（1min）对地、相间230kV，断口（230+73）kV；额定短时耐受电流（3s）40kA；额定峰值耐受电流（峰值）100kA；额定短路关合电流（峰值）100kA。该产品集成了隔离断路器、接地开关、无源全光纤电流互感器及智能组件。灭弧室用复合绝缘子内衬整体式聚四氟乙烯管，绝缘可靠；无源全光纤电流互感器测量精度0.2S，抗电磁干扰及抗震能力强；采用复合光纤支柱绝缘子。产品集成度高，综合技术性能达到国际先进水平。

（8）ZGW2-408/J8000-50高压直流隔离开关。由西安西电高压开关有限责任公司研制，额定直流电压408kV，额定电流8 000A，2h过负荷电流8 800A，额定短时耐受电流50kA/3s，额定峰值耐受电流125 kA，60min直流耐受电压612 kV，额定雷电冲击耐受电压1 175kV，额定操作冲击耐受电压950kV，机械寿命6 000次。该产品采用水平伸缩式结构，配用电动操动机构，结构紧凑，占地面积小；额定电流8 000A，2h过负荷电流达到8 800A，产品通流能力强，动触头采用双层触片结构，动静触头采用密封保护结构，环境适应性强，静触头密封罩采用扭簧拨杆式结构，复位可靠；绝缘支撑采用复合绝缘子双柱布置，结构稳定性、机械可靠性高，具有良好的抗震性能；综合技术性能达到国际领先水平。

（9）LEGVBT-500电子式电流互感器。由西安西电高压开关有限责任公司研制，最高工作电压550kV；额定一次电流2 500A；额定二次输出2D41H（测量）/01CFH（保护）；电流准确级0.2S/5TPE；唤醒时间0ms；相位偏移0°；传输系统及接口62.5/125μm多模光纤传输，ST接口；额定短时热电流（方均根值）63 kA，3 s；额定动稳定电流（峰值）160 kA；额定工频耐受电压（方均根值）740 kV；额定雷电冲击耐受电压（峰值）1 675kV；额定操作冲击耐受电压（峰值）1 300kV；准确限值系数Kalf25。该产品为支柱式结构，采用无源光学传感原理，支柱采用"缠绕式"光纤复合绝缘子，采集单元安装在产品底座内，准确级达到0.2S级，具有测量精度高、抗干扰能力强、结构简单、安装维护便捷等特点，综合技术性能达到国际先进水平。

（10）GIS用电磁式电压互感器铁磁谐振过电压仿真分析及ZKAY-K1抑制装置的研究。由西安西电高压开关有限责任公司承担。该项目产品最高工作电压260V，额定电流0.04A，额定功率10W，铁磁谐振响应时间0.02s，额定投入电阻时间0.02s。该项目采用ATP-EMTP仿真软件，进行了铁磁谐振仿真研究，具备独立进行铁磁谐振仿真分析计算的能力；研制的铁磁谐振抑制装置，主要分为硬件电路、软件和阻尼电阻三部分，实现阻尼电阻自动投入和切除的功能，达到消除铁磁谐振的目的，综合技术性能达到国内领先水平。

（11）JDQX-220（X·D）带隔离断口电磁式电压互感器。由西安西电高压开关有限责任公司研制，最高工作电压252kV，额定一次电压$220/\sqrt{3}$ V，额定二次电压$100/\sqrt{3}$ V，额定频率50Hz，准确级0.2/0.5/3P，额定输出100/100/300V·A，二次绕组极限输出1 000V·A，额定工频耐受电压（断口导通/断口断开）460kV，额定雷电冲击耐受电压（断口导通）1 050kV，截断雷电冲击耐受电压（断口导通）1 208kV。该产品由线圈、高压屏蔽、隔离断口、躯壳等组成。通过隔离断口的分闸操作，在GIS现场进行耐压试验时实现电压互感器和GIS本体隔离，达到保护互感器的目的，简化GIS结构布置，综合技术性能达到国内领先水平。

（12）PLW-550/170/Y5000-125高压交流旁路开关。由西安西电高压开关有限责任公司研制。额定电压（对地）550kV，额定电压（断口）170kV；额定电流5 000A；额定频率50Hz；额定工频耐受电压（1min）：对地790kV，断口325kV；额定雷电冲击耐受电压（对地）1 800kV，额定雷电冲击耐受电压（断口）750kV；额定旁路关合电流125 kA；额定短时耐受电流63kA；额定峰值耐受电流160kA；额定短路持续时间2s。该产品为柱式单断口结构，灭弧室竖直布置，操动机构与本体直连，结构简单可靠；采用特殊设计的CYA6-7型液压弹簧操动机构，合闸速度高，合闸时间小于38ms。额定电流5 000A，峰值耐受电流160kA，旁路关合电流125 kA，额定旁路投入电流6 800A，机械寿命10 000次，综合技术性能达到国际先进水平。

（13）选相断路器用智能组件长期通电研究。由西安西电开关电气有限公司承担，2016年12月23日通过了中国西电集团公司组织的产品技术鉴定和项目验收。项目基于对控制电压、机构油压、气室压力、环境温度、间歇时间等外部因素对断路器分合闸时间的影响研究，对选相控制器植入了补偿功能，实现了断路器选相控制的准确度在±1.5ms内；并对智能组件长期通电运行性能进行了试验研究，满足GB/T 30846和0KA.194.1362等标准和产品技术规范的要求；综合技术性能处于国际先进水平。项目属自主创新设计，拥有自主知识产权。

（14）GW16A-252系列产品外压式触头弹簧。由湖南长高高压开关集团股份公司研制。该产品采用先进的单柱垂直伸缩式（GW16A）结构，触头及其导电部分的传动部件拥有特有的结构，具有结构紧凑、抗腐蚀性强、操作轻便、动作稳定可靠、检修周期长以及高抗震、破冰能力强等优点，满足了目前国家特高压输变电工程的迫切需求，打破了世界技术壁垒。

（15）新型ZGW □ -550/J7000-40户外高压直流隔离开关的研制。由湖南长高高压开关集团股份公司研制。该产品为先进的双柱水平伸缩式结构，采用梅花形内藏式触指，抗环境污秽能力极好，动静侧支柱瓷绝缘子采用三柱品形排列以增强其抗弯抗震可靠性，主导电部分采用特定的优质铝合金材料，具有结构先进、外形美观、抗腐蚀性强、操作轻便、动作稳定可靠、检修周期长以及高抗震能力等优点。技术参数达到国内领先水平，力学性能和电气性能稳定可靠。

3. 中压开关设备

（1）智能开关设备的应用技术开发。随着智能电网建设、维修策略改变以及用户对电能质量要求的提高，开关设备除了具有控制和保护等传统功能外，还应有自感知、自诊断、顺序操作、信息互享等附加功能。通过产品研制和相关试验，我国智能开关设备的操作技术、状态监测技术、选项投切技术、智能感知与诊断技术、电磁兼容技术、专用集成电路设计计算水平等都有了较大提高和发展。

数字化测量技术、控制技术、信息技术以及IEC 61850协议的使用，为开关设备的智能化奠定了技术基础。融合数字化测量技术和在线监测技术，形成集数字化测量、控制、检测功能于一体的新型智能开关设备。国内一些厂家已研制出智能电子设备IED或具备部分智能化功能的开关设备。

在前一代智能化开关设备的基础上进行了从内核到界面的全方位革新、改造。尤其是在对开关设备的控制、机械特性在线监测、温升在线监测、IEC 61850通信等功能模块之间实现全站统一对时，提升同步采样技术，排除采样时刻、传输延时、传输协议的影响，实现传输信息的有效共享。

一些新开发的智能断路器在断路器本体上将保护、测量、控制、检测、显示、通信功能集成，由电子式电流互感器提供保护功能所需的电流信号，由配用智能断路器的开关柜柜体上安装的电压互感器或变电站的PT柜提供保护功能所需的电压信号。

新一代智能开关柜柜体上的智能终端具有一次回路模拟指示、断路器手车位置指示、高压带电及闭锁指示、弹簧储能及电动地刀位置指示、电量及电能质量检测、触头接点温升在线监测、柜内温湿度控制、分合闸次数及故障记录、设备配置及历史数据记录、机械特性在线监测、电动地刀和底盘车操控、多路视频在线监测等功能。可实现断路器分合、底盘车电动操作、接地开关的电动操作等程序化控制、监测、闭锁，还具有报警输出、加热输出、照明输出、排风输出、带电闭锁、专家诊断等功能。

有些企业进一步进行了智能化产品的型式试验，并将电磁兼容的试验项目由原来的6项增加到15项或更多。

具有自动化、智能化功能的断路器、接地开关和隔离开关已应用于开关柜；多种信息传输方式包括总线方式、通信协议方式、传输介质、信息接口方式等形成统一的标准，并可进行对时，形成规范通用的应用基础平台；通过与数字化测量技术、控制技术、计算机技术、信息传输技术相结合使得智能化开关柜得到进一步发展与应用。

（2）开关设备的智能制造。在智能制造升级过程中，企业根据实际情况选择了不同的产品为对象建设智能化生产线或实践智能制造技术，有的针对断路器，有的针对开关柜，研制与应用基于物联网与能效管理的开关设备数字化工厂或车间。不少企业在实践智能制造中，研究、建设、融合了不同的数字化工厂解决方案、技术或系统，建设或形成了制造执行系统、智能物流与存储、精益电子看板、能效管理等系统与功能，数字化制造的质量管理技术、智能化生产线的管理系统等。

各个系统具有不同的侧重点：数字化制造的质量管理技术通过仿真、3D等先进技术，利用并行工程、信息平台，通过数字化智能化制造，提升质量管理水平，提高产品质量。以计算机技术和数据库技术为手段覆盖产品全寿命周期、全工程的质量信息。智能化的断路器或开关柜生产线管理系统：以"智能化+工艺组装+生产管理+自动化检测+产品追溯"一体为理念。智能化生产线管理系统充分利用不同子系统或模块的功能，如设计制造执行系统、数据管理系统、测试检验系统等。

已有数家企业在探索、建造、调试这种用信息化和工业化深度融合的新型智能化生产线的基础上，实现了局部运行或整体运行。

（3）环保型气体绝缘金属封闭开关设备的开发。环保型开关柜开发不再单纯追求参数、容量和产品规格的提升，而是关注如何提升产品质量、可靠性、环境适应性等关键指标，尤其是产品本身的节能、高效、环保、超净排放。

一些企业在积极进行主绝缘介质为干燥空气或N_2的替代技术或替代结构的开发，研究空气、混合气体、固体、真空等多种绝缘结构及其复合绝缘结构的应用，也在进行新的绝缘气体研究。针对替代SF_6气体绝缘的开关设备进行了开发,将主绝缘介质由SF_6气体改为干燥空气、N_2。

许多企业开发了12kV干燥空气或N_2的气体绝缘环网柜,以干燥压缩空气、N_2作绝缘介质;大多以真空灭弧室作开断单元,用于断路器或负荷开关;也有企业在尝试以干燥压缩空气作灭弧介质的直动压气式灭弧室作开断元件,用于负荷开关。产品的主要技术参数:额定电流630A、1 250A,额定短时耐受电流20kA、25kA,额定短路开断电流20kA、25kA,柜宽尺寸400～550mm。不少产品有多种柜型,如断路器柜、负荷开关柜、母联柜、计量柜等,已有数种类型产品进入市场。

也有数家企业研制了12kV干燥空气绝缘开关柜(C-GIS),以干燥压缩空气或N_2为绝缘介质;以真空灭弧室作开断单元,用于断路器;采用简化的一次主接线,在母线与断路器之间设置三工位开关,通过三工位开关先预接地然后真空断路器合闸来实现线路侧接地。产品的主要技术参数:额定电流2 000A、2 500A,额定短时耐受电流31.5kA,额定短路开断电流31.5kA,柜宽尺寸800～900mm。

对40.5kV环保型气体绝缘开关柜的研制处于起步阶段,以干燥压缩空气或N_2作绝缘介质,或者以新型环保型替代气体作绝缘介质。

(4)12kV手车式开关柜的标准化。国家电网公司开展了配网标准化建设工作,其中的一个工作是有关设备的标准化。依据产品运行经验,对12kV手车式开关柜进行统一设计,在满足配网设备需要的基础上兼顾变电站中配电设备的要求,根据额定电流、额定短路开断电流、主母排电流确定了六个参数序列:630A/20kA、1 250A/25kA、1 250A/31.5kA、2 500A/31.5kA、3 150A/40kA、4 000A/40kA。提出了国网系统内通用的标准化接口设计图样,主要针对开关柜与外部一次导体、二次接线端子、土建接口等进行统一规定,内部结构可异化设计。

12kV手车式开关柜典型结构方案共计7大类、12小类。其中7大类典型结构方案包括架空进线、电缆进线、电缆出线、分段开关柜、隔离柜、PT柜、所用变柜。其中架空进线包含4小类结构方案,电缆进线包含2小类结构方案,电缆出线包含1小类结构方案,分段柜包含1种结构方案,隔离柜包含1种结构方案,PT柜包含2小类结构方案,PT柜包含2小类结构方案,所用变包含1种结构方案。除此之外,其余结构方案不再推荐使用。

针对一次接口和外观,国网虽有统一设计要求,但各家设计、加工及工艺存在差距,在拼装、色漆等方面还需要进一步统一。在燃弧、温升设计方面还需要进一步的研究。

(5)12kV柱上开关的一二次融合。农网改造的不断深入,对户外柱上开关提出了一二次技术融合要求,推动了开关本体、控制器、传感器、互感器有机结合与协调发展。

户外柱上开关在结构上有整体共箱式、支柱式之分。按应用功能,一二次融合的柱上开关又可分为分段负荷开关、分段断路器、分界负荷开关及分界断路器四种。

一二次融合的柱上开关具备自适应综合型就地馈线自动化功能;配合变电站出线开关一次合闸,实现永久性短路故障的区段定位和瞬时性故障供电恢复;配合变电站出线开关的二次合闸,实现永久性故障的就地自动隔离和故障上游区域供电恢复。

柱上断路器或柱上负荷开关作分段/联络使用时,一二次融合后的柱上开关由开关本体、控制单元、电源电压互感器、连接电缆等构成。开关本体内置了高精度、宽范围的电流/电压传感器,满足故障检测、计量等功能和线损计算的要求。采用内置1组电压互感器,提供U_a、U_b、U_c、U_0(测量、计量)电压信号,内置1组电流互感器提供I_a、I_b、I_c、I_0(保护、测量、计量)电流信号,并外置2台电源电压互感器安装在开关两侧,线路有压信号取自电源电压互感器。具备采集三相电流、三相电压、零序电流、零序电压的能力,满足计量有功功率、无功功率、功率因数、频率和计量电能量的功能。

分段/联络用的断路器需具备相间故障处理和小电流接地系统中单相接地故障处理功能,可直接跳闸切除故障,具备自动重合闸功能,重合次数及时间可调。

分段/联络用的负荷开关还需具备下列功能:"来电合闸、失压分闸"功能、正向闭锁合闸功能、反向闭锁合闸功能、接地故障隔离功能、接地故障就地切除选线功能、分段/联络模式就地可选的拨码、集中控制模式和就地重合模式(电压时间型)选择开关。

柱上断路器或柱上负荷开关作分界使用时,一二次融合后的柱上开关由开关本体、控制单元、电源电压互感器、连接电缆等组成。开关本体至少内置A、C相电流互感器和零序电流互感器,满足相电流和零序电流应用要求,并外置1台电源电压互感器安装在电源侧。分界用柱上断路器需具备相间故障处理和小电流接地系统单相接地故障处理功能,可直接跳闸切除用户侧相间短路故障和接地故障,具备一次重合闸功能。分界用柱上负荷开关需具备自动隔离用户侧相间短路故障、自动切除用户侧接地故障,满足非遮断电流闭锁应用要求。

对于线路上不同位置、不同用途的柱上开关,行业内数十家企业以一二次融合为目标,在功能、可靠性、防凝露、免维护等方面都开展了大量工作。有的企业是在原有柱上开关的基础上使性能在一二次融合方面得到提升、完善,有的企业以一二次融合为契机进行了不同型号的柱上开关新产品研制。

(6)预装式集成变电站。预装式集成变电站整体解决方案基于预制思想,工厂预制式加工,整站配送式运输,现场模块化安装。预制光缆、预制电缆快速可靠连接,布局灵活,不受地形影响,大幅缩短电站建设周期,实现由建设变电站到采购变电站的转变,颠覆传统变电站建设模式。

装用情况 截至2016年年底,国家电网公司72.5～1 100kV高压开关设备装用量持续增长。

72.5kV及以上断路器共109 342台,同比增加3 339

台,增幅3.1%。其中瓷柱式断路器103 593台,罐式断路器5 330台。126kV断路器装用量最大,64 474台,占59.0%;800kV敞开式断路器以罐式断路器为主。

组合电器79 577间隔,同比增加14 914间隔,增幅23.1%。GIS母线间隔共计17 217个,同比增加2 225个间隔,增幅14.8%。126kV断路器间隔装用数量最多,为37 724间隔,占64.3%;550kV电压等级HGIS所占比重较大,达到67.2%。

72.5kV及以上隔离开关共装用416 420组,同比增加47 966组,增幅13.0%。126kV隔离开关装用数量最多,为241 268组,占57.9%。

72.5kV及以上电压等级断路器设备无油化改造持续深入,多油断路器已经全部改造完成,无油化率已达到99.7%,同比提高0.2个百分点。敞开式断路器、隔离开关装用量增长率总体随着电压等级的降低而增长;组合电器各电压等级装用量保持高速增长,平均增长率达到23.1%。

2016年全口径配网规模基本情况见表32。6~20kV配电开关设备类型见表33。

表32 2016年全口径配网规模基本情况

电压等级	线路长度(km)	变压器数量(台)	变压器容量(MV·A)	开关数量(台)
全口径	3 496 925	4 075 004	1 089 602	3 488 333
20kV	16 979	16 305	10 933	89 014
10kV	3 471 352	4 051 734	1 077 476	3 394 005
6kV	8 594	6 965	1 193	3 314
城市配网规模	661 963	998 584	466 385	2 280 634
20kV	8 991	8 955	6 988	49 990
10kV	652 379	988 928	459 221	2 229 444
6kV	593	701	177	1 200
县城配网	2 834 962	3 076 743	623 216	1 207 699
20kV	7 988	7 350	3 945	39 024
10kV	2 818 973	3 062 806	618 255	1 164 561
6kV	8 001	6 264	1 016	4 114

表33 6~20kV配电开关设备类型

区域	合计(万台)	柱上开关(万台)					非柱上开关(万台)				
		油	真空	SF$_6$	其他	小计	油	真空	SF$_6$	其他	小计
全口径	348.8	0.5	58.0	13.1	2.2	73.8	1.0	122.0	142.7	9.4	275.1
城市电网	228.1	0.1	21.6	4.4	1.0	27.1	0.5	81.7	111.7	7.0	200.9
县城电网	120.8	0.4	36.4	8.7	1.1	46.7	0.5	40.3	30.9	2.4	74.1

断路器、组合电器和隔离开关的装用分布情况主要呈现以下特征:

(1)罐式断路器在800kV、550kV、363kV等三个电压等级的装用量比例相对较高,尤其是800kV敞开式断路器。

(2)额定电流3 150A、额定短路开断电流40kA的断路器装用量比例最高,而额定电流2 000A、额定短路开断电流40kA的组合电器装用量比例最高,额定电流有所差异。

(3)弹簧机构仍是装用量最大的机构;另外,除1 100kV敞开式断路器外,断路器、组合电器在相对低电压等级使用弹簧机构较多,电压等级越高,液压和液压弹簧机构用量越大。

(4)断路器、组合电器装用更为集中,装用量最多的10家主要制造厂装用比例分别达到93.9%和89.6%。

(5)双柱式隔离开关使用范围最广,数量最多;西北地区,以及超、特高压领域,三柱及多柱式隔离开关比例较大。

12~40.5kV开关柜共757 701面,同比增加47 416面,同比增长6.7%。12kV开关柜装用数量最多,为660 839组,占87.2%。

开关柜的装用分布情况主要呈现以下特征:12kV开关柜装用绝对数量最大,24kV仅在江苏、浙江等地少量装用,绝对数量最小;手车式开关柜、断路器柜装用比例大,是目前电网的主流型式。常规空气绝缘开关柜仍最多,充气柜、固体绝缘柜等小型化开关柜装用量不断增加。

截至2016年年底,在国网公司新一代智能化变电站中装用了126kV隔离断路器93台,252kV隔离断路器42台,363kV隔离断路器9台,增加99台。

缺陷情况 2016年,公司系统72.5kV及以上开关类设备共发生缺陷19 620台次,同比减少319台次。其中,危急缺陷1 124台次,严重缺陷3 641台次,一般缺陷14 855台次。

1.断路器

断路器发生缺陷8 237台次,危急和严重缺陷中126kV和252kV缺陷数量最多,800kV及以上和363kV缺陷率相对较高。

缺陷设备数量主要集中在投运时间为11~15年和6~10年,分别占31.8%和30.8%;投运时间21年及以上设备缺陷率最高。缺陷数量随投运时间的增加先增长后下降,缺陷率随投运时间的增加呈上升趋势。

断路器危急和严重缺陷主要表现为本体SF$_6$气体泄漏,占45.1%;操动机构无法储能,占21.0%;机构箱渗水或封堵不严,占6.5%;操动机构漏油、漏气,占4.6%;控制回路断线,占5.0%。

2.组合电器

组合电器发生缺陷3 983间隔次,126kV和252kV危急和严重缺陷数量最多，800kV 及以上和 252kV 电压等级缺陷率相对较高。

投运时间 1~5 年和 6~10 年的组合电器发生的危急和严重缺陷最多，分别为 520 间隔次和 483 间隔次，分别占 41.1% 和 38.2%。运行时间达到 21 年及以上的设备缺陷率最高，设备的缺陷率随投运时间的增加明显上升。

组合电器危急和严重缺陷主要表现为：SF_6 低压力报警，占 35.4%；SF_6 低压力闭锁，占 17.9%；断路器操动机构问题，占 12.0%；二次部件问题，占 8.5% 等。

3. 隔离开关

2016 年，国网公司系统 72.5kV 及以上隔离开关发生缺陷 7 400 台次，126kV 隔离开关危急和严重缺陷数量最多，其次为 252kV。

隔离开关缺陷设备投运时间主要集中在 6~10 年，占 39.4%。其次为 11~15 年和 16~20 年，分别占 29.9% 和 12.8%。

危急和严重缺陷主要表现为导电回路发热缺陷，占 40.8%；操动机构二次部件损坏，21.7%；分合闸操作不到位，占 16.2%；本体一次部件损坏，13.7%。

标准 2016—2017 年正式发布的国家标准、行业标准有：GB/T 2900.20—2016《电工术语 高压开关设备和控制设备》、GB/T 5273—2016《高压电器端子尺寸标准化》、NB/T 42065—2016《真空断路器容性电流开合老炼试验导则》、GB/T 14808—2016《高压交流接触器、基于接触器的控制器及电动机起动器》、NB/T 42105—2016《高压交流气体绝缘金属封闭开关设备用盆式绝缘子》、T/CEEIA 231—2016《智能光伏预装式变电站》、GB/T 3804—2017《3.6 kV~40.5 kV 高压交流负荷开关》、GB/T 22381—2017《额定电压 72.5 kV 及以上气体绝缘金属封闭开关设备与充流体及挤包绝缘电力电缆的连接 充流体及干式电缆终端》、GB/T 22382—2017《额定电压 72.5 kV 及以上气体绝缘金属封闭开关设备与电力变压器之间的直接连接》、GB/T 22383—2017《额定电压 72.5 kV 及以上刚性气体绝缘输电线路》。

即将发布的国家标准、行业标准有：GB/T 7674—201×《额定电压 72.5 kV 及以上气体绝缘金属封闭开关设备》、GB/T ××××—201×《高压成套开关设备和高压/低压预装式变电站产生的稳态、低频 EMF 的量化方法》、GB/T ××××—201×《交流断路器声压级测量的标准规程》、JB/T 8754—201×《高压开关设备和控制设备型号编制办法》、NB/T ××××—201×《高压直流断路器》、NB/T ××××—201×《核电厂 1E 级电气设备的安全评定》、NB/T ××××—201×《核电厂用 1E 级高压、低压开关设备和控制设备的质量鉴定》、GB/T 3906—201×《3.6 kV~40.5 kV 交流金属封闭开关设备和控制设备》、CEEIA ××××—201×《投切高压并联电容器用高压智能断路器》。

2016—2017 年制定、修订的国家标准、行业标准有：GB/T 17467—201×《高压/低压预装式变电站》、GB/T 4473—201×《高压交流断路器的合成试验》、GB/T 11023—201×《高压开关设备六氟化硫气体密封试验导则》、GB/T 15166.1—201×《电工术语 高压交流熔断器》、NB/T ××××—201×《高压开关设备温度在线监测系统技术要求》。

产品型号证书发放 西安高压电器研究院 2016 年度（2016-01-01~2016-12-31）共为 19 家科研生产单位发放了共 7 类高压开关设备产品型号证书 56 个，其中颁发证书 11 个，使用证书 45 个。

行业活动 2016 年，高压开关分会共发展新会员 58 家，注销会籍 146 家。截至 2016 年年底，高压开关分会共有会员单位 775 家。

1. 组织召开会议

4 月 9 日，高压开关分会第七届六次常务理事会议于常州召开，74 名常务理事单位出席。会议审查批准了辽宁华隆电力科技股份有限公司等 21 家单位为高压开关分会会员，审查注销了河北华能电力设备有限公司等 53 家单位的会员资格。

6 月 16—19 日，高压开关分会 2016 年年会于郑州召开。授予北京北开电气股份有限公司等 15 家单位为高压开关分会 2015 年度先进会员单位，表彰了 2015 年度高压开关分会先进个人及《高压开关行业通讯》2015 年度优秀通讯工作者。会议同期举办了高压电器设备及配套产品展示会。

10 月 15 日，高压开关分会第七届七次常务理事会议于青岛召开，71 名常务理事单位代表出席。会议听取审议了秘书处所做的关于《中国电器工业协会高压开关分会工作条例》修改说明、第八届理事会换届工作安排等有关换届事宜；审查批准了南阳金冠电气有限公司等 37 家单位为高压开关分会会员，审查注销了北京长虹开关有限责任公司等 93 家单位的会员资格。

2016 年高压开关分会多次组织召开技术研讨与培训会。1 月，在厦门市组织召开固体绝缘开关技术研讨会。4 月，在常州市组织召开操动机构技术研讨会议；同月，组织开办高压开关国家标准宣贯培训班，约 60 人参加培训。11 月，在临安市召开高压开关技术研讨会议，以"智能电器设备的创新与发展"为主题，约 160 人参加。

2. 编制、出版会刊等行业资料

2016 年《高压开关行业通讯》针对行业关注的技术焦点以及企业最新技术成果，开设了研讨专栏，如"40.5kV 双断口投切电容器组专题""新东北电气集团技术专题""天水长开公司技术专题"。"高压电器资讯（高压开关）"微信平台编辑出版 51 期。

2016 年先后编译、出版了《2016 年国际大电网会议高压开关设备论文集》《第 23 届 CIRED 2015 年配电开关设备文集》《国外高压开关设备绝缘技术文集》《能源互联网用高压开关设备技术发展动态》《主动配电网》《断路器性能评价技术国内外动向》《气体绝缘金属封闭开关设备发展动向》等多部文集约 150 万字。

《高压开关行业年鉴》2016年版共收录了254家行业企业资料，主要内容包括高压开关行业综述、企业基本情况、行业排序、型号证书发放情况、检测报告名录及标准目录等。"综述"中充实了行业整体运行分析的内容，新增了"十二五"期间经济指标增长情况和同统计口径经济指标的对比情况。

〔供稿单位：中国电器工业协会高压开关分会〕

绝缘子避雷器

2015年发展情况

生产发展情况 对列入绝缘子避雷器行业统计报表的93家生产企业统计数据分析表明：2015年绝缘子避雷器行业总体形势好于上年，主要经济指标比上年均有增长（上年绝大多数为负增长），其中工业总产值增长6.66%，工业销售产值增长6.93%，工业增加值增长8.86%，利润总额增长24.21%。各项经济指标均好于上年，特别是利润总额比2014年增长24.21%。

其中，工业总产值增速较上年增加8.51个百分点，工业销售产值增速较上年增加11.44个百分点，工业增加值增速较上年增加14.38个百分点，出口交货值增速较上年增加16.7个百分点，利润总额增速较上年增加42.02个百分点，全员劳动生产率增速较上年增加13.4个百分点。

2015年，绝缘子避雷器行业工业总产值5 000万元以上的企业70家，占行业统计企业数的75.27%，产值合计121.82亿元，占行业总产值的96.17%；产值1亿元以上的企业36家，占行业统计企业数的38.71%，其产值合计为97.55亿元，占行业总产值的77.01%；产值3亿元以上的企业11家，占行业统计企业数的11.83%，其产值合计为46.73亿元，占行业总产值的36.89%。

2015年绝缘子避雷器各类产品主要生产企业见表1。2015年绝缘子避雷器行业主要经济指标见表2。2015年绝缘子避雷器行业工业总产值前20名企业见表3。2015年绝缘子避雷器行业工业增加值前20名企业见表4。2015年绝缘子避雷器行业利润总额前20名企业见表5。2015年绝缘子避雷器行业全员劳动生产率前20名企业见表6。

表1 2015年绝缘子避雷器各类产品主要生产企业

序号	产品类别	企业名称
1	线路瓷绝缘子	大连电瓷集团股份有限公司、NGK唐山电瓷有限公司、苏州电瓷厂有限公司、内蒙古精诚高压绝缘子有限责任公司
2	电站电器用棒形支柱瓷绝缘子	西安西电高压电瓷有限责任公司、唐山高压电瓷有限公司、抚顺电瓷制造有限公司、苏州电瓷厂有限公司、中材高新材料股份有限公司
3	电站电器用空心瓷绝缘子	醴陵市华鑫电瓷电器有限公司、西安西电高压电瓷有限责任公司、抚顺高科电瓷电气制造有限公司、抚顺电瓷制造有限公司
4	线路玻璃绝缘子	南京电气（集团）有限责任公司、成都环球特种玻璃制造有限公司、塞迪维尔玻璃绝缘子（上海、自贡）有限公司
5	套管	西安西电高压套管有限公司、南京电气（集团）有限责任公司、沈阳传奇套管有限公司
6	线路复合绝缘子	长园高能电气股份有限公司、广州市迈克林电力有限公司、淄博泰光电力器材厂、襄阳国网合成绝缘子有限公司、江苏祥源电气设备有限公司、大连电瓷集团股份有限公司
7	电站电器用复合绝缘子	江苏神马电力股份有限公司、浙江华高电气有限公司、西安西电高压套管有限公司、河南平高电气股份有限公司复合绝缘子事业部
8	高压金属氧化物避雷器	西安西电避雷器有限责任公司、南阳金冠电气有限公司、抚顺电瓷制造有限公司、廊坊电科院东芝避雷器有限公司、西安神电电器有限公司、深圳ABB银星避雷器有限公司

表2 2015年绝缘子避雷器行业主要经济指标

序号	项目指标	单位	2015年	2014年	比上年增长（%）
1	工业总产值	万元	1 266 715	1 187 651	6.66
2	工业销售产值	万元	1 217 935	1 139 035	6.93
3	工业增加值	万元	303 943	279 208	8.86
4	出口交货值	万元	197 944	187 100	5.80
5	利润总额	万元	80 111	64 498	24.21
6	从业人员数	人	24 967	25 512	-2.14
7	全员劳动生产率（增加值）	元/人	121 738	109 442	11.24

表3 2015年绝缘子避雷器行业工业总产值前20名企业

序号	企业名称	2015年（万元）	2014年（万元）	比上年增长（%）
1	南京电气（集团）有限责任公司	66 525	59 298	12.19
2	大连电瓷集团股份有限公司	58 090	50 612	14.78
3	金凤凰控股集团有限公司	50 670	40 989	23.62
4	苏州电瓷厂有限公司	49 071	43 750	12.16
5	南阳金冠电气有限公司	38 280	33 560	14.06
6	自贡塞迪维尔钢化玻璃绝缘子有限公司	37 700	21 700	73.73
7	河北新华高压电器股份有限公司	35 526	38 594	-7.95
8	成都环球特种玻璃制造有限公司	34 328	36 678	-6.41
9	江苏神马电力股份有限公司	33 412	32 060	4.22
10	西安西电高压电瓷有限责任公司	32 312	33 654	-3.99
11	温州益坤电气有限公司	31 416	30 800	2.00
12	西安西电避雷器有限责任公司	29 102	26 722	8.91
13	青州市力王电力科技有限公司	28 490	27 660	3.00
14	醴陵华鑫电瓷科技股份有限公司	27 029	26 200	3.16
15	内蒙古精诚高压绝缘子有限责任公司	26 771	24 642	8.64
16	中材高新材料股份有限公司	25 691	20 446	25.65
17	重庆鸽牌电瓷有限公司	24 939	27 046	-7.79
18	浙江金利华电气股份有限公司	24 479	22 400	9.28
19	萍乡百斯特电瓷有限公司	22 420	21 300	5.26
20	三瑞科技（江西）有限公司	22 000	18 000	22.22

表4 2015年绝缘子避雷器行业工业增加值前20名企业

序号	企业名称	2015年（万元）	2014年（万元）	比上年增长（%）
1	苏州电瓷厂有限公司	20 279	12 256	65.46
2	南阳金冠电气有限公司	19 446	18 006	8.00
3	青州市力王电力科技有限公司	19 042	18 487	3.00
4	南京电气（集团）有限责任公司	17 666	14 548	21.43
5	内蒙古精诚高压绝缘子有限责任公司	17 020	16 503	3.13
6	金凤凰控股集团有限公司	12 521	10 948	14.37
7	浙江恒大科技电气有限公司	11 925	10 136	17.65
8	中材高新材料股份有限公司	9 999	6 450	55.02
9	温州益坤电气有限公司	9 806	9 614	2.00
10	成都环球特种玻璃制造有限公司	8 257	5 169	59.74
11	浙江中能电气有限公司	7 860	8 510	-7.64
12	醴陵华鑫电瓷科技股份有限公司	7 834	5 240	49.50
13	浙江泰仑绝缘子有限公司	7 788	7 352	5.93
14	河北新华高压电器股份有限公司	7 530	8 965	-16.01
15	长园高能电气股份有限公司	7 398	6 705	10.34
16	固力发集团有限公司	7 376	7 011	5.21
17	山东齐林电力设备有限公司	7 301	12 461	-41.41
18	广州市迈克林电力有限公司	6 543	4 566	43.30
19	浙江金利华电气股份有限公司	6 074	5 356	13.40
20	正泰电气股份有限公司	5 509	5 247	4.99

表5 2015年绝缘子避雷器行业利润总额前20名企业

序号	企业名称	2015年（万元）	2014年（万元）	比上年增长（%）
1	江苏神马电力股份有限公司	7 532	6 387	17.93
2	南阳金冠电气有限公司	5 021	4 741	5.91
3	金凤凰控股集团有限公司	4 763	1 611	195.65
4	河北新华高压电器股份有限公司	4 241	5 057	-16.14
5	大连电瓷集团股份有限公司	4 081	4 623	-11.72
6	青州市力王电力科技有限公司	4 079	3 960	3.01
7	内蒙古精诚高压绝缘子有限责任公司	3 843	3 600	6.75
8	自贡塞迪维尔钢化玻璃绝缘子有限公司	2 838	-456	
9	广州市迈克林电力有限公司	2 624	1 350	94.37
10	正泰电气股份有限公司	2 584	2 461	5.00
11	苏州电瓷厂有限公司	2 382	1 485	60.40
12	西安西电避雷器有限责任公司	2 316	1 734	33.56
13	中材高新材料股份有限公司	2 089	-482	
14	淄博泰光电力器材厂	2 009	2 015	-0.30
15	浙江华高电气有限公司	1 983	1 968	0.76
16	萍乡华维电瓷科技股份有限公司	1 861	842	121.02
17	长园高能电气股份有限公司	1 810	2 002	-9.59
18	浙江金利华电气股份有限公司	1 693	2 357	-28.16
19	江苏祥源电气设备有限公司	1 601	1 061	50.90
20	浙江泰仑绝缘子有限公司	1 592	1 191	33.67

表6 2015年绝缘子避雷器行业全员劳动生产率前20名企业

序号	企业名称	2015年（元/人）	序号	企业名称	2015年（元/人）
1	青州市力王电力科技有限公司	803 459.92	11	山东齐林电力设备有限公司	243 364.00
2	浙江恒大科技电气有限公司	473 218.25	12	山东瑞泰玻璃绝缘子有限公司	235 565.22
3	浙江中能电气有限公司	449 142.86	13	浙江金利华电气股份有限公司	227 499.25
4	南阳金冠电气有限公司	447 034.48	14	长园高能电气股份有限公司	218 230.09
5	河北新华高压电器股份有限公司	386 153.85	15	广州市迈克林电力有限公司	202 569.66
6	浙江泰仑绝缘子有限公司	370 857.14	16	内蒙古精诚高压绝缘子有限责任公司	193 629.12
7	温州益坤电气有限公司	344 070.18	17	西安神电电器有限公司	190 136.36
8	正泰电气股份有限公司	324 058.82	18	金凤凰控股集团有限公司	189 138.97
9	江苏祥源电气设备有限公司	291 345.03	19	苏州电瓷厂有限公司	181 062.50
10	明电舍（郑州）电气工程有限公司	259 557.52	20	安徽一天电气技术有限公司	178 490.57

产品分类产量 2015年，绝缘子避雷器行业生产总体运行平稳，除玻璃绝缘子外，其他产品产量均有增长。生产瓷绝缘子37.27万t，比上年增长6.31%。其中，线路瓷绝缘子26.08万t，比上年增长7.97%；电站电器瓷绝缘子11.19万t，比上年增长2.62%。玻璃绝缘子产量2 246万片，比上年下降3.15%。复合绝缘子产量939万只，比上年增长0.75%。高压套管31 470只，比上年增长30.24%。避雷器产量709.10万只，比上年增长4.76%。2015年绝缘子避雷器行业主要产品产量见表7。2015年绝缘子避雷器生产企业110kV及以上产品产量见表8。

表7 2015年绝缘子避雷器行业主要产品产量

产品类别	单位	2015年	2014年	比上年增长（%）
瓷绝缘子	t	372 684	350 560	6.31
线路瓷绝缘子	t	260 792	241 530	7.97
其中：160kN及以上悬式	万只	675.14	578.37	16.73
电站电器瓷绝缘子	t	111 892	109 030	2.62
空心瓷绝缘子				
110kV等级	只	355 293	336 193	5.68
220kV等级	只	95 075	92 018	3.32
330kV等级	只	12 516	10 483	19.39
500kV等级	只	22 056	16 578	33.04
750kV及以上等级	只	4 997	2 848	75.46
支柱瓷绝缘子元件				
110kV等级	只	648 216	618 629	4.78
220kV等级	只	231 423	199 856	15.79
330kV等级	只	15 476	35 834	-56.81
500kV等级	只	42 227	44 845	-5.84
750kV及以上等级	只	12 507	4 326	189.11
线路玻璃绝缘子	万片	2 246	2 319	-3.15
100（120）kN及以下	万片	1 195	1 241	-3.71
160kN	万片	426.26	459.26	-7.19
210（240）kN	万片	285.42	410.26	-30.43
300kN	万片	85.55	80.07	6.84
400（420）kN	万片	72.04	95.41	-24.49
530（550）kN	万片	181.03	33.43	441.52
盘形悬式瓷（玻璃）复合绝缘子	万片	105	99	6.06
高压套管	只	31 470	24 164	30.24
瓷外套高压套管	只	26 142	20 056	30.35
110kV等级	只	18 278	13 844	32.03
220kV等级	只	4 033	3 042	32.58
330kV等级	只	1 295	236	448.73
500kV等级	只	312	275	13.45
750kV及以上等级	只	18	11	63.64
复合外套高压套管	只	2 893	2 247	28.75
110kV等级	只	1 220	34	3 488.24
220kV等级	只	68	5	1 260.00
330kV等级	只	27	27	0.00
500kV等级	只	51	80	-36.25
其他（纯瓷、互感器、穿墙）	只	2 435	1 861	30.84
复合绝缘子	万只	939	932	0.75
棒形悬式复合绝缘子				
110kV等级	只	1 255 086	1 180 067	6.36
220kV等级	只	560 728	482 031	16.33
330kV等级	只	137 825	91 592	50.48
500kV等级	只	112 656	101 205	11.31
750kV及以上等级	只	75 071	56 724	32.34
支柱复合绝缘子元件				

（续）

产品类别	单位	2015 年	2014 年	比上年增长（%）
110kV 等级	只	189 572	108 777	74.28
220kV 等级	只	55 212	41 531	32.94
330kV 等级	只	28 153	25 188	11.77
500kV 等级	只	580	24	2 316.67
750kV 及以上等级	只	13 585	11 486	18.27
空心复合绝缘子				
110kV 等级	只	28 330	28 547	-0.76
220kV 等级	只	40 805	32 109	27.08
330kV 等级	只	2 262	6 570	-65.57
500kV 等级	只	18 858	14 182	32.97
750kV 及以上等级	只	7 822	7 037	11.16
避雷器	只	7 090 981	6 768 995	4.76
10kV 及以下	只	5 580 350	5 340 557	4.49
12～35kV	只	1 271 426	1 234 899	2.96
45～69kV	只	51 281	33 262	54.17
110kV 等级	只	131 875	116 045	13.64
220kV 等级	只	45 308	36 028	25.76
330kV 等级	只	1 952	1 068	82.77
500kV 等级	只	3 217	3 566	-9.79
750kV 及以上等级	只	426	355	20.00
直流避雷器	只	5 146	3 215	60.06

注：瓷绝缘子中，由于各企业填报的单位不统一，对于没有填报吨位的，进行了估计折算。

表8 2015年绝缘子避雷器生产企业110kV及以上产品产量

序号	企业名称	产品名称	单位	110kV	220kV	330kV	500kV	750kV
1	安徽一天电气技术有限公司	避雷器	只	165	34			
2	成都环球特种玻璃制造有限公司	线路玻璃绝缘子	万片	377（其中：160kN 及以上 184.12）				
3	重庆鸽牌电瓷有限公司	线路瓷绝缘子	t	8 110（其中：悬式160kN及以上6.13万片）				
		空心瓷绝缘子	只	208				
4	重庆市华能氧化锌避雷器有限责任公司	避雷器	只	44				
5	长园高能电气股份有限公司	棒形悬式复合绝缘子	只	85 845	37 020	3 014	30 373	16 898
		支柱复合绝缘子元件	只	184	116			
6	沧州华菱电器有限公司	棒形悬式复合绝缘子	只	8 600	26 700	960	1 250	
		支柱复合绝缘子元件	只	4 500	600	150	80	
7	大连北方避雷器有限公司	避雷器	只	2 232	139			
8	大连电瓷集团股份有限公司	线路瓷绝缘子	t	38 526（其中：悬式160kN及以上180万片）				
9	抚顺电瓷制造有限公司	空心瓷绝缘子	只	6 348	3 011	358	242	
		支柱瓷绝缘子元件	只	142	10 329	5 121	3 253	589
		空心复合绝缘子	只	855	4 392		348	
		避雷器	只	3 164	3 493	56	558	56
10	抚顺高科电瓷电气制造有限公司	空心瓷绝缘子	只	42 008	16 039	753	7 655	
11	固力发集团有限公司	棒形悬式复合绝缘子	只	120 000	73 000	800	1 000	100
12	广州市迈克林电力有限公司	棒形悬式复合绝缘子	只	58 767	87 821	288	20 514	13 728
		支柱复合绝缘子元件	只	2 177	122			
13	邯郸市电瓷厂	空心瓷绝缘子	只	1 500	1 000			

（续）

序号	企业名称	产品名称	单位	110kV	220kV	330kV	500kV	750kV
14	杭州永德电气有限公司	避雷器	只	3 024	4 178		114	
15	河北新华高压电器股份有限公司	棒形悬式复合绝缘子	只	5 300	1 000		500	
16	河南平高电气股份有限公司复合绝缘子事业部	复合外套高压套管	只				50	
		空心复合绝缘子	只	750	573	30	308	120
17	河南省中联红星电瓷有限责任公司	支柱瓷绝缘子元件	只	25 000	56 000	2 400	2 400	960
		棒形悬式复合绝缘子	只	120 000	70 000	5 000	1 000	
		支柱复合绝缘子元件	只	4 500	1 500			
		空心复合绝缘子	只	2 000				
		避雷器	只	1 500				
18	河南毅达电气科技有限公司	棒形悬式复合绝缘子	只	81 000	9 000			
		避雷器	只	2 820	740			
19	红光电气集团有限公司	棒形悬式复合绝缘子	只	15 000	4 000	1 000		
		支柱复合绝缘子元件	只	2 000	1 000			
		避雷器	只	40 000				
20	湖南华联火炬电瓷电器有限公司	空心瓷绝缘子	只	130 012	189			
		支柱瓷绝缘子元件	只	30 012	1 245	154	252	
		瓷外套高压套管	只	8 610	1 300	90	143	
21	湖南太阳电力电瓷电器制造有限公司	空心瓷绝缘子	只	68 000	22 000			
		支柱瓷绝缘子元件	只	430 000				
22	江苏南瓷绝缘子有限公司	线路瓷绝缘子	t	1 200（其中：悬式 160kN 及以上 4 万片）				
23	江苏神马电力股份有限公司	棒形悬式复合绝缘子	只	22 000	20 000		2 400	8 000
		支柱复合绝缘子元件	只		1 098	20	500	300
		空心复合绝缘子	只		19 563	400	1 100	990
24	江苏祥源电气设备有限公司	棒形悬式复合绝缘子	只	121 250	82 195	1 480	25 450	8 928
		支柱复合绝缘子元件	只	650	240			12 760
25	江西强联电瓷股份有限公司	支柱瓷绝缘子元件	只	7 458	17 187	3 300	2 400	
26	金凤凰控股集团有限公司	棒形悬式复合绝缘子	只	156 000	65 000	52 000		
		支柱复合绝缘子元件	只	78 000	39 600	26 000		
		空心复合绝缘子	只	13 000	10 000			
27	醴陵华鑫电瓷科技股份有限公司	空心瓷绝缘子	只	85 542	44 421	9 824	10 214	3 693
28	连云港石港高压电瓷有限公司	线路瓷绝缘子	t	6 000（其中：悬式 160kN 及以上 3 万片）				
29	明电舍（郑州）电气工程有限公司	避雷器	只	1 059	402		45	
30	牡丹江北方高压电瓷有限责任公司	线路瓷绝缘子	t	2 400（其中：悬式 160kN 及以上 7 万片）				
31	南京电气（集团）有限责任公司	瓷外套高压套管	只	4 355	996	104	111	
		复合外套高压套管	只	1 190				
		线路玻璃绝缘子	万片	427.05（其中：160kN 及以上 195.90）				
		棒形悬式复合绝缘子		109 801	9 791	65 778	1 185	
		支柱复合绝缘子元件	只	72 441				
32	南阳金冠电气有限公司	避雷器	只	15 793	11 911	1 050	1 415	65
33	内蒙古精诚高压绝缘子有限责任公司	线路瓷绝缘子	t	26 182（其中：悬式 160kN 及以上 161.31 万片）				
34	宁波市镇海国创高压电器有限公司	避雷器		1 501	1 007			
35	萍乡百斯特电瓷有限公司	线路瓷绝缘子	t	27 329（其中：悬式 160kN 及以上 60.73 万片）				
36	萍乡华维电瓷科技股份有限公司	线路瓷绝缘子	t	7 500（其中：悬式 160kN 及以上 9 万片）				
37	萍乡市第二高压电瓷厂	线路瓷绝缘子	t	12 000（其中：悬式 160kN 及以上 31 万片）				
38	萍乡市电瓷制造有限公司	支柱瓷绝缘子元件	只	5 600	3 700			

(续)

序号	企业名称	产品名称	单位	110kV	220kV	330kV	500kV	750kV
39	青州市力王电力科技有限公司	棒形悬式复合绝缘子	只	10 079	2 048			
		支柱复合绝缘子元件	只	567	348			525
		避雷器	只	249				
40	三瑞科技（江西）有限公司	线路玻璃绝缘子	万片	34.93（其中：160kN 及以上 19.70）				
41	塞迪维尔玻璃绝缘子（上海）有限公司	线路玻璃绝缘子	万片	301.8（其中：160kN 及以上 65.6）				
42	山东高亚绝缘子有限公司	线路瓷绝缘子	t	7 060（其中：悬式 160kN 及以上 42 万片）				
43	山东齐林电力设备有限公司	棒形悬式复合绝缘子	只	15 585	11 300			
44	山东瑞泰玻璃绝缘子有限公司	线路玻璃绝缘子	万片	316.95（其中：160kN 及以上 144.35）				
45	山东省垦利县新型电力器材厂	棒形悬式复合绝缘子	只	131 602	7 752			
46	山东淄博电瓷厂有限公司	线路瓷绝缘子	t	11 246（其中：悬式 160kN 及以上 41 万片）				
47	陕西同远机电有限公司	避雷器	只	120				
48	上海德力西集团有限公司	避雷器	只	2 500				
49	上海电瓷厂有限公司	避雷器	只	47	12			
50	深圳 ABB 银星避雷器有限公司	避雷器	只	2 753	1 854		106	
51	石家庄市发运电气有限公司	棒形悬式复合绝缘子	只	9 482				
		支柱复合绝缘子元件	只	23 000	8 000			
		避雷器	只	1 460	120			
52	苏州电瓷厂有限公司	线路瓷绝缘子	t	32 291（其中：悬式 160kN 及以上 113 万只）				
		支柱瓷绝缘子元件	只	39 680	40 640	2 440	5 250	
53	唐山高压电瓷有限公司	支柱瓷绝缘子元件	只	16 541	19 850		8 975	750
54	温州益坤电气有限公司	棒形悬式复合绝缘子	只	836				
		避雷器	只	2 250	125			
55	西安超码复合材料公司	棒形悬式复合绝缘子	只	1 000				
		支柱复合绝缘子元件	只	350	150			
		空心复合绝缘子	只	8 000	2 000			
56	西安秦阳电气有限公司（西安安捷迅电气有限公司）	避雷器	只	120	25			
57	西安神电电器有限公司	避雷器	只	1 828	633	363		
58	西安唯实输配电技术有限公司	棒形悬式复合绝缘子	只	5 800				
		空心复合绝缘子	只	120				
59	西安西电避雷器有限责任公司	避雷器	只	12 478	8 832	483	829	305
60	西安西电高压电瓷有限责任公司	空心瓷绝缘子	只	20 295	8 303	1 581	3 945	1 109
		支柱瓷绝缘子元件	只	18 303	13 390	867	4 369	3 561
61	西安西电高压套管有限公司	瓷外套高压套管	只	2 313	737	101	58	18
		复合外套高压套管	只	30	68	27	1	
		棒形悬式复合绝缘子	只	12 119	6 824	1 908	6 416	5 957
		支柱复合绝缘子元件	只	59	28	379		
		空心复合绝缘子	只	349	273	32	102	2
62	阳泉高压电瓷有限责任公司	空心瓷绝缘子	只	1 380	112			
63	宜宾志源高压电器有限公司	避雷器	只	650	190			
64	宜兴华源电工设备有限公司	棒形悬式复合绝缘子	只	350	120			
		支柱复合绝缘子元件	只	200	24			
		空心复合绝缘子	只	556	204			10
		避雷器	只	100				
65	浙江恒大科技电气有限公司	避雷器	只	7 736	4 750		150	
66	浙江华高电气有限公司	空心复合绝缘子	只	2 700	3 800	1 800	17 000	6 700

（续）

序号	企业名称	产品名称	单位	110kV	220kV	330kV	500kV	750kV
67	浙江金利华电气股份有限公司	线路玻璃绝缘子	万片	171.6（其中：160kN 及以上 106.8）				
68	浙江泰仑绝缘子有限公司	线路玻璃绝缘子	万片	192（其中：160kN 及以上 42）				
69	浙江永固电缆附件有限公司	避雷器	只	3150	328			
70	浙江中能电气有限公司	棒形悬式复合绝缘子	只	11 200	1 850			
		避雷器	只	8 685	2 060			
71	正泰电气股份有限公司	棒形悬式复合绝缘子	只	19 320	1 320			
		避雷器	只	9 447	1 485			
72	中材高新材料股份有限公司	线路瓷绝缘子	t	15 400（其中：悬式 160kN 及以上 14 万只）				
		空心瓷绝缘子	只					195
		支柱瓷绝缘子元件	只	72 480	68 082	1 194	15 328	6 647
73	淄博泰光电力器材厂	棒形悬式复合绝缘子	只	56 750	43 987	5 597	22 568	21 460
		支柱复合绝缘子元件	只	944	2 386	1 604		
74	自贡塞迪维尔钢化玻璃绝缘子有限公司	线路玻璃绝缘子	万片	424.17（其中：160kN 及以上 181.80）				

注：企业名称按汉语拼音排序。

市场及销售 绝缘子避雷器行业统计报表显示，2015年绝缘子避雷器行业完成工业销售产值121.79亿元，较上年增长7.89亿元，比上年增长6.93%，增速较上年增加11.44个百分点。2015年产品销售率为98.82%，较上年增长1.25个百分点。工业销售产值排名前20位企业中，增长率排名前5位的企业为：自贡塞迪维尔钢化玻璃绝缘子有限公司、成都环球特种玻璃制造有限公司、中材高新材料股份有限公司、南京电气（集团）有限责任公司、金凤凰控股集团有限公司。2015年绝缘子避雷器行业工业销售产值前20名企业见表9。

表9　2015年绝缘子避雷器行业工业销售产值前20名企业

序号	企业名称	2015年	2014年	比上年增长（%）
1	南京电气（集团）有限责任公司	77 275	61 790	25.06
2	大连电瓷集团股份有限公司	58 090	50 612	14.78
3	金凤凰控股集团有限公司	50 599	41 380	22.28
4	苏州电瓷厂有限公司	43 599	41 349	5.44
5	成都环球特种玻璃制造有限公司	39 106	27 363	42.92
6	自贡塞迪维尔钢化玻璃绝缘子有限公司	37 700	21 700	73.73
7	西安西电高压电瓷有限责任公司	32 227	33 089	-2.61
8	南阳金冠电气有限公司	32 188	29 758	8.17
9	河北新华高压电器股份有限公司	30 892	36 258	-14.80
10	中材高新材料股份有限公司	29 548	21 335	38.50
11	江苏神马电力股份有限公司	29 440	31 362	-6.13
12	内蒙古精诚高压绝缘子有限责任公司	28 069	26 510	5.88
13	塞迪维尔玻璃绝缘子（上海）有限公司	28 050	31 395	-10.65
14	西安西电避雷器有限责任公司	28 002	27 751	0.90
15	醴陵华鑫电瓷科技股份有限公司	27 864	25 676	8.52
16	温州益坤电气有限公司	27 085	26 554	2.00
17	重庆鸽牌电瓷有限公司	23 731	29 061	-18.34
18	长园高能电气股份有限公司	20 334	18 608	9.28
19	青州市力王电力科技有限公司	20 116	19 530	3.00
20	广州市迈克林电力有限公司	19 682	18 933	3.96

2015年，国内销售产值为102亿元，较上年增加7.81亿元，比上年增长7.15%。国内销售产值占工业销售产值的83.75%，较上年增加2.28个百分点。国内销售产值排名前20位企业中，增长率排名前5位的企业有：自贡塞迪维尔钢化玻璃绝缘子有限公司、中材高新材料股份有限公司、成都环球特种玻璃制造有限公司、南京电气（集团）有限责任公司、西安神电电器有限公司。2015年绝缘子避雷器行业国内销售产值前20名企业见表10。

表10 2015年绝缘子避雷器行业国内销售产值前20名企业

序号	企业名称	2015年（万元）	2014年（万元）	比上年增长（%）
1	南京电气（集团）有限责任公司	67 639	51 588	31.11
2	大连电瓷集团股份有限公司	58 090	50 612	14.78
3	金凤凰控股集团有限公司	41 088	34 271	19.89
4	成都环球特种玻璃制造有限公司	32 650	22 808	43.15
5	苏州电瓷厂有限公司	31 879	30 764	3.62
6	西安西电高压电瓷有限责任公司	31 646	33 059	-4.27
7	河北新华高压电器股份有限公司	30 892	38 594	-19.96
8	南阳金冠电气有限公司	30 821	32 294	-4.56
9	自贡塞迪维尔钢化玻璃绝缘子有限公司	28 762	16 495	74.37
10	内蒙古精诚高压绝缘子有限责任公司	28 069	24 642	13.91
11	西安西电避雷器有限责任公司	28 002	26 722	4.79
12	中材高新材料股份有限公司	26 754	18 194	47.05
13	重庆鸽牌电瓷有限公司	23 731	27 046	-12.26
14	青州市力王电力科技有限公司	20 116	27 660	-27.27
15	浙江泰仑绝缘子有限公司	18 990	18 050	5.21
16	江苏神马电力股份有限公司	18 406	22 537	-18.33
17	西安超码复合材料公司	17 097	16 647	2.70
18	西安神电电器有限公司	15 950	12 960	23.07
19	萍乡百斯特电瓷有限公司	15 870	21 300	-25.49
20	醴陵华鑫电瓷科技股份有限公司	15 743	15 720	0.15

2015年，绝缘子避雷器行业完成出口交货值19.79亿元，较上年增加10 844万元，比上年增长5.80%，增速较上年增加16.7个百分点。出口交货值排名前20位企业中，增长率排名前5位的企业为：自贡塞迪维尔钢化玻璃绝缘子有限公司、明电舍（郑州）电气工程有限公司、金凤凰控股集团有限公司、长园高能电气股份有限公司、南京电气（集团）有限责任公司。2015年绝缘子避雷器行业出口交货值前20名企业见表11。

表11 2015年绝缘子避雷器行业出口交货值前20名企业

序号	企业名称	2015年	2014年	比上年增长（%）
1	温州益坤电气有限公司	22 899	22 450	2.00
2	塞迪维尔玻璃绝缘子（上海）有限公司	21 233	20 109	5.59
3	醴陵华鑫电瓷科技股份有限公司	12 121	10 480	15.66
4	苏州电瓷厂有限公司	11 720	12 986	-9.75
5	抚顺高科电瓷电气制造有限公司	11 695	10 073	16.11
6	江苏神马电力股份有限公司	11 034	9 523	15.87
7	南京电气（集团）有限责任公司	9 636	7 710	24.98
8	金凤凰控股集团有限公司	9 511	6 718	41.57
9	广州市迈克林电力有限公司	9 113	7 432	22.62
10	自贡塞迪维尔钢化玻璃绝缘子有限公司	8 938	5 205	71.71
11	山东瑞泰玻璃绝缘子有限公司	8 495	9 405	-9.68
12	正泰电气股份有限公司	8 347	7 950	4.99
13	成都环球特种玻璃制造有限公司	6 456	13 870	-53.45
14	福建和盛崇业电瓷有限公司	5 627	6 618	-14.97
15	长园高能电气股份有限公司	5 030	3 992	26.00
16	江苏祥源电气设备有限公司	4 529	4 045	11.97
17	沧州华菱电器有限公司	3 480	2 900	20.00
18	明电舍（郑州）电气工程有限公司	3 212	2 145	49.74
19	抚顺电瓷制造有限公司	2 980	3 134	-4.91
20	中材高新材料股份有限公司	2 794	2 252	24.07

科技成果及新产品 据不完全统计,2015年绝缘子避雷器行业约有10项科研成果分别获省、市科学技术进步奖;数个产品获得省(市)名牌产品称号;获得国家专利70余件,其中发明专利近10件。2015年绝缘子避雷器行业科技成果获奖(含名牌产品等)情况见表12。

表12 2015年绝缘子避雷器行业科技成果获奖(含名牌产品等)情况

序号	项目名称	获奖单位	奖项及级别
1	大吨位直流盘形悬式钢化玻璃绝缘子研发及产业化	浙江金利华电气股份有限公司	浙江省科技进步三等奖
2	高速电气化铁路接触网用棒形瓷绝缘子	江苏南瓷绝缘子股份有限公司	江苏省科技进步奖三等奖
3	高性能氧化锌压敏电阻及避雷器	襄阳市三三电气有限公司	湖北省科技进步奖三等奖
4	直流盘形悬式复合瓷绝缘子	青州市力王电力科技有限公司	山东省企业技术创新一等奖
5	1 000kV 罐式避雷器	西安西电避雷器有限责任公司	西安市科技进步奖三等奖
6	高性能氧化锌压敏电阻及避雷器	襄阳市三三电气有限公司	襄阳市科技进步奖一等奖
7	交流盘形悬式玻璃绝缘子生产工艺优化	山东瑞泰玻璃绝缘子有限公司	泰安市科学技术进步奖二等奖
8	高性能氧化锌压敏电阻及避雷器	襄阳市三三电气有限公司	中国产学研合作创新优秀奖
9	电瓷干法生产蓝灰釉产品的开发及应用	中材高新材料股份有限公司	全国建材革新奖技术工艺类二等奖
10	薄壁直筒型瓷套内孔净尺寸成型工艺研究	中材高新材料股份有限公司	全国建材革新奖技术工艺类二等奖
11	"精诚"牌盘形悬式瓷绝缘子(三伞型)	内蒙古精诚高压绝缘子有限责任公司	内蒙古自治区名牌产品
12	"抚瓷"牌支柱瓷绝缘子	抚顺电瓷制造有限公司	辽宁名牌产品
13	金利华电气品牌玻璃绝缘子	浙江金利华电气股份有限公司	浙江省名牌产品
14	金属氧化物避雷器	襄阳市三三电气有限公司	湖北省名牌产品
15	500kV 及以下金属氧化物避雷器	正泰电气股份有限公司	上海市名牌产品
16	"神电"牌金属氧化物避雷器	西安神电电器有限公司	西安市名牌产品
17	"精诚"牌注册商标	内蒙古精诚高压绝缘子有限责任公司	内蒙古自治区著名商标

绝缘子避雷器行业统计报表显示,2015年行业新产品产值为30.89亿元,较上年增加1.36亿元,增长4.61%,增速较上年减少3.05个百分点。新产品产值排名前20位企业中,增长率在20%以上的企业有:西安西电高压套管有限公司、抚顺电瓷制造有限公司、金凤凰控股集团有限公司。2015年绝缘子避雷器行业新产品产值前20名企业见表13。2015年绝缘子避雷器行业新产品产值率前20名企业见表14。

表13 2015年绝缘子避雷器行业新产品产值前20名企业

序号	企业名称	2015年(万元)	2014年(万元)	比上年增长(%)
1	金凤凰控股集团有限公司	31 789	24 224	31.23
2	苏州电瓷厂有限公司	30 501	25 612	19.09
3	温州益坤电气有限公司	21 070	20 657	2.00
4	青州市力王电力科技有限公司	20 512	19 915	3.00
5	江苏祥源电气设备有限公司	18 540	17 505	5.91
6	浙江金利华电气股份有限公司	18 348	18 086	1.45
7	中材高新材料股份有限公司	18 348	16 765	9.44
8	醴陵华鑫电瓷科技股份有限公司	18 191	18 602	-2.21
9	河北新华高压电器股份有限公司	15 329	15 685	-2.27
10	抚顺电瓷制造有限公司	14 736	10 420	41.42
11	长园高能电气股份有限公司	12 512	11 494	8.86
12	抚顺高科电瓷电气制造有限公司	11 502	10 248	12.23
13	南阳金冠电气有限公司	9 347	8 655	8.00
14	西安西电高压电瓷有限责任公司	8 727	8 664	0.73
15	西安西电高压套管有限公司	6 373	4 126	54.46
16	正泰电气股份有限公司	6 105	5 815	4.99

（续）

序号	企业名称	2015年（万元）	2014年（万元）	比上年增长（%）
17	固力发集团有限公司	5 523	5 314	3.93
18	南京电气（集团）有限责任公司	4 391	14 753	-70.24
19	唐山高压电瓷有限公司	4 320	4 560	-5.26
20	宁波市镇海国创高压电器有限公司	3 815	4 465	-14.56

表14 2015年绝缘子避雷器行业新产品产值率前20名企业

序号	企业名称	新产品产值率（%）	工业总产值（万元）	新产品产值（万元）
1	江苏祥源电气设备有限公司	100.00	18 540	18 540
2	襄阳市三三电气有限公司	85.04	401	341
3	唐山高压电瓷有限公司	76.60	5 640	4 320
4	浙江金利华电气股份有限公司	74.96	24 479	18 348
5	抚顺电瓷制造有限公司	73.66	20 005	14 736
6	宁波市镇海国创高压电器有限公司	72.23	5 282	3 815
7	青州市力王电力科技有限公司	72.00	28 490	20 512
8	中材高新材料股份有限公司	71.42	25 691	18 348
9	固力发集团有限公司	71.06	7 772	5 523
10	醴陵华鑫电瓷科技股份有限公司	67.30	27 029	18 191
11	温州益坤电气有限公司	67.07	31 416	21 070
12	金凤凰控股集团有限公司	62.74	50 670	31 789
13	苏州电瓷厂有限公司	62.16	49 071	30 501
14	抚顺高科电瓷电气制造有限公司	61.03	18 847	11 502
15	长园高能电气股份有限公司	60.00	20 853	12 512
16	浙江电瓷厂有限责任公司	58.39	4 350	2 540
17	西安西电高压套管有限公司	49.66	12 834	6 373
18	江西省萍乡市华东出口电瓷有限公司	48.52	6 135	2 977
19	河北新华高压电器股份有限公司	43.15	35 526	15 329
20	芜湖市凯鑫避雷器有限责任公司	42.68	5 412	2 310

据不完全统计，2015年绝缘子避雷器行业通过行业、省、市鉴定的新产品20余项。2015年绝缘子避雷器行业通过鉴定的重要新产品研制项目见表15。

表15 2015年绝缘子避雷器行业通过鉴定的重要新产品研制项目

项目名称	完成单位
1 000kV系列交流架空线路用复合绝缘子，700kN、840（760）kN系列交流悬式瓷绝缘子，700kN、840（760）kN系列直流悬式瓷绝缘子，±1 100kV系列直流棒形悬式复合绝缘子，±800kV系列直流棒形式复合绝缘子	大连电瓷集团股份有限公司
提高套管油色谱合格率工艺攻关、126kV/2 500A油纸套管标准化和系列化研究、420kV小型化油纸套管研究、断路器灭弧室复合空心绝缘子抗电弧性能与技术研究	西安西电高压套管有限公司
直流盘形悬式瓷绝缘子U760BP/280（XZP-760）、U760BP/280T（XZWP2-760）、U840BP/300（XZP-840）、U840BP/300T（XZWP2-840），交流盘形悬式瓷绝缘子U760BP/280（XP-760）、U760BP/280T（XWP2-760）、U840BP/300（XP-840）、U840BP/300T（XWP2-840）	苏州电瓷厂股份有限公司
直流钢化玻璃绝缘子FC 400（420）F/C 205 DC、直流钢化玻璃绝缘子FC 530（550）P/240T、直流钢化玻璃绝缘子FC 400（420）P/240T	塞迪维尔玻璃绝缘子（上海）有限公司
FC550（530）P/240T（交流线路用产品）、FC420（400）P/205T（交流线路用产品）	自贡塞迪维尔钢化玻璃绝缘子有限公司
±1 100kV直流复合绝缘子系列产品FXZB-±1 100/160（180），FXZB-±1100/210（240），FXZB-±1 100/400（420），FXZB-±1100/530（550），FXZB-±1 100/160、（180）EE，FXZB-±1 100/210（240）EE，FXZB-±1 100/400（420）EE，FXZB-±1 100/530（550）EE，FXZB-±1 100/840EE	长园高能电气股份有限公司

（续）

项 目 名 称	完 成 单 位
钟罩型直流盘形悬式玻璃绝缘子 LXZY2-400（420）、LXZY3-400（420）、LXZY2-530（500）、LXZY-540（900），钟罩型交流盘形悬式玻璃绝缘子 LXP3-400（420）、LXP-840（900），三伞直流盘形悬式玻璃绝缘子 LXW1ZY-160、LXW1ZY-210（240）、LXW1ZY-300、LXW1ZY-400（420）、LXW1ZY-530（550），三伞交流盘形悬式玻璃绝缘子 LXW1P-160、LXW1P-210（240）、LXW1P-300、LXW1P-400（420）、LXW1P-530（550）	浙江金利华电气股份有限公司
±1100kV 直流棒形悬式复合绝缘子 FXBZ-±1100/160（180）、FXBZ-±1100/210（240）、FXBZ-±1100/300、FXBZ-±1100/400（420）、FXBZ-±1100/530（550）、FXBZ-±1100/160（180）EE、FXBZ-±1100/210（240）EE、FXBZ-±1100/300EE、FXBZ-±1100/400（420）EE、FXBZ-±1100/530（550）EE、FXBZ-±1100/840EE	广州市迈克林电力有限公司
750kV 交流系统用高性能无间隙金属氧化物避雷器	西安西电避雷器有限责任公司
YH5CX2-13/40J 过电压保护器	上海电瓷厂有限公司
8～16kN 系列铁道棒形瓷绝缘子	重庆鸽牌电瓷有限公司
高速铁路电气化接触网棒形复合绝缘子	沧州华菱电器有限公司

质量及标准 2015年，受国家质检总局委托，国家绝缘子避雷器质量监督检验中心接受生产企业、运行部门、政府部门等约200家单位的委托检验903项，比上年增长0.67%。其中绝缘子检验606项，比上年下降1.62%；避雷器检验297项，比上年增长5.69%。

国家质检总局公布2015年第三季度复合外套无间隙金属氧化物避雷器质量国家监督抽查结果，合格率80%，共有6批次产品不符合标准的规定，主要质量问题集中在密封试验、标称放电电流残压试验和大电流冲击耐受试验等项目。

此次抽查了11个省（市）30家企业生产的30批次产品，抽查企业数量约占全国避雷器产品生产企业总数的8%。不合格产品检出率为20%，比上次抽查减少3.7个百分点。重点进行了工频参考电压试验、直流参考电压试验、0.75倍直流参考电压下泄漏电流试验、密封试验、标称放电电流残压试验、方波冲击电流耐受试验和大电流冲击耐受试验共7个检验项目。经检验，共有6批次产品不合格，主要质量问题集中在密封试验、标称放电电流残压试验和大电流冲击耐受试验等项目不合格。抽查了集中产区浙江省的9批次产品，不合格产品检出率为11.1%。

2015年5月29日，由西安高压电器研究院承办的2015 IECEE CB 实验室会议在西安召开。来自德国 TÜV 莱茵集团、匈牙利 NCB（国家认证机构）及其7个CB成员实验室、4个CB候选实验室的20余名代表参加了会议。匈牙利NCB代表Gergely Bakos先生介绍了IECEE CB体系的历史和发展现状，以及实验室能力验证计划的规则要求和IECEE CB体系发展战略和新的认证体系 IEC RE 可再生能源认证体系。代表们还就共同关心的太阳能光伏发电、智能电器的试验认证以及 IECEE 相关规则等进行了讨论。

2015年，发布绝缘子避雷器专业标准2项，均为避雷器专业标准，分别是：NB/T 42049—2015《3kV 及以下直流系统用无间隙金属氧化物避雷器》和 NB/T 42059—2015《交流电力系统金属氧化物避雷器用脱离器》。

西安高压电器研究院负责国内对口的 IEC/TC36 和 IEC/TC37 国内技术工作，2015年共收到文件45个，其中 IEC/TC36 文件24个、IEC/TC37 文件21个。投票文件共16个，其中 IEC/TC36 文件8个、IEC/TC37 文件8个。投票或答复率均为100%。2015年 IEC/TC36 发布绝缘子出版物1个，IEC/TC37 发布避雷器出版物1个。分别是：2015年3月发布的 IEC/TS 61245:2015 Ed 2.0《直流系统用高压瓷和玻璃绝缘子的人工污秽试验》和2015年6月发布的 IEC 61643-22:2015 Ed 2.0《低压电涌保护器 第22部分：电信和信号网络的电涌保护器——选择和使用导则》。

全国绝缘子标准化技术委员会2015年年会于11月10—12日在苏州市召开。来自全国各地的绝缘子制造、科研、运行、质检和大专院校74家单位的91名代表参加了会议。会议审查通过了4项国家标准修订送审稿：GB/T 7253《标称电压高于1 000V 的架空线路绝缘子 交流系统用瓷或玻璃绝缘子元件盘形悬式绝缘子元件的特性》、GB/T 4056《绝缘子串元件的球窝连接尺寸》、GB/T 25318《绝缘子串元件球窝联接用锁紧销：尺寸和试验》、GB/T 22079《标称电压高于1 000V 户内和户外用的聚合物绝缘子 一般定义、试验方法和接收准则》。会议还对绝缘子标委会归口管理的 GB/T 1001.1—2003 等11项标准进行了复审。

全国避雷器标准化技术委员会2015年年会暨六届五次会议于10月28—31日在四川省成都市召开。来自全国各地的避雷器制造企业、科研院所、电力部门的委员（委员代表）和观察员等共93人参加了会议。会议审议了4项国家标准：GB/T ××××《串联补偿装置电容器组保护用金属氧化物限压器》、GB 18802.11《低压电涌保护器（SPD）第11部分：低压电力系统的电涌保护器——性能要求和试验方法》、GB/T 18802.311《低压电涌保护器元件 第311部分：气体放电管（GDT）性能要求和试验回路》、GB/T 18802.312《低压电涌保护器元件 第312部分：气体放电管选择和使用导则》。会议还邀请常州市天泰电路保护技术有限公司张南法高工做了"压敏电阻器的特性方程和工作寿命评定技术"专题讲座。

基本建设及技术改造 据不完全统计，2015年行业上亿元的重大基本建设和技术改造项目主要有3项：唐山高压电瓷有限公司的"超特高压瓷绝缘子项目二期工程"、南京电气（集团）有限责任公司的"新区玻璃绝缘子元件生产线一期技术改造工程"和西安西电高压套管有限公司的"超（特）高压交直流套管研制项目"。全行业总投资超过10亿元。2015年绝缘子避雷器行业主要基本建设和技术改造情况见表16。

表16　2015年绝缘子避雷器行业主要基本建设和技术改造情况

序号	项目名称	投资（万元）	建设单位	备注
1	超特高压瓷绝缘子项目二期工程	31 000	唐山高压电瓷有限公司	该项目总投资71 000万元，分两期建设，一期工程已于2013年建成投产
2	新区玻璃绝缘子元件生产线一期技术改造工程	30 000	南京电气（集团）有限责任公司	该项目按照"中国第一，世界领先"的定位进行规划设计
3	超（特）高压交直流套管研制项目	23 888	西安西电高压套管有限公司	项目建成后可生产各类交直流套管11 852只，年产值72 340万元
4	等静压干法棒形新生产线	5 000	河南省中联红星电瓷有限责任公司	具备生产1 000kV特高压棒形绝缘子的能力，产量达到5 000支，产值3 000万元，预期效益500万元/年
5	新研发大楼装修完成	3 000	青州市力王电力科技有限公司	研发大楼共五层，总面积5 400m²
6	800～1 100kV GIS用出线瓷套产业化项目	1 577	西安西电高压电瓷有限责任公司	原计划投资1 900万元
7	氧化锌电阻片厂房扩建	860	抚顺电瓷制造有限公司	
8	复合空心绝缘子生产线	600	青州市力王电力科技有限公司	形成年产2万支空心绝缘子生产能力
9	年产20万m²页岩发泡陶瓷吸声材料生产线	400	江苏南瓷绝缘子股份有限公司	
10	机械手设备替代人工改造	360	沧州华菱电器有限公司	
11	建设绝缘子避雷器产品立体库	350	正泰电气股份有限公司	节省出2 000m²场地
12	玻璃窑炉脱硝装置	300	山东瑞泰玻璃绝缘子有限公司	
13	购置试验测试设备	250	西安神电电器有限公司	能够对电缆进行工频电压耐受试验；对产品参数、密封性能等进行检测
14	悬式瓷复合绝缘子生产线	150	山东高亚绝缘子有限公司	形成160kN及以下等级产品年产90万片的生产能力
15	避雷器技改	148	襄阳市三三电气有限公司	
16	试验设备更新	135	襄阳市三三电气有限公司	
17	滤泥机系统改造（含添置设备）	115	山东淄博电瓷厂有限公司	降低劳动强度，提高了生产效率和产品质量

对外合作 据不完全统计，2015年绝缘子避雷器行业有20余家企业组织了50余次近150人次分别前往德国、意大利、阿拉伯联合酋长国、土耳其、印度、美国、日本、韩国、澳大利亚、俄罗斯、巴西等国家和地区参加展会、商务洽谈、走访用户、市场调研等。2015年绝缘子避雷器行业出国（境）考察情况见表17。

表17　2015年绝缘子避雷器行业出国（境）考察情况

考察内容	人数	国家或地区
南京电气（集团）有限责任公司		
设备验收	8	德国
设备验收	5	意大利
迪拜展览会参展、客户拜访	4	阿拉伯联合酋长国、土耳其
墨西哥展览会参展	3	墨西哥
印度展览会参展、客户拜访	12	印度
西安西电高压套管有限责任公司		
商务洽谈	1	印度

（续）

考察内容	人数	国家或地区
商务洽谈	1	印度
抚顺电瓷制造有限公司		
商务谈判	1	美国
业务洽谈	2	日本
商务谈判	2	韩国
苏州电瓷厂有限公司		
客户拜访	3	澳大利亚
参加汉诺威工业博览会	4	德国
参加电力展	4	俄罗斯
抚顺高科电瓷电气制造有限公司		
拜访客户	2	美国
大连电瓷集团股份有限公司		
电力局走访	4	东南亚
电力局走访	2	南亚
电力局走访	2	东南亚
国外展会	2	东亚
萍乡百斯特电瓷有限公司		
商务谈判	2	越南
商务谈判	2	印度尼西亚
商务谈判	2	缅甸
商务谈判	2	伊拉克
河北新华高压电器股份有限公司		
商情谈判	3	斯洛文尼亚、法国、捷克等
参加2015INMR绝缘子世界大会	5	德国
沧州华菱电器有限公司		
参加展会	2	阿拉伯联合酋长国
商务谈判	2	英国
商务谈判	2	哥伦比亚
商务谈判	2	韩国
商务谈判	2	希腊
长园高能电气股份有限公司		
第十八届非洲国际电力工业展览会	2	南非
印度商情谈判	4	印度
印度商情谈判	2	印度
印度商情谈判	1	印度
成都环球特种玻璃制造有限公司		
参加电力设备展	3	阿拉伯联合酋长国
商务谈判	2	巴西
商务谈判	1	巴西
商务谈判	2	阿尔及利亚
山东瑞泰玻璃绝缘子有限公司		
参加展会	1	匈牙利
参加电力展	2	美国
参加电力展	2	南非
湖南太阳电力电瓷电器制造有限公司		
业务洽谈	2	泰国

(续)

考察内容	人数	国家或地区
国外参展	2	韩国
重庆鸽牌电瓷有限公司		
国外参展	1	阿拉伯联合酋长国
山东高亚绝缘子有限公司		
参加雅加达国际电力设备及技术展览会	2	印度尼西亚
中材高新材料股份有限公司		
汉诺威工业展	2	德国
拜访阿尔斯通、西门子、FIP	2	德国、意大利
莫斯科电力展	2	俄罗斯
德国慕尼黑举办的国际陶瓷工业博览会	3	德国
西安神电电器有限公司		
商务考察和谈判	2	英国
广州迈克林电力有限公司		
哈萨克斯坦2015年中国工业品牌展会	2	哈萨克斯坦
正泰电气股份有限公司		
参加汉诺威工业博览会	5	德国
参加2015年迪拜电力展	3	阿拉伯联合酋长国
参加2015年南美电力展	4	哥伦比亚
醴陵华鑫电瓷科技股份有限公司		
国外参展	3	巴西
国外参展	3	德国

行业会议 中国电器工业协会绝缘子避雷器分会2015年年会于2015年10月16—18日在江西省南昌市召开，年会包括分会六届四次理事会和分会六届四次会员大会。参加理事会的有分会41家理事单位的代表及秘书处人员共45人，会议主要讨论了2016年换届事宜。

会员大会由来自全国绝缘子避雷器行业的136家单位的164位代表参加。会议的主要议题是介绍《绝缘子避雷器行业"十三五"发展指导性意见》的编制情况，以及"氧化锌避雷器技术进步和发展趋势"的专题报告。工业和信息化部科技司张力超处长、中国电力科学研究院高压所张翠霞副所长、南方电网科学研究院高电压技术研究所罗兵所长、中国电器工业协会王劲光副秘书长、西安交通大学电气工程学院李盛涛常务副院长到会并讲话。

2015年10月24—26日，由西安高压电器研究院主办，中国电工技术学会电工陶瓷专委会、中国电机工程学会变电专委会、中国电工技术学会输变电设备专委会、中国电工技术学会大容量试验技术专委会和中国电工技术学会电力电容器专委会在宁波市联合召开了"2015年输变电年会暨专委会工作会议"，共有150多家单位的200余名委员和代表参会。大会在全体会议之后设立了两个分会场进行了技术交流。国务院三峡办李秦司长、国家工业和信息化部张力超处长、中国电工技术学会韩毅副秘书长、西安高压电器研究院元复兴副院长到会并讲话。会议邀请了中国电力科学研究院杨堃和西安高压电器研究院王玉平两位专家分别对2014年国家电网公司变电设备运行情况和储能技术发展与应用做专题报告。

此次会议编制出版了《2015输变电年会论文集》。《论文集》共收录论文135篇，其中17篇被评选为2015年输变电年会的优秀论文。《论文集》收录绝缘子避雷器专业相关论文36篇，其中4篇被评为优秀论文。

编辑出版 出版发行内部刊物《绝缘子避雷器动态》12期。

出版并发布了《2014年绝缘子避雷器行业统计资料汇编》。共收集行业108家企业的统计资料（其中生产企业93家、配套件企业15家），生产企业工业总产值超过115亿元，经济总量占全行业的75%以上，覆盖行业内全部电压等级和产品类型。主要内容包括综述、汇总表、主要经济指标排序、主要产品产量排序、各企业报表和绝缘子避雷器行业统计指标解释等六部分。

翻译出版《绝缘子避雷器技术文集》。

出版发行《电瓷避雷器》6期，刊登论文150篇左右。

编制《绝缘子避雷器行业"十三五"发展指导意见》。共包括5部分内容：行业发展现状、行业发展趋势和市场需求分析、行业发展指导思路和发展目标、行业发展的重点领域和项目建议、行业发展对策和政策措施建议。

〔供稿单位：中国电器工业协会绝缘子避雷器分会〕

2016年发展情况

生产发展情况 2016年列入绝缘子避雷器行业统计的生产企业有105家。统计数据分析表明,行业主要经济指标继续向好(除出口交货值有所下降外,其余指标均有所增长)。2016年全年实现工业总产值149.70亿元,同比增长11.51%;工业销售产值142.51亿元,同比增长11.06%;工业增加值40.41亿元,同比增长16.99%;实现利润总额12.36亿元,同比增长36.80%;出口交货值20.56亿元,同比下降4.17%。

其中,工业总产值增速较上年增加4.85个百分点,工业销售产值增速较上年增加4.13个百分点,工业增加值增速较上年增加8.13个百分点,出口交货值增速较上年减少9.97个百分点,利润总额增速较上年增加12.59个百分点,全员劳动生产率增速较上年增加9.05个百分点。

2016年,绝缘子避雷器行业中工业总产值5 000万元以上的企业有74家,占行业统计企业数的70.48%,其产值合计为141.36亿元,占行业总产值的94.43%;产值1亿元以上的企业有46家,占行业统计企业数的43.81%,其产值合计为120.97亿元,占行业总产值的80.81%;产值3亿元以上的企业有13家,占行业统计企业数的12.38%,其产值合计为58.94亿元,占行业总产值的39.37%。

2016年绝缘子避雷器各类产品主要生产企业见表1。2016年绝缘子避雷器行业主要经济指标见表2。2016年绝缘子避雷器行业工业总产值前20名企业见表3。2016年绝缘子避雷器行业工业增加值前20名企业见表4。2016年绝缘子避雷器行业利润总额前20名企业见表5。2016年绝缘子避雷器行业全员劳动生产率前20名企业见表6。

表1 2016年绝缘子避雷器各类产品主要生产企业

序号	产品类别	企 业 名 称
1	线路瓷绝缘子	大连电瓷集团股份有限公司、NGK唐山电瓷有限公司、苏州电瓷厂股份有限公司、内蒙古精诚高压绝缘子有限责任公司
2	电站电器用棒形支柱瓷绝缘子	西安西电高压电瓷有限责任公司、中材高新材料股份有限公司、抚顺电瓷制造有限公司、苏州电瓷厂股份有限公司
3	电站电器用空心瓷绝缘子	醴陵市华鑫电瓷电器有限公司、西安西电高压电瓷有限责任公司、抚顺高科电瓷电气制造有限公司、抚顺电瓷制造有限公司
4	线路玻璃绝缘子	南京电气(集团)有限责任公司、成都环球特种玻璃制造有限公司、塞迪维尔玻璃绝缘子(上海、自贡)有限公司、浙江金利华电气股份有限公司
5	套管	西安西电高压套管有限公司、南京电气(集团)有限责任公司、沈阳传奇套管有限公司
6	线路复合绝缘子	长园高能电气股份有限公司、广州市迈克林电力有限公司、淄博泰光电力器材厂、襄阳国网合成绝缘子有限公司、江苏祥源电气设备有限公司、大连电瓷集团股份有限公司
7	电站电器用复合绝缘子	江苏神马电力股份有限公司、浙江华高电气有限公司、西安西电高压套管有限公司、河南平高电气股份有限公司复合绝缘子事业部
8	高压金属氧化物避雷器	西安西电避雷器有限责任公司、南阳金冠电气有限公司、抚顺电瓷制造有限公司、廊坊电科院东芝避雷器有限公司、西安神电电器有限公司、深圳ABB银星避雷器有限公司

表2 2016年绝缘子避雷器行业主要经济指标

序号	项目指标	单位	2016年	2015年	比上年增长(%)
1	工业总产值	万元	1 496 982	1 342 418	11.51
2	工业销售产值	万元	1 425 080	1 283 188	11.06
3	工业增加值	万元	404 136	345 457	16.99
4	出口交货值	万元	205 645	214 588	-4.17
5	利润总额	万元	123 595	90 347	36.80
6	从业人员数	人	28 043	27 557	1.76
7	全员劳动生产率(增加值)	元/人	177 077	150 175	17.91

表3　2016年绝缘子避雷器行业工业总产值前20名企业

序号	企业名称	2016年（万元）	2015年（万元）	比上年增长（%）
1	南京电气（集团）有限责任公司	87 390	66 525	31.36
2	大连电瓷集团股份有限公司	67 810	58 090	16.73
3	苏州电瓷厂股份有限公司	56 558	49 071	15.26
4	金凤凰控股集团有限公司	55 670	50 670	9.87
5	南阳金冠电气有限公司	45 664	38 280	19.29
6	成都环球特种玻璃制造有限公司	40 666	34 328	18.46
7	塞迪维尔玻璃绝缘子（上海）有限公司	39 274	21 235	84.95
8	河北新华高压电器股份有限公司	35 740	35 526	0.60
9	西安西电高压电瓷有限责任公司	35 127	32 312	8.71
10	江苏神马电力股份有限公司	33 266	33 412	-0.44
11	萍乡百斯特电瓷有限公司	32 180	22 420	43.53
12	醴陵华鑫电瓷科技股份有限公司	30 027	27 029	11.09
13	西安西电避雷器有限责任公司	30 012	29 102	3.13
14	温州益坤电气有限公司	29 584	31 416	-5.83
15	青州市力王电力科技有限公司	29 487	28 490	3.50
16	自贡塞迪维尔钢化玻璃绝缘子有限公司	29 039	37 700	-22.97
17	中材高新材料股份有限公司	28 331	25 691	10.28
18	抚顺电瓷制造有限公司	27 180	20 005	35.87
19	内蒙古精诚高压绝缘子有限责任公司	26 835	26 771	0.24
20	三瑞科技（江西）有限公司	26 800	25 300	5.93

表4　2016年绝缘子避雷器行业工业增加值前20名企业

序号	企业名称	2016年	2015年	比上年增长（%）
1	南京电气（集团）有限责任公司	34 956	17 666	97.87
2	苏州电瓷厂股份有限公司	29 374	20 279	44.85
3	南阳金冠电气有限公司	23 001	19 446	18.28
4	青州市力王电力科技有限公司	19 708	19 042	3.50
5	内蒙古精诚高压绝缘子有限责任公司	17 899	17 020	5.16
6	金凤凰控股集团有限公司	14 521	12 521	15.97
7	西安西电高压电瓷有限责任公司	14 134	3 314	326.49
8	恒大电气有限公司	12 164	11 925	2.00
9	中材高新材料股份有限公司	11 002	9 999	10.03
10	江苏祥源电气设备有限公司	9 985	4 952	101.64
11	西安西电避雷器有限责任公司	9 948	9 250	7.55
12	山东齐林电力设备股份有限公司	9 465	7 301	29.64
13	长园高能电气股份有限公司	9 423	7 398	27.37
14	醴陵华鑫电瓷科技股份有限公司	9 292	7 834	18.61
15	成都环球特种玻璃制造有限公司	9 253	8 257	12.06
16	温州益坤电气有限公司	9 233	9 806	-5.84
17	浙江金利华电气股份有限公司	8 197	6 074	34.95
18	湖南阳东电瓷电气股份有限公司	8 135	7 291	11.58
19	浙江中能电气有限公司	8 015	7 860	1.97
20	固力发集团有限公司	7 408	7 376	0.43

表5 2016年绝缘子避雷器行业利润总额前20名企业

序号	企业名称	2016年	2015年	比上年增长（%）
1	江苏神马电力股份有限公司	14 040	7 532	86.40
2	大连电瓷集团股份有限公司	10 318	4 081	152.83
3	南阳金冠电气有限公司	8 042	5 021	60.17
4	南京电气（集团）有限责任公司	5 117	807	534.08
5	广州市迈克林电力有限公司	5 068	2 624	93.14
6	金凤凰控股集团有限公司	4 862	4 763	2.08
7	自贡塞迪维尔钢化玻璃绝缘子有限公司	4 513	5 392	-16.30
8	青州市力王电力科技有限公司	4 222	4 079	3.51
9	内蒙古精诚高压绝缘子有限责任公司	3 913	3 843	1.82
10	西安西电避雷器有限责任公司	3 560	2 316	53.71
11	浙江金利华电气股份有限公司	3 316	1 584	109.34
12	河北新华高压电器股份有限公司	2 969	4 241	-29.99
13	正泰电气股份有限公司	2 662	2 584	3.02
14	苏州电瓷厂股份有限公司	2 548	2 382	6.97
15	萍乡百斯特电瓷有限公司	2 420	1 109	118.21
16	长园高能电气股份有限公司	2 393	1 810	32.21
17	江苏金三力电力器材实业有限公司	2 076	1 994	4.11
18	江西高强电瓷集团有限公司	1 969	1 093	80.15
19	萍乡华维电瓷科技股份有限公司	1 781	1 861	-4.30
20	中材高新材料股份有限公司	1 758	2 089	-15.84

表6 2016年绝缘子避雷器行业全员劳动生产率前20名企业

序号	企业名称	2016年（元/人）	序号	企业名称	2016年（元/人）
1	江苏金三力电力器材实业有限公司	945 675.68	11	西安西电避雷器有限责任公司	324 039.09
2	青州市力王电力科技有限公司	804 408.16	12	山东齐林电力设备股份有限公司	315 500.00
3	江苏祥源电气设备有限公司	580 523.26	13	安徽一天电气技术股份有限公司	312 318.18
4	恒大电气有限公司	459 018.87	14	西安超码复合材料有限公司	309 388.89
5	浙江中能电气有限公司	458 000.00	15	上海电瓷厂有限公司	274 921.88
6	河北新华高压电器股份有限公司	368 169.93	16	苏州电瓷厂股份有限公司	268 500.91
7	温州益坤电气有限公司	348 415.09	17	南京电气（集团）有限责任公司	261 255.61
8	南阳金冠电气有限公司	343 298.51	18	浙江泰仑绝缘子有限公司	250 096.62
9	浙江金利华电气股份有限公司	341 541.67	19	明电舍（郑州）电气工程有限公司	244 226.80
10	正泰电气股份有限公司	324 228.57	20	长园高能电气股份有限公司	237 355.16

产品分类产量 2016年绝缘子避雷器行业生产总体运行平稳，各类产品均有增长。瓷绝缘子产量45.47万t，比上年增长6.94%；玻璃绝缘子产量2 476万片，比上年增长6.66%；高压套管23 978只，比上年增长23.64%；复合绝缘子产量1 350万只，比上年增长4.33%；避雷器产量829.34万只，比上年增长10.30%。2016年绝缘子避雷器行业主要产品产量见表7。2016年绝缘子避雷器行业生产企业110kV及以上产品产量见表8。

表7 2016年绝缘子避雷器行业主要产品产量

项目指标	单位	2016年	2015年	比上年增长（%）
瓷绝缘子	t	454 739	425 231	6.94
线路瓷绝缘子	t	338 461	315 004	7.45
其中：160kN及以上悬式	万只	783.76	694.51	12.85
电站电器瓷绝缘子	t	116 278	110 227	5.49
空心瓷绝缘子				
110kV等级	只	222 575	223 093	-0.23
220kV等级	只	97 846	93 774	4.34
330kV等级	只	13 047	12 516	4.24
500kV等级	只	20 189	22 056	-8.46
750kV及以上等级	只	5 849	4 802	21.80
支柱瓷绝缘子元件				
110kV等级	只	272 215	204 844	32.89
220kV等级	只	233 172	205 158	13.65
330kV等级	只	19 353	15 322	26.31
500kV等级	只	46 091	38 632	19.31
750kV及以上等级	只	6 452	12 507	-48.41
线路玻璃绝缘子	万片	2 476.02	2 321.47	6.66
100（120）kN及以下	万片	1 207.24	1 234.80	-2.23
160kN	万片	474.36	432.04	9.80
210（240）kN	万片	149.86	293.67	-48.97
300kN	万片	171.78	95.92	79.09
400（420）kN	万片	97.33	84.08	15.76
530（550）kN	万片	374.72	180.94	107.10
盘形悬式瓷（玻璃）复合绝缘子	万片	210	146	43.84
高压套管	只	23 978	19 394	23.64
瓷外套高压套管	只	17 684	16 501	7.17
110kV等级	只	7 945	9 668	-17.82
220kV等级	只	1 817	2 733	-33.52
330kV等级	只	1 106	1 205	-8.22
500kV等级	只	119	169	-29.59
750kV及以上等级	只	29	18	61.11
复合外套高压套管	只	6 189	2 143	188.80
110kV等级	只	930	1 220	-23.77
220kV等级	只	429	68	530.88
330kV等级	只	84	27	211.11
500kV等级	只	156	51	205.88
其他（纯瓷、互感器、穿墙）	只	105	750	-86.00
复合绝缘子	万只	1 350	1 294	4.33
棒形悬式复合绝缘子				
110kV等级	只	1 267 407	1 413 167	-10.31
220kV等级	只	687 746	671 078	2.48
330kV等级	只	132 192	137 945	-4.17
500kV等级	只	171 096	112 656	51.87
750kV及以上等级	只	205 921	75 071	174.30
支柱复合绝缘子元件				

(续)

项目指标	单位	2016年	2015年	比上年增长（%）
110kV等级	只	132 292	191 172	-30.80
220kV等级	只	59 802	55 198	8.34
330kV等级	只	31 166	28 153	10.70
500kV等级	只	1 268	580	118.62
750kV及以上等级	只	2 105	13 585	-84.50
空心复合绝缘子				
110kV等级	只	64 463	28 719	124.46
220kV等级	只	28 292	38 787	-27.06
330kV等级	只	7 319	6 664	9.83
500kV等级	只	19 531	14 185	37.69
750kV及以上等级	只	10 519	6 922	51.96
避雷器	只	8 293 370	7 519 013	10.30
10kV及以下	只	6 566 375	5 951 568	10.33
12～35kV	只	1 448 006	1 334 154	8.53
45～69kV	只	58 091	48 659	19.38
110kV等级	只	151 629	125 839	20.49
220kV等级	只	52 475	47 998	9.33
330kV等级	只	3 048	1 952	56.15
500kV等级	只	4 263	3 271	30.33
750kV及以上等级	只	456	426	7.04
直流避雷器	只	9 027	5 146	75.42

注：瓷绝缘子中，由于各企业填报的单位不统一，对于没有填报吨位的，进行了估计折算。

表8 2016年绝缘子避雷器生产企业110kV及以上产品产量

序号	企业名称	产品名称	单位	110kV	220kV	330kV	500kV	750kV
1	安徽一天电气技术有限公司	避雷器	只	194	19			
2	沧能电力装备股份有限公司	棒形悬式复合绝缘子	只	11 000	5 000			
3	沧州华菱电器有限公司	棒形悬式复合绝缘子	只	91 500	27 250	1 200	1 560	
		支柱复合绝缘子元件	只	4 650	1 050	260	100	
		避雷器	只	1 000	500			
4	成都环球特种玻璃制造有限公司	线路玻璃绝缘子	万片	296.6（其中：160kN及以上163.47）				
5	长园高能电气股份有限公司	棒形悬式复合绝缘子	只	94 696	111 187	7 517	50 572	13 972
		支柱复合绝缘子元件	只	785	100			
6	重庆鸽牌电瓷有限公司	线路瓷绝缘子	t	6 044（其中：悬式160kN及以上18.64万片）				
		空心瓷绝缘子	只		124	202		
7	重庆市华能氧化锌避雷器有限责任公司	棒形悬式复合绝缘子	只	2 500				
		支柱复合绝缘子元件	只	3 000				
		避雷器		288	75			
8	大连北方避雷器有限公司	避雷器		3 830	2 710			
9	大连电瓷集团股份有限公司	线路瓷绝缘子	t	43 649（其中：悬式160kN及以上185万片）				
10	大连法伏安电器有限公司	避雷器		1 970	2854		48	
9	抚顺电瓷制造有限公司	空心瓷绝缘子		6 713	3 350	456	236	
		支柱瓷绝缘子元件	只	416	4 793	2 589	2 756	424
		空心复合绝缘子		4 536	4 678		222	
		避雷器	只	7 964	3 752	236	638	66

(续)

序号	企业名称	产品名称	单位	110kV	220kV	330kV	500kV	750kV
10	抚顺高科电瓷电气制造有限公司	空心瓷绝缘子	只	31 737	11 716	613	5 572	
11	固力发集团有限公司	棒形悬式复合绝缘子	只	120 500	74 000	1 000	1 500	4 200
		避雷器	只	3 000				
12	广州市迈克林电力有限公司	棒形悬式复合绝缘子	只	10 425	30 230	182	22 513	15 722
		支柱复合绝缘子元件	只	243	138			
13	杭州永德电气有限公司	避雷器	只	5 384	3 197		255	
14	河北安达电气科技有限公司	棒形悬式复合绝缘子	只	8 613	261	19		
		避雷器	只	102				
15	河北新华高压电器股份有限公司	棒形悬式复合绝缘子	只		132			
16	河北新旺电力器材有限公司	棒形悬式复合绝缘子	只	100 000	80 000			
17	河南经纬电力科技股份有限公司	棒形悬式复合绝缘子	只	14 000				
18	河南平高电气股份有限公司复合绝缘子事业部	复合外套高压套管	只				122	
		空心复合绝缘子	只	809	395	12	161	215
19	河南省中联红星电瓷有限责任公司	支柱瓷绝缘子元件	只	26 000	57 000	2 340	2 700	600
		棒形悬式复合绝缘子	只	130 000	90 000	6 000	1 500	
		支柱复合绝缘子元件	只	4 800	1 400			
		避雷器	只	2 000				
20	河南毅达电气科技有限公司	避雷器	只	2 910	100			
21	恒大电气有限公司	避雷器	只	7 735	5 100		300	
22	红光电气集团有限公司	棒形悬式复合绝缘子	只	15 000	4 000	1 000		
		支柱复合绝缘子元件	只	2 000	1 000			
		避雷器	只	40 000				
23	湖北省随州避雷器有限责任公司	棒形悬式复合绝缘子	只	2 300				
		避雷器	只	2 300	120			
24	湖南太阳电力电瓷电器制造有限公司	空心瓷绝缘子	只	70 000	20 000			
		瓷外套高压套管	只	3 500	1 000	1 000		
25	湖南阳东电瓷电气股份有限公司	支柱瓷绝缘子元件	只	70 000	40 000	1 500	1 000	
		避雷器	只	350				
26	江苏南瓷绝缘子股份有限公司	线路瓷绝缘子	t	3 773（其中：悬式160kN及以上6万片）				
27	江苏神马电力股份有限公司	棒形悬式复合绝缘子	只	6 000	12 000		6 219	18 787
		支柱复合绝缘子元件	只	5 443	1 577	192	1 110	1 554
		空心复合绝缘子	只	33 025	7 047	4 671	2 112	3 598
28	江苏祥源电气设备有限公司	棒形悬式复合绝缘子	只	101 884	55 830	17 806	24 056	11 897
		支柱复合绝缘子元件	只	73	1 656	335	58	
29	江西高强电瓷集团有限公司	线路瓷绝缘子	t	8 280（其中：悬式160kN及以上10万片）				
30	江西强联电瓷股份有限公司	支柱瓷绝缘子元件	只	7 867	17 300	3 300	2 400	
31	江西省萍乡市华东出口电瓷有限公司	线路瓷绝缘子	t	12 895（其中：悬式160kN及以上5.5万片）				
32	金凤凰控股集团有限公司	棒形悬式复合绝缘子	只	16 000	69 000	53 000		
		支柱复合绝缘子元件	只	82 000	42 000	29 000		
		空心复合绝缘子	只	15 000	11 000			
33	醴陵华鑫电瓷科技股份有限公司	空心瓷绝缘子	只	91 710	56 426	10 133	10 911	4 362
34	连云港石港高压电瓷有限公司	线路瓷绝缘子	t	7 000（其中：悬式160kN及以上4万片）				
35	明电舍（郑州）电气工程有限公司	避雷器	只	1 500	480		60	

（续）

序号	企业名称	产品名称	单位	110kV	220kV	330kV	500kV	750kV
36	牡丹江北方高压电瓷有限责任公司	线路瓷绝缘子	t	2 657（其中：悬式160kN及以上9.6万片）				
37	南京电气（集团）有限责任公司	瓷外套高压套管	只	920	279	36	22	2
		复合外套高压套管	只	507	320	12	28	
		线路玻璃绝缘子	万片	494.49（其中：160kN及以上259.95）				
		棒形悬式复合绝缘子	只	49 140	29 550	42 038	9 072	95 399
		防风偏复合绝缘子	只	809	1 050			
38	南阳金冠电气有限公司	避雷器	只	16 088	15 148	1 950	1 863	75
39	南阳中威电气有限公司	避雷器	只	2 430	750			
40	内蒙古精诚高压绝缘子有限责任公司	线路瓷绝缘子	t	26 145（其中：悬式160kN及以上164.83万片）				
41	宁波市镇海国创高压电器有限公司	避雷器	只	2 581	2 105			
42	萍乡百斯特电瓷有限公司	线路瓷绝缘子	t	34 720（其中：悬式160kN及以上75.6万片）				
43	萍乡华通电瓷制造有限公司	线路瓷绝缘子	万片	154.95（其中：悬式160kN及以上2.63）				
44	萍乡华维电瓷科技股份有限公司	线路瓷绝缘子	t	8 516（其中：悬式160kN及以上40万片）				
45	萍乡市第二高压电瓷厂	线路瓷绝缘子	t	8 000（其中：悬式160kN及以上19万片）				
46	萍乡市电瓷制造有限公司	空心瓷绝缘子	只	1 000				
47	青州市力王电力科技有限公司	棒形悬式复合绝缘子	只	10 583	2 150			
		支柱复合绝缘子元件	只	595	365		551	
		避雷器	只	261				
48	塞迪维尔玻璃绝缘子（上海）有限公司	线路玻璃绝缘子	万片	478.1（其中：160kN及以上309.4）				
49	三瑞科技（江西）有限公司	线路玻璃绝缘子	万片	128.8（其中：160kN及以上68.4）				
50	山东高亚绝缘子有限公司	线路瓷绝缘子	t	8 100（其中：悬式160kN及以上58万片）				
51	山东齐林电力设备有限公司	棒形悬式复合绝缘子	只	1 198	412		4 437	
52	山东瑞泰玻璃绝缘子有限公司	线路玻璃绝缘子	万片	319.86（160kN及以上95.16）				
53	山东省垦利县新型电力器材厂	棒形悬式复合绝缘子	只	107 292	6 298			
54	山东淄博电瓷厂有限公司	线路瓷绝缘子	t	12 619（其中：悬式160kN及以上50万片）				
55	陕西同远机电有限公司	避雷器	只	99				
56	上海德力西集团有限公司	棒形悬式复合绝缘子	只	20 000	5 000			
		避雷器	只	2 600				
57	上海电瓷厂有限公司	避雷器	只	69				
58	深圳ABB银星避雷器有限公司	避雷器	只	7 756	4 144		257	
59	石家庄市发运电气有限公司	棒形悬式复合绝缘子	只	10 023				
		支柱复合绝缘子元件	只	25 000	7 000			
		避雷器	只	1 600	80			
60	双安电力科技有限公司	棒形悬式复合绝缘子	只	20 000	5 000			
61	苏州电瓷厂股份有限公司	线路瓷绝缘子	t	34 853（悬式160kN及以上127万只）				
		支柱瓷绝缘子元件	只	40 676	15 407	3 850	1 146	47
62	唐山高压电瓷有限公司	支柱瓷绝缘子元件	只		18 824		11 325	1 201
63	温州益坤电气有限公司	棒形悬式复合绝缘子		786				
		避雷器		1 958	84			
64	西安超码复合材料公司	支柱复合绝缘子元件		200	180			
		空心复合绝缘子		5 105	253			
65	西安秦阳电气有限公司（西安安捷迅电气有限公司）	避雷器		120	42			
66	西安神电电器有限公司	避雷器		2 155	753	384		
67	西安唯实输配电技术有限公司	棒形悬式复合绝缘子		9 800				
		空心复合绝缘子	只	220				

（续）

序号	企业名称	产品名称	单位	110kV	220kV	330kV	500kV	750kV
68	西安西电避雷器有限责任公司	避雷器	只	10 482	4 286	466	838	315
69	西安西电高压电瓷有限责任公司	空心瓷绝缘子	只	21 415	6 230	1 643	4 100	1 487
		支柱瓷绝缘子元件	只	18 383	19 002	3 119	7 157	1 372
70	西安西电高压套管有限公司	瓷外套高压套管	只	3 525	538	70	97	27
		复合外套高压套管	只	423	109	72	6	
		棒形悬式复合绝缘子	只	12 119	6 824	1 908	6 416	5 957
		支柱复合绝缘子元件	只	559	428	1 379		
		空心复合绝缘子	只	212	163	16	36	
71	宜宾志源高压电器有限公司	避雷器	只	720	270			
72	宜兴华源电工设备有限公司	棒形悬式复合绝缘子	只	3 600	672	310		
		空心复合绝缘子	只	1 236	256	320		6
		避雷器	只	720	180			
73	浙江华高电气有限公司	空心复合绝缘子	只	4 320	4 500	2 300	17 000	6 700
74	浙江金利华电气股份有限公司	线路玻璃绝缘子	万片	192.5（其中：160kN及以上92.2）				
75	浙江泰仑绝缘子有限公司	线路玻璃绝缘子	万片	228（其中：160kN及以上92）				
76	浙江永固电缆附件有限公司	避雷器	只	2 973	156			
77	浙江中能电气有限公司	棒形悬式复合绝缘子	只	11 400	1 900			
		避雷器	只	8 850	2 100			
78	正泰电气股份有限公司	棒形悬式复合绝缘子	只	19 900	1 360			
		避雷器	只	9 730	1 530			
79	中材高新材料股份有限公司	线路瓷绝缘子	t	17 000（其中：悬式160kN及以上5万只）				
		支柱瓷绝缘子元件	只	82 833	60 846	2 655	17 607	2 808
80	淄博柳泉电瓷有限责任公司	线路瓷绝缘子	t	9 500（其中：悬式160kN及以上6万只）				
81	淄博泰光电力器材厂	棒形悬式复合绝缘子	只	128 316	69 690	212	43 251	39 987
		支柱复合绝缘子元件	只	2 944	2 908			
82	自贡塞迪维尔钢化玻璃绝缘子有限公司	线路玻璃绝缘子	万片	337.67（其中：160kN及以上188.21）				

注：企业名称按汉语拼音排序。

市场及销售 绝缘子避雷器行业统计报表显示，2016年绝缘子避雷器行业完成工业销售产值142.51亿元，较上年增加14.19亿元，比上年增长11.06%，增速较上年增加4.13个百分点。2016年产品销售率为98.40%，较上年减少0.42个百分点。工业销售产值排名前20位企业中，增长率排名前5位的企业为：抚顺电瓷制造有限公司、浙江金利华电气股份有限公司、塞迪维尔玻璃绝缘子（上海）有限公司、江苏神马电力股份有限公司、长园高能电气股份有限公司。2016年绝缘子避雷器行业工业销售产值前20名企业见表9。

表9 2016年绝缘子避雷器行业工业销售产值前20名企业

序号	企业名称	2016年	2015年	比上年增长（%）	序号	企业名称	2016年	2015年	比上年增长（%）
1	南京电气（集团）有限责任公司	81 626	77 275	5.63	11	中材高新材料股份有限公司	33 405	29 622	12.77
2	大连电瓷集团股份有限公司	66 678	54 738	21.81	12	内蒙古精诚高压绝缘子有限责任公司	30 765	28 069	9.60
3	金凤凰控股集团有限公司	54 599	50 599	7.91	13	醴陵华鑫电瓷科技股份有限公司	29 736	27 864	6.72
4	苏州电瓷厂股份有限公司	45 917	43 598	5.32	14	抚顺电瓷制造有限公司	28 934	16 709	73.16
5	塞迪维尔玻璃绝缘子（上海）有限公司	39 274	28 050	40.01	15	西安西电避雷器有限责任公司	28 198	28 002	0.70
6	江苏神马电力股份有限公司	39 060	29 440	32.68	16	自贡塞迪维尔钢化玻璃绝缘子有限公司	27 801	34 118	-18.52
7	南阳金冠电气有限公司	38 708	32 138	20.44	17	浙江金利华电气股份有限公司	25 806	15 785	63.48
8	西安西电高压电瓷有限责任公司	36 238	32 227	12.45	18	长园高能电气股份有限公司	25 607	20 334	25.93
9	河北新华高压电器股份有限公司	35 729	30 892	15.66	19	温州益坤电气有限公司	25 503	27 085	-5.84
10	成都环球特种玻璃制造有限公司	33 597	39 106	-14.09	20	三瑞科技（江西）有限公司	25 390	24 216	4.85

2016年，国内销售产值为121.94亿元，较上年增长15.08亿元，比上年增长14.12%。国内销售产值占工业销售产值的85.57%，较上年增加1.82个百分点。国内销售产值排名前20位企业中，增长率排名前5位的企业有：抚顺电瓷制造有限公司、浙江金利华电气股份有限公司、萍乡百斯特电瓷有限公司、江苏神马电力股份有限公司、长园高能电气股份有限公司。2016年绝缘子避雷器行业国内销售产值前20名企业见表10。

表10 2016年绝缘子避雷器行业国内销售产值前20名企业

序号	企业名称	2016年（万元）	2015年（万元）	比上年增长（%）	序号	企业名称	2016年（万元）	2015年（万元）	比上年增长（%）
1	南京电气（集团）有限责任公司	71 439	67 639	5.62	11	江苏神马电力股份有限公司	26 467	18 406	43.80
2	大连电瓷集团股份有限公司	46 457	33 546	38.49	12	抚顺电瓷制造有限公司	26 345	13 729	91.89
3	金凤凰控股集团有限公司	45 389	41 088	10.47	13	西安西电避雷器有限责任公司	26 198	26 802	-2.25
4	南阳金冠电气有限公司	37 232	30 771	21.00	14	自贡塞迪维尔钢化玻璃绝缘子有限公司	25 543	32 721	-21.94
5	河北新华高压电器股份有限公司	35 729	30 892	15.66	15	三瑞科技（江西）有限公司	25 390	24 216	4.85
6	西安西电高压电瓷有限责任公司	35 466	31 646	12.07	16	重庆鸽牌电瓷有限公司	24 576	23 731	3.56
7	苏州电瓷厂股份有限公司	34 394	31 878	7.89	17	浙江金利华电气股份有限公司	24 193	14 077	71.86
8	内蒙古精诚高压绝缘子有限责任公司	30 765	28 069	9.60	18	萍乡百斯特电瓷有限公司	23 476	15 869	47.94
9	中材高新材料股份有限公司	30 500	26 828	13.69	19	西安超码复合材料有限公司	22 265	16 389	35.85
10	成都环球特种玻璃制造有限公司	29 323	32 650	-10.19	20	长园高能电气股份有限公司	21 357	15 304	39.55

2016年，绝缘子避雷器行业完成出口交货值20.56亿元，较上年减少8 943万元，比上年下降4.17%，增速较上年减少9.97个百分点。出口交货值排名前20位企业中，增长率排名前5位的企业为：大连北方避雷器有限公司、西安唯实输配电技术有限公司、沧州华菱电器有限公司、福建和盛崇业电瓷有限公司、江苏神马电力股份有限公司。2016年绝缘子避雷器行业出口交货值前20名企业见表11。

科技成果及新产品 2016年绝缘子避雷器行业科技成果获奖（含名牌产品等）情况见表12。

表11 2016年绝缘子避雷器行业出口交货值前20名企业

序号	企业名称	2016年	2015年	比上年增长（%）	序号	企业名称	2016年	2015年	比上年增长（%）
1	塞迪维尔玻璃绝缘子（上海）有限公司	23 621	21 233	11.25	11	抚顺高科电瓷电气制造有限公司	7 069	11 695	-39.56
2	温州益坤电气有限公司	21 562	22 899	-5.84	12	福建和盛崇业电瓷有限公司	6 672	5 627	18.57
3	大连电瓷集团股份有限公司	20 221	21 192	-4.58	13	沧州华菱电器有限公司	4 320	3 480	24.14
4	江苏神马电力股份有限公司	12 593	11 034	14.13	14	成都环球特种玻璃制造有限公司	4 274	6 456	-33.80
5	醴陵华鑫电瓷科技股份有限公司	11 541	12 121	-4.79	15	长园高能电气股份有限公司	4 250	5 030	-15.51
6	苏州电瓷厂股份有限公司	11 523	11 720	-1.68	16	大连北方避雷器有限公司	3 520	1 332	164.26
7	南京电气（集团）有限责任公司	10 187	9 636	5.72	17	中材高新材料股份有限公司	2 905	2 794	3.97
8	金凤凰控股集团有限公司	9 210	9 511	-3.16	18	抚顺电瓷制造有限公司	2 589	2 980	-13.12
9	正泰电气股份有限公司	8 597	8 347	3.00	19	湖南阳东电瓷电气有限公司	2 451	2 595	-5.55
10	广州市迈克林电力有限公司	7 752	9 113	-14.93	20	西安唯实输配电技术有限公司	2 350	896	162.28

表12 2016年绝缘子避雷器行业科技成果获奖（含名牌产品等）情况

序号	项目名称	获奖单位	奖项及级别
1	1 000kV特高压线路舞动特性与防舞措施的研究及应用	郑州祥和集团电气设备有限公司	国网河南省电力公司科学技术进步奖一等奖、河南省科学技术进步奖二等奖
2	800kV带断雨伞出线瓷套批量化生产	西安西电高压电瓷有限责任公司	陕西省科技进步奖三等级
3	300kN悬式瓷绝缘子	萍乡百斯特电瓷有限公司	江西省科技进步奖二等奖
4	1 000kV GIS用无间隙金属氧化物避雷器	西安西电避雷器有限责任公司	西安市科学技术奖三等奖
5	直流生产工艺优化研究	山东瑞泰玻璃绝缘子有限公司	泰安市科学技术奖三等奖

序号	项目名称	获奖单位	奖项及级别
6	电网大面积污染事故防治关键技术及工程应用	大连电瓷集团股份有限公司、四川省宜宾环球集团有限公司	中国电力科学技术进步奖一等奖
7	阻尼相间间隔棒（阻尼相间间隔棒阻尼形式选择、理论研究及结构设计）	郑州祥和集团电气设备有限公司	国网河南省电力公司科学技术进步奖二等奖
8	特高压直流输电成套装置项目	西安西电避雷器有限责任公司	中国西电集团2013—2015年度科技创新奖
9	"三箭"牌高压输变电线路用交、直流盘形悬式瓷绝缘子	大连电瓷集团股份有限公司	辽宁省重点名牌产品
10	"抚瓷"牌金属氧化物避雷器	抚顺电瓷制造有限公司	辽宁省名牌产品
11	高压输变电用瓷绝缘子	中材高新材料股份有限公司	江西省名牌产品
12	"PK"牌高压电器用空心瓷套	醴陵华鑫电瓷科技股份有限公司	湖南省名牌产品
13	祥和电气绝缘材料、电力网绝缘体	郑州祥和集团电气设备有限公司	河南省著名商标
14	金属氧化物避雷器	西安神电电器有限公司	陕西省名牌产品、西安市名牌产品
15	"神电"商标	西安神电电器有限公司	陕西省著名商标、西安市著名商标
16	环氧玻纤棒	陕西泰普瑞电工绝缘技术有限公司	西安市名牌产品

绝缘子避雷器行业统计报表显示，2016年行业新产品产值为45.22亿元，较上年增加10.47亿元，增长30.11%，增速较上年提高25.5个百分点。

新产品产值排名前20位企业中，增长率在20%以上的企业有：南京电气（集团）有限责任公司、重庆鸽牌电瓷有限公司、西安西电避雷器有限责任公司、西安西电高压套管有限公司、抚顺电瓷制造有限公司、南阳金冠电气有限公司、长园高能电气股份有限公司、苏州电瓷厂股份有限公司。2016年绝缘子避雷器行业新产品产值前20名企业见表13。2016年绝缘子避雷器行业新产品产值率前20名企业见表14。2016年绝缘子避雷器行业通过鉴定的重要新产品研制项目见表15。

表13 2016年绝缘子避雷器行业新产品产值前20名企业

序号	企业名称	2016年（万元）	2015年（万元）	比上年增长（%）	序号	企业名称	2016年（万元）	2015年（万元）	比上年增长（%）
1	南京电气（集团）有限责任公司	58 097	4 391	1 223.09	11	浙江金利华电气股份有限公司	15 665	18 348	-14.62
2	苏州电瓷厂股份有限公司	37 451	30 501	22.79	12	重庆鸽牌电瓷有限公司	15 177	3 418	344.03
3	金凤凰控股集团有限公司	32 789	31 789	3.15	13	江西高强电瓷集团有限公司	13 445	12 361	8.77
4	青州市力王电力科技有限公司	21 230	20 512	3.50	14	西安西电避雷器有限责任公司	13 421	8 395	59.87
5	抚顺电瓷制造有限公司	19 850	14 736	34.70	15	南阳金冠电气有限公司	12 094	9 347	29.39
6	温州益坤电气有限公司	19 840	21 070	-5.84	16	浙江华高科技有限公司	12 000		
7	江苏祥源电气设备有限公司	19 462	18 540	4.97	17	中材高新材料股份有限公司	10 131	14 725	-31.20
8	醴陵华鑫电瓷科技股份有限公司	18 475	18 191	1.56	18	西安西电高压电瓷有限责任公司	9 450	8 727	8.28
9	河北新华高压电器股份有限公司	16 078	15 329	4.89	19	抚顺高科电瓷电气制造有限公司	9 247	11 502	-19.61
10	长园高能电气股份有限公司	15 936	12 512	27.37	20	西安西电高压套管有限公司	9 069	6 373	42.30

表14 2016年绝缘子避雷器行业新产品产值率前20名企业

序号	企业名称	新产品产值率（%）	工业总产值（万元）	新产品产值（万元）	序号	企业名称	新产品产值率（%）	工业总产值（万元）	新产品产值（万元）
1	江苏祥源电气设备有限公司	100.00	19 462	19 462	11	宁波市镇海国创高压电器有限公司	70.30	6 151	4 324
2	浙江华高科技有限公司	86.33	13 900	12 000	12	温州益坤电气有限公司	67.06	29 584	19 840
3	河北新旺电力器材有限公司	85.71	3 500	3 000	13	双安电力科技有限公司	66.61	5 600	3 730
4	襄阳市三三电气有限公司	85.29	510	435	14	南京电气（集团）有限责任公司	66.48	87 390	58 097
5	江西高强电瓷集团有限公司	75.20	17 879	13 445	15	苏州电瓷厂股份有限公司	66.22	56 558	37 451

(续)

序号	企业名称	新产品产值率(%)	工业总产值(万元)	新产品产值(万元)	序号	企业名称	新产品产值率(%)	工业总产值(万元)	新产品产值(万元)
6	唐山高压电瓷有限公司	73.90	5 440	4 020	16	抚顺高科电瓷电气制造有限公司	65.89	14 034	9 247
7	沧能电力装备股份有限公司	73.61	10 010	7 368	17	西安西电高压套管有限公司	65.03	13 946	9 069
8	抚顺电瓷制造有限公司	73.03	27 180	19 850	18	重庆鸽牌电瓷有限公司	63.00	24 091	15 177
9	青州市力王电力科技有限公司	72.00	29 487	21 230	19	醴陵华鑫电瓷科技股份有限公司	61.53	30 027	18 475
10	固力发集团有限公司	71.06	8 156	5 796	20	浙江金利华电气股份有限公司	61.15	25 618	15 665

表15　2016年绝缘子避雷器行业通过鉴定的重要新产品研制项目

序号	项目名称	完成单位
1	油纸电容式变压器套管 BRLW-1100/3150-3	南京电气（集团）有限责任公司
2	真空胶浸纤维干式电容型直流复合外套穿墙套管 FZC±400/5000	南京电气（集团）有限责任公司
3	真空胶浸纤维干式电容型GIS出线套管 ERG-550/4000-4	南京电气（集团）有限责任公司
4	真空胶浸纤维干式电容型变压器套管 FEBRL（EBRL）-550/2500-4000	南京电气（集团）有限责任公司
5	真空胶浸纤维干式电容型油/SF_6套管 EBRGL-550/400	南京电气（集团）有限责任公司
6	LXZY-840（1000）直流盘形悬式玻璃绝缘子	南京电气（集团）有限责任公司
7	外伞型直流盘型悬式玻璃绝缘子 LXWZY-210（160）T、LXWZY-240T、LXWZY-300T、LXWZY-420T、LXWZY-550T	南京电气（集团）有限责任公司
8	1100kV避雷器用空心瓷绝缘子（491101～491106系列）	西安西电高压电瓷有限责任公司
9	BRDL1W-1100/2500-3	西安西电高压套管有限公司
10	玻璃绝缘子 U120（70、100）BP/155T、U160BP/155T、U210BP/170T、U240BP/170T、U840B/300、U160BP/170TDC、U210BP/170TDC、U240BP/170TDC、U840BP/300HDC、U530（550）BP3/240HDC	四川省宜宾环球集团有限公司
11	玻璃绝缘子 UG70B146/450D16AR（UG100B146/450D16AR、UG120B146/450D16AR）、UG160B155/450D20R、UG160B170/450D20R（UG210B170/450D20R）、UG300B195/480D24R、UG160（210）B170/550T20R、UG300B195/550T24R、UG300B195/635T24R、UG420B205/635T28R、UG550B240/635T32R、LXWP-840、LXWP3-300、DCUG160（210）B170/550T20R、DCUG300B195/550T24R、DCUG300B195/635T24R、DCUG420B205/635T28R、DCUG550B240/635T32R、LXAZP-160（210）、LXZP-840	山东瑞泰玻璃绝缘子有限公司
12	直流钢化玻璃绝缘子 FC 840P/C 300DC	塞迪维尔玻璃绝缘子（上海）有限公司
13	±1 100kV/1 000kN直流棒形悬式复合绝缘子	广州市迈克林电力有限公司

质量及标准　2016年，国家绝缘子避雷器质量监督检验中心接受生产企业、运行部门、政府部门等约200家单位的委托检验984项，比上年增长8.97%。其中绝缘子检验727项，比上年增长19.97%；避雷器检验257项，比上年下降13.47%。

2016年5—8月，国家质检总局组织开展了避雷器等31种产品质量国家监督抽查。经检验，避雷器等14种产品的不合格产品检出率高于10.0%，避雷器有6家企业不合格，主要问题是大电流冲击耐受试验不合格。

2016年3月31日，西安高压电器研究院常州有限公司完成了高压电器试验站项目所有试验设备调试工作，标志着常州高压电器试验站已具备投运能力。该项目包括大容量、机械温升及绝缘试验等三个试验系统，配有3 200MV·A短路发电机组、10 000A三相交流温升试验系统及工频、冲击试验系统等，可实施12kV/50kA及以下三相短路试验、40.5kV及以下负荷开关容量试验、40.5kV及以下开关设备工频及冲击试验、局部放电试验、温升和机械寿命试验、高低温试验等。

2016年7月20日，西安高压电器研究院承担的电磁兼容实验室建设项目，顺利通过中国西电电气股份有限公司组织的竣工验收。该项目建成了10米法电波暗室、时域屏蔽室、传导发射及抗扰度试验系统和辐射发射及抗扰度试验系统，实际工作频率14kHz～40GHz，环境背景电平<6dB。除满足高、低压电器和电力电子设备的电磁兼容性试验要求外，还可满足汽车电子、轨道机车、医疗设备、通信产品等电磁兼容性试验要求，所有测试项目均满足国标及IEC等标准要求。并已获得CNAS认可及CNCA授权。

2016年9月6日，2016年"全国检验检测机构开放日"活动启动仪式在西安高压电器研究院举行。开放日由国家质检总局、陕西省人民政府、国家认监委、中国机械工业联合会共同主办，陕西省质量技术监督局、陕西省出入境检验检疫局、西高院共同承办，活动的主题是"检验检测支撑中国制造2025"。

2016年，发布的绝缘子避雷器专业国家标准和行业标准共4项。详见表16。

表16 2016年发布的绝缘子避雷器专业国家标准和行业标准

序号	标准编号	标准名称
1	GB/T 1000—2016	高压线路针式瓷绝缘子尺寸与特性
2	GB/T 18802.21—2016	低压电涌保护器 第21部分：电信和信号网络的电涌保护器（SPD）性能要求和试验方法
3	GB/T 18802.31—2016	低压电涌保护器 特殊应用（含直流）的电涌保护器 第31部分：用于光伏系统的电涌保护器（SPD）性能要求和试验方法
4	GB/T 32520—2016	交流1 kV以上架空输电和配电线路用带外串联间隙金属氧化物避雷器（EGLA）

由西安高压电器研究院负责国内对口的IEC/TC36和IEC/TC37国内技术工作，2016年共收到文件85个，其中IEC/TC36文件40个，IEC/TC37文件45个。投票文件共16个，其中IEC/TC36文件8个，IEC/TC37文件8个。投票或答复率均为100%。2016年共发布出版物7个，其中IEC/TC36发布绝缘子出版物6个，IEC/TC37发布避雷器出版物1个。详见表17。

表17 2016年IEC发布的绝缘子避雷器出版物

序号	IEC编号	出版物名称	属性
1	IEC 62231-1:2015	交流电压高于1 000 V低于245 kV的复合电站柱式绝缘子 第1部分：尺寸、机械和电气特性	国际标准
2	IEC 62772:2016	IEC 62772 Ed1.0：交流高于1 000V和直流高于1 500V的电站用复合空心电站支柱绝缘子-定义、试验方法和判定准则	国际标准
3	IEC TS 60815-4:2016	IEC/TS 60815-4 Ed1.0：污秽条件下使用的高压绝缘子的选择和尺寸确定 第4部分：直流系统用绝缘子	技术规范
4	IEC TS 62073:2016	绝缘子表面湿润性测量导则	技术规范
5	IEC TS 62896:2015	高压交流和直流系统用混合绝缘子—定义、试验方法和判定准则	技术规范
6	IEC TS 61463:2016	套管—地震评定	技术规范
7	IEC 61643-351:2016	低压电涌保护器元件 第351部分：电信和信号网络隔离变压器（SIT）的性能要求和试验方法	国际标准

全国绝缘子标准化技术委员会2016年年会暨换届大会于2016年12月7—9日在西安市召开。来自全国各地的绝缘子制造企业、科研院所、运行部门、大专院校的委员（或委员代表）和观察成员共101人参加了会议。

中国机械工业联合会标准化中心胡珈铭处长代表上级单位宣读标委办综合〔2016〕162号《国家标准委办公室关于全国绝缘子标准化技术委员会换届及组成方案的批复》，与会领导为委员颁发了聘书。根据该批复，第七届委员会由61名委员和两名顾问组成，王建生任主任委员，李庆峰、罗兵、周小中任副主任委员，危鹏任委员兼秘书长，秘书处由西安高压电器研究院有限责任公司承担。

会议讨论了4项国家标准讨论稿：GB/T 26218.4—××××《污秽条件下使用的高压绝缘子的选择和尺寸确定-第4部分：直流系统用绝缘子》；GB/T 1001.1—××××《标称电压高于1000V的架空线路绝缘子 第一部分：交流系统用瓷或玻璃绝缘子元件定义、试验方法和判定准则》；GB/T 21421.1—××××《标称电压高于1000V的架空线路用复合绝缘子串元件 第1部分：标准强度等级和端部附件》；GB/T 24622—××××《绝缘子表面湿润性测量导则》。

国际电工委员会第36技术委员会IEC/TC 36及其分技术委员会SC 36A的年会于2016年10月9—11日在德国法兰克福召开，来自14个国家的25位代表参加了会议。全国绝缘子标准化技术委员会秘书处召集并组成专家团队参加了此次会议和部分工作组会议，专家团队由清华大学梁曦东教授、南京电气（集团）有限责任公司何平总工程师、南京电气（集团）高压套管有限公司孙闻峰总工程师以及四川省宜宾环球集团有限公司肖琪总经理组成。

全国避雷器标准化技术委员会2016年年会暨换届大会于2016年12月4—6日在西安市召开。来自全国各地的避雷器制造企业、科研院所、电力部门和观察员共104人参加了会议。中国机械工业联合会标准化中心胡珈铭处长代表上级单位宣读全国避雷器标准化技术委员第七届换届批文。第七届避雷器标委会由55名委员组成，王建生任主任委员，吕怀发、罗兵、王保山、尹天文任副主任委员，田恩文任委员兼秘书长，季慧玉委员兼副秘书长，秘书处设在西安高压电器研究院有限责任公司。

会议审议了1项国家标准——GB/T 18802.22《低压电涌保护器 第22部分：电信和信号网络的电涌保护器（SPD）——选择和使用导则》和2项能源行业标准《交

流插拔式无间隙金属氧化物避雷器》《非线性金属氧化物电阻片通用技术要求》。

国际电工委员会第37技术委员会37A分技术委员会（IEC/TC37/SC37A）的年会及其工作组会议于2016年10月1—21日在捷克布拉格召开。全国避雷器标准化技术委员会由上海市气象局赵洋、上海市防雷中心周歧斌、中国气象局丁海芳以及四川中光防雷科技股份有限公司张红文组成专家团队参会。

基本建设及技术改造 据不完全统计，2016年全行业基本建设和技术改造总投资不足3亿元，和上年10亿元的投资相比下降幅度很大。2016年绝缘子避雷器行业主要基本建设和技术改造情况见表18。

表18　2016年绝缘子避雷器行业主要基本建设和技术改造情况

序号	项目名称	投资（万元）	建设单位	备注
1	新建两条年产45 160t电瓷生产线	7 200	萍乡百斯特电瓷有限公司	目前已经全部投产。瓷件合格率平均在93.53%
2	生产线扩建	3 000	塞迪维尔玻璃绝缘子（上海）有限公司	产能增加300万片
3	超高梯度大容量氧化锌压敏电阻片制造装备技改项目	2 400	南阳中威电气有限公司	达产后超高梯度大容量氧化锌压敏电阻片残压比小于1.66；提高产品的通流能力，通流密度由23A/cm^{2}提高到45A/cm^2，电位梯度由原来的220V/mm提高到400V/mm，改善压敏电阻片的老化性能，KCT由1.1提升到0.7
4	线路瓷绝缘子生产线技改项目	1 990	中材高新材料股份有限公司	降低燃耗、提高自动化水平、优化工艺流程、提高劳动效率、提高产能、提高投入产出
5	互感器技术改造	1 000	南京电气（集团）有限责任公司	具备生产35kV环氧树脂电流互感器和35kV环氧树脂电压互感器的能力
6	交直流双伞三伞研发改造	1 000	山东瑞泰玻璃绝缘子有限公司	
7	自洁型瓷绝缘子生产线	1 000	江苏南瓷绝缘子股份有限公司	使产品表面接触角大于90°，达到疏水自洁的效果
8	配料与球磨系统技术升级改造项目	989	西安西电高压电瓷有限责任公司	项目时间为2016年12月至2017年12月。预计实施后，可实现原料拆袋、卸料、输送、称重、搅拌混合工序过程的无尘化、自动化、可控化，并通过淘汰3.2t球磨机，升级为15t球磨机，实现球磨二次研磨工艺，降低球磨单位能耗
9	冲击线及成型系统改造	700	三瑞科技（江西）有限公司	自动化改造，减少人力成本
10	生产、试验设备	700	江苏金三力电力器材实业有限公司	购生产设备10台、试验设备3套
11	新建国家特高压电网用"大直径复合绝缘支柱"生产线4条	600	金凤凰控股集团有限公司	建设约2 500m^{2}的标准生产厂房，分生产作业区、纱锭纱架恒温室；主要设施有牵引设备、切割设备和固化成型装置；年产ϕ360mm大直径绝缘棒拉制约32 000m
12	自洁瓷绝缘子生产线	500	牡丹江北方高压电瓷有限责任公司	预计新增销售收入2 000万元，利税1 000万元
13	喷雾造粒塔尾气粉尘治理改造项目	430	西安西电高压电瓷有限责任公司	项目已实施，改造后的喷塔尾气排放口粉尘颗粒物浓度值均小于30 mg/m^3，达到GB 25464—2010《陶瓷工业污染物排放标准》
14	试验大厅	400	浙江中能电气有限公司	达到冲击1 800kV，工频600kV
15	悬式自动胶装系统	351	苏州电瓷厂股份有限公司	改变人工装配质量难以保证的状况，实现装配自动化，减轻劳动强度，减少人员并提高装配产量，大幅提高钢脚钢帽预处理产能及预处理质量
16	12kV封闭式熔断器绝缘子开发项目	300	湖南太阳电力电瓷电器制造有限公司	可新增销售收入280万元/年
17	直流产品生产线	300	山东高亚绝缘子有限公司	可年生产直流160～300kN各型号绝缘子
18	悬式瓷绝缘子链式成型机	260	山东淄博电瓷厂股份有限公司	300～550kN交直流产品形成批量生产能力，新增产能50万片，产值1 500万元
19	新上两条链式成型生产线	200	山东淄博电瓷厂股份有限公司	降低劳动强度，提高效率，提高了大吨位产品的合格率和性能
20	均温炉改造	200	三瑞科技（江西）有限公司	提高玻璃件均温效果和可控性

（续）

序号	项目名称	投资（万元）	建设单位	备注
21	复合空心绝缘子生产线	200	青州市力王电力科技有限公司	完成新产品的鉴定，形成年产2万支空心绝缘子的生产能力
22	节能环保改造工程	170	抚顺电瓷制造有限公司	改善工厂操作环境，降低环境污染；采用燃气采暖锅炉，达到环评要求；提高生产效率，保证产品质量
23	水泥胶合剂研发	170	抚顺高科电瓷电气制造有限公司	降低材料成本，提高产品抗弯强度
24	三体式聚合金硅针式绝缘器及支柱、横担聚合金硅绝缘子的研发及应用	155	江苏金三力电力器材实业有限公司	研发新产品5项，其中3项已试挂，其他2项试验中
25	窑炉余热热水利用改造项目	147	西安西电高压电瓷有限责任公司	工程进入调试阶段，预计投运后，全年可节约能耗费用70万元
26	场地扩建	145	江苏金三力电力器材实业有限公司	场地扩建进行中，与有关部门积极协商中
27	工业排放总口废水处理改造项目	140	西安西电高压电瓷有限责任公司	项目已实施，实施后，西电西瓷工业废水总排放口污染物悬浮物值小于GB 21900—2008《电镀污染物排放标准》表2间接标准限值（120mg/L）排放标准
28	窑炉改造	135	苏州电瓷厂股份有限公司	采用节能材料，减少窑炉自身蓄热，从而达到节能效果
29	110m高氧烧成隧道窑技术改造	130	江西高强电瓷集团有限公司	产量500万片，效益13 500万元
30	高吨位悬式生产线	120	山东高亚绝缘子有限公司	年产420kN、550kN等级产品50万片

对外合作 据不完全统计，2016年绝缘子避雷器行业有近20家企业组织了约50次150人次分别前往法国、埃及、荷兰、印度、印度尼西亚、日本、美国、菲律宾、德国、意大利、阿拉伯联合酋长国、俄罗斯、巴西等国家和地区参加展会、商务洽谈、走访用户、市场调研等。2016年绝缘子避雷器行业出国（境）考察情况见表19。

表19 2016年绝缘子避雷器行业出国（境）考察情况

考察内容	人数	国家或地区
南京电气（集团）有限责任公司		
参加展会	4	法国
商务洽谈	4	埃及
产品试验	2	荷兰
商务洽谈	5	印度
西安西电高压套管有限责任公司		
参加展会	1	印度等
技术合作	1	印度尼西亚
技术合作	1	印度
参加展会	1	印度等
抚顺电瓷制造有限公司		
电器制造项目考察	6	日本
商务洽谈	2	美国
苏州电瓷厂股份有限公司		
参加IEEE电力设备展	2	美国
商务洽谈	2	菲律宾
大连电瓷集团股份有限公司		
电力局走访	2	南亚
电力局走访	3	东南亚
参加电力展会	5	北美

(续)

考察内容	人数	国家或地区
萍乡百斯特电瓷有限公司		
商务洽谈	2	巴基斯坦
商务洽谈	3	印度
商务洽谈	2	美国
河北新华高压电器股份有限公司		
印度铁路和电力市场考察	2	印度
南美市场考察	1	秘鲁、智利
塞迪维尔玻璃绝缘子（上海）有限公司		
商务洽谈	1	意大利
商务洽谈	2	巴西
长园高能电气股份有限公司		
参加德国汉诺威工业博览会	1	德国
欧洲绝缘子应用情况市场调查	3	英国、德国、荷兰、瑞士、俄罗斯
印度绝缘子应用情况市场调查	2	印度
成都环球特种玻璃制造有限公司		
参加印度国网关于尾款和保函的会议	1	印度
参加美利山项目和TP项目投标	1	巴西、西班牙
参加意大利Terna和Enel国家电力公司会议	2	意大利
陕西泰普瑞电工绝缘技术有限公司		
参加IEEE电力设备展	4	美国
参加中东国际电力、照明及新能源展览会	4	阿拉伯联合酋长国
中材高新材料股份有限公司		
行业交流	5	德国、瑞典、捷克、奥地利
行业交流	4	德国、瑞典、捷克、奥地利、巴西
参加IEEE电力设备展	3	美国
浙江中能电气有限公司		
参加能源展	1	南非、阿拉伯联合酋长国
新疆新能天宁电工绝缘材料有限公司		
业务谈判	3	印度
醴陵华鑫电瓷科技股份有限公司		
参加IEEE电力设备展	3	美国
参加汉诺威工业博览会	5	德国
西安神电电器有限公司		
商务洽谈	1	英国
广州迈克林电力有限公司		
参加复合绝缘子生产技术及销售交流会议	3	美国
正泰电气股份有限公司		
参展汉诺威工业博览会	7	德国
参加迪拜电力展	5	阿拉伯联合酋长国
参加南美电力展	6	哥伦比亚
郑州祥和集团电气设备有限公司		
印度国家电网公司765kV绝缘子项目谈判	3	印度
埃塞俄比亚电力项目谈判	3	埃塞俄比亚
参加肯尼亚电力展	2	肯尼亚

行业会议

1. 召开绝缘子避雷器行业会议

中国电器工业协会绝缘子避雷器分会2016年年会于2016年9月10日在江苏省南京市召开,年会包括分会六届五次理事会、分会2016年会员大会和分会七届一次理事会。参加分会六届五次理事会的有分会39家理事单位的代表及秘书处人员共43人。会议除常规议程外,主要通报了中电协关于分会换届方案的批复,并审议换届方案及文件等事宜。

会员大会由来自全国绝缘子避雷器行业的139家单位的184位代表参加。会议有2项议程:一是换届选举,采用无记名投票方式选举西安高压电器研究院有限责任公司等46家单位组成分会第七届理事会;二是邀请中国电力科学研究院高压所张翠霞副所长做"避雷器和绝缘子的运行情况"的报告,南方电网科学研究院高压所贾磊专家做"南方电网避雷器运行情况及问题分析"和"南方电网绝缘子运行情况及存在问题分析"的报告,清华大学梁曦东教授做"我国绝缘子行业的发展回顾"的报告,西安交通大学电气学院常务副院长李盛涛教授做"氧化锌避雷器的稳定性研究"报告,中国机械工业联合会专家委员会、原机械工业部进口办公室主任郑国伟教授做"今年以来进出口连续下降该如何应对?"的报告,国家绝缘子避雷器质检中心危鹏做"绝缘子避雷器产品质量检测情况"的报告,全国绝缘子标委会秘书处王云鹏做"2016年绝缘子标委会工作开展情况汇报"的报告,全国避雷器标委会秘书处黄勇做"全国避雷器标准化技术委员会2016年标准工作动态"的报告。

参加分会七届一次理事会的有中国电器工业协会的领导、分会42家理事单位代表及分会秘书处人员共46人。会议选举西安高压电器研究院有限责任公司元复兴副总经理为分会第七届理事会理事长;选举大连电瓷集团股份有限公司窦刚、抚顺电瓷制造有限公司王利民、南京电气(集团)有限责任公司沈其荣、上海电瓷厂有限公司曹惠林、苏州电瓷厂股份有限公司张斌、唐山高压电瓷有限公司毕伟伟、西安西电避雷器有限公司吕怀发、西安西电高压电瓷有限责任公司冯先林、西安西电高压套管有限公司曾庆洪(总经理)、南阳金冠电气有限公司樊崇等10人为分会第七届理事会副理事长,西安高压电器研究院有限责任公司臧成发任分会秘书长,并根据臧成发秘书长的提名,聘任姚君瑞为分会副秘书长。

2. 召开2016年输变电年会暨专委会工作会议

2016年10月30日至11月1日,由中国电工技术学会电工陶瓷、输变电设备、电力电容器、大容量试验技术专业委员会和中国电机工程学会变电专业委员会,以及西安高压电器研究院共同主办召开了2016年输变电年会暨专委会工作会议,共有170多家单位的200余名委员和代表参会。

会前,召开了中国电工技术学会电工陶瓷专业委员会换届会议,来自全国电工陶瓷技术领域的50名代表出席了会议。会议以举手表决方式选举王建生等43名同志为电工陶瓷专业委员会第七届委员会委员;以等额选举方式选举王建生同志为电工陶瓷专业委员会第七届委员会主任委员,任贵清、李盛涛、肖汉宁、周军、吴光亚、徐新林等6位同志为电工陶瓷专业委员会第七届委员会副主任委员,以等额选举方式选举危鹏同志为电工陶瓷专业委员会第七届委员会秘书长;根据第七届委员会危鹏秘书长提名,委员会聘任姚君瑞同志为第七届委员会副秘书长。

会议邀请沈阳工业大学林莘、国网电科院冯英和中国科学技术协会李赤泉三位专家,分别对环保型替代绝缘介质发展现状、2015年输变电设备运行情况和科技创新的方法及其规律做了专题报告。

会议编制出版了《2016输变电年会论文集》。《论文集》共收录论文169篇,其中18篇被评选为2016年输变电年会的优秀论文。《论文集》收录绝缘子避雷器专业相关论文39篇,其中4篇被评为优秀论文。

3. 编辑出版

出版发行内部刊物《绝缘子避雷器动态》12期。

出版并发布了《2015年绝缘子避雷器行业统计资料汇编》。共收集了行业117家企业的统计资料(其中生产企业93家、配套件企业24家),生产企业工业总产值超过126亿元,覆盖行业内全部电压等级和产品类型。主要内容包括"综述""汇总表""主要经济指标排序""主要产品产量排序""各企业报表"和"绝缘子避雷器行业统计指标解释"等六部分。

翻译出版《绝缘子避雷器技术文集》。共收录技术文献39篇,其中绝缘子技术方面的22篇,避雷器技术方面的17篇。

翻译出版《避雷器技术发展及其应用情况》。《避雷器技术发展及其应用情况》由日本避雷器技术发展及其应用情况调查专业委员会编写。

出版发行公开出版刊物《电瓷避雷器》6期,刊登论文近200篇。

〔供稿单位:中国电器工业协会绝缘子避雷器分会〕

自动化及保护设备

自动化及保护设备通常被划分为输配电行业的二次设备,承担着对电力一次设备进行保护和控制并测量电网系统负荷情况的责任。我国自动化及保护设备行业涵盖了从发电设备、输变电设备到配、用、材相关设备等几十个行业,主要包括继电器、继电保护、电力自动化、安全自动装置、合并单元、智能终端、故障录波、电动机保护与控制、无功补偿、交直流电源等智能化设备以及测试设备、端子、互感器等相关设备。自动化及保护设备行业经过几十年的发展，已形成较为完整的制造体系，生产集中度较高，基本满足了国家电力建设的需求，设备设计制造水平与国际水平接近，并初具国际市场竞争力。

生产发展情况 2016年，自动化及保护设备行业参加统计工作的企业1 191家，包括继电保护、自动化、风力发电、光伏、充电桩等相关的电力设备厂，其中上市公司23家。没有上报数据的部分企业，根据企业在协会申报注册的资料，进行保守统计计算。

2016年自动化及保护设备行业完成主营业务收入1 121.74亿元，实现利润总额134.94亿元。参与统计的行业内企业资产总额为2 069.79亿元；行业全部职工人数26.8万人，其中工程技术人员12.6万人，占全部职工人数的47.05%。自动化及保护设备行业技术要求较高，尤其是以智力成果为产品依托的软件开发企业，因此行业内的市场竞争越来越体现为对高素质人才的竞争。2015—2016年自动化及保护设备行业概况见表1。

表1 2015—2016年自动化及保护设备行业概况

指标名称	单位	2015年	2016年
企业数	家	1 184	1 191
主营业务收入	亿元	932.57	1 121.74
利润总额	亿元	122.97	134.94
资产总额	亿元	1 737.76	2 069.79
固定资产	亿元	220.92	270.45
流动资产	亿元	1 283.90	1 536.10
职工人数	人	283 251	268 236

2015—2016年主营业务收入10强见表2。2015—2016年利润总额10强见表3。2015—2016年总资产贡献率10强见表4。2015—2016年资本保值增值率10强见表5。2015—2016年资产负债率10强见表6。2015—2016年流动资产周转率10强见表7。2015—2016年产品销售率10强见表8。2015—2016年成本费用利润率10强见表9。2015—2016年全员劳动生产率10强见表10。2015—2016年经济效益综合指数10强见表11。

表2 2015—2016年主营业务收入10强

序号	企业名称	2015年（亿元）	序号	企业名称	2016年（亿元）
1	国电南瑞科技股份有限公司	96.80	1	许继集团有限公司	120.45
2	许继集团有限公司	91.61	2	国电南瑞科技股份有限公司	114.00
3	南京南瑞继保电气有限公司	63.29	3	许继电气股份有限公司	96.10
4	国电南京自动化股份有限公司	55.90	4	南京南瑞继保电气有限公司	69.41
5	思源电气股份有限公司	39.97	5	青岛特锐德电气股份有限公司	61.10
6	易事特集团股份有限公司	36.82	6	国电南京自动化股份有限公司	58.90
7	北京四方继保自动化股份有限公司	33.09	7	易事特集团股份有限公司	52.50
8	青岛特锐德电气股份有限公司	30.02	8	思源电气股份有限公司	44.00
9	东方电子集团有限公司	27.12	9	深圳市科陆电子科技股份有限公司	31.60
10	深圳市科陆电子科技股份有限公司	22.60	10	北京四方继保自动化股份有限公司	31.40

注：仅针对上市公司及上报数据的企业。

表3 2015—2016年利润总额10强

序号	企业名称	2015年（万元）	序号	企业名称	2016年（万元）
1	南京南瑞继保电气有限公司	181 300	1	南京南瑞继保电气有限公司	185 645
2	国电南瑞科技股份有限公司	153 000	2	国电南瑞科技股份有限公司	165 000
3	许继集团有限公司	107 091	3	许继集团有限公司	128 268
4	思源电气股份有限公司	48 500	4	许继电气股份有限公司	109 000
5	北京四方继保自动化股份有限公司	38 441	5	易事特集团股份有限公司	54 200
6	易事特集团股份有限公司	31 643	6	思源电气股份有限公司	47 500
7	国电南京自动化股份有限公司	24 000	7	河南森源电气股份有限公司	36 400
8	长园深瑞继保自动化有限公司	23 000	8	北京四方继保自动化股份有限公司	31 898
9	河南森源电气股份有限公司	21 400	9	深圳市科陆电子科技股份有限公司	29 600
10	积成电子股份有限公司	18 890	10	青岛特锐德电气股份有限公司	21 500

注：仅针对上市公司及上报数据的企业。

表4 2015—2016年总资产贡献率10强

序号	企业名称	2015年（%）	序号	企业名称	2016年（%）
1	江苏斯菲尔电气股份有限公司	41.01	1	江苏斯菲尔电气股份有限公司	40.23
2	南京中凯光电科技股份有限公司	36.11	2	广州金升阳科技有限公司	33.65
3	宁波福特继电器有限公司	27.05	3	珠海新金珠电力设备有限公司	30.61
4	广州金升阳科技有限公司	26.50	4	宁波福特继电器有限公司	30.14
5	南宏电力科技有限公司	26.02	5	南宏电力科技有限公司	27.41
6	株洲三达电子制造有限公司	23.45	6	山东科汇电力自动化股份有限公司	22.05
7	安徽绿建科技有限公司	22.19	7	上海华通自动化设备股份有限公司	21.96
8	北京德威特继保自动化科技股份有限公司	22.15	8	上海科梁信息工程股份有限公司	21.85
9	上海华通自动化设备股份有限公司	22.14	9	武汉鑫森华科技产业发展有限公司	19.66
10	长园深瑞继保自动化有限公司	21.35	10	许昌中正电子科技有限公司	18.02

注：仅针对上市公司及上报数据的企业。

表5 2015—2016年资本保值增值率10强

序号	企业名称	2015年（%）	序号	企业名称	2016年（%）
1	上海置恒电气有限公司	485.15	1	易事特集团股份有限公司	274.81
2	河南许继智能科技股份有限公司	440.23	2	上海科梁信息工程股份有限公司	265.91
3	南京中凯光电科技股份有限公司	358.75	3	广州智光电气股份有限公司	228.91
4	大盛微电科技股份有限公司	322.23	4	上海置恒电气有限公司	210.47
5	北海银河产业投资股份有限公司	245.55	5	河南森源电气股份有限公司	206.36
6	河北为信电子科技股份有限公司	208.59	6	深圳市华力特电气有限公司	199.66
7	山东泰开自动化有限公司	181.22	7	杭州中恒电气股份有限公司	193.55
8	武汉中元华电科技股份有限公司	177.15	8	重庆新世纪电气有限公司	186.33
9	山东科汇电力自动化股份有限公司	174.94	9	安徽中电兴发与鑫龙科技股份有限公司	138.59
10	重庆新世纪电气有限公司	173.05	10	深圳麦格米特电气股份有限公司	124.27

注：仅针对上市公司及上报数据的企业。

表6 2015—2016年资产负债率10强

序号	企业名称	2015年（%）	序号	企业名称	2016年（%）
1	无锡斯达四方电气有限公司	1.34	1	山东元星电子有限公司	7.69
2	上海华通自动化设备股份有限公司	4.86	2	武汉中元华电科技股份有限公司	7.88
3	武汉中元华电科技股份有限公司	9.47	3	杭州中恒电气股份有限公司	9.74
4	珠海万力达电气股份有限公司	9.54	4	珠海万力达电气股份有限公司	10.22
5	广州市宁志电力科技有限公司	11.15	5	上海华通自动化设备股份有限公司	11.68
6	株洲三达电子制造有限公司	15.89	6	广州市宁志电力科技有限公司	12.43
7	南京南瑞继保电气有限公司	16.06	7	南京南瑞继保电气有限公司	17.50
8	广州金升阳科技有限公司	17.74	8	保定市尤耐特电气有限公司	18.93
9	南京中凯光电科技股份有限公司	18.58	9	广州金升阳科技有限公司	19.00
10	西安市远征科技有限公司	19.08	10	上海华建电力设备股份有限公司	19.06

注：仅针对上市公司及上报数据的企业。

表7 2015—2016年流动资产周转率10强

序号	企业名称	2015年（次）	序号	企业名称	2016年（次）
1	株洲三达电子制造有限公司	4.43	1	宁波福特继电器有限公司	4.07
2	宁波福特继电器有限公司	3.55	2	武汉鑫森华科技产业发展有限公司	3.44
3	广州金升阳科技有限公司	2.65	3	南宏电力科技有限公司	2.80
4	南宏电力科技有限公司	2.47	4	广州金升阳科技有限公司	2.49
5	上海置恒电气有限公司	1.95	5	上海华通自动化设备股份有限公司	1.95
6	广东南丰电气自动化有限公司	1.94	6	广东南丰电气自动化有限公司	1.88
7	上海华群实业股份有限公司	1.89	7	上海置恒电气有限公司	1.83
8	淄博元星电子有限公司	1.87	8	广东昂立电气自动化有限公司	1.64
9	南京中凯光电科技股份有限公司	1.86	9	江苏斯菲尔电气股份有限公司	1.48
10	上海华通自动化设备股份有限公司	1.76	10	南京中凯光电科技股份有限公司	1.46

注：仅针对上市公司及上报数据的企业。

表8 2015—2016年产品销售率10强

序号	企业名称	2015年（%）	序号	企业名称	2016年（%）
1	许昌中正电子科技有限公司	128.07	1	上海华建电力设备股份有限公司	133.47
2	上海华建电力设备股份有限公司	124.23	2	许昌中正电子科技有限公司	127.41
3	上海德创电器电子有限公司	116.14	3	上海德创电器电子有限公司	116.15
4	淄博元星电子有限公司	113.05	4	大盛微电科技股份有限公司	112.50
5	石家庄科林电气股份有限公司	105.66	5	广东昂立电气自动化有限公司	106.50
6	西门子电力自动化有限公司	104.53	6	宁波福特继电器有限公司	100.91
7	宁波福特继电器有限公司	101.62	7	南宏电力科技有限公司	100.66
8	天津市双源津瑞科技有限公司	101.16	8	湖北天瑞电子股份有限公司	100.00
9	南宏电力科技有限公司	100.29	9	南京因泰莱电器有限公司	100.00
10	株洲三达电子制造有限公司	100.00	10	哈尔滨市阿城静态继电保护有限公司	100.00

注：仅针对上市公司及上报数据的企业。

表9 2015—2016年成本费用利润率10强

序号	企业名称	2015年（%）	序号	企业名称	2016年（%）
1	武汉中元华电科技股份有限公司	45.93	1	西门子电力自动化有限公司	87.76
2	江苏斯菲尔电气股份有限公司	31.34	2	武汉中元华电科技股份有限公司	51.11
3	安科瑞电气股份有限公司	31.23	3	安科瑞电气股份有限公司	36.49
4	安徽绿建科技有限公司	28.02	4	南京南瑞继保电气有限公司	35.94
5	南京中凯光电科技股份有限公司	27.65	5	广州金升阳科技有限公司	32.89
6	上海华通自动化设备股份有限公司	27.63	6	江苏斯菲尔电气股份有限公司	29.37
7	广州金升阳科技有限公司	23.99	7	山东科汇电力自动化股份有限公司	28.22
8	长园深瑞继保自动化有限公司	23.80	8	杭州中恒电气股份有限公司	22.78
9	积成电子股份有限公司	22.72	9	山东元星电子有限公司	22.44
10	南京南瑞继保电气有限公司	22.52	10	许昌智能继电器股份有限公司	20.93

注：仅针对上市公司及上报数据的企业。

表10 2015—2016年全员劳动生产率10强

序号	企业名称	2015年（万元/人）	序号	企业名称	2016年（万元/人）
1	北京四方继保自动化股份有限公司	132.19	1	南京南瑞继保电气有限公司	138.37
2	南京南瑞继保电气有限公司	93.96	2	北京四方继保自动化股份有限公司	130.04
3	北京紫光测控有限公司	75.69	3	深圳市华力特电气有限公司	85.43
4	上海华建电力设备股份有限公司	58.49	4	北京紫光测控有限公司	64.51
5	重庆新世纪电气有限公司	47.36	5	重庆新世纪电气有限公司	56.48
6	深圳市华力特电气有限公司	45.19	6	上海华建电力设备股份有限公司	55.22
7	长园深瑞继保自动化有限公司	44.75	7	上海华通自动化设备股份有限公司	47.29
8	西门子电力自动化有限公司	37.61	8	上海置恒电气有限公司	45.45
9	钛能科技股份有限公司	36.16	9	西门子电力自动化有限公司	44.81
10	广东南丰电气自动化有限公司	34.74	10	钛能科技股份有限公司	40.13

注：仅针对上市公司及上报数据的企业。

表11 2015—2016年经济效益综合指数10强

序号	企业名称	2015年	序号	企业名称	2016年
1	南京中凯光电科技股份有限公司	2.55	1	西门子电力自动化有限公司	3.45
2	江苏斯菲尔电气股份有限公司	2.40	2	广州金升阳科技有限公司	2.44
3	武汉中元华电科技股份有限公司	2.17	3	江苏斯菲尔电气股份有限公司	2.33
4	广州金升阳科技有限公司	1.98	4	武汉中元华电科技股份有限公司	2.31
5	河南许继智能科技有限公司	1.97	5	安科瑞电气股份有限公司	2.10
6	上海华通自动化设备股份有限公司	1.93	6	南京南瑞继保电气有限公司	2.07
7	安徽绿建科技有限公司	1.91	7	山东科汇电力自动化股份有限公司	1.91
8	上海置恒电气有限公司	1.89	8	南宏电力科技有限公司	1.73
9	安科瑞电气股份有限公司	1.88	9	宁波福特继电器有限公司	1.62
10	南宏电力科技有限公司	1.67	10	上海华通自动化设备股份有限公司	1.61

注：仅针对上市公司及上报数据的企业。

产品产销存 为进一步做好自动化及保护设备行业的产、销、存工作，提高行业产、销、存数据与市场需求的衔接性，继电保护及自动化设备分会开展了2016年度主要产品的产销存情况统计，调查范围包括国有及国有控股企业、合资企业、民营企业等大、中、小各类企业，抽样调查了行业的47家企业。2016年库存量占2016年总生产量的10.34%，行业企业对市场反应比较灵敏，行业抽样统计企业2016年的供需基本处于平衡状态。2015年主要产品产、销、存情况见表12。2016年主要产品产、销、存情况见表13。

表12 2015年主要产品产、销、存情况

产品类别	计量单位	生产 实物量	生产 价值量（万元）	销售 实物量	销售 出口量	库存 实物量
变电站自动化系统	套（台）	40 591	158 671	42 935	2 205	1 403
变压器保护装置（35kV及以下电压等级）	套（台）	17 663	14 336	21 785	704	1 739
测控仪表	套（台）	11 168 918	186 844	10 803 228	7 550	410 463
测控装置	套（台）	40 292	13 512	39 300	2 049	1 015
测试设备	套	1 457	9 242	1 454	3 320	13
充电桩	套	3 034	31 120	1 885	0	1 149
电动机保护装置	套（台）	155 764	18 974	154 655	3 816	5 363
电抗器保护装置	套	598	5 292	472	816	22
电流、电压源型变流器	套	2 957 642	43 057 662	2 954 854	70 000	35 304
电容器保护装置	套（台）	5 976	7 511	8 758	816	65

（续）

产品类别	计量单位	生产		销售		库存
		实物量	价值量（万元）	实物量	出口量	实物量
调度自动化系统	套（台）	452	12 002	499	1 209	5
断路器保护装置	套（台）	9 990	2 498	9 904	5	35
发变组保护装置	套（台）	3 098	4 074	3 040	62	195
发电厂自动化系统	套（台）	3 411	24 971	3 156	28	32
高压直流输电控制保护	套（台）	524	3 400	314	0	10
故障录波装置	套（台）	415	8 283	408	369	7
故障信息子站	套	108	384	102		
光伏汇流箱	套	38 857	34 303	28 596	0	10 432
合并单元	套	10 957	8 336	10 825	0	128
弧光保护装置	套	209	1 758	682	135	20
换电设施	套（台）	127	730	115		12
继电器	万套	14 167	375	14 167	7 446	317
监控系统	套	153 327	82 909	151 853	1 607	4 156
开关电源(模块)	套	1 322 440	36 913	1 234 503	0	313 154
连接器	套	80 000	420	67 000	0	10 000
母线保护装置	套（台）	5 996	34 647	5 873	31	242
逆变器	套	974	5 002	698		281
配电自动化系统	套（台）	11 311	21 189	8 427	4 470	1 846
其他保护装置	套	21 942	17 169	21 513	571	348
其他类	套（台）	4 140 128	421 494	4 071 823	17 890	1 048 784
柔性直流输电控制保护	套（台）	8 005	137 413	7 805	0	200
软件产品	套	1 585	17 627	518	3 202	0
水电站自动化系统	套	538	22 493	533	840	5
微电网控制设备	套	62	193	62	0	0
线路保护装置(110kV及以上电压等级)	套	27 386	29 239	29 626	1 023	1 061
线路保护装置(35kV及以下电压等级)	套	97 128	35 703	104 275	844	4 831
远动终端	套	10 617	30 755	10 576	760	40
直流电源柜	套	4 586	15 022	4 335	35	101
智能终端	套	10 354	127 944	10 115	0	128

表13 2016年主要产品产、销、存情况

产品类别	计量单位	生产		销售		库存
		实物量	价值量（万元）	实物量	出口量	实物量
变电站自动化系统	套（台）	84 532	174 379	88 874	269	64 583
变压器保护装置（110 kV及以上电压等级）	套（台）	6 727	33 966	9 019	1 427	1 858
变压器保护装置（35 kV及以下电压等级）	套（台）	22 573	20 419	25 957	607	2 025
测控仪表	套（台）	2 130 172	77 193	2 137 360	10 761	65 915
测控装置	套（台）	49 814	336 476	49 258	41	17 407
测试设备	套（台）	2 606	5 624	2 477	44	231
充电桩	台	460	880	435	0	25
电动机保护装置	套（台）	157 851	27 502	116 886	865	6 489
电抗器保护装置	套（台）	4 155	9 905	6 562	719	99
电流、电压源型变流器	套（台）	3 196 535	42 921 558	3 198 219	100 187	32 224

（续）

产品类别	计量单位	生产		销售		库存
		实物量	价值量（万元）	实物量	出口量	实物量
电容器保护装置	套（台）	5 943	10 478	8 183	719	140
调度自动化系统	套（台）	8 299	78 145	8 444	367	8 109
断路器保护装置	套（台）	5 432	16 590	5 141	5	1 141
发变组保护装置	套（台）	3 235	29 477	3 188	113	1 370
发电厂自动化系统	套（台）	28 191	107 397	27 356	26	26 030
故障录波装置	套	389	6 873	390	0	60
故障信息子站	套	15 204	15 181	15 198	0	210
光伏汇流箱	台	6 130	7 020	6 110		189
合并单元	套（台）	4 135	9 284	4 096	0	3 558
弧光保护装置	套（台）	1 214	3 103	1 173	115	265
互感器	套（台）	750 551	3 129	750 031		8 775
换电设施	套（台）	200	500	290		10
继电器	套（台）	16 334 507	43 675 943	16 338 370	8 580 388	308 226
监控系统	套（台）	461 804	542 552	433 304	60	99 980
开关电源（模块）	套（台）	928 767	7 068	879 831	0	96 984
连接器	套（台）	80 050	445	67 050	0	10 000
逆变器	台	6 050	22 024	6 030		20
配电自动化系统	套（台）	14 239	98 473	13 407	4	3 435
其他保护装置	套（台）	12 808	8 696	10 112	51	1 515
其他类	套（台）	788 738	72 172	719 285	6 926	90 252
软件产品	套	25 617	2 314	29 657	30	0
水电站自动化系统	套（台）	13 211	80 967	13 193	29	12 165
微电网控制设备	套	17 963	84 580	17 755	0	9 302
系统集成	套（台）	792	3 090	792		
线路保护装置（110 kV 及以上电压等级）	套（台）	19 763	164 233	22 123	1 433	11 573
线路保护装置（35 kV 及以下电压等级）	套（台）	82 813	313 030	53 827	1 287	9 955
远动终端	套（台）	1 601	8 286	1 572	165	29
直流电源柜	套（台）	3 277	15 066	3 317	10	80
智能终端	套（台）	12 998	23 890	12 951	0	4 453
母线保护装置	套（台）	4 805	31 921	4 513	28	1 997

出口 2016 年自动化及保护设备行业总出口额为 9.57 亿元，在整个电器工业的占比不足 1%。2015—2016 年自动化及保护设备行业部分企业出口情况见表 14。

表 14 2015—2016 年自动化及保护设备行业部分企业出口情况

企业名称	2016 年（万元）	2015 年（万元）	同比增长（%）	企业名称	2016 年（万元）	2015 年（万元）	同比增长（%）
南京南瑞继保电气有限公司	27 682	25 617	8.06	上海华建电力设备股份有限公司	550	600	-8.33
宁波福特继电器有限公司	22 432	19 810	13.24	北京四方继保自动化股份有限公司	492	2 383	-79.35
东方电子集团有限公司	14 138	14 058	0.57	江苏斯菲尔电气股份有限公司	334	226	47.79
广州金升阳科技有限公司	12 247	10 360	18.21	珠海万力达电气自动化有限公司	214	357	-40.06
西门子电力自动化有限公司	7 491	8 088	-7.38	山东科汇电力自动化股份有限公司	172	282	-39.01
深圳市华力特电气有限公司	6 625	3 614	83.31	苏州万龙电气集团股份有限公司	122	330	-63.03
广东南丰电气自动化有限公司	2 053	2 890	-28.96	湖北天瑞电子股份有限公司	100	27	270.37
重庆新世纪电气有限公司	1 035	2 472	-58.13	石家庄科林电气股份有限公司	13		

行业结构分析

1. 经济成分构成

2016年自动化及保护设备行业参与统计的企业主要有四种类型,即国有及国有控股企业、民营企业、合资及外资企业、其他企业。1 191家企业中国有及国有控股企业有62家,民营企业有950家,合资及外资企业为84家,其他企业95家。国有企业规模较大,合资及外资企业数量相对较少,而且更多的是和国内巨头合作参与市场竞争,所占市场份额较小。2015—2016年自动化及保护设备行业不同经济类型企业主要经济指标及其行业占比见表15。

表15 2015—2016年自动化及保护设备行业不同经济类型企业主要经济指标及其行业占比

指标名称	单位	年份	合计	国有企业	民营企业	合资及外资企业	其他企业
企业数	家	2016	1 191	62	950	84	95
	家	2015	1 184	62	947	83	92
占比	%	2016	100.00	5.21	79.76	7.05	7.98
	%	2015	100.00	5.24	79.98	7.01	7.77
主营业务收入	亿元	2016	1 121.74	504.26	319.21	95.28	202.99
	亿元	2015	943.75	422.95	303.34	71.66	145.80
占比	%	2016	100.00	44.95	28.46	8.49	18.10
	%	2015	100.00	44.82	32.14	7.59	15.45
利润总额	亿元	2016	134.94	70.44	36.74	6.87	20.89
	亿元	2015	123.37	64.40	35.65	7.67	15.65
占比	%	2016	100.00	52.20	27.23	5.09	15.48
	%	2015	100.00	52.20	28.89	6.22	12.69
资产总额	亿元	2016	2 069.79	832.49	623.25	176.3	437.75
	亿元	2015	1 791.44	744.79	587.5	134.52	324.62
占比	%	2016	100.00	40.22	30.11	8.52	21.15
	%	2015	100.00	41.57	32.79	7.51	18.12
全部职工人数	人	2016	268 236	52 913	178 459	23 558	13 306
	人	2015	281 050	69 182	178 139	22 445	11 284
占比	%	2016	100.00	19.73	66.53	8.78	4.96
	%	2015	100.00	24.62	63.38	7.99	4.01

2. 企业规模构成

2016年,自动化及保护设备行业参加统计工作的企业1 191家,主营业务收入在4亿元以上的大型企业有49家,共完成主营业务收入957.05亿元,占总收入的85.32%;主营业务收入在2 000万元和4亿元之间的中型企业有126家,共完成主营业务收入81.62亿元,占总收入的7.28%;主营业务收入在300万元以上2 000万元以下的小型企业有897家,完成主营业务收入81.28亿元,占总收入的7.25%;主营业务收入在300万元以下的微型企业有119家,完成主营业务收入1.79亿元,占总收入的0.16%。按照"贝恩思分类法",行业为寡头垄断型,行业集中度较高。2015—2016年自动化及保护设备行业不同规模企业主要经济指标及其行业占比见表16。

表16 2015—2016年自动化及保护设备行业不同规模企业主要经济指标及其行业占比

指标名称	单位	年份	合计	微型企业	小型企业	中型企业	大型企业
企业数	家	2016	1 191	119	897	126	49
	家	2015	1 184	119	897	120	48
占比	%	2016	100.00	9.99	75.31	10.58	4.11
	%	2015	100.00	10.05	75.76	10.14	4.05
主营业务收入	亿元	2016	1 121.74	1.79	81.28	81.62	957.05
	亿元	2015	932.57	1.79	83.3	83.04	764.44
占比	%	2016	100.00	0.16	7.25	7.28	85.32
	%	2015	100.00	0.19	8.93	8.90	81.97
利润总额	亿元	2016	134.94	0.60	7.25	10.55	116.54
	亿元	2015	122.97	0.60	7.10	11.45	103.82

（续）

指标名称	单位	年份	合计	微型企业	小型企业	中型企业	大型企业
占比	%	2016	100.00	0.45	5.37	7.82	86.37
	%	2015	100.00	0.49	5.77	9.31	84.42
资产总额	亿元	2016	2 069.79	3.20	136.63	171.16	1 758.79
	亿元	2015	1 737.76	3.21	139.53	149.76	1 445.26
占比	%	2016	100.00	0.15	6.60	8.27	84.97
	%	2015	100.00	0.18	8.03	8.62	83.17
全部职工人数	人	2016	268 236	1 790	112 846	51 160	102 440
	人	2015	283 251	1 790	113 127	50 309	118 025
占比	%	2016	100.00	0.67	42.07	19.07	38.19
	%	2015	100.00	0.63	39.94	17.76	41.67

3. 主要经济圈分布

2016年，自动化及保护设备行业参加统计工作的企业基本集中在珠三角经济圈、长三角经济圈、京津冀都市经济圈（渤海湾经济圈）三个经济圈内。

近年来珠三角经济圈的企业集中了大量中小型企业，企业发展迅速，企业规模虽然不大，但盈利能力较强。分布了158家行业企业，占比13.27%；主营业务收入142.75亿元，占比12.73%；实现利润总额14.80亿元，占比10.96%。

长三角的优势是商业贸易氛围良好，商业环境好，国际化程度高，有强大的品牌消费市场，民营经济强大，同时一头两翼（中心-上海，南京、杭州为副中心）结构最合理，行业的主要大中型企业都集中在这个区域，分布了355家行业企业，占比29.81%；主营业务收入415.73亿元，占比37.06%；实现利润总额58.28亿元，占比43.19%。

京津冀都市经济圈的区位特殊，工业密集、城市密布，分布了223家行业企业，占比18.72%；主营业务收入103.71亿元；实现利润总额13.17亿元，占比9.76%。

2015—2016年自动化及保护设备行业不同经济圈企业主要经济指标及其行业占比见表17。

表17 2015—2016年自动化及保护设备行业不同经济圈企业主要经济指标及其行业占比

指标名称	单位	年份	合计	珠三角经济圈	长三角经济圈	京津冀都市经济圈	中部地区	西部地区	其他
企业数	家	2016	1 191	158	355	223	185	188	82
	家	2015	1 184	157	355	223	179	188	82
占比	%	2016	100.00	13.27	29.81	18.72	15.53	15.79	6.88
	%	2015	100.00	13.26	29.98	18.83	15.12	15.88	6.93
主营业务收入	亿元	2016	1 121.74	142.75	415.73	103.71	304.68	55.04	99.84
	亿元	2015	932.57	114.67	382.22	89.63	226.15	55.16	64.74
占比	%	2016	100.00	12.73	37.06	9.25	27.16	4.91	8.90
	%	2015	100.00	12.30	40.99	9.61	24.25	5.92	6.94
利润总额	亿元	2016	134.94	14.80	58.28	13.17	35.88	7.95	4.86
	亿元	2015	100.00	10.96	43.19	9.76	26.59	5.89	3.60
占比	%	2016	122.97	11.99	56.71	13.78	29.07	7.54	3.89
	%	2015	100.00	9.75	46.12	11.21	23.64	6.13	3.16
资产总额	亿元	2016	2 069.79	326.97	726.24	183.44	563.29	99.62	170.22
	亿元	2015	1 737.76	251.21	672.53	171.38	435.5	93.10	114.04
占比	%	2016	100.00	15.80	35.09	8.86	27.21	4.81	8.22
	%	2015	100.00	14.46	38.70	9.86	25.06	5.36	6.56
全部职工人数	人	2016	268 236	30 316	84 875	47 414	45 386	43 993	16 252
	人	2015	283 251	31 647	84 372	47 205	59 781	44 024	16 222
占比	%	2016	100.00	11.30	31.64	17.68	16.92	16.40	6.06
	%	2015	100.00	11.17	29.79	16.67	21.11	15.54	5.73

设备运行分析

1. 国网公司

"十一五"至"十二五"的10年间,国民经济持续增长,电力需求进一步提高,电力系统快速发展,特高压交直流输电工程集中建设,新能源大规模并网,柔性直流输电等新技术在电网中得到应用,电网规模不断扩大,装备水平和技术水平显著提升,继电保护技术及装置的装备和运行水平也有了长足的发展。

在继电保护理论研究方面,针对超/特高压复杂电网、新能源接入、层次化保护等方面的研究成果为适用于特高压、新一代智能变电站、分布式电源接入后新型配网的继电保护装置的研制提供了理论基础。在继电保护装置标准化方面,"六统一"标准化设计工作统一了继电保护装置功能配置、定值格式、报告输出、接口标准、组屏方式及回路设计,全面提高了继电保护装置的规范化水平及运行水平。在继电保护专业管理方面,建立了智能变电站继电保护运行管理、检验验收、统计评价标准体系,制定了智能变电站继电保护和现场工作保安规定,推进继电保护远方操作试点应用,推进调控端与220 kV及以上厂站二次设备在线监视与分析系统建设,提高了电网故障的分析和处理效率,为电网应急处置和恢复送电赢得了宝贵时间。

(1) 交流继电保护装置装备水平。截至2015年年底,国家电网公司220kV及以上电压等级系统中,继电保护装置共有151 405台(含西藏110kV系统,下同),继电保护装置微机化率达到100%,继电保护双重化率达到100%,继电保护装置国产化率达到97.20%。2015年各电压等级系统和各类保护装置国产化率情况见表18。

表18　2015年各电压等级系统和各类保护装置国产化率情况

项目名称	类别	国产化率（%）
电压等级系统	1 000 kV系统	100.00
	750 kV系统	100.00
	500 kV系统	90.53
	330 kV系统	99.38
	220 kV系统	98.79
	总计	97.20
继电保护装置	线路保护	97.66
	母线保护	97.32
	变压器保护	96.30
	电抗器保护	99.71
	断路器保护	97.61
	过压远跳保护	98.30

(2) 交流继电保护装置运行情况。2015年,国家电网公司220 kV及以上电压等级系统继电保护装置总体正确动作率为99.92%。2015年各电压等级系统和各类别继电保护装置正确动作率分布情况见表19。

表19　2015年各电压等级系统和各类保护装置正确动作率分布情况

项目名称	类别	正确动作率（%）
电压等级系统	1 000 kV系统	100.00
	750 kV系统	100.00
	500 kV系统	99.89
	330 kV系统	99.91
	220 kV系统	99.99
	总计	99.96
继电保护装置	线路保护	99.99
	母线保护	97.85
	变压器保护	98.47
	电抗器保护	
	断路器保护	100.00
	过压远跳保护	100.00
	合计	99.96

2. 南方电网

(1) 交流系统继电保护配置情况。南方电网220 kV及以上系统保护装置按保护对象分类主要包括:发电机保护、变压器保护、母线保护、高压电抗器保护、线路保护、线路辅助(过电压)保护、断路器保护、短引线保护、T区保护及引线差动保护。其中短引线保护、T区保护、引线差动保护及断路器保护主要做3/2接线、角型、多断路器接线方式下的断路器内部、外部或断路器之间连接线发生故障时的主保护。通常断路器保护按开关仅配置一套,发电机、变压器、线路、母线及高抗等主设备均按主保护双重化原则配置,并且每套主保护均配置有完整的后备保护。变压器(高抗)除两套电气量保护外,还配置一套具有独立跳闸回路的非电量保护(包含重瓦斯、冷却器全停等保护)。

截至2016年12月31日,南方电网公司(含调峰调频公司)220 kV及以上交流系统共有28 266套保护装置,500 kV系统共有7 138套保护装置,220 kV系统共有21 128套保护装置。南方电网调管范围内并网电厂(各发电集团)220 kV及以上交流系统共有7 328套保护装置,500 kV系统共有3 229套保护装置,220 kV系统共有4 099套保护装置。

截至2016年12月底,南方电网500 kV系统母线共有532套保护装置,调管范围内并网电厂(各发电集团)500 kV系统母线共有224套保护装置。南方电网500 kV系统(不含母线)共有6 606套交流保护装置,调管范围内并网电厂(各发电集团)500 kV系统(不含母线)共有3 005套保护装置。

截至2016年12月31日,南方电网公司220 kV系统母线共有2 030套交流保护装置,调管范围内并网电厂(各发电集团)220 kV系统母线共有400套保护装置。南方电网公司220 kV系统(不含母线)共有19 098套交流保护装置，调管范围内并网电厂（各发电集团）220 kV系统（不含母线）共有3 699套保护装置。

（2）南方电网交流系统继电保护运行情况。2016年，南方电网220 kV及以上交流系统一次设备共发生故障1 363次，较2015年1 304次增加59次，同比增长4.52%。2015—2016年南方电网220 kV及以上系统一次设备运行故障情况见表20。

2016年南方电网保护运行情况良好，220 kV及以上系统保护运行指标均保持在较高水平。2015—2016年南方电网保护运行情况（按调度范围）见表21。

表20 2015—2016年南方电网220 kV及以上系统一次设备运行故障情况

项目	单位	母线	线路	变压器	发电机	小计
2015年	次	17	1 241	34	12	1 304
2016年	次	16	1 313	21	13	1 363
同比增长	%	-5.88	5.8	-38.24	8.33	4.52

表21 2015—2016年南方电网保护运行情况（按调度范围）

项目名称		2015年	2016年
全部装置	总动作次数	174 191	197 838
	不正确动作次数	21	19
	正确动作率（%）	99.99	99.99
220 kV及以上系统	总动作次数	18 265	19 641
	不正确动作次数	14	13
	正确动作率（%）	99.92	99.93
500 kV系统	总动作次数	5 392	6 442
	不正确动作次数	10	9
	正确动作率（%）	99.82	99.86
220 kV系统	总动作次数	12 873	13 199
	不正确动作次数	4	4
	正确动作率（%）	99.97	99.97
110 kV系统	总动作次数	12 326	14 537
	不正确动作次数	2	2
	正确动作率（%）	99.98	99.98
220 kV及以上元件保护	总动作次数	354	258
	不正确动作次数	10	8
	正确动作率（%）	97.18	96.90
220 kV及以上故障录波器	应评价次数	2 397	2 538
	录波不完好次数	0	0
	录波完好率（%）	100.00	100.00

（3）智能变电站配置情况。截至2016年年底，南网五省区共投产171座220 kV及以下智能变电站（32座220 kV站，139座110 kV站）。其中，贵州139座（81.29%）、云南6座（3.51%）、广东10座（5.85%）、广西6座（3.51%）、广州5座（2.92%）、深圳3座（1.75%）、海南2座（1.17%）。

截至2016年年底，南网五省区共有3 244套220 kV及以下智能变电站合并单元、智能终端、合智一体装置，其中合并单元1 737套，智能终端1362套，合智一体装置145套。

合并单元、智能终端、合智一体装置全网共有11家供应商，南瑞继保装置最多，占26.60%；南瑞科技、国电南自、新宁光电、长园深瑞占10%～20%；其他各厂家占有率均为10%以下。220 kV及以下电压等级合并单元和智能终端厂家统计见表22。

表22 220 kV及以下电压等级合并单元和智能终端厂家统计 （单位：套）

厂家	220 kV				110 kV				合计
	合并单元	智能终端	合智一体装置	小计	合并单元	智能终端	合智一体装置	小计	
南瑞继保	145	134	0	279	302	250	32	584	863
新宁光电	68	20	0	88	217	116	7	340	428
南瑞科技	92	49	0	141	213	185	22	420	561

（续）

厂家	220 kV				110 kV				合计
	合并单元	智能终端	合智一体装置	小计	合并单元	智能终端	合智一体装置	小计	
国电南自	67	33	24	124	152	78	16	246	370
北京四方	0	0	0	0	56	34	0	90	90
金智科技	0	0	0	0	62	75	0	137	137
上海思源	0	0	0	0	58	49	7	114	114
许继电气	0	0	0	0	23	29	27	79	79
长园深瑞	65	82	2	149	151	166	0	317	466
其他	21	20	0	41	45	42	8	95	136
总计	458	338	26	822	1 279	1 024	119	2 422	3 244

注：不推荐采用合智一体装置。

截至2016年年底，南网五省区共有1 509套110 kV及以上智能变电站保护装置。保护装置全网共有12家供应商，南瑞继保装置最多，占38.83%；北京四方其次，占19.42%；长园深瑞占11.99%；其他各厂家占有率均为10%以下。220 kV及以下电压等级保护装置厂家统计见表23。

表23　220 kV及以下电压等级保护装置厂家统计　　　　（单位：套）

厂家	220 kV					110 kV						合计
	线路	主变	母线（含母联）	开关保护	小计	线路	主变	母线（含母联、分段）	内桥	开关保护	小计	
南瑞继保	108	44	25	18	195	216	142	21	0	12	391	586
北京四方	47	20	3	0	70	80	62	5	1	75	223	293
许继电气	2	0	2	0	4	20	20	0	0	0	40	44
国电南自	0	19	1	2	22	54	65	2	0	0	121	143
金智科技	0	0	0	0	0	18	36	0	0	0	54	54
南瑞科技	0	1	0	0	1	38	45	2	0	2	87	88
上海思源	0	0	0	0	0	69	22	6	0	0	97	97
新宁光电	0	0	0	0	0	8	0	1	0	0	9	9
长园深瑞	14	6	21	0	41	10	34	24	0	72	140	181
其他	0	0	0	0	0	4	10	0	0	0	14	14
总计	171	90	52	20	333	509	444	61	1	161	1 176	1 509

截至2016年年底，南网五省区共有1 477套110 kV及以上智能变电站过程层交换机装置。过程层交换机装置全网共有9家供应商，罗杰康最多，占38.12%；赫斯曼、南瑞继保占10%～15%；其他各厂家占有率均为10%以下。

南网五省区共有460套110 kV及以上智能变电站站控层交换机装置。站控层交换机装置全网共有10家供应商，罗杰康最多，占33.26%；南瑞继保占26.52%；其他各厂家占有率均为10%以下。

南网五省区共有335套110 kV及以上智能变电站电子式电流互感器装置。电子式电流互感器装置全网共有7家供应商，南瑞继保最多，占50.74%；新宁光电占13.73%；其他各厂家占有率均为10%以下。

南网五省区共有98套110 kV及以上智能变电站电子式电压互感器装置。电子式电压互感器装置全网共有10家供应商，南瑞继保最多，占54.08%；新宁光电占26.53%；其他各厂家占有率均为10%以下。220 kV及以下电压等级其余装置厂家统计见表24。

表24　220 kV及以下电压等级其余装置厂家统计　　　　（单位：套）

厂家	过程层交换机	站控层交换机	智能录波器	保信系统	电子式电流互感器	电子式电压互感器	合计
罗杰康	563	153	0	0	0	0	716
南瑞继保	196	122	13	12	170	53	566

(续)

厂家	过程层交换机	站控层交换机	智能录波器	保信系统	电子式电流互感器	电子式电压互感器	合计
赫斯曼	210	4	0	0	0	0	214
中元华电	0	0	117	0	0	0	117
新宁光电	8	0	0	0	46	26	80
南瑞科技	50	2	0	3	0	0	55
摩莎工业	54	6	0	0	0	0	60
国电南自	0	0	0	1	0	0	1
国电南思	0	0	13	4	0	0	17
金智科技	58	4	0	0	0	0	62
中电新源	0	0	12	0	0	0	12
南京新和普	0	0	8	0	0	0	8
上海思源	0	0	1	1	17	5	24
许继电气	0	0	0	0	12	4	16
广州思唯奇	0	0	19	0	0	0	19
阿尔斯通	0	0	0	0	3	0	3
北京四方	0	0	1	4	0	0	5
西安华炜	0	0	0	0	3	0	3
长园深瑞	0	0	0	3	0	0	3
深圳双合	0	0	3	0	0	0	3
其他	338	169	21	2	84	10	624
合计	1 477	460	208	30	335	98	2 608

（4）保护缺陷情况。2016年110 kV及以上继电保护共发生缺陷1 291起，已消缺1 197起，消缺率为92.72%，及时消缺率为99.30%。按缺陷类别划分：紧急缺陷78项（占6.04%），重大缺陷457项（占35.40%），一般缺陷756起（占58.56%）。2016年按缺陷设备划分的缺陷情况见表25。

表25 2016年按缺陷设备划分的缺陷情况

缺陷设备	缺陷数量（项）	占比（%）	缺陷设备	缺陷数量（项）	占比（%）
断路器保护	52	4.03	其他	127	9.84
保信系统	50	3.87	操作箱	13	1.01
发电机保护	6	0.46	收发信机	2	0.15
过电压及远方跳闸保护	1	0.08	故障录波器	372	28.81
交流滤波器及其母线保护	1	0.08	行波测距	17	1.32
线路保护	364	28.20	合并单元	17	1.32
母线保护	66	5.11	智能终端	7	0.54
通信接口	10	0.77	一体化运行分析装置	1	0.08
并联电抗器保护	3	0.23	短引线保护	1	0.08
变压器保护	180	13.94	串补保护	1	0.08

标准化 自动化及保护设备分会秘书处挂靠单位也是全国量度继电器和保护设备标准化技术委员会（SAC/TC154）秘书处单位，与国际电工委员会（IEC）TC95技术委员会"量度继电器和保护装置"对口，主要组织电力系统继电保护设备和安全自动化装置专业领域的标准发展规划、标准体系研究，以及相关标准的制修订工作。自2009年以来，分会标准与技术行业评价中心积极组织我国专家参与国际会议29次；参与制定了17项国际标准，组织完成了29项国家标准、22项能源行业标准制修订工作，充分发挥标准引领行业进步的作用，为行业发展和技术进步提供强有力的技术支持。

2015—2016年开普检测积极参与中电联组织的"电动汽车传导充电互操作性测试活动"，验证标准合理性、充电设备设计质量和实车充电实际效果，为中国电动汽车充电建设事业的标准化、推广和落实贡献智慧和力量，为电动汽车充电设备及充电过程有效性和可靠性的提高保驾护航。

2016年开普检测承办电动汽车充电国家标准宣贯会，中电联、检测认证机构、科研院所及国内外140余家充电桩企业等单位的近270名代表参加会议，对2016年最新实施的电动汽车充电接口及通信协议等五项国家标准进行宣贯。同年5月，规约中心领导贺春赴德国参加由国家标准化管理委员会和德国标准化协会联合主办的中德电动汽车标准工作组会议，就电动汽车标准化、安全、互操作和无线充电等多方面进行技术交流，推动国内电动汽车充换电技术向国际先进水平迈进。

智能电网设备入网检测平台建设 入网检测即对设备及系统开展动模试验、型式试验、功能试验等方面的测试，测试内容涵盖设备的功能、技术指标、一致性、数字接口性能、电磁兼容及高低温适应性等项目。测试过程中，发现问题，及时制订解决方案。入网检测主要检测其先进性和可靠性。

1. 安全、环境及电磁兼容试验

行业检测中心拥有完善的电气安全、环境、电磁兼容试验能力，承担了生产许可证、产品认证、国网专业集中测试、南网专业集中测试及企业委托检测和试验研究工作。

（1）国家电网专业测试。2014—2016年承担了国家电网公司保护装置和故障录波分析装置的专业检测工作。

保护装置涉及220kV及以上断路器、短引线和过压远跳保护，110kV母线、变压器保护。16家生产厂家共计123套保护装置参加测试。测试项目包括保护功能、标准化设计、气候环境、电气安全、力学性能、电磁兼容、通信及信息、规约一致性和动模等。在测试过程中，发现的问题主要在保护功能、气候环境、绝缘、振动耐久、动模、标准化设计、通信及信息和规约一致性等方面。

2016年参与数字量输入动态记录装置测试的有14家厂家14台装置。测试项目包括基本功能、标准化设计、气候环境、电气安全、力学性能、电磁兼容、通信及信息、规约一致性和动模等。

在专业集中测试中，发现的各类保护装置问题及差异均与相关企业进行了沟通，并上报国家电网相关部门，便于国家电网了解产品质量状况和企业产品质量的改进。

（2）南方电网专业测试。2012—2016年承担了南方电网公司保护装置、故障录波分析装置和通信电源设备的专业检测。2015—2016年，完成通信电源设备检测工作，共承担4家生产厂家共4种变电站通信电源的检验工作。

（3）满足IEC 61000-4-16的0～150kHz共模传导骚扰抗扰度测试平台建设。2015年，行业检测中心电磁兼容测试中心通过购置满足IEC 61000-4-16要求的测试设备，组织相关人员进行技术培训，完成了该平台建设。平台投入使用以来，已有平高、施耐德等厂家进行了相关项目的测试。

（4）电动汽车充电设备电磁兼容试验能力建设。2017年，组建成立了国家电动汽车充换电系统质量监督检验中心。

（5）电磁兼容试验能力提升。2014—2015年，行业检测中心电磁兼容测试中心投资200余万元扩容了电磁兼容测试场地和测试设备，改造和新增测试场地逾50m^2，新增7套测试设备，含浪涌抗扰度测试系统、阻尼振荡波测试系统、工频磁场测试系统、阻尼振荡磁场测试系统和脉冲磁场测试系统。购置了瑞士TESEQ公司的NSG 3040系列多功能抗干扰测试系统，可满足线路电流达100A的快速瞬变和浪涌的测试能力。该系统可编程化的操作系统可满足自动测试要求。

（6）10m电波暗室、新3m暗室和CISPR 25汽车零部件暗室能力建设。行业检测中心电磁兼容测试中心计划在国家电工电子公共服务平台建设10m电波暗室、新3m暗室和CISPR 25汽车零部件暗室，并已于2015年与德国奥尔托公司签订了设备、设施引进合同，该合同正处备料阶段。

2. 新能源产品认证与检测

2015—2016年，行业检测中心圆满完成了国家质检总局组织的光伏并网逆变器国家监督抽查工作，累计承担了33批次光伏并网逆变器的监督抽查。

2015年，行业检测中心升级了大功率光伏并网逆变器测试系统，增加了大容量光伏阵列IV模拟器、交流模拟电源、防孤岛检测装置等检测设备，光伏并网逆变器测试平台的容量达1.2MW，可满足最大容量、高电压（1 500V）光伏并网逆变器的测试。同时，为满足组串式光伏逆变器的测试，又新购置了台湾Chroma公司120kW组串式光伏逆变器测试系统，进一步完善了光伏并网逆变器的试验能力。检测中心目前是国内光伏并网逆变器综合试验能力最强的实验室。

3. 智能化设备测试情况

行业检测中心（自动化系统及通信测试研究中心）积极参与各类智能电网设备的研究和试验活动，构筑了电力用户与制造厂之间技术协调的新平台。

行业通信测试研究中心于2015年3月将原有61850 UCA B级实验室资质升级为A级实验室，这是中国第一家，也是唯一的一家61850 A级实验室。同年，开普检测规约团队作为UCA授权Level A级实验室，受邀参加在比利时布鲁塞尔举行的IEC 61850互操作大会，历时7天的互操作大会共完成了220个互操作目击报告，其中客户端/服务器报告69个、GOOSE报告41个、HSR/PRP报告4个、SCL报告43个、SV报告29个、1588PTP报告34个，对29家厂家的互联情况进行了全面的摸底，为IEC 61850等标准的完善做出了极为重要的贡献。截至2016年12月，自动化系统及通信测试研究中心全年共测试装置1 179台次。其中，充电桩类产品共713台次，占比60.5%；保护类产品共162台次，占比13.7%；规约类产品共138台次，占比11.7%。

2012—2016年，开普检测与国网辽宁公司合作开展电子式互感器性能试验技术研究，与南方电网开展继电保护故障信息系统测试研究、保护定值在线修改切换测试研究、信息安全技术研究、高可靠免维护配电自动化终端评估技术研究。

学术交流及服务平台建设 我国电力系统继电保护技术在国际上处于领先地位,而国内在电力系统保护与控制领域没有任何的国际性期刊,导致国内大量的科研成果均在国外发表,不但要支付高额的发表费用,造成巨额的经济损失,还涉及知识产权的归属问题,导致我国科技创新技术的大量流失,严重影响了我国电力科学的发展。《电力系统保护与控制》杂志社在2016年6月创办了国内第一本专注于保护与控制领域的英文刊Protection and Control of Modern Power Systems (PCMP)(《现代电力系统保护与控制》),编委会主席卢强院士,主编程时杰院士,副主编王成山教授、康重庆教授、董新洲教授。PCMP由《电力系统保护与控制》杂志社与国际知名出版机构Springer and Nature合作出版,采用严格的同行评议制度,采用EM采编系统,实现了在线投稿、审稿及查询等功能。拥有独立的期刊网站,数字出版,开放获取(OA),读者可通过期刊官网、SpringerLink下载全文。共收到专家约稿和国际自由投稿200余篇,已经完成在线出版论文45篇。

〔撰稿人:许昌开普电气研究院胡韵华、杨慧霞〕

低压电器

2015年发展情况

生产发展情况 2015年低压电器行业受国内外经济发展普遍放缓的影响,企业生产和营销受到冲击,产销等主要经济指标近十年来首次全面下滑。2015年铜银原材料成本下降,劳动力成本攀升明显,中小企业自动化流程还未实现,导致企业发展缓慢。另外,行业106家企业统计年报反映出,企业普遍存在研发投入不足、创新能力薄弱等现象,导致高端市场竞争力缺乏及企业发展后劲不足。

随着市场全球化,外资企业与国内企业市场相互渗透是低压电器行业发展的必然趋向。就国内市场而言,外资企业研发、设计、管理能力较强;国内企业,特别是民营企业经营思路灵活、销售渠道强大,但在企业规模、产品质量等方面良莠不齐,企业设计研发能力仍有待加强。

总体上,2015年低压电器行业的发展受到一定影响,但行业优秀企业继续能以科技创新推进企业可持续发展,经济运行效率和运行质量继续保持平稳发展。2015年低压电器行业主要经济指标见表1。

表1 2015年低压电器行业主要经济指标

名称	单位	数量	同比增长(%)
产品销售收入	亿元	670	-8.22
工业增加值	亿元	165	-4.07
利润总额	亿元	47	-9.61
低压电器主要元器件进出口总额	亿美元	48.84	-3.54
其中:进口额	亿美元	19.85	-7.42
出口额	亿美元	28.99	-0.69

2015年低压电器行业工业总产值(低压元器件总产值)上亿元的企业为:

10亿元以上:正泰电器股份有限公司、德力西电气有限公司、浙江天正电气股份有限公司、厦门ABB低压电器设备有限公司、常熟开关制造有限公司(原常熟开关厂)、苏州西门子电器有限公司、上海电器股份有限公司人民电器厂、人民电器集团有限公司、上海良信电器股份有限公司、环宇集团有限公司、施耐德万高(天津)电气设备有限公司等。

5亿~10亿元:天水二一三电器有限公司、北京ABB低压电器有限公司、杭申集团有限公司、天津百利特精电气股份有限公司、华通机电股份有限公司、常安集团有限公司、罗格朗低压电器(无锡)有限公司、厦门宏发开关设备有限公司、贵州泰永长征技术股份有限公司等。

1亿~5亿元:上海西门子线路保护系统有限公司、上海精益电器厂有限公司、北京人民电器厂有限公司、上海天逸电器有限公司、宁波燎原电器集团股份有限公司、上海永继电气股份有限公司、江苏大全凯帆电器有限公司、上海一开电气集团有限公司、河北宝凯电器有限公司、法泰电器(江苏)股份有限公司、沈阳斯沃电器有限公司、三信国际电器上海有限公司、遵义长征电器开关设备有限责任公司、巨邦电器有限公司、天水长城控制电器有限责任公司、北京明日电器设备有限责任公司、苏州万龙集团有限公司、杭州乾龙电器有限公司、北京北元电器有限公司、上海电器陶瓷厂有限公司、宁波奇乐电气集团有限公司、福建鑫威电器有限公司、桂林机床电器有限公司等。

2015年低压电器行业各项综合经济指标情况见表2。

表2 2015年低压电器行业各项综合经济指标情况

经济指标	单位	行业年平均值
工业经济效益综合指数		2.48
总资产贡献率	%	15.68
成本费用利润率	%	8.95
资本保值增值率	%	112.84
资产负债率	%	47.15
流动资产周转率	次	1.71
全员劳动生产率	万元/人	22.51
工业产品销售率	%	96.67

2015年低压电器行业经济效益综合指数名列前茅的企业见表3。

表3 2015年低压电器行业经济效益综合指数名列前茅企业

序号	企业名称	经济效益综合指数	总资产贡献率（%）	资本保值增值率（%）	资产负债率（%）	流动资产周转率（次）	成本费用利润率（%）	全员劳动生产率（万元/人）	产品销售率（%）
1	施耐德万高（天津）电气设备有限公司	13.75	96.97	87.13	66.22	2.16	61.16	149.25	99.87
2	厦门ABB低压电器设备有限公司	8.01	37.58	92.76	68.56	1.15	38.18	88.50	108.26
3	上海电器股份有限公司人民电器厂	7.02	22.30	122.50	65.15	2.12	7.46	94.03	92.68
4	常熟开关制造有限公司（原常熟开关厂）	6.77	39.68	111.80	41.07	1.24	52.78	58.02	97.67
5	德力西电气有限公司	6.04	10.63	94.30	59.80	2.16	5.16	83.51	93.95
6	北京ABB低压电器有限公司	4.14	33.37	95.53	41.56	2.35	20.05	35.34	102.55
7	罗格朗低压电器（无锡）有限公司	3.73	27.27	124.58	51.97	0.31	10.88	38.88	102.74
8	苏州西门子电器有限公司	3.35	30.26	127.25	42.00	2.72	27.51	17.39	98.50
9	浙江正泰电器股份有限公司	3.26	23.37	109.20	35.54	1.29	17.42	27.07	98.29
10	浙江天正电气股份有限公司	3.19	27.61	108.63	56.81	2.49	7.12	29.01	99.42

行业发展特点

1. 产销首次出现负增长

从上报的106家企业统计年报看，全年出现生产销售增长的企业占上报企业数的45%左右，约5%左右企业生产销售与2014年基本持平，还有约50%左右的企业生产销售比2014年有所下降，2015年整个行业的经济发展呈现下滑态势。

2015年，在公布的第12届中国电气工业发展高峰论坛暨第16届中国电气工业100强中，通用低压电器分会会员浙江正泰电器股份有限公司等单位占据百强14席，同比减少4席。

2015年，低压电器主要产品的产量也均有不同程度的下降。2015年低压电器行业主要产品产量见表4。

表4 2015年低压电器行业主要产品产量

产品名称	单位	产量	同比增长（%）
万能断路器	万台	102	-5.56
塑壳断路器（含漏电）	万台	5 100	-8.93
小型断路器（含漏电）	亿极	9.3	-11.42
接触器	万台	10 800	-14.96
刀开关类	万台	1 450	-13.17

2. 经济运行质量受到影响

据统计，行业工业增加值和利润总额这两项重要经济指标同比分别下降4.07%和9.61%；反映行业盈利水平的成本费用利润率、反映资本获利能力的总资产贡献率和反映资金效率的流动资产周转率同比均略有下降，企业经济运行质量和经济效益均受到影响。

3. 企业利润普遍下滑

据统计，2015年低压电器主要原材料铜、银等价格虽然同比明显呈下降趋势，但行业部分中小企业由于受到订单分散、货款回笼慢、生产成本高、用工成本高及价格恶性竞争等影响，企业经济发展受到严重制约，导致企业利润普遍下滑。据分析，50%的企业利润增长率同比下滑，10%左右的企业出现了不同程度的亏损。这些亏损企业关键问题是产品研发能力严重不足，缺乏规模效益和核心竞争力的产品，产品单一且附加值低，产品同质化严重，技术投入低等，导致企业发展后劲严重缺乏，这应引起足够的重视。

4. 市场竞争愈演愈烈

据分析，国内低压电器中高端市场竞争者仍以外商投资企业和少数本土企业为主。本土企业继续通过技术创新，在国内低压电器中、高端产品市场中形成了较强的竞争力。但与国际跨国公司相比，品牌影响力仍未达到国际知名品牌的程度。加上跨国公司加大技术优势并进行扩张，产品向国内中低端市场渗透，竞争主体更加多元化，致使竞争愈演愈烈。施耐德、ABB、西门子等跨国公司依然是行业中的技术引领者，常熟开关、上海良信、上海人民、正泰电器等公司仍以技术创新、强有力的研发能力紧跟其后。随着市场全球化，跨国公司与国内企业市场相互渗透已成为低压电器行业发展的必然趋势，这种渗透包括国内企业的高端产品向国外市场渗透。行业优秀企业必须在中高端品牌中拓展海外业务，并站稳海外市场形成突破，形成哑铃型发展状态，这必然是未来企业发展的重要一步。

行业内大部分企业的产品同质化、低价竞争的局面依然严峻，这些企业需加快产品结构调整和产品的更新换代，并通过技术合作尽快形成具有自主知识产权的核心产品技术，全面提升产品竞争力，使企业在激烈的市场竞争中掌握主动权。

5. 研发投入仍显不足

据统计，2015年行业总体上研发投入的资金仍不足，不少企业融资困难，给企业在科研投入、新品研发与技改投入等方面带来困难，影响企业发展。随着新能源及国家配电网建设的快速发展，以高性能、智能化、高分断、可通信、小型化、模块化、节能化为主要特征的新一代智能化低压电器已成为市场主流产品。低压电器智能化要求应用智能制造技术和装备，建立包括关键部件自动生产线、低压电器自动检测线、低压电器自动装备线等，这是企业持续发展的方向，企业应高度重视。

2015年，行业优秀企业的科研投入均占销售额的3%～6%，如浙江正泰电器股份有限公司、德力西电气有限公司、常熟开关制造有限公司、北京ABB低压电器有限公司、上海电器股份有限公司人民电器厂、上海良信电器股份有限公司、罗格朗低压电器（无锡）有限公司、北京人民电器厂有限公司、杭申集团有限公司等。这些企业为行业的创新发展起到了引领的作用。

6. 低压电器主要元器件进出口同比下降

根据海关统计的数据，2015年我国低压电器的各类元器件均有不同数量的进出口，主要为继电器、断路器、熔断器等。根据对低压电器主要元器件按税则号采用不同的统计系数，得到：2015年低压电器主要元器件进出口总额约48.84亿美元，同比下降3.54%；其中进口额约19.85亿美元，同比下降7.42%；出口额约28.99亿美元，同比下降0.69%。出口额的下降速度比进口额低6.73个百分点。分类看：继电器进口额降幅5.79%，出口额增长幅度为3.23%。断路器进口额降幅7.03%，出口额降幅4.13%。熔断器进口额降幅9.79%，出口额降幅8.21%。2015年低压电器主要元器件进出口情况见表5。

表5　2015年低压电器主要元器件进出口情况

税号	产品名称	进口		出口	
		数量（个）	金额（万美元）	数量（个）	金额（万美元）
85361000	熔断器 $U \leqslant 1\,000V$	7 719 612 737	44 930	3 981 487 532	24 667
85362000	自动断路器 $U \leqslant 1\,000V$	122 780 624	21 404	391 699 813	87 220
85363000	其他电路保护装置 $U \leqslant 1\,000V$	1 361 316 659	38 284	664 435 161	62 931
85364110、85364190	继电器 $U \leqslant 60V$	1 031 943 635	69 783	1 828 463 231	78 194
85364900	继电器 $60 \leqslant U \leqslant 1\,000V$	161 788 267	28 938	759 172 127	47 202
85365000	开关 $U \leqslant 1\,000V$	10 827 630 840	174 863	9 794 197 047	225 446
85369000	其他连接用电器装置 $U \leqslant 1\,000V$	9 936 746 834	143 296	4 574 749 275	211 256

市场及销售　常熟开关制造有限公司2015年销售CM系列塑壳断路器近150万台，CW系列万能式断路器6.3万台，继续保持国内同类高端产品销量领先。

上海良信电器股份有限公司2015年进一步深化市场开发和行业推广，经营业绩继续保持稳健增长，全年销售收入和利润同比分别增长18.4%和23.9%。该公司不断挖掘原有客户新的需求，同时积极拓展新的行业客户。随着国家4G建设的持续投入，电信行业订单有较大幅度增长；新能源与电力行业开发取得显著成效；在建筑配电行业，逐步从商业住宅向工业建筑和公共建筑延伸。除了优势行业之外，公司产品在数据中心建设、工控、石化、冶金、制冷、起重、轨道交通、轻工等行业的开发均得到有效进展。未来，在加强现有产能与中高端产品优势的基础上，公司将通过实施智能型低压电器产品生产线投资项目，扩大智能、节能、环保等高技术含量低压电器产品的产能与销量，优化产品结构，定位于专业低压电气系统方案解决专家，打造低压电器国际化品牌。

科技成果及新产品　浙江正泰电器股份有限公司2015年持续推进先进生产方式应用，开展主导系列产品全价值链改善、后拉式生产、柔性生产等CIP项目共47项；实施布局优化、费用控制、物料损耗降低等降本增效项目18项；深入推进智能制造，持续深化"三定"管理，持续强化工业工程学院管理；系统开展生产能力调整与生产方式改善，开展零部件制造部与终端零部件委外流程梳理及优化，完成终端制造部、零部件制造部、电源电器公司搬迁工作。

2015年，浙江正泰电器股份有限公司在现有技术优势的基础上，不断开拓创新，全年完成新产品开发109项，完成技术改造31项，参与行业标准制修订11项，获得专利240件，获取国内外认证证书285张。"基于物联网与能效管理的用户端电器设备数字化车间的研制与应用"获工信部2015年智能制造专项项目立项。通过高新技术企业复评，并获评2015年度浙江省技术企业能力百强企业，2015年中国电工技术学会科技进步奖三等奖。

针对"十三五"期间智能电网建设及产业结构升级，2015年以3个研发中心+1个创新中心、200多名资深研发工程师为依托，拥有300多项自主研发专利及CNAS国家一级实验室认证的德力西电气有限公司加大推进新能源、智能家居等应用领域创新研发，积极打造"互联网+"时代下的智能电网专家。同时，企业谋划布局"Z计划"，满足市场对中高端产品的迫切需求。2015年，再次创新推出领航者系列CDW3框架断路器和全新6系列产品。

常熟开关制造有限公司继续坚持以市场为导向，进一步加快自主创新力度，全年顺利完成了CW3-1000万能式断路器、CM3Z塑壳断路器等一批新产品鉴定。新申请专利共计120项，其中发明专利25项；新获授权专利146项，其中发明专利19项。CM5系列塑壳断路器荣获中国机械工业科学技术奖二等奖。

2015年上海人民电器厂共完成户内高压真空断路器等12项新产品和科技项目的研发，新增专利4项。开展数字化工厂建设。

上海良信电器股份有限公司按照既定的"双三战略"，确定了关键产品线产品项目路标，初步形成了未来五年的产品格局。公司实行产品线负责制，以前期导入的IPD集成产品开发体系为牵引，逐步转变研发观念、优化研发模式、提高研发效率、降低研发成本。NDW3-4000万能式断路器、NDW2系列万能式断路器、NDM3-125/250塑壳断路器、Tm2自动重合闸装置等新产品相继上市。2015年该公司拥有有效专利235项，其中发明专利32项、实用新型专利152项、外观设计专利51项。

北京人民电器厂有限公司申请发明专利10项、实用新型专利11项、PCT专利7项；获授权发明专利12项、实用新型专利8项、PCT专利1项；软件著作权申请3项。成功申报了2015年智能制造专项项目——智能电网低压配电设备和用户端设备智能制造新模式应用。此项目以ACB等为主要产品，按照智能制造的理论和精益生产方法，通过基于智能装备的产品加工及物流系统，建立ACB等生产智能工厂，实现智能电网低压配电设备和用户端设备智能制造新模式。该项目年限2014年12月至2017年12月，总投资额33 037万元，中央财政投入9 000万元。2015年"智能交流断路器"申报了第一批北京市新技术新产品（服务）项目，包括GW8万能式断路器、GM8塑壳式断路器及GPN、GPNV、G65、VG65、GNT微型断路器。"智能型高性能小体积万能式断路器的研究与应用"获大兴区科学技术奖三等奖。"光伏专用塑壳直流断路器的研制与应用"申报了北京市科学技术奖。

杭州之江开关股份有限公司2015年完成了HSW6、HSM6、HSQ6Ⅲ三大系列的重点新产品研发项目，并通过省级工业新产品鉴定（验收）。鉴定结果为：HSW6-8000万能式断路器具有小体积、超大容量、高性能、功能齐全等特点，拥有自主知识产权（发明专利1项、实用新型专利4项），主要性能指标达到国际先进水平；HSW6-1600万能式断路器采用新型触头灭弧系统，既保持小型化又实现高分断，拥有自主知识产权（发明专利1项），主要性能达到国内领先水平；HSM6E-250塑壳断路器采用新型触头灭弧系统，具有小型化、高性能、附件模块化、绿色环保等特点（实用新型专利2项），分断性能达到了国内先进水平；HSQ6Ⅲ-160采用国内首创的相序判断方法（发明专利1项）和嵌入式组合结构的机构，简洁高效，可靠性高，总体水平达到了国内先进水平。

2015年低压电器行业12项研发的新产品见表6。2015年低压电器10项通过认证的产品见表7。2015年低压电器行业新产品见表8。

表6　2015年低压电器行业12项研发的新产品

序号	产品名称及型号	产品特点
1	GW□-2000、GW□-3200系列万能式断路器	控制器采用双核带后备保护功能；断路器本体采用多向减压散热装置；本体及抽架采用多线接触电连接机构；断路器触头系统采用双触指并联装置
2	GC5-1250交流接触器	使用类别AC-1，风电、核电行业专用接触器；运用并联双触头技术；小体积、大容量、低温升、高耐受电流
3	GPVS-DFD-8（W）系列、GPVS-RCFD-16系列直流汇流箱	免维护，高可靠性、小体积
4	GPVS-DFJ-8/12/16系列、GPVSJ-5/6系列、GPVSJ-6/8系列交流汇流箱	免维护，高可靠性、低能耗、小体积
5	GRT1-20P光伏熔断体	高电压、体积小
6	GHR1-20P光伏隔离开关	体积小、两极同时操作、可带电插拔
7	GPNGQZ自复式过欠压断路器	体积小、过欠压自恢复
8	GMB32T小型直流三段断路器	体积小、机械式三段保护
9	GHX5-32P旋转隔离开关	体积小、高电压、高电流等级
10	GM125交流断路器	高分断、大容量
11	GM1250交流断路器	大容量
12	GM5-250PT/M直流断路器	高电压DC1500V、高分断

表7　2015年低压电器10项通过认证的产品

序号	产品型号	申请编号	申请提交时间	证书编号	发证日期
1	GHX5-32P	A2015CCC0302-2163966	2015.9.30	2015010302824980	2015.12.7
2	GMB32	A2015CCC0307-2073963	2015.6.4	2015010307797506	2015.8.14
3	GPN-GQZ	A2015CCC0307-1997611	2015.3.13	2015010307827314	2015.12.14
4	GC5-800、GC5-1250	A2015CCC0304-2073369	2015.6.4	2015010304824243	2015.11.30
5	GFR1-630	A2015CCC0302-2096697	2015.7.6	2015010302811319	2015.10.12

（续）

序号	产品型号	申请编号	申请提交时间	证书编号	发证日期
6	GFR1-400	A2015CCC0302-2096696	2015.7.6	2015010302799090	2015.9.6
7	GFR1-250	A2015CCC0302-2096695	2015.7.6	2015010302799090	2015.9.6
8	GFR1-160	A2015CCC0302-2096694	2015.7.6	2015010302799095	2015.9.6
9	GM8LE-800	A2015CCC0307-2084196	2015.6.17	2015010307804161	2015.9.24
10	GM5-250PT（DC1500V）	A2015CCC0307-2080024	2015.6.15	2015010307793542	2016.1.4

表8　2015年低压电器行业新产品

序号	企业名称	产品型号
1	浙江正泰电器股份有限公司	NXC系列交流接触器、NXR系列热过载继电器、NXJ系列小型电磁继电器、NXM热磁式塑壳断路器、NXMS电子式塑壳断路器、NXMLE系列剩余电流动作断路器、NXBLE系列剩余电流动作断路器、NXB系列小型断路器、NXHM系列隔离开关、NXA系列万能式断路器
2	常熟开关制造有限公司（原常熟开关厂）	CW3-1000万能式断路器、CM3Z-100三、四极塑壳断路器、CA1B-400自动转换开关
3	上海电器股份有限公司人民电器厂	RMC1TS-63小型断路器
4	浙江天正电气股份有限公司	TGM2LE-250/400剩余电流保护断路器、TGQ1-63机械和电气双重联锁自动转换开关电器、TGQ2-800自动转换开关电器、TGB3H-63小型断路器、TGB3HLE-63剩余电流动作断路器、THM2-100/250/400/800系列过载报警不脱口塑壳断路器、THM2（Z1）-630塑料外壳式断路器、THB5-63高分段塑料外壳式断路器
5	天水二一三电器有限公司	GSW3-1600/7400万能式断路器，GSM3E-400/630/800/1250电子式塑壳断路器，GSB系列微型断路器，GSR3-09X、38X、65X系列热过载继电器，GSZ4-40J、75J、40T、75T、250T、400T双极直流接触器，GSC3-09～2000系列新型接触器，GSZ8-80/120直流接触器
6	天津百利特精电气股份有限公司	TM40-100塑壳断路器、TM40-630塑壳断路器、TW40-2500万能式断路器、TW40-1600万能式断路器（690V/AC光伏风电型）、TQ50-63自动转换开关、TQ30-3F系列自动转换开关、TQ50-1000G双电源转换开关、TR40D-95-630热过载继电器
7	华通机电集团有限公司	CFW3智能型万能式断路器、CFW3-6300智能型万能式断路器、CFB3-63小型断路器、CFB3-125小型断路器、CFB3LE-63剩余电流动作断路器、CFQ3-250自动转换开关、CFC3-09～32交流接触器、CFC3-40～95交流接触器
8	北京明日电器设备有限责任公司	BMN-40L小型漏电断路器、BMS-100J塑壳断路器
9	上海良信电器股份有限公司	NDB2LE-40剩余电流动作断路器、NDM3E-1250塑壳断路器、NDM3L-125/A塑壳漏电断路器、NDM3L-250/A塑壳漏电断路器、NDG3-800/1250隔离开关、NDC1（N）-800交流接触器、NDB6LM-40电磁式漏电断路器（脱扣器设计）
10	北京人民电器厂有限公司	GHR1-20P光伏隔离开关、GMB32T小型直流三段式断路器、GHX5-32P旋转隔离开关、GM125交流断路器、GM250交流断路器、GM5-250PT/M直流断路器、GW□-2000、3200万能式断路器
11	安德利集团有限公司	AM1-250D直流断路器、JTHS-1000直流接触器
12	罗格朗低压电器（无锡）有限公司	DGX-63、125隔离开关
13	上海电器陶瓷厂有限公司	STB1系列漏电断路器、STG熔断器式隔离开关
14	桂林机床电器有限公司	GB1-40L漏电保护开关、GB1-50L漏电保护开关、GC-40、50、60A三极交流接触器，GC3-20、25、32/U系列高寿命交流接触器，GC3-18、22、25KKG系列高寿命交流接触器
15	无锡新宏泰电器科技股份有限公司	HTW-65-5000智能型万能式断路器
16	沈阳斯沃电器有限公司	SIWOT6-1600/3、4C自动转换开关电器、SIWOT6-2500/3、4C自动转换开关电器，SIWOT6-4000/3、4C自动转换开关电器
17	河北宝凯电气有限公司	BKK1系列控制与保护开关电器、BKM3-125塑壳断路器、BKB75L-63N系列小型漏电断路器
18	常安集团有限公司	CA30LE-63漏电断路器、CAMHL-125漏电断路器、CAM3塑壳断路器
19	人民电器集团有限公司	RDQH5系列双电源自动转换开关、RDXQ5系列双电源自动转换开关、RDM5系列塑壳断路器、RDM5Z系列智能漏电断路器、RDX5系列小型断路器、RDX5LE漏电断路器、RDW5系列万能式断路器、RDW2-6300智能型万能式断路器
20	巨邦电气集团有限公司	GTM2L系列漏电断路器升级、GTQ6-1600系列三段式双电源自动转换开关

(续)

序号	企业名称	产品型号
21	杭州乾龙电器有限公司	QLM2L系列漏电断路器、QLB1系列断路器、QLL2系列剩余电流动作断路器、QLL3系列剩余电流动作断路器
22	杭州鸿雁电力电气有限公司	HYB6S-80小型断路器、HYB6SH-80小型断路器
23	杭州申发电气有限公司	GFM6-100塑壳断路器、GFM6-400塑壳断路器、GFW6-2500万能式断路器
24	江苏新晨电气有限公司	XCPQ系列励磁式双电源自动转换开关
25	无锡飞世龙机电有限公司	44WNN双电源自动转换开关、VBM-63L/M塑壳断路器
26	江苏创能电器有限公司	FST523TE-250A-2P智能漏电控制器、FST523TE-125A/250A/400A/800A-4P智能漏电控制器、FST508TE-250A/400A/630A-4P智能漏电控制器、FST590TE-250A/400A/630A-4P智能漏电控制器

产品型号注册与管理 低压电器型号管理是保护知识产权、整顿市场经济秩序的重要内容。按照型号管理办法，行业对申请型号的资料进行认真审查、严格把关、反复确认，严防假冒或滥用他人产品型号。2015年，低压电器发证型号共31份，详见表9。

表9　2015年低压电器发证型号

序号	申请单位	产品名称	行业型号/企业型号
1	上海精益电器厂有限公司	塑壳断路器	HM60
2	上海精益电器厂有限公司	自动转换开关电器	HQ60
3	广东东电电气集团有限公司	万能式断路器	GDQW1
4	广东东电电气集团有限公司	塑壳断路器	GDQM1
5	上海互盟机电设备有限公司	塑壳断路器	HMRM1
6	上海互盟机电设备有限公司	万能式断路器	HMRW1
7	上海茨维考电气有限公司	小型断路器	CHRB3
8	佛山市珠江电器设备有限公司	小型断路器	FZJB2-63
9	沈阳沈开科技有限公司	万能式断路器	SYSW1
10	沈阳沈开科技有限公司	塑壳断路器	SYSM1
11	广东珠江电器科技有限公司	万能式断路器	ZDKW1
12	厦门明电电气科技有限公司	塑壳断路器	MDKM1
13	常熟开关制造有限公司	信号灯	AD128
14	常熟开关制造有限公司	按钮	LA168
15	万高电气科技（深圳）有限公司	双电源自动转换开关	WHTQ2-63
16	乐清市华庭电气科技有限公司	双电源自动转换开关	ZHTQ1-250
17	宝胜电气（天津）有限公司	塑壳断路器	TBSM1
18	唐山市虹泽电气工程有限公司	小型断路器	HZTB9-63
19	唐山市虹泽电气工程有限公司	剩余电流动作断路器	HZTB9L-63
20	唐山市虹泽电气工程有限公司	塑壳断路器	HZTM9
21	唐山市虹泽电气工程有限公司	隔离开关	HZTG9
22	唐山市虹泽电气工程有限公司	自动转换开关电器	HZTQ9
23	江苏远泰电器有限公司	双电源自动转换开关	YTEQ1
24	山西晋能德力西输配电成套设备有限公司	小型断路器	JDXB1-63
25	乐清市康帕电气有限公司	塑壳断路器	SCHM1-225
26	江苏中清电气有限公司	塑壳断路器	SZQM1-100
27	浙江良信智能科技有限公司	塑壳断路器	LZAM1-100
28	浙江公认电气有限公司	剩余电流动作断路器	GRZM6L-250
29	苏州金钟宏特电器有限公司	万能式断路器	FSAW1-2000、3200
30	苏州金钟宏特电器有限公司	塑壳断路器	FSAM2-100、225、400、800
31	苏州金钟宏特电器有限公司	剩余电流动作断路器	FSAM2L-100、225、400、800

授权专利　根据对 2015 年 1 月 1 日至 12 月 31 日授权的中国发明、实用新型和外观设计专利的申请量、专利申请人等进行的定量统计分析，得出低压电器主要产品（万能式断路器、塑壳断路器、小型断路器、接触器）的授权专利数量。2015 年我国万能式断路器授权专利数量汇总见表 10，2015 年我国塑壳断路器授权专利数量汇总见表 11，2015 年我国小型断路器授权专利数量汇总见表 12，2015 年我国接触器授权专利数量汇总见表 13。

表10　2015年我国万能式断路器授权专利数量汇总

序号	企业名称	授权发明专利数量	授权实用新型专利数量	授权外观设计专利数量
1	浙江正泰电器股份有限公司	1	41	3
2	常熟开关制造有限公司（原常熟开关厂）	3	21	0
3	上海良信电器股份有限公司	4	18	0
4	浙江百宸电气有限公司	0	22	0
5	德力西电气有限公司	3	11	1
6	ABB 有限公司	7	2	2
7	伊顿公司	8	0	0
8	乐清市正雁电器有限公司	0	7	0
9	施耐德电器工业公司	4	6	0
10	杭州之江开关股份有限公司	0	3	4
11	江苏新洛凯机电有限公司	2	5	0
12	通用电气公司	2	3	0
13	乐清市索泰电气有限公司	1	3	0
14	LS产电株式会社	3	0	0
15	北京人民电器厂有限公司	4	0	0
16	宁波奇乐电气集团有限公司	0	3	0
17	常州市耕耘电器有限公司	0	3	0
18	桂林电器科学研究院有限公司	3	0	0
19	西门子公司	1	2	0
20	浙江人民电器有限公司	0	1	2
21	上海电器科学研究院	2	1	0
22	南京大全自动化科技有限公司	0	2	0
23	国家电网公司	0	2	0
24	大全集团有限公司	2	0	0
25	天津中电华利电器科技集团有限公司	0	2	0
26	天津市百利电气有限公司	1	1	0
27	常熟瑞特电气股份有限公司	2	0	0
28	无锡新宏泰电器科技股份有限公司	0	2	0
29	江苏凯隆电器有限公司	0	2	0
30	深圳市深开电器实业有限公司	0	2	0
31	西安交通大学	2	0	0
32	贵州长征开关制造有限公司	2	0	0
33	万控集团有限公司	0	1	0
34	上海磊跃自动化设备有限公司	1	0	0
35	上海精益电器厂有限公司	1	0	0

表11　2015年我国塑壳断路器授权专利数量汇总

序号	企业名称	授权发明专利数量	授权实用新型专利数量	授权外观设计专利数量
1	常熟开关制造有限公司（原常熟开关厂）	3	30	8
2	浙江正泰电器股份有限公司	4	35	0

（续）

序号	企业名称	授权发明专利数量	授权实用新型专利数量	授权外观设计专利数量
3	德力西电气有限公司	6	20	0
4	乐清市嘉菱电器有限公司	0	20	0
5	浙江天正电气股份有限公司	5	16	0
6	西门子公司	15	5	0
7	三菱电机株式会社	10	6	0
8	LS产电株式会社	13	0	0
9	上海良信电器股份有限公司	5	8	0
10	浙江欧迪森电气有限公司	0	13	0
11	浙江之路电气有限公司	0	12	0
12	施耐德电器工业公司	7	5	0
13	浙江精开电气有限公司	0	10	0
14	无锡新宏泰电器科技股份有限公司	5	4	0
15	浙江智信电器科技有限公司	0	8	0
16	南京捷泰电力设备有限公司	0	7	0
17	大全集团有限公司	4	3	0
18	乐清市森恒电器有限公司	0	5	0
19	北京人民电器厂有限公司	2	3	0
20	天津中电华利电器科技集团有限公司	0	5	0
21	无锡市凯旋电机有限公司	0	5	0
22	杭州之江开关股份有限公司	0	2	4
23	上海电器科学研究院	0	6	0
24	哈尔滨理工大学	0	4	0
25	国家电网公司	1	3	0
26	天津市鸿远电气股份有限公司	0	4	0
27	巨邦电气集团有限公司	2	2	0
28	无锡凯绎科技有限公司	2	2	0
29	江苏大唐电气科技有限公司	0	4	0
30	河北宝凯电气有限公司	0	4	0
31	派森特电气有限公司	0	4	0
32	厦门宏发开关设备有限公司	0	4	0
33	富士电机机器制御株式会社	3	0	0
34	成都峰达科技有限公司	1	2	0
35	桂林电器科学研究院有限公司	3	0	0
36	江苏创能电器有限公司	0	3	0
37	江苏大全凯帆电器股份有限公司	1	2	0
38	浙江凯发电气股份有限公司	0	3	0
39	三信国际电器上海有限公司	0	2	0
40	上海华通电气有限公司	1	1	0

表12　2015年我国小型断路器授权专利数量汇总

序号	企业名称	授权发明专利数量	授权实用新型专利数量	授权外观设计专利数量
1	浙江天正电气股份有限公司	8	30	0
2	浙江正泰电器股份有限公司	2	27	0
3	ABB有限公司	14	6	1

（续）

序号	企业名称	授权发明专利数量	授权实用新型专利数量	授权外观设计专利数量
4	施耐德电器工业公司	8	9	0
5	上海良信电器股份有限公司	1	8	6
6	德力西电气有限公司	2	12	0
7	温州圣普电气有限公司	0	13	0
8	温州高能电气有限公司	0	4	7
9	温州市新蓝天电器有限公司	3	7	0
10	厦门宏发开关设备有限公司	0	9	0
11	浙江丰源电器配件有限公司	0	9	0
12	伊顿公司	3	5	0
13	加西亚电子电器有限公司	1	7	0
14	温州罗格朗电器有限公司	0	7	0
15	苏州未来电器股份有限公司	1	4	2
16	常熟开关制造有限公司	5	1	0
17	法泰电器（江苏）股份有限公司	5	1	0
18	浙江人民电器有限公司	0	5	1
19	上海永继电气股份有限公司	0	5	0
20	松下电器产业株式会社	5	0	0
21	佳一电气有限公司	1	3	0
22	浙江大华电气有限公司	4	0	0
23	湖北盛佳电器设备有限公司	4	0	0
24	苏州景泰电气有限公司	0	4	0
25	长城电器集团有限公司	1	2	1
26	上海人民电器开关厂集团有限公司	1	3	0
27	合兴集团有限公司	0	3	0

表13　2015年我国接触器授权专利数量汇总

序号	企业名称	授权发明专利数量	授权实用新型专利数量	授权外观设计专利数量
1	浙江天正电气股份有限公司	1	30	0
2	德力西电气有限公司	5	12	0
3	浙江正泰电器股份有限公司	4	11	0
4	厦门宏发开关设备有限公司	1	12	0
5	国家电网公司	3	10	0
6	富士电机机器制御株式会社	10	0	0
7	LS产电株式会社	9	0	0
8	西门子公司	5	2	0
9	浙江兆正机电有限公司	1	6	0
10	瑞安市永明电工合金厂	7	0	0
11	施耐德电器工业公司	2	4	0
12	泰科电子公司	6	0	0
13	安徽宇腾真空电气有限责任公司	0	6	0
14	上海良信电器股份有限公司	0	4	1
15	乐清市博骏自动化有限公司	0	5	0
16	宁波市镇海华泰电器厂	5	0	0
17	乐清市德技自动化设备有限公司	0	5	0
18	常州市武进亚太机电配件有限公司	0	5	0

（续）

(续)

序号	企业名称	授权发明专利数量	授权实用新型专利数量	授权外观设计专利数量
19	天水二一三电器有限公司	1	0	2
20	株式会社电装	4	0	0
21	福州大学	4	0	0
22	天水长城电工起重电气有限公司	0	4	0
23	成都海沃斯电气技术有限公司	1	3	0
24	三菱电机株式会社	2	1	0
25	乐清市长征电器开关厂	0	3	0
26	沈阳斯沃电器有限公司	0	3	0
27	哈尔滨工业大学	3	0	0
28	贵州天义电器有限责任公司	0	3	0
29	ABB 有限公司	2	0	0
30	沈阳工业大学	0	2	0
31	通用电气公司	1	0	0

质量 浙江正泰电器股份有限公司进一步提升质量管控，顾客百万台投诉率同比下降89.98%，顾客投诉次数同比下降89.02%；万元销售质量问题退货额同比下降58.39%，质量退货额同比下降62%，公司产品质量水平提升。完善质量管控机制，推进质量评价工作，树立内部标杆，发布质量"红黑榜"，从实物质量和体系管理方面进行量化评价促进改进。全面实施"四大"提升工程，将公司年度"质量月"提升为"质量年"，参与推动"浙江制造"品牌认证。

德力西电气有限公司三大生产基地制造的产品都要经过自动化检测体系检测，确保所有性能参数百分百合格。

企业安全生产投入达到数百万元，开展了多种类型培训教育，百万工时损工事故率为0。2015年12月，德力西电气温州工业园以折合百分制94.3分的优秀成绩，顺利通过国家一级安全生产企业标准化现场审核。

北京人民电器厂有限公司各个分厂通过严把产品质量的出厂关、不断改进内部共同协作，有效降低了34%的客户退货率，提高了客户对产品质量的满意度。该公司生产的产品在接受国抽和省抽以及CQC的监督审核时全部合格通过。

标准化 2015年全国低压电器标准化技术委员会（简称低压电器标委会）制定、修订国家标准10项，见表14。

表14　2015年低压电器行业制定、修订国家标准

序号	标准项目名称	制定或修订	完成年限
1	低压开关设备和控制设备　第4-2部分：接触器和电动机起动器　交流电动机用半导体控制器和起动器（含软起动器）	修订	2015
2	低压开关设备和控制设备　第4-3部分：接触器和电动机起动器　非电动机负载用交流半导体控制器和接触器	修订	2015
3	低压开关设备和控制设备　第8部分：旋转电机装入式热保护（PTC）控制单元	修订	2015
4	低压开关设备和控制设备　第3部分：开关、隔离器、隔离开关及熔断器组合电器	修订	2015
5	家用和类似用途的不带和带过电流保护的F型和B型剩余电流动作断路器	修订	2015
6	具有自动重合闸功能的剩余电流保护断路器（CBAR）	制定	2015
7	剩余电流动作继电器	修订	2015
8	低压开关设备和控制设备　第5-2部分：控制电路电器和开关元件　接近开关	修订	2015
9	电动汽车模式2充电的缆上控制与保护装置（IC-CPD）	制定	2015
10	低压熔断器　第3部分：非熟练人员使用的熔断器的补充要求（主要用于家用及类似用途的熔断器）标准化熔断器系统示例A至F	修订	2016

低压电器标委会归口的现行标准106项，其中国标69项、行标37项。现行国家标准中，强制性标准24项、推荐性标准34项、指导性技术文件11项；等同采用国际标准38项，修改采用国际标准14项。

2015年TC189共收到IEC文件88份，其中投票文件37份，包括SC121A的12份和SC23E的25份；TC340收到2份IEC文件，其中投票文件有1份；TC340/SC2收到13份IEC文件，其中投票文件有6份；TC417收到IEC文件11份，其中应投票文件5份。

2015年，低压电器标委会秘书处共收到IEC文件近百份，其中应投票文件47份，投票率100%。

2015年，申报上海市2015年度"科技创新行动计划"技术标准项目1项、配合申报工信部智能制造项目1项，获得工信部"用户端电器元件智能制造设备标准与试验验证系统研究"项目1项。

2015年度申报正泰创新奖个人奖3项、项目奖1项；申报2015年度机械工业科学进步奖1项；申报2015年度上海市标准化推进专项5项；申报普陀区标准化推进专项奖6项。获得2015年度正泰创新奖个人奖2项（尹天文获得突出贡献奖、栗惠获得优秀中青年奖），项目奖三等奖1项（项目名称：NB/T 31039—2012《风力发电机组雷电防护系统技术规范》）；获得2015年度普陀区标准化推进专项奖6项；获得2015年度机械工业科学进步二等奖1项（项目名称：风力发电机组雷电防护系统技术规范）。

2015年度重点针对研发、设计、试验等技术人员进行电弧故障保护电器（AFDD）标准培训，就AFDD标准的国内外应用情况、AFDD的国际标准化动态、AFDD产品的国内外专利解析、AFDD检测技术与检测设备进行详细解析与宣贯。为厦门宏发提供IC-CPD、自恢复式过欠压保护器标准培训；为无锡罗格朗公司量身打造低压电器典型产品选型选材知识培训；为企业提供标准技术咨询，随时解答标委会网站上委员们提出的技术问题；为企业提供企标等外文翻译服务等。

2015年标准化主要活动有：

1月26—30日，低压电器标委会派4人参加在日本冲绳召开的IEC/SC121A/WG2工作组会议。会议主要对所负责标准的制修订情况进行讨论，并对直流技术的应用、高效电机的推广，以及相关标准的制修订内容等进行了探讨。

5月29日，全国低压电器标准化技术委员会联合中国电器工业协会通用低压电器分会在上海组织召开了新型防火电器——电弧故障保护电器（AFDD）研讨会，标准主要起草人员与专家对新出版的国家标准GB/T 31143—2014《电弧故障保护电器（AFDD）的一般要求》进行详细讲解。同时，还介绍该标准的国内外应用情况、AFDD的国际标准化动态、AFDD产品的国内外专利解析以及其检测技术与检测设备等，42家单位、94人参加会议。

5月19—22日，国际电工委员会家用断路器和类似设备分技术委员会的电击防护工作组（IEC/SC23E/WG2）和小型断路器工作组（IEC/SC23E/WG1）在奥地利的萨尔斯堡举行会议，来自世界各国的40名专家出席。低压电器标委会派中国专家刘金琰参加。会议讨论IEC 62606《电弧故障保护电器（AFDD）》第1版的修改单草案，讨论用于直流应用场所的剩余电流保护器（RCD），讨论中国提交的新工作提案（NP）的具体内容等。

7月31日，由通用低压电器分会和全国低压电器标委会联合举办的"远程智能控制及自动重合闸小型断路器"技术研讨会在上海举办。会议就"远程智能控制及自动重合闸MCB应用情况和产品技术路线""远程智能控制小型断路器国内外专利""远程智能控制及自动重合闸小型断路器相关标准"等进行详细的分析和阐述。来自低压电器制造企业的52家单位、80余人参加会议。

9月8—9日，TSE TF会议在意大利贝加莫召开，来自MT9、MT6和WG2的专家共20余人参加，低压电器标委会派2人参加此次会议。针对专家提出的当TSE具有不同工作位、控制器单独提供、安装位置不同如何考虑产品要求等，低压电器标委会代表结合新修订的国标GB/T 14048.11《低压开关设备和控制设备 第6-1部分：多功能电器 转换开关电器》以及现行国标GB/T 31142—2014《转换开关电器（TSE）选择和使用导则》的有关内容做了介绍。同时，经讨论形成完善现有功能和要求、拟开展研究TSE的安装要求和选用准则等数条决议。

10月27—29日，IEC/SC121A/MT9工作组会议在上海召开。会议讨论IEC 60947-2《低压开关设备和控制设备 第2部分：断路器标准维护》附录B（具有剩余电流保护的断路器）中有关B型RCD补充内容及意见、有关铝导体接线端子的议题、进一步明确电路的试验温度要求等。会议介绍IEC 60947-2在中国的现状，包括其采用版本情况、中国国家标准与IEC标准的关系、中国国标与IEC标准的差异以及中国断路器标准下一步的工作重点（如风力发电、农网改造对断路器的特殊要求研究）等，工作组专家对中国的标准制定给予关注和肯定。19名代表参加此次会议，低压电器标委会派黄兢业等2位代表参加此次会议。

11月10—13日，国际电工委员会家用断路器和类似设备分技术委员会的电击防护工作组（IEC/SC23E/WG2）和小型断路器工作组（IEC/SC23E/WG1）会议在西班牙巴塞罗那举行。会议通过RCD共用安全出版物（GSP）的NP文件、讨论过电压保护电器（POP）有关技术要求的差异、讨论增加EN 50550的3个试验等。同时，研讨标准中采用"blocks and modules"方法、用于直流和光伏场所的AFDD、用于直流系统的RCD；IEC 60898-2《家用及类似场所用过电流保护断路器 第2部分：用于交流和直流的断路器》；讨论已获通过的中国关于直流断路器新工作提案（NP）等。来自世界各国的32名专家出席了会议，低压电器标委会派刘金琰参加会议。

11月24—25日，全国低压电器标委会（SAC/TC189）、全国熔断器标委会（SAC/TC340）、全国低压设备绝缘配合标委会（SAC/TC417）、全国低压电器标委会家用断路器及类似设备分委会（SAC/TC189/SC1）、全国熔断器标委会低压熔断器分委会（SAC/TC340/SC2）在杭州联席召开了标委会工作会议暨标准审查会，121家单位、195人参加。大会汇报各标委会本年度工作报告、IEC动态报告及2016年标准化工作重点，通报新型标准体系建设、标准化技术委员会管理模式改进、智能制造综合标准化体系建设等最新信息。各标委会分别组织委员及代表对会议提交的标准送审稿进行审查和研讨，并审查通过8

份国家标准和 1 份能源局行标。

品牌培育 2015 年 4 月 28 日在北京召开的 2015 年机械工业品牌战略推进工作会议上，低压电器分会推荐的企业品牌——常熟开关制造有限公司品牌 Rc（图形）、上海人民电器厂品牌上联、杭州之江开关股份有限公司品牌杭申、北京人民电器厂有限公司品牌国安详、上海良信电器股份有限公司品牌 Nader 及良信等 8 个系列产品的品牌受到表彰。

上海良信电器股份有限公司、杭州之江开关股份有限公司、法泰电器（江苏）股份有限公司和江苏凯隆电器有限公司获得 AAA 级信用企业称号。

浙江正泰电器股份有限公司设计发布了 2015 正泰品牌 VI 标准，推进实施诺雅克 VI 规范 1.0 版本；借助汉诺威展会平台，策划并成功举办第六届国际营销大会，促进品牌宣传。创新 Facebook、微信等新媒体应用方式，面向全球客户发布市场拓展、公司动态等信息，利用粉丝圈扩大品牌影响力。

2015 年德力西电气有限公司断路器荣获浙江名牌产品称号，领航者 CJX2s 系列荣获 2015 PEC 年度工程师选择奖。公司通过全国首家"五星品牌"认证（低压电气行业唯一获此殊荣的企业），获"全国用户满意标杆企业"称号，再次获得国家高新技术企业证书，先后获得第五届中国公益节——2015 年度责任品牌奖、中国青基会希望工程 2015 年杰出贡献奖、2015 CSR 中国文化奖——最佳社会参与奖、第十四届中国自动化年度大奖创新产品奖等，跻身中国电气工业 100 强、中国电气工业创新力 10 强。

2015 年，上海人民电器厂顺利通过 CCC 工厂检查、上海市质量监督抽查、ISO9001 及 E.OHS 体系认证等。RMW1、RMW2、ME 系列万能式断路器，RMM1、RMM2 系列塑料外壳式断路器保持"上海名牌"称号。RMM1 系列塑料外壳式断路器被中国电器工业协会评为质量可信产品。连续保持全国售后服务十佳单位称号。

北京人民电器厂有限公司 2015 年 12 月注册申请了 GEIREN 商标。

2015 年杭州之江开关股份有限公司的"杭申"牌万能式断路器、"杭申"牌塑料外壳式断路器、"杭申"牌低压成套开关设备被评为中国机械工业优质品牌。

基本建设 2015 年 10 月，德力西电气芜湖工业园正式竣工投产。芜湖工业园整体自动化率突破 50%，被行业媒体评选为年度国内电气界十大动态之一，也被誉为电气行业拥抱"互联网+"的典范。

公益 2015 年，德力西电气芜湖百花希望小学和德力西电气宁夏中卫希望小学两所学校正式揭牌及投入使用，这是继贵州、新疆、黑龙江、四川、芜湖希望小学之后的又一公益之举；携手合作伙伴走进 29 个地区、52 个敬老院关怀孤寡老人；赞助温州本土业余龙舟队参与各项中华龙舟赛事，普及龙舟传统文化；开展小候鸟夏令营，关怀员工留守儿童学习及安全；在西藏日喀则地区紧急灾害救助等领域，取得重大成绩。

行业"十三五"发展规划 指导思想：适应我国经济发展的新常态、新模式，抓住"一带一路"、京津冀协同发展、长江经济带机遇，紧跟国际发展趋势，大力发展低压电器行业新技术的研究和应用，加快提升产品精细化生产水平和能力，加快推进与提升制造能力与质量水平，积极利用"互联网+"布局国际化、中高端市场渠道，进一步缩小国内外差距，推动我国从低压电器的制造大国向制造强国发展和转型。

总体发展目标：

（1）建立国际化、中高端市场渠道，引导与推进我国电器行业走出去战略的实施与实现，进一步提升产品在中高端与国际市场的占有率（10%），扩大市场影响力与竞争力。

（2）建立行业创新研发平台，解决制约行业发展的技术瓶颈，提升原创能力与核心竞争力，研发创新能力达到国际先进水平。

（3）建立两化融合体系、可靠性管理体系以及数字化工厂，加快智能制造装备的研制，缩小与国际先进水平在产品质量（一致性与可靠性）上的差距（10%），提升企业智能制造水平与能力。

（4）建立层次分明的新型标准体系，形成科技与标准、标准与产业相结合的有效推进机制。

（5）建立行业电器专业培训基地，强化专业技能系统培训，形成一批专业化高素质人才与团队（1 000 人）。

（6）建立行业品牌培育体系，引导企业制订品牌培育战略并推动实施，进一步推进行业的转型升级与可持续发展。

重点发展领域：基础技术和共性技术研究；产品及系统可靠性技术研究；系统解决方案研究；智能制造技术研究；新材料应用技术研究；适应新技术发展的相关工艺研究。

主要产品技术指标发展趋势见表 15。

表 15 主要产品技术指标发展趋势

产品类型	主要技术指标
万能式断路器（ACB）	I_n：250～7 400A；U_e：AC 400V/690V，DC 500V/1 000V；寿命大于 15 000 次；I_{cu}：AC 400V/690V 150/100kA；I_{cs}：（AC 400V/690V）150/100kA；I_{cw}：（AC 400V/690V, 1s）135/100 kA
塑壳断路器	I_n：16～1 600A；U_e：AC 400V/500V/690V,DC 500V/750V/1 000V；$I_{cu}=I_{cs}$：（400V/690V）200kA/100kA；操作寿命大于 50 000 次
交流接触器	I_n：6～2 600A；U_e：AC 400V/690V；机械寿命大于 15×10^6 次，电气寿命（AC3/400V）大于 50×10^4 次

(续)

产品类型	主要技术指标
自动转换开关电器	I_n: 63～6 300A; U_e: AC 400V/690V; 接通与分断能力 (kA/循环): (AC 400V) 24/12, (AC 690V) 12/12; I_{cw}:85kA/0.5s; I_{cm}: (AC 400V) 187kA, (AC 690V) 176kA; 操作寿命大于10 000次
控制与保护开关电器	I_{emax}: 16～125A; U_e: AC400V/690V; 机械寿命1 500万次, 电气寿命大于 (400V/AC 44) 20 000次; I_{cs}:(400V/690V) 50kA/4kA
家用断路器	额定电流: 6～100A; 额定工作电压: AC 230/400V, DC 230～1 000V; 操作寿命大于20 000次; 额定短路分断能力 (I_{cn}) 6～15kA
低压电涌保护器	I_{imp}/I_n: 30kA, I_f: 50kA; U_p: 2.2kV; 带过流保护的限压型产品在10A～I_p宽范围内可过电流瞬动保护
电弧故障断路器	I_n: 15～63A; U_e: AC 120V/240V; 操作寿命大于20 000次; I_{cn}:10kA; GFCI电流等级5mA

行业发展对策和措施建议:

1. 提升市场影响力与竞争力

（1）深入研究市场规律与价格机制, 创新市场机制、营销模式, 逐步探索国际化的定价机制。加强企业对市场规律与价格机制的研究和投入, 积极参与市场化竞争, 开拓国际视野, 在政策有利导向条件下, 参与国际化竞争, 实现国际化的定价机制。

（2）深入研究市场需求与动向, 进一步关注市场细分与产品的适应性。有效制定产品定位, 结合企业自身及宏观现状, 积极参与及探索细分市场, 建立有特色的企业产品服务, 提升产品全面适应性。

（3）积极运用"互联网+", 打造电商平台。"互联网+"代表一种新的经济形态, 充分发挥互联网在生产要素配置中的优化和集成作用, 将互联网的创新成果深度融合于电工行业领域之中, 提升实体经济的创新力和生产力, 形成更广泛的以互联网为基础设施和实现工具的经济发展新形态。积极探索电商平台建设与电工行业的结合模式, 提升企业市场开拓能力。

（4）积极利用金融资本工具, 探索系统工程总包模式（EPC/EPCM、BOT/BT）。灵活应用金融资本工具, 创新探索各种工程模式, 积极促进和提升企业市场竞争力。

（5）推行实时远程维护与服务, 建立产品全生命周期管理（PLM）服务体系。创新开拓电工企业服务模式, 以客户需求为中心, 结合科技的服务体系, 进行实时跟踪、反馈、修正服务, 对产品信息进行数字化管理, 建立高效、周全的全方位服务。

2. 研发创新与平台建立

建立低压电器行业与企业创新研发平台, 开展低压电器共性技术研究与攻关, 开展产品与系统可靠性技术研究, 行业（企业）技术创新平台建设。

3. 提升制造能力与水平

开展两化融合体系在低压电器行业中的研究与应用, 建立基于物联网与能效管理的低压电器产品的数字化工厂, 开展低压电器智能制造装备与关键工艺研究。

4. "十三五"低压电器行业标准化工作

结合国家"十三五"标准体系规划要求, 不断完善低压电器标准体系; 结合新技术的发展, 开展重点领域的标准制修订工作; 落实国家标准化工作走出去战略, 提升国际标准化工作的水平和能力; 进一步提升行业的标准社会化服务水平。

5. 建立行业培训基地

建立行业专业、有资质的培训服务基地; 建立专业培训师资队伍; 编写专业培训教材与资料; 系统开展专业培训与辅导; 建立网络培训服务平台。

6. 建立行业品牌培育体系

制定品牌培育战略; 研究企业与产品线定位, 大力培育专、精、特、新企业发展; 建立完善的知识产权保护体系; 加大在国际、中高端领域品牌宣传与引导的力度; 进一步规范企业运行机制, 加强行业自律, 营造健康有序的竞争环境; 研究产业与资本市场的结合, 推进行业的转型升级与可持续发展。

行业活动

1. 会议

6月29至7月1日, 通用低压电器分会会员大会暨2015年行业发展研讨会在福州召开。会议听取"我国电力工业'十三五'发展展望""低压电器行业'十三五'发展规划"的报告。160多家单位350多位代表出席了会议。会议还表彰29家先进会员单位和4家可靠性示范企业。

5月20—22日, 中国低压电器企业家联谊会会议在桂林举行, 16位企业家及代表共22人出席会议。会议重点就低压电器行业"十三五"发展规划、通过实施资本运作促进企业发展等主题作深入研讨, 为行业"十三五"持续健康发展起到积极的指导作用。

9月1日, 由通用低压电器分会和上海电器科学研究院联合组织的"风电系统用万能式断路器（ACB）专题研究工作组"第一次工作组会议在上海召开。会议主要围绕万能式断路器在风力发电系统的应用、相关技术改进实施方案、工作计划等进行分析和讨论, 10家企业、24位代表参加了会议。

10月29—31日, 中国低压电器企业家联谊会一届七次会议在重庆举行。此次会议完成换届, 选举产生新一届领导机构。同时, 就行业标准化工作的发展进行深入研讨。正、副会长及会员共21人出席会议。

11月5—7日, 中国电工技术学会低压电器专业委员会在镇江召开第七届第一次会议。会议审议通过"低压电器专委会第六届工作总结"、新一届候选委员的介绍及选举小组成员名单，选举产生新一届领导机构，明确2016年专委会将开展的具体工作等。同时，安排"低压电器行业发展规划"和"智能电器的最新技术研究与发展前景"等主旨报告。上级领导、委员及委员代表64人参加会议。

2. 研讨会

3月25—27日，"智能配电电器研发技术系列培训——专题技术研修班（第一期）"培训在上海举办，来自全国各地50余家企业和研发单位、70多位研发工程师参加了研修。

5月14—16日，"智能配电电器研发技术系列培训——专题技术研修班（第二期）"在上海举办，为行业企业提供智能控制设计领域、可通信领域、新能源领域、低压电器EMC设计的专业知识。全国50余家企业和研发单位、70多位研发工程师参加。

9月15日，第十一届中国智能电工技术论坛暨低压电器智能制造技术研讨会在昆山召开。论坛以"把握机遇，推进电器行业智能制造能力提升"为主题，来自全国从事低压电器生产制造企业以及相关软件、制造装备和智能制造研究领域的专家、科技人员170余人参加了论坛。

9月14—16日，现代智能电器智能制造及工艺技术高级研修班在昆山举办。培训内容包括新材料、相关工艺及应用研究；电器制造及装配工艺；智能制造和工业4.0等。全国50余家企业和研发单位、90位研发工程师参加。

3. 交流

4月8—16日，由上海电器科学研究院尹天文院长为团长的一行近90人参观了2015汉诺威工业博览会，并对德国Otto Bihler公司、德国西门子公司进行了技术考察和交流。

12月5—15日，通用低压电器分会、上海电器科学研究院组织考察团一行25人赴美开展有关电弧故障保护电器（AFDD）技术与产品交流考察活动。考察团参观了美国电力展，访问了美国伊顿电气公司、美国消防协会（NFPA）以及UL公司试验站，并与各企业技术专家展开深入的交流。

3月，完成2014年年鉴的编撰工作，获得了中国机械工业年鉴编辑部等上级部门的好评。

〔撰稿人：中国电器工业协会通用低压电器分会孙琪荣〕

2016年发展情况

生产发展情况 2016年受世界发达经济体总需求不足和增长率不高的环境影响，低压电器行业企业生产和营销增幅不大。据统计分析，2016年行业企业规模、产品质量等方面良莠不齐，劳动力成本逐步攀升，中小企业基础研究薄弱，研发投入普遍不足，缺乏核心产品技术，发展缓慢。

行业优秀企业注重研发平台建设、加快智能制造（数字化车间、自动化生产线等）的建设步伐，产品质量、可靠性和外观设计有较大提升。内资企业开始逐步接受与应用资本运作（IPO、新三板、兼并与收购），促进行业发展。

总体上，2016年低压电器行业保持平稳发展。2016年低压电器行业主要经济指标见表1。

表1 2016年低压电器行业主要经济指标

指标名称	单位	数量	同比增长（%）
产品销售收入	亿元	678.00	1.20
工业增加值	亿元	168.00	1.81
利润总额	亿元	48.20	2.50
低压电器主要元器件进出口总额	亿美元	48.41	1.15
其中：进口额	亿美元	20.47	4.30
出口额	亿美元	27.94	-1.10

据统计，2016年低压电器行业工业总产值（低压元器件及部附件总产值）上亿元的企业为：

10亿元以上：浙江正泰电器股份有限公司、德力西电气有限公司、浙江天正电气股份有限公司、常熟开关制造有限公司（原常熟开关厂）、苏州西门子电器有限公司、上海良信电器股份有限公司、施耐德万高（天津）电气设备有限公司、环宇集团有限公司、福达合金材料股份有限公司等。

5亿~10亿元：上海电器股份有限公司人民电器厂、北京ABB低压电器有限公司、罗格朗低压电器（无锡）有限公司、杭申集团有限公司、北京人民电器厂有限公司等。

3亿~5亿元：厦门宏发开关设备有限公司、江苏洛凯机电股份有限公司、天水二一三电器有限公司、上海西门子线路保护系统有限公司等。

2016年低压电器行业各项综合经济指标情况见表2。2016年低压电器行业经济效益综合指数名列前茅的企业见表3。

表2 2016年低压电器行业各项综合经济指标情况

经济指标	单位	行业年平均值
工业经济效益综合指数		2.73
总资产贡献率	%	16.12
成本费用利润率	%	8.62
资本保值增值率	%	116.54
资产负债率	%	50.55
流动资产周转率		2.58
全员劳动生产率	万元/人	23.31
工业产品销售率	%	96.46

表3 2016年低压电器行业经济效益综合指数名列前茅的企业

序号	企 业 名 称	经济效益综合指数	总资产贡献率（%）	资本保值增值率（%）	资产负债率（%）	流动资产周转率（次）	成本费用利润率（%）	全员劳动生产率（万元／人）	产品销售率（%）
1	施耐德万高（天津）电气设备有限公司	9.98	93.77	115.31	64.32	2.09	61.40	87.31	99.90
2	上海电器股份有限公司人民电器厂	9.66	15.78	122.36	56.09	1.89	5.38	55.71	100.00
3	常熟开关制造有限公司（原常熟开关厂）	6.67	36.50	110.58	37.98	1.11	53.17	57.68	85.10
4	德力西电气有限公司	6.54	19.32	110.57	59.84	2.31	11.46	84.73	83.54
5	苏州西门子电器有限公司	5.92	30.62	72.43	28.08	2.82	28.49	60.38	89.60
6	罗格朗低压电器（无锡）有限公司	5.72	92.90	132.82	49.80	2.17	10.04	47.89	141.11
7	北京ABB低压电器有限公司	3.92	31.04	96.11	43.40	2.23	17.22	34.24	110.54
8	浙江正泰电器股份有限公司	3.62	15.16	220.38	19.40	1.36	21.67	30.38	97.82
9	北京人民电器厂有限公司	2.62	9.48	111.85	45.66	0.68	14.70	23.72	85.31
10	上海良信电器股份有限公司	2.39	18.20	169.48	18.03	1.18	18.57	12.45	100.00

行业发展特点

1.行业经济指标小幅增长

从上报的116家企业统计年报看，全年出现增长的企业占上报企业数的56%左右，约1%的企业生产销售与2015年基本持平，还有约43%的企业比2015年有所下降，整个行业的经济发展呈小幅增长态势。

2016年，在公布的第13届中国电气工业发展高峰论坛暨第17届中国电气工业100强中，通用低压电器分会会员浙江正泰电器股份有限公司等单位占据百强15席，同比增加1席。

2016年，低压电器主要产品的产量小幅增长。2016年低压电器行业主要产品产量见表4。

表4 2016年低压电器行业主要产品产量

产品名称	单位	产量	同比增长（%）
万能断路器	万台	104.8	2.79
塑壳断路器（含漏电）	万台	5 570.0	9.20
小型断路器（含漏电）	亿极	10.9	17.20
接触器	万台	12 228.0	13.20

2016年低压电器主要元器件和部附件产量、产值综合统计较好的企业有：

万能式断路器：浙江正泰电器股份有限公司、常熟开关制造有限公司（原常熟开关厂）、德力西电气有限公司、苏州西门子电器有限公司、上海电器股份有限公司人民电器厂等。

塑壳断路器：浙江正泰电器股份有限公司、德力西电气有限公司、常熟开关制造有限公司（原常熟开关厂）、浙江天正电气股份有限公司、上海良信电器股份有限公司、北京人民电器厂有限公司等。

小型断路器：浙江正泰电器股份有限公司、德力西电气有限公司、浙江天正电气股份有限公司、上海良信电器股份有限公司、北京ABB低压电器有限公司等。

接触器：浙江正泰电器股份有限公司、德力西电气有限公司、厦门宏发开关设备有限公司、桂林机床电器有限公司、苏州西门子电器有限公司等。

电器部附件：江苏洛凯机电股份有限公司、无锡新宏泰电器科技股份有限公司、苏州万龙电气集团股份有限公司、苏州未来电器股份有限公司、宁波奇乐电气集团有限公司等。

2.经济运行质量良好

据统计，行业工业增加值和利润总额这两项重要经济指标同比分别增长1.59%和2.50%；反映行业盈利水平的成本费用利润率、资本获利能力的总资产贡献率和反映资金效率的流动资产周转率同比均有一定幅度增加，企业经济运行质量和经济效益得到提升，运行良好。

3.骨干企业创新驱动转型发展意识增强

2016年行业骨干企业注重基于整体解决方案的新产品研发；注重产品结构调整与升级；注重精益化生产管理、信息化管理；注重供应商管理（制造装备及生产能力提升、质量管理体系建设）；注重创新开发跨界应用市场；注重市场销售模式多样化等，企业在创新驱动中得到发展。

4.企业利润增长放缓

2016年行业企业受市场大环境的影响，加上劳动力成本攀升及生产波动性大、三角债务有复燃趋势、市场价格战加剧、产品同质化、专业技术人员短缺或流失、企业技术领军人才缺乏，以及市场需求变化和质量要求不断提高、国内品牌影响力不高、重大项目招标指定国外品牌、汇率变动影响等因素的制约影响，导致年度行业企业利润增长有所放缓。

5.应用于新领域的产品较弱

据分析，新能源发展给低压电器行业提供了转型升级的良好机遇，低压电器产品向光伏发电逆变器、新能源控制与保护系统、分布式能源、储能设备、直流开关电器设备等领域扩展，提供整体解决方案。优秀企业着手布局新能源领域，在大光伏、风电、太阳能等新能源市场上加大投入，加快产品研发步伐。对于风电、光伏领域的新要求，行业企业短时间内难以满足市场需求，适应新能源领域的能力较弱，需加大投入和研究，以满足新能源个性化的市场需求。

6. 研发投入仍显不足，核心技术缺乏

据统计，2016年行业优秀企业的产品科研与研发投入同比有所增长，如浙江正泰电器股份有限公司、德力西电气有限公司、常熟开关制造有限公司、北京ABB低压电器有限公司、上海电器股份有限公司人民电器厂、上海良信电器股份有限公司、罗格朗低压电器（无锡）有限公司、北京人民电器厂有限公司、杭申集团有限公司等，这些优秀企业的科研投入均占销售额的3.0%～6.9%。然而，行业不少中小企业因融资困难，设备没有及时更新换代或升级，致使企业在科研投入、新品研发与技改投入等诸多方面出现困难，表现为基础研究薄弱，产品质量和品质出现"不进则退"现象，产品缺乏核心技术，市场竞争力不强，企业发展后劲缺乏。

7. 资本运作模式助推企业发展

行业部分企业，如正泰电器、上海良信、宏发股份、无锡新宏泰等已走入资本市场，借助资本市场不断提高其品牌和市场知名度。同时，募集的资金用于产品研发和新市场开拓，如正泰布局光伏，长城电工加码电池业务，厦门宏发的汽车电子、新能源汽车产品及电力继电器获得发展。这部分企业改变融资渠道单一的状况，结合企业自身实际情况和发展战略，采用资本运作模式推进企业发展的模式值得借鉴。

8. 主要元器件进出口总额开始回升

根据海关统计的数据，2016年我国低压电器的各类元器件均有不同数量的进出口，主要为继电器、断路器、熔断器等。对低压电器主要元器件按税则号采用不同的统计系数，统计结果为：2016年低压电器主要元器件进出口总额约48.41亿美元，同比增长1.15%。其中进口额20.47亿美元，同比增长4.3%；出口额27.94亿美元，同比下降1.1%。分类细分看：继电器进口额增长6.72%，出口额增长0.82%；断路器进口额下降3.06%，出口额下降6.09%；熔断器进口额增长0.30%，出口额下降12.98%。

2016年低压电器主要元器件进出口情况见表5。

表5 2016年低压电器主要元器件进出口情况

税号	产品名称	进口 数量（个）	进口 金额（万美元）	出口 数量（个）	出口 金额（万美元）
85361000	熔断器 $U \leq 1\,000$V	7 870 635 136	45 063	3 966 454 433	21 466
85362000	断路器 $U \leq 1\,000$V	115 516 281	20 750	388 722 349	81 910
85363000	其他电路保护装置 $U \leq 1\,000$V	1 555 278 457	44 441	759 051 516	68 477
85364110、85364190	继电器 $U \leq 60$V	1 058 981 228	78 117	1 789 413 264	77 787
85364900	继电器 $60 \leq U \leq 1\,000$V	179 879 729	27 237	806 591 337	48 639
85365000	开关 $U \leq 1\,000$V	10 839 409 669	180 038	9 813 754 996	225 453
85369000	其他连接用电器装置 $U \leq 1\,000$V	18 180 056	113 197	91 911 926	153 669

科技成果及新产品 2016年，常熟开关制造有限公司完成CW3R-2500万能式断路器、CM5（Z）AC 690V高性能塑壳断路器等9项新产品开发、鉴定。公司GGL低压成套开关设备荣获中国机械工业科学技术奖二等奖，6项产品荣获江苏省高新技术产品称号。公司申报承担国家智能制造专项。

北京人民电器厂有限公司"智能型高性能小体积万能式断路器的研究与应用"获中国机械工业技术发明一等奖和中国电工技术学会科学技术奖二等奖。

上海电器股份有限公司人民电器厂全年共完成断路器等15项新产品和科技项目的研发，完成18个专利申请及各项专利维护。

2016年低压电器行业新产品见表6。

表6 2016年低压电器行业新产品

序号	企业名称	产品型号
1	浙江正泰电器股份有限公司	NCK5交流接触器、NXBLE-125G剩余电流动作断路器、NXA40H系列万能式断路器
2	常熟开关制造有限公司（原常熟开关厂）	CW3-2500万能式断路器，CM5（Z）-250、400/630高性能塑壳断路器，CM5L（ZL）-250、400带剩余电流保护（B型）塑壳断路器，CM3DC-250HU/3P DC1500V 直流塑壳断路器，CAP2-3200自动转换开关电器，CAP1-100二极自动转换开关电器，CGD3-32直流隔离开关
3	上海电器股份有限公司人民电器厂	RMW1G-2000隔离开关、RMWGL1-2000隔离器、RMM3-160S、315S塑壳断路器
4	浙江天正电气股份有限公司	TGB1N-63小型断路器，TGB1NLE-32、63小型断路器，TGB1NLE-40剩余电流动作断路器，TGB3LE-40剩余电流动作断路器，TGM3E塑料外壳式断路器

(续)

序号	企业名称	产品型号
5	天水二一三电器有限公司	GSM3-63、160L、M、H/3、4塑壳断路器，GSZ4-40J、75J交流接触器，GSC4-40D、40S交流接触器，GSC2-25J（2P）、100J（4P）交流接触器，GSZ4-40T、75T、250T、400T直流操作交流接触器，GSZ8-10、20、300直流接触器
6	环宇集团有限公司	HYB6-63小型断路器、HYB6LE-63小型漏电断路器、HYM6系列塑壳断路器、HUM8DL-250电子式漏电断路器、H8SP（PC级自动转换开关）
7	苏州西门子电器有限公司	3VL/3VA塑壳断路器
8	上海良信电器股份有限公司	NDW3-2500万能式断路器，NDM5（Z/E）-1600塑壳断路器，NDB2F、NDB3F小型断路器，NDG3-32旋转式隔离开关
9	北京人民电器厂有限公司	GT67隔离开关、GM5-250PV塑壳直流断路器、GC6系列接触器、GW8-4000万能式断路器
10	罗格朗低压电器（无锡）有限公司	DQP-630转换开关电器、DRX250HP塑壳断路器、RX3-IS隔离开关
11	上海电器陶瓷厂有限公司	STB1LGQ-63过欠压保护漏断路器、STG3-400熔断器式隔离开关
12	无锡新宏泰电器科技股份有限公司	HTS-63塑壳断路器
13	沈阳斯沃电器有限公司	SIWOQ5-500/3、4C自动转换开关电器，SIWOQ5P-500/3、4自动转换开关电器，SIWOG4-250/3、4隔离开关
14	江苏洛凯机电股份有限公司	J45Ⅱ操作机构、CJ45Ⅱ抽架、J450Ⅱ操作机构、CJ450Ⅱ抽架、CJ50Ⅱ抽架、DC450电动操作机构

产品型号注册与管理 2016年，低压电器发证型号共33份，见表7。

表7 2016年低压电器发证型号

序号	申请单位	产品名称	企业型号
1	苏州金钟宏特电器有限公司	万能式断路器	FSAW1-2000、3200
2	苏州金钟宏特电器有限公司	塑壳断路器	FSAM2-100、225、400、800
3	苏州金钟宏特电器有限公司	剩余电流动作断路器	FSAM2L-100、225、400、800
4	广东亚欧电气科技有限公司	塑壳断路器	YAKM1-100、225、400、630
5	杭州乾龙电器有限公司	剩余电流动作断路器	QLLT-100、160、250、400、600
6	杭州乾龙电器有限公司	剩余电流动作断路器	QLL2-100、250、400、630、800
7	杭州乾龙电器有限公司	剩余电流动作断路器	QLL3-100、250、400、630
8	杭州乾龙电器有限公司	塑壳断路器	QLM2-63、125、250、400、630
9	杭州乾龙电器有限公司	漏电断路器	QLM2L-63、100、250、400、800
10	杭州乾龙电器有限公司	塑壳断路器	QLM2E-125、250、400、800
11	杭州乾龙电器有限公司	漏电断路器	QLB1L-63、125
12	杭州乾龙电器有限公司	小型断路器	QLB1-63、125
13	杭州乾龙电器有限公司	剩余电流保护器	JD6-6
14	杭州乾龙电器有限公司	剩余电流保护器	JD6-Ⅲ
15	扬州森昊电气设备有限公司	万能式断路器	YSHW1-2000、3200、6300
16	扬州森昊电气设备有限公司	塑壳断路器	YSHM1-100、225、400、630
17	上海民扬实业有限公司	万能式断路器	MSYW1-630、800、1000、1250、1600、2000
18	上海民扬实业有限公司	塑壳断路器	MSYM1-100、250、400、630
19	上海嘉晨实业有限公司	万能式断路器	SINW5-2000
20	上海嘉晨实业有限公司	塑壳断路器	SINM5-100、250、400、630
21	上海嘉晨实业有限公司	小型断路器	SINB5-63
22	上海嘉晨实业有限公司	自动转换开关电器	SINQ5-100、250、630
23	苏州安铠电气有限公司	塑壳断路器	SAKM1-125、250
24	中哈电力科技有限公司	剩余电流动作断路器	ZOHM1C-125、250、400、630、800
25	杭州鸿雁电力电气有限公司	塑壳断路器	SGEM3-125、250、400、630、800
26	上海上联电气科技有限公司	塑壳断路器	SHLM1-225

(续)

序号	申请单位	产品名称	企业型号
27	浙江赛米格电力科技有限公司	塑壳断路器	SMGM1-100
28	实德电气有限公司	漏电断路器	HDSM1L-100
29	广东广珠电器有限公司	小型断路器	CGZB65-63
30	浙江未来电气有限公司	剩余电流保护断路器	WLDM1LZ-250、400
31	浙江思创电力科技股份有限公司	塑壳断路器	ZJSM1-125、250、400
32	江苏卡博纳电气有限公司	塑壳断路器	KBNM1-100
33	莱格电气有限公司	塑壳断路器	LGNM1-225

专利 常熟开关制造有限公司全年新申请专利共计116项，其中发明专利20项。

2016年度德力西电气有限公司共申报专利92项，其中发明专利23项，实用新型专利62项；获得授权专利96项，其中发明专利24项、实用新型专利64个；获得国际认证证书共计120张，其中TÜV认证证书22张、SEMKO认证证书5张、KEMA认证证书1张、ACO认证证书1张、CE证书22张、CCC认证证书88张。

北京人民电器厂有限公司2016年度申报发明专利4项、实用新型专利2项。授权发明专利3项、实用新型专利2项。

上海良信电器股份有限公司2016年拥有有效专利292项，其中发明专利40项、实用新型专利198项、外观设计专利54项。

质量管理 2016年，北京人民电器厂有限公司推行PFMEA，对生产过程进行失效模式分析，对有风险的工序采取预防措施。产品采用二维码跟踪管理，产品在生产线上全流程质量数据记录和跟踪，避免检测不合格产品流入下道工序。生产的产品在接受国抽和省抽以及CQC的监督审核时全部合格通过。

标准化 2016年全国低压电器标准化技术委员会（简称低压电器标委会）制定、修订国家标准8项，见表8。

表8 2016年低压电器行业制定、修订国家标准

序号	标准号	标准项目名称	制定或修订	完成年限
1	GB/T 14048.5—2017	低压开关设备和控制设备 第5-1部分：控制电路电器和开关元件 机电式控制电路电器	修订	2016
2	GB/T 14048.13—2017	低压开关设备和控制设备 第5-3部分：控制电路电器和开关元件 在故障条件下具有确定功能的接近开关（PDDB）的要求	修订	2016
3	GB/T 34581—2017	光伏系统用直流断路器通用技术要求	制定	2016
4	GB/T 6829—2017	剩余电流动作保护电器（RCD）的一般要求	修订	2016
5	NB/T 42108—2017	家用和类似用途低压电路用的连接器件 汇流排	制定	2016
6	CEEIA××××—20××	家用及类似场所用过电流小型断路器	制定	2016
7	CEEIA××××—20××	热磁式塑壳断路器	制定	2016
8	GB/T 13539.3—2017	低压熔断器 第3部分：非熟练人员使用的熔断器的补充要求（主要用于家用及类似用途的熔断器）标准化熔断器系统示例A至F	修订	2016

低压电器标委会归口的现行标准108项，其中国标70项、行标38项。现行国家标准中，强制性标准24项、推荐性标准35项、指导性技术文件11项；等同采用国际标准39项，修改采用国际标准13项，非采标项目18项。

2016年TC189共收到IEC文件147份，其中投票文件55份，包括SC 121A的21份、SC23E的34份；TC340收到8份IEC文件，其中投票文件有2份；TC 340/SC2收到15份IEC文件，其中投票文件有4份；TC417收到25份IEC文件，其中投票文件有8份。

2016年低压电器行业获得正泰创新奖个人奖1项（刘金琰，突出贡献奖）；获得集团公司科技成果奖二等奖1项（GB/T 31143—2014《电弧故障保护电器（AFDD）的一般要求》）；获"十二五"机械工业标准化工作先进集体奖1项（全国低压电器标准化技术委员会）、标准化工作先进工作者2项（季慧玉、黄兢业）；获上海市标准化优秀技术成果奖二等奖1项（GB/T 31143—2014《电弧故障保护电器（AFDD）的一般要求》）、三等奖2项（GB/T 31142—2014《转换开关电器（TSE）选择和使用导则》、NB/T 31059—2014《风力发电机组双馈异步发电机用瞬态过电压抑制器》）；获普陀区标准推进专项资金支持5项；获上海市标准化优秀学术成果奖三等奖2项（家用和类似用途直流小型断路器标准研究、信息化时代低压电器标准化的发展趋势）。

申报上海市普陀区标准化专家库5人（季慧玉、尹天文、包革、黄兢业、栗惠）；获上海市科委技术专项1项（新能源发电系统用电器设备技术标准研究与应用）；获得国家级试点单位资格——上海电器科学研究院低压（智能）电器标准化服务业试点项目。

2016年标准化主要活动有：

2月29日至3月1日，IEC/SC121A/WG1工作组（低压开关设备和控制设备及其成套设备——能效工作组）会议在法国昂蒂布召开，共有19名代表参加此次会议。会议重点讨论了技术报告《低压开关设备和控制设备及其成套设备的能效导则》草案的内容及讨论开展有关开关设备和控制设备相关能效参数最小允差的调查等事宜。

3月7—9日，IEC/SC121A/MT9工作组（IEC 60947-2《低压开关设备和控制设备 第2部分：断路器》标准维护组）会议在法国昂蒂布召开。共有21名代表参加此次会议，低压电器标委会派2位代表参加。会议讨论并通过了IEC 60947-2第5版FDIS的意见，审查了MT9成员提出的在小型产品上的标志举例问题等。讨论IEC 63052《过电压保护电器（POP）》的NP文件并一致通过，决定由起草小组开始起草CD文件。讨论IEC/TS 63053《用于直流系统的RCD》。

6月6—8日，由上海电器科学研究院承办的IEC SC121A/WG2/TSE TF（转换开关电器特别工作小组）会议在中国杭州召开。来自中国、德国、法国、美国、印度、西班牙、加拿大等国家的23位专家参加此次会议，低压电器标委会共派出4位代表参会。会议对IEC 60947-6-1标准的试验条款提出修订建议。

6月7—10日，IEC/SC121A/WG2（接触器、起动器和类似设备）工作组会议在中国杭州召开。共有来自国内外的28名代表参加此次会议，低压电器标委会派3人参加。会议重点讨论了IEC 60947-4-1的修订内容等。

6月16—17日，低压电器标委会联合中国质量认证中心在上海召开JB/T 12762—2015《自恢复式过欠压保护器》和GB/T 31143—2014《电弧故障保护电器（AFDD）的一般要求》标准、检测、认证研讨会。44家低压电器制造、检测及认证机构的73位代表参加会议。

9月8日，由低压电器标委会和中国质量认证中心联合举办的GB/T 14048.11—2016《低压开关设备和控制设备 第6-1部分：多功能电器 转换开关电器》标准、检测、认证研讨会在上海顺利召开。制造企业及各相关检测及认证机构的78名专家及代表参与会议。该标准于4月25日发布，11月1日实施。

10月21日，低压电器标委会（SAC/TC189）、全国低压电器标委会家用断路器和类似设备分委会（SAC/TC189/SC1）和全国低压设备绝缘配合标准化技术委员会（SAC/TC417）在常熟联合召开了标委会工作会议暨标准审查会。共90家单位、147人参加。会议审查了5份标准送审稿，并形成了标准审查意见。

11月14—18日，国际电工委员会家用断路器和类似设备分技术委员会的电击防护工作组（IEC/SC23E/WG2）、小型断路器工作组（IEC/SC23E/WG1）会议在印度新德里举行，来自世界各国的40多名工作组成员出席会议，低压电器标委会派2人参加。会议对RCD共用安全出版物（GSP）的标准IEC/TR 60755 Ed.1.0《剩余电流动作保护电器的一般安全要求－共用安全出版物》的制定情况做了说明，对IEC 63052《过电压保护电器（POP）》草案的各国家委员会意见进行讨论，决定沿用IEC 62606（AFDD）的标准结构。同时，讨论IEC/TS 63053《用于直流系统的RCD》的草案，形成结论。会议讨论IEC 62020《剩余电流监视器（RCM）》第2号修改单草案的各国家委员会意见。会议增加一项议程来讨论中国提出的关于对IEC 62606:2013第1版（AFDD）的修改意见，决定将中国意见作为第2修改单在下次伦敦会议上进行讨论。会议还分三个小组讨论移动式剩余电流标准IEC 61540（PRCD）、RCD的可靠性和自检试验、RCD的EMC试验（IEC 61543），为后续新项目做前期研究等。

品牌培育 2016年通用低压电器分会完成6家企业机械工业优质产品推荐资料上报，2家企业品牌价值评价推荐资料上报，2家企业能效产品推荐资料上报；落实第三届中国质量奖评比推荐工作。年内有1家企业荣获AAA级信用企业称号。

常熟开关制造有限公司2016年顺利通过国家级"守合同、重信用"企业复评，荣获中国低压电器行业最具影响力品牌、江苏省自主工业品牌五十强、江苏省百强创新型企业等荣誉。

2016年，德力西电气有限公司在品牌培育、技术创新和重大基建方面取得了众多突出成果。在第十四届中国自动化年度评选活动中，德力西电气有限公司"全新6系列"产品获得年度创新产品奖。德力西电气有限公司被评为"浙江省两化融合示范企业"。顺利通过五星品牌和五星售后服务体系认证监督年审，蝉联低压电气行业首家双五星认证企业。在第四届设计师及用户优选品牌颁奖盛典中荣获设计院及用户优选十大电气品牌、成套盘柜厂优选十大电气品牌、用户优选低压智能配电十大供应商、设计师及用户优选最具责任感品牌、电气行业"重合同、守信用"诚信企业、电气行业自媒体营销优秀品牌6项大奖。

2016年，上海电器股份有限公司人民电器厂RMW1、RMW2、ME系列万能式断路器，RMM1、RMM2系列塑料外壳式断路器继续保持"上海名牌"称号。连续保持"全国售后服务十佳单位"称号。

行业活动

1. 会议

6月27日，通用低压电器分会在无锡召开六届三次常务理事会，常务理事单位共20余名代表出席会议。会议审议通过分会2015年工作和2016年工作重点，2015—2016年度先进会员单位推荐名单、分会会员队伍建设情况。审议并通过上海电器股份有限公司人民电器厂更换副理事长的申请，由现任厂长李晓军担任分会副理事长。

6月27—29日，通用低压电器分会会员大会暨2016年行业发展研讨会在无锡召开，195家单位近400位代表出席。会议听取"'十三五'配电网总体规划及配电网建设改造行动计划""我国低压电器行业发展状况与新能源发展对低压电器的新要求""'互联网+'新能源发展前景"的报告。会议表彰了30家先进会员单位。

11月3—5日,中国低压电器企业家联谊会二届二次会议在杭州举行,联谊会正、副会长及会员等20人出席会议。尹天文常务副会长作"新能源时代的下低压电器产业发展"的专题报告。会议就如何利用好新能源发展的机遇,应用好"互联网+",开发跨界应用需求,让电子(电力电子)技术快速融入传统电器产品,打造具有行业特色的智能制造模式等提出问题,引起了与会企业家的高度重视。

11月23日,中国电工技术学会低压电器专业委员会在温州召开了第七届第二次专委会会议。代表130人(包括委员52人)参加会议。会议审议通过专委会2016年度工作总结和2017年度工作计划。审议通过4名申请入会委员的申请。同时,商讨承办2017年第七届第三次专委会会议和2018年专委会第十九届学术年会等有关事宜。

11月24—25日,专委会第十八届学术年会在温州召开。大会听取"低压电器行业发展状况与新能源发电系统对低压电器技术要求""低压断路器实验与仿真技术研究进展"和"交直流配用电系统故障早期抑制技术"的学术交流报告和"企业可持续发展"的经验交流。同时,26名论文作者在分组会上各自作交流。会议还评出10篇优秀论文,并进行表彰。

2. 交流考察

4月19—28日,由上海电器科学研究所(集团)有限公司副总工程师、上海电器科学研究院电器分院副院长包革任领队的54人低压电器行业欧洲考察团,先后对德国维纳尔电气系统有限公司和海格集团法国Obernai总部的海格创新中心进行考察和深度技术交流,并参观2016年汉诺威工业博览会。

4月19—28日,由通用低压电器分会、上海电器科学研究院组织的中国低压电器企业家联谊会16人赴法德考察。考察团先后考察法国施耐德PLC工厂和法国施耐德总部并参观2016年德国汉诺威工业博览会。

3. 研讨会

4月14—16日,"适应新能源发展的新型低压电器关键设计技术与应用——风力发电篇"高级研修班,来自全国各地的50余家企业和研发单位、90多位研发工程师参加。

5月23—24日,第二届电器与能效管理技术高峰论坛在上海召开。来自国家电网、电力系统、甲级设计院系统、专业协会/学会、各大高校、科研机构等400余人参会。主论坛开展"电器与能效管理技术"的高端技术层面交流,分论坛分别聚焦"智能电器新技术研究及方案""分布式能源关键技术及系统""能效系统及电能质量""绿色建筑电气设计与节能"等作技术及应用报告。

8月25—27日,"工业电器崛起—大师授课培训班"在浙江乐清成功举办,来自常熟开关、正泰集团、上海良信、法泰电器等32家企业近百人参加培训。通过培训,学员们基本掌握小型断路器、塑壳断路器等设计与运用的核心技术,熟知低压电器产品认证知识和发展方向,了解产品生产和装配过程中的潜在失效模式、步骤和分析方法以及框架断路器中外操作机构设计的要点等,为行业企业专业技术人才的培养打下坚实的基础。

11月2日,第十二届中国智能电工技术论坛暨中日韩智能电器适应新能源发展技术研讨会在上海召开。近100家单位198位代表出席。会议围绕中日韩智能电器适应新能源发展技术的话题,解读新能源产业发展现状和趋势、新能源"十三五"规划导向和关键政策;风电机组运行环境情况对低压电器的影响,低压电器产品技术应对策略及解决方案;光伏系统中对低压电器高海拔、高防护、高电压、大温差、高寿命、高可靠等相关技术要求及产品开发应对策略;新能源系统整体解决方案、全产业链优势分析。听取"低压电器行业发展状况与新能源发电系统对低压电器技术要求""新能源市场与三菱低压电器技术简介""光伏逆变器及系统发展趋势""风电应用趋势及解决方案""LS新能源系统解决方案及相关技术""日本光伏系统及河村电器最新相关技术方案""低压电器在风电中的可靠应用""新工艺技术在电工行业中应用与前景"等专题报告。

4. 媒体活动

6月5日,完成2014年年鉴的编撰工作,获得中国机械工业年鉴编辑部等上级部门的好评。

10月26日,第三届"艾唯奖"颁奖典礼在上海举行,30多家知名媒体200多人参加。"艾唯奖"共评出"最具影响力品牌""行业优选品牌""行业精英人物""领军人物""优选断路器""优选逆变器""最佳外观设计""最佳供应商"等11个奖项。

〔撰稿人:中国电器工业协会通用低压电器分会孙琪荣〕

电线电缆

2015年发展情况

生产发展情况 根据3 831家电线电缆制造企业的统计快报,2015年电线电缆制造行业完成主营业务收入12 573.68亿元,同比增长2.7%;利润总额653.58亿元,同比增长6.32%。另244家光纤光缆企业2015年完成主营业务收入1 811.32亿元,同比增长15.45%;利润总额133.8亿元,同比增长17.89%。

根据中国电器工业协会电线电缆分会提供的会员统计数据，2015年电线电缆行业部分企业经济指标（按行政区域排列）见表1。

表1 2015年电线电缆行业部分企业经济指标（按行政区域排列）

企业名称	工业总产值（万元）	资产总计（万元）	主营业务收入（万元）
天津北达线缆集团有限公司	74 985	81 608	76 815
河北邢台电缆有限责任公司	27 252	26 156	28 136
中缆集团有限公司	129 800	82 880	98 330
沈阳古河电缆有限公司	53 504	97 976	53 878
哈尔滨市金桥电线电缆制造有限公司	24 384	26 156	28 136
上海崇明特种电磁线厂	56 139	19 988	49 875
上海电缆厂有限公司	33 399	25 259	34 051
通光集团有限公司	200 840	343 587	191 658
江苏中超控股股份有限公司	207 131	424 278	181 502
江苏中煤电缆有限公司	146 048	190 477	143 330
江苏上上电缆集团有限公司	1 060 654	423 498	1 090 815
江苏迅达电磁线有限公司	223 515	144 152	218 560
宁波东方电缆股份有限公司	188 959	171 503	178 970
浙江万马电缆股份有限公司	613 958	598 662	611 345
中天科技海缆有限公司	132 803	167 863	150 006
浙江长城电工科技股份有限公司	292 802	71 416	289 922
安徽华能电缆集团有限公司	69 888	112 898	85 105
安徽华菱电缆集团有限公司	113 588	118 098	113 100
福建南平太阳电缆股份有限公司	407 497	275 576	294 092
厦门市华乐电缆有限公司	1 941	4 140	1 898
江西南缆集团有限公司	71 684	53 988	67 728
青岛豪迈电缆集团有限公司	184 523	55 465	183 693
青岛中能电线电缆制造有限公司	17 021	56 626	10 327
焦作铁路电缆有限责任公司	60 215	69 872	57 272
河南华洋铜业集团有限公司	105 455	56 952	114 711
乐星红旗电缆（湖北）有限公司	48 135	90 944	47 126
衡阳恒飞电缆有限公司	187 398	84 206	136 291
广东南洋电缆集团股份有限公司	310 500	311 590	226 900
广东电缆厂有限公司	143 998	47 823	146 816
广东中宝联合电缆有限公司	20 913	31 746	20 827
桂林国际电线电缆集团有限责任公司	210 416	186 602	160 892
重庆渝州电线有限公司	4 518	10 952	4 572
重庆鸽牌电线电缆有限公司	217 917	98 660	213 899
特变电工（德阳）电缆股份有限公司	358 779	149 271	333 212
四川川东电缆有限责任公司	128 928	45 470	124 030
贵阳电线厂有限公司	144 289	438 751	120 839
云南玉溪隆恒电线电缆有限公司	6 621	14 406	6 927
兰州众邦电线电缆集团有限公司	250 000	141 910	234 000

市场及销售 特变电工山东鲁能泰山电缆有限公司中标榆横—潍坊特高压交流输变电工程黄河大跨越（山东境内）项目，钢芯铝合金绞线JLHA1/G4A-640/170，440.2t；中标上海庙—山东特高压直流输电工程（山东段）项目，钢芯铝绞线JL1/G2A-1250/100，4 730.24t；中标锡盟—山东1 000kV高压交流输变电工程北京东—济南项目，钢芯铝绞线JL/G1A-630/45，4 096.09t；中标晋北—北京西1 000kV线路工程（河北南网段）项目，

钢芯铝绞线 JL/G1A-630/45，3 578.38t；中标神华罗源湾电厂—洋中 500kV 线路工程项目，铝包钢芯铝绞线 JL/LB20A-800/55，1 590.04t；中标晋中—石家庄 1 000kV 线路工程（山西段）项目，钢芯高电导率铝绞线 JL1/G1A-630/45，4 720.7t。

江苏亨通电力电缆有限公司中标国网重庆检修分公司 500kV 张隆一、二线重冰区改造项目，钢芯铝合金绞线 JLHA2/G1A-500/45，356.57t；中标上海庙—山东特高压直流输电工程（陕西段）项目，钢芯铝绞线 JL1/G2A-1250/100，6 709.46t；中标中兴能源巴基斯坦旁遮普省 900MW 光伏电站项目。

江苏南瑞淮胜电缆有限公司中标国网安徽省检 500kV 官沥/山沥线路 217#～225# 迁移改造项目，钢芯铝合金绞线 JLHA1/G1A-630/45，140t；中标锡盟—泰州特高压直流线路工程（冀北段）项目，钢芯铝绞线 JL1/G2A-1250/100，6 356.16t；中标锡盟—山东特高压项目，钢芯铝绞线 JL/G1A-630/45，4 465.482t；中标晋北—北京西 1 000kV 线路工程（河北南网段）项目，钢芯铝绞线，JL/G1A-630/45，3578.38t；中标神华罗源湾电厂—洋中 500kV 线路工程项目，铝包钢芯铝绞线 JL/LB20A-800/55，1 500t。

上海中天铝线有限公司中标锡盟—泰州特高压直流线路工程（山东段）项目，钢芯铝合金绞线 JLHA1/G4A-900/240，227.51t；中标上海庙—山东特高压直流输电工程（黄河大跨越），190.2t；中标忻州—凤凰 II 回 220kV 线路工程项目，钢芯铝合金绞线 JLHA2/G1A-400/50，155.5t；中标恩施利川寒池风电 110kV 上网线路工程项目，钢芯铝合金绞线 JLHA1/G1A-240/40，108.88t；中标国网安徽省检 500kV 官沥/山沥线路 217#～225# 迁移改造项目，钢芯铝合金绞线 JLHA1/G1A-630/45，100t；中标锡盟—山东 1 000kV 特高压交流输变电工程（天津公司）项目，钢芯铝绞线 JL/G1A-630/45，6 342.716t；中标锡盟—泰州特高压直流线路工程（冀北段）项目，钢芯铝绞线 JL1/G2A-1250/100，11 680.96t；中标蒙西—天津南 1 000kV 特高压交流工程蒙西—晋北 1 000kV 线路工程（山西段）项目，钢芯铝绞线 JL/G1A-630/45，5 087.003t；中标巴楚—喀什 750kV 输变电工程项目，扩径导线，抽股，2 118.2t。

兰州众邦电线电缆集团有限公司中标甘肃尚家塬 330kV 输变电工程项目，钢芯铝合金绞线 JLHA1/G1A-365/60，168.6t。

杭州电缆股份有限公司中标浙江省检 500kV 天宁 5475 线抗冰改造项目，钢芯铝合金绞线 JLHA2/G1A-630/45，205t；中标锡盟—泰州特高压直流线路工程（山东段）项目，钢芯铝绞线 JL1/G3A-1250/70，12134.67t；中标晋北—北京西 1000kV 线路工程（河北南网段）项目，钢芯铝绞线 JL/G1A-630/45，3409t；中标锡盟—山东 1000kV 特高压交流输变电工程（天津公司）项目，钢芯铝绞线 JL/G1A-630/45，3347.762t；中标宁东直流 500kV 送出工程项目，钢芯耐热铝合金绞线 JNRLH60/G2A-400/35，743t；中标榆横—潍坊特高压交流输变电工程项目，钢芯高电导率铝绞线 JL1/G1A-630/45，4 107.738t。

江苏宝安电缆有限公司中标江苏省电力公司无锡供电公司所需物资钢绞线 1×19-11.5-1370-B，80，镀锌，1 269.119t；钢绞线 1×7-7.8-1270-B，35，镀锌，1 007.129t；钢绞线 1×7-9.0-1370-B，50，镀锌，763.01t。

江苏泰源钢缆有限公司中标江苏省电力公司淮安供电公司所需物资钢绞线 1×19-11.5-1270-B，80，镀锌，998t；中标江苏省电力公司常州供电公司所需物资钢绞线 1×19-11.5-1370-B，80，镀锌，906.514t 以及钢绞线 1×7-7.8-1270-B，35，镀锌，719.378t；中标江苏省电力公司信息通信分公司所需物资钢绞线 1×19-11.5-1270-B，80，镀锌，839.45t 以及钢绞线 1×7-9.0-1270-B，50，镀锌，552.05t；中标江苏省电力公司淮安供电公司所需物资钢绞线 1×7-7.8-1270-B，35，镀锌，701t；中标国网江西省电力公司抚州供电分公司所需物资钢绞线 1×7-7.8-1270-B，35，镀锌，549.982t。

马鞍山鼎泰稀土新材料股份有限公司中标江苏省电力公司徐州供电公司所需物资钢绞线 1×19-11.5-1370-B，80，镀锌，906.514t；钢绞线 1×7-7.8-1270-B，35，镀锌，719.378t；钢绞线 1×7-9.0-1370-B，50，镀锌，545.007t。

河北燎源电讯器材有限公司中标国家电网公司 2015 年配网材料协议库存（新增批次）招标采购项目：钢绞线 1×7-7.8-1270-B，35，镀锌，854.04t；钢绞线 1×7-9.0-1370-B，50，镀锌，634.294t。

安徽省力通稀土钢缆有限公司中标国家电网公司 2015 年配网材料协议库存（新增批次）招标采购项目：钢绞线 1×7-7.8-1270-B，35，镀锌，834t；钢绞线 1×7-9.0-1370-B，50，镀锌，634.292t。

河北瑞安达电缆有限公司中标北京协议库存项目，钢绞线 1×7-6.6-1370-B，35，镀锌，830t。

安徽佳和电力钢缆有限责任公司中标国家电网公司 2015 年配网材料协议库存（新增批次）招标采购项目：钢绞线 1×7-7.8-1270-B，35，镀锌，814t；钢绞线 1×7-9.0-1370-B，50，镀锌，634.292t。

河北恒源线缆有限公司中标国家电网公司 2015 年配网材料协议库存（新增批次）招标采购项目：钢绞线 1×7-7.8-1270-B，35，镀锌，794t；钢绞线 1×7-9.0-1370-B，50，镀锌，634.292t。

无锡江南电缆有限公司中标江苏省电力公司扬州供电公司所需物资钢绞线 1×19-11.5-1370-B，80，镀锌，637.801t；中标锡盟—泰州特高压直流线路工程（江苏段）项目，钢芯铝绞线 JL1/G3A-1250/70，5 494.48t；中标锡盟—山东 1 000kV 特高压交流输变电工程北京东—济南项目，钢芯铝绞线 JL/G1A-630/45，3 879.438t。

江苏南瑞银龙电缆有限公司中标锡盟—泰州特高压直流线路工程（江苏段）项目，钢芯铝绞线 JL1/G3A-

1250/70，11 508.65t；中标蒙西—天津南1 000kV特高压交流工程蒙西—晋北1 000kV线路工程（山西段）项目，钢芯铝绞线JL/G1A-630/45，5 087.003t；中标锡盟—山东特高压项目，钢芯铝绞线JL/G1A-630/45，3 337.689t；中标晋中—石家庄1 000kV线路工程（山西段）项目，钢芯高电导率铝绞线JL1/G1A-630/45，4 030.948t。

绍兴电力设备有限公司中标锡盟—泰州特高压直流线路工程（河北南段）项目，钢芯铝绞线JL1/G3A-1250/70，7 949.87t；中标锡盟—山东1 000kV特高压交流输变电工程（天津公司）项目，钢芯铝绞线JL/G1A-630/45，3 329.349t。

特变电工股份有限公司新疆线缆厂中标上海庙—山东特高压直流输电工程（内蒙古段）项目，钢芯铝绞线JL1/G3A-1250/70，7 338.76t；中标巴楚—喀什750kV输变电工程项目，扩径导线，抽股，2 188.79t；中标榆横—潍坊特高压交流输变电工程项目，钢芯高电导率铝绞线JL1/G1A-630/45，4 455.61t。

特变电工（德阳）电缆股份有限公司中标锡盟—泰州特高压直流线路工程（天津段）项目，钢芯铝绞线JL1/G3A-1250/70，6 114.45t；中标锡盟—山东1 000kV特高压交流输变电工程（天津公司）项目，钢芯铝绞线JL/G1A-630/45，4 443.802t；中标晋北—北京西1 000kV线路工程（河北南网段）项目，钢芯铝绞线JL/G1A-630/45，3 337.4t。

江苏通光强能输电线科技有限公司中标锡盟—泰州特高压直流线路工程（天津段）项目，钢芯铝绞线JL1/G3A-1250/70，7 127.41t。

河北中兴电力装备有限责任公司中标上海庙—山东特高压直流输电工程（内蒙古段）项目，钢芯铝绞线JL1/G3A-1250/70，6 737.14t。

河南通达电缆股份有限公司中标锡盟—泰州特高压直流线路工程（内蒙古段）项目，钢芯铝绞线JL1/G3A-1250/70，6 649.36t；中标锡盟—山东特高压项目，钢芯铝绞线JL/G1A-630/45，3 911.532t；中标晋北—北京西1 000kV线路工程（河北南网段）项目，钢芯铝绞线JL/G1A-630/45，3 337.4t。

远东电缆有限公司中标上海庙—山东特高压直流输电工程（山西段）项目，钢芯铝绞线JL1/G2A-1250/100，6 092.11t；中标蒙西—天津南1 000kV特高压交流工程晋北—北京西1 000kV线路工程（山西段）项目，钢芯铝绞线JL/G1A-630/45，4 061.958t；中标上海庙—山东特高压直流输电工程（山西段）项目，钢芯铝绞线JL1/G3A-1250/70，3 487.65t。

江苏亨通高压电缆有限公司在中广核如东150MW海上风电场示范工程35kV海底光电复合缆及附件采购项目中成功中标26/35kV，$3\times70mm^2$至$3\times300mm^2$海底光电复合电缆，中标总长度55.385km，总金额3 205万元；中标国家电网公司浙江电网约4 200万元，国家电网公司福建电网1 900万元和国家电网公司山东电网1 600万元项目；中标世界500强企业沙钢集团"海力变-空压站-大盘卷35kV电力电缆"总包工程项目，中标金额超过3 000万元；中标上海临港海上风电二期项目35kV光纤复合海底电缆、电力电缆和光缆及技术服务，中标金额1.22亿元。

江苏中天科技股份有限公司中标国家电网公司2015年变电项目、输电线路材料第三批集中招标项目，金额2.08亿元；公司及控股子公司在国家电网公司2015年变电项目、输电线路材料第五批及国家电网公司2015年酒泉—湖南、晋北—南京±800kV特高压直流输电线路工程中，中标多种电缆产品，总计5.02亿元；中标国网安徽省检500kV官沥/山沥线路217#～225#迁移改造项目，钢芯铝合金绞线JLHA1/G1A-630/45，120t。

青岛汉缆股份有限公司中标锡盟—泰州特高压直流线路工程（山东段）项目，钢芯铝绞线JL1/G3A-1250/70，5918.97t；中标青海电网与果洛联网工程（750kV部分）西宁—玛尔挡750kV线路工程项目，钢芯铝绞线JL/G1A-500/45，2 990.98t；中标锡盟—泰州特高压直流线路工程（山东段）项目，钢芯铝绞线JL1/G3A-1250/70，2 940.14t；中标蒙西—天津南1 000kV特高压交流工程晋北—北京西1 000kV线路工程（山西段）项目，钢芯铝绞线JL/G1A-630/45，2 923.973t；中标北京西—天津南1 000kV线路工程（河北南网段）项目，铝合金芯铝绞线JL/LHA1-465/210项目，4 450.51t；中标榆横—潍坊特高压交流输变电工程石家庄—济南1 000kV线路工程（山东段）项目，铝合金芯铝绞线JL1/LHA1-465/210，6 854.6t。

无锡华能电缆有限公司中标上海庙—山东特高压直流输电工程（山西段）项目，钢芯铝绞线JL1/G2A-1250/100，5 839.56t；中标锡盟—山东特高压项目，钢芯铝绞线JL/G1A-630/45，4 125.711t；中标上海庙—山东特高压直流输电工程（山西段）项目，钢芯铝绞线JL1/G3A-1250/70，4 029.38t；中标晋北—北京西1 000kV线路工程（河北南网段）项目，钢芯铝绞线JL/G1A-630/45，3 409t；中标榆横—潍坊特高压交流输变电工程项目，钢芯高电导率铝绞线JL/G1A-630/45，4 476.933t。

河南科信电缆有限公司中标上海庙—山东特高压直流输电工程（河南段）项目，钢芯铝绞线JL1/G3A-1250/70，5 556.9t；中标蒙西—天津南1 000kV特高压交流工程蒙西—晋北1 000kV线路工程（山西段）项目，钢芯铝绞线JL/G1A-630/45，6 509.604t。

新远东电缆有限公司中标上海庙—山东特高压直流输电工程（山东段）项目，钢芯铝绞线JL1/G3A-1250/70，5 257.2t；中标蒙西—天津南1 000kV特高压交流工程晋北—北京西1 000kV线路工程（山西段）项目，钢芯铝绞线JL/G1A-630/45，4 061.958t；中标上海庙—山东特高压直流输电工程（山东段）项目，钢芯铝绞线JL1/G3A-1250/70，3 977.41t；中标晋北—北京西1 000kV线路工程（河北南网段）项目，钢芯铝绞线JL/G1A-630/45，3 629.64t；中标伊犁—库车750kV输变电工程伊犁—库车项目，钢芯铝绞线JL/G1A-400/50，2 986.79t。

航天电工集团有限公司中标锡盟－泰州特高压直流线路工程（山东段）项目，钢芯铝绞线 JL1/G3A-1250/70，4 973.24t；中标锡盟—山东特高压项目，钢芯铝绞线 JL/G1A-630/45，3 548.633t；中标晋北—北京西 1 000kV 线路工程（河北南网段）项目，钢芯铝绞线 JL/G1A-630/45，2 865.3t。

华北电力线材有限公司中标上海庙—山东特高压直流输电工程（陕西段）项目，钢芯铝绞线 JL1/G2A-1250/100，4 017.8t。

江苏通光强能输电线科技有限公司中标锡盟—山东特高压项目，钢芯铝绞线 JL/G1A-630/45，4 006.958t。

重庆泰山电缆有限公司中标锡盟—山东特高压项目，钢芯铝绞线 JL/G1A-630/45，3 847.118t；中标晋北—北京西 1 000kV 线路工程（河北南网段）项目，钢芯铝绞线 JL/G1A-630/45，3 629.64t；中标上海庙—山东特高压直流输电工程（河北段）项目，钢芯铝绞线 JL1/G3A-1250/70，3 364.67t；中标北京西—天津南 1 000kV 线路工程（河北南网段）项目，铝合金芯铝绞线 JL/LHA1-465/210，4 450.51t。

贝卡尔特（新余）金属制品有限公司中标锡盟—山东 1 000kV 特高压交流输变电工程（天津公司）项目，铝包钢绞线 JLB20A-170，203.651t。

河南通达电缆股份有限公司中标板集电厂—颍州变 500kV 输电线路工程项目，铝合金绞线 JLHA3-425，1 291.31t。

江苏宏图高科技股份有限公司中标黑龙江省级主干通信网 OPGW 光缆新建（三期）工程项目 OPGW 光缆，24 芯，G.652，50/58/11.5，铝包钢，1 097.3km。

深圳市特发信息股份有限公司中标青海电网与果洛联网工程（750kV 部分）西宁—玛尔挡 OPGW 通信线路工程项目 OPGW 光缆，36 芯，G.652，120/147/76，铝包钢，321.7km。

江苏中辰电缆有限公司中标国网新源控股有限公司安徽响水涧抽水蓄能有限公司所需物资低压电力电缆，VV，铜，35，3+1 芯，不阻燃，无铠装，普通，5 000m；低压电力电缆，VV，铜，70，2 芯，不阻燃，无铠装，普通，4 000m；低压电力电缆，VV，铜，95，1 芯，不阻燃，无铠装，普通，4 000m；低压电力电缆，VV，铜，50，3+1 芯，不阻燃，22，普通，3 000m。

江苏中超电缆股份有限公司中标物资部 2015 年度总部配农网协议库存招标，架空绝缘导线 JKLGYJ-50/8，1kV，7 917.488km。

金杯电工股份有限公司中标广州市轨道交通七、八号线供电系统项目，中标金额为 3 980.14 万元。

宁波东方电缆股份有限公司中标福建莆田南日海上 400MW 风电项目 220kV 海底电缆设备采购项目（招标编号 FD-2014-543）。该项目为 220kV 光复合海缆及相关附件，合同金额为 12 246 万元。

江苏亨通光电股份有限公司中标广州移动 GYFDTY 型 288 芯非金属光缆项目，总价值 1 920 万元。

中天科技海缆有限公司中标江苏响水近海风电场项目 220kV 海底光电复合缆及附件项目。

天津金山电线电缆股份有限公司获得中车集团（南、北车）订单 1 277 万元。

福建南平太阳电缆股份有限公司中标国家电网公司 2015 年第四批 35～110kV 电力电缆项目，共计 24.675km。

科技成果及新产品　江苏亨通高压电缆有限公司 2015 年获得 7 项实用新型专利授权，分别是：一种不锈钢管光纤单元接头、一种生产高压电缆用冷却水槽、一种光纤单元接续用移动架、一种可移动式光纤熔接用洁净房、一种三相绞合电缆、一种可移动式输缆装置、一种环保型抗水树交联聚乙烯绝缘光纤复合海底电缆。

扬州曙光电缆股份有限公司研发、试制的额定电压 8.7/15kV 以及以下交联聚乙烯绝缘陶瓷硅橡胶耐火中压电力电缆、辐照交联聚乙烯绝缘无卤低烟阻燃控制电缆和电力电缆等 10 项新产品通过省级鉴定验收。

江苏亨通线缆科技有限公司研发的金属护套贯通地线、轨道交通环线电缆、TC-ER 光伏逆变器连接电缆 3 项新产品，通过了国家电线电缆质量监督检验中心专家组的验收；耐扭转机器人用通信信号电缆和耐热型铜铝复合通信电源用软电缆两个产品获得江苏省高新技术产品认定；"城市轨道交通用综合接地电缆""轨道交通用耐腐蚀综合接地电缆""传输交通信号用耐火通信软电缆""具有屏蔽干扰功能的数据缆"及"具有抗干扰功能的高速数据电缆"5 项专利获得国家知识产权局发明专利的授权。

长缆电工科技股份有限公司自主研发的 500kV 2 500mm² 交联聚乙烯绝缘电力电缆附件顺利通过了中国电力科学研究院电力工业电气设备质量检验测试中心的型式试验。

金杯电工股份有限公司与施耐德（广州）母线有限公司合作研发的"镀锡铜芯 105℃低烟无卤绝缘线排"获得发明专利 1 项、实用新型专利 6 项。

湘潭市电线电缆有限公司获国家知识产权局颁发的"点焊机用通水电缆"发明专利（专利号 ZL 201210190724.8）。

无锡市明珠电缆有限公司研发的"额定电压 6～35kV 风力发电用耐寒耐扭曲无卤阻燃软电缆""额定电压 8.7/15kV 及以下交联聚乙烯绝缘无卤低烟阻燃耐火电力电缆""城市轨道交通用 1 500V 及以下直流牵引电力电缆""额定电压 0.6/1kV 硅橡胶绝缘硅橡胶护套电缆""额定电压 0.6/1kV 铜芯乙丙橡皮绝缘风力发电用耐寒耐扭曲软电缆""额定电压 0.6/1kV 铝合金导体交联聚乙烯绝缘铝合金带连锁铠装阻燃电力电缆"6 项新产品，通过了江苏省经信委组织的江苏省新技术新产品鉴定。

上海电缆研究所和上海特缆电工科技有限公司共同研发的"××水密型电缆"项目通过军品鉴定。

四川明星电缆股份有限公司研发的"一种耐火中高压

电缆制造方法""一种低烟无卤耐火型舰船用通信电缆""一种移动式电缆用半导电硅橡胶屏蔽材料及其制备方法"和"一种中心钢管双铠型水下生产系统用脐带缆"获国家知识产权局颁发的发明专利证书;研发的"一种安全环保纳米尼龙护层耐火布电线"获国家知识产权局颁发的实用新型专利证书。

安徽太平洋电缆股份有限公司的梯形型线同心绞架空导线、额定电压35kV及以下柔性防火电力电缆、中压耐火铝合金电力电缆、额定电压8.7/15kV及以下变频驱动系统用中压电源电缆通过省级鉴定。

江苏中超电缆股份有限公司研制的"额定电压35kV及以下交联聚乙烯绝缘电力电缆用石墨烯复合高半导电聚烯烃屏蔽料""35kV及以下石墨烯复合高半导电屏蔽交联聚乙烯绝缘电力电缆"2项新产品通过技术鉴定。

江苏亨通光电股份有限公司的"一种玄武岩纤维带和玻璃纤维复用增强ADSS光纤光缆"产品获得实用新型专利授权。

江苏亨通电力电缆有限公司的吹型光纤复合电缆、额定电压0.6/1kV及以下机场及舰船移动电源用400Hz中频橡套电缆、煤矿用移动金属屏蔽低烟无卤橡套软电缆3个产品被评为2015年江苏省第一批高新技术产品。

福建南平太阳电缆股份有限公司的"电焊机电缆用耐寒阻燃护套橡皮"获国家知识产权局专利证书。

广东南洋电缆集团股份有限公司下属的全资子公司广州南洋电缆有限公司"一种高压交联聚乙烯绝缘电力电缆的制造方法"获国家知识产权局发明授权。

浙江万马股份有限公司的新产品"低烟无卤矿用橡套软电缆""高柔型拖令电缆""同心式电力通信复合型入户电缆"通过省级工业新产品鉴定会。

浙江晨光电缆股份有限公司研发的"一种光纤S形摆动装置及高压光纤复合电缆生产方法"获得了国家发明专利。

质量及认证 重庆鸽牌电线电缆有限公司的BV系列产品通过CQC合格评定,符合欧盟有关指令规定,通过了CE认证。

兴乐集团有限公司研发生产的PV1500DC-F型光伏系统用直流1500V光伏电缆和PV1-F型交流0.6/1kV光伏电缆两类产品经过检测符合2Pfg 1169/08.2007和2Pfg1990/05.12标准要求,获得德国莱茵技术(上海)有限公司颁发的TÜV证书。

无锡市群星线缆有限公司的"群丰"商标荣获无锡市知名商标认证。

宝胜科技创新股份有限公司荣获"中国质量诚信企业"称号;获得由江苏省科学技术厅、江苏省财政厅、江苏省国家税务局、江苏省地方税务局联合颁发的高新技术企业证书。

金杯电工股份有限公司及旗下"金杯"品牌获得"湖南老字号"称号。

四川明星电缆股份有限公司相关产品通过电能(北京)产品认证中心有限公司(PCCC)年度审核,并增加了3项产品单元的认证;顺利通过北京军友诚信质量认证有限公司的武器装备质量管理体系复审,武器装备质量管理体系认证证书有效期延长至2019年;获得欧盟认证机构颁发的CE(全称CONFORMITE EUROPEENNE)认证证书。

重庆泰山电缆有限公司取得了四类低压产品(YJV、VV、YJV22、VV22)的CE(CONFORMITE EUROPEENNE)认证证书。

天津塑力线缆集团有限公司研制生产的环保型无卤低烟轨道交通电缆荣获"天津市杀手铜产品"证书;"额定电压1～35kV铝合金导体交联聚乙烯绝缘电力电缆"获得天津市建材行业技术革新奖一等奖。

江苏亨通光电股份有限公司获得"中华人民共和国增值电信业务经营许可证"。

广东南洋电缆集团股份有限公司的全资子公司广州南洋电缆有限公司生产的"电动汽车充电电缆产品"获得德国莱茵TÜV认证机构颁发的认证证书。

标准 中国工程建设标准化协会发布了铜包铝电力电缆工程技术规范。该规范适用于一般工业与民用建筑中额定电压0.6/1kV及以下供配电线路固定安装用铜包铝电力电缆及附件工程的设计、施工安装及验收。

安徽省质量技术监督局发布了DB34/T 2229—2014《额定电压450/750V硅橡胶绝缘扁 控制电缆》、DB34/T 2304—2015《仪表型增安屏蔽电缆》、DB34/T 2305.1—2015《本质安全电缆 第1部分:一般规定》、DB34/T 2306—2015《电缆材料环保循环利用一般规定》、DB34/T 2307—2015《额定电压0.6/1 kV 氟塑料绝缘电力电缆》、DB34/T 2308—2015《额定电压0.6/1 kV 布线用柔性无机绝缘防火电缆》、DB34/T 2309—2015《额定电压0.6/1 kV 卷筒用电缆》、DB34/T 2429—2015《额定电压0.6/1kV 矩形软电力电缆》。

河南省质量技术监督局发布了DB41/T 1055—2015《铜包铝导体塑料绝缘控制电缆》、DB41/T 1056—2015《铜包铝导体塑料绝缘计算机电缆》、DB41/T 1057-2015《额定电压0.6/1kV及以下无机矿物绝缘柔性防火电缆》。

国家能源局发布了DL/T 802.8—2014《电力电缆用导管技术条件 第8部分:埋地用改性聚丙烯塑料单壁波纹电缆导管》、NB/T 42050—2015《光纤复合中压电缆》、NB/T 42051—2015《额定电压0.6/1kV铝合金导体交联聚乙烯绝缘电缆》。

国家质量监督检验检疫总局和国家标准化管理委员会发布了GB/T 20041.1—2015《电缆管理用导管系统 第1部分:通用要求》、GB/T 31489.1—2015《额定电压500kV及以下直流输电用挤包绝缘电力电缆系统 第1部分:试验方法和要求》。GB/T 19849—2014《电缆用无缝铜管》,2015年5月1日正式实施。

工业和信息化部发布了JB/T 12234—2015《铠装加热电缆》、SJ/T 11520.8.3—2015《同轴通信电缆 第8-3部分:50-086型聚四氟乙烯(PTFE)绝缘半柔电缆详细规范》、SJ/T 11520.8.4—2015《同轴通信电缆 第8-4部分：50-141型聚四氟乙烯（PTFE）绝缘半柔电缆详细规范》、SJ/T 11520.8.5—2015《同轴通信电缆 第8-5部分：50-250型聚四氟乙烯（PTFE）绝缘半柔电缆详细规范》、SJ/T 11520.8.8—2015《同轴通信电缆 第8-8部分：75-141型聚四氟乙烯（PTFE）绝缘半柔电缆详细规范》、SJ/T 11520.8.9—2015《同轴通信电缆 第8-9部分：75-250型聚四氟乙烯（PTFE）绝缘半柔电缆详细规范》、YD/T 1113—2015《通信电缆光缆用无卤低烟阻燃材料》、YD/T 2827.2—2015《无线通信射频和微波器件无源互调电平测量方法 第2部分：同轴电缆组件》、YD/T 2827.4—2015《无线通信射频和微波器件无源互调电平测量方法 第4部分：同轴电缆》、YD/T 839.1—2015《通信电缆光缆用填充和涂覆复合物 第1部分：试验方法》。

国家铁路局发布了TB/T 3201-2015《铁路通信漏泄同轴电缆》。

6月27日，GB/T 30552—2014《电缆导体用铝合金线》和NB/T 42051—2015《额定电压0.6/1kV铝合金导体交联聚乙烯绝缘电缆》标准宣贯及研讨会在上海举行，来自科研院所、生产企业和用户近150位代表参加。

4月10日，第三届第四次全国电线电缆标准化委员会在上海召开。会议共出席代表121名，包括标委会委员和通讯委员、标准起草工作组成员以及其他业内企业代表。会议讨论了深化标准化工作改革方案、2014年工作总结和2015年的工作安排等工作内容。

基本建设及技术改造 江苏亨通光电股份有限公司实施SAP项目，实现企业内部的有效沟通与资源有效配置，以及生产、运营、财务一体化、管理透明化、信息数据化，建立实时、准确、高效透明的财务分析系统和管理决策辅助系统，逐步提高企业的信息化管理水平，最终实现企业自动化、精益化、信息化的战略目标。

云南铝业股份有限公司与深圳市建中电气有限公司协商一致，在昆明设立合资公司投资建设铝合金电缆项目。注册资本6 000万元，其中云南铝业股份有限公司出资比例51%，深圳市建中电气有限公司出资比例为49%。

对外合作 长飞光纤光缆股份有限公司与印度尼西亚PT Monas Permata Persada有限公司在武汉签署了合资成立光纤制造公司的合作协议。项目实缴资本1 000万美元，合资双方持股比例为70∶30（长飞70%，PT Monas 30%），以现金出资。

管理及改革与行业交流 2016年3月25日，中国电器工业协会电线电缆分会在上海组织召开了《中国电线电缆行业"十三五"发展指导意见》启动会，100多人出席。会后编写组专家还分成行业综合组、裸线组、通信电缆光缆组、电缆设备组、绕组线组、电力电缆组、电气装备电缆组、电缆材料组等八个组进行讨论，明确编制任务和要求。

4月28日，2015年中国技能大赛——全国第三届电线电缆制造工（挤塑工）职业技能竞赛工作会议在沪召开。中国电器工业协会电线电缆分会和上海电缆研究所领导，以及竞赛执委会、技术委员会、裁判组、相关地方协（商）会负责人，各鉴定站（点）负责人和企业代表、行业媒体等100多人出席会议。

5月26日，中国电器工业协会电线电缆分会和上海电缆研究所主办、浙江万马高分子材料有限公司协办的2015中国线缆材料大会在杭州召开。来自全国电线电缆行业的制造企业、原辅材料企业、科研单位、协会等方面的领导、专家和技术人员等280多人出席。会议主题"材料——线缆创新发展的基石"。

5月28日，2015UL全球电线电缆论坛暨第二届国际电线电缆展览会在广东现代国际会展中心举行。展会规模约15 000m²，参展企业近200家，以"合规性与创新科技携手并进"为主题。

6月7—8日，2015年海峡两岸光通信论坛在苏州吴江举行，论坛以"互联网时代的光纤通信"为主题，200多人参加。

7月28日，中国电器工业协会第五届会员代表大会在杭州召开，400多人参会，此次会议完成了换届工作。

8月30日，由中国电器工业协会电线电缆分会和上海电缆研究所主办的"2015中国电线电缆行业大会"在上海召开。来自全国电线电缆、光纤光缆、专用设备、材料及相关企业的领导、技术负责人、行业专家学者、代表等近400人参加了会议。大会以"适应新常态，谋划'十三五'"为主题。

8月31日，由中国电器工业协会电线电缆分会、上海电缆研究所主办的第九届中国国际线缆工业展览会在上海新国际博览中心开幕。来自海内外400多家展商、万余名观众，近30家境内外参观团体共享盛会。此次展出面积逾23 000m²。

10月31日至11月2日，2015年中国技能大赛——"无为杯"全国第三届电线电缆制造工（挤塑工）职业技能竞赛决赛在安徽无为县举行，获奖人员被授予"全国技术能手"称号，总冠军将报请全国总工会优先推荐参加"全国五一劳动奖章"的评选。

11月7日，第七届中国通信光电线缆企业家峰会在苏州开幕，国内行业协会和国内光电缆企业的300多人参加会议，50多家国内知名光电缆企业家应邀参加，大会以"产业的现实与未来"为主题。

12月26日，2015新能源汽车智能线缆技术研讨会在苏州召开，约150人出席会议。大会以"新能源、新技术、新未来"为主题展开讨论。

〔撰稿人：上海电缆研究所陆成玉　审稿人：上海电缆研究所吴士敏〕

2016年发展情况

生产发展情况 根据3 791家电线电缆制造企业的统计快报，2016年主营业务收入12 573.68亿元，同比增长

3.71%；利润总额682.47亿元，同比增长4.32%。另277家光纤光缆企业2016年完成主营业务收入1 855.18亿元，同比增长11.7%；利润总额136.32亿元，同比增长8%。

根据中国电器工业协会电线电缆分会提供的会员统计数据，2016年电线电缆行业部分企业经济指标（按行政区域排列）见表1。

表1　2016年电线电缆行业部分企业经济指标（按行政区域排列）

企 业 名 称	工业总产值（万元）	资产总计（万元）	主营业务收入（万元）
天津北达线缆集团有限公司	69 334	84 764	70 393
唐山市海丰线缆有限公司	53 103	90 507	52 775
辽宁中兴线缆有限公司	212 036	136 558	212 036
黑龙江沃尔德电缆有限公司	125 465	47 361	123 420
上海崇明特种电磁线厂	51 012	21 339	52 237
上海亚洋电工有限公司	19 294	9 679	20 031
上海起帆电缆股份有限公司	372 706	164 003	318 477
江苏迅达电磁线有限公司	250 338	144 950	244 780
江苏中超控股股份有限公司	205 466	534 330	190 512
无锡江南电缆有限公司	607 717	696 368	676 908
江苏上上电缆集团有限公司	1 063 392	429 609	1 040 388
中辰电缆股份有限公司	163 761	175 435	163761
露笑科技股份有限公司	91 342	292 601	91 342
浙江万马电缆股份有限公司	591 519	593 496	634 288
宁波金田新材料有限公司	241 876	126 969	243 257
先登控股集团股份有限公司	288 089	65 658	281 319
铜陵精达特种电磁线股份有限公司	813 906	490 508	813 906
安徽华菱电缆集团有限公司	62 655	127 703	62 655
福建南平太阳电缆股份有限公司	437 056	286 364	302 451
厦门市华乐电缆有限公司	2 298	4 396	2 298
江西南缆集团有限公司	67 352	44 384	62 654
青岛豪迈电缆集团有限公司	183 530	66 110	179 747
青岛汉河集团股份有限公司	584 214	561 173	586 794
焦作铁路电缆有限责任公司	72 603	79 122	58 852
河南华洋铜业集团有限公司	92 082	60 164	97 414
武汉第二电线电缆有限公司	128 181	55 321	138 120
航天电工集团有限公司	346 070	397 339	370 790
衡阳恒飞电缆有限责任公司	202 363	102 564	144 966
东莞市益达实业有限公司	76 024	17 947	74 482
广东电缆厂有限公司	151 198	50 214	154 157
广东中宝联合电缆有限公司	26 808	32 113	25 054
桂林国际电线电缆集团有限责任公司	236 887	328 005	183 257
重庆科宝电缆股份有限公司	62 306	47 373	61 371
重庆鸽牌电线电缆有限公司	225 640	84 928	229 031
特变电工（德阳）电缆股份有限公司	409 617	196 016	371 605
中航宝胜（四川）电缆有限公司	38 656	68 654	35 657
贵阳电线厂有限公司	178 764	568 880	158 302
兰州众邦电线电缆集团有限公司	347 786	204 287	351 480

市场及销售　瑞安达电缆有限公司在国家电网公司2016招标项目中中标镀锌钢绞线，总计837.648t。

莒南县美达电力实业有限公司在国家电网公司2016招标项目中中标镀锌钢绞线，总计2 352.519t。

宝胜科技创新股份有限公司在国家电网公司2016招标项目中中标架空绝缘导线，总计24 438.664km。

远程电缆股份有限公司在国家电网公司 2016 招标项目中中标控制电缆，总计 45km；在国家电网公司 2016 招标项目中中标低压电力电缆（铝），总计 850.308km。

扬州曙光电缆股份有限公司在国家电网公司 2016 招标项目中中标控制电缆，总计 1 319 855.6m；在国家电网公司 2016 招标项目中中标低压电力电缆（铝），总计 1 854.5km。

无锡市新阳光电缆有限公司在国家电网公司 2016 招标项目中中标控制电缆，总计 1 739 556.919m；在国家电网公司 2016 招标项目中中标架空绝缘导线，总计 22 535.215km。

无锡市曙光电缆有限公司在国家电网公司 2016 招标项目中中标控制电缆，总计 2 299 055.867m；在国家电网公司 2016 招标项目中中标低压电力电缆（铝），总计 3 327.959km；在国家电网公司 2016 招标项目中中标集束绝缘导线，总计 2 181.46km；在国家电网公司 2016 招标项目中中标架空绝缘导线，总计 26 780.041km。

江苏泰源钢缆有限公司在国家电网公司 2016 招标项目中中标镀锌钢绞线，总计 8 163.664t。

江苏宝安电缆有限公司在国家电网公司 2016 招标项目中中标镀锌钢绞线，总计 6 988.345t。

江苏中煤电缆有限公司在国家电网公司 2016 招标项目中中标低压电力电缆（铝），总计 1 190.749km；在国家电网公司 2016 招标项目中中标集束绝缘导线，总计 6 775.115km；在国家电网公司 2016 招标项目中中标架空绝缘导线，总计 29 702.51km。

江苏中天科技股份有限公司在国家电网公司 2016 招标项目中中标钢芯高电导率铝绞线，总计 9 045.336t；在国家电网公司 2016 招标项目中中标钢芯铝绞线，总计 30 892.786t；在国家电网公司 2016 招标项目中中标铝包钢绞线，总计 4 309.681t；在国家电网公司 2016 招标项目中中标特强钢芯软铝型线绞线，总计 260.68t；在国家电网公司 2016 招标项目中中标特高强度钢芯高强度耐热铝合金绞线，总计 145.91t；在国家电网公司 2016 招标项目中中标铝合金芯铝绞线，总计 7 435.07t；在国家电网公司 2016 招标项目中中标控制电缆，总计 534 008m；在国家电网公司 2016 招标项目中中标普通光缆，总计 6 060.48km。

江苏通光强能输电线科技有限公司在国家电网公司 2016 招标项目中中标钢芯高电导率铝绞线，总计 2 041.539t；在国家电网公司 2016 招标项目中中标钢芯铝绞线，总计 23 820.797t；在国家电网公司 2016 招标项目中中标铝包钢绞线，总计 364.142t；在国家电网公司 2016 招标项目中中标铝合金芯铝绞线，总计 21 259.9t。

江苏南瑞银龙电缆有限公司在国家电网公司 2016 招标项目中中标钢芯高电导率铝绞线，总计 7 204.22t；在国家电网公司 2016 招标项目中中标钢芯铝绞线，总计 33 817.251t；在国家电网公司 2016 招标项目中中标铝合金芯铝绞线，总计 3 681.12t；在国家电网公司 2016 招标项目中中标控制电缆，总计 1 113 085.63m；在国家电网公司 2016 招标项目中中标低压电力电缆（铝），总计 2 897.59km；在国家电网公司 2016 招标项目中中标架空绝缘导线，总计 24 161.748km；在国家电网公司 2016 招标项目中中标碳纤维复合芯导线，总计 798.946km。

江苏南瑞淮胜电缆有限公司在国家电网公司 2016 招标项目中中标钢芯铝绞线，总计 29 907.581t；在国家电网公司 2016 招标项目中中标控制电缆，总计 662 057.16m；在国家电网公司 2016 招标项目中中标低压电力电缆（铝），总计 2 804.87km；在国家电网公司 2016 招标项目中中标架空绝缘导线，总计 17 915.833km；在国家电网公司 2016 招标项目中中标碳纤维复合芯导线，总计 1 483.93km。

江苏亨通电力电缆有限公司在国家电网公司 2016 招标项目中中标钢芯高电导率铝绞线，总计 4 047.014t；在国家电网公司 2016 招标项目中中标钢芯铝绞线，总计 33 020.864t；在国家电网公司 2016 招标项目中中标铝合金芯铝绞线，总计 3 828.99t；在国家电网公司 2016 招标项目中中标低压电力电缆（铝），总计 1 071.699km；在国家电网公司 2016 招标项目中中标架空绝缘导线，总计 26 606.677km。

江苏藤仓亨通光电有限公司在国家电网公司 2016 招标项目中中标钢芯铝绞线，总计 8 059.493t；在国家电网公司 2016 招标项目中中标铝包钢绞线，总计 1 513.046t。

江苏中辰电缆有限公司在国家电网公司 2016 招标项目中中标控制电缆，总计 1 316 214.464m；在国家电网公司 2016 招标项目中中标架空绝缘导线，总计 22 686.702km。

江苏中超控股股份有限公司在国家电网公司 2016 招标项目中中标控制电缆，总计 591 387m；在国家电网公司 2016 招标项目中中标低压电力电缆（铝），总计 132.528km；在国家电网公司 2016 招标项目中中标架空绝缘导线，总计 37 528.172km。

江苏赛德电气有限公司在国家电网公司 2016 招标项目中中标控制电缆，总计 1 373 808.6m。

江苏宏图高科技股份有限公司在国家电网公司 2016 招标项目中中标控制电缆，总计 1 651 020.2m；在国家电网公司 2016 招标项目中中标低压电力电缆（铝），总计 2 048.803km；在国家电网公司 2016 招标项目中中标架空绝缘导线，总计 40 913km。

江苏上上电缆集团有限公司在国家电网公司 2016 招标项目中中标控制电缆，总计 1 637 988.936m；在国家电网公司 2016 招标项目中中标低压电力电缆（铝），总计 5 643.966km；在国家电网公司 2016 招标项目中中标架空绝缘导线，总计 27 490.737km。

无锡江南电缆有限公司在国家电网公司 2016 招标项目中中标镀锌钢绞线，总计 12 706.93t；在国家电网公司 2016 招标项目中中标钢芯铝绞线，总计 24 766.082t；在国家电网公司 2016 招标项目中中标铝包钢绞线，总计 959.208t；在国家电网公司 2016 招标项目中中标控制电缆，总计 1 802 788.068m；在国家电网公司 2016 招标项目中中标低压电力电缆（铝），总计2 931.07km；在国家电网公司2016招标项目中中标集束绝缘导线，总计6 080.5km；在国家电网公司2016招标项目中中标架空绝缘导线，总计64 016.887km。

无锡华能电缆有限公司在国家电网公司2016招标项目中中标钢芯铝绞线，总计32 853.762t；在国家电网公司2016招标项目中中标钢芯高电导率铝绞线，总计669.411t；国家电网公司2016招标项目中中标铝包钢绞线，总计242.868t。

远东电缆有限公司在国家电网公司2016招标项目中中标钢芯高电导率铝绞线，总计2 072.062t；在国家电网公司2016招标项目中中标钢芯铝绞线，总计17 640.353t；在国家电网公司2016招标项目中中标铝合金芯铝绞线，总计1 661.16t；在国家电网公司2016招标项目中中标架空绝缘导线，总计17 990.614km。

新远东电缆有限公司在国家电网公司2016招标项目中中标钢芯铝绞线，总计17 780.045t；在国家电网公司2016招标项目中中标架空绝缘导线，总计1 335.55km。

杭州电缆股份有限公司在国家电网公司2016招标项目中中标钢芯铝绞线，总计2 490.274t；在国家电网公司2016招标项目中中标铝合金芯铝绞线，总计7 145.83t；在国家电网公司2016招标项目中中标控制电缆，总计632 358.8m；在国家电网公司2016招标项目中中标低压电力电缆（铝），总计893.516km；在国家电网公司2016招标项目中中标集束绝缘导线，总计7 383.21km；在国家电网公司2016招标项目中中标架空绝缘导线，总计19 177.998km。

浙江亘古电缆股份有限公司在国家电网公司2016招标项目中中标钢芯铝绞线，总计8 601.139t；在国家电网公司2016招标项目中中标铝包钢绞线，总计358.652t；在国家电网公司2016招标项目中中标架空绝缘导线，总计10 293.7km。

浙江万马股份有限公司在国家电网公司2016招标项目中中标架空绝缘导线，总计15 758.921km。

浙江晨光电缆股份有限公司在国家电网公司2016招标项目中中标控制电缆，总计280 957m；在国家电网公司2016招标项目中中标低压电力电缆（铝），总计3 944.48km；在国家电网公司2016招标项目中中标集束绝缘导线，总计8 304.88km；在国家电网公司2016招标项目中中标架空绝缘导线，总计43 593.664km。

绍兴电力设备有限公司在国家电网公司2016招标项目中中标钢芯铝绞线，总计13 574.32t。

宁波东方电缆股份有限公司在国家电网公司2016招标项目中中标控制电缆，总计412 090m；在国家电网公司2016招标项目中中标低压电力电缆（铝），总计1 513.348km；在国家电网公司2016招标项目中中标集束绝缘导线，总计3 890.43km；在国家电网公司2016招标项目中中标架空绝缘导线，总计28 201.43km；中标中国大唐集团公司江苏滨海300MW海上风电项目35kV海底光电复合电缆、光缆及附件，中标金额9 785万元。

甘肃荣信电材科技有限公司在国家电网公司2016招标项目中中标镀锌钢绞线，总计5 018.716t。

大征电线有限责任公司在国家电网公司2016招标项目中中标镀锌钢绞线，总计943.485t。

安徽省力通稀土电缆有限公司在国家电网公司2016招标项目中中标镀锌钢绞线，总计2 355.513t。

安徽佳和电力钢缆有限责任公司在国家电网公司2016招标项目中中标镀锌钢绞线，总计4 068.35t。

上海中天铝线有限公司在国家电网公司2016招标项目中中标钢芯高电导率铝绞线，总计10 471.711t；在国家电网公司2016招标项目中中标钢芯铝合金绞线，总计890.802t；在国家电网公司2016招标项目中中标钢芯铝绞线，总计23 305.325t；在国家电网公司2016招标项目中中标铝合金芯铝绞线，总计6 346.146t。

山东华东线缆集团有限公司在国家电网公司2016招标项目中中标镀锌钢绞线，总计1 878t。

山东泰开电缆有限公司在国家电网公司2016招标项目中中标低压电力电缆（铝），总计2 358.037km；在国家电网公司2016招标项目中中标架空绝缘导线，总计34 171.779km。

青岛汉缆股份有限公司在国家电网公司2016招标项目中中标钢芯高电导率铝绞线，总计2 684.8t；在国家电网公司2016招标项目中中标钢芯铝绞线，总计23 353.15t；在国家电网公司2016招标项目中中标铝合金芯铝绞线，总计5 265.155t；在国家电网公司2016招标项目中中标低压电力电缆（铝），总计2 720.12km；在国家电网公司2016招标项目中中标架空绝缘导线，总计27 612.929km。

特变电工山东鲁能泰山有限公司在国家电网公司2016招标项目中中标钢芯铝绞线，总计29 557.791t；在国家电网公司2016招标项目中中标铝合金芯铝绞线，总计1 272.31t；在国家电网公司2016招标项目中中标控制电缆，总计708 329.8m；在国家电网公司2016招标项目中中标架空绝缘导线，总计21 754.916km。

鲁能泰山曲阜电缆有限公司在国家电网公司2016招标项目中中标钢芯铝绞线，总计15 260.28t；在国家电网公司2016招标项目中中标低压电力电缆（铝），总计1 351.316km；在国家电网公司2016招标项目中中标架空绝缘导线，总计7 851.367km。

河南通达电缆股份有限公司在国家电网公司2016招标项目中中标钢芯高电导率铝绞线，总计7 382.66t；在国家电网公司2016招标项目中中标钢芯铝绞线，总计23 316.074t；在国家电网公司2016招标项目中中标铝合金芯铝绞线，总计3 047.04t；在国家电网公司2016招标项目中中标架空绝缘导线，总计15 080.724km。

河南科信电缆有限公司在国家电网公司2016招标项目中中标钢芯高电导率铝绞线，总计2 931.207t；在国家电网公司2016招标项目中中标钢芯铝绞线，总计30 125.571t；在国家电网公司2016招标项目中中标架空绝缘导线，总计 29 200.051km；在国家电网公司 2016 招标项目中中标碳纤维复合芯导线，总计 229.584km。

河南中录科技有限公司在国家电网公司 2016 招标项目中中标钢芯铝绞线，总计 14 688.701t；在国家电网公司 2016 招标项目中中标架空绝缘导线，总计 11 713.396km。

河南华通电缆股份有限公司在国家电网公司 2016 招标项目中中标钢芯铝绞线，总计 13 790.839t；在国家电网公司 2016 招标项目中中标集束绝缘导线，总计 3 859.72km；在国家电网公司 2016 招标项目中中标架空绝缘导线，总计 13 944.61km。

郑州华力电缆有限公司在国家电网公司 2016 招标项目中中标钢芯铝绞线，总计 18 720.948t；在国家电网公司 2016 招标项目中中标铝包钢绞线，总计 281.731t；在国家电网公司 2016 招标项目中中标架空绝缘导线，总计 3 207.9km。

中辰电缆股份有限公司在国家电网公司 2016 招标项目中中标钢芯铝绞线，总计 13 764.162t；在国家电网公司 2016 招标项目中中标控制电缆，总计 700 211.31m；在国家电网公司 2016 招标项目中中标架空绝缘导线，总计 35 912.453km。

河北志达伟业通讯器材股份公司在国家电网公司 2016 招标项目中中标镀锌钢绞线，总计 1 567.255t。

河北燎源电讯器材有限公司在国家电网公司 2016 招标项目中中标镀锌钢绞线，总计 5 857.206t。

河北恒源线缆有限公司在国家电网公司 2016 招标项目中中标镀锌钢绞线，总计 1 303.361t；在国家电网公司 2016 招标项目中中标架空绝缘导线，总计 26 866.895km。

永进电缆集团有限公司在国家电网公司 2016 招标项目中中标低压电力电缆（铝），总计 1 077.592km。

许昌新万达电缆有限公司在国家电网公司 2016 招标项目中中标低压电力电缆（铝），总计 1 284.136km。

中复碳芯电缆科技有限公司在国家电网公司 2016 招标项目中中标架空绝缘导线，总计 24 010.5km；在国家电网公司 2016 招标项目中中标碳纤维复合芯导线，总计 1 830.604km。

一方电气股份有限公司在国家电网公司 2016 招标项目中中标钢芯铝绞线，总计 8 662.593t；在国家电网公司 2016 招标项目中中标架空绝缘导线，总计 5 521.15km。

新疆五元电线电缆有限公司在国家电网公司 2016 招标项目中中标钢芯铝绞线，总计 4 487.548t。

特变电工股份有限公司新疆线缆厂在国家电网公司 2016 招标项目中中标钢芯高电导率铝绞线，总计 7 175.778t；在国家电网公司 2016 招标项目中中标钢芯铝合金绞线，总计 1 982.261t；在国家电网公司 2016 招标项目中中标钢芯铝绞线，总计 37 650.007t；在国家电网公司 2016 招标项目中中标控制电缆，总计 1 462 225m；在国家电网公司 2016 招标项目中中标架空绝缘导线，总计 5 434.3km。

辽宁中兴线缆有限公司在国家电网公司 2016 招标项目中中标控制电缆，总计 760 435m；在国家电网公司 2016 招标项目中中标低压电力电缆（铝），总计 1 210.065km；在国家电网公司 2016 招标项目中中标集束绝缘导线，总计 1 855km；在国家电网公司 2016 招标项目中中标架空绝缘导线，总计 7 405.226km。

辽宁通用电缆有限公司在国家电网公司 2016 招标项目中中标控制电缆，总计 1 508 126.7m；在国家电网公司 2016 招标项目中中标架空绝缘导线，总计 13 550.395km。

沈阳力源电缆有限责任公司在国家电网公司 2016 招标项目中中标钢芯高电导率铝绞线，总计 2 279.92t；在国家电网公司 2016 招标项目中中标钢芯铝绞线，总计 14 551.355t；在国家电网公司 2016 招标项目中中标低压电力电缆（铝），总计 1 000.622km；在国家电网公司 2016 招标项目中中标架空绝缘导线，总计 9 718.445km。

沈阳电缆集团有限公司在国家电网公司 2016 招标项目中中标控制电缆，总计 705 348m；在国家电网公司 2016 招标项目中中标低压电力电缆（铝），总计 306.722km；在国家电网公司 2016 招标项目中中标架空绝缘导线，总计 15 876.846km。

维世佳沈阳电缆有限公司在国家电网公司 2016 招标项目中中标钢芯铝绞线，总计 4 625.005t。

通辽市飓力恒实业有限公司在国家电网公司 2016 招标项目中中标钢芯铝绞线，总计 4 868.666t。

特变电工（德阳）电缆股份有限公司在国家电网公司 2016 招标项目中中标钢芯铝绞线，总计 19 954.081t；在国家电网公司 2016 招标项目中中标控制电缆，总计 581 345.47m；在国家电网公司 2016 招标项目中中标低压电力电缆（铝），总计 706.14km；在国家电网公司 2016 招标项目中中标架空绝缘导线，总计 12 457.714km。

四川中天丹琪科技有限公司在国家电网公司 2016 招标项目中中标钢芯铝绞线，总计 5 344.158t。

四川九洲线缆有限责任公司在国家电网公司 2016 招标项目中中标钢芯铝绞线，总计 9 858.777t；在国家电网公司 2016 招标项目中中标集束绝缘导线，总计 667km；在国家电网公司 2016 招标项目中中标架空绝缘导线，总计 6 166.56km。

重庆泰山电缆有限公司在国家电网公司 2016 招标项目中中标钢芯铝绞线，总计 29 398.732t；在国家电网公司 2016 招标项目中中标铝包钢绞线，总计 498.738t；在国家电网公司 2016 招标项目中中标控制电缆，总计 44 950.94m；在国家电网公司 2016 招标项目中中标架空绝缘导线，总计 3 580.85km。

重庆科宝电缆股份有限公司在国家电网公司 2016 招标项目中中标控制电缆，总计 204 325.49m；在国家电网公司 2016 招标项目中中标低压电力电缆（铝），总计 2 576km；在国家电网公司 2016 招标项目中中标架空绝缘导线，总计 2 273.418km。

重庆鸽牌电线电缆有限公司在国家电网公司 2016 招标项目中中标控制电缆，总计 44 950.94m。

山西榆次长城电缆厂在国家电网公司2016招标项目中中标钢芯铝绞线，总计8 682.378t。

江西金一电缆有限公司在国家电网公司2016招标项目中中标架空绝缘导线，总计6 240km。

青海万立电气制造有限责任公司在国家电网公司2016招标项目中中标钢芯铝绞线，总计10 470.85t；在国家电网公司2016招标项目中中标架空绝缘导线，总计7 706.17km。

华北电力线材有限公司在国家电网公司2016招标项目中中标钢芯铝绞线，总计17 691.994t。

黑龙江沃尔德电缆有限公司在国家电网公司2016招标项目中中标钢芯铝绞线，总计1 075.454t；在国家电网公司2016招标项目中中标控制电缆，总计384 325m；在国家电网公司2016招标项目中中标低压电力电缆(铝)，总计722.321km；在国家电网公司2016招标项目中中标集束绝缘导线，总计2 727.425km；在国家电网公司2016招标项目中中标架空绝缘导线，总计3 777.314km。

航天电工集团有限公司在国家电网公司2016招标项目中中标钢芯铝绞线，总计33 296.284t。

兰州众邦电线电缆集团有限公司在国家电网公司2016招标项目中中标聂当110kV输变电工程项目计算机电缆，总计2 000m；在国家电网公司2016招标项目中中标低压电力电缆(铝)，总计424.426km；在国家电网公司2016招标项目中中标架空绝缘导线，总计2 379.713km。

瑞安达电缆有限公司在国家电网公司2016招标项目中中标控制电缆，总计416 262m。

福建南平太阳电缆股份有限公司在国家电网公司2016招标项目中中标控制电缆，总计720 280.4m；在国家电网公司2016招标项目中中标低压电力电缆(铝)，总计435.998km；国家电网公司2016招标项目中中标架空绝缘导线，总计10 176.898km。

金杯电工衡阳电缆有限公司在国家电网公司2016招标项目中中标低压电力电缆(铝)，总计3 098.672km；在国家电网公司2016招标项目中中标架空绝缘导线，总计14 421.65km。

深圳市特发信息股份有限公司在国家电网公司2016招标项目中中标普通光缆，总计3 480.68km。

科技成果及新产品　天津塑力线缆集团有限公司"额定电压1～35kV铝合金导体交联聚乙烯绝缘电力电缆"获天津市技术革新一等奖和科学技术奖二等奖。

安徽联硕实业有限公司与合肥工业大学合作研究完成的"稀土铝铜合金高频·高导线"项目通过了安徽省科技厅组织的科技成果鉴定。

青岛豪迈电缆集团研发制造的"70年寿命高性能环保型双绝缘低烟无卤电线及电缆"通过了国家电线电缆质量监督检验中心的全性能检验，并获得型式检验报告。

江苏永鼎股份有限公司研发的"-200℃超低温电缆""大长度高抗拉小外径高压海洋探测电缆""TECK-90自锁铠装自然固化交联电缆""额定电压450/750V及以下双层共挤绝缘辐照交联无卤低烟阻燃电线""双蝶型引入光缆"5个新产品通过省级鉴定。

金杯电工股份有限公司的"额定电压600V及以下轻量化铝合金芯道路车辆用电线""电动汽车传导充电系统用电缆""柔性矿物绝缘防火电缆""电动汽车1 500V及以下高压电缆""额定电压3.6/6kV及以下风力发电用耐扭曲金属屏蔽软电缆"和"额定电压1 500V及以下轨道交通用直流交联聚乙烯绝缘电力电缆"6项新产品通过验收。

北京亨通斯博通讯科技有限公司的"用于线缆生产的自循环冷却装置及线缆生产线""小规格线缆成盘张力控制装置""一种用于提高电缆内端塑化质量的加热装置及塑化设备"和"一种路面微槽光缆"4项发明专利获得国家知识产权局授权。

亨通通信产业集团子公司江苏亨通光电股份有限公司和江苏亨通光纤科技有限公司的"一种芯棒的测试方法及装置"获得国家知识产权局发明专利授权证书；亨通通信产业集团子公司江苏亨通线缆科技有限公司的"抗干扰型复合数据电缆""通信数据软线缆用高效绞合装置"获国家知识产权局发明专利授权，"多用途高速随行电梯电缆"及"1 000MHz局域网用高速数据传输电缆"获实用新型专利授权，3项新产品"通信设备用抗干扰阻燃软电缆""铠装屏蔽型抗干扰数据电缆""双金属屏蔽轨道交通信号通信电缆"通过江苏省高新技术产品认证，获得高新技术产品认证证书；亨通电力产业集团子公司江苏亨通电力电缆有限公司的"额定电压0.66/1.14kV煤矿梭车用橡套软电缆""额定电压3.3kV及以下125℃海洋石油平台软电缆"被评为江苏省高新技术产品；亨通电力产业集团子公司江苏亨通电力电缆有限公司的"新能源电动汽车用充电桩电缆""新能源电动汽车传导直流充电系统用电缆"和"新能源电动汽车传导交流充电系统用电缆"获CQC产品认证证书。

广东南洋电缆集团股份有限公司申请的"一种金属导体聚氯乙烯绝缘阻水电缆""一种多重阻水电缆""一种无绝缘防腐阻水金属导体"获实用新型专利授权，专利号分别为ZL201521034215.1、ZL201521032575.8、ZL201521033248.4。

四川明星电缆股份有限公司的"一种电缆用低烟无卤阻燃耐老化电缆料""第三代核电站安全壳内用低压电力电缆的制造方法"获国家知识产权局发明专利证书；"一种高性能机器人手臂电缆"获国家知识产权局实用新型专利证书。

安徽明星电缆有限公司研发的"海洋工程装备用变频电缆"和"70年使用寿命建筑用电缆"通过省级新产品鉴定。

江苏江扬电缆有限公司开发的"新能源电动汽车传导充电系统用电缆"获得国内首批中国质量认证中心（CQC）和德国德凯质量认证（DEKRA）证书。

江苏中超电缆股份有限公司研发的防潮防水抗热冲击低压柔性耐火电缆，被江苏省科学技术厅认定为高新技术产品，荣获高新技术产品认定证书。

质量及认证 亨通通信产业集团江苏亨通线缆科技有限公司通过ETL测试实验室公司和美国保险商实验室UL的国际认证。

成都普天电缆股份有限公司通过了德国莱茵（TÜV）公司IRIS国际铁路行业标准质量管理体系审核，获得了由欧洲铁路行业协会（UNIFE）颁发的IRIS证书。

四川明星电缆股份有限公司通过挪威德国船级社认证复审；通过美国船级社工厂认可证证审核。

通号电缆集团天缆公司通过CRCC监督审核。

宝鸡永光线缆有限公司"智唯"牌注册商标被陕西省工商行政管理局认定为陕西省著名商标。

杭州电缆股份有限公司自主研发的"铝管支撑型耐热扩径母线（型线）"分别被浙江省输配电设备行业协会、浙江省优秀工业产品评选委员会评为浙江省输配电设备行业优秀新产品一等奖和2015年度浙江省优秀工业产品。

亨通通信产业集团子公司江苏亨通线缆科技有限公司的"新型环保合金护套贯通地线产品关键技术及设备"项目荣获2016年中国机械工业科学技术奖三等奖。

兴乐集团有限公司通过2016年德国莱茵TÜV认证年审。

金杯电工股份有限公司充电桩电缆获得了CQC认证证书和德国DEKRA认证证书。

标准 安徽省质量技术监督局发布了DB34/T 2618.1—2016《能源汽车充电桩用电缆 第1部分：一般规定》。

河南省质量技术监督局发布了DB41/T 1195—2016《塑料绝缘本安控制电缆》、DB41/T 1196—2016《额定电压0.6/1kV（U_m=1.2kV）阻燃及耐火类125℃辐照交联聚乙烯绝缘低烟无卤电力电缆》、DB41/T 1197—2016《额定电压0.6/1kV及以下农用直埋多芯塑料绝缘电缆》、DB41/T 1198—2016《自发热加热电缆》、DB41/T 1200—2016《额定电压1kV及以下钢芯铝绞线芯交联聚乙烯绝缘架空电缆》、DB41/T 1201—2016《额定电压10kV钢芯铝绞线芯交联聚乙烯绝缘架空电缆》、DB41/T 1202—2016《变频器专用电力电缆》。

四川省质量技术监督局发布了DB51/T 2174—2016《额定电压10kV钢芯铝绞线架空绝缘电缆通用技术规范》。

国家能源局发布了DL/T 1506—2016《高压交流电缆在线监测系统通用技术规范》、DL/T 1573—2016《电力电缆分布式光纤测温系统技术规范》、DL/T 1575—2016《6kV～35kV电缆振荡波局部放电测量系统》、DL/T 1576—2016《6kV～35kV电缆振荡波局部放电测试方法》、NB/T 42073—2016《光伏发电系统用电缆》。

中华人民共和国国家质量监督检验检疫总局和中国国家标准化管理委员会发布了GB/T 20041.25—2016《电缆管理用导管系统 第25部分：导管固定装置的特殊要求》、GB/T 33367—2016《铠装电缆用铝合金带材》、GB/T 33430—2016《硅橡胶混炼胶 电线电缆用》、GB/T 5441—2016《通信电缆试验方法》。

中华人民共和国工业和信息化部发布了JB/T 2171—2016《额定电压0.6/1 kV 野外（农用）直埋电缆》、JB/T 3302—2016《承荷探测电缆》、JB/T 8734.1—2016《额定电压450/750V及以下聚氯乙烯绝缘电缆电线和软线 第1部分：一般规定》、JB/T 8734.2—2016《额定电压450/750V及以下聚氯乙烯绝缘电缆电线和软线 第2部分：固定布线用电缆电线》、JB/T 8734.3—2016《额定电压450/750V及以下聚氯乙烯绝缘电缆电线和软线 第3部分：连接用软电线和软电缆》、JB/T 8734.4—2016《额定电压450/750V及以下聚氯乙烯绝缘电缆电线和软线 第4部分：安装用电线》、JB/T 8734.5—2016《额定电压450/750V及以下聚氯乙烯绝缘电缆电线和软线 第5部分：屏蔽电线》、JB/T 8734.6—2016《额定电压450/750V及以下聚氯乙烯绝缘电缆电线和软线 第6部分：电梯电缆》、JB/T 8735.1—2016《额定电压450/750V及以下橡皮绝缘软线和软电缆 第1部分：一般要求》、JB/T 8735.2—2016《额定电压450/750V及以下橡皮绝缘软线和软电缆 第2部分：通用橡套软电缆》、JB/T 8735.3—2016《额定电压450/750 V及以下橡皮绝缘软线和软电缆 第3部分：橡皮绝缘编织软电线》、QC/T 1037—2016《道路车辆用高压电缆》、YD/T 1173—2016《通信电源用阻燃耐火软电缆》、YD/T 838.1—2016《数字通信用对绞/星绞对称电缆 第1部分：总则》、YD/T 838.2—2016《数字通信用对绞/星绞对称电缆 第2部分：水平对绞电缆》、YD/T 838.3—2016《数字通信用对绞/星绞对称电缆 第3部分：工作区对绞电缆》、YD/T 838.4—2016《数字通信用对绞/星绞对称电缆 第4部分：主干对绞电缆》。

人力资源和社会保障部发布了LD/T 49.1—2016《电工电器电线电缆制造电缆的导体劳动定额》、LD/T 49.2—2016《电工电器电线电缆制造漆包铜圆线劳动定额》、LD/T 49.3—2016《电工电器电线电缆制造圆线同心绞架空导线劳动定额》、LD/T 49.4—2016《电工电器电线电缆制造额定电压450/750V及以下橡皮绝缘软线和软电缆劳动定额》、LD/T 49.5—2016《电工电器电线电缆制造额定电压0.6/1kV聚氯乙烯绝缘（交联聚乙烯绝缘）聚氯乙烯护套电力电缆劳动定额》、LD/T 49.6—2016《电工电器电线电缆制造额定电压6/6kV至26/35kV交联电力电缆劳动定额》、LD/T 49.7—2016《电工电器电线电缆制造额定电压64/110kV、127/220kV交联聚乙烯绝缘电力电缆劳动定额》、LD/T 49.8—2016《电工电器电线电缆制造规格为2芯至144芯层绞式通信用室外光缆劳动定额》、LD/T 49.9—2016《电工电器电线电缆制造通信电缆——铜芯实心聚烯烃绝缘铝塑粘结综合护套市内通信电缆劳动定额》、LD/T 49.10—2016《电工电器电线电缆制造通信电缆——无线通信用50Ω泡沫聚烯烃绝缘皱纹铜管外导体射频同轴电缆劳动定额》。

中国电器工业协会发布了T/CEEIA 233—2016《额定电压0.6/1kV及以下硅橡胶绝缘硅橡胶护套电力电缆》、T/CEEIA 234—2016《计算机及仪表电缆》。

3月11日，全国裸电线标委会2015年标准化工作年会暨标准审查会在上海举行，行业内50余家单位、70多位专家代表参加年会。

基本建设及技术改造　宁波东方电缆股份有限公司与浙江定海工业园区管委会签订项目投资协议书，拟在浙江定海工业园区内设立全资或控股子公司并由该子公司投资建设高等级海洋装备电缆及海洋特种电缆产业基地，拟总投资15亿元，子公司注册资金不少于10 000万元，拟征用土地约39.7万 m^2（595亩）。分两期实施，其中一期为高等级海洋装备电缆产业基地，用地约1.9万 m^2（298亩），投资9亿元；二期为特种电缆生产基地，用地约19.8万 m^2（297亩），投资6亿元。该项目资金由公司自筹，包括但不限于发行股份、通过向金融机构贷款、发行债券等。

中超控股子公司新疆中超新能源电力科技有限公司开工奠基仪式在新疆伊犁州霍城县清水河国家级工业园区举行，新投产企业以新能源电缆研发、生产、销售和技术服务为主。企业初期基建投资2亿元，主要建设生产绝缘架空电缆及高强度铝合金电缆厂房、光伏电缆、变频电缆、风电电缆及铝合金电缆厂房、仓储车间和科研综合楼等，占地面积6.5万 m^2（98亩）。项目建成后，将达到年生产8 000km各类新能源电缆、1.5万km架空绝缘电缆和1.2万t高强度架空导线，年产值约8亿元。

江苏中天科技股份有限公司拟以不低于16.39元/股的价格定向发行不超过2.75亿股，募资不超过45亿元，投资新能源汽车用高性能的动力锂电池、能源互联网用海底光电缆、海底观测网用连接设备、特种光纤及石墨烯复合材料制品等项目。其中，特种光纤系列产品研发及产业化项目总投资5亿元，一期投入4亿元，拟使用募集资金3.5亿元，项目完成后将建成16条智能化光纤拉丝生产线，形成年产特种光纤系列产品约1 000万芯公里的生产能力。

宝胜科技创新股份有限公司拟与宁夏宁东投资有限公司、中电投宁夏青铜峡能源铝业集团有限公司在宁夏宁东能源化工基地合资成立宝胜(宁夏)线缆科技有限公司。合资公司的注册资本为5亿元，其中宝胜科技创新股份有限公司出资3.5亿元，占合资公司70%的股权。合资公司的产品定位：一是充分利用青铜峡铝业电解铝资源丰富的优势，重点投资建设连铸连轧铝杆、铝合金导体及铝芯电缆、铝合金电缆、铝合金架空导线等项目；二是根据市场实际情况适当投资建设中低压及特种铜芯电线电缆项目。

福建南平太阳电缆股份有限公司投资5.5亿元建设6万t电解铜杆生产线和2万t配套电缆料项目。项目位于南平江南新区机电装备园，一期正式动工建设，二期为电缆料生产项目，预计在年底前动工兴建，可生产各类电缆料2万t。两个项目达产后可新增产值32.5亿元。

对外合作　江苏亨通光电股份有限公司全资子公司亨通光电国际有限公司与Power Technologies (Pty) Ltd. 在南非约翰内斯堡市正式签署股权转让协议，亨通拟以4.3亿元人民币完成对南非阿伯代尔电缆公司75%股权和阿伯代尔欧洲控股有限公司100%股权的收购。

宝胜集团有限公司与普睿司曼(中国)投资有限公司签署合资公司股权收购协议，宝胜集团有限公司收购外方所持有宝胜普睿司曼电缆有限公司的67%股权，总价为3亿元。

江苏永鼎股份有限公司联合北京中缆通达电气成套有限公司和福建省电力工程承包公司组成的联合体，于2016年10月10日与孟加拉国家电网公司（Power Grid Company of Bangladesh Ltd. 简称PGCB）签署"扩建、改建和升级孟加拉全国电网系统项目" EPC总承包合同。该项目涵盖100个变电站、1 000km输电线路、7个区域检测维护中心，建设期4.5年，质保期1年。

管理及改革与行业交流　3月23—24日，中国电器工业协会电线电缆分会在安徽铜陵召开绕组线专业工作部八届三次主任委员扩大会议，对2015年度工作进行回顾和总结，对2016年工作进行布置并对行业及企业发展状况、市场形势进行交流和分析。

6月1日，由中国机电工业价格协会、中国电器工业协会电线电缆分会联合主办的全国电线电缆重点产品价格监测会议在北京举行。会议宣读了新成立的全国电线电缆价格专业委员会工作规程和委员名单，对全国电线电缆重点产品价格监测工作先进定点企业、优秀报价员进行了表彰，给第三批采报价定点企业颁发了铜牌与证书。

6月23—24日，全国通信光电缆专家联席会议在苏州吴江举行，会议主题为"通信光电缆行业的制造智能化与产品创新"。

8月11日，由中国机电工业价格协会、中国电器工业协会电线电缆分会举办的"《2016全国电线电缆光缆产品出厂价格目录》编订评审会议"在天津召开。来自27家线缆骨干企业的30多位代表参加会议。

8月29—31日，2016电线电缆专委会学术年会在苏州召开，年会主题为精细化、信息化助推线缆行业转型发展。同时还召开第八届电线电缆专业委员会成立大会。

9月25日，2016中国电线电缆行业大会在上海召开。来自全国电线电缆、光纤光缆、专用设备、材料及相关企业的领导、技术负责人、行业专家学者、代表等500多人参加了会议。大会主题为"创新·优化·活力"。

9月26日，第七届中国国际线缆及线材展览会在上海新国际博览中心开幕。

10月20日，2016绕组线行业技术论坛在无锡召开。来自全国各地100多家相关企业的200多名代表参加。论坛以"环保·节能·发展·创新"为主题。

12月1—2日，中国电器工业协会电线电缆分会电器装备用电线电缆、橡塑材料专业工作部2016年工作会议暨专题技术交流会在安徽无为召开。来自行业内外90多家企业、高校、科研院所的近200人参加会议。

〔撰稿人：上海电缆研究所陆成玉　审稿人：上海电缆研究所吴士敏〕

绝缘材料

2015 年发展情况

生产发展情况 2015年国内绝缘材料行业总体增长缓慢，行业盈利能力仍然疲软，产能过剩，产销量下滑，低端产品竞争矛盾突出，销售价格走低，资产投资增速回落趋稳，企业经营成本持续上涨，借贷、融资成本较高，出口贸易减缓，经济效益上行艰难。根据绝缘材料分会对行业内主要企业的统计，2015年行业统计企业完成工业总产值1 915 970万元，主营业务收入1 833 106万元，全员劳动生产率148 682元/人。2015年绝缘材料行业统计企业工业总产值排名前10位企业见表1。2015年绝缘材料行业统计企业主营业务收入前10位企业见表2。2015年绝缘材料行业统计企业工业增加值前10位企业见表3。

表1 2015年绝缘材料行业统计企业工业总产值前10位企业

企业名称	2015年（万元）	2014年（万元）	比上年增长（%）
长园集团股份有限公司	486 936	391 291	24.44
广东生益科技股份有限公司	427 728	465 520	-8.12
四川东材科技集团股份有限公司	194 498	195 715	-0.62
山东金宝电子股份有限公司	140 040	230 500	-39.25
宁波华缘玻璃钢电器制造有限公司	69 190	65 895	5.00
浙江荣泰科技企业有限公司	57 216	54 491	5.00
苏州太湖电工新材料股份有限公司	48 600	52 600	-7.60
苏州巨峰电气绝缘系统股份有限公司	44 858	56 566	-20.70
超美斯材料股份有限公司	40 000	40 000	0.00
江苏亚宝绝缘材料股份有限公司	39 426	38 022	3.69

表2 2015年绝缘材料行业统计企业主营业务收入前10位企业

企业名称	2015年（万元）	2014年（万元）	比上年增长（%）
广东生益科技股份有限公司	453 189	440 809	2.81
长园集团股份有限公司	416 185	334 864	24.28
山东金宝电子股份有限公司	215 550	240 730	-10.46
四川东材科技集团股份有限公司	140 667	143 701	-2.11
宁波华缘玻璃钢电器制造有限公司	67 089	63 895	5.00
浙江荣泰科技企业有限公司	58 226	55 884	4.19

（续）

企业名称	2015年（万元）	2014年（万元）	比上年增长（%）
苏州太湖电工新材料股份有限公司	46 449	47 698	-2.62
苏州巨峰电气绝缘系统股份有限公司	43 379	48 347	-10.28
江苏亚宝绝缘材料股份有限公司	39 368	37 906	3.86
固德电材系统（苏州）股份有限公司	36 158	28 205	28.20

表3 2015年绝缘材料行业统计企业工业增加值前10位企业

企业名称	2015年（万元）	2014年（万元）	比上年增长（%）
长园集团股份有限公司	192 827	99 393	94.00
四川东材科技集团股份有限公司	49 868	50 886	-2.00
株洲时代电气绝缘有限责任公司	24 508	48 810	-49.79
浙江荣泰科技企业有限公司	17 266	15 030	14.88
苏州巨峰电气绝缘系统股份有限公司	16 818	15 047	11.77
宁波华缘玻璃钢电器制造有限公司	14 668	13 969	5.00
苏州太湖电工新材料股份有限公司	13 780	12 290	12.12
广东生益科技股份有限公司	10 483	123 913	-91.54
泰州魏德曼高压绝缘有限公司	9 650	9 717	-0.69
固德电材系统（苏州）股份有限公司	7 415	5 566	33.22

产品分类产销 2015年，绝缘材料行业按油漆树脂、浸渍纤维制品、电工塑料、层压制品、云母制品、薄膜及复合材料和其他类材料进行分类统计。

统计资料表明：2015年绝缘材料产品中，层压制品、其他类绝缘材料、电工塑料产量有所增长，增幅较低；油漆树脂、薄膜及复合材料、云母制品、浸渍纤维制品产量减少，其中浸渍纤维制品产量降幅较大，达两位数。2015年绝缘材料油漆树脂产品中，无溶剂浸渍漆的产量占总量的44%，仍位居首位；与2014年相比，无溶剂漆、有溶剂漆、漆包线漆都有所减产。层压制品中应用于高铁的成型件仍保持一定增幅。薄膜及复合材料中聚酰亚胺产量微增，聚丙烯、聚酯、聚碳酸酯、复合材料均减产。高压开关和干式变压器用的浇注胶及高性能绝缘纸及纸板和成型件等仍保持增长态势。电工塑料中增强型、耐热性材料增产。浸渍纤维制品产量下降较多。云母制品与上年度相比产量下降，云母带减产，其中F、H级多胶云母带、中胶粉云母带减产较多，均有两位数降幅。

2015年统计的企业销售绝缘材料总量522 350t/182 807万m/6 000件异形件，销售收入1 356 160万元，与上年相比销售总量变化不大。油漆树脂销售收入略有减少；电工塑料、其他绝缘材料销售量与销售收入均同步微增；层压制品销量增加，销售收入却减少；薄膜及复合材料销量与销售收入同步减少，销售收入下降较多。

2015年绝缘材料行业统计企业主要产品的产量、销售量及销售收入见表4。

表4 2015年绝缘材料行业统计企业主要产品的产量、销售量及销售收入

项目名称	单位	油漆树脂	浸渍纤维制品	层压制品	云母制品	电工塑料	薄膜及复合材料	其他类绝缘材料
生产量	t	82 278	8 366	178 245	10 286	130 349	60 326	53 074/182 807 万 m/6 000 件
销售量	t	83 116	7 939	175 867	10 357	130 151	62 511	52 409/182 807 万 m/6 000 件
销售收入	万元	169 704	23 266	583 844	53 222	104 954	144 252	276 918

市场及销售 2015年受国家经济运行下行压力等因素影响,增长动力不足,国内发电设备市场趋于饱和,海外市场开拓难度大,使发电设备产量呈延续下滑态势;输变电设备中高压开关设备(110kV以上)需求增幅减缓,电线电缆、变压器行业产能过剩;通信及电子信息行业需求量仍呈增长的趋势。2015年国内绝缘材料行业市场需求动力不足,产品同质化导致的企业间竞争加剧,由此造成产品销售价格走低和应收货款回收难度加大,行业创新能力不强,产品结构调整的投入力度不足,市场开拓难度大,通胀压力及人工费用等相关成本的上升对企业盈利造成巨大压力。2015年绝缘材料行业统计企业销售量前10位企业见表5。2015年绝缘材料行业统计企业销售收入前10位企业见表6。

表5 2015年绝缘材料行业统计企业销售量前10位企业

企业名称	2015年(t)	2014年(t)	比上年增长(%)
广东生益科技股份有限公司	443 022	440 809	0.50
四川东材科技集团股份有限公司	188 916	193 081	-2.16
山东金宝电子股份有限公司	98 000	238 540	-58.92
宁波华缘玻璃钢电器制造有限公司	67 089	63 895	5.00
浙江荣泰科技企业有限公司	58 430	55 130	5.99
苏州太湖电工新材料股份有限公司	46 449	47 698	-2.62
苏州巨峰电气绝缘系统股份有限公司	41 924	56 566	-25.88
超美斯材料股份有限公司	40 000	40 000	0.00
江苏亚宝绝缘材料股份有限公司	39 368	37 906	3.86
固德电材系统(苏州)股份有限公司	36 190	26 290	37.66

表6 2015年绝缘材料行业统计企业销售收入前10位企业

企业名称	2015年(万元)	2014年(万元)	比上年增长(%)
广东生益科技股份有限公司	453 189	440 809	2.81
长园集团股份有限公司	416 185	334 864	24.28
山东金宝电子股份有限公司	215 550	240 730	-10.46
四川东材科技集团股份有限公司	140 667	143 701	-2.11
宁波华缘玻璃钢电器制造有限公司	67 089	63 895	5.00
浙江荣泰科技企业有限公司	58 226	55 884	4.19
苏州太湖电工新材料股份有限公司	46 449	47 698	-2.62
苏州巨峰电气绝缘系统股份有限公司	43 379	48 347	-10.28
江苏亚宝绝缘材料股份有限公司	39 368	37 906	3.86
固德电材系统(苏州)股份有限公司	36 158	28 205	28.20

2015年统计企业出口绝缘材料61 820t,出口交货值222 655万元,创汇37 089万美元。与上年度相比,除出口量略有增加外,出口交货值及创汇额均下降。从产品分类来看,绝缘材料行业出口产品主要是层压制品中的覆铜箔板,为26 194万美元,约占出口总额的70.62%。薄膜及复合材料出口额为2 900万美元,电工塑料出口额为1 137万美元,浸渍纤维制品出口额为647万美元,云母制品出口额892万美元,其他类绝缘材料出口额为4 481万美元。2015年绝缘材料行业统计企业出口额前10位企业见表7。2015年绝缘材料部分产品出口情况见表8。

表7 2015年绝缘材料行业统计企业出口额前10名企业

企业名称	创汇金额(万美元)	比上年增长(%)
广东生益科技股份有限公司	24 206	-5.60
山东金宝电子股份有限公司	6 099	2.62
四川东材科技集团股份有限公司	2 141	-12.25
宁波华缘玻璃钢电器制造有限公司	1 137	4.99
南通中菱绝缘材料有限公司	772	-25.23
浙江荣泰科技企业有限公司	900	35.57
江苏亚宝绝缘材料股份有限公司	313	-5.44
龙口澳兴绝缘材料有限公司	360	10.77
宝应县精工绝缘材料有限公司	327	142.00
北京新福润达有限责任公司	368	32.23

表8 2015年绝缘材料部分产品出口情况

项目	出口额(万美元)	比上年增长(%)
层压制品		
覆铜箔板	26 194	-5.12
层压板材	838	15.27
电工塑料	1 137	4.99
薄膜及复合材料	2 900	-3.88
浸渍纤维制品	647	-28.74
其他绝缘材料	4 481	1.40
云母制品	892	35.36

科技成果及新产品 为促进绝缘材料行业科技创新,发展绿色制造,提高制造水平和性能水平,行业各企业加快重点产品的产业化,取得多项科技成果和新产品。

四川东材科技集团股份有限公司开展V0级无卤阻燃聚酯树脂关键技术及产业化研究。该项目研究了一种新型无卤永久阻燃共聚聚酯树脂及其产业化关键技术,并以该

阻燃共聚聚酯树脂为材料，采用双向拉伸工艺制备阻燃等级为VTM－0级的无卤阻燃聚酯薄膜。该项目属于《国家中长期科学和技术发展规划纲要（2006—2020年）》中规划项目，用以应对国家公共场所安全隐患，纺织化纤、电器电子、绝缘材料、军工等行业及其交通工具、建筑、酒店内装饰等领域所面临的基础材料阻燃安全等级较低问题，以及满足欧盟的RoHS指令和REACH法规的要求。目前已形成年产10 000t V0级、30 000t V2级和V1级无卤永久阻燃共聚聚酯树脂的生产能力，以及年产4 000t VTM-0级和6 000t VTM-2级无卤阻燃聚酯薄膜的生产能力。该项目已通过四川省科技成果鉴定，获绵阳市科技进步奖特等奖。该公司还开展了耐紫外、耐湿热、高阻隔性太阳电池背板用聚酯薄膜的研制与应用工作，通过新型催化体系、特殊填料和助剂以及在聚酯中引入第三单体，改变了聚酯分子结构，提高了聚酯薄膜的抗老化和水蒸气阻隔等性能；研究了聚酯薄膜双轴拉伸工艺，改善了薄膜的拉伸强度和热收缩性能。开发出的耐老化、高阻隔性太阳电池背板膜基材（PET膜）系列新材料扩试产品，在国内主要太阳电池背板膜生产商苏州赛伍、杭州福斯特、保定乐凯、苏州中来等公司进行了多次试用及评估，产品性能达到标准要求。获国内主流太阳电池背板膜制造企业认可，综合性能完全达到下游背板厂商的要求，已在某些规格的背板产品中成功取代国外进口、价格昂贵的太阳电池背板基膜材料，替代价格高且质量还不太稳定的国外通用TPT背板基膜，实现了太阳能背板基膜材料的国产化。2015年产量超过15 500t，创造产值约3亿元、利税8 000多万元。该项目现已获授权中国发明专利3项，发表论文3篇，并已完成四川省科技成果鉴定，获中国石化科技进步奖三等奖和绵阳市科技进步奖一等奖。该公司还开展了电容器用高绝缘强度、低介质损耗BOPP薄膜关键技术研究及产业化，项目产品适用于国家电网工程1 000kV交流特高压输变电、±500kV和±800kV直流特高压输变电容器与城市电网、风能、太阳能逆变金属化电容器，使其达到特高压输变电用电容器高耐压、低损耗、高可靠性的要求。超薄型电晕处理电子薄膜6014符合电容器薄膜行业发展薄型化的方向，开发的超薄型电晕处理电子薄膜产品填补了国内空白，打破了欧洲波洛莱、日本东丽公司对这些薄膜产品在技术与市场方面的垄断，对促进我国电力和电子行业的发展起到积极的推动作用。

浙江荣泰科技企业有限公司研制的真空压力浸渍用少胶粉云母带，具有优良的透气性和浸透性，较高的拉伸强度、撕裂强度，较好的柔软性和较长的储存稳定性，对线圈（棒）的成型性好，绝缘性能高，适合国内企业VPI设备的工装水平，满足国内对大中型高压发电机主绝缘的绝缘要求，技术水平达到了国外同类产品水平。2015年实现销售200t，销售收入达1 000万元。

苏州巨峰电气绝缘系统股份有限公司独立研制开发了环保型纳米改性耐电晕绝缘系统。通过运用纳米改性技术，制备耐电晕的漆包线漆/线，耐电晕的浸渍树脂并集成耐电晕绝缘系统，提升了变频电机抵抗高频脉冲电压的能力，延长了使用寿命，提高了运行可靠性。该产品具有自主知识产权，已进入市场工业化应用，并荣获2015年度苏州市科技进步奖二等奖。2015年该项目新增销售额10 727万元、利税3 218万元。用户均认为产品性能优异，替代进口，能够大幅延长变频电机的使用寿命，提升运行可靠性，具有优异的经济效益。

西安西电电工材料有限公司研制的550kV组合电器GCB用绝缘拉杆，采用模具底灌式工艺，选取环氧酸酐体系、涤纶布和高强玻璃布做增强材料制成真空浸胶管，对绝缘拉杆的整体结构进行了优化设计，再经加工、组装、粘结成绝缘拉杆，具有良好的电气、力学性能。主要技术参数为：SF_6气体中工频耐受电压680kV/1min；在测量电压380 kV下局部放电量≤3pC，例行拉力试验≥200kN，破坏拉力试验≥300kN。其综合技术处于国际先进水平。该公司研制的1642低填料水溶性硅钢片漆，以特种酚醛改性的醇酸树脂为漆基，以特殊处理的纳米级SiO_2为填料，加入适宜的环保型助溶剂，通过高速分散而制成，实现了以水为溶剂的目的，有利于降低环境污染和保护施工人员身体健康。能够满足重庆水轮机厂和德阳远东公司关于定子冲片涂漆规范的要求，填补了国内空白，综合性能达到国内领先水平。

苏州太湖电工新材料股份有限公司开展耐高温苯并噁嗪树脂的合成及应用研究。项目以二元酚、一元胺、多聚甲醛为主要原料，合成了耐高温苯并噁嗪树脂，应用于无卤阻燃层压板、环氧固化剂产品中，其中无卤阻燃层压板具有耐高温、阻燃等特点，已形成了10～20吨／月的生产线，并已用于电机制造，取得了一定的经济效益。该项目申请发明专利8项，已授权2项；发表科研论文5篇，项目成果国内领先。该公司研制的水性浸渍绝缘漆，以水为溶剂制备了高性能B～F级通用的水溶性聚酯绝缘漆，形成中试产品T4260S。产品具有环保、漆膜柔韧性好、电气强度高等优点，并用于电子变压器行业的电器制造，取得了一定的经济效益。申请发明专利6项，已授权2项；发表科研论文3篇。

株洲时代电气绝缘有限责任公司通过采用树脂改性及复配技术及大尺寸模压成型工艺，完成绝缘槽梁的开发与产业化，技术指标满足使用要求，并通过了ISO 9000质量体系认证。该产品主要应用于特高压输变电换流阀的绝缘支撑，现已成功取代国外进口产品，批量应用于厦门柔直特高压输变电工程及酒泉—湖南大直流高压输变电工程。产品主要性能参数为：吸水率0.08%；阻燃性FV-0；垂直层向弯曲强度：592 MPa（常态），512 MPa（90℃±2℃）；垂直层向弯曲弹性模量：26.4 GPa（常态），26.2GPa（90℃±2℃）；平行层向冲击强度（简支梁，缺口）：262 kJ/m^2（纵向），88.8 kJ/m^2（横向）；拉伸强度：510 MPa；平行层向剪切强度：55.6 MPa；体积电阻率：$1.7×10^{16}Ω·cm$；表面电阻率：$2.4×10^{15}Ω$；垂直层向电气强度（90℃±2℃变压器油中，20s）：15kV/mm；平行层向击穿电压（90℃±2℃变压器油中，20s）>100 kV；玻璃化转变温度160℃。

广东生益科技股份有限公司研究开发高粘合力的TPI和低热膨胀系数的PI。通过对合成工艺、涂布工艺及压合工艺的系统研究，开展无胶双面挠性覆铜板的开发及工程化研究，所制备的无胶双面挠性覆铜板性能已达到国际同类产品先进水平。该公司还开展刚挠结合板用无卤不流动PP的研发。FPC技术的不断发展对应用于刚挠结合板处防止溢胶的粘结材料提出了更严格的要求，需要其具备更高的粘结力和尺寸稳定性，以及更高的耐热性和可靠性要求。通过对高性能树脂体系进行改性研究，同时应用新型固化剂并结合半固化加工工艺技术，突破目前行业存在的关键技术难题，开发出综合性能优异且品质稳定、具有自主知识产权的高性能不流动粘结片，满足目前FPC市场需求。

湖南广信公司利用专有技术研发生产的世界首台套1 100kV无胶粘整体出线装置，成功配套应用于山东电力设备有限公司的世界首台套最大容量、最高电压等级、直接式出线的1 100kV特高压电抗器。该电抗器已通过由中国电力企业联合会组织的国家级新产品鉴定。

宁波华缘玻璃钢电器制造有限公司开展轨道交通用绝缘阻燃耐腐蚀高强度酚醛玻璃钢疏散平台研发与产业化项目。该项目采用高绝缘、耐高温、强耐腐蚀、高强度的酚醛玻璃钢自主材料配方技术，采用拉挤工艺，经过浸胶、加热固化等工序，连续生产酚醛玻璃钢线型疏散平台，使产品达到高绝缘、强阻燃、高强度、强耐腐蚀、防老化、免维护等性能要求，满足地铁隧道、高架、煤矿等特殊环境的使用要求，降低运营成本，保障运营安全。该项目产品至2015年年底累计销售收入逾1.17亿元，利润逾2 894万元，缴税逾653万元，出口创汇逾307万美元。获得2015年度浙江省科技进步奖二等奖。该公司开发的高铁专用电缆槽，采用高绝缘、耐高温自主材料配方技术，应用拉挤工艺，一次成型连续生产复合材料电缆槽盒，具有高绝缘、强阻燃、强耐腐蚀、防老化、高强度等性能要求，满足轨道交通、高速铁路等特殊领域的使用要求，保障运营安全。其技术指标为：①防火性能：项目产品的热变形温度大于240℃，燃烧增长速率指数为50W/s，600s内总热释放量5.5MJ，烟气生成速率指数为$6m^2/s^2$，600s内总产烟量$20m^2$。②绝缘性能：绝缘电阻常态为$1.6×10^{14}Ω$；浸水24小时后为$7.8×10^{13}Ω$，电气强度13.7MV/m。③机械强度：弯曲强度≥708MPa，弯曲弹性模量$2.2×10^4$MPa，耐压强度≥284MPa，冲击强度≥194MPa。④耐腐蚀性：该产品不与酸碱发生反应，适合地铁使用环境，免维护，永久使用。项目产品在宁波、广州等城市的地铁建设项目中大量使用，还大量应用于海南西环高铁、浙江金丽温高铁等高速铁路建设项目。

检测 2015年机械工业电工材料产品质量监督检测中心为绝缘材料生产厂家和应用厂家提供包括各类绝缘材料、绝缘制品及绝缘结构在内的检测服务近2 000批次，出具科学、客观、公正的检测报告，对产品在检测中暴露出来的问题，提出改进建议。传统的绝缘材料例如薄膜、粘带和柔软复合材料类、模塑料类、层压制品、卷绕制品、漆、树脂和胶的检测量基本保持平稳状态，绝缘制件的种类和数量有一定幅度增加。2015年度由于风电行业触底后有所反弹，与风电相关的绝缘漆、槽楔、云母带等产品的日常检测和环境试验有所增长。电力行业近年对有关电力设备及部件的绝缘性能检测需求有一定增长。受国内经济环境的影响，绝缘系统的综合评定业务有所缩减。

标准 2015年全国绝缘材料标准化技术委员会组织完成了7项行业标准的审查工作。根据国家标准委和工信部有关标准报批工作细则的要求，对《电气绝缘用水溶性半无机硅钢片漆》等7项行业标准送审稿进行了审查，经过仔细审查后按规定程序完成了上报工作。

在当前国家标准委大幅度缩减国家标准立项计划数量的背景下，努力争取到国家标准委下达的4项绝缘材料国家标准制修订计划，其中制定计划2项——《叠层母线排用绝缘胶膜》《晶体硅太阳电池组件用绝缘聚酯薄膜》，修订计划2项——《电气绝缘用柔软复合材料 第3部分：单项材料规范》《电气用纤维增强不饱和聚酯模塑料（SMC和BMC）》。在工信部严格控制行业标准计划立项质量、申报计划需批前公示并通过现场严格答辩方可批准立项的条件下，争取到国家工信部下达的5项绝缘材料行业标准制定计划项目，其中机械行业JB/T制定计划2项——《电气用菱格涂胶聚酯薄膜聚酯纤维非织布柔软复合材料》《200级有机硅玻璃粉云母带》，修订计划1项——《电气绝缘用玻璃纤维增强挤拉型材》，能源行业NB/T制定计划2项——《电力变压器用植物绝缘油选用和维护导则》《绝缘液体 油浸纸和油浸纸板用卡尔费休自动电量滴定法测定水分》。在申报标准立项的同时，通过与国标委、工信部沟通协调，分别阻止了全国半导体设备和材料标委会、国家太阳能光伏产品质量监督检验中心、中国电子技术标准化研究院等5项立项申请和制定的《光伏组件用背板》行业标准的批准发布。

为进一步拓宽建立和完善新的标准体系，面对国标委对标准计划立项数量大幅压缩和外部计划申报单位激烈竞争的现状，组织制定了光伏组件用绝缘材料标准体系。包括四大类：

（1）背板或前板材料。已完成制定国家标准：GB/T 31034—2014《晶体硅太阳电池组件用绝缘背板》《薄膜太阳电池组件用绝缘前板》。

（2）封装胶膜材料。包括晶体硅太阳电池组件用聚烯烃（POE）封装绝缘胶膜，晶体硅太阳电池组件用聚乙烯醇缩丁醛绝缘胶膜等。

（3）绝缘基膜材料：包括《晶体硅太阳电池组件用绝缘薄膜 第2部分：聚氟乙烯（含聚偏氟乙烯）薄膜》《晶体硅太阳电池组件用绝缘薄膜 第1部分：聚酯薄膜》等。

（4）胶带绝缘材料等。

2015年完成标委会换届改选工作，组成了第七届全国绝缘材料标准化技术委员会。第七届标委会新增了国网中国电力科学研究院、清华大学、重庆大学、西开、天传院等输变电行业的知名单位，增加了委员中教授和博士的占比，提升了标委会组成的技术档次，进一步优化了标委会的组成结构，有利于提高制定标准的技术水平，保证制定标准的正确性和实际可操作性。

基本建设及技术改造　2015年绝缘材料行业基本建设投资35 514万元，更新改造资金额17 143万元。用于固定资产投资额为106 132万元，其中技术改造资金为35 332万元。2015年部分企业基本建设、技改投资情况见表16。2015年部分企业完成技术改造项目及效果见表17。

表16　2015年部分企业基本建设、技改投资情况　　　　（单位：万元）

企业名称	基本建设投资					更新改造资金	
	投资计划	投资完成数	其中			计划数	实际完成
			生产性	建安工程	设备工具购置		
广东生益科技股份公司		11 045					2 319
四川东材科技集团股份有限公司	13 879	13 879	5 407	2 624	5 848	13 879	13 879
西安西电材料有限公司	640	612	90	219	303	30	28
株洲时代电气绝缘材料有限公司	5 990	4 274	3 942	201	130	79	67
宁波华缘玻璃钢电器制造有限公司		1 252			1 252		
江苏亚宝绝缘材料股份有限公司	1 000	885	885				
湖南广信电工科技股份有限公司		2 972	2 972				
山东呈祥电工电气有限公司		350					380
河南许昌电工绝缘材料有限公司	30	27					104
北京新福润达有限责任公司		166	166				
宝应县精工绝缘材料有限公司						200	200
浙江乐清树脂厂	52	52					

表17　2015年部分企业完成技术改造项目及效果

企业名称	项目名称	效　果
四川东材科技集团股份有限公司	年产1亿m^2 TFT偏光片用光学级聚酯基膜产业化项目	该项目总投资43 733万元，获2015年产业振兴和技术改造专项补助资金6 027万元。项目达产后，预计平均每年可新增销售收入49 410万元，新增利润10 404万元，新增税金2 601万元，创汇300万美元
四川东材科技集团股份有限公司	年产2万t PVB树脂产业化项目	该项目总投资16 430万元，获绵阳科技城军转民高技术产业链项目补助资金2 465万元。项目达产后，预计平均每年可新增销售收入5.2亿元，新增税1.559亿元，创汇300万美元
株洲时代电气绝缘有限责任公司	国产云母带生产线改造	2015年3—12月完成了3条国产云母带生产线的改造，改造完成后生产线车速由最大2m/min提高到5m/min，采用新的张力控制器提高了张力的稳定性，用双工位收卷结构及纠偏装置提高了收卷的整齐度，降低了人工的劳动量，稳定了产品质量
宁波华缘玻璃钢电器制造有限公司	年产5 000t轨道交通配套产品生产线技术改造项目	2014年6月至2015年5月，总投资600万元，其中设备投资577万元，其他费用23万元。引进液压拉挤机等40台（套），建成后新增1万t轨道交通配套产品，年销售收入新增5 000万元，新增利润400万元，新增税金300万元，创汇100万美元
湖南恒缘新材科技股份有限公司	H级绝缘引拔槽楔关键技术开发与应用	2014年7月至2016年6月建成，年产H级绝缘引拔槽楔500t。项目达产后，预计年新增销售收入4 000万元，新增税1 100万元
广东生益科技股份有限公司	压缩空气机房控制节能改造	2015年实施了空压机组联机控制的节电方案。通过改造，系统压力明显降低，一方面减少了管网的漏气量，另一方面降低了空压机组的运行负载，起到了显著的节电效果。实施后，经测试对比节电率12.7%，年节电量47万kW·h，取得了较好的经济效益

行业管理　中国电工技术学会绝缘材料与绝缘技术专委会换届大会暨专题研讨会于2015年10月在浙江嘉兴市召开。中国电工技术学会副秘书长韩毅应邀出席并讲话，中国电器工业协会绝缘材料分会理事长、桂林电器科学研究院有限公司副总经理刘亮出席会议并致辞，会议分别由中国电工技术学会绝缘材料与绝缘技术专委会主任委员李学敏和副主任委员杨士勇主持。来自全国各地的绝缘材料与绝缘技术专委会委员及代表，高校与中外企业的专家、学者共170余人参加会议。在绝缘专委会换届大会上，韩毅副秘书长对中国电工技术学会第七届绝缘材料与绝缘技

术专业委员会5年来的工作给予充分的肯定,并对即将选举产生的第八届绝缘材料与绝缘技术专业委员会寄予厚望。李学敏主任委员作"中国电工技术学会第七届绝缘材料与绝缘技术专业委员会工作报告",全面总结了2010—2015年绝缘专委会各项工作,指出了存在的问题和今后的努力方向。韩毅副秘书长宣读了中国电工技术学会的批文。大会按中国电工技术学会的章程以无记名投票方式选举产生中国电工技术学会第八届绝缘材料与绝缘技术专业委员会领导机构,选举桂林电器科学研究院有限公司副总工程师李学敏为主任委员,杨士勇、张喜乐、唐安斌、唐超、周远翔为副主任委员,马林泉、孙瑛为正副秘书长,并向新组成的第八届中国电工技术学会绝缘材料与绝缘技术专业委员会委员颁发委员证书。

随后召开了绝缘专题研讨会,首先进行的是专题报告,然后是论文交流。此次会议安排专题报告7篇,分别是:西南交通大学吴广宁教授的《变频电机绝缘破坏机制及纳米绝缘技术展望》、西安交通大学汲胜昌教授的《持续工频电压作用下典型油纸绝缘缺陷局部放电特性演化过程》、壳牌(中国)有限公司田龙先生的《基于天然气制油的新变压器油技术》、清华大学党智敏教授的《分布式能源电网与储能电介质材料》、浙江荣泰科技企业有限公司汪蔚博士的《环氧树脂基高导热绝缘材料的研究及应用》、杜邦(中国)研发管理有限公司Robert gary先生的《牵引变压器电抗器绝缘系统讨论》、株洲时代电气绝缘有限责任公司曾智博士的《纳米材料制备、改性及在绝缘材料中的应用》。

论文交流期间,首先由华东理工大学袁荞龙教授宣讲《耐高温含硅芳炔树脂/蒙脱土纳米复合材料的制备与性能》,随后浙江荣泰科技企业有限公司、ABB中国有限公司、烟台民士达特种纸业股份有限公司、广州贝特新材料有限公司等单位的代表就各自的最新科研学术成果同与会代表进行了深入的探讨和交流。

此次研讨会交流的专题报告和论文涉及变频电机绝缘破坏机理研究、纳米改性等新型高性能绝缘材料的研发及其在新能源、高速列车等领域的应用,为促进绝缘材料行业科技创新,发展绿色制造,持续提升制造水平和性能水平提供借鉴和指引。

〔撰稿人:桂林电器科学研究院有限公司孙瑛 审稿人:桂林电器科学研究院有限公司马林泉〕

2016年发展情况

生产发展情况 2016年国内绝缘材料行业总体缓中趋稳、稳中向好,但是仍然面临一些突出矛盾和问题,如行业盈利能力减缓、生产成本上升及利润下降、运营成本快速上涨,产品低端过剩、高端不足的结构性矛盾突出,产业结构不合理、供需结构不匹配,特别是低端产能过剩与高端产品短缺并存的问题十分尖锐。根据绝缘材料分会对行业内主要企业的统计,2016年行业统计企业完成工业总产值2 130 358万元,主营业务收入2 137 281万元,全员劳动生产率239 612元/人。2016年绝缘材料行业统计企业工业总产值前10位企业见表1。2016年绝缘材料行业统计企业主营业务收入前10位企业见表2。2016年绝缘材料行业统计企业工业增加值前10位企业见表3。

表1 2016年绝缘材料行业统计企业工业总产值前10位企业

企业名称	2016年(万元)	2015年(万元)	比上年增长(%)
长园集团股份有限公司	578 297	486 936	18.76
广东生益科技股份有限公司	505 423	427 728	18.16
山东金宝电子股份有限公司	207 165	140 040	47.93
四川东材科技集团股份有限公司	200 061	194 498	2.86
浙江华正工新材料股份有限公司	78 383	69 517	12.75
浙江荣泰科技企业有限公司	58 676	57 216	2.55
超美斯材料股份有限公司	50 000	40 000	25.00
苏州太湖电工新材料股份有限公司	49 300	48 600	1.44
江苏亚宝绝缘材料股份有限公司	43 409	39 426	10.10
苏州巨峰电气绝缘系统股份有限公司	41 818	44 858	-6.78

表2 2016年绝缘材料行业统计企业主营业务收入前10位企业

企业名称	2016年(万元)	2015年(万元)	比上年增长(%)
长园集团股份有限公司	584 896	416 185	40.54
广东生益科技股份有限公司	515 080	453 189	13.66
山东金宝电子股份有限公司	237 583	215 550	10.22
四川东材科技集团股份有限公司	167 756	140 667	19.26
浙江华正工新材料股份有限公司	92 983	70 033	32.77
浙江荣泰科技企业有限公司	57 977	58 226	-0.43
苏州太湖电工新材料股份有限公司	47 803	46 449	2.92
江苏亚宝绝缘材料股份有限公司	43 072	39 368	9.41
超美斯材料股份有限公司	40 746	33 112	23.05
苏州巨峰电气绝缘系统股份有限公司	37 462	43 379	-13.64

表3 2016年绝缘材料行业统计企业工业增加值前10位企业

企业名称	2016年(万元)	2015年(万元)	比上年增长(%)
长园集团股份有限公司	254 296	192 827	31.88
广东生益科技股份有限公司	136 797	104 830	30.49
四川东材科技集团股份有限公司	50 016	49 868	0.30
浙江荣泰科技企业有限公司	19 505	17 266	12.97
苏州巨峰电气绝缘系统股份有限公司	18 440	16 818	9.64
山东金宝电子股份有限公司	17 400	19 800	-12.12

(续)

企业名称	2016年（万元）	2015年（万元）	比上年增长（%）
苏州太湖电工新材料股份有限公司	14 994	13 780	8.81
浙江华正工新材料股份有限公司	13 628	17 896	-23.85
华缘新材料股份有限公司	8 122	5 189	56.52
江苏亚宝绝缘材料股份有限公司	7 523	5 913	27.23

产品分类及产量 2016年绝缘材料行业按油漆树脂、浸渍纤维制品、电工塑料、层压制品、云母制品、薄膜及复合材料和其他类材料分类统计。

统计资料表明：2016年绝缘材料总产量比2015年下降4.37%。油漆树脂、层压制品、薄膜及复合材料、云母制品、浸渍纤维产量有所增长，其中浸渍纤维制品呈两位数增幅。电工塑料和其他类材料产量降低，其中电工塑料产量降幅较大，达两位数。2016年油漆树脂产品中，无溶剂浸渍漆的产量占总量的51%，仍位居首位，与2015年相比，无溶剂漆、有溶剂漆、漆包线漆产量均呈增长态势。层压制品中应用于高铁的成型件产量增幅较大。薄膜及复合材料中聚酰亚胺产量微弱，聚丙烯、聚酯、聚碳酸酯及其他复合材料均大幅增产，均有两位数增幅。高压开关和干式变压器用的浇注胶及高性能绝缘纸及纸板和成型件等仍保持增长态势。电工塑料中不饱和聚酯减产。云母制品中，防火及其他云母带增产较多，均有两位数增幅。

2016年统计的企业销售绝缘材料总量473 826t/225 132万m，销售收入1 446 355万元，与上年相比销售总量略有上升。油漆树脂与其他绝缘材料销售量降低，销售收入却增加；浸渍纤维制品、薄膜及复合材料销售量与销售收入均同步增长，其中浸渍纤维制品销售收入增加较多，增幅64.71%；层压制品销量增加，销售收入却减少；电工塑料销量与销售收入同步减少，销售收入下降较多，降幅45.49%。

2016年绝缘材料行业统计企业主要产品的产量、销售量及销售收入见表4。

表4　2016年绝缘材料行业统计企业主要产品的产量、销售量及销售收入

项目名称	单位	油漆树脂	浸渍纤维制品	层压制品	云母制品	电工塑料	薄膜及复合材料	其他类绝缘材料
生产量	t	94 695	5 937	191 669	11 522	72 111	69 554	43 027/225 132万m
销售量	t	77 559	5 577	195 780	11 024	71 728	72 769	39 389/225 132万m
销售收入	万元	139 996	20 516	740 458	49 883	47 920	180 817	266 765

市场及销售 2016年，随着产品销售价格持续走低，人工成本不断上升，企业利润减少，生存压力加大。2016年绝缘材料行业统计企业销售量前10位企业见表5。2016年绝缘材料行业统计企业销售收入前10位企业见表6。

表5　2016年绝缘材料行业统计企业销售量前10位企业

序号	企业名称	2016年（t）	2015年（t）	比上年增长（%）
1	长园集团股份有限公司	225 132	182 807	23.15
2	广东生益科技股份有限公司	100 722	83 999	19.91
3	四川东材科技集团股份有限公司	89 580	77 520	15.56
4	山东金宝电子股份有限公司	54 038	61 958	-12.78
5	华缘新材料股份有限公司	48 384	87 695	-44.83
6	浙江荣泰科技企业有限公司	26 512	26 316	0.74
7	浙江省乐清树脂厂	21 500	25 000	-14.00
8	苏州太湖电工新材料股份有限公司	18 250	17 750	2.82
9	苏州巨峰电气绝缘系统股份有限公司	13 451	14 621	-8.00
10	江阴市沪澄绝缘材料有限公司	10 063	10 567	-4.77

表6　2016年绝缘材料行业统计企业销售收入前10位企业

序号	企业名称	2016年（万元）	2015年（万元）	比上年增长（%）
1	广东生益科技股份有限公司	402 803	348 898	15.45
2	山东金宝电子股份有限公司	237 583	215 550	10.22
3	四川东材科技集团股份有限公司	167 757	140 667	19.26
4	长园集团股份有限公司	76 166	70 124	8.62
5	浙江荣泰科技企业有限公司	57 977	58 226	-0.43
6	苏州太湖电工新材料股份有限公司	47 803	46 449	2.92
7	江苏亚宝绝缘材料股份有限公司	43 072	39 368	9.41
8	华缘新材料股份有限公司	31 015	67 089	-53.77
9	湖南恒缘新材料科技股份有限公司	28 259	27 671	2.12
10	株洲时代电气绝缘有限责任公司	24 528	30 036	-18.34

2016年绝缘材料产品出口67 615t，出口交货值229 849万元，创汇35 286万美元。与上年度相比，2016年绝缘材料产品出口量、出口交货值略有增加，创汇额下降。从产品分类来看，绝缘材料行业出口产品主要是层压制品中的覆铜箔板，为24 977万美元，约占出口总额的71%；层压板出口额为628万美元，薄膜及复合材料出

口额为3 056万美元,电工塑料出口额1 135万美元,云母制品562万美元,其他类绝缘材料出口4 928万美元。2016年绝缘材料行业统计企业出口前10位企业见表7。2016年部分绝缘产品出口情况见表8。

表7　2016年绝缘材料行业统计企业出口额前10位企业

企业名称	出口额（万美元）	比上年增长（%）
广东生益科技股份公司	20 727	14.37
山东金宝电子股份有限公司	8 517	39.65
华缘新材料股份有限公司	1 135	0.18
四川东材科技集团股份有限公司	2 480	15.83
浙江荣泰科技企业有限公司	883	-1.89
江苏亚宝绝缘材料股份有限公司	325	3.83
龙口澳兴绝缘材料有限公司	300	-16.67
南通中菱绝缘材料有限公司	203	-73.70
湖南广信科技股份有限公司	195	-
北京新福润达有限责任公司	163	-55.59

表8　2016年部分绝缘产品出口情况

产品名称	创汇金额（万美元）	比上年增长（%）
层压制品		
覆铜箔板	24 977	-4.65
层压板材	628	-25.06
电工塑料	1 135	-0.18
薄膜及复合制品	3 056	5.38
其他绝缘材料	4 928	-3.9
云母制品	562	-37

科技成果及新产品　四川东材科技集团股份有限公司开展功能PET聚酯材料关键技术研究及应用。该项目从分子结构设计角度出发,采用功能共聚单体对苯二甲酸乙二醇酯(PET)进行改性,实现通用聚酯的高性能功能化。通过控制树脂分子量大小、结构规整度及排列,分别合成出低萃取、耐高温、耐热氧老化、耐水解及耐紫外线、V0级无卤阻燃聚酯、光学膜用聚酯母粒等功能聚酯切片、薄膜、阻燃纤维等功能聚酯材料,并以此为基础对其制膜及纺丝工艺进行研究,形成了5类共聚聚酯合成、5类功能聚酯薄膜制膜及阻燃纤维等12项关键技术。目前已形成40 000t/a各类功能聚酯树脂、60 000t/a功能聚酯薄膜生产能力。截至2016年销量23万t,销售收入50亿元,利税16亿元。目前已获授权发明专利19项,参与制定国家标准1项,在国家各级学术刊物及学术会议上共发表论文19篇。该项目的研制,提升了我国纤维、电子电器、光伏发电、电机、压缩机、光学等行业产品技术水平和竞争力,对培育相关行业技术创新能力、优化产业结构等做出了突出贡献。如,该项目太阳能背板基膜的国产化已使我国该产品占据全球背板膜市场75%以上份额,支持每年50GW和产值500亿元光伏发电装机产业发展;阻燃功能聚酯产品已占据国内3/4以上的市场,并已开始出口。该项目整体技术居国际先进水平,获得四川省科技进步奖二等奖。

该公司开展特高压直流输电换流阀用绝缘结构件关键技术研发,通过采用直接氧化法一步合成具有耐电痕化、耐电弧性特点的过氧化双环戊二烯环氧树脂和自行合成的含N、P系反应型阻燃剂复配而成的复合材料基体树脂,采用"大包角、低黏度预浸工艺"预浸料浸渍工艺,三瓣受力模具设计方式,研制出了一种性能达到国际先进水平的特高压直流输变电换流阀用绝缘槽梁、螺杆、拉带等关键绝缘材料,产品经机械工业电工材料产品监督检测中心检测,性能达到或超过国外公司（VONROLL）的技术水平。项目目前已建成年产7 000套大尺寸特高压直流输电换流阀用绝缘结构件的生产示范线,已累计实现产品销量2 322t,销售收入16 031万元,利税3 203万元。该项目产品目前在特高压直流输变电领域已可完全取代进口产品实现国产化,产品已在±500kV鲁西背靠背换流站、±800kV宁浙线、锦屏—苏南、哈密—郑州、向家坝—上海特、溪洛渡—浙西等特高压直流工程,以及舟山、南澳、厦门、鲁西等柔性直流项目上应用。该项目整体技术居国际先进水平,获得绵阳市科技进步奖一等奖。该公司开发了核电及大容量汽轮发电机绝缘复合材料,具有高电压水平、良好的耐漏电起痕性,更高的机械强度。项目的实施打破了国外VONROLL、ROECHLING等生产公司垄断,提高了我国核电汽轮发电机组用绝缘材料的整体技术水平,带动国内绝缘材料技术升级换代,使我国绝缘材料及技术整体水平迈上新的台阶。

该公司开展环保高性能覆铜板用双酚F苯并噁嗪树脂的研发,该项目产品具有常温贮存性好,固化后阻燃性、耐热性、韧性好等优点,已经在覆铜板行业得到确认,性能同国外产品相同,可替换DOW、HUNTAMAN等国外产品,技术在整个行业内属于领先水平,且价格优于国外产品,市场前景广阔。其覆铜板产品被广泛使用在苹果等国际大厂的电子产品的主板上。产品开发所需原材料双酚F均自主研发,拥有自主知识产权,填补了国内双酚F生产空白,推动我国无卤阻燃环保型覆铜板行业发展。

四川东材科技集团股份有限公司还研制了低温制冷行业用复合材料结构件,该项目研发的低温制冷行业用复合材料结构件,用于常、低温化工液体（甲苯、酒精、丙酮等）罐车、液化气体（液氧、液氮、液氢、液化石油气等）罐车内的防波板、低温绝热支撑件,及其他耐低温耐腐蚀零部件。项目首次打破目前汽车运输罐车用防波板长期以来完全依靠铝合金和碳钢的局面,全部采用玻璃纤维复合材料结构件,发展轻量化,以塑代钢技术,这在国际国内汽车罐车运输行业都是首创应用。该公司还开展风电联轴器用高强度、耐疲劳复合材料连杆关键技术研究及产业化。该项目选择具备高耐疲劳性、高抗拉强度等特性的树脂和纤维,根据其应力场分布来设计增强纤维的铺层方式,通过预浸料合成、模压加工等工艺制备出复合材料连杆。其在使用过程中主要受一个方向上的拉力和另一个方向上的转矩作用，耐疲劳性达到国际先进水平，在使用时减少了检修环节，可提高我国风力发电机的发电效率。主要技术指标：极限抗拉力≥130kN，层间剪切强度≥36MPa，耐疲劳检测设备上运转200万转无破坏。

苏州巨峰电气绝缘系统股份有限公司开展高效变频电机纳米改性耐电晕绝缘材料及系统研究。研制的纳米聚酯亚胺浸渍树脂固化挥发份小于3%，比现有聚酯亚胺浸渍树脂的固化时间降低一半，耐电晕寿命提升15倍以上，相关技术达到国际领先水平，形成自主知识产权，申报发明专利3项，建立企业标准1项；高性能纳米漆包线漆使用工艺性较国外产品有所提升，涂制的耐电晕漆包线技术水平达到国际先进水平，形成自主知识产权，申请发明专利2项，纳米粒子槽绝缘材料相关技术达到国际先进水平，形成自主知识产权，申报发明专利1项，建立企业标准1项，参与制定国家标准1项；高效变频电机现用绝缘系统相关技术达到国际先进水平，申请发明专利3项，参与制定国家标准1项。

浙江荣泰科技企业有限公司开展无VOC浸渍绝缘树脂研究。该产品是一种性能优异、工艺适用性强的环保型绝缘浸渍聚树脂，且不含苯乙烯、乙烯基甲苯等可挥发稀释剂，固化挥发份低，对环境友好，具有较好的温度—黏度特性和温度—凝胶时间特性，黏度较低，渗透好；可低温快固化，浸漆流失量小，适合浸渍绝缘工艺；其固化物的电气性能和力学性能好，体积收缩率小，耐热等级较高；性能稳定，贮存期长，环境适应性良好。产品总体水平达到或接近国际先进水平。该公司还研制出低黏度单组分水性聚氨酯绝缘漆，以改性聚氨酯和聚乙烯醇缩丁醛（PVB）为树脂基体，采用内乳化法，通过中和、相转化、除溶剂、添加助剂等制备低黏度单组分水性聚氨酯绝缘漆。

北京福润达绝缘材料有限责任公司研制出环氧贴聚四氟乙烯板，这是一种新型表面贴聚PTEF的绝缘层压板，与ROLL的型号G11-PTFE性能相当。主要性能参数为：耐温等级H级；耐压强度≥450MPa；击穿电压≥65kV；基板性能：CTI≥600V；其性能均达到IEC的EPGC203、美国NEMA标准的G11水平。该公司研制的三聚氰胺改性环氧板，产品性能达到IEC的EPGC202、美国NEMA的FR4标准，且层压制品具有低成本无卤阻燃特征。

西安西电电工材料有限公司研制出357Z改性双马来酰亚胺玻璃布层压板。该产品主要是通过在原452双马来酰亚胺树脂中添加适量的无机填料和环氧树脂进行改性，通过选用0.18mm 7628玻璃布显著提高产品的电气性能，改善了产品在后续加工使用过程中的炸边现象，显著降低了用户的废品率；其综合技术处于国内先进水平。

湖南广信科技股份有限公司开展无胶粘1100kV/400Mvar电抗器整体出线装置的研究。该整体出线装置采用无胶粘绝缘筒和无胶粘特厚绝缘纸板制件为组件，利用防震动、防冲击、防收缩松动、防爬电结构布局，进行产品耐电压和抗震验算，保障了电抗器整体出线装置材质的使用安全性，解决了胶粘层绝缘件产品所存在的缺陷，提高电抗器整体出线装置材质的均匀一致性。产品成功配套应用于山东电力设备有限公司生产的世界首台套最大容量、最高电压等级、直接式出线的1100kV/400Mvar特高压电抗器上，各项性能指标符合技术要求。该电抗器于2016年4月在济南顺利通过由中国电力企业联合会组织的国家级新产品鉴定。

广东生益科技股份有限公司开展刚挠结合板用无卤覆盖膜的研究。刚挠结合板兼具刚性层与挠性层特征，主要应用在医疗设备、数码相机等电器设备上，具有可弯曲、可折叠的特点，可以最大化地利用空间，但由于结构的特殊性，比传统刚性板昂贵。通过在公司已有的技术基础上进行不断创新研究，产品整体性能相较国际同类产品有了大幅提升。该公司还开展了高速基材研究，采用先进的树脂设计技术以及进行配方、工艺参数技术开发，致力于研制更低的介电常数和介质损耗正切值的基材，从而满足信号传输过程的更低信号损失要求，保证信号传输的完整性。

山东金宝电子股份有限公司开展无卤型环保CEM-3覆铜板研究。通过研发新型树脂胶黏剂，使用双酚A环氧树脂作为表料主体树脂，双酚A型环氧树脂和含磷环氧树脂作为里料的主体树脂，实现产品无卤化；使用磷系阻燃剂，保证产品阻燃性，环保性达到JPCA-ES-01标准，其性能均达到IPC-4101C标准要求，顺应了覆铜板技术发展趋势，符合欧盟产品环保性的最新要求，其产品主要性能指标达到国际先进水平，具有很好的市场前景。

华缘新材料股份有限公司开展轨道交通专用绝缘阻燃耐腐蚀复合材料电缆槽盒研发与产业化，采用高绝缘、耐高温、强耐腐蚀、高强度的自主材料配方技术，应用拉挤工艺，经过浸胶、加热固化等工序，一次成型连续生产复合材料电缆槽盒，使产品达到高绝缘、强阻燃、强耐腐蚀、防老化、高强度、免维护等性能要求，满足轨道交通、高速铁路等特殊领域的使用要求，保障运营安全。该项目已授权发明专利1项、实用新型专利7项。2016年销售收入突破1亿元，年缴税800多万元，年净利润1200万元。荣获宁波市2016年度科技进步奖三等奖。

检测 2016年机械工业电工材料产品质量监督检测中心为绝缘材料生产厂家和应用厂家提供包括各类绝缘材料、绝缘制品及绝缘结构等检测服务2000多批次，出具科学、客观、公正的检测报告。对产品在检测中暴露出来的问题，提出改进建议。传统的绝缘材料例如薄膜、粘带和柔软复合材料类、模塑料类、层压制品、卷绕制品、漆、树脂和胶的检测量略有缩减，绝缘制件的种类和数量有一定幅度增加，与风电、牵引电机相关的绝缘漆、槽楔、云母带等产品的日常检测和环境试验有所增长，汽车电机绝缘相关检测例如绝缘材料的耐油性、耐电晕性等越来越受关注。

标准 2016年全国绝缘材料标准化技术委员会组织完成了7项行业标准的复核上报工作。根据工信部有关标准报批工作细则的要求，对《电气用菱格涂胶绝缘纸 第1部分：定义和一般要求》等7项机械行业标准报批稿进行了复核，按规定程序于2016年5月完成上报。标准报批稿上报后又根据2016年8月中国机械工业联合会行业标准审核专家的初审反馈意见对报批文件进行了修改，2016年9月在北京举行的2016年机械行业标准报批材料第四次联合审核会通过现场审核。2016年组织《晶体硅太阳电池组件用聚氟乙烯绝缘薄膜》等5项国家标准及《200级有机硅玻璃粉云母带》等4项行业标准的制修订工作。完成《200级有机硅玻璃粉云母带》《绝缘液体 油浸纸和油浸纸板用卡尔费休自动电量滴定法测定水分》和《电气绝缘用树脂基复合物 第2部分：试验方法》等3项标准的起草工作。考虑到上述3项计划属于企业比较熟悉的产品和方法标准，为充分发挥企业的主导作用，安排浙江荣泰、苏州太湖、株洲时代、中车永济、中石油兰州研究院、桂林电科院电工材料质检中心等单位共同承担相关标准草案的编制工作。各单位按要求于7月底完成草案编写并提交秘书处进行初步审核，之后再将标准征求意见稿等资料于2016年9月初发送全体委员及有关专家广泛征求意见，组织标准起草单位认真汇总、分析并处理反馈意见，对标准征求意见稿进行修改形成送审稿，报秘书处再次审核后提交标准审查年会审查后上报。《晶体硅太阳电池组件用聚氟乙烯绝缘薄膜》和《晶体硅太阳电池组件用绝缘薄膜 第1部分：聚酯薄膜》是标委会涉足新能源领域有关光伏发电领域的系列标准项目之二，目前尚无对应的国际标准，亦缺乏充分的技术数据资料。为此组织召开专门的标准起草工作会议，初步确定了标准的制定原则、产品分类、性能指标、试验方法、试验验证方案，并成立了标准起草工作组，审查了PVF/PVDF薄膜国家标准讨论稿。由于晶体硅太阳电池组件用聚氟乙烯绝缘薄膜产品属新能源领域电工基础性新材料，涉及各方的利益，为顺利开展标准制定工作，使制定的国家标准不仅技术先进、项目设置科学完整，而且具有实际可操作性，能被使用标准的各方所接受，决定组织开展标准产品的试验验证工作。参照标准起草工作会议对标准讨论稿提出的修改意见或建议，编制了经修改后的标准征求意见稿（第二稿）。根据该稿中保留或增补的产品性能项目情况，同时根据各单位目前所具备的验证条件和能力状况，编制了验证工作计划。按工作计划（特别是试验验证方案及工作进度）推进各项工作，2017年完成标准制定工作。《电气用纤维增强不饱和聚酯模塑料（SMC/BMC）》虽然是修订原国家标准，由于修订后的标准产品型号及技术要求按玻璃纤维含量及阻燃与否进行划分，与GB/T 23641—2009有较大的差别，为摸清国内电气用纤维增强不饱和聚酯模塑料（SMC/BMC）的生产技术水平，使修订的《电气用纤维增强不饱和聚酯模塑料（SMC/BMC）》标准更符合国情，需对标准中规定的部分性能指标加以验证。此次验证涉及15个SMC配方和10个BMC配方，按经验每个配方均需由2家以上单位制备试样，合计共有50个以上样品，验证工作量大、时间紧且费用高，需要全体起草单位共同承担，全力提供财力和人力等方面的支持。为使验证工作科学有序地进行，起草小组提出了具体的试验验证方案。验证工作完成后汇总数据并分析，编制出试验验证报告，并根据验证结果修改标准草案，将标准文本再发送各位委员和专家广泛征求意见。为了尽快建立起较为完整的新能源、新材料特别是光伏新材料领域标准体系，申报了《太阳电池组件用聚乙烯醇缩丁醛（PVB）封装绝缘胶膜》和《太阳电池组件用封框胶带》等2项能源行业标准制定计划，目前已获国家能源局批准立项。

基本建设及技术改造 2016年绝缘材料行业基本建设投资为49 115万元，更新改造资金额为10 034万元。用于固定资产投资额为33 095万元，其中技术改造资金为13 748万元。2016年绝缘材料行业部分企业基本建设、技改投资情况见表9。2016年绝缘材料行业部分企业完成技术改造项目及效果见表10。

表9 2016年绝缘材料行业部分企业基本建设、技改投资情况 （单位：万元）

企业名称	基本建设投资					更新改造资金	
	投资计划	投资完成数	其中			计划数	实际完成
			生产性	建安工程	设备工具购置		
广东生益科技股份有限公司		10 410					5 152
四川东材科技集团股份有限公司	12 500	11 019	3 589	6 230	1 200	4 700	4 634
西安西电材料有限公司	238	482		60	302		
株洲时代电气绝缘材料有限公司	18 300	19 476	17 020	2 456			
华缘新材料股份有限公司	5 451	5 451		5 091	360		
江苏亚宝绝缘材料股份有限公司	500	491	491				
湖南广信电工科技股份有限公司	351	351	351				
河南许昌电工绝缘材料有限公司	30	27				100	
北京新福润达有限责任公司		93	93			100	93
宝应县精工绝缘材料有限公司	400	413	413			150	155
浙江乐清树脂厂	52	52					

表10 2016年绝缘材料行业部分企业完成技术改造项目及效果

企业名称	项目名称	效果
四川东材科技集团股份有限公司	RTO废气及锅炉机组烟气余热利用节能工程建设项目	该项目总投资1 400万元,其中固定资产投资1 300万元,铺底流动资金10万元,于2016年8月建设完成。该项目年节能合计6 192.18t标煤,按折算价700元/吨标煤,每年可节约费用433万元
苏州巨峰电气绝缘系统股份有限公司	纳米改性耐电晕绝缘材料及系统	2016年4月至2019年3月。项目总投入5 500万元,其中已投入1 500万元,新增投入4 000万元。项目实施期内累计实现销售绝缘材料2 575t,绝缘系统1 750台(套);累计新增销售收入2.42亿元,实现净利润3 100万元,纳税2 300万元
	耐高温环氧浸渍树脂	项目实施后可以形成1 500t/a的生产能力。当年取得50~100t的市场增量和400万~800万元产值,税利80万~200万元
广东生益科技股份有限公司	空压机节能改造	在空压机站增配控制器对空压机进行联网集中控制,根据气压波动情况用程序控制空压机组的起停,改变以往单机控制模式,可有效降低系统空气的压力波动范围,节省用电,改造节电率5%以上
	冷水机/机站节能改造	通过改造修改程序,从冷水机读取负载信息,根据冷水机负载水平进行加减机控制,更为准确。把并联连接的水泵全部改为变频控制模式,并修改控制程序令水泵同步变频运转,相对于工频+变频模式,效率更高。经改造,节电率13.28%
山东金宝电子股份有限公司	设备提升改造	通过对上胶机回流线及压机及其他相关设备等进行改造,产能提升18万m²/月

行业动态 由中国电器工业协会绝缘材料分会、中国电工技术学会绝缘材料与绝缘技术专业委员会共同主办,株洲时代电气绝缘有限责任公司、浙江旭森非卤消烟阻燃剂有限公司、上海拜研检测技术服务有限公司协办,桂林电器科学研究院有限公司《绝缘材料》编辑部承办的绝缘材料与技术专题研讨会暨《绝缘材料》创刊50周年庆典于2016年6月6—8日在桂林召开,来自全国各地的企业代表和高校专家、学者共200余人参加了会议。

中国电工技术学会王志华副秘书长充分肯定了《绝缘材料》期刊对电工行业所做出的贡献,对行业未来发展方向与政策方向提出了展望,倡导大家思考如何在互联网的影响下让期刊更好地发展,在保证办刊质量一流的同时,要进一步国际化、信息化。桂林电器科学研究院有限公司刘亮副总经理简要介绍了《绝缘材料》创刊50年来的发展历程,充分肯定了《绝缘材料》期刊取得的成绩,向各位领导、作者、读者、企业多年来对《绝缘材料》期刊的支持表示感谢,表示《绝缘材料》将继续努力服务于绝缘材料与技术的发展,推动行业技术进步。

此次会议共征集论文56篇,经专家组评审,精选出优秀论文10篇。会议交流期间,来自中车永济电机有限公司、保定天威电气有限公司、株洲时代电气绝缘有限责任公司、苏州巨峰电气绝缘有限责任公司、壳牌(中国)有限公司、上海拜研检测技术服务有限公司、苏州太湖电工新材料股份有限公司、桂林电器科学研究院有限公司、常州威远电工器材有限公司等业内企业的代表,以及西南交通大学、四川大学、华东理工大学、西安交通大学、上海大学、北京化工大学、中山大学、中国科学院、上海交通大学、天津大学、清华大学、大连理工大学、哈尔滨大电机研究所等高校及科研单位的专家做专题报告。会议期间还就绝缘材料在应用中出现的技术问题、国内绝缘材料的发展现状等展开交流与探讨。

2016年11月2—3日,中国电器工业协会绝缘材料分会八届三次理事会在武汉市召开。来自绝缘材料分会理事长、副理事长及理事单位的30余名代表出席了会议。会议由苏州巨峰绝缘系统有限公司董事长兼总经理、中国电器工业协会绝缘材料分会副理事长徐伟宏主持。会议首先审议了绝缘材料分会2015—2016年度工作报告及2017年度工作要点和2015年度财务报告。会上解读了《(中国)电器工业"十三五"发展指导意见》和《绝缘材料行业"十三五"发展指导意见》,并通报了国家有关团体标准的政策要求。代表们针对2017年度绝缘材料分会工作展开了讨论,并对我国团体标准的有关政策和实施情况表现出了浓厚的兴趣,认为这项工作对于促进我国绝缘材料的可持续发展具有重要的意义,应紧紧抓住有利契机,通过行业调研,提出急需制定的绝缘材料团体标准项目建议,以解决目前国家标准、机械行业标准项目数量有限、制定周期长的问题。

〔撰稿人:桂林电器科学研究院有限公司王轶 审稿人:桂林电器科学研究院有限公司孙瑛〕

铅酸蓄电池

2015年发展情况

2015年是全面深化改革的关键之年,是稳增长调结构、发展新能源的起步年,是全面完成"十二五"规划的收官之年,也是世界经济深度调整和国内经济向形态更高级、分工更复杂、结构更合理阶段转化的特殊时期，传统产业面临巨大的挑战，是多种困难和机遇相互交织的一年。

铅酸蓄电池行业历经数年的整治之后，产业结构发生了较大的变化。企业围绕国家政策和铅酸蓄电池行业的实际情况，狠抓落实，务求实效，开展了大量的具体工作，推动行业在十分困难的条件下，稳中求进，适应经济发展的新常态，结构调整呈积极变化，转型升级取得新进展，清洁生产取得新突破，环境整治呈现新面貌。

全年经济运行简况　总体看来，铅酸蓄电池行业总体实现平稳增长，经济运行呈现良好的发展态势。受国家新能源政策的激励，2015年铅酸蓄电池行业中新能源领域的占比不断提升，有一部分企业已经把新能源和铅酸蓄电池作为"两轮驱动"，优势互补，取得很大的社会效益和经济效益。

2015年受需求疲软、产能过剩严重等问题的制约，多数行业增长放缓，而铅酸蓄电池行业在逆境中及时调整，认真进行环保整治和清洁生产，实现了较高的增长速度。对外贸易也取得了突破性的进展，海外建厂呈现出多元化趋势并取得较大的经济效益，引领行业在新常态下实现多种经济结构并存，为企业可持续发展起到示范带头的作用。

1. 工业总产值

2015年共计38家企业参加年度数据汇总，其中包含11家内地及中国香港地区上市公司和5家外资企业，合计完成工业总产值1398亿元。按可比口径对比，较上年1197亿元增长12.6%，达到1348亿元，其中有12家企业的工业总产值较2014年有所下降。工业总产值最高的3家企业为超威电源有限公司、骆驼集团股份有限公司、理士国际技术有限公司。

2. 主营业务收入及利润

主营业务收入较2014年增长19%，达到2103亿元。超威电源有限公司仍然是收入最高的企业，其次是天能集团、理士集团技术有限公司、江苏双登集团有限公司。

上报企业中有3家出现亏损；共有13家企业主营业务利润较上年呈下降趋势，占整体上报企业的40%。可以看出，企业的运营成本在逐年增加，企业的负担日渐加重，中小企业仅靠自身力量，难以跟上国家的新政策、新发展方向，仍在寻求与大企业、大集团的整合机会。

分类产品产量　2015年铅酸蓄电池总体产量为28640万kVA·h。按可比口径对比，较2014年增长19.2%。其中电动助力车用的铅酸蓄电池产量最大，达到17286万kVA·h，较上年增长37%。

起动用铅酸蓄电池产量较2014年整体增长16%。按可比口径对比，有7家生产起动用铅酸蓄电池的企业产量有所下降，福建省闽华电源股份有限公司的产量降幅最大，达到35%。该类型电池产量前三位的企业分别为骆驼集团股份有限公司、风帆股份有限公司和成都川西蓄电池（集团）有限公司，产量分别为1967万kVA·h、1076万kVA·h和451万kVA·h。

固定型铅酸蓄电池主要满足军工、地铁、铁路等国家建设方面的需求。2015年固定型铅酸蓄电池产量为3135万kVA·h，整体较上年增长9%。按可比口径对比，增幅5%。其中，淄博火炬能源有限责任公司较上年增长56%，广东志成冠军集团有限公司较上年增长42%，福建省闽华电源股份有限公司较上年增长38%。该类型电池的生产企业中，理士国际技术有限公司为最大的生产企业，年产量达1423万kVA·h，占全国产量的45%；其次是浙江南都电源动力股份有限公司和江苏双登集团有限公司，产量分别为474万kVA·h和447万kVA·h。

2015年国内摩托车行业深受传统制造业转型升级的影响，处于下行状态。受其影响，摩托车用铅酸蓄电池产量也有所下降，按可比口径，降幅为11%，产量为248万kVA·h。7家生产该类型铅酸蓄电池的企业，产量均有不同程度下降，下降幅度最大的为风帆股份有限公司，2015年产量仅为11006 kVA·h。

国内电动助力车用铅酸蓄电池产量最大的企业仍是超威电源有限公司和天能集团，超威电源有限公司产量增长25%，达到1.43亿kVA·h。另外，江苏苏中电池科技发展有限公司生产的电动助力车用电池产量为1875万kVA·h，也是产量较大的企业。

标准　2015年，共制定国家标准6项、行业标准1项。分别为：GB/T 32620.1—2016《电动道路车辆用铅酸蓄电池　第1部分：技术条件》、GB/T 32620.2—2016《电动道路车辆用铅酸蓄电池　第2部分：产品品种和规格》、GB/T 32504—2016《民用铅酸蓄电池安全技术规范》、GB/T 32068.1—2015《铅酸蓄电池环保设备技术规范　第1部分：铅尘铅烟处理系统》、GB/T 32068.2—2015《铅酸蓄电池环保设备技术规范　第2部分：酸雾处理系统》、GB/T 32068.3—2015《铅酸蓄电池环保设备技术规范　第3部分：废水处理系统》、JB/T 12666—2016《起停用铅酸蓄电池　技术条件》。

行业工作

1. 编制《铅酸蓄电池行业"十三五"发展指导意见》

铅酸蓄电池分会负责编制《铅酸蓄电池行业"十三五"发展指导意见》，将该项工作纳入2015年协会工作的重点。

2. 反映企业诉求，延缓消费税的实施

蓄电池行业近几年可用困难重重、考验不断来形容，环保整治还没完全结束，准入改规范、征收产品消费税等一系列政策相继出台。为了反映企业的诉求和行业的实际情况，协会不断奔走于相关部委，递交报告，最终实现铅酸蓄电池产品消费税暂缓一年实施。

3. 贯彻落实铅酸蓄电池行业准入条件

规范审核也是蓄电池行业的重要工作，在《铅蓄电池行业准入条件》没改成《铅蓄电池行业规范条件》之前，按国家工信部的要求将于2015年年底结束审核工作。为了让更多企业顺利通过验收，铅酸蓄电池分会主办召开了"贯彻铅蓄电池行业准入条件 做好准入审核准备工作会议"，来自全国各地的110余位铅酸蓄电池行业企业代表参加了会议。会议邀请行业专家根据工作实践和企业集中遇到的问题进行深入探讨和认真讲解，并现场回答了企业提出的多个问题。

此次会议刚刚结束，蓄电池行业的准入条件又发生重大变革，改为《铅蓄电池行业规范条件》，其中内容有很大变化，并与行业现实的工艺、工装等有差异，为此协会又在南京紧急召开了副理事长会议，就《铅蓄电池行业规范条件（征求意见稿）》征求了各单位的意见，并向国家工信部递交了《关于<铅蓄电池行业规范条件（征求意见稿）><铅蓄电池行业规范公告管理办法（征求意见稿）>的意见和建议》的报告，其中有四项建议被采纳。

4. 打击假借分会名誉骗取企业资金

2015年一家广告公司假借协会名义招揽广告，接到企业投诉后，分会立即责成专业人士，找到当事公司，指出这是严重的违法事件，必须立即纠正，并要及时足额地退还企业广告费，在分会网站公开向分会和企业道歉。对于损害企业利益的人和事分会一经发现，一追到底，确保会员单位不受损失，分会名誉不受影响。

〔撰稿人：中国电器工业协会铅酸蓄电池分会郜冬妮〕

2016年发展情况

2016年，国内铅酸蓄电池企业无序竞争的情况有所缓解，行业活力有所恢复。2016年行业总体实现平稳增长。在国家新能源政策的激励下，铅酸蓄电池行业中新能源领域的占比不断提升。铅酸蓄电池企业也在积极跟进国家"一带一路"倡议，已有十多家企业先后在海外建厂，对外贸易取得了突破性进展。未来将形成以中亚、中东、印度等发展中国家为主，辐射亚洲、拉美的相当广阔的海外合作空间。

全年经济数据分析 2016年铅酸蓄电池行业受铅价影响非常大，铅酸蓄电池成品在市场的销售直接受到影响。年内影响企业最大的是消费税的征收，使原本就有限的利润空间持续缩小。

1. 工业总产值

2016年共计37家企业上报数据，包含11家内地及中国香港地区上市公司和5家外资企业。完成工业总产值1692亿元，按可比口径，较上年增长22.8%，达到1677亿元，其中仅有6家企业的工业总产值较2015年有所下降，下降幅度最大的是旭派电源有限公司，下降10%。工业总产值年内最高的三家企业为超威电源有限公司、骆驼集团股份有限公司、理士国际技术有限公司，分别为966亿元、151亿元和118亿元。

2. 主营业务收入及利润

2016年36家企业主营业务收入约为2534亿元，较上年增长27%。主营业务收入有所增长，但是利润增长的企业并不多。超威电源有限公司2016年主营业务收入为9 665 363.77万元，主营业务利润仅95 360万元，下降67%；天能集团主营业务收入为9 616 325万元，主营业务利润102 256万元，下降68%；理士国际技术有限公司主营业务收入为1 013 446万元，主营业务利润134 803万元，增长62%；浙江南都电源动力股份有限公司主营业务收入为714 142万元，主营业务利润105 079万元，增长42%；江苏双登集团有限公司主营业务收入为706 102.29万元，主营业务利润161 344.85万元，增长55%。

2016年第三、第四季度开始，铅酸蓄电池的主要原材料——铅涨价超乎寻常，年前年后铅价维持高位，经销商为求购而东奔西跑。分析认为，国内外铅矿大规模减产，国内环保审查趋于严格，再生铅产量大幅削减，这些都在一定程度上影响了铅市的供应格局，从而引起原料铅价格大涨。此外，国内货币政策相对宽松，部分资金涌入铅市，也进一步推动了铅价的持续上扬。铅价的上涨无疑直接导致铅蓄电池材料成本大幅增加，对行业主流企业影响巨大。

分类产品产量 2016年各类铅酸蓄电池总产量约为32 615万kVA·h，其中电动助力车用铅酸蓄电池产量最大，约为21 599万kVA·h；起动用铅酸蓄电池产量其次，约为5 677万kVA·h。

8家生产电动助力车用铅酸蓄电池厂家的总产量约为21 599万kVA·h。其中产量最大的是超威电源有限公司，同比增长31.69%；江苏苏中电池科技发展有限公司产量为2 032万kVA·h，同比增长8.33%。另外几家相对产量比较大的企业，却较上年产量下降。旭派电源有限公司产量为484万kVA·h，较上年下降9.52%；福建亚亨机械股份有限公司产量为124万kVA·h，较上年下降0.81%。

全年起动用铅酸蓄电池总产量约为5 677万kVA·h。产量最多的为骆驼集团股份有限公司，年产量为2 238万kVA·h，较上年增长14%；其次为风帆有限责任公司，年产量为1 231万kVA·h，较上年增长14%；产量第三名的是成都川西蓄电池（集团）有限公司，年产量为522万kVA·h，较上年增长16%。

12家企业生产固定型铅酸蓄电池，总产量为3 386万kVA·h。产量最大的是理士国际技术有限公司，产量为1 633万kVA·h；浙江南都电源动力股份有限公司产量为534万kVA·h，位居该类型产量的第二；江苏双登集团有限公司产量为448万kVA·h，位居第三。

7家企业生产摩托车用铅酸蓄电池，产量为330万kVA·h。产量较大的是理士国际技术有限公司、浙江古越电源有限公司和重庆裕祥新能源电池有限公司，产量分别为166万kVA·h、56万kVA·h和50万kVA·h。

出口 2016年铅酸蓄电池累计出口约2亿只，同比下降8%。出口量下降的主要原因是：国内人工成本的上涨、消费税的实行及铅价的影响等，还有来自于东南亚地区新建或新扩建的生产企业对国内企业的冲击，国内出厂的产品价格优势下滑等。

标准 2016年铅酸蓄电池分会制定1项行业标准。NB/T 42083—2016《电力系统用固定型铅酸蓄电池安全运行使用技术规范》。

行业管理

1. 研讨国家征收铅蓄电池产品消费税后对行业的影响

2016年3月24—25日，在杭州召开了关于铅酸蓄电池行业征收产品消费税过程中急需研讨的相关事宜的副理事长扩大会议。出席会议的有24家副理事长单位及理事单位的代表35人。会议责成分会将《关于对铅酸电池征收4%消费税的调查情况及建议》上报至相关部委，即刻得到国家税务总局的高度重视，并向分会了解情况。2016年6月21日，分会理事长邀请国家税务总局领导与铅酸蓄电池企业代表在北京共同研讨消费税实施后的企业经济状况及问题处理。

2. 召开铅酸蓄电池分会第八届二次会员大会暨八届二次理事会

2016年6月2—3日在重庆召开铅酸蓄电池分会第八届二次会员大会暨八届二次理事会。八届二次理事会共有65名理事单位成员参加，审议通过了张瑞理事长的"紧跟'一带一路'国家倡议 促进蓄电池行业转型升级"的工作报告、2015年财务工作报告，审议通过增补杰士、汤浅国际等单位为分会副理事长单位的报告，审议通过表彰2015年度先进集体等的决定。

3. 召开2016首届中国国际铅酸蓄电池技术交流会

2016年9月9日，2016首届中国国际铅酸蓄电池技术交流会在四川崇州召开，来自全行业的240余位代表参会。此次会议得到日本电池工业会的高度重视，其部长长田章到会并致贺词。共有15个国内外专题报告，内容涉及铅酸蓄电池制造技术、再生铅回收技术、新材料技术等。

4. 召开《再生铅行业规范条件（征求意见稿）》研讨会议

2016年9月26—27日在广东东莞召开了《再生铅行业规范条件（征求意见稿）》研讨会议，蓄电池行业的再生铅企业及相关专家共15人出席了会议。代表对部分条款提出了建议并达成共识，形成七条意见，责成分会秘书处整理后上报国家工信部。

5. 召开铅酸蓄电池质量提升暨智能制造新装备技术论坛

2016年12月22日，铅酸蓄电池质量提升暨智能制造新装备技术论坛在南京举行。此次会议由中国机械工业联合会和中国电器工业协会铅酸蓄电池分会联合主办，共有180余名代表参加。中国机械工业联合会执行副会长兼秘书长赵驰在会上通报了机械工业经济运行形势及质量状况。作为此次会议的重点，中国机械工业联合会质量部副主任李燕霞处长对《工业产品生产许可证实施细则通则》《铅酸蓄电池产品生产许可证实施细则》进行了详细解读并就企业提出的几十个问题逐一解答。

6. 协办中国国际铅酸蓄电池博览会

中国电器工业协会铅酸蓄电池分会与国际电池商会共同主办的中国国际铅酸蓄电池博览会于2017年4月26—28日在北京国际会议中心隆重开幕。来自国内外的130多家企业参加，参观人次达万余人次。

〔撰稿人：中国电器工业协会铅酸蓄电池分会邬冬妮〕

电工合金

2015年发展情况

生产发展情况 2015年，电工合金行业主要原材料白银的价格在低价徘徊，市场需求也有所减少，全行业工业总产值与2014年相比略微减少，大部分产品产量相对2014年有所降低，银铜复合带材和电器元件等产品的增长势头也有所减缓。2015年全行业完成工业总产值约85亿元，产值较上年度下降约5%。2015年电工合金行业工业总产值前10名企业经济指标见表1。

表1 2015年电工合金行业工业总产值前10名企业经济指标

序号	企业名称	工业总产值（万元）	利润总额（万元）
1	中希集团有限公司	146 140	4 281
2	福达合金材料股份有限公司	93 876	4 623
3	温州宏丰电工合金股份有限公司	61 698	340
4	桂林金格电工电子材料科技有限公司	43 684	971
5	上海人民电器股份有限公司人民电器厂	37 700	1 200
6	佛山通宝精密合金股份有限公司	36 936	2 087
7	宁波电工合金材料有限公司	31 392	800
8	安平县飞畅电工合金有限公司	19 807	218
9	宁波汉博贵金属合金有限公司	19 301	-32
10	佛山诺普材料科技有限公司	17 000	435

注：不含磁钢和中高压企业。

产品分类产量 2015年全行业银基电触头材料（线材、片材）产量约为1 450t，比上年下降约3%；铜基触头材料（主要为CuW触头，不含真空开关用触头和低压用铜基触头）约750t，与上年基本持平；真空开关用触头材料（主要为CuCr系列）产量约620万片，比上年下降5%；其他电工合金材料（包括换向器用银铜复合带材、热双金属、焊料和电器元件等）约12 200t，比上年下降约5%。215年电工合金分类产量见表2。

表2　2015年电工合金分类产量

产品名称	产量（t）	产品名称	产量（t）
电触头材料		银铜复合带材和元件	6 200
银基触头材料	1 450	银铜合金	2 800
铜基触头材料（不含真空触头）	750	热双金属	2 346
真空触头材料	620（万片）	其他	854

银基触头市场及销售　2015年全行业实现产品销售收入约850 000万元，利润总额约25 750万元，出口创汇约4 500万美元，比上年下降约40%，白银工业制品受退税政策的影响越发严重。2015年国内销售收入前10名企业见表3。2015年电工合金产品主要出口创汇企业见表4。

表3　2015年国内销售收入前10名企业

序号	企业名称	产品销售收入（万元）	主要产品
1	中希集团有限公司	141 972	银基触头、复合材料
2	福达合金材料股份有限公司	84 892	银基触头、电器元件
3	温州宏丰电工合金股份有限公司	62 786	银基触头、银铜复合材料
4	桂林金格电工电子材料科技有限公司	48 965	银基合金材料
5	上海人民电器股份有限公司人民电器厂	41 000	银基触头
6	佛山通宝精密合金股份有限公司	32 447	热双金属、银基触头
7	宁波电工合金材料有限公司	31 020	银基触头
8	安平县飞畅电工合金有限公司	19 807	复合材料
9	宁波汉博贵金属合金有限公司	19 261	银基合金材料
10	佛山诺普材料科技有限公司	17 000	银基合金材料

表4　2015年电工合金产品主要出口创汇企业

序号	企业名称	产品	出口国家和地区	创汇额（万美元）
1	中希集团有限公司	银基触头、复合带	欧洲、东南亚、美国等	640
2	苏州市希尔孚合金材料有限公司	银基触头、铜钨系列产品	欧洲、亚洲	970
3	福达合金材料股份有限公司	银基触头及其元件	欧洲、美国等	1 004
4	温州宏丰电工合金有限公司	银基触头及其组件	欧洲、美洲	933
5	佛山通宝精密合金股份有限公司	热双金属、银铜带	印度、泰国和中国香港	191
6	宁波电工合金材料有限公司	银基触头及其元件	英国、中国香港	550
7	桂林金格电工电子材料科技有限公司	银基触头、铜铬触头	欧洲、东南亚	83

中高压触头市场及销售　2015年中高压触头产品销售收入约75 000万元，比上年增长约9%；利润总额约4 500万元，出口创汇约3 000万美元。其中陕西斯瑞工业有限责任公司在中高压触头领域处于领先地位，工业总产值占国内行业的60%以上，达到48 913万元。行业的出口创汇额主要来自于该公司，主要出口美国、法国、德国、马来西亚、英国等国家和地区；主要产品除了中高压触头还有端环导条。

科技成果及新产品　桂林金格电工电子材料科技有限公司的"高强度AgSnO$_2$（12）线材开发"项目目前处于研制阶段，投入研发资金200万元。该企业2015年获得5项专利授权。

福达合金材料股份有限公司的"高抗熔焊性AgSnO$_2$/Cu复层电接触材料"项目获得中国机械工业科学技术奖三等奖。该公司2015年有9项专利获得授权。

中希集团有限公司的"温控器用银氧化锡环保型梅花触点""银氧化锡14电接触材料""三复合铜基触头"和"化学包覆法粉末触头性能提升"等项目正在研发，共投入研发资金650万元；项目"太阳能电池片用正面银浆"获得国家火炬计划奖。该公司2015年新公开4项专利。

温州宏丰电工合金股份有限公司的"纤维状组织结构银基氧化物电触头材料的制备方法"项目获得温州市科学技术奖技术发明二等奖。该企业2015年已获专利授权3项。

宁波电工合金材料有限公司的"电触头冷镦机自动检测控制设备研发""磁保持继电器触点技术研发""高寿命抗熔焊性电接触功能复合材料技术研发"等项目均为公司重点市场领域研究项目，提高了生产效率和产品技术质量。该公司2015年专利授权9项。

陕西斯瑞工业有限责任公司的"铬锆铜合金材料制造及成型技术改造""高温合金熔模精密铸造"和"高性

能电工合金材料短流程柔性生产技术改造"等项目共投资9 700万元。通过这些项目，该公司在该领域的产品已经处于世界先进水平。该公司2015年申报专利13项，均已授权。

行业活动及标准 召开了电工合金分会2015年年会，来自全国从事电触头材料生产和相关电器制造的专家、企业管理人员、工程技术人员等共66人参加。会上，审议了电工合金分会2014年工作总结和2015年工作计划，审议了《中国电器工业协会电工合金分会"十三五"发展指导意见》草案。会议邀请中国电器工业协会副秘书长白文波做"2014年电器工业经济形势分析及2015年经济预测"报告、低压电器分会副秘书长周海麟做"低压电器行业发展基本情况及趋势分析"报告、长沙海关胡宇鹏科长做"海关关于银触点管理情况说明"报告、温州宏丰电工合金股份有限公司陈乐生博士做"电接触材料生产企业的资产证券化探讨"报告。

全国电工合金标准化技术委员会于2015年10月在广西桂林召开第三届全国电工合金标准化技术委员会2015年年会，共有54位委员、起草人及特邀专家代表参加会议。

〔撰稿人：桂林电器科学研究院有限公司崔得锋 审稿人：桂林电器科学研究院有限公司谢永忠〕

2016年发展情况

生产发展情况 2016年，电工合金行业主要原材料白银的价格略微回升，市场需求也有所增加，全行业工业总产值与2015年相比有一定提高。电工合金产品产量较上年增长约8%，银铜复合带材和电器元件等产品继续呈现较高的增长势头，下游客户更希望供应商能够供给组件直接来组装，新的生产技术如模内铆、模内焊开始普及，更简洁有效地生产制造电器元件，质量也更加出色。2016年全行业完成工业总产值约97亿元，产值较上年增长14%。2016年电工合金行业工业总产值前10名企业经济指标见表1。

表1 2016年电工合金行业产值前10名企业经济指标

序号	企业名称	工业总产值（万元）	利润总额（万元）
1	中希集团有限公司	155 197	4 482
2	福达合金材料股份有限公司	106 827	5 172
3	温州宏丰电工合金股份有限公司	83 920	2 844
4	桂林金格电工电子材料科技有限公司	57 380	1 189
5	佛山通宝精密合金股份有限公司	41 579	2 727
6	上海人民电器股份有限公司人民电器厂	40 832	1 400
7	宁波电工合金材料有限公司	32 442	1 617
8	宁波汉博贵金属合金有限公司	24 671	106
9	佛山诺普材料科技有限公司	22 000	550
10	温州聚星电接触科技有限公司	19 348	581

注：不含磁钢和中高压企业。

产品分类及产量 2016年全行业银基电触头材料（线材、片材）产量约为1 600t，比上年增长约10%；铜基触头材料（主要为CuW触头，不含真空开关用触头和低压用铜基触头）约750t，与上年相比略微增加；真空开关用触头材料（主要为CuCr系列）产量约650万片，比上年度略微降低；其他电工合金材料（包括换向器用银铜复合带材、热双金属、焊料和电器元件等）约15 000t，比上年增长约8%。2016年电工合金分类产量见表2。

银基触头市场及销售 2016年全行业产品销售收入约970 000万元，利润总额约28 750万元，出口创汇约4 700万美元，比上年度略微增加。2016年国内销售收入前10名企业见表3。2016年电工合金产品主要出口创汇企业见表4。

表2 2016年电工合金分类产量

产品名称	产量（t）
电触头材料	
银基触头材料	1 600
铜基触头材料（不含真空触头）	750
真空触头材料	650（万片）
银铜复合带材和元件	7 000
银铜合金	3 500
热双金属	3 642.55
其他	1 000

表3 2016年国内销售收入前10名企业

序号	企业名称	产品销售收入（万元）	主要产品
1	中希集团有限公司	154 004	银基触头、复合材料
2	福达合金材料股份有限公司	103 685	银基触头、电器元件
3	温州宏丰电工合金股份有限公司	77 928	银基触头、银铜复合材料
4	桂林金格电工电子材料科技有限公司	57 436	银基合金材料
5	上海人民电器股份有限公司人民电器厂	44 500	银基触头
6	佛山通宝精密合金股份有限公司	35 980	热双金属、银基触头
7	宁波电工合金材料有限公司	30 168	银基触头
8	宁波汉博贵金属合金有限公司	23 931	银基合金材料
9	佛山诺普材料科技有限公司	22 000	银基合金材料
10	温州聚星电接触科技有限公司	18 705	银基触头

表4 2016年电工合金产品主要出口创汇企业

序号	企业名称	产品	出口国家和地区	创汇额（万美元）
1	温州宏丰电工合金有限公司	银基触头及其组件	欧洲、美洲	1 000
2	福达合金材料股份有限公司	银基触头及其元件	欧洲、美国等	937
3	苏州市希尔孚合金材料有限公司	银基触头、铜钨系列产品	欧洲、印度	747
4	中希集团有限公司	银基触头、复合带	欧洲、东南亚、美国等	597
5	宁波电工合金材料有限公司	银基触头及其元件	英国、中国香港	275
6	佛山通宝精密合金股份有限公司	热双金属、银铜带	印度、泰国和中国香港	196
7	桂林金格电工电子材料科技有限公司	银基触头、铜铬触头	欧洲、东南亚	60

中高压触头市场及销售 2016年中高压触头产品销售收入约80 000万元，比上年增长约3%，利润总额约4 500万元，出口创汇约2 700万美元。其中陕西斯瑞工业有限责任公司在中高压触头领域处于领先地位，工业总产值占整个国内行业的60%以上，达到49 626万元，中高压行业的出口创汇额主要来自于该公司，主要出口美国、法国、德国、马来西亚、英国等国家和地区；天水西电长城合金股份有限公司工业总产值达到15 210.5万元。

科技成果及新产品 桂林金格电工电子材料科技有限公司的"内氧化法银氧化锡氧化铟材料开发"项目，投入资金300万元，旨在解决汽车继电器用触点材料的技术难题。"高性能环保银氧化锡触头材料研究及产业化"项目获得2016年度桂林市科学技术进步奖一等奖。该企业2016年度共获得9项专利授权。

福达合金材料股份有限公司的"多元银金属氧化物片状触点材料""节银型塑壳断路器用触头材料""高强度银碳化钨钴电触头材料"等项目由浙江省经信委立项研发，"贵金属资源节约型电接触材料的开发与产业化"项目由浙江省科技厅立项研发，"触点材料接触电阻精密测量与实验评价技术的研究"项目由温州市科局立项研发。该公司2016年有10项专利获得授权。

中希集团有限公司的"高性能银碳化钨石墨粉末触头的研究""断路器用铜基触头的研究""空调接触器用高性能触点材料的研发"和"高温高湿继电器用触头材料的研发"等项目正在研制阶段，"银金刚石/铜金刚石合金/焊料三层复合触头"项目获得温州市科技进步奖三等奖，"银包覆碳化钨粉末制备银碳化钨触头材料的方法及其产品专利技术产业化"项目获得专利技术产业化项目奖。该公司2016年新公开3项专利。

温州宏丰电工合金股份有限公司承担了2017年浙江省重点研发计划项目"银基导电油墨与合金制备关键技术研究及产业化应用"、乐清市两化融合项目"两化深度融合系统的研发和实施"和公司内部项目"纳米氧化物银基电接触材料的性能及产业化"等，共投资2 273万元，目前处于研制阶段。"颗粒定向排列增强银基电触头材料的方法"项目获得2016年温州市科学技术奖技术发明三等奖；"环保型$AgSnO_2$-Cu-Fe电接触复合材料"项目获得2017年度浙江省装备制造重点领域首台（套）产品；"纤维状结构银基电接触材料的制备方法"项目获得2016年浙江省专利奖金奖；"环保型银基电接触材料及元件低成本制造技术与产业应用"获得2016年浙江省科学技术奖二等奖；成功申请浙江省宏丰功能性复合材料重点企业研究院。该企业2016年公开专利9项。

佛山通宝精密合金股份有限公司的"提高热双金属一致性的研究""高精度薄型带材高效加工技术的研究""复合材料新制备工艺的研究""高性能银合金材料制备工艺的研究"等项目均已完成研发，应用于生产。"一种用于直条状金属零件的自动分选检测装置""表面具有防伪标记的热双金属材料及其生产方法""一种电触头用银镍材料的制备方法"和"一种节银型层状复合触头片件的制备方法"等项目分别获得区专利奖金奖和优秀奖；项目"电池复合金属材料"获得市科技奖三等奖、区科技奖二等奖；项目"无镉环保银基电触材料关键技术与产业化研究"获得省科技奖三等奖，市、区科技奖一等奖；"环保型银镍合金关键技术与产业化"和"防锈耐蚀型层状镍基复合金属带材的研制"项目获得区科技奖二等奖。该公司2016年获专利授权7项。

宁波汉博贵金属合金有限公司投入研发资金500万元用于宁波市级重大专项——大功率智能电表用节银异型触点技术研究及产业化项目。该公司2016年公开专利2项。

天水西电长城合金股份有限公司的"20.1.269系列产品工艺优化项目""20.1.285系列产品工艺优化项目""20.1.434系列产品冷挤压项目""22.8.132系列产品钨粉节约项目"等均为自主研发项目，改进了生产工艺，节约了成本。

行业活动及标准 2016年5月在沈阳召开了电工合金分会2016年年会，来自全国从事电触头材料生产和相关电器制造的专家、企业管理人员、工程技术人员等共78人参加。会议有5名专家、参会代表做了专题报告，分别是：财政部财政科学研究院研究员杨照南做"经济下行的成因与对策"，Bihler公司销售总监Mr.Angerer做"冲压成形、焊接组装一体化自动化设备介绍"，沈阳理工大学教授杨鸣川作做"纳米技术在铜钨合金中的应用"，广东省贵金属交易中心大宗商品事业部总经理高荣励做"1号商城在贵金属领域的互联网创新商业模式和特色服务"，全国电工合金标准化技术委员会秘书长谢永忠进行了"关于《电器电子产品有害物质限制使用管理办法》文件的相关情况"介绍。

全国电工合金标准化技术委员会于2016年11月在河南郑州召开了第三届全国电工合金标准化技术委员会2016年年会，共有65位委员、起草人及特邀专家代表参加。

〔撰稿人：桂林电器科学研究院有限公司崔得锋
审稿人：桂林电器科学研究院有限公司谢永忠〕

电器附件

生产发展情况　2016年我国经济发展进入新常态，国民经济增速有所放缓，房地产市场波动加剧，原材料涨价浪潮席卷全国。当前和今后一个时期，市场内需不足与产能过剩严重已经成为困扰电工行业发展的一个亟待解决的突出矛盾和问题。

根据中国电器工业协会电器附件及家用控制器分会2016年对全国家用开关插头插座等电器附件产品主要生产企业的统计：

经济效益综合指数排名前5名的企业有：飞雕电器集团有限公司、公牛集团有限公司、浙江正泰建筑电器有限公司、西蒙电气（中国）有限公司、浙江德力西国际电工有限公司。

工业总产值前5名的企业有：公牛集团有限公司、飞雕电器集团有限公司、杭州鸿雁电器有限公司、浙江正泰建筑电器有限公司、西蒙电气（中国）有限公司。

总资产贡献率前5名的企业有：公牛集团有限公司、浙江正泰建筑电器有限公司、西蒙电气（中国）有限公司、湖南深思电工实业有限公司、飞雕电器集团有限公司。

资本保值增值率前5名的企业有：公牛集团有限公司、浙江正泰建筑电器有限公司、汕头市东亚电器厂、湖南深思电工实业有限公司、浙江德力西国际电工有限公司。

流动资产周转率前5名的企业有：西蒙电气（中国）有限公司、广东红禾朗科技实业有限公司、湖南深思电工实业有限公司、公牛集团有限公司、飞雕电器集团有限公司。

成本费用利润率前5名的企业有：公牛集团有限公司、浙江正泰建筑电器有限公司、西蒙电气（中国）有限公司、湖南深思电工实业有限公司、天基电气（深圳）有限公司。

全员劳动生产率前5名的企业有：飞雕电器集团有限公司、公牛集团有限公司、浙江德力西国际电工有限公司、浙江正泰建筑电器有限公司、西蒙电气（中国）有限公司。

产品销售率前5名的企业有：浙江德力西国际电工有限公司、天基电气（深圳）有限公司、湖南深思电工实业有限公司、飞利富科技股份有限公司、广东红禾朗科技实业有限公司。

科技成果及新产品　杭州鸿雁电器有限公司2016年进行了以下5个项目的研究与开发。（1）DLT智能灯光控制系统。该项目研发了一种基于电力线数字传输（DLT）的智能照明控制系统，实现了电力线数字传输（DLT）技术，开发了相应的LED智能灯具以及智能控制面板，并通过集成无线通信模块和传感器，实现照明系统的联网控制。在此基础上开发智能照明系统云服务平台和APP软件，实现智能照明系统的多样化控制和大数据的服务。产品在智能控制系统原位替换传统电工开关布线、单火线数字信号传输、单火线供电、数据保密等方面有创新，相关技术获得2项发明专利、5项实用新型专利，产品技术处国内同类产品领先水平。用户使用反映良好，具有明显的社会和经济效益。（2）进行了家居旗舰款开关插座产品的开发，型号包括86HS50-80-C、86HS50-80-L、S86HS50-80-L、S86HS50-80-C、SA86HS50-80-L、SA86HS50-80-C、U86K12-10B-HZ、U86K22-10B-HZ、U86K42-10B-HZ、U86K32-10B-HZ、U86K22T10B-HZ、U86K222T10B-HZ、U86K31-10B-HZ、U86K11-10B-HZ、U86Z223A10-JUW、U86LY-AC、U86Z13A16-JWH等多个品项。（3）为满足USB直充的需求，同时增加计量功能，让用户通过APP能更加直观地知晓排插的用电情况，公司开发了IHC8334B型带USB三位WIFI计量排插。（4）开发了SGEB3-63/1D10等多个品项的SGEB3终端保护电器，该产品成本更低、性能外观更具优势，用以提升公司终端保护电器在中低端市场的竞争力，从而扩大市场占有率。（5）开发了BDZ220/180RLYF9L等8款型号的火云路灯，推出拳头产品，填补了产品线空缺，完善了产品线，增加了鸿雁道路照明产品的竞争力和抗风险能力。

TCL-罗格朗国际电工（惠州）有限公司2016年进行了5个新项目研发：高密度预端接光系统、基于电力线载波（PLC）的网络通信技术、新型内跨线带开关的插座、新型全负载内联免跨线开关、基于产品身份识别的生产数据管理技术。主要包括综合布线的光传输技术、电子信息技术、通信技术及嵌入式软件系统、先进制造系统及数控加工技术的自主研发和应用。

飞雕电器集团有限公司2016年进行了3项新技术及产品的研发。（1）两级插座互锁保护门技术。该技术提升了86型插座的产品质量和防触电性能。在新结构中采用了一种安全保护等级高、使用可靠性好、结构简单合理、易于生产制造的新型两极插座互锁保护门，可形成两极互锁保护，具有更好的防单销插入能力。（2）WIFI智能插座。该产品集成USB充电和WIFI模块，不仅可以对移动设备迅速充电，还可以联网实现远程控制、定时开关，而且体积小、可移动、外形美观、操作简单，是一款非常实用且性价比极高的智能单品，可将普通家用电器升级为互联网智能家电。（3）小型断路器、小型漏电断路器。该类产品利用全新的四连杆机构设计，大大增强了分断能力，提高了机械寿命；动触头采用组装卡簧固定形式，摒弃了现有市场上的热铆形式，提高了产品的可靠性，同时节约了装配、加工成本，降低了原材料的使用量。产品整体结构设计合理、构思巧妙，具有很好的实用性。

浙江正泰建筑电器有限公司2016年开发了新空调开关、超大板开关插座、系列国标小五孔插座、拉丝系列开关插座和延长线插座五款新产品。空调开关32A/250V，主要用于大功率空调、太阳能热水器、即热式电热水器、热泵式电热水器等大功率电器的控制；超大板开关16A/250V，超大板插座10A/250V和16A/250V，产品外观造型简洁大方，线条自然流畅，可根据需求随意进行外观搭配；系列国标小五孔插座10A/250V，通用性强，采用全新结构的快速接线，接线快捷牢固；拉丝系列产品16A/250V，插座10A/250V和16A/250V；延长线插座10A/16A，交流250V，产品将LED灯内置，灯光效果更加柔和。

公牛集团有限公司2016年开展了基于连体插套技术的模块化新型阻燃插座项目。（1）研究连体插套技术，已获发明专利2项。（2）研究一种插座用低缩痕耐划伤阻燃聚丙烯组合物，满足插座塑料壳体耐老化、耐冲击、高阻燃、外观好、注塑容易、价格适中、不易变黄的要求，已获发明专利。（3）为满足"机器换人"对产品的工艺要求，按照模块化设计、标准化制造理念，对插座结构进行重新设计，打造适合自动化工艺要求的全新产品模块，已获得3项发明专利。（4）研究一种弹性和磷青铜类似，导电性和价格与黄铜接近的铜合金材料，已成功应用于公牛插座A、B、C、G、H、N、Q、U、V、W共10大系列、80余款不同规格型号的产品。该项目获得浙江省科技进步奖三等奖和宁波市科技进步奖一等奖。

浙江德力西国际电工有限公司2016年进行了5项新产品的研发。（1）制作声光控电子产品检测设备。采用"一托四"形式进行产品检测，设计了可伸缩式探针，再利用气缸下压接触产品N极与L极接线孔，采用气缸推送模式将产品送至导电探针处，使检测区域与操作平台分离。（2）制作USB插座电子产品检测设备。采用气缸下压模式，将两插及USB插头插入产品，设计了卡槽固定产品，还设计了PLC控制器实现产品的检测。（3）自动取螺钉装置的研制。该装置选用PLC作为控制大脑，利用转轮上料实现螺钉输送时的排序，利用加磁振输送螺钉，采用滑板分离，并通过气压将螺钉进行分颗。（4）自动装钮子设备的研制。该设备利用皮带线输送安装架子，设计了气缸，采用感应器反馈的形式来完成气缸下压，并采用继电器进行延时控制。（5）SOS电子产品工艺改进。制作了检测用具，提高了检测效率，缩短了瓶颈时间，调整了钮子与线路板之间的配合度，降低了一次不合格率。以上项目均获得杭州市优秀质量成果奖。

湖南深思电工实业有限公司2016年开发了V30系列暗装式86系列墙壁开关、插座产品，参数为10A/16A 250V，2017年7月26日，深思V30系列插座荣获行业插座耐久性认证证书。自JSGF CVC011—2016《公共场所所用插座 安全要求》标准发行，公司组织了研发部、工程部、品质部对标准开展学习，并且成立专项小组，从现有产品结构、用料进行深入分析，最终经过反复试验，插座产品插拔寿命从5 000次提升到20 000次。

汕头市东亚电器厂2016年进行了20kV高压接电箱研究开发，型号为ESD2-20G/01，额定电压为三相20kV，工频耐压试验电压为65kV，防护等级为IP68，适应外界空气温度-25～40℃，相对湿度小于等于50%，温度较低时湿度需小于等于90%，并考虑因温度变化产生的凝露，适应有雨淋、溅水、粉尘或短时浸水的户内外场合。接电箱采用防护型结构设计，箱体的防水性能提高，电缆线穿过箱体两端的带扩展基座的密封螺塞进入箱内，通过旋紧螺塞使电缆线束紧密封，可提高防护等级，有效防止海潮和雨水的侵入，适用于港口、工矿企业20kV高压网络，作为电缆接电箱。

基本建设及技术改造 飞雕电器集团有限公司投资200余万元，进行了PP-R三层复合设备改造。其中，改扩建PP-R挤出生产线2条，购置设备4台（套）。该项目通过工艺改造在PP-R管内层增加复合阻光层，可以有效地阻隔光线穿过管壁，隔绝藻类生存条件，并且通过添加适量的纳米银抗菌剂，对一些细菌微生物都有强烈的抑制和杀灭作用，使消费者用水更加安全。在现有生产条件下，该生产线只能生产单壁PP-R管材。改建后于2017年投入生产，预计每年可新增生产抗菌及复合类管材400t，新增销售收入逾1 000万元。该生产线可同时满足单壁和复合类管道的生产，显著提高挤出生产线的生产能力，同时提升设备使用能效，产出高附加值的产品，从而提升企业竞争力。

2016年杭州鸿雁电器有限公司开展了电缆车间φ70挤出机生产能力提升技改项目。技改之后，公司生产的聚氯乙烯绝缘、交联聚乙烯绝缘、聚氯乙烯护套、低烟无卤材料性能均符合国家标准要求，生产效率大幅提高，且可以满足各机组的量程范围。通过检测，改造后的机器所生产的电缆，其低烟性和无卤性均符合国家标准。公司还进行了智能排插II型生产测试方案改造，将原来生产过程中的屏蔽房单独测试改造成生产线上同步测试，减少了搬运及测试时间，提升了总体效率。2017年公司计划进行丝印工序改激光技术改造，计划投入15万元。

浙江正泰建筑电器有限公司2016年投资逾200万元，进行年新增300万只墙壁开关插座生产线建设。该项目主要采用无面框设计、塑料与铁板二合一设计等先进技术及工艺，引进具有领先水平的生产、注射加工、检测设备及系统升级设备，购置自动包装机、激光打印机、保护门与弹簧组装机、流水线等生产设备，可提高生产效率，解决产品封口不平整问题，实现排插产品底部的印字、LOGO清晰、精确的效果。2017年计划进行年新增1 000万只墙壁开关插座生产线建设项目，该项目主要采用基座与铜件一体化相结合、盖板采用塑料及拉丝铝质金属结合的技术工艺。购置自动组装机、包装机、自动包装机、流水线、模具加工中心、电脉冲、磨床等国产设备。

公牛集团有限公司2016年进行了3项技术改造。（1）年产5500万只插座/转换器生产线技改项目（一期）。共完成流冲击测试仪、失效模式交流电源、热稳定测试仪、塑料注射成型机、机械手、激光打标机、数字电参数测量仪、自动打包机、射频IQ系、自动测试线、影像测量仪和步入式高低温交变湿热试验室等设备303台，可以减员100余人，产品生产效率提高20%以上，产品不合格率下降0.5%以上。（2）年产1亿只墙壁开关插座自动化生产线技术改造项目（一期）。项目已经完成投资2700万元，固定资产投资总额为2550万元，其中设备（技术）投资达2494万元，共完成三轴伺服（带气动副臂）横走机械手、自动喷涂生产线、塑料注射成型机、机械手、中央供料系统、激光刻字机、磨边机、开关插座后端自动包装线、能量色散X荧光光谱仪、RoHS检测仪、立式综合加工机、超高速精密高光机、三插保护门自动组装机和过渡件穿弹子弹簧机等自动化设备137台，可以减员350余人，新增销售额2.8亿元，新增利税6500万元。通过自动化立体仓库、全电动注塑机、自动化流水线等生产、检测设备的导入，运用WMS仓库管理系统来获得实时、动态的出入库信息，并通过WMS系统与WCS系统的实时无缝信息传输，对仓储的出入库现场作业进行实时管控，生产过程通过AGV物流系统和立体仓库的互联，达到来料无人配送与成品智能入库，实现仓储物流的高效化、自动化和智能化；运用高性能全自动注塑机取代传统的注射工艺，使得产品加工过程更加节能、注塑工艺更加优化，并对注塑设备配备全伺服多功能机械手，减少人工接触产品的工序，降低产品的不良率；通过研制自动化在线成品组装机，并导入业先进的自动检测系统，使设备具备各工艺制程的来料自动检测识别、产品装配、品质检测及不良排除功能，保证产品良率达99%以上，实现成品组装过程关键性能指标在线100%全检，确保产品品质的一致性，并提升生产效率，降低劳动作业强度。（3）年产3500万只LED灯生产线技改项目（一期），项目已完成投资950万元，固定资产投资总额为900万元，其中设备（技术）投资达850万元，共完成AOI自动光学测试仪、塑料注射成型机、立式元件高速插件机、伺服包装机、水温机、激光打标机、ATE测试系统、三轴双平点胶机、全自动视觉印刷机（设备主机）、自动贴片机和波峰焊等设备59台，可以减员80余人，新增销售4000万元，新增利税800万元。该项目引入自动插件机，替代人工组装，合格率将提高至99.5%以上；机器换人生产实现产品自动化装配，有效解决企业所面临的用工短缺等问题，提升企业的生产效率和产品质量，为公司"减员增效"目标的达成发挥重大作用。2017年计划进行以上三个项目的二期改造。年产5500万只插座/转换器生产线技改项目拟新增多轴自动锁螺钉机、插头全自动组装机、插座自动化组装线、光前打标机、自动锡焊和自动检测机等设备130余台；年产1亿只墙壁开关插座自动化生产技改项目拟新增数控玻璃雕刻机、能量色散X荧光光谱仪、RoHS检测仪、塑料注射成型机和伺服包装机等生产设备200台；年产3500万只LED灯生产线技改项目拟新增AOI自动光学测试仪、塑料注射成型机、立式元件高速插件机、伺服包装机、水温机、激光打标机、ATE测试系统、三轴双平点胶机、全自动视觉印刷机等设备70余台。还计划进行年产1000万只USB插座及1200万根数据线生产线技改项目，拟新增6条数据线生产线及注射成型机、打标机、焊锡机、自动化组装线和集中供料系统等109台生产设备。

浙江德力西国际电工有限公司2016年完成了多项技术改造。（1）引进电子产品装配线，实现了电子装配线与包装机的对接，提高了包装效率及包装品质，产品生产完成后可直接进行包装，提高了生产连贯性与生产效率。（2）引进功能件产品装配线，实现了产品单边流，生产节拍容易控制，工位上半成品的积压现象减少，现场"5S"得到改善，减少了辅助作业人员的动作，使产品生产周期时间缩短5%左右。（3）烟雾净化器。对焊接烟雾废气进行净化处理，保护员工身体健康。（4）内盒分页贴标机。该设备实现了标签的打印与粘贴同步化，避免错贴、漏贴现象的发生，减少了包装员的作业内容，整体包装效率提高5%～10%。（5）钮子自动化组装机。该装置减少了在线装弹簧、滑块的人员，节省制造成本，提高了生产效率。（6）成品仓库铺设钢板并喷涂防锈漆，提高了叉车搬运效率，避免货物在运输过程中倾倒、掉落。（7）采用温控器干预降低注塑机水冷能源消耗，水冷能源消耗降低62.9%。2017年，公司计划进行以下项目改造：引进开关、插座、转换器产品自动锁螺钉机；引进转换器排烟系统，将焊锡产生的有害烟雾排到室外；改进USB检测工艺，采用目视化指示灯代替显示屏；引进产品自动化入库系统，增加自动化仓储系统及设备；引入插座通断检测设备，采用自动化方式检测插座产品的通断性能；机械手吸放系统改装，改进后变为2套放置系统，可分时段放置，配合流水线产品整齐流出，提高产品质量；小内盒自动贴标机改装，实现产品包装小内盒标签的自动粘贴。

湖南深思电工实业有限公司2016年投资300万元用于智能制造示范生产线建设项目，采用国内外先进、成熟的自动化生产技术和设备，在注射、冲压、装配等工段引进应用多套自动化设备、注射及人机分离系统、全自动智能装配系统，打造智能制造生产线，促使公司在制造过程中优化各类工艺参数，及时检测、排除故障，实现管理信息化、生产智能化，提升产品质量，降低能耗，提高生产效率，实现智能开关产品与传统开关产品的高效率、高柔性生产。

广东红禾朗科技实业有限公司2016年总投资2000万元，其中基本建设投资1700万元、技术更新改造投资300万元，进行了新厂房建设，更换了旧设备，增加了全自动化设备。

天基电气（深圳）有限公司2016年总投资近70万元，

购置了攻牙机、自动铆接机、插头组装机、自动机、触头组装机以及激光雕刻打标机等设备。

天津大和电器实业有限公司2016年完成了转轴去飞边转盘结构改造、产品保持力测试机改造、导线剥皮机改造3项技术改造，设备测试数据稳定，达到预期目标。进行了产品导通测试自动化改造、产品打螺钉改进和产品性能测试改进3项技术改进，已基本消化吸收，初步推进开展。2017年计划投入7万元进行插头自动组装设备的研发制作，投入30万元进行电源线自动裁线压端子设备的研发制作，投入3万元进行电阻端子自动压接设备的研发制作。

管理及改革　2016年度，杭州鸿雁电器有限公司围绕"调结构、促升级、提质量、控风险"的年度经营方针，在调整市场结构、促进产业升级的同时，着力提升经营质量，并且更加注重控制运营风险。从经营结果来看，LED照明这个公司近几年来重点培育的产业依然保持着较好的发展势头，鸿雁智能家居也逐步打开局面。同时，公司成为中国照明电器协会副理事长单位，并获浙江省质量管理先进单位、浙江制造精品、金麦奖品质信赖奖、"保傲杯"杭州G20峰会专项景观照明二等奖等一系列荣誉。杭州鸿雁主要在以下三个方面进行企业经营管理的聚力改革：（1）调整产业结构，促进产业转型升级。①智慧照明产业。2016年，公司智慧照明产业通过加快技术及产品的开发，加强与百强房产、政府单位的合作，推进集团业务销售确保稳定发展。重点开发了DLT技术（电力线数字传输技术），加快基于DLT技术的智慧照明产品的定型和生产，推出了采用DLT技术的智极系列吸顶灯、DLT调光调色调温球泡灯、DLT调光调色温电源等DLT调光系统产品。鸿雁照明先后续约绿城、恒大、世茂等百强房产集团，并相继中标金碧物业、上海科创产业园、正荣·华府楼盘、恒大2016年度大方县扶贫项目等大型房地产项目。同时，政府合作项目方面获得丰收，鸿雁照明入选2016政府节能产品采购清单，还中标常州疗养院项目。②智能家居。公司构建以"智简生活"为核心理念的智能家居生态圈，基于这个核心理念，将智能面板作为鸿雁智能家居系统的核心，以智能面板为平台和入口，联接以安防、健康管理、能源管理、照明家电控制四大功能，打造互联互通的智能家居生态圈。智能面板作为智能家居的控制终端，产品形态成熟，成本更加经济，可以有效解决智能家居系统的市场化问题。加快智能家居单品及技术的研发：围绕产品、技术两个维度进行突破，相继开发了多款符合各类场景的智能计量插座、VOC温湿度PM2.5传感器，以及iHouse系列智能轻奢开关、无线路由器面板、煤气CO传感器、网络摄像头面板等智能面板单品，建立起鸿雁微智能产品生态系统，并重点推出了"鸿雁智慧家庭管理中心（简称SHC）"及"鸿雁智能家居思远2.0系统"。在技术方面，开发出Zigbee、WIFI、BLE无线通信技术，以及LED调光调色温电源技术、LED调光控制技术等多份具有实际指导和借鉴用途的标准参考设计。并完成了WIFI智能控制技术平台、鸿雁云服务平台、DLT通信技术平台的初步建设。推进智能家居产品的市场化落地：2016年上半年，鸿雁联合国家电网下属国网商城在北京、杭州、南京、宁波、长沙、西安6个区域打造智能家居体验店，与国网商城达成O2O2O（线下体验、线上下单、线下服务）商业模式的合作，以此推动鸿雁智能家居产品的落地。（2）进行市场转型，拓展轨道交通等领域。2016年，公司积极向轨道交通、节能改造等战略新兴市场转型，专门设立系统事业部，负责业务领域项目的开发。（3）加快专利布局，专利池建设取得成效。2016年，围绕公司技术及产品战略，各产业加快专利开发进度，尤其加强在智能家居技术方面的专利壁垒。智能家居产业开展了"专利申请百日攻坚活动"，围绕墙装式智能家居技术的主导方向总计申请了166项发明和实用新型专利，形成以智能面板为核心的专利族，涵盖智能照明、安防监控、智慧家庭管理中心（SHC）等多个领域。公司"智慧城市研究所"获评"浙江省职工高技能人才创新工作室"。2016年度公司总计申请专利285项，其中发明专利101项、实用新型专利158项、外观专利26项。

TCL-罗格朗国际电工（惠州）有限公司2016年获得多项荣誉，包括：中国智能建筑品牌检测（千家品牌试验室）综合布线第三名、智能建筑电气行业综合布线行业十大优秀品牌、万瑞布线网中国网络布线市场十大优秀品牌，还参加了智装行业首本《建筑物室内智能面线系统应用技术白皮书》的制定。

2016年，浙江正泰建筑电器有限公司紧紧围绕年度方针目标和各专项工作计划，在严峻的市场大形势下，继续保持较好的发展态势。（1）组织架构职能调整平稳过渡，取得积极成效。年初实现线上线下营销职能整合，7月份生产、技术质量、内骨管理等职能融合，实现平稳过渡，并出现积极成效，表现为精简组织架构、提升管理效能，有效融合线上线下业务运营，推进渠道格局调整，营销推广实现优化与多元化，梳理优化市场资源投放，实现降本增效，为下一步营销工作提升与创新奠定了基础。（2）完成研发、新产品开发30余项，采用批量投放、流程化策划、个性化推广的市场销售模式，新产品开发推广加速明显；持续开展老产品升级更新，提升产品性价比，产品整合降本显著；申报科技项目、专利、新授权等50余项，成功通过高新技术企业认定，完成新品认证、GCC标志、澳大利亚认证及3C工厂年度监督审查、USB和美的集团工厂审查；完成电工新品、排插新品验证500余项，开展监督抽查70余批次，开展十余家供方资质认证帮扶，完成30余家供方的管理初评和复评，还组织推动供方工艺改进，提升产品合格率；深入开展精益改善活动，加强管理，降本增效。

公牛集团有限公司2016年度主要从七个方面进行了管理与改革。（1）进行管理创新，实施管理变革。2016年度集团进行内部组织架构变革，按照"小集团大事业部"的经营理念，按产品成立事业部，集团由原先的四大事业部改成转换器事业部、墙开事业部、LED光电事业部、数码事业部和电商事业部五大事业部。（2）坚持营销创新，强化渠道优势。持续加大经销商网点开发，目前已形成经销商2 000余家、终端销售网点84万家的强大渠道体系，其中转换器渠道覆盖率高达82%，全年查处窜货、乱价、违规网点等1 000余起，有效净化了市场秩序。修订并实施了《经销商管理规则》等一系列制度，进一步规范了经销商的甄选、评价、考核、退出机制，实现新品的有效精准发布与推广。（3）持续强化品牌定位战略。坚持"插座专家与领导者"的品牌定位，围绕品牌工作目标及具体路径，成功实施"眼球封锁"计划，2016年在央视、东方卫视等主流媒体投放广告；进一步规范了各终端网点的店招投放，品牌形象持续增强；为加强品牌线下精准传播，在知名旅游景区及人流量大的商业区，免费投放太阳伞和四角亭，进一步提高了公牛品牌在景区和各商业广场等的曝光率和可见度。第三方权威研究机构调研结果显示，公牛的品牌价值指数达到5.7，是转换器品类中排名第一的强势品牌，公牛品牌认知度达到88%。（4）大力实施"电商换市"。公司全面与天猫、京东、苏宁、亚马逊、1号店等国内最具影响力的电子商务平台合作，不断完善、丰富电子商务营销策略，强化网络推广、渠道建设及售后服务。（5）大力实施制造方式创新，投入巨额资金，开展装配自动化项目研究，共研制自动化设备20余台，累计节省直接人工300人以上；开展注塑机余热回收项目和高耗能设备淘汰及改造项目，总能耗下降近50%，年节约电费逾110万元；自动焊接机、自动锁螺钉机、注塑机生产无人化等一批自动化装备已成功应用。（6）推动两化融合，提升集团信息化水平。集团投入上千万元用于信息化项目改造，成功实施SAP、B2B、视频会议等主要项目，未来三年还将持续建设PDM、PLM、CRM、MES等覆盖企业研发、生产、销售的价值链信息化平台。（7）全面夯实人才发展战略。2016年集团继续实施"雏鹰计划""精英计划""雄鹰计划"等，自主培养专业技术和管理人才200余名。

浙江德力西国际电工有限公司从六个方面进行了管理与改革。（1）制度严谨、规范管理。根据现阶段实际情况，对质量手册和第三层管理文件进行了评审汇编；通过拉动式的生产计划与预测型的生产计划相结合的方式，保证订单能够及时交货，降低产品库存率，提高存货周转率，2016年12月底半成品库存同比下降50.6%；通过全员生产维护的设备管理模式，制定设备维修、维护计划，使设备处于安全稳定的状态，保证生产工艺的标准性；实施滚动式审核模式，并在后续审核中跟踪落实，对出现的问题及时整改，保证各项流程顺利进行。（2）加大研发团队人员、设备、资金投入，2016年累计开发新产品及二次改进项目产品31项，同比增长11%，申报专利16项，还完成了1项新材料应用及6项高新项目，多个项目获得市级奖项。（3）坚持不懈进行工艺改进。2016年累计编制完成44种产品工艺文件，测定了70种产品的工序工时，完成10项工艺改进项目，还完成工序优化重排4项、产品结构改进2项。（4）不断完善费用控制，进一步对资金使用进行分层把关、严格审核，加大对资金合理利用的监督力度。（5）团队建设持续改进。结合各部门需求制订了内训计划，全年累计组织培训35场，累计参训人员770余人次；公司还将企业文化建设定格在增强企业的凝聚力和感召力上，在生产经营目标任务完成的情况下，举办了一系列活动，鼓舞和调动员工积极性和创造力。（6）全面推进"安全生产、综治维稳工作"建设，针对公司不同群体多次进行安全生产知识技能培训，提高了管理团队、公司员工的安全意识和管控能力。

湖南深思电工实业有限公司从四个方面进行管理及改革。（1）团队建设。公司进一步完善了人才引进、培训、激励的相关制度，不断提升团队的管理、专业技能，打造一支高效的职业化团队。（2）品牌建设。2015年深思公司又一次被评为高新技术企业。（3）科技创新。2016年公司加大了产品研发投入，开发了3个系列新产品，近100个规格，并申报了专利20项（2项发明专利、6项实用型专利、12项外观专利），其中外观专利已获证书。（4）管理规范。公司进一步完善与推动ISO 9001国际质量管理体系、ERP信息管理系统的建设与实施，打造标准化、流程化、数据化的规范管理体系。持续进行产品管理及优化，推行精益生产及研发力、制造力、供应链力三力打造。

汕头市东亚电器厂实行厂长负责制的管理模式，企业通过ISO 9001质量管理体系认证，产品通过CCC认证，推行5S管理，设立了专门的质检机构和专职检验员。

行业活动　2016年4月13日，由中国电器工业协会电器附件及家用控制器分会、全国电器附件标准化技术委员会联合举办的电器附件产品符合有害物质限制使用研讨会在广州市召开，来自鸿雁、公牛、正泰、TCL-罗格朗、飞雕、西蒙、西门子、松下等多家电器附件行业骨干企业的技术专家50多人出席会议。会议从《电器电子产品有害物质限制使用管理办法》分析，解析了背景、主要修订内容、核心内容与配套标准、产品适用范围、实施流程、下一步工作重点等。与会专家针对管理办法的产品适用范围、过渡期限、环保标识的位置、环保年限等问题展开了热烈的讨论。会上组建了电器附件产品符合有害物质限制使用工作小组，对于后续重点事项继续展开研究讨论。会后，向行业发送"关于电器附件产品在有害物质限制使用中的界定理解的征询函"，经秘书处汇总与专家讨论后，形成"关于固定式开关、插座属于电能生产、传输和分配的设备的意见报告"反馈给有关主管部门。

中国电器工业协会电器附件及家用控制器分会联合全国电器附件标准化技术委员会于2016年8月30日在广东省中山市成功组织召开了延长线插座和转换器新版国家标准宣贯会议（第四期）暨质量分析会，来自浙江、广东、北京等省市的延长线插座和转换器专业领域企事业单位参加了会议。会议对2017年4月14日起正式实施的《家用和类似用途插头插座 第2-7部分：延长线插座的特殊要求》（GB 2099.7—2015）及《家用和类似用途插头插座 第2-5

部分：转换器的特殊要求》(GB 2099.3—2015)两项新版标准进行宣贯，帮助企业及时进行技术改造和生产转换提供技术支持。会议还邀请行业专家向与会代表报告了转换器、延长线插座各地抽查情况，并分析了常见的不合格项目及其原因，还对延长线插座和转换器强制性认证要求、认证时限及认证流程作了详细介绍。至此，在宁波、顺德、广州、中山等地共举办了4场新版标准宣贯会议，推动了新标准的顺利实施。

中国电器工业协会电器附件及家用控制器分会第六届四次理事扩大会议于2016年9月13日在杭州召开。分会理事长陈伟升、名誉理事长吴国平、秘书长谢浩江、公牛集团董事长阮立平、杭州鸿雁电器副总裁吴明、TCL-罗格朗总监陈柏田、松下电气副总经理朱鸿斌等领导及副理事长，以及来自西蒙、西门子、德力西、正泰、深思、霍尼韦尔、天基、福田、华声等理事单位及行业骨干生产企业，相关零配件、材料、科研院所、检测机构等单位的企业家、负责人、行业专家等欢聚一堂，共同探讨行业形势和发展。大会一致通过了第六届理事会换届计划方案，针对当前企业关心的防水插头插座技术问题和标准化同与会专家进行了探讨，针对"当前经济面临的七大历史性调整和变化"进行了分析报告，指出全球经济发展已经进入新常态，企业的发展需要考虑环境保护问题，智能制造必将在未来经济发展中占据重要位置。与会代表围绕行业形势、产业结构调整、自动化升级、管理水平提升、商业模式创新、"互联网+"、跨界融合等方面进行交流。

分会组织会员参加了2016年9月22日在广东省佛山市举办的第二届CPRJ家电/3C电子塑料技术论坛暨展示会。会议对电器产品塑料材料的有害物质限制使用要求分析、家电材料应用热点与趋势、ABS家电应用介绍、PP新材料在家电领域中的应用、柔性OLED屏幕技术趋势及其对高端塑料的需求、3C行业的成功色彩管理解决方案、3C电子材料、颜色、工艺潮流趋势等进行了学习和探讨。

2016年家用电器及小型熔断器行业会议于11月23日在广州市召开。此次会议由中国电器工业协会电器附件及家用控制器分会、工业日用电器分会联合举办，来自好利来电子、松山电子、自力迅达、萨特科技、金华电子、三菱重工等多家熔断器、家电行业企业代表出席会议。会议安排了5个专题讲座，分享了"特殊应用的小型熔断体标准分析"，介绍了"汽车电源系统过压分析及对策"，结合测试中的实际问题讲解了"浪涌脱扣的选用及测试"，还针对熔断器上下游行业，介绍了中国能效标准标识实施情况及"国内外家电监督抽查常见问题剖析及经典案例分享"。会议期间，参会代表还参观了威凯检测技术有限公司的低压熔断器、大家电及小家电、照明、汽车、电子、电器附件等多个试验室。

〔撰稿人：中国电器科学研究院有限公司 景意新　审稿人：中国电器科学研究院有限公司 谢浩江〕

家用电器

基本情况　2016年家电业销量稳中有降，整个产业处于变革、动荡、整合、转型之中。在家电巨头和互联网厂商诸侯割据、物联网和云计算技术平衡发展、互联网思维激荡融合的大背景下，各家电品牌差异化愈发明显，市场格局开始重构。随着整个产业大环境的改变和格局的变迁，家电行业微利时代基本结束，部分企业难以抵挡前期大规模价格战带来的压力，开始释放急需盈利的信号。据国家统计局数据，2016年我国家电制造行业规模以上企业达2 763家，其中370家企业出现亏损，亏损企业平均亏损金额为680.01万元。

渠道转型升级　2016年机器人成为家电新风口，智能制造风潮兴起，让大规模定制成为可能。长虹推出的人工智能电视、激光影院，将整个产业的创新推向高潮。渠道变革进一步加速，线上线下融合的O2O模式、互联网普及下的大数据及移动消费的崛起，持续推动着企业渠道的转型升级，电商渠道已进入快速增长期。2016年，我国B2C家电网购市场(含移动终端)规模达3 846亿元，同比增长27.9%；家电市场网购渗透率已达19.95%，智能化、高端化成为家电网购的新趋势。

珠海格力电器股份有限公司2016年线上电商销售额45.8亿元(不含淘宝)，同比增长91.14%，其中京东同比增长93.15%，天猫同比增长84.42%。2016年6.18购物节京东格力空调销售突破3.8亿元，"双十一"购物节空调突破3.1亿元，高居空调行业榜首。另据统计，2016年"双十一"期间，格力线上线下累计销售额突破34亿元，比上年同期增长近一倍。

产销情况　2016年1—12月家用电器行业主营业务收入14 605.6亿元，累计同比增长3.8%；利润总额1 196.9亿元，累计同比增长20.4%。2016年1—12月，家电行业产销率94.9%，较2015年同期下降0.1个百分点；累计出口交货值3725亿元，累计同比增长7.9%。

美的集团股份有限公司2016年营业总收入1 598.42亿元，同比增长15%；净利润158.62亿元，归属母公司净利润146.84亿元，同比增长16%；整体毛利率为27.39%，同比提升1.47个百分点。

珠海格力电器股份有限公司2016年实现营业总收入1 101亿元，较上年增长9.5%；实现归属上市公司股东净利润154亿元，较上年增长23.05%。

分类产品市场情况

1. 空调

2016年，空调销量4 779万台，同比增长9.1%。其中线下占比80.7%，为3 856万台，同比增长1.3%；线上占比19.3%，为923万台，同比增长60.8%，增势迅猛。全年销售额达到1606亿元，同比增长9.7%。线下达1369亿元，占85.2%，同比增长3.3%；线上达237亿元，占比14.8%，同比增长70.5%。全年空调销售情况有起有落，上半年以去库存为主要导向，但结果不乐观，一片惨淡；下半年需求意外爆发，拉动全年销量上升。

除了智能化，能效是2016年空调市场的另一个重点。占市场份额绝大多数的变频挂机和变频柜机中，变频挂机的三级能效产品在2016年销售量占比达到50.8%，对比2015年的61.0%有了10.2个百分点的缩减，一级能效产品由2015年的10.5%上升到2016年的24.9%，提升明显。主要品牌格力、美的和海尔的一级能效产品占比分别为22.9%、17.8%和37.0%，分别上升了13.2、5.0和18.4个百分点。变频柜机的一级能效产品占比由2015年的7.5%上升到2016年14.9%，二级、三级能效产品的占比均有不同程度的下降。主要品牌格力、美的和海尔的能效占比分别为4.6%、18.1%和28.8%，除格力下降了0.3%以外，美的上升了12.6%，海尔上升了14.8%。

2. 冰箱

2016年，我国冰箱市场规模下滑，虽然下半年市场惊喜不断，但是全年冰箱共计销售量为3462万台，同比下降0.7%。其中，线上销量为923万台，同比增长49.4%；线下销量为2539万台，同比下降11.5%。冰箱销售额达964亿元，同比下降1.8%。其中，线上销售额为162亿元，同比增长51.8%；线下销售额为802亿元，同比下降6.4%。

从分季度零售量规模及同比数据来看，2016年下半年冰箱市场表现令人惊喜。四季度线下零售量降幅分别是12.0%、20.9%、5.3%、5.5%；线上零售量增幅分别是38.6%、33.6%、60.4%、64.7%。对应的四季度线下零售额降幅为10.6%、15.5%、3.7%、2.8%；线上零售额增幅为42.5%、38.0%、53.3%、60.1%。

2016年单两门、三门、六门冰箱市场零售额均受到不同程度的挤压，其中单两门冰箱从16.1%下降到13.8%，三门冰箱从29.9%下降到25.9%。而十字四门冰箱和四门冰箱均有不同幅度的增长，其中十字四门表现尤为抢眼，增幅从9.9%增加到16.1%。

3. 洗衣机

2016年，我国洗衣机市场零售量为3428万台，同比增长2.2%；零售额为615亿元，同比增长1.2%。第一、第二季度表现较差，市场处于明显的负增长区间；下半年，随着洗衣机市场销售旺季的到来，全年的促销大战也进入白热化状态，第三、第四季度市场表现越来越好，一扫上半年颓势，将全年销售拉成正增长状态。

2016年滚筒洗衣机的零售额占市场份额已经高达66.0%，同比提高6个百分点，其中，最不容忽视的是滚筒带烘干功能产品，其份额已从2015年的9.8%增长到14.7%，成为洗衣机市场名副其实的升级主力。此外，价格竞争形势仍然严峻，主要产品类型均价都处于下降通道，整体市场受结构调整影响，勉强保持增长。

4. 电视机

2016年，我国彩电行业零售市场趋于饱和，增速放缓，行业进入薄利时代，再加上智能电视概念的逐步普及以及乐视、小米、PPTV等互联网企业的加入，传统彩电行业倍感压力。2016年彩电行业零售规模历史性地突破了5000万台大关。

大数据显示，2016年全球电视出货量为2.3亿台，相比2015年增长0.75%，变化不大。而国内市场方面，电视零售总量为5098万台，同比增长7.8%；零售额1560亿元，同比下降1.8%，较2015年的变化比较明显。互联网电视品牌受热捧，市场份额首超外资品牌，占比达到20%，成为一股不可小觑的力量。值得一提的是，2016年我国制造的电视品牌出货量约占全球份额的30%。

科技成果 2016年，珠海格力电器股份有限公司自主研发的"高效永磁同步变频离心式冰蓄冷双工况机组"被广东省科技厅鉴定为国际领先水平，"环境温度-40℃工况下制冷技术"被鉴定为国际领先水平，"三缸双级变容积比压缩机的研究与应用"被鉴定为国际首创，达到国际领先水平。美国保险商实验室（简称UL）向格力颁发了全球首张热泵热水器的UL认证证书，格力光伏离心机、低温制热VRF获得美国AHRI证书。

2016年，美的集团武汉制冷设备有限公司入围湖北省智能制造试点示范项目，是目前白电空调制造行业唯一一家入围企业；还入围了湖北省2016年度智能制造综合标准化与新模式应用项目。

标准化

1. 国内标准

2016年国家发布的家电领域标准共38项，其中5项国家标准、33项行业标准。2016年发布的家电领域标准见表1。

表1 2016年发布的家电领域标准

标准号	标准名称
GB/T 18801—2015	空气净化器
GB 12021.2—2015	家用电冰箱耗电量限定值及能效等级
GB 20665—2015	家用燃气快速热水器和燃气采暖热水炉能效限定值及能效等级
GB/T 20290—2016	家用电动洗碗机性能测试方法
GB/T 32478—2016	家用和类似用途电器性能测试方法重复性和再现性评价
QB/T 1843—2015	家用制冷器具 扩散吸收式冷藏箱

(续)

标准号	标准名称
QB/T 4824—2015	水族箱用及类似用途加热器
QB/T 4825—2015	家用和类似用途电熨斗
QB/T 4826—2015	家用嵌入式暖碟机
QB/T 4827—2015	家用和类似用途饮用水处理装置用紫外线杀菌单元
QB/T 4828—2015	家用和类似用途反渗透净水机、纳滤净水机用储水罐
QB/T 4829—2015	家用和类似用途节水型洗衣机技术要求及试验方法
QB/T 4830—2015	家用微型电动洗衣机
QB/T 4831—2015	电磁灶用微晶面板
QB/T 4832—2015	家用电冰箱保湿性能技术要求及试验方法
QB/T 4833—2015	家用和类似用途清洁机器人
QB/T 4834—2015	双眼电磁灶
QB/T 4835—2015	使用可燃性制冷剂房间空调器安装维修和运输技术要求
QB/T 4836—2015	家用和类似用途光伏太阳能空气调节器
QB/T 4837—2015	房间空调器用节流阀技术要求及试验方法
QB/T 2911—2016	使用环戊烷发泡剂生产家用和类似用途电器安全技术规范
QB/T 2912—2016	使用异丁烷制冷剂生产家用和类似用途制冷器具安全技术规范
QB/T 4975—2016	使用可燃性制冷剂生产家用和类似用途房间空调器安全技术规范
QB/T 4976—2016	使用可燃性制冷剂房间空调器产品运输的特殊要求
QB/T 4979—2016	储水快热组合式电热水器
QB/T 4980—2016	吸尘器专用附件技术要求
QB/T 4981—2016	洗衣机直流变频驱动装置技术规范
QB/T 4982—2016	家用和类似用途电器用负离子发生器
QB/T 4983—2016	家用和类似用途便携式电加热红外桑拿器具
QB/T 4984—2016	家用和类似用途电器的溶出物限值和试验方法
QB/T 4985—2016	家用和类似用途按摩带
QB/T 4986—2016	家用和类似用途电器电磁场的安全评价和测量方法
QB/T 4987—2016	电冰箱压缩机可靠性技术要求和试验方法
QB/T 4988—2016	家用和类似用途的空调器用制冷压缩机滑片
QB/T 4989—2016	家用和类似用途房间空调器风扇用电动机
QB/T 4990—2016	家用和类似用途中央净水设备
QB/T 4991—2016	家用和类似用途净饮机
QB/T 4992—2016	家用和类似用途重力式净水器

2016年国家下达家电领域的标准计划共11项。3项国家标准分别为：20153447-T-607《家用深油炸锅性能测试方法》、20153749-T-607《食物搅碎器》、20153448-T-607《以CO_2为制冷剂的热泵热水器技术要求和试验方法》；8项行业标准分别为：2015-1752T-QB《保健按摩椅能效限定值及能效等级》、2015-1759T-QB《空气净化器用静电式除尘过滤器》、2015-1760T-QB《空气净化器用滤网式集尘过滤器》、2016-0810T-QB《除螨机》、2016-0811T-QB《空气净化器测试用试验舱技术要求和评价方法》、2016-0820T-QB《除湿机用转子式压缩机》、2016-0821T-QB《家用新风机》、2016-1235T-AH《家用和类似用途制冷器具用热塑性弹性体门密封条》。

全国家用电器标准化技术委员会通风、取暖熨烫、美容及其他器具分委会于2016年12月在昆明召开了三届十二次年会，参加大会的委员、通讯委员及起草工作组成员共计79人，共审查了7项标准，其中5项为国家标准、2项为行业标准。

2. 国际标准

国际电工委员会IEC/SC61H(农场用电动器具的安全)、SC61J(商用电动清洁器具的安全)、SC59L(小家电性能测试方法)、SC59C(加热器具性能测试方法)四个国内归口单位，2016年代表IEC中国国家委员会处理文件及投票答复，共答复文件17份，答复率100%。

2016年分别参加IEC/TC61和TC59在墨西哥、德国召开的国际会议，跟踪了解IEC/TC61及TC59年会的内容，收集整理年会的会议资料，并编写了相关的会议总结资料，及时将IEC/TC61、TC59的发展战略及正在制修订的标准信息及有关决议汇总并传递给委员。

由中国电器科学研究院有限公司代表国家主导制定的IEC 62863《家用电理发剪性能测试方法》国际标准完成CDV稿，经各国投票已经获得通过，WG6准备了FDIS稿，并于2017年年底正式发布。

开展IEC 60879《环流电扇及其调速器的结构和性能》和IEC 60665《家用和类似用途交流换气扇及调速器》的修订工作。两项标准已经成为CDV稿。

基本建设及技术改造 松下万宝美健生活电器（广州）有限公司2016年基建与技术改造总投入300万元，其中基本建设投入250万元、技术更新改造50万元，扩大涂装生产线1条，扩大负离子电吹风生产线2条，引入3D打印机1台，引入静电测试设备1套，引入自动化生产设备2套。

广东万和新电气股份有限公司2016年基建与技术改造总投入23 590万元，其中基本建设投入20 000万元、技术改造2 539万元。2016年该公司成为中国航天事业合作战略伙伴。万和拥有国家级企业技术中心、博士后科研工作站等多个企业高科技创新平台，科研经费逐年增长，2016年研发经费逾9 300万元。对"可靠性六西格玛技术在降低燃气热水器强鼓冷凝型SV系列产品市场维修率"项目进行整改创新后，产品的质量可靠性上升，产品市场故障率下降70%，得到了用户高度认可，销售业绩明显提升。

行业活动 2016年9月，中国电器科学研究院有限公司在广州举办第四届家电国际标准发展高峰论坛，国内多家流通渠道电商平台、家电企业的代表近200人参加。中国电器科学研究院有限公司千人计划专家——IEC/TC61主席Derek Johns先生全程讲解IEC6 335系列标准的最新动态、CTL最新决议相关要求等，并就会前征集到的国内企业提出的60多个执行IEC 60335系列标准中存在的问题一一作答。

2016年10月，由中国家用电器商业协会主办、浙江百诚集团股份有限公司特别协办、浙江省家用电器流通协会、北京奥维云网大数据科技有限公司、杭报集团看看浙江网协办的"2016中国家电流通年会"在杭州召开，吸引了全国家电业品牌商、代理商、零售商、电商、市场研究机构专家、院校学者等200多人参加。

〔撰稿人：中国电器科学研究院有限公司刘静　审稿人：中国电器科学研究院有限公司许亿祺〕

牵引电气设备

2014年发展情况

2014年，我国发展面临的国际国内环境复杂严峻。全球经济复苏艰难曲折，主要经济体走势分化。国内经济下行压力持续加大，多重困难和挑战相互交织。牵引电气设备行业发展更是举步维艰，但各单位牢牢把握稳中求进工作总基调，冷静应对，改革创新，深入挖掘经济增长潜力，实现经济平稳发展。

生产发展情况 据上报的28家行业单位经济数据统计，2014年完成工业总产值186亿元，与上年同期基本持平；完成销售产值181亿元，同比增长1%；完成主营业务收入217亿元，同比增长1%；完成出口交货值4.3亿元，同比下降57%。2014年牵引电气设备行业部分企业主要经济指标见表1。

表1　2014年牵引电气设备行业部分企业主要经济指标　　　　　　　　　　（单位：万元）

企 业 名 称	工业总产值		工业销售产值		主营业务收入	
	2014年	2013年	2014年	2013年	2014年	2013年
湘电集团有限公司	929 651	969 485	918 283	956 000	1 280 520	1 320 977
永济新时速电机电器有限责任公司	756 014	676 928	720 435	631 468	722 380	631 449
河南南车重型装备有限公司	40 600	47 022	40 697	51 138	40 074	53 699
湘潭市电机车厂有限公司	18 249	21 078	18 249	21 078	13 249	13 768
常州基腾电气有限公司	17 363	21 053	17 363	20 179	17 363	20 179
大连日牵电机有限公司	15 764	17 701	15 815	18 147	15 841	17 351
江苏常牵电机有限公司	13 000	15 000	11 810	13 599	11 810	13 500
湘潭牵引机车厂有限公司	12 260	17 980	8 626	17 980	7 373	17 980
济宁山矿电机车有限公司	9 006	13 913	6 624	10 186	6 624	10 186
湘潭如意电机电器有限公司	5 795	6 071	5 564	5 829	5 564	5 829

(续)

企 业 名 称	工业总产值		工业销售产值		主营业务收入	
	2014 年	2013 年	2014 年	2013 年	2014 年	2013 年
平遥同妙机车有限公司	5 417	6 632	5 417	6 632	7 124	6 942
常州华盛电机厂	5 106	5 335	4 741	5 313	3 957	4 441
沈阳辽通电气有限公司	5 000	4 000	4 000	3 500	3 561	3 375
湖南南电电气有限公司	4 536	5 125	4 565	4 796	5 622	4 796
四川省乐山宇强电机车制造有限公司	3 681	6 491	3 138	6 098	3 138	5 689

2014年，湘电集团从聚焦主导产业，优化产业结构；强化内部管理，提高运行质量；深化改革创新，激活发展动力；完善研发体系，增强创新能力；拓宽融资渠道，缓解资金压力；创新营销模式，积极开拓市场；加强安全维稳，确保稳定大局7个方面着力，坚持问题导向，强化顶层设计，统筹推进调结构、促改革、强管理、拓市场，累计实现营业收入128亿元，完成货款回收145亿元，实现订货202亿元。

永济新时速电机电器有限责任公司以发展为中心，积极开展"多元板块产业化、技术平台国际化、管理经营科学化、企业文化特色化"四项活动。面对高速铁路发展中遇到的风险以及多元市场的激烈竞争，加快创新步伐，突破关键核心技术，精心、稳妥组织动车、机车电传动系统项目、核心部件、矿山机械、船舶电推进系统、风力电机、高压电机等高效节能新产品研发，重点组织动车组、电力机车等轨道交通市场新产品的研发，拓展风力发电、工程机械市场新产品的研发。加快高原、高寒、高风沙等环境下的产品技术研究，加强轴承技术、牵引变流装置、功率模块技术研究，完成铁路牵引变流器控制产品和地铁牵引变流器控制产品的开发、内燃机车电传动系统集成和船舶电推进系统集成的应用开发，掌握电传动系统集成与系统控制的核心技术，推动企业快速迈入科技创新发展的轨道。

市场及销售 受国际、国内大环境以及钢铁、矿山等行业发展缓慢的影响，牵引电气设备行业生产、销售持续下滑。分会统计的29家企业中仅有4家企业销售收入增长，占企业总数的14%；有2家企业销售收入与上年同期持平，占企业总数的6%；有23家企业销售收入比上年同期下滑，占企业总数的80%。

湘潭市牵引电机厂狠抓内部管理，开源节流，调整产品结构，开发新产品，提升产品质量，根据市场需求和产品发展方向，积极组织生产，确保用户需求，保持企业良好的信誉度，在行业不景气的2014年仍保持销售产值比上年同期增长47%。

湘潭牵引机车厂有限公司重点抓内部管理，以管理升级为目标，始终围绕"以客户为中心，以订单为主线，以技术为核心，以质量为基础，改革管理模式"的经营方针，对外及时调整经营策略，对内狠抓内部管理，使公司抵御住了经济寒潮的侵袭，取得了一定成绩。公司营销中心灵活应对市场变化，积极调整运行模式，对区域进行重新调整，成立"十大战区"；通过竞聘上岗，聘请了十位区域经理，并与之签订了目标责任状，明确了区域达成的目标及责、权、利。

上海立新电器控制设备有限公司根据企业产品特色，继续走专、精、特路线，在煤炭、钢铁产业不景气，业务萎缩情况下，拓展轨道交通业务，扩大承接地铁公司进口直流快速断路器维修保养业务，直流电器产品已经占公司主营业务60%。

沈阳广角成套电器股份有限公司在充分总结前几年的经营环境和分析当前的经济形势后，制订出"稳定现有煤矿市场，努力开辟煤机用户渠道，更新老旧产品，创新节能环保产品"的经营方针，努力确保市场销售。公司销售收入基本达到年初制订的目标，全年实现销售收入2 700多万元，新增客户15家。

科技成果及新产品 牵引电气设备行业企业把握技术发展动向，将产品技术与市场需求相结合，积极研发适应市场的新产品、新技术。

湘潭如意电机电器有限公司开发的隔爆型智能充电机和一般型智能充电机，一次性通过了煤安和防爆认证。该款智能充电机成功运用了IGBT高频逆变技术，具有充电快、时间短、充电平稳、电流可控、操作简单方便、充电温升低的特点。经过实际对比，其性能大大优于一般可控硅充电机，同时也优于同类其他厂家的智能充电机，深受用户欢迎。其开发的永磁同步变频调速牵引电机，适用于1.5~55t电机车牵引动力，高效节能、转速平稳、力矩大，已获得煤安和防爆认证，是机车行业技术的又一次提升。成功开发了电铲车用系列变频电机和直流电机，为矿山铲运车由"油"改"电"奠定了坚实基础。开发了城市无轨电车用直流牵引电机及地铁专用变频调速牵引电机。公司吸取在工矿直流牵引电机和有轨电车直流牵引电机方面的设计和生产经验，自主研制了ZQ-60无轨电车专用直流牵引电机；研制了YVF-105Q变频调速牵引电机，应用于重庆地铁二号线；研制了YVF-180Q变频调速牵引电机，应用于铁路支线机车。这几款电机均具有起动力矩大、输出功率大、调速范围广、高效节能、安全环保的功能。

2014年4月，湘电重装有限公司大型矿用电动轮自卸车关键部件研制及产业化项目获得科技部批准。该项目是由湘潭重装与美国底特律重卡工程有限公司合作的国际科技合作项目，将获得国家专项经费支持550万元。同时将引进美国底特律重卡工程有限公司在大型矿用电动轮自卸车领域拥有的世界领先的核心技术和工艺经验，为公司发展创造更大的价值。

湖南心澄电气有限公司自主研发并成功应用的系统有：矿用载人机车变频控制系统、无线遥控机车变频控制系统等。全新研制的矿用变频器配套设备有：XCDH-0081型调试手柄、带灯光控制彩色LCD显示的速度里程表、带能量显示用于隔爆变频器的速度里程表以及分档式司控总成等，获得用户好评。

平遥同妙机车有限公司开发了CTL15/6.7.9GYB等6种蓄电池式电机车及其他适销对路的产品。公司注重与科研院所合作开发，与太原科技大学合作，进行CJY25/9GP机车外形和制动方式改进；两次以企业为主与中国恩菲工程技术有限公司（中国有色工程设计研究总院）合作开发CJY20/9GYP、CJY40/9GYP架线式无人驾驶电机车运输系统项目；与北京速力科技有限公司合作，具体实施CJY14/9GP变频电机车、CJY7/9GP变频电机车无线遥控双机同步控制系统技术合作活动。

质量及标准 由湘潭牵引电气设备研究所归口，湘潭电机股份有限公司、沈阳广角成套电器股份有限公司、北京西电华清科技有限公司、上海立新电器控制设备有限公司、常州基腾电气有限公司、湘潭牵引机车厂有限公司、湖南南电电气有限公司（原湘潭南方机电有限公司）、大连日牵电机有限公司、天水长城电器控制厂、湘潭市新昕通用电器有限公司、永济新时速电机电器有限公司、江苏常牵电机有限公司、山西同妙机车制造有限公司等单位参与制修订的JB/T 11309—2013《牵引用直流电空接触器、电磁接触器技术条件》，JB/T 6480.1—2013《旋转牵引电机基本技术条件 第1部分：除电子变流器供电的交流电动机之外的电机》两项行业标准于2014年7月1日实施。

湖南心澄电气设备有限公司获得4项矿用产品安全标志证书及矿用合格证，其中BPJ-2×24/192X蓄电池电机车用隔爆兼本质安全型变频器是该类产品在上海电气防爆检验站通过测试的首例产品。2014年获得湖南省产品标准实施证书，同时以下产品进行了安标申报：直流变换器、本质安全型输出电源、甲烷传感器、隔爆型LED矿用机车照明灯、一般型LED矿用机车照明灯。

永济新时速电机电器有限公司倡导模块化、标准化设计，将公司研发过程中积累的经验和取得的成果逐步形成企业标准、国家/行业标准，达到产品质量稳定、产品交期缩短、有效降低成本的目标。全年参与上级标准制（修）订17项，其中主起草8项（国家标准4项、行业标准4项），参加起草9项（国家标准1项、行业标准6项、北车标准2项）。征集出版技术论文85篇。

湖南南电电气有限公司从产品性能、寿命、安全性、经济性上入手，尤其在电气控制方面及时调整，反复研究客户使用中存在的质量问题，增加了盐水喷雾试验机、模拟运输振动台和微电脑恒温恒湿试验机检测，确保关键电气元件运行中的稳定性，为公司品牌在市场上的知名度打下了坚实的基础。

湘潭牵引机车厂有限公司顺利通过ISO 9001监督审查。在产品检验过程中，严格按产品图样和技术要求进行检验，发现问题，解决问题。编制质量损失统计管理制度、不合格品处置流程，对质量管理和产品质量提升起到了很好的促进作用。全年质量损失率相比2013年降幅达11.6%，一次交检合格率比2013年提升5.32%。

基本建设及技术改造 湖南南电电气有限公司新建了盐水喷雾试验机、模拟运输振动台和微电脑恒温恒湿试验机，确保产品质量。平遥同妙机车有限公司2014年先后采购了超声波探伤仪BSN900、卧式镗铣床TPX6111B 1台、SK40P/1000等数控车床4台等设备。江苏常牵电机有限公司对生产场地进行了重新规划，添置、更新了大量的设备，为提高电机的产能和提升质量打下了良好的基础。

〔撰稿人：中国电器工业协会牵引电气设备分会吴曙映〕

2015年发展情况

2015年，面临煤炭、有色金属开采大幅度减产带来的市场疲软的不利局面，牵引电气设备产业生存和发展两难，亟待解决的问题和困难不少。牵引电气设备行业以"产业结构调整"为引领，以"创新驱动"为手段，克服了前进过程中遇到的不少困难，维持了"三期叠加"阶段的平稳过渡，逐步适应经济发展新常态，结构调整呈现积极变化，转型升级取得了新进展。行业总体呈现出"经济增量发展不平衡，结构调整日趋向好，转型升级初现转机、对外贸易有待全面提升"等特点。

牵引电气设备行业经济总产量发展不平衡 工矿牵引电气设备制造工业总产值较上年同期下降30%，城市轨道牵引电气设备制造工业总产值较上年同期增长80%以上，中车永济新时速电机电器有限公司和新誉轨道交通科技有限公司是其中的代表。

电气设备牵引行业结构调整日趋向好 工矿牵引电气设备市场需求疲软、产能过剩严重等问题，造成了以工矿车辆为主导产品的多数企业负增长，但2015年中后期其主营业务收入和利润总额却没有持续下降，不少企业也出现反弹、略增的良好局面。这一现象也折射出牵引制造业的结构调整取得了一定的成效。具体体现在：许多工矿牵引电气设备制造企业将产品制造重心逐步调整转向具有共性产品需求的其他领域和市场，多元化发展战略思路也在稳步实施。例如，大连日牵电机有限公司在工矿领域的配套牵引产值同比下降20%的情况下，2015年产值仍突破1.4亿元，其产能在国家重点支持的新能源汽车电机运用领域得到了有力拓展。不少工矿牵引电气设备制造企业通过横向合作，在城市轨道交通建设领域的工程车、电机、电气控制设备的市场拓展初见成效。

牵引电气设备行业对外出口贸易有待全面提升 2015年牵引电气设备分会成员企业出口交货值为14.5亿元，较上年同期增长8%，其中八成为轨道牵引电气设备。工矿牵引电气设备面对海外广阔的市场，发展受限主要有两个方面的原因：工矿牵引电气设备制造企业没有充分发挥产业集群的作用，同行恶性低价竞争、各自为战，产业链有效关联度不够强；我国现行工矿牵引电气设备制造业从技术储备到产品性能等方面都较发达国家有较大的差距。在产业链上，低端互补分工市场中原本占有一席之地的中国企业又受到了东南亚等发展中国家企业低成本、价格优势的挑战。工矿牵引电气设备制造业要借鉴学习轨道交通制造业加强与国际和国外先进标准的对接，不断完善自身的产品标准化体系，同时加强知识产权的维护力度。另外，也期望国家各级政府主管部门在产业政策制定、中小型企业信贷、中小企业规范管理等方面给予有力支撑，为工矿牵引电气设备制造业广泛搭建平台，创造"走出去"的机会。

提高企业创新主体作用，驱动产业转型升级 按照"提高自主创新能力，支撑牵引行业转型升级"的总体思路，牵引电气设备行业持续完善以企业为主体、市场为导向、产学研用相结合的制造业创新体系。围绕产业链部署创新链，形成高端产品新的经济增长点。以点带面，围绕创新链配置资源链，形成了产业化的良性循环。但同时，还须提高关键核心技术攻关能力，加速科技成果产业化，提高关键环节和重点领域的创新能力，进一步协同发展，提升牵引行业的综合实力。

科技创新、产品智能化成果体现 随着国家"大西北"开发进程加快和"一带一路"倡议的实施，智能化、信息化、环保节能型机车已作为工矿牵引车辆制造企业的首选。湘电重型装备有限公司、湘潭牵引机车厂有限公司和山西平遥同妙机车有限公司等企业与科研院校通力合作，不断提升无人驾驶电机车智能化水平和在恶劣工况下的运载能力。在牵引电机应用领域，大连日牵电机有限公司新能源电机广泛应用于城市物流车、中巴车；新誉轨道交通科技有限公司新开发的高铁电机、高压电机、力矩电机已成为重要的出口创汇项目；湘电莱特、湖南南电电气有限公司等单位打造的非晶永磁电机可在高频率下高效运行，产品运行质量提高，很多指标处于世界先进水平。衡阳瑞达电源有限公司与国际市场接轨，先后通过欧盟CE认证、美国UL认证、工信部准入企业等认证，全年申请实用新型专利及发明专利十余项，研制出BS、DIN系列管式阀控密封免维护铅酸牵引蓄电池系列产品，远销欧美、非洲及东南亚等市场，年创汇超10亿元。中车永济新时速电机电器有限公司和中车河南南车重型重装有限公司通过技术引进联合开发，已成为我国轨道交通牵引电气设备重要的制造基地，实现了轨道交通和煤机装备的成套化、智能化、高端化、国际化。湘电集团逐步规范风场运营管理，其研发生产的5MW海上风机在福建中闽平海湾完成吊装，进入营运阶段，开启了我国海上风电市场大型机组商业化进程，其国产化地铁牵引电气系统顺利通过成都地铁1号线工业化运行试验和成都地铁运营有限公司验收考核，获准正式上线载客运营。

行业技术创新体系不断完善 湘电集团、中车永济电机等7家企业已分别建成体系完备的国家级技术中心、省级技术中心、国家级及省级检测中心，并分别与清华大学、湖南大学、西安交通大学等20余家科学院所建立了长期的战略合作协议，科技成果转化硕果累累。牵引电气设备分会已建成牵引车辆、电机、电器等门类多样的标准体系并归口管理，共计国家和行业系列标准60余项。随着技术创新、智能化高端产品制造和市场的需要，一批标准化科研项目逐步立项、展开研究，2017—2018年分会将开展高原、高寒无人工矿机车标准化项目研究。与此同时，牵引电气设备分会正筹备建立牵引电气设备知识产权保护委员会。以牵引电气设备行业"十三五"发展意见为指导，牵引电气设备分会依据国家科技成果转化的相关法规、政策，逐步着力搭建平台，整合各方资源，加快共性技术研究项目的推出。

标准化工作 适应标准新常态，加快牵引制造业向中高端迈进的步伐。为落实《中国制造2025》的部署和要求，切实发挥标准化和质量工作对装备制造业的引领作用，强化标准作为装备制造行业管理的重要手段，牵引电气设备分会坚持标准引领，用先进标准倒逼装备制造业转型和质量升级，依托牵引电气设备行业国家和行业标准的归口管理平台，依靠分会企业的大力支持，开展了以下标准化工作：

一是，归口制修订国家标准和行业标准20余项，全部由工信部颁布实施。

二是，圆满完成工信部、国标委下达的机械工业标准的复审工作。

三是，在共同参与国家和行业标准制修订过程中，大连日牵电机、中车河南重装、中车永济电机、长沙矿山研究院、湘潭牵引机车、常州基腾电气、韶力机车等企业充分发挥企业在标准化工作中的主体作用，促进了国家和行业标准制修订计划项目的高质高效完成。在此基础上，牵引电气设备分会重点制定了以发展智能化为主体的牵引电气设备标准化发展的中长期规划。

四是，标准化平台建设空间日趋拓展。一方面，牵引电气设备分会及时、有效地向分会成员提供科研、设计、制造、检测等环节需求的相关标准化服务；另一方面，加强与行业标准化主管部门的工作联系，牵引电气设备分会已成为中国机械工业技术标准协会理事单位，并与湖南省电传动标准化委员会等地方标准化组织开展了有成效的互动活动。JB/T《交流传动矿升提升机电控设备》等两项标准，在长沙矿山研究院和大连日牵电机有限公司等行业单位的共同努力下，顺利组成标准起草工作组，完成了该标准的起草及启动会等。JB/T 8666—2015《工矿电机车用司机控制器　技术条件》、JB/T 12527—2015《工矿车辆用电力电子变流器　通用技术条件》已由工信部颁布、实施。

适应新常态、拓展分会服务平台　牵引电气设备分会专家数据库初具雏形，已吸纳管理、营销、研发设计、制造、检测、标准、信息化及专利等领域的各类专业人员及行业专家。

分会会刊《电气牵引》不断对形式、内容进行较大幅度调整，以满足分会成员单位对国家产业政策解读、前沿发展技术、国内外行业发展动态展望及标准化和专利状况的迫切需求。

牵引电气设备分会秘书处与理事会和骨干企业形成合力，汇总产业信息、技术前沿需求、风险评估状况等信息，与行业共享，走协同发展之路。在牵引行业产业链已延伸至新能源、轨道交通、电动汽车等领域时，分会加强了与其他行业组织、专业研究机构的联系和互动，获取了于企业有效、有益的信息资源，促进了牵引分会成员单位的经济运行。

〔撰稿人：中国电器工业协会牵引电气设备分会吴曙映〕

2016 年发展情况

2016 年是启动和全面实施国家"十三五"规划的开局之年，在围绕《中国制造 2025》"互联网+智能制造""一带一路"，着力推进供给侧改革，落实"三去一降一补"五大任务的大趋势下，牵引电气设备行业产销两旺，产品结构也趋良性发展。

牵引电气设备分会按照中国电器工业协会的总体部署，结合自身发展需求，精心编制了《牵引电气设备行业"十三五"发展指导意见》。

生产发展情况　湘电集团坚持聚焦主业，产业结构持续优化，坚持"有所为有所不为"，聚焦军工、新能源、动力三大主业持续发力。地铁牵引系统、半直驱永磁风力发电机、高铁永磁驱动电机、新能源汽车电驱动系统等军民融合产业发展势头强劲，展现出勃勃生机。湘潭市牵引电机厂狠抓内部管理，开源节流，调整产品结构，开发新产品，提升产品质量，根据市场需求和产品发展方向，积极组织生产，确保用户需求，保持企业良好的信誉度，企业经营状况稳定，工业生产总值、主要业务收入均较上年有所增长，实现了扭亏增盈。新开发的 65t 无人驾驶变频调速准轨电机车用 120kW 矿用变频牵引电机投入使用。平遥同妙机车有限公司在面临煤炭、冶金等行业一直萧条的形势下，坚持提升产品工艺水平，2016 年基本保持了电机车生产的正常状态，同时还积极开发高档中压软密封闸阀，在公司内建设阀门加工线、阀门烤漆线和装配线，年设计生产各类闸阀 12 000t。永济公司围绕"创新变革、转型发展"指导思想，面对高速铁路发展中遇到的风险以及多元市场的激烈竞争，加快创新步伐，突破关键核心技术，以"北车心""CRH5"自主化电传动系统等重点产品为标杆，精心、稳妥组织电传动系统项目、核心部件、矿山机械、船舶电推进系统、风力电机、高压电机等高效节能新产品研发，重点组织动车组、电力机车等轨道交通市场新产品的研发，拓展风力发电、工程机械市场新产品的研发。加快高原、高寒、高风沙等环境下的产品技术研究，加强轴承技术、牵引变流装置、功率模块技术研究，完成铁路牵引变流器控制和地铁牵引变流器控制产品的开发、内燃机车电传动系统集成和船舶电推进系统集成的应用开发，掌握电传动系统集成与系统控制的核心技术。

市场及销售　大连日牵电机有限公司加强市场管理力度，规范和优化销售业务流程，重新布局销售市场，2016 年实现工业销售产值 18 967 万元，利润总额 874 万元。新誉轨道交通科技有限公司 2016 年度完成销售总额 6 400 万元，其中美国客户 NRE 铁路牵引电机销售 680 万美元，占总销售额的 74.3%。湘潭市牵引电机厂以配套工矿电机车厂家为主，矿山为辅，2016 年实现销售收入 1 101 万元，配套工矿电机车厂家销售收入约占销售收入的 82%，矿山销售收入约占销售收入的 18%。

科技成果及新产品　湘潭市牵引电机厂自主研制的国内首台 65t 无人驾驶变频调速准轨工矿电机车用 120kW 新型矿用变频调速牵引电机与电机车调试成功。该产品适合 1 000m 以下的矿井内或露天海拔 3 660m 无人运输的工矿环境，满足大型矿山多拉快跑的需求。中车永济电机有限公司 2016 年进行技术研究与产品开发 142 项。公司参与完成的"HXN3B 型 4 400 马力交流传动调车内燃机车""CRH380CL 型动车组"项目分别获中国铁道学会铁道科技奖特等奖与二等奖；主持完成的"时速 250km 高寒抗风沙动车组牵引电机""160km/h 交流传动客运电力机车大功率异步牵引电动机""CRH380CL 高速动车组牵引电机"等项目分别荣获中国铁道学会铁道科技奖二等奖与三等奖；参与和主持的"HXN3 型高原内燃机车研究及研制""时速 250km 高寒抗风沙动车组牵引电机研制"等 6 个项目分别荣获中车科学技术奖。

质量及标准　湘潭市牵引电机厂产品质量保持稳定，产品出厂一次合格率达 98%。根据国家产业政策与行业发展要求，公司严格按照国家标准和行业标准相应修订了企业标准，并在相应的管理部门备案，在产品制造中严格执行现行标准。中车永济电机有限公司持续推进 IRIS 质量管理、EN 15085 焊接管理、ISO 10012 测量管理三大体系建设，以质量体系为基础着力打造集可靠性、可用性、可维护性、安全性为一体的高质量产品。公司充分发挥质量管理体系对产品实现的保障作用，持续推进 IRIS、EN 15085、ISO 10012 等体系宣贯，制订质量保证体系运行实施方案。按照分层管理原则，实施 IRIS 管理体系 P-D-C-A 循环改进模式，制订管控措施、对各项标准落实情况进行阶段检查，实现产品的全过程质量管控。

〔撰稿人：中国电器工业协会牵引电气设备分会吴曙映〕

电焊机

2015年发展情况

2015年度电焊机行业经济运行情况呈现持续下滑的趋势，降幅较上一统计年度略有减少，但态势不乐观。各企业经营状态分化加剧，一些企业紧抓市场、政策机遇，发挥其规模、品牌等优势，发展相对较好。但大量的中小微企业依然面临生存难、结构调整难、转型升级难的困境。

2015年度电焊机产品出厂价格继续呈现负增长，且伴随经济增速下行，产能利用率进一步下降，产能过剩局面缓解难度进一步加大，过剩企业数量有扩展之势。

截至2016年6月30日，电焊机分会秘书处共收到61家电焊机生产企业的2015年度统计报表，下面针对这61个样本单位进行综合分析。

生产发展情况 2015年电焊机行业工业总产值、全年工业销售产值、出口交货值、工业增加值、工业中间投入和全年从业人员平均人数整体比2014年度下降速度放缓，但下降比例还是比较大。

可喜的是，新产品开发经费支出、科技活动经费筹集总额、年末科技活动人员数量、研究与试验发展经费支出分别增长18.18%、6.60%、0.32%和4.49%，年末研究与试验发展人员数量基本没有减少，高级职称和中级职称人员减少比例也很小，技术人员的降幅略低于管理人员，可见企业已经在管理转型上下了功夫，在经济形势非常不景气情况下仍然坚定、坚信、坚守，加大研发的投入，为未来企业的发展打下良好而坚实的基础。

资产和收入类的指标基本都是下降的，而费用类指标是上升的，导致利润总额下降20.17%，幅度较大。而经营活动产生的现金净额上升0.58%，主要是企业在经济不景气的情况下加大了资金的回收力度，尤其是行业中以开元集团为代表的几家大企业非常注重现金流的管理，经营活动产生的现金净额增幅较大，提升了企业的抗风险能力。

企业经济效益综合指数，相对于总资产贡献率、资本保值增值率、流动资产周转率和成本费用利润率，下降幅度要小一些。但是全员劳动生产率和产品销售率略有上升，人均产值率下降不多，说明企业加强了人员管理和销售管理。

2015年电焊机行业主要经济指标完成情况见表1。

表1 2015年电焊机行业主要经济指标完成情况

指标名称	单位	2014年	2015年	同比增长（%）
工业总产值	万元	1 209 527.18	1 071 590.29	-11.40
工业销售产值	万元	1 176 907.76	1 054 325.09	-10.42
其中：出口交货值	万元	263 127.39	240 465.77	-8.61
工业增加值	万元	390 583.17	348 519.52	-10.77
工业中间投入合计	万元	811 873.77	701 227.71	-13.63
新产品产值	万元	441 053.72	367 402.95	-16.70
新产品开发经费支出	万元	42 692.44	50 453.59	18.18
科技活动经费筹集总额	万元	47 900.64	51 060.47	6.60
年末科技活动人员合计	人	4 052	4 065	0.32
研究与试验发展经费支出	万元	42 953.18	44 883.00	4.49
年末研究与试验发展人员	人	3 069	3 068	-0.03
全年从业人员平均人数	人	17 811	16 265	-8.68
其中：技术人员	人	3 899	3 626	-7.00
管理人员	人	2 631	2 422	-7.94
工人	人	11 281	10 217	-9.43
其中：高级职称	人	626	619	-1.12
中级职称	人	1 469	1 443	-1.77
中级以下	人	4 626	4 232	-8.52
工厂占地面积	m²	2 023 275.93	2 077 553.93	2.68
其中：生产场地面积	m²	1 185 056.40	1 137 039.40	-4.05
流动资产平均余额	万元	1 015 667.75	929 833.29	-8.45
固定资产净值年平均余额	万元	272 074.50	217 717.34	-19.98
固定资产小计	万元	351 969.41	300 087.99	-14.74

（续）

指标名称	单位	2014年	2015年	同比增长（%）
年末资产总额	万元	1 393 582.42	1 415 924.99	1.60
应交增值税	万元	33 211.39	29 702.17	-10.57
年末负债总额	万元	532 977.81	507 657.11	-4.75
年末所有者权益总额	万元	860 604.61	908 267.88	5.54
主营业务收入	万元	1 128 952.67	1 000 682.00	-11.36
主营业务成本	万元	811 092.62	734 015.61	-9.50
主营业务税金及附加	万元	7 348.72	9 358.72	27.35
主营业务利润	万元	223 236.70	198 388.64	-11.13
其他业务收入	万元	19 155.09	15 155.82	-20.88
营业费用	万元	68 486.08	66 746.96	-2.54
管理费用	万元	110 142.40	132 026.24	19.87
财务费用	万元	10 629.87	10 749.93	1.13
其中：利息支出	万元	12 718.16	13 743.25	8.06
利润总额	万元	114 986.12	91 795.12	-20.17
支付的人力资源费用	万元	117 236.68	115 563.66	-1.43
支付的各项税金	万元	67 623.69	63 683.18	-5.83
经营活动产生的现金净额	万元	112 441.47	113 096.97	0.58
总资产贡献率	%	0.16	0.14	-10.10
资本保值增值率	%	1.25	1.04	-16.26
资产负债率	%	0.43	0.42	-2.79
流动资产周转率	次	2.06	1.85	-9.97
成本费用利润率	%	0.12	0.10	-17.34
全员劳动生产率	万元/人	16.52	16.65	0.80
产品销售率	%	0.95	0.96	0.57
经济效益综合指数		2.34	2.19	-6.31
利润率	%	0.10	0.07	-24.29
人均产值率	万元/人	57.98	56.99	-1.72
人力成本率	%	0.10	0.11	14.59

经济运行特点

1.经济下行压力持续加大

电焊机行业分散，生产企业数量较大、产值总额又较小，对于电焊机这个与基本建设和钢产量密切相关的产业，改革效果并不明显。

2015年度电焊机行业总产值、收入、利润总体呈现出持续下滑的趋势，降幅较上年略有减少，但态势不乐观，忧患加剧。各企业经营状态分化加剧，一些产业基础好、结构多元化、调整步伐快、开放程度高的企业，经济仍然保持良好发展势头；而多数产品结构落后、单一、产能过剩的企业，经济下行速度较快。以上市公司和开元集团为代表的几家大企业经营活动现金流宽松，抗风险能力较强。

企业经营景气度下降影响投资积极性。2015年，企业利润总额持续负增长，利润恶化使新增投资动力不足，同时也抑制企业自身扩大投资。企业非主营业务收入增长较快，若去除其影响，企业的经营状况比利润数据显示的还要差。

2.行业整体注重研发

研发条件与自主创新能力较上年有所提高，部分企业大力参与机器人部件生产和机器人研发与应用中，但全行业仍然存在高端产品不足、中低端产品严重过剩的现状。人力资源上也呈现出杰出企业家、领军型技术人才和高技能人才严重不足的局面。在组织结构上，散乱弱的状态仍很严重。一方面，鲜见具有国际竞争力的大型企业集团；另一方面，特色鲜明、能为大企业提供有效协作配套服务的产业集群也比较少。

3.产能过剩问题严重、产品库存较大、企业效益恶化

近几年来电焊机产品出厂价格已经连续呈现负增长，且伴随经济增速下行，产能利用率进一步下降，产能过剩局面缓解难度进一步加大。产能过剩导致企业经营效益持续恶化。随着经济下行压力的进一步加大，部分产能过剩企业当前维持状态的局面可能会被打破，部分隐藏性失业可能会显性化，就业压力将进一步凸显。

4. 出口量受当地经济发展的制约

出口地区和出口国家以及出口产品都较为集中,这在短期内还会维持。

产销存情况 2015年度61家企业主要产品产销存情况见表2。

表2 2015年度61家企业主要产品产销存情况

产品名称	生产		销售		库存	
	实物量（台/套）	价值量（万元）	实物量（台/套）	价值量（万元）	实物量（台/套）	价值量（万元）
合计	10 363 905	1 006 039	10 536 211	978 422	1 006 270	135 921
电弧焊机	3 673 981	557 276	3 542 437	533 053	441 816	94 095
交流弧焊机（弧焊变压器）	692 721	39 717	679 160	37 980	49 616	5 051
直流手工弧焊机（弧焊整流器）	1 714 454	166 718	1 665 879	161 035	175 974	25 231
逆变≤250A	1 157 778	81 189	1 140 961	78 461	95 597	8 965
逆变＞250A	391 432	69 449	381 920	69 366	54 767	12 166
非逆变类	165 244	16 080	142 998	13 208	25 610	4 100
TIG焊机	309 440	70 933	292 419	68 508	56 886	11 462
逆变≤250A	186 544	24 852	172 577	22 795	39 468	4 638
逆变＞250A	96 440	39 048	95 533	39 117	14 348	5 502
非逆变类	26 456	7 033	24 309	6 596	3 070	1 322
MIG/MAG熔化极气体保护弧焊机	686 306	195 999	636 176	186 291	128 957	36 409
逆变≤250A	387 069	45 575	345 203	39 808	57 249	9 133
逆变＞250A	181 858	111 928	180 378	113 010	33 595	16 978
非逆变类	117 379	38 496	110 595	33 473	38 113	10 298
埋弧焊机	58 452	28 966	57 998	27 076	3 223	5 637
逆变类	54 562	21 838	54 334	21 129	2 057	2 506
非逆变类	3 890	7 128	3 664	5 947	1 166	3 131
等离子弧焊机	65 950	10 493	67 474	10 715	1 584	384
逆变类	64 890	10 303	66 474	10 535	1 524	374
非逆变类	1 060	190	1 000	180	60	10
等离子弧切割机	143 761	38 073	140 360	35 342	25 158	9 036
逆变＜100A	89 969	13 169	88 780	12 707	12 850	2 531
逆变≥100A	48 951	19 468	46 775	18 291	11 652	4 978
非逆变类	4 841	5 436	4 805	4 344	656	1 527
其他焊机	2 897	6 377	2 971	6 106	418	885
电阻焊机	30 537	85 884	30 410	84 954	3 256	7 195
点(凸)焊机	18 891	62 818	18 917	62 921	957	3 441
缝焊机	263	4 441	258	4 668	42	924
对焊机	1 781	1 728	1 798	1 637	51	327
控制器	9 602	16 897	9 437	15 728	2 206	2 503
特种焊接设备	8 677	109 497	8 639	112 303	813	4 321
电渣焊接设备	139	257	148	256	16	41
螺柱焊机	3 260	10 715	3 234	10 523	588	1 232
摩擦焊接设备	0	0	0	0	0	0
电子束焊机	0	0	0	0	0	0
光束焊接设备	10	3 150	10	3 150	0	0
超声波焊机	320	74	238	60	82	14
钎焊机	2	1 855	4	3 265	1	1 080
焊接机器人	4 946	93 446	5 005	95 049	126	1 954

(续)

产品名称	生产		销售		库存	
	实物量(台/套)	价值量(万元)	实物量(台/套)	价值量(万元)	实物量(台/套)	价值量(万元)
专机自动化	84 007	75 992	86 344	74 784	11 394	6 216
专用成套焊接设备	37 850	34 125	39 358	33 983	10 405	4 396
焊接机器人配套专用成套焊接设备	46 157	41 867	46 986	40 801	989	1 820
焊接中心自动化	3 834	25 729	3 861	26 050	229	1 499
操作机	465	4 070	468	4 113	22	202
滚轮架	1 645	6 804	1 667	6 864	29	175
变位机	1 257	4 081	1 227	4 057	123	343
非标配套专用成套焊接设备	467	10 774	499	11 016	55	779
辅机具及配套件	6 562 869	151 662	6 864 520	147 280	548 762	22 594
送丝机（装置）	223 353	39 909	223 468	40 038	15 997	2 082
焊接小车	93 878	9 905	79 486	7 825	17 593	2 795
CO_2 焊枪	486 917	11 900	487 836	12 015	4 868	344
氩弧焊枪	13 565	1 123	14 544	1 189	792	62
割枪	1 350	455	1 350	458	112	32
电焊钳	6 700	24	5 950	22	750	3
焊条烘干设备	500	1	500	1	0	0
其他	5 736 606	88 345	6 051 386	85 732	508 650	17 276

根据对2014年度和2015年度51个相同样本单位的数据分析，51家企业2015年生产总量比上年下降22%，生产价值量下降7%；销售总量下降24%，销售价值量下降8%。库存的实物总量和价值总量均增长33%。库存总量的增长幅度较大。51家企业2014—2015年产销存情况见表3。

表3　51家企业2014—2015年产销存情况

类型	2014年		2015年		数量增长(%)	金额增长(%)
	数量(台/套)	金额(万元)	数量(台/套)	金额(万元)		
生产	7 139 751	847 424	5 586 701	788 885	-21.8	-6.9
销售	7 072 793	826 305	5 405 911	756 916	-23.6	-8.4
库存	547 770	90 297	727 509	120 078	32.8	32.9

占比变化较大的是电弧焊机、辅机具及配套件。电弧焊机生产实物量和销售实物量占比分别增加11.87和11.17个百分点，生产和销售的价值量占比分别减少2.24和3.31个百分点，表明电弧焊机单台价值在下降。辅机具及配套件生产实物量和销售实物量占比分别减少9.55和8.91个百分点，生产和销售的价值量占比分别增加1.64和1.71个百分点，说明辅机具及配套件的单台价值在上升。

电阻焊机的产量和销售量占比均是下降的，价值量下降更大些，单台价值是下降的。特种焊接设备的生产和销售量占比变化不大，价值量上升更大些，单台价值是上升的。焊接中心自动化生产和销售量占比增加较小，变化比较平稳。

2014—2015年51家企业各类焊机产量、产值占比见表4。2014—2015年51家企业各类焊机销量、销售额占比见表5。

表4　2014—2015年51家企业各类焊机产量、产值占比

产品类别	2014年产量占比(%)	2015年产量占比(%)	产量占比增加百分点	2014年产值占比(%)	2015年产值占比(%)	产值占比增加百分点
电弧焊机	47.40	59.27	11.87	63.71	61.47	-2.24
电阻焊机	0.55	0.45	-0.10	10.29	9.14	-1.15

（续）

产品类别	2014年产量占比（%）	2015年产量占比（%）	产量占比增加百分点	2014年产值占比（%）	2015年产值占比（%）	产值占比增加百分点
特种焊接设备	0.05	0.09	0.04	7.69	10.14	2.45
专机自动化	2.30	0.03	-2.27	4.94	4.09	-0.85
焊接中心自动化	0.03	0.05	0.02	1.89	2.04	0.16
辅机具及配套件	49.67	40.12	-9.55	11.48	13.12	1.64

表5　2014—2015年51家企业各类焊机销量、销售额占比

产品类别	2014年销量占比（%）	2015年销量占比（%）	销量占比增加百分点	2014年销售额占比（%）	2015年销售额占比（%）	销售额占比增加百分点
电弧焊机	47.64	58.81	11.17	64.07	60.76	-3.31
电阻焊机	0.53	0.46	-0.07	10.36	9.24	-1.12
特种焊接设备	0.05	0.09	0.04	7.88	10.65	2.78
专机自动化	2.28	0.03	-2.25	4.64	4.21	-0.43
焊接中心自动化	0.03	0.05	0.02	1.82	2.19	0.37
辅机具及配套件	49.47	40.56	-8.91	11.23	12.95	1.71

电弧焊机中MIG/MAG熔化极气体保护弧焊机非逆变类占比下降较大，生产和销售实物量占比分别下降了4.51和4.54个百分点，生产和销售价值量占比分别下降了1.63和2.34个百分点；MIG/MAG熔化极气体保护弧焊机逆变≤250A类占比增加较大，其生产和销售实物量占比分别增大4.58和4.06个百分点，生产和销售价值量占比分别增加1.53和1个百分点。

交流弧焊机（弧焊变压器）和直流手工弧焊机（弧焊整流器）非逆变类的生产和销售占比均是增加的。直流手工弧焊机（弧焊整流器）逆变≤250A实物量占比增长，价值量占比有所下降。

辅机具及配套件中的送丝机（装置）和其他类，其生产和销售实物量占比下降较多，价值量占比却略有增加。

专用成套焊接设备生产和销售占比是下降的。

2014—2015年51家企业电焊机分类产品产量、产值占比见表6。2014—2015年51家企业电焊机分类产品销量、销售额占比见表7。

表6　2014—2015年51家企业电焊机分类产品产量、产值占比

产品名称	产量（%）			产值（%）		
	2014年	2015年	增加百分点	2014年	2015年	增加百分点
电弧焊机						
MIG/MAG熔化极气体保护弧焊机						
非逆变类	6.30	1.79	-4.51	5.10	3.47	-1.63
逆变＞250A	2.60	2.90	0.30	12.72	11.33	-1.38
逆变≤250A	1.78	6.36	4.58	3.84	5.37	1.53
TIG焊机						
非逆变类	0.16	0.45	0.29	0.63	0.74	0.11
逆变＞250A	1.29	1.50	0.21	3.36	3.65	0.29
逆变≤250A	2.49	3.20	0.71	2.96	3.05	0.09
等离子弧焊机						
非逆变类	0.00	0.02	0.02	0.00	0.02	0.02
逆变类	0.28	0.22	-0.06	1.30	0.70	-0.60
等离子弧切割机						
非逆变类	0.07	0.08	0.00	0.30	0.60	0.29
逆变＜100A	0.86	0.87	0.01	1.42	1.35	-0.07
逆变≥100A	0.72	0.80	0.08	3.47	2.28	-1.19
交流弧焊机（弧焊变压器）	9.04	11.79	2.75	4.52	4.66	0.14

（续）

产品名称	产量（%）			产值（%）		
	2014年	2015年	增加百分点	2014年	2015年	增加百分点
埋弧焊机						
非逆变类	0.06	0.05	-0.01	0.63	0.63	0.00
逆变类	0.22	0.22	0.00	2.62	2.34	-0.27
其他焊机	0.05	0.05	0.01	0.75	0.81	0.06
直流手工弧焊机（弧焊整流器）						
非逆变类	0.51	2.94	2.43	1.09	1.94	0.85
逆变＞250A	5.17	6.67	1.50	8.56	8.28	-0.28
逆变≤250A	15.80	19.34	3.54	10.43	9.86	-0.57
电阻焊机						
点(凸)焊机	0.44	0.26	-0.17	8.47	6.65	-1.81
对焊机	0.03	0.03	0.00	0.32	0.22	-0.11
缝焊机	0.01	0.00	0.00	0.64	0.55	-0.09
控制器	0.08	0.16	0.08	0.85	2.08	1.23
辅机具及配套件						
电焊钳	0.00	0.12	0.12	0.00	0.00	0.00
焊接小车	0.70	1.67	0.97	0.73	1.15	0.43
焊枪（炬）						
CO_2焊枪	5.78	8.03	2.26	1.33	1.14	-0.19
割枪	0.00	0.00	0.00	0.00	0.00	0.00
氩弧焊枪	0.00	0.01	0.01	0.00	0.00	0.00
焊条烘干设备	0.00	0.00	0.00	0.00	0.00	0.00
其他	34.00	26.80	-7.20	5.93	7.00	1.07
送丝机（装置）	9.19	3.47	-5.71	3.49	3.74	0.25
焊接中心自动化						
变位机	0.00	0.00	0.00	0.19	0.09	-0.11
操作机	0.01	0.01	0.00	0.35	0.51	0.16
非标配套专用成套焊接设备	0.01	0.01	0.00	0.84	0.59	-0.24
滚轮架	0.01	0.03	0.01	0.50	0.84	0.33
特种焊接设备						
超声波焊机	0.00	0.00	0.00	0.00	0.00	0.00
电渣焊接设备	0.00	0.00	0.00	0.00	0.01	0.01
电子束焊机	0.00	0.00	0.00	0.00	0.00	0.00
光束焊接设备	0.00	0.00	0.00	0.35	0.40	0.05
焊接机器人	0.04	0.06	0.02	6.82	8.36	1.54
螺柱焊机	0.01	0.03	0.03	0.52	1.28	0.76
摩擦焊接设备	0.00	0.00	0.00	0.00	0.00	0.00
钎焊机	0.00	0.00	0.00	0.00	0.24	0.24
专机自动化						
焊接机器人配套专用成套焊接设备	0.00	0.01	0.01	0.87	1.92	1.05
专用成套焊接设备	2.30	0.01	-2.28	4.07	2.14	-1.93

表7 2014—2015年51家企业电焊机分类产品销量、销售额占比

产品名称	销量（%）			销售额（%）		
	2014年	2015年	增加百分点	2014年	2015年	增加百分点
电弧焊机						
MIG/MAG熔化极气体保护弧焊机						
非逆变类	6.27	1.72	-4.54	5.22	2.87	-2.34
逆变＞250A	2.51	2.97	0.46	12.68	11.86	-0.82
逆变≤250A	1.73	5.80	4.06	3.82	4.82	1.00
TIG焊机						
非逆变类	0.16	0.43	0.26	0.64	0.71	0.06
逆变＞250A	1.25	1.53	0.28	3.34	3.78	0.45
逆变≤250A	2.40	3.05	0.65	2.95	2.91	-0.04
等离子弧焊机						
非逆变类	0.00	0.02	0.02	0.00	0.02	0.02
逆变类	0.28	0.25	-0.03	1.34	0.76	-0.58
等离子弧切割机						
非逆变类	0.08	0.08	0.00	0.31	0.48	0.17
逆变＜100A	0.84	0.87	0.02	1.43	1.34	-0.08
逆变≥100A	0.67	0.80	0.14	3.45	2.25	-1.20
交流弧焊机（弧焊变压器）	9.10	11.94	2.83	4.62	4.64	0.02
埋弧焊机						
非逆变类	0.06	0.05	-0.01	0.64	0.49	-0.15
逆变类	0.22	0.22	0.01	2.63	2.35	-0.28
其他焊机	0.04	0.05	0.01	0.80	0.81	0.00
直流手工弧焊机（弧焊整流器）						
非逆变类	0.50	2.63	2.13	1.09	1.64	0.55
逆变＞250A	5.58	6.73	1.16	8.43	8.61	0.18
逆变≤250A	15.97	19.67	3.71	10.69	9.92	-0.77
电阻焊机						
点(凸)焊机	0.44	0.27	-0.17	8.65	6.90	-1.75
对焊机	0.03	0.03	0.01	0.31	0.22	-0.09
缝焊机	0.01	0.00	0.00	0.59	0.59	0.00
控制器	0.06	0.16	0.10	0.80	2.02	1.21
辅机具及配套件						
电焊钳	0.00	0.11	0.11	0.00	0.00	0.00
焊接小车	0.69	1.46	0.77	0.72	0.93	0.21
焊枪（炬）						
CO_2焊枪	5.84	8.30	2.46	1.37	1.19	-0.18
割枪	0.00	0.00	0.00	0.00	0.00	0.00
氩弧焊枪	0.00	0.01	0.01	0.00	0.00	0.00
焊条烘干设备	0.00	0.00	0.00	0.00	0.00	0.00
其他	33.76	27.11	-6.65	5.65	6.83	1.17
送丝机（装置）	9.18	3.57	-5.61	3.49	3.88	0.39
焊接中心自动化						
变位机	0.00	0.00	0.00	0.19	0.10	-0.09
操作机	0.00	0.01	0.01	0.34	0.54	0.20
非标配套专用成套焊接设备	0.01	0.01	0.00	0.81	0.65	-0.16
滚轮架	0.01	0.03	0.02	0.48	0.88	0.40

(续)

产品名称	销量（%）			销售额（%）		
	2014年	2015年	增加百分点	2014年	2015年	增加百分点
特种焊接设备						
超声波焊机	0.00	0.00	0.00	0.00	0.00	0.00
电渣焊接设备	0.00	0.00	0.00	0.00	0.01	0.01
电子束焊机	0.00	0.00	0.00	0.00	0.00	0.00
光束焊接设备	0.00	0.00	0.00	0.36	0.42	0.05
焊接机器人	0.04	0.06	0.02	6.96	8.66	1.70
螺柱焊机	0.01	0.04	0.03	0.55	1.31	0.76
摩擦焊接设备	0.00	0.00	0.00	0.00	0.00	0.00
钎焊机	0.00	0.00	0.00	0.00	0.43	0.43
专机自动化						
焊接机器人配套专用成套焊接设备	0.00	0.01	0.01	0.89	1.86	0.97
专用成套焊接设备	2.27	0.01	-2.26	3.75	2.31	-1.44

出口　出口产品主要集中在电弧焊机类，出口额上亿元的是交流弧焊机（弧焊变压器）、直流手工弧焊机（弧焊整流器）、TIG焊机和MIG/MAG熔化极气体保护弧焊机。2014—2015年企业产品出口总量及增长情况见表8。

表8　2014—2015年企业产品出口总量及增长情况

产品名称	2014年出口量（台/套）	2015年出口量（台/套）	出口量增长率（%）	2014年出口额（万元）	2015年出口额（万元）	出口额增长率（%）
合　计	2 634 760	2 579 549	-2.10	191 635	193 369	0.90
电弧焊机	1 537 274	1 601 972	4.21	171 132	172 110	0.57
交流弧焊机（弧焊变压器）	505 210	485 477	-3.91	19 415	21 964	13.13
直流手工弧焊机（弧焊整流器）	617 034	648 896	5.16	58 040	58 820	1.34
逆变≤250A	538 269	466 576	-13.32	46 760	42 950	-8.15
逆变＞250A	72 000	92 695	28.74	9 633	9 995	3.76
非逆变类	6 765	89 625	1 224.83	1 647	5 875	256.71
TIG焊机	75 706	83 251	9.97	17 379	19 548	12.48
逆变≤250A	58 977	58 808	-0.29	10 778	11 228	4.18
逆变＞250A	14 796	15 155	2.43	5 122	6 243	21.89
非逆变类	1 933	9 288	380.50	1 479	2 077	40.43
MIG/MAG熔化极气体保护弧焊机	308 040	228 675	-25.76	57 385	49 004	-14.60
逆变≤250A	44 462	139 546	213.85	10 156	15 416	51.79
逆变＞250A	26 936	24 430	-9.30	23 217	22 185	-4.45
非逆变类	236 642	64 699	-72.66	24 012	11 403	-52.51
埋弧焊机	3 448	46 117	1 237.50	5 887	8 439	43.35
逆变类	3 294	45 922	1 294.11	5 590	7 935	41.95
非逆变类	154	195	26.62	297	504	69.70
等离子弧焊机	11 690	58 738	402.46	4 939	5 181	4.90
逆变类	11 690	58 738	402.46	4 939	5 181	4.90
非逆变类	0	0		0	0	
等离子弧切割机	16 146	50 818	214.74	8 087	9 154	13.19
逆变＜100A	8 485	43 507	412.75	3 008	4 755	58.08
逆变≥100A	7 397	6 595	-10.84	4 832	2 785	-42.36
非逆变类	233	666	185.84	160	1 492	832.50
其他焊机	31	50	61.29	87	122	40.23

（续）

产品名称	2014年出口量（台/套）	2015年出口量（台/套）	出口量增长率(%)	2014年出口额（万元）	2015年出口额（万元）	出口额增长率(%)
电阻焊机	13 554	7 491	-44.73	904	654	-27.65
点（凸）焊机	13 554	7 489	-44.75	904	644	-28.76
缝焊机	0	0		0	0	
对焊机	0	0		0	0	
控制器	0	2		0	10	
特种焊接设备	306	38	-87.58	184	343	86.41
电渣焊接设备	0	2		0	15	
螺柱焊机	302	26	-91.39	128	77	-39.84
摩擦焊接设备	0	0		0	0	
电子束焊机	0	0		0	0	
光束焊接设备	0	0		0	0	
超声波焊机	0	0		0	0	
钎焊机	0	0		0	0	
焊接机器人	4	10	150.00	56	251	348.21
专机自动化	1 644	84 438	5 036.13	2 809	3 537	25.92
专用成套焊接设备	1 639	38 278	2 235.45	1 999	2 323	16.21
焊接机器人配套专用成套焊接设备	5	46 160	923 100.00	810	1214	49.88
焊接中心自动化	242	922	280.99	3 419	2282	-33.26
操作机	49	42	-14.29	289	381	31.83
滚轮架	142	359	152.82	585	1284	119.49
变位机	40	521	1202.50	371	617	66.31
非标配套专用成套焊接设备	11	0	-100.00	2 174	0	-100.00
辅机具及配套件	1 081 740	884 688	-18.22	13 186	14 443	9.53
送丝机（装置）	9 598	3 706	-61.39	3 113	1 004	-67.75
焊接小车	33 382	40 322	20.79	871	2 357	170.61
焊枪（炬）	252 351	301 641	19.53	6 839	5 473	-19.97
CO_2焊枪	251 955	301 413	19.63	6 809	5 452	-19.93
氩弧焊枪	251	135	-46.22	9	6	-33.33
割枪	145	93	-35.86	21	15	-28.57
电焊钳	0	0		0	0	
焊条烘干设备	0	0		0	0	
其他	786 409	539 019	-31.46	2 363	5 609	137.37

选取20个相同样本单位的出口数据进行对比分析，从统计数据看，出口地区非常集中。出口量最大的是欧洲，占比接近一半；出口额占比最大的是亚洲，超过1/3。出口量排名第二的是北美洲。2014—2015年各出口市场电焊机出口量见表9。2014—2015年各出口市场电焊机出口额见表10。

表9 2014—2015年各出口市场电焊机出口量

地区	出口量（台/套）			出口量占比（%）		
	2014年	2015年	增加	2014年	2015年	增加百分点
北美洲	629 262	398 261	-231 001	28.98	23.03	-5.95
大洋洲	32 165	44 321	12 156	1.48	2.56	1.08
非洲	30 014	16 834	-13 180	1.38	0.97	-0.41
南美洲	91 679	149 998	58 319	4.22	8.67	4.45
欧洲	1 200 776	793 999	-406 777	55.30	45.91	-9.39
亚洲	187 487	326 195	138 708	8.63	18.86	10.23
合计	2 171 383	1 729 608	-441 775	100.00	100.00	

表10 2014—2015年各出口市场电焊机出口额

地区	出口额（万元）			出口额占比（%）		
	2014年	2015年	增加	2014年	2015年	增加百分点
北美洲	27 260.29	24 253.61	-3 006.68	15.07	14.38	-0.69
大洋洲	12 713.56	12 475.75	-237.81	7.03	7.40	0.37
非洲	3 292.01	2 523.73	-768.28	1.82	1.50	-0.32
南美洲	11 906.57	12 876.97	970.40	6.58	7.63	1.05
欧洲	63 351.49	51 433.90	-11 917.59	35.02	30.49	-4.53
亚洲	62 396.27	65 141.13	2 744.86	34.49	38.61	4.12
合计	180 920.19	168 705.09	-12 215.10	100.00	100.00	

2014—2015年均排在出口市场前十名的国家有俄罗斯、美国、日本、澳大利亚、德国、印度、乌克兰和巴西八个国家。其中俄罗斯、美国、日本、德国和印度是下降的，德国下降最多。而澳大利亚、乌克兰和巴西是上升的。

2015年出口量和出口额排名前十位的国家分别占出口总量和出口总额的81.13%和75.59%，集中度很高。向俄罗斯、美国和日本的出口额近两年均排在前三名，占比也比较大。2015年排名前十位国家出口情况见表11。

表11 2015年排名前十位国家出口情况

序号	国家	出口额（万元）	出口额占比（%）	出口量（台/套）	出口量占比（%）
1	俄罗斯	22 767.92	13.50	307 640	17.79
2	美国	20 196.95	11.97	387 824	22.42
3	日本	15 721.00	9.32	9 450	0.55
4	泰国	12 543.82	7.44	60 580	3.50
5	澳大利亚	12 107.75	7.18	39 558	2.29
6	德国	10 478.96	6.21	179 970	10.41
7	印度	10 071.71	5.97	18 328	1.06
8	乌克兰	8 846.76	5.24	246 075	14.23
9	巴西	8 757.56	5.19	110 362	6.38
10	斯洛文尼亚	6 030.90	3.57	43 500	2.52
	合计	127 523.33	75.59	1 403 287	81.13

〔供稿单位：中国电器工业协会电焊机分会〕

2016年发展情况

从61家电焊机制造企业经济运行指标数据看，2016年电焊机行业经济运行情况相对2015年整体趋于平稳，略有上升的态势，也有部分企业上升态势明显，个别企业上升甚至超过15%。

以下就秘书处收到的61家电焊机制造企业的2016年经济运行数据进行综合对比分析。

生产发展情况 2016年，电焊机行业基本指标均是向好。全年工业总产值、工业销售产值、出口交货值、工业增加值均有增加，但幅度不大。其中工业中间投入、新产品产值、新产品开发经费支出和科技活动经费筹集总额增长幅度较大，分别为9.17%、19.87%、7.87%、10.3%；用于生产场地面积也增长4.41%。这些数据表明企业加大了对产品的生产投入，同时也加大了新产品和研发经费的投入，为企业的后续发展打下了良好的基础。研究与试验发展经费支出较2015年有所下降，表明新产品的试验、鉴定和定型需要一个过程，已投入的科技活动过程还未结束，也说明企业尊重新产品从研发到量产的客观规律。另外，全年从业人数有所下降，这是企业降低人力资源成本、提升人均产值的体现。

2016年与2015年相比，资产和收入类的指标上升，年末资产总额、年末所有者权益总额、主营业务收入、其他业务收入、利润总额、经营活动产生的现金净额分别增长5.42%、6.16%、0.76%、160.25%、8.89%、21.26%，其他业务收入增幅较大，经营活动产生的现金净额大幅度上升，大大提升了企业的抗风险能力。而费用类指标表现为下降，尤其是三大费用降低直接使利润总额上升幅度较大，表明企业在降低管理运营成本方面做足了功课，实现了从管理要效益的目标，这将有利于企业的正常运营与发展。

2016年，61家企业经济效益指数向好，其中资本保值增值率、流动资产周转率、全员劳动生产率、经济效益综合指数平均数分别增长9.7%、4.5%、9.04%、5.31%，行业企业整体综合运营情况较好。企业平均人力成本率增长9.46%，表明企业支付的人力资源费用在增加。

2016年电焊机行业主要经济指标见表1。

表1　2016年电焊机行业主要经济指标

指标名称	单位	2015年	2016年	同比增长（%）
工业总产值	万元	1 120 851.79	1 150 672.76	2.66
工业销售产值	万元	1 104 246.39	1 113 994.17	0.88
其中：出口交货值	万元	258 390.23	265 670.03	2.82
工业增加值	万元	364 238.82	370 537.41	1.73
工业中间投入合计	万元	735 708.19	803 190.70	9.17
新产品产值	万元	369 629.45	443 065.98	19.87
新产品开发经费支出	万元	49 987.79	53 919.90	7.87
科技活动经费筹集总额	万元	51 214.87	56 487.59	10.30
年末科技活动人员合计	人	4 097	3 909	-4.59
研究与试验发展经费支出	万元	44 802.40	43 346.47	-3.25
年末研究与试验发展人员	人	3 094	2 916	-5.75
全年从业人员平均人数	人	17 041	16 723	-1.87
其中：技术人员	人	3 825	3 706	-3.11
管理人员	人	2 510	2 545	1.39
工人	人	10 706	10 472	-2.19
其中：高级职称	人	622	551	-11.41
中级职称	人	1 447	1 324	-8.50
中级以下	人	4 467	4 376	-2.04
工厂占地面积	m²	2 110 566.60	2 165 446.60	2.60
其中：生产场地面积	m²	1 182 705.40	1 234 863.40	4.41
流动资产平均余额	万元	1 045 949.59	1 073 236.76	2.61
固定资产净值年平均余额	万元	216 605.43	234 019.32	8.04
固定资产小计	万元	298 727.23	284 362.16	-4.81
年末资产总额	万元	1 571 135.72	1 656 291.60	5.42
应交增值税	万元	30 168.45	31 496.99	4.40
年末负债总额	万元	531 982.21	553 154.71	3.98
年末所有者权益总额	万元	1 039 153.51	1 103 136.89	6.16
主营业务收入	万元	1 041 015.51	1 048 943.07	0.76
主营业务成本	万元	763 888.56	771 703.65	1.02
主营业务税金及附加	万元	9 611.52	7 703.23	-19.85
主营业务利润	万元	211 054.52	213 574.97	1.19
其他业务收入	万元	32 581.80	84 792.52	160.25
营业费用	万元	69 490.30	67 596.34	-2.73
管理费用	万元	135 460.08	114 656.66	-15.36
财务费用	万元	6 140.51	461.27	-92.49
其中：利息支出	万元	13 719.25	10 144.77	-26.05
利润总额	万元	100 417.78	109 341.90	8.89
支付的人力资源费用	万元	120 978.93	117 175.21	-3.14
支付的各项税金	万元	65 572.84	63 996.63	-2.40
经营活动产生的现金净额	万元	113 522.10	137 654.01	21.26
总资产贡献率	%	14.39	14.62	1.60
资本保值增值率	%	103.00	112.99	9.70
资产负债率	%	42.96	43.41	1.05

(续)

指标名称	单位	2015年	2016年	同比增长（%）
流动资产周转率	次	1.79	1.8705	4.50
成本费用利润率	%	10.80	10.59	-1.94
全员劳动生产率	万元/人	17.35	18.92	9.04
产品销售率	%	94.79	94.92	0.14
经济效益综合指数		225.17	237.12	5.31
利润率	%	8.37	8.57	2.39
人均产值率	万元/人	58.59	60.98	4.08
人力成本率	%	11.10	12.15	9.46

经济运行特点 整体呈现平稳向好的态势；生产和新产品的投入加大，去库存效果明显；减少人力费用和管理营运费用支出是2016年企业从管理要效益的体现；用工成本明显上升；唐山开元集团、上海沪工、佳士科技、瑞凌实业、欧地希、南京小原等企业经营状态良好，对行业的利润和经营活动现金流指标贡献较大，提升了整个行业企业的抗风险能力；出口产品集中在弧焊类，出口排名由2015年的亚洲第一转为2016年的欧洲第一，两大洲出口量和出口额均超过总出口的2/3。俄罗斯、日本、美国和德国2015和2016的年平均出口较大，出口比较集中。

产品分类产销 2016年61家电焊机生产企业生产成品共计13 005 930台（套），其生产成品价值共计988 654万元。销售共计13 157 631台（套），其销售产品价值共计999 437万元。库存1 074 410台（套），价值144 162万元。2016年度61家企业主要产品产销存情况见表2。

表2 2016年度61家企业主要产品产销存情况

产品名称	生产		销售		库存	
	实物量（台/套）	价值量（万元）	实物量（台/套）	价值量（万元）	实物量（台/套）	价值量（万元）
合计	13 005 930	988 654	13 157 631	999 437	1 074 410	144 162
电弧焊机	3 330 247	544 172	3 441 335	562 483	550 566	92 863
交流弧焊机（弧焊变压器）	620 120	28 194	646 379	30 768	23 465	2 481
直流手工弧焊机（弧焊整流器）	1 753 554	161 825	1 753 518	168 872	319 395	26 607
逆变≤250A	1 214 273	71 552	1 285 409	76 850	123 188	8 631
逆变>250A	463 358	79 406	378 798	79 452	183 985	15 583
非逆变类	75 923	10 867	89 311	12 570	12 222	2 393
TIG焊机	336 454	84 606	359 624	82 172	82 794	17 398
逆变≤250A	172 848	23 633	197 132	25 592	49 282	5 022
逆变>250A	148 356	55 999	146 056	51 258	31 628	11 402
非逆变类	15 250	4 974	16 436	5 322	1 884	974
MIG/MAG熔化极气体保护弧焊机	477 486	200 607	532 811	209 576	91 252	30 619
逆变≤250A	156 396	54 864	185 817	59 239	31 315	5 408
逆变>250A	183 516	119 142	190 212	119 519	40 485	18 822
非逆变类	137 574	26 601	156 782	30 818	19 452	6 389
埋弧焊机	13 577	18 376	13 465	18 494	3 336	5 516
逆变类	10 882	13 115	10 395	12 695	2 557	2 937
非逆变类	2 695	5 261	3 070	5 799	779	2 579
等离子弧焊机	15 392	7 737	15 182	7 507	1 794	614
逆变类	14 327	7 555	14 130	7 327	1 721	602
非逆变类	1 065	182	1 052	180	73	12
等离子弧切割机	109 840	34 959	116 477	36 942	28 167	9027
逆变<100A	64 457	12 426	69 998	13 948	14 724	2573
逆变≥100A	42 243	19 684	43 099	19 288	13 027	5785

行业概况

(续)

产品名称	生产 实物量(台/套)	生产 价值量(万元)	销售 实物量(台/套)	销售 价值量(万元)	库存 实物量(台/套)	库存 价值量(万元)
非逆变类	3 140	2 849	3 380	3 706	416	669
其他焊机	3 824	7 868	3 879	8 152	363	601
电阻焊机	37 297	110 144	36 215	106 492	4 338	10846
点(凸)焊机	31 339	97 833	30 228	94 011	2 068	7262
缝焊机	337	4 068	342	3 806	37	1186
对焊机	1 602	1 066	1596	1 331	57	62
控制器	4 019	7 177	4 049	7 344	2 176	2336
特种焊接设备	10 324	115 632	10 064	114 122	1 254	6711
电渣焊接设备	176	476	177	479	15	38
螺柱焊机	3 551	7 203	3 459	7 317	811	1248
摩擦焊接设备						
电子束焊机						
光束焊接设备						
超声波焊机	320	74	238	60	164	28
钎焊机					1	1 080
焊接机器人	6 277	107 879	6 190	106 266	263	4 317
专机自动化	13 326	82 726	19 811	80 495	5 006	9 606
专用成套焊接设备	12 370	37 071	18 825	35 861	3 950	5 605
焊接机器人配套专用成套焊接设备	956	45 655	986	44 634	1 056	4001
焊接中心自动化	2 647	15 457	2 670	15 086	206	1 870
操作机	284	2 806	273	2701	33	307
滚轮架	1 148	4 246	1 114	4 176	63	245
变位机	921	3 657	991	3 807	53	193
非标配套专用成套焊接设备	294	4 748	292	4 402	57	1 125
辅机具及配套件	9 612 089	120 526	9 647 536	120 758	513 041	22 265
送丝机(装置)	716 734	31 834	704 450	31 396	27 990	2 417
焊接小车	32 293	9 135	43 471	10 637	6 432	1 300
焊枪(炬)	660 096	14 393	660 260	14 121	5 608	710
CO_2 焊枪	644 947	12 869	644 951	12 592	4 864	621
氩弧焊枪	13 852	1 091	14 005	1 094	639	59
割枪	1 297	433	1 304	435	105	30
电焊钳	5 600	21	5 960	22	390	1
焊条烘干设备	500	1	500	1		
其他	8 196 866	65 142	8 232 895	64 581	472 621	17 837

根据分会秘书处收到的56个相同样本单位的产品数据，产品产销量2016年比上年分别增长27%和26%，增幅较大；生产成品的价值量下降1%，销售价值量增长3%，幅度较小。表明企业虽然生产和销售的数量增加较大，但是单台(套)的价值在下降，说明市场竞争加剧。库存实物量和价值量下降较大，表明去库存的成效显著。2015—2016年56家企业电焊机行业产销存情况见表3。

表3　2015—2016年56家企业电焊机行业产销存情况

类型	2015年 实物量（台/套）	2015年 价值量（万元）	2016年 实物量（台/套）	2016年 价值量（万元）	同比增长(%) 实物量	同比增长(%) 价值量
生产	10 229 845	994 524	13 005 628	984 824	27.13	-0.98
销售	10 402 530	966 856	13 157 269	994 887	26.48	2.89
库存	1 225 665	153 345	1 066 911	139 513	-12.95	-9.02

占比最大的电弧焊机，2016年产量占比和销量占比分别减少9.01和6.62个百分点，但是产值占比和销售额占比分别增加0.34和2.56个百分点。占比较大的辅机具及配套件，其产量和销量占比分别增加9.76和7.33个百分点，产值和销售额占比分别减少2.99和3.07个百分点。电阻焊机的产量和销量占比基本不变，价值量上升更大些，其单台价值有所增加。特种焊接设备和专机自动化的占比变化不大。焊接中心自动化占比略有下降，价值量占比下降更多，表明单台价值下降。2015—2016年各类电焊机产量、产值占比见表4。2015—2016年各类电焊机销量、销售额占比见表5。

表4　2015—2016年各类电焊机产量、产值占比

产品类别	2016年产量（%）	2015年产量（%）	产量占比增加百分点	2016年产值（%）	2015年产值（%）	产值占比增加百分点
电弧焊机	25.61	34.62	-9.01	55.26	54.92	0.34
电阻焊机	0.29	0.29	0.00	11.18	8.63	2.55
特种焊接设备	0.08	0.08	0.00	11.74	11	0.74
专机自动化	0.1	0.82	-0.72	8.01	7.64	0.37
焊接中心自动化	0.02	0.04	-0.02	1.57	2.59	-1.02
辅机具及配套件	73.91	64.15	9.76	12.24	15.23	-2.99

表5　2015—2016年各类电焊机销量、销售额占比

产品类别	2016年销量（%）	2015年销量（%）	销量占比增加百分点	2016年销售额（%）	2015年销售额（%）	销售额占比增加百分点
电弧焊机	26.16	32.78	-6.62	56.54	53.98	2.56
电阻焊机	0.28	0.29	-0.01	10.7	8.78	1.92
特种焊接设备	0.08	0.08	0.00	11.47	11.6	-0.13
专机自动化	0.15	0.83	-0.68	7.63	7.73	-0.10
焊接中心自动化	0.02	0.04	-0.02	1.52	2.69	-1.17
辅机具及配套件	73.32	65.99	7.33	12.14	15.21	-3.07

2015—2016年电焊机分类产品产量、产值占比情况见表6。2015—2016年电焊机分类产品销量、产值占比情况见表7。

表6　2015—2016年电焊机分类产品产量、产值占比情况

产品名称	2016年产量（%）	2015年产量（%）	产量占比增加百分点	2016年产值（%）	2015年产值（%）	产值占比增加百分点
电弧焊机						
交流弧焊机（弧焊变压器）	4.77	6.70	-1.93	2.86	3.93	-1.07
直流手工弧焊机（弧焊整流器）						
逆变≤250A	9.34	10.57	-1.23	7.27	7.79	-0.52
逆变>250A	3.56	3.67	-0.11	8.06	6.84	1.22
非逆变类	0.58	1.55	-0.97	1.10	1.58	-0.48
TIG焊机						
逆变≤250A	1.33	1.77	-0.44	2.40	2.45	-0.05

(续)

产品名称	2016年产量（%）	2015年产量（%）	产量占比增加百分点	2016年产值（%）	2015年产值（%）	产值占比增加百分点
逆变>250A	1.14	0.90	0.24	5.69	3.89	1.80
非逆变类	0.12	0.23	-0.11	0.51	0.68	-0.17
MIG/MAG熔化极气体保护弧焊机						
逆变≤250A	1.20	3.73	-2.53	5.57	4.50	1.07
逆变>250A	1.41	1.75	-0.34	12.10	11.14	0.96
非逆变类	1.06	1.13	-0.07	2.70	3.76	-1.06
埋弧焊机						
逆变类	0.08	0.53	-0.45	1.33	2.20	-0.87
非逆变类	0.02	0.04	-0.02	0.53	0.70	-0.17
等离子弧焊机						
逆变类	0.11	0.63	-0.52	0.77	1.03	-0.26
非逆变类	0.01		0.01	0.02		0.02
等离子弧切割机						
逆变<100A	0.50	0.86	-0.36	1.26	1.30	-0.04
逆变≥100A	0.32	0.47	-0.15	2.00	1.93	0.07
非逆变类	0.02	0.05	-0.03	0.29	0.54	-0.25
其他焊机	0.03	0.03	0.00	0.80	0.64	0.16
电阻焊机						
点(凸)焊机	0.24	0.18	0.06	9.93	6.31	3.62
缝焊机				0.41	0.45	-0.04
对焊机	0.01	0.02	-0.01	0.11	0.17	-0.06
控制器	0.03	0.09	-0.06	0.73	1.70	-0.97
特种焊接设备						
电渣焊接设备				0.05	0.03	0.02
螺柱焊机	0.03	0.03	0.00	0.73	1.06	-0.33
摩擦焊接设备						
电子束焊机						
光束焊接设备					0.32	
超声波焊机				0.01	0.01	0.00
钎焊机					0.19	
焊接机器人	0.05	0.05	0.00	10.95	9.40	1.55
专机自动化						
专用成套焊接设备	0.10	0.37	-0.27	3.74	3.43	0.31
焊接机器人配套专用成套焊接设备	0.01	0.45	-0.44	4.27	4.21	0.06
焊接中心自动化						
操作机				0.28	0.41	-0.13
滚轮架	0.01	0.02	-0.01	0.43	0.68	-0.25
变位机	0.01	0.01	0.00	0.37	0.41	-0.04
非标配套专用成套焊接设备				0.48	1.08	-0.60
辅机具及配套件						
送丝机（装置）	5.51	2.18	3.33	3.23	3.99	-0.76
焊接小车	0.25	0.92	-0.67	0.93	1.00	-0.07
焊枪（炬）						
CO_2焊枪	4.96	4.76	0.20	1.31	1.20	0.11
氩弧焊枪	0.11	0.13	-0.02	0.11	0.11	0.00

(续)

产品名称	2016年产量（%）	2015年产量（%）	产量占比增加百分点	2016年产值（%）	2015年产值（%）	产值占比增加百分点
割枪	0.01	0.01	0.00	0.04	0.05	-0.01
电焊钳	0.04	0.07	-0.03			
焊条烘干设备						
其他	63.03	56.08	6.95	6.61	8.88	-2.27

表7　2015—2016年电焊机分类产品销量、产值占比情况

产品名称	2016年销量（%）	2015年销量（%）	销量占比增加百分点	2016年销售额（%）	2015年销售额（%）	销售额占比增加百分点
电弧焊机						
交流弧焊机（弧焊变压器）	4.91	6.46	-1.55	3.09	3.86	-0.77
直流手工弧焊机（弧焊整流器）						
逆变≤250A	9.77	10.24	-0.47	7.72	7.73	-0.01
逆变>250A	2.88	3.52	-0.64	7.99	7.04	0.95
非逆变类	0.68	1.32	-0.64	1.26	1.33	-0.07
TIG焊机						
逆变≤250A	1.50	1.61	-0.11	2.57	2.31	0.26
逆变>250A	1.11	0.87	0.24	5.15	4.01	1.14
非逆变类	0.12	0.20	-0.08	0.53	0.66	-0.13
MIG/MAG熔化极气体保护弧焊机						
逆变≤250A	1.41	3.27	-1.86	5.95	4.03	1.92
逆变>250A	1.45	1.70	-0.25	12.01	11.57	0.44
非逆变类	1.19	1.05	0.14	3.10	3.34	-0.24
埋弧焊机						
逆变类	0.08	0.52	-0.44	1.28	2.19	-0.91
非逆变类	0.02	0.03	-0.01	0.58	0.60	-0.02
等离子弧焊机						
逆变类	0.11	0.63	-0.52	0.74	1.07	-0.33
非逆变类	0.01			0.02		
等离子弧切割机						
逆变<100A	0.53	0.83	-0.30	1.40	1.29	0.11
逆变≥100A	0.33	0.44	-0.11	1.94	1.87	0.07
非逆变类	0.03	0.05	-0.02	0.37	0.45	-0.08
其他焊机	0.03	0.03	0.00	0.82	0.63	0.19
电阻焊机						
点(凸)焊机	0.23	0.18	0.05	9.45	6.50	2.95
缝焊机				0.38	0.48	-0.10
对焊机	0.01	0.02	-0.01	0.13	0.17	-0.04
控制器	0.03	0.09	-0.06	0.74	1.63	-0.89
特种焊接设备						
电渣焊接设备				0.05	0.03	0.02
螺柱焊机	0.03	0.03	0.00	0.74	1.08	-0.34
摩擦焊接设备						
电子束焊机						
光束焊接设备					0.33	
超声波焊机				0.01		

（续）

产品名称	2016年销量(%)	2015年销量(%)	销量占比增加百分点	2016年销售额(%)	2015年销售额(%)	销售额占比增加百分点
钎焊机					0.34	-0.34
焊接机器人	0.05	0.05	0.00	10.68	9.83	0.85
专机自动化						
专用成套焊接设备	0.14	0.38	-0.24	3.58	3.51	0.07
焊接机器人配套专用成套焊接设备		0.45		4.05	4.22	-0.17
焊接中心自动化						
操作机				0.27	0.43	-0.16
滚轮架	0.01	0.02	-0.01	0.42	0.71	-0.29
变位机	0.01	0.01	0.00	0.38	0.42	-0.04
非标配套专用成套焊接设备				0.44	1.14	-0.70
辅机具及配套件						
送丝机（装置）	5.35	2.14	3.21	3.16	4.12	-0.96
焊接小车	0.33	0.76	-0.43	1.07	0.81	0.26
焊枪（炬）						
CO_2焊枪	4.90	4.69	0.21	1.27	1.24	0.03
氩弧焊枪	0.11	0.14	-0.03	0.11	0.12	-0.01
割枪	0.01	0.01	0.00	0.04	0.05	-0.01
电焊钳	0.05	0.06	-0.01			
焊条烘干设备						
其他	62.57	58.17	4.40	6.49	8.87	-2.38

出口　从出口总量看，出口总实物量下降9.77%，但是出口总价值量增长0.6%。出口产品主要集中在电弧焊机类中交流弧焊机、直流手工弧焊机、TIG弧焊机和MIG/MAG弧焊机。2015—2016年电焊机各类产品出口情况见表8。

表8　2015—2016年电焊机各类产品出口情况

产品名称	2016年出口量（台/套）	2015年出口量（台/套）	出口量增长（%）	2016年出口额（万元）	2015年出口额（万元）	出口额增长（%）
合计	2 327 606	2 579 549	-9.77	194 521	193 369	0.6
电弧焊机	1 751 708	1 601 972	9.35	183 944	172 110	6.88
交流弧焊机（弧焊变压器）	491 397	485 477	1.22	20 194	21 964	-8.06
直流手工弧焊机（弧焊整流器）	918 465	648 896	41.54	67 531	58 820	14.81
逆变≤250A	774 885	466 576	66.08	50 437	42 950	17.43
逆变>250A	100 937	92 695	8.89	11 330	9 995	13.36
非逆变类	42 643	89 625	-52.42	5 764	5 875	-1.88
TIG焊机	93 687	83 251	12.54	22 086	19 548	12.98
逆变≤250A	68 425	58 808	16.35	11 895	11 228	5.94
逆变>250A	22 690	15 155	49.72	9 077	6 243	45.41
非逆变类	2 572	9 288	-72.31	1 114	2 077	-46.39
MIG/MAG熔化极气体保护弧焊机	213 680	228 675	-6.56	59 319	49 004	21.05
逆变≤250A	65 943	139 546	-52.74	12 739	15 416	-17.36
逆变>250A	35 499	24 430	45.31	31 284	22 185	41.01
非逆变类	112 238	64 699	73.48	15 296	11 403	34.14
埋弧焊机	3 999	46 117	-91.33	4 029	8 439	-52.26
逆变类	3 822	45 922	-91.68	3 835	7 935	-51.67

（续）

产品名称	2016年出口量（台/套）	2015年出口量（台/套）	出口量增长（%）	2016年出口额（万元）	2015年出口额（万元）	出口额增长（%）
非逆变类	177	195	-9.23	194	504	-61.44
等离子弧焊机	9 782	58 738	-83.35	3 039	5 181	-41.34
逆变类	9 782	58 738	-83.35	3 039	5 181	-41.34
非逆变类	0	0		0	0	
等离子弧切割机	20 694	50 768	-59.24	7 734	9 032	-14.37
逆变＜100A	16 762	43 507	-61.47	4 549	4 755	-4.34
逆变≥100A	3 386	6 595	-48.66	1 885	2 785	-32.32
非逆变类	546	666	-18.02	1 300	1 492	-12.86
其他焊机	4	50	-92.00	12	122	-90.12
电阻焊机	7 655	7 491	2.19	407	654	-37.77
点（凸）焊机	7 655	7 489	2.22	407	644	-36.8
缝焊机	0	0		0	0	
对焊机	0	0		0	0	
控制器	0	2		0	10	
特种焊接设备	111	38	192.11	67	343	-80.47
电渣焊接设备	0	2		0	15	
螺柱焊机	111	26	326.92	67	77	-12.99
摩擦焊接设备	0	0		0	0	
电子束焊机	0	0		0	0	
光束焊接设备	0	0		0	0	
超声波焊机	0	0		0	0	
钎焊机	0	0		0	0	
焊接机器人	0	10		0	251	
专机自动化	14 789	84 438	-82.49	2 074	3 537	-41.36
专用成套焊接设备	14 789	38 278	-61.36	2 074	2 323	-10.72
焊接机器人配套专用成套焊接设备	0	46 160		0	1 214	
焊接中心自动化	528	922	-42.73	1445	2 282	-36.68
操作机	33	42	-21.43	314	381	-17.72
滚轮架	207	359	-42.34	483	1284	-62.42
变位机	276	521	-47.02	422	617	-31.57
非标配套专用成套焊接设备	12	0		226	0	
辅机具及配套件	552 815	884 688	-37.51	6 584	14 443	-54.41
送丝机（装置）	1 782	3 706	-51.92	324	1 004	-67.75
焊接小车	6 903	40 322	-82.88	961	2 357	-59.21
焊枪（炬）	1 834	301 641	-99.39	95	5 473	-98.26
CO_2焊枪	1 555	301 413	-99.48	65	5 452	-98.8
氩弧焊枪	200	135	48.15	9	6	43.87
割枪	79	93	-15.05	21	15	40.44
电焊钳	0	0		0	0	
焊条烘干设备	0	0		0	0	
其他	542 296	539 019	0.61	5 204	5 609	-7.22

出口地区非常集中，2016年集中度进一步提升。出口主要集中在亚洲和欧洲，2016年出口量占比合计为77.99%，出口额占比合计为73.17%。2016年出口量和出口额排名第一的是欧洲，占总出口量的46.89%，占总出口额的39.17%。

2016年比2015年总出口量减少251 943台（套），

但总出口额增加 1 152 万元。其中只有出口到南美洲和欧洲的出口量和出口额增长。欧洲上升幅度较大，其出口量占比增加 14.29 个百分点，出口额占比增加 11.30 个百分点。其他地区均是下降的，其中亚洲下降幅度最大，出口量占比减少 8.82 个百分点，出口额占比减少 7.28 个百分点。

2015—2016 年各出口市场电焊机出口量见表9。
2015—2016 年各出口市场电焊机出口额见表10。

表9　2015—2016 年各出口市场电焊机出口量

地区	出口量（台/套）			出口量占比		
	2015 年	2016 年	增加	2015 年（%）	2016 年（%）	占比变化（百分点）
北美洲	405 252	252 933	-152 319	15.71	10.87	-4.84
大洋洲	44 321	37 319	-7 002	1.72	1.60	-0.12
非洲	108 715	26 255	-82 460	4.21	1.13	-3.08
南美洲	150 579	195 816	45 237	5.84	8.41	2.57
欧洲	840 879	1 091 430	250 551	32.6	46.89	14.29
亚洲	1 029 803	723 853	-305 950	39.92	31.10	-8.82
合计	2 579 549	2 327 606	-251 943	100.00	100.00	

表10　2015—2016 年各出口市场电焊机出口额

地区	出口额（万元）			出口额占比（%）		
	2015 年	2016 年	增加	2015 年	2016 年	增加百分点
北美洲	26 412.61	26 312.81	-99.80	13.66	13.53	-0.13
大洋洲	12 475.75	8 758.35	-3 717.40	6.45	4.5	-1.95
非洲	7 715.73	2 671.76	-5 043.97	3.99	1.37	-2.62
南美洲	13 067.39	14 449.92	1 382.53	6.76	7.43	0.67
欧洲	53 883.68	76 200.44	22 316.76	27.87	39.17	11.30
亚洲	79 813.42	66 127.78	-13 685.64	41.28	34.00	-7.28
合计	193 368.58	194 521.06	1 152.48	100.00	100.00	

出口排名前十位国家 2016 年出口总量和出口总额占比分别为 81.05% 和 74.85%。2016 年比 2015 年出口集中度更高。2016 年出口前十位国家见表 11。

表11　2016 年出口前十位国家

序号	国家	出口量（台/套）	出口量占比（%）	出口额（万元）	出口额占比（%）
1	俄罗斯	452 960	19.46	35 406.35	18.20
2	日本	476 299	20.46	23 345.49	12.00
3	德国	268 139	11.52	17 770.94	9.14
4	美国	161 819	6.95	16 360.73	8.41
5	印度	25 908	1.11	11 172.97	5.74
6	乌克兰	273 628	11.76	9 912.53	5.09
7	泰国	33 972	1.46	9 347.15	4.81
8	澳大利亚	37 315	1.60	8 739.21	4.49
9	墨西哥	77 122	3.31	7 322.92	3.76
10	巴西	79 690	3.42	6 220.82	3.20
	合计	1 886 852	81.05	145 599.11	74.85

2015—2016 年合计出口排名前四名的国家有俄罗斯、日本、美国和德国。其中俄罗斯 2016 年出口占比增幅较大，出口量和出口额占比分别增加 6.68 和 5.82 个百分点；美国 2016 年出口占比下降较大，出口量和出口额占比分别减少 8.36 和 3.15 个百分点；日本和德国变化不大。2015—2016 年前四名国家出口变化情况见表12。

表 12 2015—2016 年前四名国家出口变化情况

序号	国家	出口量增加（台/套）	出口量占比增加百分点	出口额增加（万元）	出口额占比增加百分点
1	俄罗斯	123 214	6.68	11 473.65	5.82
2	日本	-83 682	-1.25	3 774.49	1.88
3	美国	-232 996	-8.36	-5 995.22	-3.15
4	德国	63 530	3.59	6 025.98	3.07

〔供稿单位：中国电器工业协会电焊机分会〕

变频器

生产发展情况 2015 年，变频器行业 11 家较大规模企业的工业总产值、工业销售产值和主营业务收入达到 48.3 亿元、45.3 亿元、35.3 亿元，工业总产值和工业销售产值同比分别下降 14.35% 和 23%，利润总额同比下降 37.34%，工业增加值同比增长 24%。

在经历了两年的低速发展之后，变频器行业各企业摸索中转型升级，不断开拓市场，业绩得到了提升。2016 年，变频器行业 12 家较大规模企业的工业总产值、工业销售产值和主营业务收入达到 29.19 亿元、30.49 亿元、31.34 亿元，工业总产值和工业销售产值同比分别增长 13.71% 和 15.02%，利润总额同比增长 11.14%，工业增加值同比增长 22.01%。

2015 年变频器行业重点企业工业总产值见表 1。2016 年变频器行业重点企业工业总产值见表 2。2016 年变频器行业重点企业工业销售产值见表 3。

表 1 2015 年变频器行业重点企业工业总产值

序号	企业名称	工业总产值（万元）	序号	企业名称	工业总产值（万元）
1	广州智光电气股份有限公司	130 693	7	山东新风光电子科技股份有限公司	22 150
2	深圳市英威腾电气股份有限公司	109 700	8	大连普传科技股份有限公司	18 420
3	株洲变流技术国家工程研究中心有限公司	74 569	9	广州东芝白云菱机电力电子有限公司	10 466
4	浙江新富凌电气股份有限公司	42 441	10	天津华云自控股份有限公司	5 279
5	北京合康亿盛变频科技股份有限公司	32 976	11	上海格立特电力电子有限公司	5 037
6	深圳市蓝海华腾技术股份有限公司	30 982			

表 2 2016 年变频器行业重点企业工业总产值

序号	企业名称	工业总产值（万元）	序号	企业名称	工业总产值（万元）
1	深圳市英威腾电气股份有限公司	112 006	7	山东泰开自动化有限公司	12 626
2	北京利德华福电气技术有限公司	34 488	8	深圳市易驱电气有限公司	11 275
3	中信重工开诚智能装备有限公司	34 006	9	天津华云自控股份有限公司	4 422
4	北京合康亿盛科技股份有限公司	30 375	10	上海奇电电气科技有限公司	2 372
5	山东新风光电子科技发展有限公司	28 650	11	上海格立特电力电子有限公司	1 517
6	大连普传科技股份有限公司	18 976	12	北京合力电气传动控制技术有限责任公司	1 200

注：包含部分变频器配套件产值。

表3　2016年变频器行业重点企业工业销售产值

序号	企业名称	工业销售产值（万元）	序号	企业名称	工业销售产值（万元）
1	深圳市英威腾电气股份有限公司	108 245	7	山东泰开自动化有限公司	12 201
2	北京利德华福电气技术有限公司	49 873	8	深圳市易驱电气有限公司	11 556
3	中信重工开诚智能装备有限公司	36 099	9	天津华云自控股份有限公司	3 978
4	北京合康亿盛科技股份有限公司	30 375	10	上海奇电电气科技有限公司	3 863
5	山东新风光电子科技发展有限公司	27 619	11	上海格立特电力电子有限公司	1 430
6	大连普传科技股份有限公司	19 001	12	北京合力电气传动控制技术有限责任公司	650

质量及标准 完成《注塑机专用变频调速设备》和《机床专用变频调速设备》两项国家标准的报批，并配合审查部完成两项标准的校稿。配合审查部完成《1kV及以下变频调速设备 安全规程》和《1kV以上但不超过35kV变频调速设备 安全规程》两项国家标准的校稿工作。并按照强制性标准的要求，完成强标转推标的相关工作。"冶金专用变频调速设备"申请立项，"变频调速设备的能效限定值及能效等级"获批能源标准立项。

上市 上海新时达电气股份有限公司、山东新风光电子科技股份有限公司、上海雷诺尔科技股份有限公司、深圳市蓝海华腾技术股份有限公司、深圳市正弦电气股份有限公司、山东深川变频科技股份有限公司等行业企业，先后挂牌上市。

企业整合 开诚集团与中信重工成功联姻，是我国变频器行业企业强强联手、优势互补、资源共享、互惠共赢的典范案例。中信重工开诚智能装备有限公司在唐山创立，成为企业转型升级的重要里程碑。

希望森兰秉承"节能中国，伙伴天下"的战略发展战略，以"希望无限，卓越无境"为理念，与菲尼克斯合作，也是希望森兰长远战略的重要组成部分。

山东新风光电子科技股份有限公司和兖矿集团正式完成战略合作。双方合作后，利用兖矿资金和控股优势，以新风光为发展主体，建设山东电力电子节能和新能源装备电子产业园。产业园计划总投资20亿元，将现有优势产品实现规模化、产业化，发展上、下游配套产业，最终形成完整的节能和新能源装备产业集群。

哈工大机器人集团与合肥经开区正式签署合作协议，将投资约20亿元建设工业机器人及智能装备项目，打造集研发生产、制造和服务等为一体的产业集群。

国产核心器件技术水平提升

1.IGBT行业的市场格局和发展趋势对变频器厂商较为有利

首先目前市场上两大主流的IGBT供应商德国英飞凌和日本三菱市场份额和技术水平相当，互为牵制，没有在IGBT市场形成垄断的可能。其次，其他中小品牌也陆续推出了较多新产品，产品综合性能日益接近三菱和英飞凌。随着产品技术和相关市场的发展，IGBT厂商已经对推出的下一代产品采用了标准化结构的设计，各品牌的兼容性大大提高，本土变频器企业的采购风险正逐步降低。随着技术的发展和供货渠道的增多，近年来IGBT市场价格呈现明显的下降趋势，变频器企业在IGBT采购方面的主动性越来越强。

国产变频器的进步离不开国产功率器件的技术提升，由工业和信息化部指导筹建的中国IGBT技术创新与产业联盟于2014年成立。联盟由IGBT专用材料及设备、芯片及器件、模块、装置及系统应用等产业链各环节共24家骨干企业发起成立，通过开展协调产业优势资源、搭建产业链上下游互动合作平台、推广IGBT产品应用等工作，推动我国IGBT产业做大做强。我国已经拥有较好的IGBT产业规模，部分本土企业已经积极进行IGBT制造技术的突破并取得较好的进展。我国用自己的技术力量通过独立或合资形式制成IGBT芯片和模块的企业有：株洲南车、江阴长电、江苏宏微、嘉兴斯达等公司。

2.电容器

作为三大基础被动电子元器件（电阻、电容及电感器）之一的电容器在电子元器件产业中占有重要的地位，是电子线路中必不可少的元器件之一。2015年电解电容全球市场销售额62亿美元，相比2014年保持5%左右的增速。日本3-CON（CHEM-CON、NICHI-CON、RUBYCON）占据全球前三甲，占据全球市场份额大约55%，在高端的消费领域（汽车电子、高端的照明领域等）和工业领域仍处于领先的地位，而我国国内铝电解电容器制造企业众多，但市场份额仅占26%左右，目前主要集中在中低端市场。

受成本压力和下游需求向中国转移的影响，全球知名铝电解电容器制造商纷纷在中国大陆投资建厂，中国将成为全球最大铝电解电容器的市场。铝电解电容器在传统消费电子领域供需处于平稳阶段，其主要发展领域为绿色照明领域、变频器、新能源等诸多新兴领域。

3.熔断器

熔断器产品正在配合其他低压电器设备做到模板化，使整体设备成为新一代智能电器。

当前形势下变频器行业发展建议 未来一段时间，建议企业有针对性地开展相关工作：一是要尽快建立发展自主核心技术和产品的机制；二是要重视创新型工程科技人才和产品开发人才的培养和激励；三是要大力推进工业化与信息化深度融合，实现产品智能化、服务网络化、业务协同化；四是提升产品附加值，提升产品竞争力；五是延长产品价值链，快速响应市场需求，逐步实现企业从产品制造向产品增值服务转型。

变频器行业协会未来重点工作任务 在继续做好质量可信产品推介、品牌培育、诚信企业表彰、信息发布、行业统计与预测等常规工作的同时，行业协会将及时解读国家相关产业政策，紧跟行业发展趋势，重点做好以下几方面工作：一是努力做好行业在推进转型升级、促进结构调整、开展自主创新等方面的各项工作，通过技术交流、论坛、培训等形式进行技术普及，加强行业技术引领作用，广泛了解企业技术需求，探索推动行业技术进步的方式与方法；二是在行业内试点开展客户满意度调查服务工作；三是将联合标委会、中国质量认证中心和国家电控配电设备质量监督检验中心开展变频器产品认证推广和相关技术研讨工作。

〔撰稿人：中国电器工业协会变频器分会董天舒〕

智能电网用户端

政策导向与行业发展概况

1.《电力需求侧管理办法》（修订版）发布实施

近年来，我国电力供需形势发生深刻变化，生态文明建设、能源消费革命、新一轮电力体制改革的推进都对电力需求侧管理提出了新的要求。《电力发展"十三五"规划(2016—2020年)》中特别强调需大力提高电力需求侧响应能力。电力生产供应和消费应贯彻节约优先、绿色低碳的国家能源发展战略，在增加电力供应时，统筹考虑并优先采取电力需求侧管理措施。

2017年国家发展改革委员会以发改运行规〔2017〕1690号《关于深入推进供给侧结构性改革做好新形势下电力需求侧管理工作的通知》，发布了新修订的《电力需求侧管理办法》，提出要紧紧把握经济发展新常态，按照供给侧结构性改革要求，进一步发挥电力需求侧管理在推动能源消费革命和电力体制改革中的作用，在节约电力电量、促进全社会节能减排的同时，加强电力需求侧管理平台的建设和应用、扩大需求响应规模、大力发展电能服务产业，促进新形势下电力经济绿色发展和生态文明建设。

在需求侧管理实施主体方面，新版《电力需求侧管理办法》规定电网企业、电能服务机构、售电企业、电力用户是电力需求侧管理的重要实施主体。鼓励电能服务机构、售电企业为用户开展需求侧管理提供合同能源管理、综合节能和用电咨询等服务，帮助用户节约电力电量，提高生产运行效率。同时，新版《电力需求侧管理办法》强调了要充分调动用户参与需求侧管理的主动性。

在实施需求侧管理理念和任务方面，新版《电力需求侧管理办法》提出电力需求侧管理是指加强全社会用电管理，综合采取合理、可行的技术和管理措施，优化配置电力资源，在用电环节制止浪费、降低电耗、移峰填谷、促进可再生能源电力消费、减少污染物和温室气体排放。新版《电力需求侧管理办法》突出了需求侧管理工作的五个重要内涵，分别是节约用电、环保用电、绿色用电、智能用电、有序用电，并对每部分内容做了详细规定。

2.全球能源互联网中国方案

2015年9月26日，在联合国可持续发展峰会上，中国国家主席习近平发出"探讨构建全球能源互联网，推动以清洁和绿色方式满足全球电力需求"的倡议。峰会通过了"变革我们的世界：2030年可持续发展议程"（简称"2030议程"），明确提出17项、169个可持续发展目标，为未来15年世界各国发展指明了方向。

中国发起成立的首个国际能源组织——全球能源互联网发展合作组织于2016年3月在北京成立。一年多来，全球能源互联网发展合作组织大力加强理念传播、基础研究、项目推动和国际合作，推动全球能源互联网进入落地实施、共同行动的新阶段。

2017年11月1日，以"建设全球能源互联网，助推联合国2030可持续发展议程"为主题的高级别研讨会和午餐会在纽约联合国总部举行。联合国秘书长安东尼奥·古特雷斯、副秘书长刘振民，全球能源互联网发展合作组织主席、中国电力企业联合会理事长刘振亚出席会议并致辞。联合国办公厅主任玛丽亚·路易莎·里贝罗·维奥蒂出席会议。

由中国发起成立的全球能源互联网发展合作组织致力于搭建国际合作平台，推动全球能源互联网理念落实，实现世界能源与经济、社会、环境协调可持续发展。为全面落实联合国"2030议程"，全球能源互联网发展合作组织编制并于联合国高级别研讨会上发布《全球能源互联网落实联合国2030年可持续发展议程行动计划》（简称《行动计划》）。

行业活动

1.2017用户端能源管理系统（CEMS）标准联盟年会

2017用户端能源管理系统（CEMS）标准联盟年会于2017年7月召开。会议主要由CEMS联盟2017年度工作会议、标准审查会和2017用户端能源管理技术研讨会三项议程组成。会议总结汇报了中国电器工业协会设备网现场总线分会、中国电工技术学会自动化及计算机应用专业委员会2016—2017年度工作，提出了下一年度的工作计划。

此外，2017用户端能源管理技术研讨会围绕"用户端能源管理相关政策、商业模式、新技术发展""'云技术+'用户端能源管理"和"用户端能源管理标准化"三个主题呈现了9个专题报告。此次会议吸引了来自60余家全国科研院所、企业等众多机构的近百名专家、学者和技术人员，对用户端能源管理系统标准的制定和推广起到了积极有效的推动作用。

2.2017中国智能电网用户端技术论坛

2017中国智能电网用户端技术论坛于2017年10月26—27日在上海举行。论坛设置了"全体大会：政策、能源互联网""能源管理新技术新方法""分布式能源与微电网"和"2017新能源汽车充电技术及基础设施建设研讨会"四个会场，着重围绕12个主题展开讨论。这12个主题分别是：（1）需求侧管理与售电政策；（2）能源互联网；（3）大数据应用；（4）人工智能应用；（5）用户端能源管理系统标准化；（6）解决方案和案例；（7）分布式能源和微电网；(8)充电寄出设施推广应用形式；(9)充电桩设施运营数据分析；(10)充电设施风险投资分析；(11)充电新技术发展和应用；(12)充电桩标准、测试和认证。来自100多家相关政府部门、高校、科研设计院所、系统集成商、生产企业和用户单位的300多人参加了论坛，展示了27个专题报告。

用户端能源系统标准制定　2017年度，全国电器设备网络通信接口标准化技术委员会（SAC/TC411）共完成用户端能源管理系统国家标准报批3项，实现国家标准计划立项3项，能源行业标准发布实施2项。

完成的3项国家标准报批分别是：《用户端能源管理系统　第1部分：导则》（计划编号：20161635-T-604），《用户端能源管理系统　第2部分：主站功能规范》（计划编号：20161634-T-604），《用户端能源管理系统　第3-1部分：子系统接口网关一般要求》（计划编号：20150553-T-604）。

实现的3项国家标准计划立项分别是：《用户端能源管理系统　第6部分：指标体系》（计划编号：20171691-T-604），《用户端能源管理系统　第7部分：系统分类分级》（计划编号：20171692-T-604），《用户端能源管理系统　第8部分：用例》（计划编号：20170399-Z-604）。

正式发布实施的2项国家能源标准分别是：《智能电网用户端能源管理系统　第1部分：技术导则》《智能电网用户端能源管理系统　第2部分：主站技术规范》。

〔撰稿人：中国电器工业协会设备网现场总线分会蔡忠勇〕

中国电器工业年鉴 2017

产品与项目

介绍电器工业在2016—2017年各类奖项中的获奖情况，公布行业质量可信产品推荐的结果

综述

行业概况

产品与项目

标准化

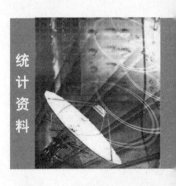

统计资料

大事记

综述

行业概况

产品与项目

2016年度国家科学技术进步奖获奖项目（电工电器部分）

2017年度国家科学技术进步奖获奖项目（电工电器部分）

2016年度中国机械工业科技进步奖获奖项目（电工电器部分）

2017年度中国机械工业科技进步奖获奖项目（电工电器部分）

第十九届中国专利优秀奖项目（电工电器部分）

2017年中国电器工业协会"质量可信产品"推介

标准化

统计资料

大事记

2016年度国家科学技术进步奖获奖项目
（电工电器部分）

序号	项目名称	主要完成人	主要完成单位	获奖等级
1	250MW级整体煤气化联合循环发电关键技术及工程应用	许世森、苏文斌、胡建民、毛巍、任永强、刘振华、赵平、徐越、张旭、高景辉	中国华能集团公司、中国华能集团清洁能源技术研究院有限公司、绿色煤电有限公司、华能（天津）煤气化发电有限公司、西安热工研究院有限公司、华能国际电力股份有限公司、上海锅炉厂有限公司	二等奖
2	风电机组关键控制技术自主创新与产业化	王维庆、武钢、王海云、唐浩、范文慧、李强、李健、张龙钦、乔元、王明江	新疆金风科技股份有限公司、新疆大学、国网新疆电力公司	二等奖

2017年度国家科学技术进步奖获奖项目
（电工电器部分）

序号	项目名称	主要完成人	主要完成单位	获奖等级
1	特高压±800kV直流输电工程	李立涅、刘振亚、舒印彪、刘泽洪、尚涛、黎小林、荀锐锋、马为民、黄莹、陆剑秋、吴宝英、陆家榆、王健、密传龙、周远翔、印永华、罗兵、张喜乐、梁ением平、高理迎、蔡希鹏、张月华、于永清、王建生、余军、洪潮、梁言桥、陈东、吕金壮、齐磊、李侠、彭宗仁、王琦、李正、张万荣、胡蓉、卢理成、余波、马斌、司马文霞、李海英、方森华、党镇平、贺智、种芝艺、薛春林、郑劲、郭振岩、冯晓东、汤晓中	国家电网公司、中国南方电网有限责任公司、中国西电集团公司、中国电力科学研究院、南方电网科学研究院有限责任公司、国网北京经济技术研究院、西安电力电子技术研究所、特变电工沈阳变压器集团有限公司、清华大学、南京南瑞继保电气有限公司、电力规划总院有限公司、保定天威保变电气股份有限公司、许继集团有限公司、西安西电变压器有限责任公司、华北电力大学、西安西电力系统有限公司、中国电力工程顾问集团中南电力设计院有限公司、中国电力工程顾问集团西南电力设计院有限公司、中国电力工程顾问集团华东电力设计院有限公司、中国能源建设集团广东省电力设计研究院有限公司、中国电力工程顾问集团西北电力设计院有限公司、北京电力设备总厂有限公司、西安交通大学、重庆大学、江苏神马电力股份有限公司、大连电瓷集团股份有限公司、桂林电力电容器有限责任公司、机械工业北京电工技术经济研究所、抚顺电瓷制造有限公司、淄博泰光电器器材厂	特等奖
2	600MW超临界循环流化床锅炉技术开发、研制与工程示范	吕俊复、徐鹏、肖创英、胡昌华、聂立、苏虎、马怀新、陈英、刘吉臻、杨海瑞、胡修奎、郑兴胜、李星华、杨冬、岳光溪	清华大学、东方电气集团东方锅炉股份有限公司、神华集团有限公司、华北电力大学、中国电力工程顾问集团西南电力设计院有限公司、四川白马循环流化床示范电站有限责任公司、浙江大学、神华国能集团有限公司、四川电力建设三公司、中国华能集团清洁能源技术研究院有限公司	一等奖
3	特大型交直流电网技术创新及其在国家西电东送中的应用	饶宏、许超英、余建国、汪际峰、陈允鹏、赵建宁、吴小辰、甄杰、蔡泽祥、曾勇刚	中国南方电网有限责任公司、南方电网科学研究院有限责任公司、广东电网有限责任公司、清华大学、华南理工大学、南京南瑞继保电气有限公司、南京南瑞集团公司	二等奖
4	新型光纤制备技术及产业化	王瑞春、罗杰、王光全、韩庆荣、龙胜亚、朱继红、张磊、杨晨、沈世奎、王润涵	长飞光纤光缆股份有限公司、中国联合网络通信集团有限公司	二等奖

2016年度中国机械工业科技进步奖获奖项目（电工电器部分）

序号	项目名称	完成人	完成单位	获奖等级
1	1 000MW 发电机组可靠性预测的关键技术及应用	史进渊、陈丽娟、杨宇、危奇、汪勇、邓志成、周宏、黄庆华、王欣、鲍旭东、余炎、朱志劼、蒋俊、席会杰、张成义	上海发电设备成套设计研究院	一等奖
2	特高压直流输电工程用 ±800kV 级高端换流变压器国产化研究及应用	宓传龙、帅远明、赵勇进、李红桥、石燕英、谢庆峰、王涛、刘燕、杨中利、张伟红、吕建玉、佘海智、龚宜祥、谈欣、赵婧	西安西电变压器有限责任公司	一等奖
3	超、特高压交流断路器操作过电压抑制及智能操作关键技术研究	林莘、钟建英、郭振岩、徐建源、王飞鸣、庚振新、史可鉴、杨壮壮、温苗、夏龙龙、李鑫涛、吴冠男、曹辰、郝莎、陈浩然	沈阳工业大学	一等奖
4	自主技术的工业过程控制系统开发及应用	俞智斌、金雪峰、张巍巍、安洋、曹学旺、宋鹏、田凯、石宽、胡庆军、刘洋、金书辉、穆太青、康宁、王达、郭清臣	天津电气科学研究院有限公司	一等奖
5	热缩材料正压扩张机及其应用	赵成刚、唐国翌、谢世平、宋国林、李可涛、刘军、王进、鲁雪莲	长园集团股份有限公司	二等奖
6	功率型储能系统提升新能源发电调控技术研究及工程示范	李建林、惠东、谢志佳、靳文涛、胡娟、田立亭、马会萌、修晓青、徐少华、汪奂伶	中国电力科学研究院	二等奖
7	GGL 低压成套开关设备开发及应用	崔静、段毅、王阳、韩东明、王沙、胡文英、罗巨龙、钱贤丰、洪建庞、周兆法	天津电气科学研究院有限公司	二等奖
8	智能电网高压输电线路成套保护装置研制及应用	倪传坤、李文正、李旭、李宝伟、唐艳梅、姜自强、马全霞、李杰、郝慧贞、陈晨	许继集团有限公司	二等奖
9	1 000MW 超超临界单列高压加热器研制	王江、杨会、邓科、陈小明、季敏东、罗永飞、唐晓宁、张涛、李长胜、赵英权	东方电气集团东方锅炉股份有限公司	二等奖
10	采用单断口断路器的 550kV 紧凑型 GIS 关键技术的研究及应用	王振、苏戈、勾国营、李松磊、李要锋、秦晓宇、赵文强、史润军、杨姣龙、王春艳	河南平芝高压开关有限公司	二等奖
11	特高压串补设备 PLW2-1100/252 旁路开关的研制	王天祥、贺平军、冯亮亮、高励学、史铁华、朱瑢、张建国	西安西电高压开关有限责任公司	二等奖
12	区域电网智能保护控制系统成套设备研制及应用	刘星、李贞、李俊刚、魏勇、赵成功、樊占峰、许云龙、姜睿智、史宏亮、胡源奇	许继集团有限公司	二等奖
13	智能电网高压主设备保护装置研制及应用	马和科、倪传坤、邓茂军、姚东晓、王振华、胡宝、李旺、周俊华、沈沉、王全海	许继集团有限公司	二等奖
14	智能电网高压母线保护装置研制及应用	黄继东、金全仁、王智勇、肖锋、胡叶宾、徐云松、赵晓铎、胡沙沙、魏宁、吴梦丽	许继集团有限公司	二等奖
15	新型异步电机风力发电并网机组的关键技术研究	施凯、卜飞飞、徐培凤、陈志斌、朱湘临、王博、郭泉飞	江苏大学	二等奖
16	焊接转子技术路线在百万千瓦超临界汽轮机中的运用	何阿平、沈红卫、刘霞、王朋、乔尚飞、杨仁杰、蔡志鹏、芦凤桂、葛春新、丁玉明	上海电气电站设备有限公司	二等奖
17	柔性直流输电换流阀例行试验及型式试验的技术研究和回路建设	苟锐锋、行鹏、杨晓平、孙小平、胡宇、马宇、马志荣、陈明涛、韩鹏、靳骁	西安西电电力系统有限公司	二等奖
18	620℃高效超超临界 660MW 四缸四排汽凝汽式汽轮机	黄庆华、吴仕芳、朱斌、沈国平、华文祥、高清辉、仪剑、张军辉、胡怡丰、刘晓澜	上海电气电站设备有限公司	二等奖
19	F 级一拖一型可调整抽汽汽轮机机组系列化研制	张立建、金光勋、沈坚、彭运洪、余炎、沈国平、胡泽丰、叶冬挺、陈倪、金益波	上海电气电站设备有限公司	二等奖
20	±800kV/5 000A 特高压直流输电换流阀研制	刘宁、娄彦涛、张雷、于强、王文奇、马元社、王康、宋双祥、刘飞、崔斌	西安西电电力系统有限公司	二等奖
21	HSW6-8000 万能式断路器	戴水东、朱立明、方祥、高佳锋、戴建诗、李妙兴、刘国军	杭州之江开关股份有限公司	二等奖

（续）

序号	项目名称	完成人	完成单位	获奖等级
22	660MW 高效超超临界锅炉研制及产业化	张彦军、张殿军、夏良伟、于泽忠、于强、白玉峰、宋宝军、王永杰、孙洪民、马巧春	哈尔滨锅炉厂有限责任公司	二等奖
23	V0 级无卤阻燃聚酯树脂关键技术及产业化研究	梁倩倩、胡俊祥、江涌、刘健飞、黄杰、左禄川、罗春明、张世明、段州彬	四川东材科技集团股份有限公司	二等奖
24	AP1000 核电蒸汽发生器研制	唐伟宝、陆冬青、张茂龙、许遵言、夏炎鑫、江才林、袁亚兰、吴新华、李双燕、徐超	上海电气核电设备有限公司	二等奖
25	LW30A-800/Y6300-63 户外高压六氟化硫罐式断路器	宫瑞磊、肖凤良、许宝波、李伟、史鑫	山东泰开高压开关有限公司	三等奖
26	高可靠高效率并网逆变器关键技术及应用	姚志垒、于学华、徐静	盐城工学院	三等奖
27	核电站控制棒驱动机构电源系统	周蕴花、俞高伟、王帅、郭贺、王琳	上海发电设备成套设计研究院	三等奖
28	面向智能电网的新型智能开关柜	王万亭、张剑、林友福、徐石、方备	杭州恒信电气有限公司	三等奖
29	高集成度的新一代智能变电站自动化系统关键设备研制及工程应用	王广民、慕宗君、肖亮、李贞、袁方方	许继集团有限公司	三等奖
30	基于水压胀形壳体密封的 12kV 柱上真空开关关键技术研究	袁端磊、杨芳、朱彦卿、王海燕、王刚	平高集团有限公司	三等奖
31	特高压自主化开关设备关键技术研究及工程应用	张友鹏、段晓辉、江经华、王赛豪、孙英杰	平高集团有限公司	三等奖
32	沙特拉比格 835MV·A/60Hz 汽轮发电机研制	王拯元、王正锋、王勇、陈昌林、叶国华	东方电气集团东方电机有限公司	三等奖
33	126/252kV 集成式智能隔离断路器	钟建英、杨珂、张敬涛、张一茗、王守山	平高集团有限公司	三等奖
34	台风型风力发电机组的研发与产业化	陈棋、应有、申新贺、翁海平、周书锋	浙江运达风电股份有限公司	三等奖
35	高压直流换流站测量控制装置研制与应用	李延龙、曾丽丽、傅亚光、杨亚璞、胡欢	许继集团有限公司	三等奖
36	大型发电机定子线圈装配模块化的设计和制造技术	王庭山、夏鲜良、魏燕飞、王建萍、陈晶晶	上海电气电站设备有限公司	三等奖
37	GYF 型防爆电加热器	陆明福、耿志军、李胜利、郭天华、陆敏	江苏裕兴电器有限公司	三等奖
38	城市轨道交通新型智能化保护控制系统的研制及应用	魏巍、严伟、牛洪海、沈全荣、刘永生	南京南瑞继保电气有限公司	三等奖
39	多电平静止无功发生器系统关键技术、设备研制及工程应用	谢晔源、方太勋、盛晓东、吴小丹、曹冬明	南京南瑞继保电气有限公司	三等奖
40	YQJ-90-4-H-GW 型舰艇用高温低噪声水冷电机	俞志君、张亚萍、张斌、赵朝会、凌素琴	江苏远东电机制造有限公司	三等奖
41	新型环保合金护套贯通地线产品关键技术及设备	温贻芳、陆春良、高新浩、杨扬、于霜	江苏亨通线缆科技有限公司	三等奖
42	5×3500MV·A 冲击发电机电源系统	胡醇、胡德霖、王林、叶敏、李卫平	苏州电器科学研究院股份有限公司	三等奖
43	小型化 800kV 气体绝缘金属封闭开关设备研制	方煜瑛、薛红涛、郭自豪、李健、郭煜敬	河南平高电气股份有限公司	三等奖
44	多介质融合的智能配用电网通信关键技术研究与工程应用	林文祖、吕军、肖岚、金垒、王婧婧	国网辽宁省电力有限公司大连供电公司	三等奖
45	碟簧储能液压操动机构核心元件关键制造技术开发及应用	刘拥军、张全民、刘作庆、张子明、贾广涛	河南平高电气股份有限公司	三等奖

2017年度中国机械工业科技进步奖获奖项目（电工电器部分）

序号	项目名称	完成人	完成单位	获奖等级
1	SSP-1210000/500 电力变压器	韩晓东、高建国、孟丽坤、孙战库、王运强、马文选、闫少毅、王洪、孙建远、余正慧、李娜、陈惠兰、董莹、黄宇翔、彭延红	西安西电变压器有限责任公司	一等奖
2	电源电压直升百万伏关键装备研发及工程应用示范	钟俊涛、孙树波、马旭平、谭黎军、孙长海、王健、邓华蓉、傅铁军、种衍民、章义发、王平、张隽哲、王健、刘丰、邹宇星	特变电工股份有限公司	一等奖
3	再热汽温 623℃高效超超临界锅炉研制	何维、丘加友、易广宙、徐雪元、刘毅、姚丹花、李铁、诸育枫、张涛、辛娜娜、莫春鸿、刘影、胡修奎、张维侠、唐勇	上海锅炉厂有限公司	一等奖
4	超超临界二次再热锅炉研制及产业化	张彦军、张殿军、王文宗、赵平、王凤君、李卫东、黄莺、赵彦华、夏良伟、宋宝军、周顺文、栾世健、王文浒、柯波、茅义军	哈尔滨锅炉厂有限责任公司	一等奖
5	大规模集成电路用铜基引线框架材料的关键技术及产业化	刘平、娄花芬、陈小红、郭慧稳、刘新宽、贾淑果、丁顺德、张柯、刘月梅、何代华、姚廷鑫、马凤仓、胡萍霞、李伟、万建	上海理工大学	一等奖
6	国家高电压标准装置关键技术、成套装备及工程应用	杨世海、陈昊、赵双双、沈秋英、张健、卢树峰、周峰、陆子刚、郭兴昕、易永仙、季欣荣、穆小星、陈文广、王少华、尧赣东	国网江苏省电力公司电力科学研究院	一等奖
7	1000MW 核电汽轮机焊接转子研制	钟杰、张从平、束国刚、曹天兰、梁钢、赵建仓、张建勋、高伟、王仕洋、侯志蓉、王虹、范华、杨冬、钟玉	东方电气集团东方汽轮机有限公司	一等奖
8	舟山多端柔性直流输电示范工程配套试验能力建设项目	刘良璧、庞明明、刘明军、郑新龙、赵磊、姜明丽、汪玉银、毕金全、向往、郑久军	中国新时代国际工程公司	二等奖
9	电力需求侧智能管理及其在智能建筑中的应用研究	奚培锋、瑶长江、张少迪、汤晓栋、瞿超杰、江浩、方文、程睿远、赵光、聂佳	上海电器科学研究所（集团）有限公司	二等奖
10	高弥散性银镍电触头材料开发及产业化	王振宇、黄锡文、叶凡、覃向忠、金红、罗春华、张天锦、谭光讯、陈光明、蒋德志	桂林电器科学研究院有限公司	二等奖
11	1000MW 等级电站锅炉给水泵汽轮机关键技术开发应用	隋永枫、孔建强、马晓飞、余伟平、姚建华、王勤、蔡党华、周立明、陈金铨、董太宁	杭州汽轮机股份有限公司	二等奖
12	基于信息交互与立体决策的变电站协同控制关键技术及应用	宋璇坤、肖智宏、谷松林、刘颖、张锐、韩柳、陈炜、张祥龙、吴聪颖、刘鹏	国网北京经济技术研究院	二等奖
13	基于三电平矢量控制高压变频器关键技术研究及产品研制	齐亮、陈江洪、张海燕、汤雪华、唐丽婵、仲华、刘军、李劲、张超、李守法	上海电气富士电机电气技术有限公司	二等奖
14	特高压带电作业关键技术与智能装备及应用	刘夏清、樊绍胜、胡毅、苏梓铭、姜赤龙、李昌甫、唐欣、唐盼、方玉群、胡弘莽	长沙理工大学	二等奖
15	F1-2500 户内直流真空开关技术研究、设备研制及示范应用	王帮田、张杰、王金雷、王小丽、纪江辉、胡宝、张鹏、曹善军、姜亚军、杨思亮	许继集团有限公司	二等奖
16	地铁再生制动能量回馈装置研制与应用	张海龙、李亚军、张建、夏景辉、牛化鹏、赵晗、王林、李英锋、郑月宾、刘军	许继集团有限公司	二等奖
17	高参数抗严寒 1100kV GIS 设备研制	方煜瑛、卢鹏、郭自豪、董军利、王保刚、王丽娟、程尧轩、许罗生、黄坤鹏、宋松民	河南平高电气股份有限公司	二等奖
18	特高压直流输电交流场用 800kV 开关设备研制与应用	侯平印、南振乐、李振军、钟国武、李新、邱吉庆、姜章兰、张强、陈立、李渊	西安西电开关电气有限公司	二等奖

(续)

序号	项目名称	完成人	完成单位	获奖等级
19	超(超)临界百万机组用电站锅炉启动系统再循环泵	徐成、姚荣祥、姚建村、王松年、艾晨辉、刘龙海、王海平、姚崇全、陈林、何亚平	合肥皖化电机技术开发有限责任公司	二等奖
20	耐热自粘换位导线研发及产业化	陆炳兴、廖和安、张小波、张恒光、崔鹤松、鲍煜昭、陈浩菊、戴涛、汪文亚、李俊广	无锡统力电工股份有限公司	二等奖
21	基于红外热像和人工智能的瓷质绝缘子检测技术设备及应用	姚建刚、李唐兵、尹骏刚、李佐胜、汪霄飞、朱向前、胡淋波、张也、欧阳旭、叶伦	湖南大学	二等奖
22	煤气化联合吸附强化制氢关键技术及应用	豆斌林、陈海生、张华、崔国民、徐玉杰、王子龙、孙丰收、翟智勇、史艳	上海理工大学	二等奖
23	万能式断路器制造过程柔性测试与系统集成关键技术及应用	顾启民、谢启、徐惠钢、姚强、涂水林、殷建强、杨云飞、徐伟、邓志良	常熟理工学院	二等奖
24	350MW超临界循环流化床锅炉研制	苏虎、巩李明、聂立、杨雪芬、唐勇、胡修奎、翟小俊、周旭、陈震宇、周棋	东方电气集团东方锅炉股份有限公司	二等奖
25	大容量超多柱并联金属氧化物限压器关键技术研究及其工程应用	蔡汉生、何计谋、刘刚、谢清云、贾磊、祝嘉喜、陈喜鹏、陈忠伟、阳少军、宋继军	西安西电避雷器有限责任公司	二等奖
26	满足孤网要求抗冲击型730MW级水氢冷发电机	王庭山、张燕、石书华、李向阳、丁辉、柳洪行、刘明慧、张军、周振福、郑刚	上海电气电站设备有限公司上海发电机厂	二等奖
27	满足内陆运输及国际化需求的百万千瓦级发电机	王庭山、邵祖鹏、咸哲龙、谢雪望、汤宝月、何玉松、杨保哲、钟后鸿、吴新亚、胡磊	上海电气电站设备有限公司上海发电机厂	二等奖
28	TPYM系列磨机专用永磁同步变频电动机(95～800kW 380V/660V)	李建军、李莹、张炳义、牛英力、赵小云	河北新四达电机股份有限公司	三等奖
29	电化学储能系统数值建模与选型配置技术及工程示范	李建林、马会萌、靳文涛、李欣然、魏达	中国电力科学研究院	三等奖
30	GGL-J低压无功功率补偿装置	崔静、段毅、韩东明、王阳、王沙	天津电气科学研究院有限公司	三等奖
31	有载调容分级并联电抗器研制及工程应用	王健、彭博、钟俊涛、刘均菲、李洪波	特变电工沈阳变压器集团有限公司	三等奖
32	大容量柔性直流输电工程用换流变压器关键技术研究及应用	谈翀、刘克民、刘光辉、仇辉、王明胜	山东电力设备有限公司	三等奖
33	变压器智能化及智能组件开发	符胜利、聂三元、帅远明、马瑜、王长征	西安西电变压器有限责任公司	三等奖
34	400MV·A/345kV带偏置绕组自耦变压器关键技术研究	张栋、刘力强、耿增浩、马丽景、程从明	保定天威保变电气股份有限公司	三等奖
35	ACP1000核电站用安全级干式变压器关键技术研究	谢天舒、唐金权、蔡定国、杨祥江、黎剑锋	明珠电气股份有限公司	三等奖
36	高温缺水地区换流阀冷却设备	文玉良、冷明全、张正国、卢志敏、张恩龙	广州高澜节能技术股份有限公司	三等奖
37	智能化输配电设备试验方法研究及试验检测平台的建立	姚斯立、冯建强、贾涛、张猛、王韵	西安高压电器研究院有限责任公司	三等奖
38	高速智能化电线电缆挤出生产线	肖茂华、欧密、刘超、危卫华、周少林	江苏新技机械有限公司	三等奖
39	低风速风电机组研发及产业化	叶杭冶、应有、徐宇、孙勇、秦世耀	浙江运达风电股份有限公司	三等奖
40	面向智能运检的高压设备状态感知与诊断关键技术研究及应用	张项安、路光辉、周水斌、赵成功、易永辉	许继集团有限公司	三等奖
41	智能用电信息系统关键设备研制及产业化	张长江、马永武、黄明山、陈淘、刘永光	许继集团有限公司	三等奖
42	优化改进型亚临界660MW等级四缸四排汽高中压分缸汽轮机研制	陆伟、陈倪、张晓霞、朱中杰、金光勋	上海电气电站设备有限公司	三等奖
43	燃用低热值褐煤600MW等级亚临界锅炉研制及产业化	张彦军、张殿军、夏良伟、于泽忠、于强	哈尔滨锅炉厂有限责任公司	三等奖
44	城市轨道交通门用电机	曹生炜、阮小丁、李源	浙江联宜电机有限公司	三等奖

(续)

序号	项目名称	完成人	完成单位	获奖等级
45	100～1 000kV 系列电子式互感器研制及产业化	王传川、曾林翠、白世军、马洪义、李亮亮	西安西电高压开关有限责任公司	三等奖
46	储能用低成本钛酸锂电池研制及储能系统集成技术	杨凯、高飞、刘皓、张明杰、金翼	中国电力科学研究院	三等奖
47	电力设备关键状态监测装置技术性能验证平台及评价体系研究与应用	陆国俊、易满成、莫文雄、王斯斯、顾春晖	广州供电局有限公司电力试验研究院	三等奖
48	智能电网用新型节能导线系列产品的研发与应用研究	徐静、夏霏霏、蒋达、杨伯其、张志力	新远东电缆有限公司	三等奖
49	交流感应电机及高效驱动控制技术研发	刘成强、赵艳雷、林连华、张建武、徐海港	山东时风（集团）有限责任公司	三等奖
50	YBX3 系列高效率隔爆型三相异步电动机（机座号 80～355）	孙宝石、胡文华、田静、毛广新、陶方明	佳木斯电机股份有限公司	三等奖
51	500kV/1 200MV·A 电力变压器突发短路试验系统	胡德霖、胡醇、刘海、朱瑞华、周璇	苏州电器科学研究院股份有限公司	三等奖
52	全域高阻尼智能发电机励磁系统的研制及应用	吴龙、施一峰、牟伟、石祥建、韩兵	南京南瑞继保电气有限公司	三等奖
53	含高渗透率分布式光伏的配电网控制保护关键技术及应用	徐光福、余群兵、陈俊、严伟、沈金青	南京南瑞继保电气有限公司	三等奖
54	火电站燃煤锅炉 SNCR+SCR 混合脱硝技术开发	杨志忠、张定海、叶茂、崔有贵、张锴	东方电气集团东方锅炉股份有限公司	三等奖
55	飞机用中频卷筒充电电缆	刘春昉、宋明明、刘永红、戚欢、王浩	特变电工（德阳）电缆股份有限公司	三等奖
56	三河 300MW 通流改造技术研究	方宇、孙奇、范小平、赵卫军、钟刚云	东方汽轮机有限公司	三等奖
57	130～260t/h 低氮燃烧低能耗高可靠性的新型环保循环流化床锅炉	毛军华、包绍麟、陆晓焰、景磊、吕清刚	无锡华光锅炉股份有限公司	三等奖
58	直流断路器关键技术研究及应用	虞国荣、汪先兵、金平、赵鹤、丁高峰	法泰电器（江苏）股份有限公司	三等奖
59	海工装备用高性能多耐多防电缆	陆云春、李永江、杨娟娟、王伟、刘良松	江苏远洋东泽电缆股份有限公司	三等奖
60	基于综合集成在线监测技术的高参数 126kV GIS 研发及应用	王振、张书琴、耿飞、刘彦军、王绍辉	河南平芝高压开关有限公司	三等奖
61	超高压及特高压气体绝缘复合套管的研制及应用	张友鹏、张银穗、王赛豪、江经华、段晓辉	平高集团有限公司	三等奖
62	高压开关用碟簧储能液压操动机构的技术研究及应用	邹高鹏、刘煜、雷琴、李海文、韩国辉	平高集团有限公司	三等奖
63	智能用电港口关键技术研究	周开河、虞昉、徐孝忠、李丰伟、胡学忠	国网浙江宁海县供电公司	三等奖
64	500kV 交联聚乙烯绝缘电力电缆和附件	刘召见、李涛、赵海燕、龙海泳、张宗军	特变电工山东鲁能泰山电缆有限公司	三等奖
65	光纤芯远程交换设备	周开河、徐孝忠、张韩旦、李广元、俞红生	国网浙江省电力公司宁波供电公司	三等奖
66	AP1000 核电反应堆压力容器先进制造技术	魏明、张茂龙、唐伟宝、陆冬青、唐建文	上海电气核电设备有限公司	三等奖
67	上海通用昂科威（DII UB 平台）车用 QFZW13520 型散热器风扇总成	周伟刚、侯朝勤、罗瑛、薛韬、徐立峰	上海日用-友捷汽车电气有限公司	三等奖

第十九届中国专利优秀奖项目
（电工电器部分）

序号	专利号	专利名称	专利权人	发明人
140	ZL200910191857.5	一种大型风力发电机组风轮叶片及其成型方法	重庆通用工业（集团）有限责任公司	钟方国、董静军、宋厚利、李明星、黎江、卓文
215	ZL201010557246.0	一种单片集成IGBT和FRD的半导体器件	株洲中车时代电气股份有限公司	丁荣军、刘国友、覃荣震、黄建伟、罗海辉
221	ZL201010571801.5	纤维状结构银基电接触材料的制备方法	温州宏丰电工合金股份有限公司	陈乐生、陈晓、祁更新、穆成法
314	ZL201110299874.8	电炉变压器继电保护方法	许继电气股份有限公司、宁夏回族自治区电力公司、许昌许继软件技术有限公司、国家电网公司	刘星、李瑞生、刘志远、姚东晓、姜睿智、郭维雅、魏燕、邓茂军
362	ZL201210048754.5	切圆锅炉燃烧装置及超低氮燃烧方法	东方电气集团东方锅炉股份有限公司	刘泰生、王勇、代婕、周武、陈灿、冉燊铭、马晓伟
383	ZL201210131850.6	自动工作系统、自动行走设备及其转向方法	苏州宝时得电动工具有限公司	强尼·鲍瑞那图
425	ZL201210315132.4	一种电力电子设备中开关件开机自检方法及装置	特变电工新疆新能源股份有限公司、特变电工西安电气科技有限公司	刘乐陶、马超群、刘小刚、张新涛、刘瑞强、刘伟增
448	ZL201210395826.3	耐高温铅酸蓄电池负极活性物质及制备方法	双登集团股份有限公司	徐冬明
459	ZL201210442336.4	一种多端柔性直流输电系统协调控制方法	南京南瑞继保电气有限公司、南京南瑞继保工程技术有限公司	董云龙、田杰、李钢、曹冬明、李海英、刘海彬
575	ZL201310335436.1	一种灯泡贯流机组支撑装置	东方电气集团东方电机有限公司	徐兰坤、钱昌燕、向春德
624	ZL201310599733.7	350MW超临界循环流化床锅炉及汽水循环方法	哈尔滨锅炉厂有限责任公司	张彦军、王凤君、姜孝国、高新宇、付兴金、马明华、王君峰、刘宏
637	ZL201310705405.0	透平叶片的加载方法	东方电气集团东方汽轮机有限公司	邓国梁、孙奇、曹守洪、方宇、吴其林、贺он、钟刚云、古翔
708	ZL201410380603.9	无线智能铅酸蓄电池组	超威电源有限公司	蒋林林、徐伟良、刘孝伟
760	ZL201510545874.X	一种铅锡-石墨烯复合材料及其制备方法和应用	天能电池集团有限公司	陈飞、张慧、郭志刚、何英、班涛伟
776	ZL201420093524.5	一种隔热耐火电缆	特变电工股份有限公司	陈卫、钟建军、廉辉、张金玉、张勇

2017年中国电器工业协会"质量可信产品"推介

经企业自愿申请、中国电器工业协会各分支机构审查推荐、专家论证、复审等程序，共100个产品取得2017年中国电器工业协会"质量可信产品"推介资质。

2017年中国电器工业协会"质量可信产品"推介资质

序号	单位名称	产品名称	型号
1	上海纳杰成套有限公司	低压成套开关设备	GCK
2		低压成套开关设备	MNS
3	天津市三源电力设备制造有限公司	低压抽出式开关柜	GCS
4		交流低压配电柜	GGD
5		箱式变电站	YBM□-12/0.4(F·R)/T-630
6	川开电气有限公司	低压成套开关设备	Blokset
7		母线槽	CCKX126
8	大连红星开关有限公司	低压抽出式开关设备	GCS
9	杭州欣美成套电器制造有限公司	低压成套开关设备	BLOKSET
10		低压成套开关设备	GXM
11		综合配电箱（低压成套开关设备）	XMZ
12	北京中凯电气有限公司	低压成套开关设备	GGD
13		智能精密配电柜	PDM
14		综合配电设备	PDX
15	VSK国际控股集团·天津威斯康电能补偿系统有限公司	智能电容器系统	VSK-VZNC
16		母线式智能电容器抑制谐波装置	VSK-ZNK
17	广东华力电气股份有限公司	低压抽出式成套开关设备	HNGC1
18	唐山金鑫电控科技有限公司	低压成套开关设备	GGD
19	杭州力源发电设备有限公司	水轮发电机	60MW及以下
20		轴流式水轮机	16MW及以下
21		混流式水轮机	60MW及以下
22	昆明电机厂有限责任公司	水轮发电机	100MW及以下
23		混流式水轮机	100MW及以下
24		水斗式水轮机	60MW及以下
25	大埔县水力发电设备总厂	水斗式水轮机	3 200kW及以下
26	杭州杭发发电设备有限公司	混流式水轮机	18MW及以下
27	浙江金轮机电实业有限公司	水斗式水轮机	2 000kW及以下
28		轴流式水轮机	1 000kW及以下
29		混流式水轮机	3 200kW及以下
30		贯流式水轮机	1 000kW及以下
31	赣州发电设备成套制造有限公司	混流式水轮机	5 000kW及以下
32		水斗式水轮机	3 000kW及以下
33		贯流式水轮机	1 600kW及以下
34		水轮发电机	5 000kW及以下
35	潮州市汇能电机有限公司	水轮发电机	5 000kW及以下
36	天津市天发重型水电设备制造有限公司	混流式水轮机	120MW及以下
37	重庆赛力盟电机有限责任公司	轴流式水轮机	10MW及以下
38		混流式水轮机	10MW及以下

(续)

序号	单位名称	产品名称	型号
39	重庆赛力盟电机有限责任公司	水轮发电机	16MW 及以下
40	浙江临海机械有限公司	混流式水轮机	2 000kW 及以下
41	邵阳恒远资江水电设备有限公司	混流式水轮机	1 000kW 及以下
42		水斗式水轮机	3 200kW 及以下
43		水轮发电机	3 200kW 及以下
44	河南瑞发水电设备有限责任公司	贯流式水轮机	2 000kW 及以下
45	湖南零陵恒远发电设备有限公司	混流式水轮机	20MW 及以下
46		轴流式水轮机	2 000kW 及以下
47		贯流式水轮机	5 000kW 及以下
48		水斗式水轮机	6 300kW 及以下
49		水轮发电机	20MW 及以下
50	湖南山立水电设备制造有限公司	混流式水轮机	5 000kW 及以下
51	广东南丰电气自动化有限公司	微机可控硅励磁装置	WKL-P(用于 50MW 以下水轮发电机组)
52		小型水电站计算机监控保护设备	NF2000(用于装机容量 50MW 以下水电站)
53	武汉市陆水自动控制技术有限公司	大型微机励磁装置	SWL 型（用于 50MW 以下水轮发电机组）
54	天津电气科学研究院有限公司	大型步进可编程水轮机调速器	TDBW(S)T 系列（步进电动机自复中装置，电液随动系统）
55		中小型步进可编程水轮机调速器	TDBYWT 系列（步进电动机自复中装置，电液随动系统）
56		带调压阀控制的全液压联动调速器	TDBYWT(步进电动机自复中装置，电液随动系统)
57	重庆新世纪电气有限公司	电力综合自动化系统	EDCS-8000(用于装机容量 50MW 以下水电站)
58	武汉四创自动控制技术有限责任公司	全数字式可编程微机中小型水轮机调速器	YWT-PLC(电磁阀)
59		大型微机水轮机调速器	比例阀微机调速器
60		大型微机水轮机调速器	伺服电动机微机调速器
61		冲击式微机调速器	数字阀微机调速器或比例阀微机调速器
62	武汉三联电工有限公司	双比例冗余式可编程水轮机调速器	PPW(S)-T(电－液随动系统)
63	武汉武水电气技术有限责任公司	中小型微机励磁装置	WSWLT-2000 系列（用于 10MW 以下水轮发电机组）
64		水电站计算机监控保护设备	WSJK(用于装机容量 50MW 以下水电站)
65		低压机组一体化屏	WSDY-3000
66	广东江河电器有限公司	可控硅励磁装置	TWKL（用于 1MW 以下水轮发电机组）
67	广州擎天实业有限公司	大型微机励磁装置	ECX9100(用于 50MW 以上水轮发电机组)
68		中小型微机励磁装置	ECX6000（用于 0.8~10MW 水轮发电机组）
69	长江三峡能事达电气股份有限公司	大型微机励磁装置	IAEC-4000（用于 50MW 以上水轮发电机组）
70		冗余式大中型可编程水轮机调速器	MGC（双比例阀、比例阀＋伺服电动机／步进电动机）
71		中小型微机调速器	MGC(PLC 单电液转换系统)
72		水电站计算机监控保护设备	LDS-2000（用于装机容量 50MW 以下水电站）
73		水电站辅机控制设备	LDS 500（带 PLC）
74	环宇集团浙江高科股份有限公司	小型断路器	HUM18
75		万能式断路器	HUW1
76	上海良信电器股份有限公司	小型断路器	NDB2

（续）

序号	单位名称	产品名称	型号
77	上海良信电器股份有限公司	小型断路器	NDM1
78		万能式断路器	NDW1
79		塑壳断路器	NDM2
80		塑壳断路器	NDM3
81	浙江正泰电器股份有限公司	小型断路器	DZ267
82		小型断路器	NBH8
83		小型断路器	NB1
84	华通机电股份有限公司	小型断路器	CFB1
85		万能式断路器	CFW1
86		交流接触器	CFC2
87	上海电器股份有限公司人民电器厂	万能式断路器	RMW1
88		万能式断路器	RMW2
89		塑壳断路器	RMM1
90		塑壳断路器	RMM2
91		塑壳断路器	RMM3
92	法泰电器（江苏）股份有限公司	万能式断路器	FTW1
93		万能式断路器	FTW2
94	天津市百利电气有限公司	万能式断路器	TW30
95		塑壳断路器	TM30
96		塑壳断路器	TM40
97	北京明日电器设备有限责任公司	万能式断路器	BMW50
98		塑壳断路器	BMS
99	杭州之江开关股份有限公司	塑壳断路器	HSM1
100		交流接触器	HSC1

中国电器工业年鉴 2017

标准化

从标准化重点工作、国际标准化、标准化科研及突破等方面,全面展示电器工业标准化取得的成就

综述

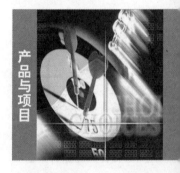

行业概况

产品与项目

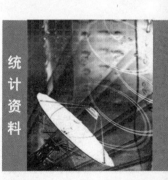

标准化

统计资料

大事记

综述

行业概况

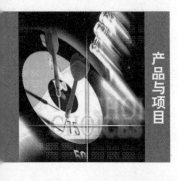
产品与项目

第一部分：标准化综述
第二部分：标准化突破
第三部分：国际标准化
第四部分：标准研究

中国电器工业年鉴 2017

标准化

标准化

统计资料

大事记

第一部分：标准化综述

2016年中国电器工业标准化工作会议暨中国电器工业协会标准化工作委员会第三届会员大会

2016年中国电器工业标准化工作会议暨中国电器工业协会标准化工作委员会（简称协标委）第三届会员大会于2016年6月21日在北京召开。会议由协标委理事长张秋鸿、副理事长兼秘书长方晓燕共同主持，152人参会。

在此次会议上进行了协标委理事会换届。第二届会员161家，到会124家，出席会员超过2/3，符合会议换届选举要求。会议选举产生了由哈尔滨汽轮机厂有限责任公司、机械工业北京电工技术经济研究所等42家理事单位组成的理事会。随即召开的协标委第三届理事会第一次会议，选举张秋鸿为理事长，方晓燕为常务副理事长，钟俊涛等14人为副理事长，卢琛钰为秘书长。

张秋鸿理事长作协标委5年来的工作总结，指出在第二届理事会领导下，协标委在研究电工行业标准化发展规划、创新电工标准体系建设、组织标准化科研专项和重要技术标准研制、实质性参与国际标准化活动、深入推动团体标准研究制定等方面，开展了卓有成效的工作，提升了电工标准化服务能力与水平，取得了显著的社会效益和经济效益，不断开拓电工标准化新领域，有效服务了电器工业转型发展。

方晓燕常务副理事长代表新一届理事会，提出了"深化落实标准化改革，增强标准化支撑能力，以标准引领提高制造业发展质量和效益"的新工作设想。包括：贯彻落实国家标准体系优化建设；大力培育发展中电协团体标准；建立满足"三个服务"的标准化服务机构；重点领域标准科研攻关，实施"标准化+"战略；建立健全标准宣贯和监督机制；联合国内外标准化研究机构，共同打造标准联合体；持续完善电工行业标准奖励机制；持续协标委自身建设八大方面，并提出了2016年电器工业标准化工作部署和工作重点。

会议通过了第二届理事会对秘书长方晓燕工作的鉴定意见，审议通过了第三届理事会工作报告、协标委工作条例（修正案）、第二届财务收支报告等重要议案。对协标委第二届优秀会员单位及先进个人、2016年"电工标准—正泰创新奖"获奖项目与个人、2015年电器工业标准化良好行为示范企业进行了表彰与奖励。

此次大会的会议主题是：贯彻落实2016年全国标准化工作会议精神，总结协标委近五年来的工作，按照深化标准化改革，发挥"标准化+"效应的要求，增强标准化支撑，以标准引领制造业发展质量和效益提升。针对我国标准化工作改革适应经济发展、实施"中国制造2025""互联网+""一带一路"等，电器工业加快发展方式转变、提升自主创新能力、推进由大到强的中心任务，邀请了有关领导介绍相关工作。

原国家机械工业部副部长陆燕荪指出：我国实施"中国制造2025"和"一带一路"倡议，质量是根本，基础技术、基础材料是质量的关键，产品质量的保障靠标准，标准化意识要贯穿现代生产管理的全过程，通过应用"互联网+"，提升智能制造，创建世界品牌，推动中国制造"走出去"。

国家标准委工业二部副主任王莉从标准化工作配合推进标准体系结构性改革、实施"标准化+"行动、加快中国标准国际化进程、夯实标准化发展基础四个方面进行了解读，提出了相关工作建议和意见。包括优化推荐性标准体系，培育和发展团体标准；搭建电器工业标准化顶层设计，明确各技术领域工作重点；配合"一带一路"建设，推进实施中国标准走出去。

国家能源局能源节约和科技装备司高工刘淑芬介绍了国家能源局在开展能源规划制定、产业政策研究、加强重大问题标准化应对等方面的工作，指出在国家经济发展新常态环境下，要通过科技创新的手段破解能源资源约束、能源保供能力、能源结构调整、环境污染严重等矛盾和问题。

中国机械工业联合会标准工作部主任谭湘宁介绍，当前国家标准化改革快速发展，陆续出台相关政策措施，不断完善法律法规建设，各级政府标准化工作力度不断加强，使标准化工作机遇与挑战并存。改革发展为团体标准研究制定营造了很大的空间，期望中国电器工业协会在团体标准研究试点中，不断创新发展，立足团体标准"上水平、补短板、填空白"，与国家标准协调发展，形成水平质量优势互补，为电器装备提质量、创品牌做好支撑。

为充分发挥"标准化+"效应，不断强化"标准化+"意识，大力开展"标准化+"行动，促进电工行业转型升级发展，会议同期举办了"标准化+"专题报告会，邀请了行业内资深标准化专家进行了"标准化+科技创新""标准化+智能制造""标准化+产业走出去""标准化+智慧能源""标准化+质量提升"5个主题的演讲。

会议要求协标委全体会员一如既往地开拓进取，不断探索，努力提升工作水平和服务能力，以《中国制造2025》和《装备制造业标准化和质量提升规划》为指导，紧紧围绕"四个全面"战略布局，坚持改革创新、协同推进、科学管理、服务发展的基本要求，认真落实开展2016年电工行业标准化重点工作。

培育发展团体标准工作中的改革措施与创新机制

为深化标准化工作改革，2015年3月国务院下发了《深化标准化工作改革方案》，对团体标准改革提出若干意见。有关团体标准改革的原则是：减政放权、放管结合。……培育发展团体标准，放开搞活企业标准，激发市场主体活力。团体标准的实施主体为：鼓励具备相应能力的学会、协会、商会、联合会等社会组织和产业技术联盟协调相关市场主体共同制定满足市场和创新需要的标准，供市场自愿选用。对于团体标准的管理：明确了不设行政许可，由社会组织和产业技术联盟自主制定发布。在团体标准化工作推进中，标准化主管部门的作用是：制定团体标准发展指导意见、标准化良好行为规范，对团体标准进行必要的规范、引导和监督。

2015年6月，国家标准委选取了39家协会、学会先行开展团体标准试点工作，所涉领域为市场化程度高、技术创新活跃、产品门类较多的行业。中国电器工业协会、中国电机工程学会、中国电力企业联合会、中国通信标准化协会、中国汽车工业协会等标准化基础工作好的单位均在试点之中。

2015年8月，国务院加快推进团体标准化工作，发布了《贯彻实施<深化标准化工作改革方案>行动计划》，进一步明确意见：研究制定推进科技类学术团体开展标准制定和管理的实施办法，鼓励有条件的学会、协会、商会、联合会等先行先试。在总结试点经验基础上，加快制定团体标准发展指导意见和标准化良好行为规范，进一步明确团体标准制定程序和评价准则。

2016年3月18日，国家标准委组织召开了团体标准试点工作研讨会。会议解读了《关于培育和发展团体标准的指导意见》（简称《指导意见》），介绍了国家标准《团体标准化 第1部分：良好行为指南》，对正在建设中的全国团体标准信息平台进行了演示操作，39家试点单位进行了工作交流。

《指导意见》是国家质检总局和国家标准委加快推进团体标准化工作的具体指导，其宗旨以"放、管、服"为指导思想，激发社会团体制定标准活力，规范团体标准化工作，通过团体标准制定增加标准有效供给，鼓励行业技术创新，支撑经济社会可持续发展。《指导意见》的基本原则是市场主导、政府引导、创新驱动、统筹协调。《指导意见》提出了团体标准化工作中的创新管理方式，明确了团体标准制定应符合法律法规等要求，应遵循开放、公平、透明和协商一致的原则，吸纳利益相关方广泛参与，并要求制定相关的管理办法和工作程序，规范运作。标准化主管部门通过建立全国团体标准信息平台，进行团体标准的信息公开和监督管理，公开团体基本信息、标准制定程序、专利信息、主要技术内容；统一编号规则，接受社会公共评议，在营造团体标准宽松发展空间的同时，明晰标准的制定范围，鼓励充分竞争，优胜劣汰。

中国电器工业协会作为试点单位之一，在两年的试点期内，需要落实完成的任务是：完善已发布的3项管理办法，制定《中国电器工业协会知识产权管理办法》；完成30项协会标准制定；召开团体标准研讨会，与2～3个行业建立团体标准战略合作协议，总结试点工作，提出相关建议，适时申请团体标准化良好行为评价。对此，协会已将团体标准化工作列为重要工作，2015年已落实协会标准项目计划41项，对标龄在三年以上的122项标准进行复审，召开了国际国内团体标准交流研讨会，发布协会标准7项。

2016年，协会将继续做好相关工作，在试点任务层面，侧重六方面的主要工作：

（1）对已下达计划项目按时完成标准制定。

（2）开展30～50项新项目预研及计划发布，其中发电设备关键材料10项，新产品技术35项，行业规范评价5项。探索提升企业标准体系（以正泰、人民电器、三峡集团等为试点企业）。

（3）配合能源局英文版专项，组织开展一批适用于我国对外工程建设需求的"英文版"标准的翻译发布。

（4）制定《协会标准知识产权政策管理办法》，修订《协会标准制定工作管理办法》。

（5）与相关社团（中电联、电工技术学会、中钢协会、三峡集团）开展交流沟通，建立团体标准互认互通的合作机制。

（6）探索设立协会标准经费资助标准制定机制。

在应对团体标准化规范管理和信息建设方面，需要开展以下六个方面的工作：

（1）团体标准化作为协会的重要工作，需要在协会相关章程、组织管理和工作程序中明确相关规定与要求，创新工作机制。

（2）注册标准代号。按照全国团体标准信息平台管理，尽快注册协会团体标准代号。

（3）信息公开发布。按照全国团体标准信息平台管理，加入团体标准信息平台，公开协会基本信息及现行协会标准综合信息。

（4）加入团标工作群。团标管理机构利用现代信息手段，设立了"团体标准工作群"，加入该群加强交流沟通，及时关注上级要求，学习试点单位经验，宣传协会相关工作。

（5）申评团体良好行为评价活动。通过试点，总结经验，参加"团体标准良好行为示范评价"，向社会展示协会标准制定良好行为信用。

（6）团体标准化宣贯。面向参与协会标准制定工作的技术机构及企业，开展政策性、指南性、项目申报、程序机制、标准编写等多元化宣传培训，引导培育企业积极承担协会、标准制定。

团体标准化工作改革是新事物、新举措，中国电器工业协会旨在通过试点探索实践，在规范管理运行中，需要放弃一些传统观念的约束，通过科学发展观和创新思路，把握机会占领市场先机，促进电器工业技术进步与产业发展。

〔撰稿人：中国电器工业协会标准化与技术评价中心 曾雁鸿〕

深入推进中国电器工业协会团体标准试点工作

中国电器工业协会作为团体标准试点单位之一，按照国务院《深化标准化工作改革方案》和国家标准委对社会团体标准试点单位的要求，利用中国电器工业协会建立的标准化工作平台，委托中国电器工业协会标准化工作委员会（简称协标委）秘书处具体组织实施。在开展试点任务中，进一步完善和建立团体标准化相关制度，探索团体标准制定的新工作机制，按照任务工作确定的重点领域，系统性、成体系地组织行业开展以下工作。

一、对标龄在三年以上的122项标准进行复审

2015年协标委在已落实协会标准项目计划41项的基础上，为确保协会标准的有效性、先进性和适用性，发送电协标〔2015〕03号文《关于开展2015年度中国电器工业协会标准复审工作的通知》，对中国电器工业协会标龄超3年（不含3年）的122项协会标准进行复审。

经过数月标准复审清理工作，最终确定实施时间超过3年的协会标准中继续有效或需要修订的有9项，未满3年的有11项，共计20项。

二、中国电器工业协会团体标准组织体系建设

中国电器工业协会总体负责中国电器工业协会团体标准的管理和研究制定，委托协标委具体组织团体标准制定与实施，协标委秘书处负责中国电器工业协会团体标准整体工作的组织与管理，包括标准的研究、立项复核、技术协调、项目制定管理，标准经费管理，标准复核及办理公告，标准出版发行、宣传与实施效果跟踪。

在协会层面设立专家委员会作为咨询机构。专家委员会主要由出任副会长的协会企业领导、电工行业综合标准化院所分管标准工作的副会长或院（所）长以及电工行业发电、输变电、配电、用电、基础、新兴产业等领域的标准化资深专家组成。其职责是负责电工领域中国电器工业协会团体标准推进的战略研究、重要措施研究，协调解决团体标准推进中的重要问题；对综合性、跨专业、跨领域、有可能存在标准交叉或技术争议的标准制定和实施进行协调；积极推进相关行业团体标准互通互认的机制。

在行业层面设立协会标准专业组作为技术支撑机构。专业组主要以中国电器工业协会下属各分会和标委会技术专家资源为基础，在近50个专业技术领域中，建立中国电器工业协会团标专业组，形成有效的技术支撑。其职责是负责研究提出中国电器工业协会团体标准立项建议；承担和参与中国电器工业协会团体标准体系建立、完善工作，协调与政府标准体系的互补配套；负责标准草案的完善，受委托组织中国电器工业协会团体标准送审稿的审查、上报前的复核及上报等工作；必要时负责中国电器工业协会团体标准的起草；负责提出中国电器工业协会团体标准的复审建议。从而形成由上自下、从专家委员会到专业组的团体标准战略推进体系。

三、完善建章立制工作

中国电器工业协会完成《中国电器工业协会团体标准制定工作管理办法（第二版，修订）》和《中国电器工业协会知识产权管理办法（试行，制定）》两项征求意见稿。

1.《中国电器工业协会团体标准制定工作管理办法（第二版，修订）》主要修改内容

强化中国电器工业协会在标准制定中的管理责任与职能；完善专家委员会的具体职责；规范标准制定全周期的管理与程序，强调审查环节与标准发布环节的公开和广泛征求意见；规范团体标准编号。如此可使《管理办法》与国家近期出台的相关管理要求相协调，在规范性、适用性、操作性方面更加完善。

2.《中国电器工业协会知识产权管理办法（试行，制定）》主要内容

《中国电器工业协会知识产权管理办法（试行，制定）》明确了涉及专利标准的制修订和实施过程中各相关方的责任与要求，将规范和指导相关方参与标准制定的行为，保障标准的顺利制定和有效实施，保护各相关方的利益。其主要内容包括：专利披露、专利实施许可、专利识别、标准版权四方面，分别阐述了标准研制过程中如何进行专利信息的披露、专利实施许可和专利识别等具体要求和工作程序，标准在实施应用过程中对专利的处置以及对标准的

版权使用和归属做出了具体规定。

四、团体标准研究制定

1. 中国电器工业协会团体标准立项与发布

中国电器工业协会在 2015 年已发布 3 项中国电器工业协会团体标准的基础上，于 2016 年 5 月发布《智能光伏预装式变电站》(T/CEEIA 231—2016) 等 4 项团体标准。

2016 年协会下达了团标立项计划 31 项，将继续做好组织制定工作，严格管理各专业组和主要起草单位，认真实施计划，在标准起草中加强与有关方面的协调，保证标准质量和水平，按时完成协会标准制定任务。

2. 对 2014 年及 2015 年已立项的团体标准执行情况进行推进督促

协标委秘书处对已立项标准项目制定情况进行调查，与各标准制定专业组商定沟通，明确落实标准完成时间节点，并要求相关单位和起草单位认真组织标准制定工作，在标准起草中加强与有关方面的协调，按照标准进度时间节点完成任务。

五、与国内相关学会达成战略合作协议

为充分发挥市场竞争机制的优胜劣汰作用，满足团体标准由市场自主制定、自由选择、自愿采用的适用原则，与相关社团机构开展交流沟通，建立团体标准互认互通的合作机制。

目前中国电器工业协会已与中国电工技术学会、中国铸造协会达成"团体标准合作协议"，与中国电机工程学会达成标准互认合作，与中国电力企业联合会、中国钢铁协会等单位的合作处于紧密商谈中。

1. 合作领域

传统领域：发电、输变电、配电、用电及电工基础材料等共性技术领域；能源领域：新能源及可再生能源发电领域（如风电、太阳能发电、储能设备等）；节能领域：电工产品的节能评估、能效提升、低碳技术等标准化工作；新兴领域：工业机器人、智慧能源、智慧城市、智慧交通等新兴领域的科技成果转化为团体标准。

2. 合作内容

建立良好的团体标准行为规范与制度，互派专家参加相关机构；针对电工新产品应用推广以及科技成果转化等双方各自优势领域，开展团体标准制定工作；涉及相互交集的技术领域如新兴产业、节能评价等方面的团体标准，双方商议分别牵头开展标准制定工作，进行标准互认，避免标准重复交叉；建立团体标准双编号机制，针对双方交集并达成共识的项目，在各自领域中适用，或联合制定为各自领域的应用标准，通过标准互认采用双编号的方式发布。

六、开展中国电器工业协会团体标准工作调研

为贯彻落实我国《深化标准化工作改革方案》和《关于培育和发展团体标准的指导意见》，由协会副会长方晓燕带队，协会标准化工作委员会副秘书长卢琛钰、曾雁鸿、秘书处有关成员随行，于 2016 年 5 月 16 日、17 日、24 日、26 日分别在广州、上海、西安、北京召开了电工行业标准化工作座谈会。电工行业各标准化归口研究院所分管标准化的主管领导、标委会/分会秘书长等近百人参会。

会议主要围绕当前国家标准化改革新要求——强制性国家标准精简整合、推荐性标准集中复审优化、团体标准研究制定三方面工作，就电工行业团体标准研究制定及落实国家标准委团体标准试点任务进行了重点研讨。会议通报了强标精简整合情况，部署了推荐性标准复审工作，并重点对中国电器工业协会团体标准的目标、任务、组织架构、程序、管理办法进行了介绍，旨在统一思想、提高认识，积极落实开展有关工作，特别是通过强标精简、推标复审"瘦身"，压缩数量，重新定位政府主导制定的国家标准、行业标准和地方标准的功能与作用，深入推动电器工业领域团体标准即中国电器工业协会团体标准的研究制定。

中国电器工业协会通过近两年的团体标准试点工作及行业调研，对在协会建立规范有序的团体标准组织工作体系、规范运行管理办法、建设与国行标协调配套的团标技术体系、制定满足行业发展需求的急、特、优的协会标准，提出了相关的实施措施和工作建议。同时也认识到，在团体标准培育和发展中，没有国标行标的领域要尽快开展团体标准弥补空白；团体标准指标要高于国标和行标；"走出去"需要技术规范和重点突出设备成套，满足工程建设的需要。

会议期望电工行业标准化技术机构与相关分会协同落实完成好试点任务，推进建设电器工业的协会标准体系，提升协会标准的影响力和市场应用的竞争力，为电器工业产品质量提升、2025 装备制造战略实施，以及推动电工装备发电设备、输变电设备、新能源装备等走出去方面，发挥较大的技术支撑作用。

〔撰稿人：中国电器工业协会侯垚、标准化与技术评价中心朱珊珊〕

电工行业推荐性国家标准改革浅析

在中国改革的大背景下，标准化越来越得到国家的重视，已经前所未有地融入经济社会发展的各个领域，成为国家治理体系的重要组成部分和治理能力现代化的重要标志。2016 年全国开展了推荐性标准复审工作，这一工作的完成将开启国家标准崭新的篇章。

一、国家标准化改革形势分析

2015 年国务院出台《深化标准化工作改革方案》文件，标志着新时期标准化改革工作正式拉开了序幕。随着

《贯彻实施＜深化标准化工作改革方案＞行动计划（2015—2016年）》《国家标准化体系建设发展规划（2016—2020年）》《关于培育和发展团体标准的指导意见》《推荐性国家标准立项评估办法（试行）》《国家标准外文版管理办法》《推荐性标准集中复审工作方案》《关于开展强制性国家标准整合精简预评估工作的通知》《国家智能制造标准化体系建设指南（2015年版）》《装备制造业标准化和质量提升规划》《消费品标准和质量提升规划（2016—2020年）》等文件的相继出台，标准化改革势如破竹般开展起来。

按照国务院关于《深化标准化工作改革方案》的整体部署，国家标准改革主要集中在新标准体系的建立上。通过改革，把政府单一供给的国家标准、行业标准、地方标准、企业标准组成的现行标准体系，转变为由政府主导制定的标准和市场自主制定的标准共同构成的新型标准体系。政府主导制定的标准由6类整合精简为4类，分别是强制性国家标准、推荐性国家标准、推荐性行业标准、推荐性地方标准；市场自主制定的标准分为团体标准和企业标准，均为推荐性标准。政府主导制定的标准侧重于保基本，市场自主制定的标准侧重于提高竞争力。

二、电工行业产业及标准化现状分析

1. 电工行业产业现状

电工行业是装备制造业的重要支柱，是实现能源安全稳定供给和国民经济持续健康发展的基础，对相关产业具有较强的辐射和带动能力作用。电工行业经过数十年的发展，已经在发电设备、输变电设备、配电设备、用电设备以及电工器材制造领域取得令人瞩目的成就，使我国成为名副其实的电器制造大国。电工行业为国民经济平稳较快发展提供了装备支持，贡献率逐年提升。

在技术发展方面，随着设计、制造技术上的重大突破和质量的提高，我国发电、输变电设备等部分主要产品已经实现了升级换代，并达到了国际先进水平。在发电设备中，60万kW超（超）临界、100万kW超超临界火电机组和70万kW水电机组等已形成了批量生产能力，产品的技术性能也已达到国际先进水平；在输变电设备中，±500kV超高压直流输电主要设备、750kV特高压交流输变电主要设备、±800kV特高压直流输电设备以及1 000kV特高压交流输变电部分设备，我国均已能自主研制。其中用于晋东南—南阳—荆门1 000kV交流特高压输变电示范工程上的1 000kV/1 000MV·A主变压器、用于云南—广东±800kV特高压直流输电工程的干式平波电抗器、1 000kV/200Mvar特高压电抗器等产品都达到了世界先进水平。电器工业通过技术改造，全行业生产能力、装备水平、产品种类都得到了较大提升，生产精度和效率有了明显增强，数字化加工中心、大型自动化生产设备被广泛使用。

2. 电工行业标准现状

电工行业标准化包括发电设备、输变电设备、配电设备、用电设备、基础材料和共性5个领域。经过"十二五"期间的调整，电工行业围绕"系统管理、重点突破、整体提升"的工作原则，系统梳理了各专业领域标准体系，并参与了战略性新兴产业标准体系的研制等工作。依托重大工程和重大项目需求，开展了超（超）临界机组、百万千瓦水电机组、重型燃气轮机等标准体系建设，通过标准化工作有效引领电工装备制造业转型升级。积极顺应我国加快转变能源发展方式的战略需求，逐步开展海洋能转换设备、太阳能光热设备、电力储能设备、交／直流输变电设备、电器设备网络通信接口、电动汽车充电设施等新兴技术领域标准体系建设。夯实行业共性基础技术研究，与国际标准化工作同步开展电气安全风险评估、生态设计技术要求等标准体系建设，整体推进行业开展能源节约与综合利用工作。

截至"十二五"末，电工行业共制修订国家标准1 017项。电工行业现行国家标准2 026项，占全国现行国家标准总数的6.1%。其中强制性国家标准281项、推荐性国家标准1 695项、指导性技术文件50项，比"十一五"期间增加444项，增长28%。

2014年，电工行业作为强制性国家标准改革试点领域，在300余项强制性国家标准和计划的基础上，开展了一系列的强制性国家标准改革研究。对比了国内外关于强制性标准的组织机构、管理模式、体系设置、实施方案后，向国务院标准化主管部门上报了《电工行业强制性标准研究报告》，提出了"建议转化一批、整合一批，形成结构明晰、定位准确、使用方便的强标体系"的建议。2015—2016年，电工行业根据国家整体部署，开展了电工行业强制性国家标准整合精简预评估工作。在国家统一的要求下，根据"严格限定强制性国家标准范围；参考国际、国外和我国现行强制性标准制定和实施方式，合理构建新型标准体系；有计划分批转化；对于技术内容的可操作性和可验证性严格把关"的原则，完成了281项强制性国家标准、51项强制性国家标准计划的精简预评估工作。

根据国家标准化管理委员会的官方公示结果，电工行业强制性国家标准超过99.4%的强制性标准拟废止或转为推荐性标准。其中终止5项，转化262项，整合58项，修订3项，继续有效2项。这标志着在未来的几年里，电工行业将持续开展电焊机、电气安全两个领域强制性国家标准修订工作，开展防爆电气设备、工业电热设备、旋转电机等领域的强制性标准整合编制工作。

三、电工行业推荐性国家标准复审解析

根据国家标准化管理委员会《推荐性标准集中复审工作方案》的要求，2016年全国各个行业均开展了推荐性国家标准集中复审工作，电工行业作为一个重要的行业参与其中，具体情况如下。

1. 复审范围

此次电工行业复审的标准和计划范围包括1 372项国家标准和323项国家标准计划，共涉及49个领域，其中采用IEC/ISO标准776项。

2. 复审原则

在国家统一要求的基础上，从"工作原则"和"技术复审原则"两类入手。

工作原则包括：第一，放权专业人员。充分发挥行业专业的作用，将具体标准及计划的技术和产业情况复审工作下放到对应的技术委员会，充分尊重技术委员会各位专家的建议，充分尊重技术委员会的总体建议。第二，用制度管理保障结果的科学性。建立严谨的工作制度和流程，建立从中国电器工业协会到标准化技术委员会到专家，从上到下的管理、协调流程，从下到上的复审、建议流程。建立主任委员、秘书长负责制的复审机制，保证结果的科学有效性。第三，中国电器工业协会做好服务和把关。做好对行业工作信息传达，根据行业发展需求，横向考虑行业技术发展情况，做好协调和总体把关工作。

技术复审原则包括：第一，确定标准层级，根据《推荐性标准集中复审工作方案》要求严格划分现有国家标准为国家标准、行业标准或其他标准。国家标准层级原则为采用IEC、ISO等国际组织的标准（等同、等效、修改、非等效、参考），或国际国内统筹推进、支撑国内外标准互认工作的相关标准；支撑法律、行政法规和强制性标准实施，或配套使用的标准；跨行业跨领域使用的通用规范、规程和指南标准；跨行业跨领域的术语、符号、分类和方法等通用基础标准。第二，复审结论分为5种：继续有效、修订、转化、废止、协调。

3. 复审流程

中国电器工业协会印发了《关于开展电工行业推荐性国家标准集中复审工作的通知》（中电协〔2016〕109号），明确了工作目标，规定了复审对象，阐述了工作原则，细化了职责分工，对工作步骤、上报内容都提出了详细的要求。国家推荐性标准及计划复审流程见图1。

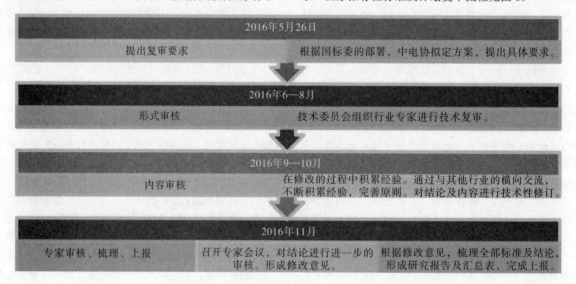

图1 国家推荐性标准及计划复审流程

在整个复审过程中，各相关技术委员会均组织本领域专家对标准及计划进行了逐项复审。一部分技术委员会专门召开了全体委员会议，保证了标准复审结论的科学有效性。中国电器工业协会于2016年11月15日召开电工行业推荐性国家标准复审会议，对标准和计划结论进行了逐项梳理。

4. 行业复审结论

此次共复审推荐性国家标准1 372项，推荐性国家标准计划323项。结论如下：

推荐性国家标准：继续有效884项，修订411项，协调9项，转化15项，废止53项（全部为即行废止）。推荐性国家标准复审结论分析见图2。

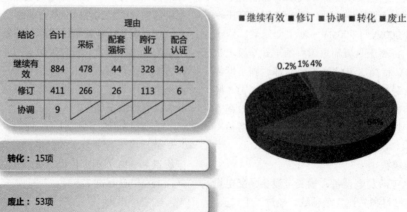

图2 推荐性国家标准复审结论分析

推荐性国家标准计划：
2010年及以前：继续执行25项，废止19项。2010年以后：继续执行254项，废止25项。推荐性国家标准计划复审结论分析见图3。

结论	合计	理由			
		采标	配套强标	跨行业	配合认证
继续有效	25	8	0	17	0
协调	0	0	0	0	0

转化：0项
废止：19项

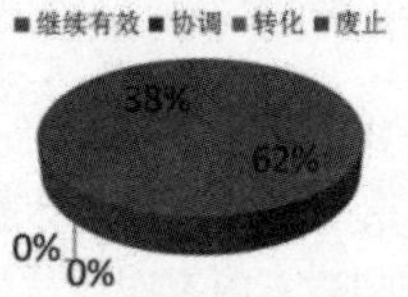

结论	合计	理由			
		采标	配套强标	跨行业	配合认证
继续有效	254	124	24	102	4
协调	0	0	0	0	0

转化：0项
废止：25项

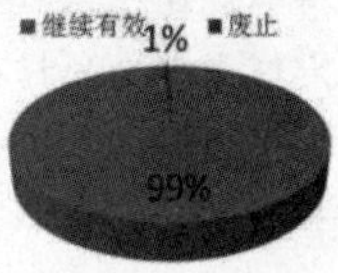

图3 推荐性国家标准计划复审结论分析

四、未来电工行业推荐性国家标准发展展望

2017年国家落实推荐性标准集中复审结论，在立项时优先安排需要修订的标准。在优化"存量标准"基础上，进一步界定各层级标准的制定范围，严控"标准增量"，完善推荐性标准立项评估机制，把好标准入口关，确保新制定标准限定在政府职责范围内。通观标准化改革形势，电工行业推荐性国家标准需要重点在以下两个方面开展转型、升级。

1. 国家推荐性标准体系需重新排布，向板块式发展

按照现在对于推荐性国家标准的定义，推荐性国家标准是需要在全国范围内统一的标准。主要包括：支撑法律、行政法规和强制性标准实施，或配套使用的标准；跨行业跨领域的术语、符号、分类和方法等通用基础标准；跨行业跨领域使用的通用规范、规程和指南标准；采用ISO、IEC和ITU等国际组织的标准，或国际国内统筹推进、支撑国内外标准互认工作的相关标准。普通过于细小的产品标准将无法再立足于国家标准之列。所以，现行的标准体系已经不适用于目前标准化发展需求，电工行业各领域应根据《国家标准化体系建设发展规划（2016—2020年）》《消费品标准和质量提升规划（2016—2020年）》《装备制造业标准化和质量提升规划》《国家智能制造标准体系建设指南》等重要文件内容，将本领域标准按照国家重点工作项目板块细化，更加有针对性地开展推荐性国家标准制修订工作。

2. 加强标准化科研项目研究

在国家科技改革推动下，很多部委都启动了与标准相关的科技研究项目，需要电工行业积极响应、参与。只有得到更多的经费和政策支持，才能更好地开展新技术标准研究，加大推荐性国家标准研制力度，并将更多的国家标准推荐到国际上去。

〔撰稿人：机械工业北京电工技术经济研究所徐元凤〕

中国电器工业协会风力发电电器设备分会二届二次会员大会

2017年10月31日，中国电器工业协会风力发电电器设备分会（简称风电分会）二届二次会员大会在北京召开。会议通报了风电分会机构调整情况、总结了风电分会工作，并对先进企业进行了表彰。会议由中国电器工业协会副会长、中国电器工业协会风力发电电器设备分会副理事长方晓燕主持。

一、风电分会机构调整情况

中国电器工业协会副会长方晓燕宣布了风电分会机构的调整情况。

1. 秘书长调整

由于前任秘书长工作调动，按照分支机构工作条例有关规定，由中国电器工业协会风力发电电器设备分会第二届理事会理事长吴凯提名，经中国电器工业协会批准，由果岩任风电分会秘书长。

2. 理事长助理及副秘书长增补

为进一步加强秘书处与理事长沟通协调力度，经秘书处研究决定，设立理事长助理一职，由新疆金风科技股份有限公司李富荣出任。

经拟任秘书长提名,秘书处研究决定,增补中船重工(重庆)海装风电设备有限公司董晔弘、中国质量认证中心康巍、北京鉴衡认证中心有限公司王巍、上海电气风电集团有限公司刘吉辉4人为副秘书长。

3. 理事单位调整及会员单位增补

第二届风电分会理事会人员变更情况:湘电风能有限公司,由李春林变更为梁小波;华锐风电科技(集团)有限公司,由华青松变更为易春龙;东方电气风电有限公司,由侯小全变更为刘世洪;上海电气风电集团有限公司,由刘吉辉变更为缪骏。

增补福州大学、维谛技术有限公司、麦克斯威科技公司、北京海润科特自动化技术有限公司、浩亭(珠海)贸易有限公司、保定红太电力科技有限公司为第二届风电分会会员单位。

二、2017年风电分会工作

1. 打造公共服务平台,推动风电行业技术创新

风电分会借助电器工业已有共性技术服务平台,融合分会的行业企业资源,逐步开展风电技术创新研究探索。2017年度开展了质量提升主题研讨以及风电电器设备共性技术、风电电控产品可靠性技术等方面研究课题。

风电分会于2017年7月在北京组织召开了2017年中国风电产业配套合作洽谈会暨新产品/项目推介会。会议围绕风电产学研合作、产品供求与产业链建设等方面展开交流和探讨,主题覆盖了我国风电产业政策解读、风电机组设计优化、风电关键零部件质量提升等方面,为国内外风电装备制造行业供需双方提供一个信息传播、技术交流与合作洽谈的优质交流平台。

组织开展了风力发电系统用低压元器件应用技术研究课题。针对风力发电系统中低压电器元器件的技术性能与功能性特殊要求,组织新疆金风科技股份有限公司、上海电器科学研究院(集团)有限公司等会员单位开展了"整机保护""风电系统环境适应性""风电系统工况电参数适应性"等相关技术研究和关键技术攻关工作,旨在提升我国低压电器在风力发电系统的适应性水平。

2. 强化风电电气装备标准化服务能力

贯彻落实《深化标准化工作改革方案》的有关要求,以服务政府为立足之本,以引领行业发展为己任,以服务带动自身发展。2017年度开展了能源行业风电电器设备标准体系优化建设、中国电器工业协会风电团体标准试点探索工作。

(1)落实风电电器设备行业标准体系优化建设。根据风电技术发展趋势及行业重点需求,依托能源行业风电标委会风电电器设备分标委,围绕风电电器设备基础、风力发电机组电气系统、风力发电机、风电变流系统、风电主控系统、风电输配电设备、风电用电线电缆共7个专业领域,开展了标准体系增补及修订工作,现已形成《能源行业风电标准体系(风电电器设备部分)》共78个标准项目。

(2)开展风电电器设备关键技术标准制修订工作。风电分会与能源行业风电标委会风电电器设备分标委建立了一体化运作工作模式,根据国家能源局下达的2016年度能源领域行业标准制(修)订计划的有关要求,2017年,组织会员单位及相关单位开展了风力发电机组用变流器、主控系统、变桨系统等5项能源行业风电标准制修订工作,均已完成了上述标准修订任务。

(3)大力培育发展风电电气装备领域中电协团体标准。以服务创新驱动发展和满足市场需求为出发点,推进风电电气装备领域新技术、新材料、新工艺,以及与上游材料行业和下游电力行业互认的中电协团体标准制定工作。2017年组织开展了风力发电机组智能控制要求等7项中电协团体标准制定工作,进一步满足市场自主制定、自由选择、自愿采用的原则,增加标准的有效供给。

(4)完善风电机组制造工技能培训和鉴定工作。依托机械工业风电职业技能鉴定站,不断完善风电领域职业教育和技术培训体系搭建工作,2017年度开展了风电机组制造工国家职业技能标准以及技能鉴定等工作。全力配合人力资源和社会保障部关于国家职业技能标准《风电机组制造工》整合、宣贯、推广工作。2017年度,组织开展了风电机组机械装调工、风电机组电气装调工、风电机组维修保养工等初、中、高级技工的考评试题库补充完善工作。此外,稳步推进"机械工业风电职业技能鉴定站"鉴定工作,依托金风大学的教学教务等软硬件资源优势,共同开展风电行业专业人员技能培训和鉴定工作,组织开展了南阳飞龙电力集团有限公司36人次风电机组维修保养工技能鉴定工作,为促进风电行业职业技能鉴定工作的健康有序发展提供了重要保障。

3. 加强风电分会自身建设,提高风电分会工作效率和质量

持续吸收国内外优秀企业会员代表。为提高会员的互动与合作,2017年增补了艾默生网络能源(西安)有限公司、麦克斯威科技公司、福州大学、北京海润科特自动化技术有限公司、浩亭(珠海)贸易有限公司、保定红太电力科技有限公司6家会员单位。

三、2018年工作设想

1. 总体目标

风电分会将继续秉持总会的服务政府、服务行业、服务企业"三个服务"宗旨,特别是在促进行业持续健康发展的前提下,贯彻落实"中国制造2025""互联网+""一带一路"等总体部署,以"智慧能源""智能制造"为主线,以"风电机组及关键电气零部件、输配电设备"为重点,加强与上游零部件行业及下游电力用户行业联络沟通,开展"公共服务平台""标准化服务""工程及技能人才培养"等核心板块业务,并不断加强风电分会自身建设。

2. 具体任务

(1)公共服务。一是持续推进风电技术研究探索,组织开展"风力发电系统用低压元器件应用技术"研究课题,重点开展风力发电系统中低压元器件可靠性研究。

二是围绕行业热点难点问题,开展风电绝缘、风电电控等领域技术沙龙,持续召开2018年(第三届)中国风

电电气装备技术高峰论坛，与行业相关兄弟协会密切合作，共同推进风电电气装备技术发展。

三是针对目前行业欠缺风电上游零部件的相关经济数据分析，以总会各分支机构为依托，积极开展风电机组零部件数据统计工作，做好《风电电气装备行业统计资料汇编》。

（2）标准化服务。一是配合能源行业风电标委会风电电器设备分标委开展标准体系完善及关键标准制修订工作，进一步落实创新驱动战略，促进科技成果向标准转化，推进标准的合理应用。

二是以服务创新驱动发展和满足市场需求为出发点，持续开拓团体化工作，满足市场自主制定、自由选择、自愿采用的原则，增加标准的有效供给。

三是开展企业公开标准技术评价工作，配合国家建立企业标准信息公共服务平台，为市场选择产品应用提供科学权威的预判与指导，促进市场规范管理和有序发展。

（3）工程及技能人才培养。一是发挥秘书处承担单位的工程师职称评定资质，组织开展风电分会会员单位从事工程系统操作、设计、管理、评估能力的优秀工程类人才梯队建设，提供完善的职称晋升通道。

二是稳步推进机械工业风电职业技能鉴定站的持续建设，积极开展风电机组制造工技能培训和鉴定工作，打造服务于市场、满足风电业主定制化需求的风电机组制造工职业服务平台。

（4）其他任务。一是组织行业开展中国机械工业科学技术奖申报工作，依托中国机械工业科学技术奖电工电器评审组，建立风电电气装备领域科技成果申报渠道。

二是组织参加印度电力、可再生能源及自动化展览会等国际展会、会议。

四、先进企业表彰

1.2017中国风电电气装备突出贡献奖

评选标准：在风电装备技术领域研发方面国际先进，引领并推动行业的健康发展，为社会发展做出了重大贡献；总体技术水平和主要技术经济指标达到或超过行业先进水平，经济效益和社会效益显著，成为行业的龙头或标杆企业。

获奖企业：新疆金风科技股份有限公司、施耐德电气（中国）有限公司、北京鉴衡认证中心有限公司、中国电力科学研究院新能源研究中心、中国船舶重工集团海装风电股份有限公司、中国质量认证中心。

2.2017中国风电电气装备产业推动奖

评选标准：在较长的行业周期内业绩优良、稳定增长，具备良好经济效益和社会效益；申报单位运营管理理念领先，技术先进，标准和服务完善。

获奖企业：重庆科凯前卫风电设备有限责任公司、郑州奥特科技有限公司、天津瑞能电气有限公司、北京海润科特自动化技术有限公司、湘潭电机股份有限公司、内蒙古久和能源装备有限公司、国电联合动力技术有限公司、浙江运达风电股份有限公司、上海电气输配电集团有限公司。

3.2017中国风电电气装备技术创新奖

评选标准：近年具有自主知识产权的技术或产品，拥有多项有效发明专利；相关产品或装置性能优异，型式试验结果满足设计要求，对项目提质增效产生巨大推动作用。

获奖企业：上海电气风电集团有限公司、东方电气风电有限公司、明阳智慧能源集团股份公司、巴合曼电子技术服务（上海）有限公司、德国倍福自动化有限公司、深圳市禾望电气股份有限公司、成都阜特科技股份有限公司、中国电器科学研究院有限公司、上海电气电力电子有限公司、深圳中车电机有限公司、中车永济电机有限公司、深圳众城卓越科技有限公司、维谛技术有限公司。

第二部分：标准化突破

中国在调速电气传动领域 IEC 国际标准化工作中取得零的突破

——天津电气院主导 IEC 61800-1:1997 修订工作

2017年10月26日，IEC/TC22/SC22G两年一度的年会在西安举行，天津电气科学研究院有限公司作为IEC/TC22/SC22G的国内技术对口单位承办此次会议。22G国内对口标委会主任委员王春武作为中国代表团团长率领国内21位专家参加了此次会议。行业发展中心行业工作部部长、国内对口标委会秘书长韩东明出席会议。

柴青作为22G国内对口标委会（TC60SC1）的副秘书长通过对IEC/TC22/SC22G已发行标准的研究，分析其标准体系存在的问题，最终选定IEC 61800-1:1997《调速电气系统 第1部分：一般要求 低压直流调速电气传动系统额定值的规定》开展修订。通过与IEC中央办公室官员、IEC/TC22/SC22G主席秘书等反复沟通联系，并组织国内专家成立专项工作组，结合调速传动系统的技术发展，对标准的框架、结构、关键技术进行反复磋商和认真讨论，最终形成高质量的DC文件，按期提交至IEC/TC22/SC22G的主席、秘书处。

年会上，IEC/TC22/SC22G柴青副秘书长提出IEC 61800-1:1997的修订提案，对修订工作进行了详细的讲解说明，向与会各国国家委员会代表展示了中国现阶段的工作成果。修订工作得到IEC中央办公室官员Sussanze Yap女士以及IEC/TC22/SC22G主席Preben Holm Nielsen先生的表扬，并得到来自德国、法国、丹麦、美国、奥地利、加拿大、芬兰、日本等国家委员会的一致认可。22G主席当场宣布立项成功，并成立与WG同为最高级别的MT工作组，由柴青担任该国际提案以及MT工作组的召集人。

此次提案的成功立项，标志着中国在调速电气传动领域IEC国际标准化工作中打开了新局面，取得了历史性的突破。

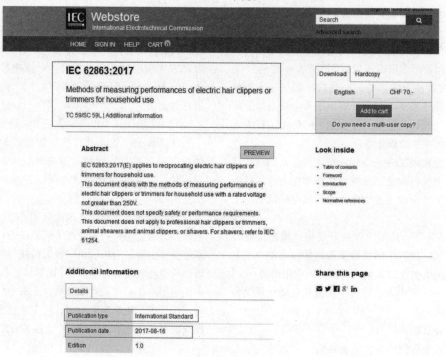

中国家电领域首次主导制定的IEC国际标准正式发布

由中国电器科学研究院（简称中国电器院）主导制定的国际标准IEC 62863《家用和类似用途电理发剪性能测试方法》于2017年8月正式发布。这是中国电器院主导制定的首个IEC标准，也是家电行业中首个由中国主导制定的IEC标准，填补了IEC标准的一项空白。

中国电器院标准化首席专家黄文秀于2012年8月起草IEC电理发剪性能测试方法标准立项提案，并由国标委提交给IEC/SC59L。经过多次与国外专家沟通协商，于2013年3月1日收到IEC正式文件（59L/97/RVN），正式立项，并成立专门工作组IEC/SC59L/WG6，由黄文秀高工担任工作组召集人。此后，黄文秀携手实验室同事，分别于2013年11月（广州）、2014年10月（东京）和2015年6月（华盛顿）主持召开3次国际WG工作组会议，同时利用IEC提供的网络会议工具GoToMeeting，组织了十多次网络会议，对IEC 62863标准进行充分的讨论和数据验证。历经5年，最终于2017年8月获得IEC一致同意并正式发布。

此外，中国电器院提出的制定IEC国际标准《家用及其类似用途器具的安全 美容护理器具的特殊要求》新提案也于2017年9月份成功立项。IEC/TC61设立PT60335-2-115项目组，由来自8个国家的13位专家组成，中国电器院标准法规首席专家黄文秀担任工作组组长。

这些充分证明了我国在主导制定家电领域国际标准方面的能力日渐成熟，以及对行业发展产生重要的引领作用。

我国首个超级电容器国家标准发布

根据 2017 年第 29 号中华人民共和国国家标准公告,我国首个超级电容器领域的国家标准 GB/T 34870.1—2017《超级电容器 第 1 部分:总则》由国家质量监督检验检疫总局、国家标准化管理委员会批准,于 2017 年 11 月 1 日正式发布,2018 年 5 月 1 日实施。

GB/T 34870.1—2017 由全国电力电容器标准化管理委员会(SAC/TC45)组织起草和归口,是我国自主制定的国家标准。该标准规定了超级电容器的术语和定义、使用条件、分类、质量要求和试验、安全要求、标志、包装、运输与储存以及环境保护等。

GB/T 34870.1—2017 的发布,意味着作为超级电容器领域的首个国家标准,将会有力地促进超级电容器产品的技术进步,将会为该类产品的设计、制造、试验和检测等多个环节提供可靠的依据,规范整个行业的发展,为超级电容器领域的标准化研究奠定基础。

〔供稿人:赵鑫〕

周歧斌博士获 IEC/TC37/SC37A AHG9 工作组召集人

2016 年 10 月 17—21 日在捷克布拉格召开了 IEC/TC37/SC37A 年会及其工作组会议。此次会议中,中国代表全国避雷器标委会委员周歧斌博士的"SMART Disconnector——SPD 专用脱离器"的提案汇报,引起了参会代表的广泛关注和讨论。

以此为基础,会议决定成立 AHG9 "SPD 的附加功能和附件"专项工作组,由周歧斌博士任召集人,来自法国、奥地利、德国等国家的 9 位代表加入该工作组。该工作组将进一步完善以智能 SPD 为例的附件功能和 SPD 专业脱离装置为例的 SPD 附件的研究。

全国避雷器标委会(SAC/TC81)为 IEC/TC37/SC37A(低压电涌保护)的国内技术归口单位,挂靠单位为西安高压电器研究院。周歧斌博士是全国避雷器标委会委员,长期从事低压 SPD 检测工作,此次作为 AHG9 工作组召集人是全国避雷器标委会在国际标准化中的又一重大进展,能有效把握该专业 IEC 标准的发展趋势和动向,施加积极的影响,有效提高我国在低压 SPD 方面的话语权。

第三部分:国际标准化

IEC/SMB 第 154 次会议

国际电工委员会/标准化管理局(IEC/SMB)第 154 次会议于 2015 年 10 月 12 日在白俄罗斯明斯克举行,中国电器工业协会标准化与技术评价中心张亮副主任作为 IEC/SMB 国内技术支撑机构秘书随国家标准委工业二部主任、中国 IEC/SMB 成员戴红参加了此次会议。

会议期间,IEC/SMB 主席 Matthews、秘书长 Sheldon 共同为我国承担的 IEC/TC85 秘书、哈尔滨电工仪表所的陈波副所长及其他 3 名 IEC/TC/SC 官员颁发 IEC 托马斯·爱迪生大奖,对各位 IEC/TC/SC 官员出色的技术管理工作表示感谢。

会议形成了 5 项重要决议:

1.IEC 标准应对颠覆性技术

鉴于新兴技术融合发展,越来越多的颠覆性技术出现,甚至在一定程度上替代了传统技术,为了在标准化工作方面做出及时反应,IEC/SMB 决定成立第 60 特别工作组,负责调研颠覆性技术在电工技术领域的情况,并就颠覆性技术对传统标准化工作的影响提出报告。

2.IEC 智慧城市标准化

IEC 智慧城市系统评估组（IEC/SMB/SEG1）已经完成 IEC 智慧城市系统标准化的评估工作，已提出成立 IEC 智慧城市电工因素系统委员会的提案，请各国国家委员会于 2015 年 12 月 25 日以前做出投票。

3.IEC 汽车电气技术标准化

由于电动汽车市场成熟较为缓慢，IEC 汽车电气技术系统评估组（IEC/SMB/SEG5）一直未能找到合适的召集人和专家资源。经 IEC/SMB 研究，决定将 IEC/SMB/SEG5 的工作内容转至 IEC 智慧能源系统委员会。

4.空间技术

鉴于欧洲标准化委员/欧洲电工标准化委员会（CEN/CENELEC）TC5 空间技术中有多个标准项目涉及电工技术，IEC/SMB 决定成立第 62 特别工作组，负责审议 CEN/CENELEC/TC5 中相关标准项目并做出与 IEC 标准化工作相关性的报告。

5.合格评定对标准制定过程反馈

为了促进建立合格评定向标准制定过程的闭环反馈过程，IEC/SMB 决定成立第 63 特别工作组，负责研究产业通过合格评定渠道向标准制定过程反馈的工作机制。

〔撰稿人：IEC/SMB 国内专家工作组秘书处张亮〕

IEC/TC111（环境标准化）2015 年全会及工作组会议

国际电工委员会电工电子产品与系统的环境标准化技术委员会（IEC/TC111）主要负责制定环保领域的基础通用性标准及导则，目前已发布 18 项国际标准，正在组织制修订 15 项国际标准。IEC/TC111 由 24 个积极成员国及 13 个观察员国组成，秘书处设在意大利，现任主席为日本的市川先生。2015 年 IEC/TC111 全会及工作组会议于 11 月 15—20 日在瑞典希斯塔召开。中国电器工业协会作为 IEC/TC111 环境意识设计（ECD）工作组技术对口单位，派员参加了全会及 PT62824（材料效率）、JWG62959（ECD）工作组会议。

一、IEC/TC111/PT62824 工作组会议

IEC/TC111/PT62824 工作组会议于 11 月 15 日召开，来自中国、美国、德国、日本、韩国、比利时、芬兰、瑞典 8 个国家的 16 名专家参加了会议。中国电器工业协会张亮作为召集人主持会议并通报 PT62824 的工作进展。PT62824 主要负责制定 IECTR 62824 Ed.1.0《电工电子产品环境意识设计考虑材料效率的导则》。该标准结合国内外关于资源效率、材料效率的政策及技术研究进展，在 IEC 工作领域中首次提出了材料效率的定义，提出将考虑材料效率的影响因素纳入环境意识设计过程，归纳总结了为提升材料效率而考虑的各项材料因素，为负责产品设计、改造和升级的专业人员提出了指导。经过三年制定工作，该标准于 2015 年 8 月 21 日发布了 DTR（技术报告草案），并在 IEC/TC111 进行为期三个月的投票，共获得 IEC/TC111 积极成员国 92% 的投票支持率，超过 2/3 的支持投票率要求，投票结果为通过。

会议就投票中收到的来自于积极成员国及 IEC 中央办公室的意见进行了讨论。根据讨论结论，PT62824 计划于 2015 年 12 月初将最终草案经 IEC/TC111 秘书处报送 IEC 中央办公室履行发布程序。

二、IEC/TC111/JWG62959 工作组会议

IEC/TC111/JWG62959 工作组会议于 11 月 16—18 日举行。会议由工作组召集人山田教授（日本）主持，来自 IEC/TC111 及 ISO/TC207 的 24 名专家参加了会议。JWG62959 工作开始于 2014 年，主要负责制定 IEC/ISO 62959《环境意识设计—原则，要求与导则》，目标是将 IEC 62430:2009《电工电子产品环境意识设计导则》提出的原则及要求扩展至所有产品领域（包括服务），为在产品研发中考虑环境因素提出原则、规定工作过程并提供指南。产品生产商/提供商的管理层可以参考标准第 4 章"原则"，将环境意识设计的基础原则——生命周期思想引入产品战略和管理决策；直接参与产品研发的专业人员可以参照标准第 5 章"过程"要求以及附录中的具体指南和示例，逐步实施环境意识设计。

会议经过对标准草案关键技术内容的讨论，达成一致结论如下：

（1）实施环境意识设计的要点应包括：以实现产品全生命周期负面环境影响最小化为目标；对产品的重要环境因素进行识别、定性化和定量化（如可行）；在产品的环境因素及生命周期阶段中进行必要的取舍。需要注意的是，考虑产品环境因素并不意味着一定要对其环境影响进行评价，应明确区分"环境因素"与"环境影响"的概念，并避免将"生命周期思想"直接等同于"生命周期评价"。

（2）实施环境意识设计应考虑所有利益相关方的要求，包括法律要求及其他利益相关方提出的自愿性环境要求。其中法律要求是产品必须满足的基础要求，但环境意识设计的意义在于满足法律要求的基础上考虑更多自愿性要求。

（3）为了加强产品供应链各个环节对环境意识设计的协同作用，有必要披露产品环境意识设计相关信息，但需要谨慎处理并明确信息披露的范围和对象。

（4）会议讨论确定下一步工作时间节点为：2016 年确定标准 CD（委员会草案）1 稿及 CD（委员会草案）2 稿；2017 年 2 月发送标准 CDV（委员会投票草案），进行为

期三个月的投票；2017 年 7 月发送标准 FDIS（最终国际标准草案），进行为期三个月的投票；预计 2017 年底正式发布 ISO/IEC 92959 Ed.1.0。

三、IEC/TC111 全会

IEC/TC111 全会于 11 月 19—20 日举行，来自中国、比利时、加拿大、荷兰、意大利、德国、法国、芬兰、日本、韩国、墨西哥、美国、瑞典等国家的 40 余名代表参加了会议。全会对 2015 年各项工作进行了回顾，各工作组和项目组的召集人分别介绍了工作进展，各国代表就标准制定或项目研究过程中所关注的问题进行了讨论，并达成了一致意见。

1. PT62824（材料效率）

PT62824 召集人报告了对 IEC TR62824 DTR 投票意见的处理情况及后续工作计划；IEC/TC111 同意计划并决定 IEC TR62824 发布后解散 PT62824。

2. JWG62959（ECD）

JWG62959 代表报告了目前工作进展及工作组会议结论，获得全会一致认可。

3. 关于成立电子电气产品环境要求特别工作组的提案

中国电器工业协会提出了成立特别工作组对电子电气产品环境要求开展研究的提案：鉴于世界各国针对电子电气产品存在不同环保标签要求的情况，建议根据 IEC/TC111 战略业务规划中提出的优先任务"环境绩效标准"成立特别工作组，对世界范围内现有环保标签要求进行收集和分析。与会代表对该提案进行了热烈讨论，IEC/TC111 决定先对战略业务规划中的"环境绩效标准"提出更为明确的实施对象和工作方式，并在战略业务规划项目组中进行讨论。

4. 其他会议内容

IEC/TC111 的其他工作组，包括 MT62474（材料声明维护组）、VT62474（工业数据库及验证组）、ahG11（市场试点组）、WG3（有害物质测试方法）、PT 63000（对电子电气产品中有害物质限制的评价技术报告）、TF SBP（战略业务规划项目组）、ahG "IEV"（国际电工词汇特别工作组）、PT63031（电子电气产品中低卤素材料定义项目组）的召集人分别汇报了工作进展和工作计划。会议还对 IEC/TC111 已发布的标准有效日期及与其他技术组织建立的联络关系进行了审查。应德国国家委员会邀请，2016 年 IEC/TC111 全会及工作组会议将于 2016 年 10 月 8—14 日在德国法兰克福召开。

〔撰稿人：中国电器工业协会滕云、张亮〕

2016 年 IEC/ACOS 国际会议报告

2016 年 9 月 7—8 日，IEC/ACOS（国际电工委员会安全顾问委员会，简称 ACOS）在丹麦哥本哈根召开了 2016 年国际会议，中国专家、全国电气安全标委会（SAC/TC25，简称安标委）委员陆尧参加了会议，全国电气安全标委会秘书处也派员参加。

一、IEC/ACOS 简介

ACOS 是 IEC 在国际电工电子低压领域（交流 1 000V、直流 1 500V）建立的高层专家顾问委员会，其工作领域涉及电气安全、电气设备着火危险试验评估、低压电气设备、电子程控系统的功能安全和医用电气设备安全等。ACOS 的技术职能是在 IEC 范围内协调安全方面的标准，协助 IEC 标准管理局（SMB）进行技术管理，提供技术咨询和建议，以确保 IEC 发布的标准在安全方面的一致性，以及同 ISO 国际标准的协调。安标委是 ACOS 的国内技术对口单位。

ACOS 现有 5 项归口导则，包括 IEC/ACOS 导则 104《安全出版物的编写及基础安全出版物和多专业共用安全出版物的应用导则》、导则 110《家庭控制系统 安全导则》、导则 112《多媒体设备安全指南》、导则 116《低压电气设备的安全风险评估和风险降低指南》和导则 117《电工设备可接触热表面的温度指南》。

导则 104 规定了安全出版物的编写程序，包括基础安全出版物和多专业共用安全出版物的编写和应用，阐述了具有横向安全职能或多专业安全职能技术委员会与专业技术委员会之间的技术沟通方式。已非等效采标为 GB/T 16499—2008，其修订版将于 2018 年 2 月 1 日实施。

导则 110 规定了与家庭控制系统有关的功能安全和传统安全方面的信息，已修改采标为 GB/T 25315—2010，其修订版将于 2018 年 7 月 1 日实施。

导则 112 规定了使用 GB 8898 和 GB 4943 评价多媒体设备安全性的若干准则，已等同采标为 GB/T 22698—2008，其修订版将于 2018 年 4 月 1 日实施。

导则 116 规定了低压电气设备安全风险评估和风险降低的原则、程序等内容，已等同采标，GB/T 34924—2017 将于 2018 年 5 月 1 日实施。

导则 117 规定了电气设备热表面灼伤风险评估应考虑的热表面温度限值、最长接触时间、材料导热性能等内容，已等同采标工作，GB/T 34662—2017 将于 2018 年 5 月 1 日实施。

二、会议内容

会议进行了 13 项议题，包括会议致辞、日程介绍、通报 2015 年会议纪要、SMB 事务、关联活动、横向安全功能和多专业安全功能、其他 TCs/SCs 的安全工作、归口或联合归口指南制修订进展、ISO 相关事务、ACOS 活动的推进与交流、其他事务、下届 ACOS 会议安排等。

1. 安标委重点参与工作

（1）IEC 指南 116 修订工作。IEC 指南 116《低压电气设备的安全风险评估和风险降低》第 2 版修订工作于 2014 年启动。会前，安标委秘书处多次召开专家会议讨论提出了对附录 D 的修订建议，由中国专家在会前发送给主席 P.Juhel，并在会上正式提出。此建议得到了主席和与会代表的认可，将在下阶段修订工作中纳入。

低压电气设备安全风险评估是防止电气设备在整个生命周期中危险事件的发生，避免可能的伤害的安保手段，因而得到国内外社会的关注和重视。ISO、IEC 在 1999 年发布了 ISO/IEC 指南 51《标准中包括安全因素的编写指南》，提出了安全风险评估的"循环过程"，2010 年 ACOS 根据 ISO/IEC 指南 51 完成了 IEC 指南 116:2010，提出了低压电气设备达到安全的总体原则，安全评估的逻辑过程，实施风险评估的信息，描述识别危险、预防和评估风险和必要风险降低程序的原则，旨在指导 IEC 相关技术委员会制定电气设备或产品的风险评估标准。我国在 2008 年加入 IEC 指南 116:2010 第一版的制定工作中，为主制定了《附录 C：低压电气设备危险示例》《附录 D：使用本指南的工具》，实质性推动了国际标准制定，将我国优势的技术融入国际标准中，维护了我国公共安全，促进消除了贸易技术壁垒。

（2）2017 年 ACOS 论坛。2017 年 ACOS 论坛将在日本召开，主题为"对下一代工业自动化的安全考虑"，中国代表将在论坛做汇报发言。

（3）IEC/TC3 归口标准现状。在议题"其他 TCs/SCs 的安全工作"中，IEC/TC3 汇报了归口安全标准现状，其中 IEC 60757:1983、IEC 61293:1994、IEC 60152:1963 三项国际标准发布时间久远，一直未启动修订工作，建议对标准应用情况进行调研。安标委是 IEC/TC3 国内第二技术对口单位，负责归口 IEC/TC3 的 6 项国际标准（包括上述 3 项），均已等同采标为国家标准，将在国内调研上述标准的应用情况。

2. 会议其他内容

ACOS 秘书 Ch. Jacquemart 将邀请 McLaren（IEC 中办，青年专家项目管理者）考虑在 2017 年工作论坛中介绍青年专家项目的有关内容。

ACOS 主席 P.Juhel 和秘书 Ch.Jacquemart 将与 IEC IT 部门沟通，询问统计工具（设计初衷是统计在规范性引用文件中的引用情况）是否能覆盖参考文献中的引用情况。

ACOS 各国专家的任期问题：希望增补一位拉丁美洲的专家，接任 J. Alves de Souza 工作。

参会代表负责督促 IEC/TC64、IEC/TC3、IEC/TC96、IEC/TC20 与 ACOS 加强沟通；参会代表负责联系 IEC/SC3C、IEC/TC17、IEC/TC40、IEC/TC56、IEC/TC77 和 IEC/TC85 在各自即将召开的全会上汇报归口的与安全事务有关的工作。

更新与相关 TCs/SCs 的联络方式。我国专家负责联络 IEC/TC23E（家用断路器及类似设备标委会）、IEC/TC32B（低压熔断器标委会）、IEC/TC121B（低压成套开关设备和控制设备标委会）。

委托参会代表跟踪 IEC 60364-7-716 制定进展，启动 CD 阶段后通知 ACOS；督促相关技术标委会在年会讨论 IEC TR 60479-3；督促 IEC/TC109 在年会讨论基础安全出版物 IEC TR 60664-2-1 现状；开展对最新版 IEC 61000-1-2:2016（IEC/TC61 归口）的实施评价。

ACOS 秘书 Ch.Jacquemart 于会后发送报告《半导体电源技术路线图》《USB 电源安全要求的技术路线图》；于会后向全体 ACOS 代表发送 SC23E 制定的多专业安全出版物 IEC 60755《剩余电流装置》，并征求意见；于会后发送 ACSEC 主席报告《信息安全领域的安全问题》。

汇报 IEC/TC64 等技术委员会基础安全出版物使用情况。

根据上届 ACOS 会议上消费者协会提出的意见，汇报了弱势群体对电气设备的使用情况。

对 ISO/IEC 指南 63:2012《医疗器械安全方面的开发并纳入国际标准指南》的修订建议。

讨论确定 2017 年 ACOS 论坛主题、时间等。2017 年 ACOS 论坛和 ACOS 全会暂定 6 月 26—29 日在日本东京召开。

三、结束语

不同于 TCs/SCs 会议，ACOS 讨论的问题较宏观、全面，要综合考虑可能涉及的多个与安全问题有关的标委会或领域。作为国内对口单位，安标委的研究工作也应具备全局性和通用性，应在深入掌握相关领域技术知识的基础上开拓本领域业务。

〔撰稿人：全国电气安全标准委员会 马红〕

IEC/TC111 战略业务规划维护任务组工作会议

2016 年 3 月 31 日至 4 月 2 日，IEC/TC111/TF SBP（战略业务规划维护任务组）工作会议在日本大阪举行。TF SBP 的任务是通过分析技术、贸易、市场等因素，确定 IEC/TC111（电工电子产品与系统的环境标准）的工作领域，制定战略计划。中国质量认证中心和中国电器工业协会派员代表中国参加了工作会议，讨论战略工作计划等事宜，并就中方提出的"电子电气产品环境绩效标准"国际提案建议进行讨论。

一、IEC/TC111/TF SBP 工作会议总体情况

此次会议共有来自 7 个国家的共计 12 名专家参加，

加拿大的 Walter Jager 先生作为召集人主持会议。

会前 IEC/TC111 已通过 DC 文件形式向 IEC/TC111 各成员国征集了对 SBP 草案的意见，并由 TF SBP 成员分别对反馈意见进行了处理；会议讨论了处理意见，并对 SBP 草案进行了逐条修改。中国专家主要负责 IEC/TC111 管理架构的修改。

SBP 拟将 IEC/TC111 未来 3～5 年内开展的项目战略目标、行动及完成期限更新如下：

（1）制定新的限用物质检测标准，统一检测标准（例如邻苯二甲酸盐检测标准）。

（2）修订 IEC 62474 标准，并做进一步优化，2017 年完成标准修订。

（3）制定限用物质符合性标准或导则，2016 年年底完成。

（4）对低卤素进行定义，制定有关低卤素定义的技术规范或者国际标准。

（5）继续联合 ISO 制定环境意识设计国际标准。

（6）参考 CENELEC 标准，制定 WEEE 收集、运输和处理的国际标准。

（7）制定电子电气产品碳足迹计算方法标准。

（8）制定环境绩效协调标准。

（9）制定全生命周期产品种类规则。

此外，IEC/TC111 已有多个完成标准制定任务的工作组，实际已解散或不再活动，但在 IEC 网站上仍保留其信息，可能造成混淆。会议请 TC111 秘书长 Legnani 先生向 IEC 中央办公室提出清理网站信息的要求。

二、"电子电气产品环境绩效标准"国际提案讨论

2016 年 4 月 1 日，参会代表共同讨论了由中方提出的"电子电气产品环境绩效标准"国际提案建议。在 2015 年西斯塔全会上，中国代表已提出过初步设想。此次会议，中国代表进一步明确了工作目标、重点和计划。会议代表对提案可行性、内容范围及下一步工作计划进行了讨论。如果以 NWIP 形式提出"电子电气产品环境绩效标准" TR 提案，该提案将在 IEC/TC111 成员国间开展为期 3 个月的投票；如果以 INF/ 问卷形式提出，该提案将在 IEC/TC111 成员国间开展为期 1～2 个月的意见征集，并在 IEC/TC111 的 2016 年年会上就反馈意见进行回应并由年会确定是否支持该国际提案立项。

三、其他事项

SBP 成员还对目前国际上一些比较关注的领域进行简单介绍，主要聚焦在环境足迹（PEF）和欧盟的循环经济。欧盟环境足迹的试点对 IEC/TC111 今后开展产品种类规则的制定具有一定借鉴作用。2015 年年底欧盟强制实施循环经济法，该循环经济法为一系列法规、指令的综合体，涉及食品、电子电器产品等多个领域。TC111 关注到该法律，有可能会将之作为一个新的工作领域，成立新工作组。

IEC/TC112 组织结构和国际标准化状态

电气绝缘材料与系统的评估与鉴别委员会（IEC/TC112）成立于 2005 年，秘书长为德国西门子公司的 Goetter 先生，主席为美国杜邦公司的 Wicks 先生。国内技术对口单位为机械工业北京电工技术经济研究所，对应全国电气绝缘材料与绝缘系统评定标准化技术委员会（SAC/TC301）。IEC/TC112 负责电气绝缘材料的耐热性、辐射性、介电特性、电气强度和耐电痕化等测试方法的标准化，负责电气绝缘系统的热分级和热评定等方法的标准化。

一、IEC/TC112 的组织结构

1.IEC/TC112 现有成员国

目前，IEC/TC112 共有 30 个成员国，其中 P 成员国 19 个，O 成员国 11 个。P 成员国有奥地利、比利时、加拿大、中国、捷克、丹麦、埃及、法国、德国、印度、意大利、日本、荷兰、葡萄牙、俄罗斯、瑞典、瑞士、英国、美国。O 成员国有巴西、芬兰、波兰、罗马尼亚、塞尔维亚、斯洛伐克、斯洛文尼亚、南非、西班牙、泰国、乌克兰。

2.IEC 内部联络委员会

与 IEC/TC112 有关联的 IEC 内部委员会共有 16 个，包括 TC2（旋转电机）、TC10（电工用液体）、TC14（电力变压器）、TC15（固体电气绝缘材料）、SC17A（设备）、TC23（电器附件）、TC36（绝缘子）、TC42（高压-高电流设备）、SC45A（核设施仪表和电气控制系统）、TC55（绕组线）、SC61（家用和工业用制冷电气安全）、TC89（着火危险试验）、TC96（变压器、反应堆、电源装置及其组合）、TC101（静电学）、TC109（低压设备绝缘配合）、SC121A（低压开关和控制）。

3. 工作组和项目组

目前，IEC/TC112 共有 8 个工作组（WG）、1 个项目维护组（MT10）、1 个联合工作组（JWG12）、1 个顾问组（AG11）和 1 个联合维护组（JMT9）。

（1）8 个工作组。IEC/TC112 的 8 个工作组分别为：WG1 耐热性、WG2 辐射、WG3 电气强度、WG4 介电/电阻特性、WG5 耐电痕化、WG6 评估电气绝缘、WG7 数据处理、WG8 各种材料性能。

WG1 负责电气绝缘材料的相对耐热性分析测试方法的标准化，主要负责 IEC 60216《电气绝缘材料 耐热性》系列标准的制定和维护。工作组召集人为意大利的 Montanari 先生，工作组现有专家 36 人，其中奥地利 1 人、加拿大 2 人、瑞士 1 人、中国 5 人、捷克 1 人、德国 7 人、意大利 1 人、日本 7 人、荷兰 2 人、俄罗斯 1 人、瑞典 1 人、美国 6 人、英国 1 人。

WG2 负责电气绝缘材料的耐辐射性能测试方法的标准

化,主要负责 IEC 60544《电气绝缘材料 确定辐照剂量影响》和 IEC 61244《聚合物长期辐射老化的测定》系列标准的制定和维护。工作组召集人为日本的 Kudoh 先生,工作组现有专家 15 人,其中加拿大 2 人、瑞士 1 人、中国 1 人、捷克 1 人、德国 2 人、丹麦 1 人、英国 3 人、意大利 1 人、日本 2 人、俄罗斯 1 人。

WG3 负责电气绝缘材料和系统的电气强度、局部放电等测试方法的标准化,主要负责 IEC 60243《绝缘材料 电气强度》系列标准等的制定和维护。工作组召集人为德国的 Stimper 先生,工作组现有专家 30 人,其中奥地利 1 人、加拿大 4 人、中国 3 人、捷克 2 人、德国 9 人、英国 1 人、意大利 1 人、日本 5 人、荷兰 1 人、瑞典 1 人、美国 2 人。

WG4 负责电气绝缘材料的介电和电阻特性测试方法的标准化,主要负责 IEC 62631《固体绝缘材料 介电和电阻特性》系列标准的制定和维护。工作组召集人为德国的 Haupt 先生,工作组现有专家 32 人,其中奥地利 2 人、加拿大 1 人、中国 5 人、德国 10 人、英国 2 人、意大利 2 人、日本 4 人、葡萄牙 1 人、瑞典 1 人、美国 4 人。

WG5 负责电气绝缘材料的电痕化和蚀损相关试验方法的标准化,主要负责 IEC 60112、IEC 60587 等标准的制定和维护。工作组召集人为德国的 Komanschek 先生,工作组现有专家 26 人,其中奥地利 2 人、瑞士 1 人、中国 1 人、德国 8 人、法国 1 人、英国 2 人、意大利 1 人、日本 4 人、荷兰 2 人、瑞典 1 人、美国 3 人。

WG6 负责电气绝缘系统的热评估、热分级等方法的标准化,主要负责 IEC 61857《电气绝缘系统 热评定规程》、IEC 62332《液体和固体组合绝缘系统 热评定》等方法标准的制定和维护。工作组召集人为荷兰的 Smit 先生,工作组现有专家 45 人,其中奥地利 1 人、加拿大 3 人、瑞士 3 人、中国 8 人、捷克 2 人、德国 7 人、英国 1 人、意大利 2 人、日本 4 人、荷兰 4 人、葡萄牙 2 人、瑞典 1 人、美国 7 人。

WG7 负责试验数据的统计分析处理方法的标准化,主要负责 IEC 60493《老化试验数据统计分析指南》系列标准等的制定和维护。工作组召集人为日本的 Okamoto 先生,工作组现有专家 12 人,其中加拿大 3 人、中国 1 人、英国 2 人、德国 2 人、意大利 1 人、日本 3 人。

WG8 负责绝缘材料的空间电荷特性、粘均聚合度和循环再利用等相关标准的制定和维护。工作组召集人为日本的 Shimizu 先生,工作组现有专家 22 人,其中奥地利 1 人、加拿大 3 人、瑞士 1 人、中国 3 人、德国 2 人、法国 1 人、英国 3 人、意大利 1 人、日本 4 人、荷兰 1 人、葡萄牙 1 人、俄罗斯 1 人。

(2)项目组。IEC/TC112 共有 4 个项目组,分别是 MT10 项目维护组、JWG12 联合工作组、AG11 顾问组和 JMT9 联合维护组。

MT10 项目维护组负责 IEC TR 62039《高压应力下室外用聚合物材料的选用导则》的维护,维护组召集人为德国的 Stimper 先生,工作组成员只有 1 名英国专家。

JWG12 联合工作组与 IEC/TC2 联合负责修订 IEC/TS 61934《电气绝缘材料与系统 短时上升时间和脉冲电压下局部放电的电气测量》,并在 IEC/TC2 内制定 1～2 个产品标准。联合工作组召集人为加拿大的 G.Sedding 先生,工作组成员目前只有 2 名意大利专家,我国推荐电气绝缘领域的 3 名专家加入该工作组。

AG11 顾问组负责 IEC/TC112 现有标准项目的维护、新项目的开拓、重要工作的决策等工作计划的商议和提出。顾问组召集人分为 IEC/TC112 的秘书长和主席,现有专家 26 人,其中加拿大 2 人、中国 1 人、德国 11 人、英国 1 人、意大利 1 人、日本 3 人、荷兰 1 人、葡萄牙 1 人、瑞典 2 人、美国 3 人。

JMT9 联合维护组与 IEC/TC10 联合负责 IEC 60050-212《电工术语 绝缘固体、液体和气体》标准的维护工作。维护组召集人为德国的 Stimper 先生,现有专家 5 人,其中加拿大 2 人、德国 1 人、英国 1 人、意大利 1 人。

二、IEC/TC112 标准化状态

IEC/TC112 标准制定和维护分别由 8 个工作组负责,其标准项目更新和新项目开展均快速和及时。

IEC/TC112/WG1 负责制定和维护的 IEC 60216《电气绝缘材料 耐热性》系列标准目前共有 9 部分,包括老化程序和试验结果评定、试验判断标准选择、老化烘箱、耐热指数计算、加速确定耐热性指数方法等,是测试和评估绝缘材料耐热老化特性最为基本通用的方法标准。IEC/TS 60216-7-1:2015 提出了基于活化能加速确定绝缘材料耐热性指数的方法,为分析该方法进行平行试验;PD IEC/TR 60216-7-2:2016《绝缘材料 耐热性 第 7-2 部分用热力学数据非等温动力学分析 IEC/TS60216-7-1 提出的各种程序的平行试验结果》正式发布。

IEC/TC112/WG2 负责制定和维护的 IEC 61244《聚合物长期辐射老化的测定》系列标准目前,包括监测限制扩散氧化技术、低剂量率下老化测试程序两部分,是评估电缆用聚合物材料辐射老化特性测试的基础方法标准。为满足核电电缆对测试方法的需求,WG2 提出 IEC 61244-3《确定聚合物长期辐射老化 第 3 部分:非周围环境下辐射的影响 温度影响》新工作项目。

IEC/TC112/WG3 开展 IEC/TS 61934《电气绝缘材料和系统 短时上升时间和相对电压脉冲下局部放电测量方法》维护。同时,还计划与 IEC/TC2 联合制定 1～2 个旋转电机相关的产品标准。

IEC/TC112/WG4 负责制定和维护绝缘材料介电/电阻特性相关标准。为保证标准体系的有序和完善,该工作组提出将现有电阻/介电性能测试的方法标准进行修订,并制定相关分析方法标准,同时重新编号标准,即 IEC 62631《固体绝缘材料 介电和电阻特性》系列。IEC 62631 系列标准目录见表 1。

表1　IEC 62631系列标准目录

标准编号	标准名称	修订/制定
	总则	
IEC 62631-1	固体绝缘材料　介电和电阻特性　第1部分：总则	制定
	介电常数和电介质损耗因数的确定（AC方法）	
IEC 62631-2-1	技术频率（1Hz至100MHz）	修订 IEC 60250
IEC 62631-2-2	高频（1MHz至300MHz）	修订 IEC 60250
IEC 62631-2-3	特高频（300MHz以上）	修订 IEC 60377
IEC 62631-2-4	低频（1mHz至1Hz）	制定
	确定电阻特性（DC方法）	
IEC 62631-3-1	体积电阻和体积电阻率	修订 IEC 60093
IEC 62631-3-2	表面电阻和表面电阻率	修订 IEC 60093
IEC 62631-3-3	绝缘电阻	修订 IEC 60167
IEC 62631-3-4	确定高温条件下材料电阻特性的特殊要求　特殊方法	修订 IEC 60345
IEC 62631-4-1	计算利用宽带介质光谱仪获得数据的方法	制定
IEC 62631-4-2	通过观察介电性能的热分析	修订 ISO 11357、ISO 6721
IEC 62631-4-3	检测热老化过程的特殊条件	修订 IEC 60216

IEC/TC112/WG6负责制定和维护的IEC 61857《电气绝缘系统 热评定规程》系列标准目前包括通用要求、评估和分级电气绝缘系统、散绕绕组、成型绕组等，是评估电气绝缘系统耐热性通用的方法标准。为满足产品发展对测试方法的需求，WG6完成了IEC 61857-31《电气绝缘系统 热评估程序 第31部分：运行寿命低于5 000h》、IEC 61857-32《电气绝缘系统 热评估程序 第32部分：多因素评估 诊断程序》和IEC 61857-33《电气绝缘系统 热评估程序 第33部分：升温下多因素评估》等3个新工作项目（NP稿），IEC 61857-31于2017年1月1日正式实施。同时还提出了IEC 61858-3《电气绝缘系统 修改已建立绝缘系统的热评估 第3部分：划分主要成分和次要成分》的预工作项目建议（PWI）。

〔撰稿人：机械工业北京电工技术经济研究所刘亚丽、陈昊〕

IEC/ACOS第XI届安全论坛和2017年全体会议

IEC/ACOS（国际电工委员会安全顾问委员会，简称ACOS）于2017年6月26—29日在日本东京召开了第XI届安全论坛"下一代工业自动化的安全考虑"和2017年全体会议。全国电气安全标委会（ACOS国内对口技术机构，简称安标委）副主任委员兼秘书长方晓燕、ACOS中国专家/安标委委员陆尧、安标委委员李锋和秘书处马红参加了会议。

一、安全论坛内容

安全论坛为期两天，第一天是专题报告，第二天是技术调研。

专题报告共9项，分别是：日本第四次工业革命的到来，IEC对未来安全的贡献，日本在IoT时代对安全的考虑和发展趋势，中国专家对未来工业自动化安全的考虑，青年专家视角下的下一代工业自动化的必要安全概念，IEC ACSEC介绍、safety、security的相互关系，机器人技术应用和机器人革命的新技术实施，实施人机协作安全的必要安全理念和人员能力认证计划，法兰克公司的设想：符合IoT时代的未来制造。

技术调研前往日本产业技术综合研究所进行技术参观，参观内容包括：人工造雪实验室，机器人在不同降雪级别下的监视情况；机器人技术实验室（RT），介绍并演示了机器人技术对特定人群（包括独居老人、残疾人等）的作用；批量采摘机器人实验室，介绍了此类机器人的设计原理、运行机制等；科学广场，了解了研究所发展史及突出技术贡献。前往机器人安全中心，了解了各类机器人（治愈型机器人、特殊环境作业机器人、自主行走机器人、小型移动检查作业机器人等）的作用和应用领域。

二、IEC/ACOS会议内容

ACOS是IEC在国际电工电子低压领域（交流1 000V、直流1 500V）建立的高层专家顾问委员会，其工作领域涉及电气安全、电气设备着火危险试验评估、低压电气设备、电子程控系统的功能安全和医用电气设备安全等。ACOS的技术职能是在IEC范围内协调安全方面的标准，协助IEC标准管理局（SMB）进行技术管理，提供技术咨询和建议，以确保 IEC 发布的标准在安全方面的一致性，以及同 ISO 国际标准的协调。ACOS 现有 5 位国际专家，陆尧为中国专家。

会议为期两天，主要包括 12 方面议题：会议致辞、会议日程介绍、通报上年会议纪要、SMB 事务、关联活动、横向安全功能和多专业安全功能、其他 TCs/SCs 的安全工作、归口或联合归口指南制修订进展、ISO 相关事务、ACOS 活动的推进与交流、其他事务、下届 ACOS 会议安排。与安标委工作相关的会议内容如下：

1. 专家任期

专家陆尧自 2015 年 12 月起担任 ACOS 专家，一届任期为三年，将于 2017 年 12 月任满。我国已于会后提出了延长陆尧专家任期的申请。

2. 归口 IEC 指南制修订进展

ACOS 负责归口 5 项 IEC 指南，会议重点汇报了 IEC 指南 104、112、116 的制修订进展，还提出了对指南 110 的修订计划。安标委的转化情况见表 1。

表 1 安标委的转化情况

序号	国际指南	推荐性国家标准	备注
1	IEC 指南 104	GB/T 16499《安全出版物的编写及基础安全出版物和多专业共用安全出版物的应用》	非等效采标
2	IEC 指南 110	GB/T 25315《家庭控制系统 安全导则》	修改采标
3	IEC 指南 112	GB/T 22698《多媒体设备安全指南》	等同采标
4	IEC 指南 116	已报批	等同采标
5	IEC 指南 117	已报批	等同采标

3. 对安全论坛的总结

安全论坛提出的安全 2.0 理念（人、物、环境协作），实现机器人安全、智能、自动化背景下的安全风险考虑，网络安全考虑，人－机器人协作下的问题等将作为 ACOS 未来工作的重点。

〔撰稿人：全国电气安全标委会秘书处马红〕

2016 年 IEC/TC72 法兰克福年会

国际电工委员会电自动控制器技术委员会（IEC/TC72）于 2016 年 10 月 12 日在德国法兰克福召开全体会议，来自美国、德国、加拿大、中国、丹麦、芬兰、德国、意大利、日本、荷兰、瑞士、英国的 P 成员代表，来自韩国的 O 代表，以及 IEC 中心办公室的 Timothy Rotti，共 27 人参会。中国电器科学研究院有限公司是 IEC/TC72 国内技术对口单位，中国电器科学研究院钱峰与博西家电集团戴芳组成中国代表团参加了此次会议。

会议确认了 2015 年 10 月 13 日比利时韦尔肯拉德举行的会议纪要，同意 IEC 行为守则将成为未来全体会议的常设议程项目。

1. 各工作组报告

第 1 工作组：燃烧器控制。召集人 Endisch 先生不在场，但提供书面报告；"报告"概述的工作计划得到了 TC72 的确认。

第 3 工作组：电机保护器。召集人范德奎先生不在场，但提供书面报告；"报告"概述的工作计划得到了 TC72 的确认。

第 5 工作组：计时员。召集人 Böhnke 先生审查了该报告；"报告"概述的工作计划得到了 TC72 的确认。

第 6 工作组：温度、压力、湿度、空气/水流量检测控制和门锁。召集人安东尼先生审查了该报告；"报告"概述的工作计划得到了 TC72 的确认。

第 8 工作组：60730-1 自动电气控制和维护的一般要求。召集人西蒙斯先生审查了该报告；"报告"概述的工作计划得到了 TC72 的确认。

第 9 工作组：电动执行器和阀门。召集人 Pudney 先生对报告进行了审查；报告中概述的工作计划经确认由 TC72 执行。

第 12 工作组：电传感器。召集人 Delaquila 先生对报告进行了审查；报告中概述的工作计划经确认由 TC72 执行。

第 1 特设小组报告：重组第 1 部分。召集人 Schwendemann 先生，对报告进行了审查；报告中概述的工作计划经确认由 TC72 执行。

2. 与其他技术委员会协调

IEC/TC61 家用和类似用途器具的安全，IEC/TC61/MT23 电子电路，家用器具远程口控制以及同等绝缘的功能性安全相关领域，ISO/TC161 气/油燃烧器和器具的控制和保护设备，IEC/SC32C 微型熔体，CTL ETF 4 的联络人分别审查了相关的联络报告。

因 ACOS 工作的相关方面反映在其他报告中，因此没有提供具体的 ACOS 报告。

3. 出版物

审查和更新了由 TC72 负责的所有出版物的生效日期。会议重新确认了 IEC 60730-2-17 以及 IEC 60730-2-19 将于 2016 年 12 月 31 日取消。TC72 负责的出版物的生效日期见表 1。

表1 TC72负责的出版物的生效日期

出版物编号	出版日期	生效日期
IEC 60730-1 Ed. 5.0	2013.11.19	2018年
IEC 60730-1 am1 Ed. 5.0	2015.12.18	2018年
IEC 60730-2-3 Ed. 2.0	2006.10.11	2018年
IEC 60730-2-5 Ed. 4.0	2013.11.19	2017年
IEC 60730-2-6 Ed. 3.0	2015.04.22	2018年
IEC 60730-2-7 Ed. 3.0	2015.03.12	2018年
IEC 60730-2-8 Ed. 2.0	2000.02.29	2018年
IEC 60730-2-8 am1 Ed. 2.0	2002.11.22	2018年
IEC 60730-2-8 am2 Ed. 2.0	2015.12.16	2018年
IEC 60730-2-9 Ed. 4.0	2015.05.27	2018年
IEC 60730-2-10 Ed. 2.0	2006.10.11	2018年
IEC 60730-2-11 Ed. 2.0	2006.10.11	2018年
IEC 60730-2-12 Ed. 3.0	2015.04.15	2018年
IEC 60730-2-13 Ed. 2.0	2006.10.11	2017年
IEC 60730-2-14 Ed. 1.0	1995.11.16	2017年
IEC 60730-2-14 am1 Ed. 1.0	2001.02.15	2017年
IEC 60730-2-14 am2 Ed. 1.0	2007.11.21	2017年
IEC 60730-2-15 Ed. 2.0	2008.01.30	2017年
IEC 60730-2-22 Ed. 1.0	2014.05.13	2018年

4.联络人审查

确认IEC/TC32/SC32C（微型熔体）的联络人为Tuong Nguyen (liaison)、Joe Antony (liaison)，IEC/TC61（家用器具）的联络人为Eckhard Schwendemann (liaison)，IEC/TC61/SC61C（制冷器具）的联络人为Albert van der Kuij (liaison)，ISO/TC161（气/油燃烧器和器具的控制和保护设备）的联络人为Ivano Previati (liaison)。

TC72已经与TC23/SC23B（插头、插座和交换机）的领导层开始合作讨论，以便在其负责的标准范围达成共识。

PC118智能电网用户界面、TC94全无电气继电器、TC23电气附件因为没有建立官方联络人，从（非正式）清单中删除。

5.审查战略业务计划

当前战略业务计划(SMB/5792/R)是2016年发布的，曾经审查确认无变更。在下一次全体会议之前，将分发一份草案，供委员征求意见，并在全体会议上提出意见，供其讨论和更新。

IEC/TC72主要工作任务是组织制修订IEC 60730家用和类似用途电自动控制器系列标准。工作领域包括：温控器、限温器、保护器、定时器、燃烧器控制器、调节器、电动水阀、气阀、油阀、电磁阀、电子膨胀阀、电起动器、程序控制器、起动继电器、热切断器、湿度敏感控制器、压力敏感控制器、水位控制器等。

近年来，IEC/TC72工作主要集中在IEC 60730系列标准的不断修订等事务，虽然商业战略计划提出要扩大工作范围，并且要扩展到建筑、智能等领域的自动控制器产品，但是一直未有实质性的新项目提案，各国专家从本国的利益出发，对控制器新项目均较为保守。同时，由于控制器产品跨领域和行业，不同产品技术差异较大，因此很多国际专家对非自身行业的了解也较少，导致TC72长时间不能有新项目开展。这种局面一方面说明TC72工作不是特别活跃，新项目容易受到各国专家质疑，同时也说明中国有机会提出新的控制器项目并得到TC72主席层面的支持和推动。

目前，我国暂未有参加IEC/TC72各WG的专家，同时近年来也较少参加IEC/TC72的国际会议，能够实质性参与国际标准化活动的控制器领域专家和企业很少。新国际标准计划亟须推进和指导。

〔供稿单位：中国电器科学研究院〕

液流电池国际标准化会议在马德里召开

液流电池国际标准化工作会议于2017年1月16—19日在西班牙马德里召开。来自中国、日本、德国、西班牙、英国等国家的15名代表出席了会议。中国科学院大连化学物理研究所张华民研究员、郑琼博士以及机械工业北京电工技术经济研究所田超贺参加会议。

一、液流电池国际标准化概况

液流电池国际标准主要由IEC/TC21（二次蓄电池）与IEC/TC105（燃料电池技术）成立的联合工作组IEC/TC21/JWG7组织制定。IEC/TC21/JWG7成立于2014年，工作组召集人为来自日本东芝公司的Fumio Ueno博士，秘书为来自日本住友的Nobuo Shiga博士。目前，IEC/TC21/JWG7正在开展IEC 62932-1《固定式领域用液流电池系统 第1部分：通用方面、术语和定义》、IEC 62932-2-1《固定式领域用液流电池系统 第2-1部分：通用性能要求及测试方法》、IEC 62932-2-2《固定式领域用液流电池系统 第2-2部分：安全要求》等3项液流电池标准的制定工作并均已进入CD2稿阶段。其中，IEC 62932-2-1由我国牵头开展标准制定，标准项目召集人为中国科学院大连化学物理研究所张华民研究员。

二、会议情况

此次会议主要讨论了液流电池标准化工作范围、IEC 62932-1、IEC 62932-2-2两项国际标准CD2稿，并确定IEC 62932-2-1标准化工作安排。

因3项液流电池国际标准内容及标准范围与液流电池系统边界密切相关，系统边界的界定在专家内部有较大分歧，同时与会专家对液流电池、液流电池系统、液流电池储能系统的定义有不同意见，会议再次对系统边界及相关术语定义进行了讨论。与会专家最终同意我国观点，确定液流电池系统简称液流电池，液流电池系统由电堆、电池管理系统（BMS）、电池支持系统（BSS）、流体循环系统构成；液流电池储能系统术语修改为液流电池能量系统，由液流电池系统及能量转换系统组成。确定后的系统边界范围与我国国家标准中的规定保持一致。液流电池系统边界范围见图1。

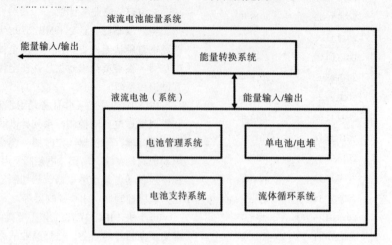

图1　液流电池系统边界范围

（1）IEC 62932-1《固定式领域用液流电池系统 第1部分：通用方面，术语和定义》。会议对该项国际标准CD2稿收集到的意见建议进行了逐条讨论和处理，并对标准架构进行了讨论，确定在新的章节中增加标准范围图和液流电池能量系统范围图，并对系统组成进行解释说明；标准名称修改为"固定式领域用液流电池系统 第1部分：术语和通用方面"。

会议要求标准召集人于2017年1月底将该项标准意见处理结果反馈给工作组召集人及秘书，修改后的标准文本于2017年2月底反馈至工作组召集人及秘书，工作组召集人收到标准文本后发至TC21主席和JWG7工作组成员征集意见，并将收集到的意见发送给工作组成员。如收集到重要意见或问题将于2017年5月召开电话会议讨论解决。

（2）IEC 62932-2-2《固定式领域用液流电池系统 第2-2部分：安全要求》。会议对该项国际标准CD2稿收集到的意见建议进行了逐条讨论和处理，要求标准召集人于2017年1月底将该项标准意见处理结果反馈给工作组召集人及秘书，修改后的标准文本于2017年2月底反馈至工作组召集人及秘书，工作组召集人收到标准文本后发至TC21主席和JWG7工作组成员征集意见，并将收集到的意见发送给工作组成员。如收集到重要意见或问题将于2017年5月召开电话会议讨论解决。

（3）IEC 62932-2-1《固定式领域用液流电池系统 第2-1部分：通用性能要求及测试方法》。该项标准由我国牵头制定，因标准CD2稿未开始征集意见建议，会议仅对该项国际标准CD2稿文本结构和格式进行了讨论。会议要求标准牵头方检查标准结构格式后于2017年1月底将标准文本发送至工作组召集人及秘书，并确定于2017年6月25—26日在曼彻斯特组织召开CD2稿讨论会议。

2017年于美国召开3项标准讨论会，2018年将在我国组织召开CDV稿会议。

3项液流电池国际标准是液流电池领域基础、通用以及安全相关标准，是目前仅有的3项液流电池领域国际标准，也是液流电池领域基础、重要、急需的标准，标准的制定对液流电池技术及产业发展具有重要意义。目前，日本和欧洲在液流电池领域国际标准化工作积极投入，意图提升其国际标准化工作影响力。我国前期在液流电池国际标准工作中取得了一定的成果，需要继续加强国际标准化参与力度，进一步提升我国在标准化工作中的地位和话语权，以维护我国利益。

〔撰稿人：机械工业北京电工技术经济研究所田超贺〕

IEC/TC37/SC37A/AHG9国内对口工作组成立暨第一次会议在厦门召开

IEC/TC37/SC37A/AHG9国内对口工作组成立暨第一次会议于2017年2月24日在厦门召开。来自西安高压电器研究院有限责任公司、上海市防雷中心、上海电器科学研究院、中讯邮电咨询设计院、信息产业通信产品防护性能质量监督检验中心以及全国各地的防雷产品制造商、测试单位和用户单位代表共40多人参加了会议。

一、大会情况

全国避雷器标委会秘书处黄勇主持工作组成立会议。厦门大恒科技有限公司李欣总经理代表承办单位致欢迎词。IEC/TC37/SC37A AHG9 召集人上海市防雷中心周歧斌博士介绍 IEC 特别工作组成立的背景和情况，以及对口国内工作组主要内容、任务和工作计划。

IEC/TC37/SC37A/AHG9 国内对口工作组参考 IEC 工作组工作机制设立两个 TF（Task Force）研究小组：TF1 研究小组研究方向针对 SPD 的附加功能（智能 SPD），由四川中光防雷科技股份公司杨国华总经理担任组长；TF2 研究小组研究方向针对 SPD 的附件（专用脱离器），由上海市防雷中心周歧斌博士担任组长。工作组特邀中国通信防雷研究领军人、著名防雷专家刘吉克教授为特聘专家。成立大会结束后，即开始两个 TF（Task Force）研究小组的第一次讨论会议。

二、会议内容

1.TF1 工作组会议内容

在四川中光防雷科技股份公司代表雷成勇的主持下，TF1 工作组第一次会议的各成员单位代表着重介绍了本单位在智能 SPD 以及智能监测系统等相关领域目前的发展情况以及研究成果；并针对智能 SPD 以及智能监测系统等相关领域今后的研究工作提出了很多意见和建议。代表们就智能 SPD 的功能配置等 11 个议题展开热烈的讨论，对 TF1 工作组今后的工作重点及研究方向达成了共识，即 TF1 工作组将围绕 IEC/SC37A 的工作使命、仅针对 SPD 附加功能开展工作。

2.TF2 工作组会议内容

上海市防雷中心周歧斌博士主持了 TF2 工作组的第一次会议，各成员单位介绍了几年来在 SPD 专用脱离器方面的研究成果和产品应用效果。会议中，多位专家和代表介绍了其他行业相关标准的制定情况，为新成立的 IEC/SC37A/AHG9 国内对口工作组提供参考。刘吉克教授分享了中国通信防雷标准进入 ITU（国际电信联盟）的历程和经验。华为技术有限公司戴传友博士分享了在 ITU 进行标准立项的经验。信息产业通信产品防护性能质量监督检验中心刘裕城高级工程师介绍了电信行业标准《用于通信设施的浪涌保护器外置断路器》的制定情况。上海电器科学研究院李人杰工程师介绍了能源部行业标准《低压 SPD 后备保护装置》的制定情况。最终 TF2 工作组就 SPD 专用脱离器的三条基本性能要求达成了共识，为确定其定义和范围奠定基础。

工作组明确：将在避雷器标委会秘书处的监督和管理下，围绕"推动对'SPD 附加功能和附件'的技术整理和标准化工作、提交关于'SPD 附加功能和附件'的详细研究报告并争取 IEC 标准立项、起草并申报国内标准和 IEC 标准"的工作目标积极开展工作，并部署了具体的工作分工和下一步工作计划。

〔撰稿人：全国避雷器标委会秘书处黄勇〕

第四部分：标准研究

电工行业"十三五"标准化发展方向

电工行业是装备制造业的重要支柱，是实现能源安全稳定供给和国民经济持续健康发展的基础，对相关产业具有较强的辐射和带动作用。标准化是服务、支撑和引领行业发展的重要抓手，对于整个国民经济的发展起到举足轻重的作用。电工行业标准化发展 30 多年以来，取得了很多可喜的成绩，但是在科学技术日益更新，世界经济竞争不断洗牌的今天，仍面临许多问题。在国家相继出台《国家标准化体系建设发展规划（2016—2020 年）》《深化标准化工作改革方案》《装备制造业标准化和质量提升规划》《中国制造 2025》《能源技术革命创新行动计划（2016—2030 年）》等重要文件和改革措施的大环境下，完善标准体系，加强标准化管理机制，提高标准化服务质量，保证标准化各项工作有序推进，提高电工行业标准化水平，将现有传统技术标准与新形势下的新领域、新技术相结合，将一个传统领域的标准化切实放到国家整体改革中去完善、创新是电工行业标准化"十三五"期间发展的重要任务。

一、标准化现状

经过"十五""十一五"的技术引进、消化吸收和再创新，"十二五"期间，随着电工行业产业转型升级，电工行业标准化技术水平有了大幅提升。随着我国发电、输变电设备等部分主要产品设计、制造技术上的重大突破和质量的提高，电工标准化工作不仅在标准体系方面日趋完善，在标准化科研、国际标准化等方面也取得了重大突破。

（一）标准化工作呈综合体形式发展

"十二五"期间，电工行业贯彻落实《标准化事业发展"十二五"规划》《"十二五"电器工业标准化发展指导意见》，标准化研究逐步深入，形成《军民标准通用化工程体系建设——新能源领域》《电工行业"标准体系建设工程"研究报告》《战略性新兴产业标准体系建设——新能源研究报告》《电工行业强制性标准机制改革研究报告》《可靠性标准研究情况报告》《能源行业电工安全标准研究报告》《电工行业能效标准情况报告》等多个专业技术规划，标准化工作呈现综合体式的发展方式。

（二）标准体系基本完善

"十二五"期间，电工行业围绕国家工作重点，推进重点领域标准研制，逐步建立起体系完整、国际对应、满足国民经济建设发展需要的电工标准体系。截至2015年年底，电工行业现行国家标准2026项，占全国现行国家标准总数的6.1%。其中强制性国家标准281项，推荐性国家标准1695项，指导性技术文件50项。行业标准达到1710项，其中机械行业标准1620项，能源行业标准90项。

（三）标准机构建设覆盖面广

技术委员会是标准的生产车间，在电工行业标准机构日益完善和调整的背景下，为深化标准化改革、提升标准化支撑能力打下坚实基础。电工行业标准化技术委员会数量已达91个，其中全国性标准化技术委员会48个、分技术委员会34个，能源行业标准化技术委员会7个，机械行业标准化技术委员会2个；共对口71个IEC/TC/SC及2个ISO/TC/SC。共有行业专家3600余人次。电工行业标准化专家队伍建设，人才队伍进一步壮大，标准化人才结构不断向国际化、复核型、高层次方向发展，为标准化工作高质量的开展提供了保障。

（四）科技成果形成标准的渠道畅通

"十二五"期间，电工行业每年申请多项省部级以上科研课题，对电工行业标准化工作起到了有效的支撑。比如完成了电气安全国际标准和汉语电工术语平台研究、支柱绝缘子和退火铝导线等7项国际标准研究等多项质检公益项目研究、制定。这些科研项目的完成，推进了IEC 60519-12：2013《电热装置的安全红外加热装置的特殊要求》等17项国际标准的制定，有效地将我国的先进技术上升为国际标准。完成了"电动汽车充电设施国际提案的研究""绿色制造基础共性技术——机电产品绿色制造基础标准与应用"等多项"863"课题项目研究，有效开展了电工行业关键技术指标和技术内容研究，实现技术研发与技术标准的有机衔接。

（五）国际化水平大幅提升

电工行业积极参与国际标准化活动，不断提高国际标准化活动推动力度和国际话语权。"十二五"期间，电工行业承担IEC秘书处3个、IEC主席3个，出任IEC/SMB中高层专家6人，共参与IEC标准工作组217个，专家人数达到304人次，在国际发、输、配、用电等领域都具有国际话语权。先后8人次获得IEC 1906奖（表彰做出突出贡献的IEC/TC/SC专家），前IEC/TC95主席获得我国第一个IEC托马斯·爱迪生大奖，为我国争取成为IEC常务理事国、担任副主席做出了巨大的贡献。围绕战略性新兴产业，作为前头起草国向IEC提交国际标准提案28项（其中成功立项27项，已发布国际标准14项）。

（六）科技成果转化为技术标准的激励措施逐步健全

"十二五"期间，电工行业为了鼓励将科技成果转化为技术标准，成功引进了基金奖励机制，创建了"电工标准—正泰创新奖"。连续5年对48大类标准进行了奖励，先后对43位为电工标准化做出突出贡献的专家和青年学者进行了奖励。同时，建立了"电器工业企业标准化良好行为示范单位"评选机制，"十二五"期间对18个领域的27家企业进行了表彰。

（七）标准化科研、标准制定取得成绩

"十二五"期间，电工行业标准化科研和标准制定工作成果显著，相继获得国家科学进步奖1项、中国标准创新贡献奖7项、中国机械工业科学技术奖25项、IEC 1906奖8人次、IEC托马斯·爱迪生大奖1人次。这些标准化领域的奖项，显示出电工行业在实施技术标准战略、提升行业自主创新能力、标准水平不断提高等方面取得了显著成效。

二、电工行业标准化面临的形势

（一）面临的问题

虽然电工行业标准化工作在"十二五"期间取得了一些成绩，推动电工行业技术得到了长足的发展。但是随着国家经济体制改革的大力推进，随着《国务院关于印发深化标准化工作改革方案的通知》《国务院办公厅关于印发贯彻实施＜深化标准化工作改革方案＞行动计划（2015—2016年）的通知》等重要文件的发布，电工行业标准化还面临一些问题有待解决。

1. 标准发展需要满足产业转型升级

电工行业正处于转型升级的关键时期，配合培育和发展战略性新兴产业，新产品、新技术不断涌现，需要标准为规范市场提供技术依据，满足市场对标准供给的需求。电工行业面临的"共性技术研究滞后""部分高端产品核心技术缺失""部分关键零部件依赖度高"等问题，需要制定新的标准，起到规范有关产品和服务、促进市场发展的作用。

2. 标准体系需要更新

基于战略性新兴产业交叉、融合的特点，有关专业标准体系目前存在重复、矛盾的问题，包括不同专业领域标准之间和不同层级标准之间的矛盾。在大环境变革的情况下，需要建立包括国家标准、行业标准、团体标准、企业标准在内的新型标准体系，打破现有格局，切实做到各层级标准各负其责，满足不同需求。

3. 标准化管理机制需要加强

标准制定公正、公平、公开原则有待进一步加强，需要出台更加合理的全生命周期管理办法，从程序上保证标准反映各方共同利益，各类标准之间衔接配套。另外，很

多标准技术面广、产业链长，特别是一些标准涉及上下游等相关方立场不一致，协调难度大，需要出台有效的协调管理机制。

（二）电工行业标准化发展趋势

电工行业标准化发展趋势取决于技术发展。电工行业技术在今后一段时期中必然会围绕"安全可靠""绿色化""智能化""系统化"等几个方面来开展。而《中国制造2025》《装备制造业标准化和质量提升规划》《国家标准化体系建设发展规划（2016—2020年）》也提出了关于开展提升装备制造业标准化的有关要求。未来的电工行业标准，应该以解决目前突出问题，引导电力装备行业转型升级，构建高效、清洁、低碳、循环的绿色制造体系，进一步提升电工行业创新能力，强化工业基础能力为重点。

三、电工行业标准化下一步工作重点建议

"十三五"期间，电工行业标准化应以科学发展观为指导，以引领行业发展为己任，在新常态下稳中求进，进一步稳固"十二五"发展成果，落实新举措、建立层次分明的新型标准体系，形成科技与标准、标准与产业相结合的有效推进机制。加强与各领域的标准融合，继续开展节能环保、智能制造、高端装备、智慧能源、新能源发电等重点领域标准化工作、不断提高标准水平，将电工行业"中国标准"的国际竞争力和贡献力推向新的高度。

（一）优化标准体系

将现有标准体系转变为由政府主导制定的标准和市场自主制定的标准共同构成的新型标准体系。着力解决标准缺失、老化、滞后、交叉、重复等问题，充分发挥市场创新作用，增加标准的有效供给。切实做到强制性标准兜住底线，推荐性标准进行优化，大力发展团体标准。以国家标准化管理委员会首批团体标准试点领域为基础，本着"创新理念、市场驱动、规范运作、创建品牌"的宗旨，重点解决市场急需和国家标准、行业标准缺失等问题，满足工程和招投标应用、检测认证、电气设备和产品上下游相关的配套关键部件规范、市场前期产品推广选用、行业指导和评价等方面对标准的需求。促进和帮助企业开展标准化工作，协调企业参与标准研制，协助企业建立企业标准体系，协助企业制定中国电器工业协会团体标准及后续行业推广，全方位提升企业标准化水平。

（二）强化标准管理

在国家标准、行业标准方面，不断完善标准制修订机制，强化行业协会在标准制修订过程中对标准符合性的监督、检查、协调作用，强化标准化技术委员会在标准制修订过程中的检测、技术把关作用，强化推荐性标准制定主体的责任，坚持标准公开、公正、透明的基本原则。在团体标准方面，建立以团体自律为主要形式的协会标准监督机制，发挥行业的监督作用，发挥企业的支撑作用；建立跨行业协会标准联合工作机制；建立标准发布后实施反馈机制，为行业不断完善标准体系提供科学依据。鼓励电工行业科研机构和相关技术委员会积极利用自身有利条件，推动标准实施和宣贯。

（三）开展"标准化+"战略行动

推进电工行业标准化新思路、新举措。在各个方面树立"标准化+"理念。在"标准化+科技创新"方面依托国家质量基础的共性技术研究与应用重点专项，研究开展能源互联网标准化顶层设计，重点就智能化电安全、光热发电设备、燃料电池等领域开展标准体系构建和关键标准研制。在"标准化+先进制造"方面开展智能制造、绿色制造标准化提升工程，破解制造业发展瓶颈和薄弱环节，系统解决设计、材料、工艺、检测与应用标准的衔接问题；制定电力装备成套和核心关键技术与零部件标准，解决核心技术及零部件受制问题，加快智能制造科技成果转化。在"标准化+生态文明"方面开展电工设备生态设计指标标准研制，面向全生命周期环境影响，继续开展中小型电机、变压器等生命周期评价标准研制。研制节能环保和自动控制等方面相关标准，实现机组整体排放水平提高和优化运行。开展能源行业重点领域能效标准实施工作。在"标准化+消费升级"方面推动电器附件、低压电器、电动工具等领域的质量安全标准与国际标准或出口标准并轨，促进内外销产品"同线同标同质"。

（四）夯实标准化技术基础

加强标准化技术委员会管理，不断完善标准化管理流程，加强对技术委员会的监督，提高标准制修订过程的严谨性与科学性。不断增强标准化技术委员会委员构成的广泛性、代表性，保证技术委员会委员构成的合理性。完善标准化培训教育制度、开展标准化管理培训，完善标准化人才培养选拔制度，提高标准化工作水平。有计划开展行业调研、召开专业领域标准化研讨会，及时发现行业存在的问题，找准本领域标准化发展方向。同时，开展标准信息渠道建设，促进电工标准化信息互联互通。

（五）提升国际标准化水平

发挥电工行业担任国际标准化技术管理机构、标委会主席及秘书的作用，积极推动百万千瓦水电机组、高压开关、输配电电力电子及继电保护、变压器、电力储能设备、低压直流设备、架空导线、燃料电池等领域国际标准制修订工作。开展《中国电力装备走出去标准目录》编制工作，以标准驱动服务促进重大电力装备制造业走出去。持续开展IEC对口单位考核工作，有效提高我国承担国际标准化组织技术机构主席、秘书处及国内技术对口单位工作的质量和水平。加强国际标准化人才队伍建设，开展国际标准化培训；建立各领域的国际标准化专家团队，提高国际标准化工作质量。建立有效的奖励机制，鼓励更多的企业、科研院所加入国际标准化组织机构，承担更多国际标准化工作。

〔撰稿人：中国电器工业协会徐元凤〕

电工行业 IEC/TC/SC 技术对口单位考核评价试点

我国国际标准化工作在"十二五"期间取得了显著的成绩。继成为国际标准化组织（ISO）常任理事国后，我国又成为国际电工委员会（IEC）常任理事国，我国专家当选 ISO 主席、IEC 副主席和国际电信联盟（ITU）秘书长。我国新承担 ISO/IEC/TC/SC 主席、副主席 25 个，秘书处 28 个。新立项国际标准较"十一五"末增长 62%。以我国优势、特色技术为基础制定的国际标准达 99 项，数量较"十一五"期间实现翻番。取得如此成绩，一方面得益于国家产业技术不断进步，另一方面得益于我国国际标准化基础能力不断提升。为此，国家标准化管理委员会（以下简称国标委）主任田世宏于 2015 年全国标准化工作大会上提出"……加强国际标准组织国内技术对口单位能力建设，对 IEC 技术机构秘书处的承担单位开展评价试点"等一系列重要工作要求。

在此背景下，国标委委托国内相关标准化研究机构提出《我国承担国际标准化组织技术机构工作考核评价方案（草案）》（以下简称《考评方案（草案）》）。随后，国标委委托中国电器工业协会（以下简称中电协）开展电工行业 IEC/TC/SC 技术对口单位考核评价首批试点。

一、考评过程

《考评方案（草案）》结合国际标准化组织（ISO）、国际电工委员会（IEC）有关工作规则，以及我国《参加国际标准化组织（ISO）和国际电工委员会（IEC）国际标准化活动管理规定》等相关国际标准化工作要求起草。主要针对 IEC/TC/SC 技术对口单位的会议情况、工作开展情况等，采用量化考核办法，计算方法为百分制，在此基础上再附加分数。

考评指标包含对口单位类指标和附加分类指标两项。对口单位类指标包括：会议表现（组团参加 TC/SC 年会、形成会议预案、统一口径并向国标委提出、提交会议总结）、对口单位主要工作表现（国际标准文件投票完成率、当年提案提交数量、当年立项提案数量、TC/SC 下设工作组中中国参与的工作组数量占整个工作组数量的比例、TC/SC 下设工作组中国召集人占总召集人比例）、其他表现（提交年度工作总结、与标委保持密切联系、定期参加培训），共计 100 分。附加分类指标包括推荐召集人（成功推荐工作组召集人 10 分/人次）、发表文章（在 ISO Focus 或 IEC-tech 上发表文章，5 分/篇；在中国标准化（中英文）上发表文章，3 分/篇）、获得奖励情况（ISO 劳伦斯奖，10 分/次；IEC 1906 奖，5 分/次；IEC 凯尔文奖，10 分/次；IEC 爱迪生奖，10 分/次；ISO/IEC 信函表扬，3 分/次）、承办 TC/SC 年会（5 分/次）。

为保证考评试点数据的代表性，此次考评分别收集了 2012 年、2013 年、2014 年三年的数据。同时，为了尽可能统一考评依据，中电协在考评前对部分指标的证明材料提出建议，例如，通过 IEC/TC/SC 正式会议纪要证明我国派员参加国际会议。考虑到 IEC/TC/SC 技术对口单位参与国际标准化工作可能受限于对口 IEC/TC/SC 的活跃程度，在考评过程中中电协还结合了 IEC/TC/SC 召开全会频次、P 成员数量、提交提案数量、发布国际标准等指标。

中电协对其负责管理的 64 个 IEC/TC/SC 技术对口单位（均同时承担对应的全国标准化技术委员会秘书处）开展考核评价工作。考评分为两个阶段：第一阶段，各 IEC/TC/SC 技术对口单位根据《考评方案（草案）》开展自查、自评，并于 2015 年 4 月底以前提交 2012—2014 年国际标准化组织技术机构工作考核评价表；第二阶段，中电协于 2015 年 9 月分别在上海、北京召开会议，组织专家对各 IEC/TC/SC 技术对口单位的情况进行现场审核、答辩、评价。

二、考评结果

按照总分 100 分及以上、85～99 分、60～84 分、60 分以下对电工行业 IEC/TC/SC 技术对口单位三年的考评评分进行划分，2012—2014 年电工行业 IEC/TC/SC 技术对口单位考评评分见表 1。

表 1　2012—2014 年电工行业 IEC/TC/SC 技术对口单位考评评分

	2012 年		2013 年		2014 年		总计
	IEC/TC/SC 技术对口单位（家）	占总数的比例（%）	IEC/TC/SC 技术对口单位（家）	占总数的比例（%）	IEC/TC/SC 技术对口单位（家）	占总数的比例（%）	占比（%）
100 分及以上	2	3	0	0	0	0	1
85～99 分	6	10	2	3	4	6	6
60～84 分	38	59	39	61	50	78	66
60 分以下	18	28	23	36	10	16	27

由于 2012 年有 3 个 IEC/TC/SC 还未筹建完成，成绩为 0 分。2013 年有 1 个 IEC/TC/SC 还未筹建完成，成绩为 0 分。

如果按照常规指标得分 85～100 分、60～84 分、60

分以下对电工行业 IEC/TC/SC 技术对口单位三年的考评评分进行划分。2012—2014 年电工行业 IEC/TC/SC 技术对口单位考评评分（按常规指标）见表 2。

由于 2012 年有 3 个 IEC/TC/SC 还未筹建完成，成绩为 0 分。2013 年有 1 个 IEC/TC/SC 还未筹建完成，成绩为 0 分。

三、分析及建议

（一）得分对比分析及建议

在考评得分结果中，存在 IEC/TC/SC 技术对口单位常规指标得分在 60 分以下，但总分在 60 分以上的情况。2012—2014 年不及格技术对口单位统计见表 3。

表 2　2012—2014 年电工行业 IEC/TC/SC 技术对口单位考评评分（按常规指标）

	2012 年		2013 年		2014 年		总计
	IEC/TC/SC 技术对口单位（家）	占总数的比例（%）	IEC/TC/SC 技术对口单位（家）	占总数的比例（%）	IEC/TC/SC 技术对口单位（家）	占总数的比例（%）	占比（%）
85～100 分	1	2	0	0	0	0	1
60～84 分	45	70	40	63	54	84	72
60 分以下	18	28	24	37	10	16	27

表 3　2012—2014 年不及格技术对口单位统计

年份	2012 年	2013 年	2014 年
常规指标不及格数	18 家（其中 3 个 TC 还未成立）	24 家（其中 1 个 TC 还未成立）	10 家
总分不及格数	18 家（其中 3 个 TC 还未成立）	23 家（其中 1 个 TC 还未成立）	10 家

规指标对应参会、投票、派员参与、提出提案等规范性要求，而附加指标对应参加培训、发表文章、举办会议等建议性要求。建议在考评办法中明确：常规指标得分在 60 分及以上视为及格。

（二）得分率分析及建议

1. 常规指标得分率

组团参加 TC/SC 年会的得分率为 83%。TC/SC 存在每两年、每三年，甚至相对长时间间隔召开年会的情况。

形成会议预案，统一口径，并向国标委提交的得分率为 73%。在实际考评过程中，存在 TC/SC 技术对口单位通过组织会议讨论、邮件或电话讨论形成会议预案，但未向国标委提交的情况。此项考评指标的考评依据需要进一步明确。部分电工行业技术对口单位提出"会议预案很难形成文件并及时提交国标委"的问题。

提交会议总结的得分率为 76%。此项得分率较低的主要原因是以前未对 TC/SC 技术对口单位提出明确的提交会议总结要求。

国际标准文件投票完成率的得分率为 100%。主要是由于国标委对实际投票进行把关，所以 IEC 网站上显示我国对各 TC/SC 投票完成率均为 100%。但这部分数据不能反映 TC/SC 技术对口单位的实际投票完成情况。

当年提案提交数量的得分率为 7%。此项得分率较低属正常。以目前我国电气电子市场和技术的发展情况，不可能全面领先国际市场，只可能在某些技术点达到国际先进水平。因此，三年至五年成功提出一项 IEC 国际标准提案并成功立项的表现也属于正常范畴。

当年立项提案数量的得分率为 6%。此项得分率较低的原因同"当年提案提交数量"。此外，部分技术对口单位建议将我国专家主持修订国际标准也视为提案立项。

TC/SC 下设工作组中，中国参与的工作组数量占整个工作组数量比例的得分率为 81%。可以看出，各个 TC/SC 的工作组参与程度存在较大区别。导致这种结果的原因有两方面：一方面，电工行业 TC/SC 技术对口单位参与情况本身各不相同；另一方面，国际上 TC/SC 下设的工作组数量各不相同。例如，一些 TC 只下设 1～2 个工作组，而另一些 TC 则下设 5～10 个工作组。这就意味着实际参与 TC/SC 下设工作组的人员数量要求各不相同。

TC/SC 下设工作组中国召集人占总召集人比例的得分率为 19%。此项得分率较低的原因同"当年提案提交数量"。

提交年度工作总结的得分率为 91%。目前考评依据均参考国内标准化技术委员会向国标委提交的年度报告（含国际标准化工作内容）。国家质检总局、国标委于 2015 年 3 月发布的《参加国际标准化组织（ISO）和国际电工委员会（IEC）国际标准化活动管理办法》中明确提出"参加 ISO 和 IEC 国际标准化活动国内技术对口工作情况报告表"格式，在今后考评中将严格执行。

与标委会保持密切联系得分率均为 100%。主要是由于电工行业 TC/SC 技术对口单位大多数与国内标准化技术委员会秘书处设在同一个单位。此外，建议电工行业明确与标委会密切联系的具体要求。例如，TC/SC 技术对口能够保证将 TC/SC 工作文件及标准草案文件与国内标准化技术委员会秘书处共享。

定期参加培训的得分率为 87%。绝大多数 TC/SC 技术对口单位能够定期参加国标委或机械行业组织的国际标准化培训活动。但从实际工作角度来看，参加培训不是参与国际标准化工作的必要条件，建议将此项评分改到附加指标中。

2. 附加指标得分率

成功推荐工作组召集人的得分率为 10%。通常情况下，由 IEC 国际标准提案的提案国推荐召集人，如果提案成功立项，则非常可能成功推荐召集人。此项评分与常规指标中的提案／召集人指标重复，建议删除。

ISO/IEC 和标准委官方杂志上发表文章的得分率为 0%。根据考评办法要求，发表文章只限于中国标准化杂志和 IEC e-tech，而电工行业普遍将 IEC 国际标准化工作的宣传文章刊登在各自专业领域的杂志上，建议在今后的考评办法中明确在公开杂志上发表 IEC 国际标准化工作的宣传文章可以计入评分。

获得 ISO/IEC 奖项的得分率为 3%。截至 2015 年 11 月，我国共 44 人次获得 IEC 1906 奖（包括 3 名认证领域专家），共 2 人次获得 IEC 托马斯·爱迪生奖，尚无人获得 IEC 凯文爵士奖。

获得 ISO/IEC 以及 TC/SC 信函表扬的得分率为 9%。

在华承办 ISO/IEC 的 TC/SC/PC 年会的得分率为 6%。

轮流承办 TC/SC 及下设的工作组会议属于各个 IEC 国家委员会的责任。

（三）国际标准规则分析及建议

国际方面，依据 ISO/IEC 导则第 1 部分第 1.7.1 条、第 1.7.4 条要求：连续缺席 2 次 TC/SC 年会，未指派专家参加 WG/PT/MT 工作或未对 TC/SC 投票文件投票（除了 NP、CD、CDV、FDIS，还含其他投票文件）就可能由 P 成员身份转为 O 成员身份。据此，建议适当加大参加 TC/SC 年会、TC/SC 投票和指派专家参与工作组的考评分值。

国内方面，质检总局、国标委于 2015 年 3 月发布的《参加国际标准化组织（ISO）和国际电工委员会（IEC）国际标准化活动管理办法》（2015 年第 36 号）第六条 ISO/IEC 国内技术对口单位职责要求如下：

（一）严格遵照 ISO 和 IEC 的相关政策、规定开展工作，负责对口领域参加国际标准化活动的组织、规划、协调和管理，跟踪、研究、分析对口领域国际标准化的发展趋势和工作动态。

（二）根据本对口领域国际标准化活动的需要，负责组建国内技术对口工作组，由该对口工作组承担本领域参加国际标准化活动的各项工作，国内技术对口工作组的成员应包括相关的生产企业、检验检测认证机构、高等院校、消费者团体和行业协会等各有关方面，所代表的专业领域应覆盖对口的 ISO 和 IEC 技术范围内涉及的所有领域。

（三）严格遵守国际标准化组织知识产权政策的有关规定，及时分发 ISO 和 IEC 的国际标准、国际标准草案和文件资料，并定期印发有关文件目录，建立和管理国际标准、国际标准草案文件、注册专家信息、国际标准会议文件等国际标准化活动相关工作档案。

（四）结合国内工作需要，对国际标准的有关技术内容进行必要的试验、验证，协调并提出国际标准文件投票和评议意见。

（五）组织提出国际标准新技术工作领域和国际标准新工作项目提案建议。

（六）组织中国代表团参加对口的 ISO 和 IEC 技术机构的国际会议。

（七）提出我国承办 ISO 和 IEC 技术机构会议的申请建议，负责会议的筹备和组织工作。

（八）提出参加 ISO 和 IEC 技术机构的成员身份（积极成员或观察员）的建议。

（九）提出参加 ISO 和 IEC 国际标准制定工作组注册专家建议。

（十）及时向国务院标准化主管部门、行业主管部门和地方标准化行政主管部门报告工作，每年 1 月 15 日前报送上年度工作报告和"参加 ISO 和 IEC 国际标准化活动国内技术对口工作情况报告表"（附件 2）。

（十一）与相关的全国专业标准化技术委员会和其他国内技术对口单位保持联络。

（十二）其他本技术对口领域参加国际标准化活动的相关工作。

其中第（三）条有关国际标准工作文件和标准草案存档、分发等要求尚未在考评办法中体现。因此，建议在今后的考评办法中明确要求 TC/SC 国内技术对口单位通过国家标准工作平台、IEC 协作工具或网站等平台分发国际标准工作文件。

〔撰稿人：中国电器工业协会邢婉露、张亮〕

T/CEEIA 258—2016《6kV～35kV 变压器能效限定值及能效等级》与 GB 20052—2013 的技术差异

变压器是电力系统中主要用来改变电压、传递电能的重要设备，是电网安全、经济运行的基础设施。我国变压器产品按电压等级一般可分为特高压（750kV 及以上）变压器、超高压（500kV）变压器、220～110kV 变压器、35kV 及以下变压器。配电变压器通常是指运行在配电网中，电压等级为 10～35kV、容量为 6 300kV·A 及以下直接向终端用户供电的电力变压器。据统计，10kV 线路占我国配电线路总长度的 80% 以上，而国内市场上销量的主流配电变压器产品是 10kV 级配电变压器，占据了将近 90% 的国内市场；其次是 35kV 级配电变压器，占据国内市场 6.8%；而 6kV 级配电变压器占市场份额较少，仅占 3.2% 左右。配电变压器的产品质量及节能降耗技术水平是该领域标准研究的主要工作。

随着近几年国家电力建设速度的放缓，国内变压器需求量有所降低，变压器产能严重过剩已成为不争的事实。我国每年变压器需求量均在 15 亿 kV·A 左右，而变压器行业每年的产能则约有30亿kV·A。有数据显示，我国变压器行业产能利用率仅为50%左右，而国际上比较合理的产能利用率应超过80%。市场无序竞争愈演愈烈，低价中标、质量下降及事故率上升成为变压器行业产能过剩的严重后果。

我国2004年发布的《中华人民共和国节约能源法》（以下简称《节能法》）明确提出了节能产品认证制度、高耗能产品淘汰制度和能效标识管理制度。为配合《节能法》的实施，提高配电变压器的能源利用效率、降低其损耗，引导企业的节能技术进步，提高配电变压器产品的国际市场竞争力，2006年我国发布实施了GB 20052—2006《三相配电变压器能效限定值的节能评价值》。2016年根据《节能低碳产品认证管理办法》，国家发改委联合质检总局、国家认监委发布《低碳产品认证目录》，将三相配电变压器列入第三批低碳产品的重点认证产品。

为配合国家发改委低碳产品认证工作，工业和信息化部、国家质检总局提出《配电变压器能效提升计划（2015—2017年）》加快淘汰高能耗配电变压器，要求在现有的GB 20052—2013《三相配电变压器能效限定值及能效等级》标准基础上补充和完善相关产品技术参数。据此，中国电器工业协会（简称"中电协"）快速开展了T/CEEIA 258—2016《6kV～35kV变压器能效限定值和能效等级》标准制定工作，以便为认证机构开展节能变压器的能效等级评定、质检机构的节能变压器检测和生产企业生产高效节能变压器及用户提供技术依据。

T/CEEIA 258—2016《6kV～35kV变压器能效限定值和能效等级》是在GB 20052—2013标准的基础上结合变压器的实际使用情况，并征求来自变压器领域标准化机构、相关科研院所、认证机构、变压器制造企业、电力系统等专家的意见后制定完成。

T/CEEIA 258—2016由中电协作为牵头起草单位，开展调研、节能分析等工作。2016年8月22号，在北京组织召开了T/CEEIA 258—2016《6kV～35kV变压器能效限定值和能效等级》起草工作组会议。会议主要介绍了三部委关于《配电变压器能效提升计划（2015—2017）》的有关任务要求；讨论了《6kV～35kV变压器能效限定值和能效等级》草案一稿。会后，起草工作组根据与会专家的意见对该标准草案进行修改，形成征求意见稿在行业内广泛征求意见。2016年10月20日，在北京召开《6kV～35kV变压器能效限定值及能效等级》中电协团体标准第二次起草工作组会议。会议进一步讨论完善标准草案，会后起草工作组对该标准草案进行修改，并将草案以电子文档方式发给各单位继续征求意见，完成标准送审稿。2016年11月下旬，中电协组织变压器专业有关专家。对标准送审稿进行审查，于2016年12月12日一致通过函审，形成标准报批稿。2016年12月26日该团体标准正式发布实施。

T/CEEIA 258—2016主要内容包括六方面：范围，规范性引用文件，术语和定义，技术要求，试验方法，变压器的能效等级、能效限定值、节能评价值。该标准是对GB 20052—2013《三相配电变压器能效限定值及能效等级》的补充和完善，通过结合GB/T 6451—2015《油浸式电力变压器技术参数和要求》、JB/T 10317—2014《单相油浸式配电变压器技术参数和要求》和GB/T 10228—2015《干式电力变压器技术参数和要求》等系列标准，增加了各类变压器产品的电压等级、额定容量范围和变压器种类，并标明了变压器能效等级对应的损耗水平代号、电压组合及分接范围。

在GB 20052—2013中仅有的10kV等级的基础上，T/CEEIA 258—2016分类增加了6kV、20kV、35kV电压等级。对GB 20052—2013中无励磁调压配电变压器，增加了2000kV、2500kV额定容量范围，同时也对增补的各类变压器扩充了容量范围。该标准大大扩展了产品种类，补充增加了无励磁调压电力变压器、有载调压配电变压器、无励磁调压配电变压器、有载调压电力变压器。T/CEEIA 258—2016对比GB 20052—2013的变化见表1。

表1 T/CEEIA 258—2016对比GB 20052—2013的变化

冷却方式	铁心材料	电压等级（kV）	按相数分类	
			三相变压器	单相变压器
油浸式	电工钢带	6、10	无励磁调压配电变压器	无励磁调压配电变压器
			无励磁调压电力变压器	
			有载调压配电变压器	
		20	无励磁调压配电变压器	无励磁调压配电变压器
		35	无励磁调压配电变压器	
			无励磁调压电力变压器	
			有载调压电力变压器	
	非晶合金	6、10	无励磁调压配电变压器	无励磁调压配电变压器
		20	无励磁调压配电变压器	
		35	无励磁调压配电变压器	

(续)

冷却方式	铁心材料	电压等级(kV)	按相数分类	
			三相变压器	单相变压器
干式	电工钢带	6、10	无励磁调压配电变压器	
			无励磁调压电力变压器	
			有载调压配电变压器	
		20	无励磁调压配电变压器	
		35	无励磁调压配电变压器	
			无励磁调压电力变压器	
			有载调压电力变压器	
	非晶合金	6、10	无励磁调压配电变压器	

注：表中加粗部分为新增。

〔撰稿人：中国电器工业协会陈奎、标准化与技术评价中心侯垚〕

强制性标准改革下的 GB 19517《国家电气设备安全技术规范》修订工作

一、我国强制性标准的建立和发展

强制性标准事关人身健康和生命财产安全、国家安全和生态环境安全，是经济社会运行的底线要求。新中国成立以来，我国一直重视强制性标准的建立和发展，不断结合社会发展需求调整强制性标准范畴和体系结构。

20 世纪 60 年代初，国务院第 120 次会议通过了《工农业产品和工程建设技术管理办法》，明确规定国家标准、部标准必须贯彻执行，成为政府管理工农业生产的强制性技术工具。由此，我国强制性标准体制正式产生。

党的十一届三中全会以后，《标准化法》公布实施，第 7 条规定："国家标准、行业标准分为强制性标准和推荐性标准。保障人体健康，人身、财产安全的标准和法律、行政法规规定强制执行的标准是强制性标准，其他是推荐性标准……"。象征着我国从单一强制性标准体制分立为强制性标准与推荐性标准并存的体制。

2000 年年初，为履行入世承诺、适应生产力发展水平的提高和社会主义市场经济的发展需求，国家质检总局颁布了《关于加强强制性标准管理的若干规定》和《关于强制性标准施行条文强制的若干规定》，对强制性标准作出了适应性调整。

"十二五"后开展了对强制性标准的新一轮改革。

二、现阶段我国强制性标准改革背景

目前，我国强制性标准主要存在两方面问题，一方面强制性标准体系不够合理，另一方面强制性标准数量太多。我国强制性标准包括强制性国家标准、行业标准和地方标准，每个层级标准中规定的强制性条款彼此间衔接不够紧密，甚至有相互"冲突"的现象，而强制性标准数量太多无形中扩大了强制性标准的适用范围。

针对这些问题，国家相继发布实施了多项方案。《标准化事业发展"十二五"规划》明确指出：加强强制性标准管理，着力提高强制性标准权威性和严肃性。《国务院机构改革和职能转变方案》明确指出：加强技术标准体系建设；提出改革完善强制性标准管理方案，组织修订一批急需的强制性标准。《国务院关于促进市场公平竞争维护市场正常秩序的若干意见》明确指出：强化依据标准监管，加快推动修订标准化法，推进强制性标准体系改革，强化国家强制性标准管理。强制性标准严格限定在保障人身健康和生命财产安全、国家安全、生态环境安全的范围。《强制性标准整合精简工作方案》明确要求：对现行强制性国家标准、行业标准和地方标准及制修订计划开展清理评估，研究提出各领域强制性国家标准体系框架。

李克强总理在 2014 年首届中国质量大会上讲话时指出：要加快相关法规建设，完善国家标准体系，推进强制性标准改革，提升标准和检测的有效性、先进性和适用性。

在改革的背景下，各个行业都在不断探索强制性标准改革模式，GB 19517《国家电气设备安全技术规范》作为电工领域覆盖面较广的强制性国家标准启动了修订工作。

三、GB 19517《国家电气设备安全技术规范》简介

1. 研制背景

GB 19517 由全国电气安全标准化技术委员会（SAC/TC25）（简称安标委）提出并归口，于 2004 年首次发布实施。这项国家标准是在首次总结我国电气安全技术研究成果和相关电气产品安全标准制定的基础上，参考欧盟低电压指令制定的。标准提出了各类电气设备在设计、制造、销售和使用时的共性安全技术要求，并依据我国现行法律、法规提出了规范实施监督等综合要求，是我国低压电气安全标准体系的顶层标准。于 2009 年发布实施第二版（GB 19517—2009）。

2.现行标准适用范围

GB 19517—2009 适用于交流额定电压 1 200V 以下、直流额定电压 1 500V 以下的各类电气设备。这些电气设备包括：由非专业人员按设计用途使用、接触或直接由使用者手持操作的电气设备；按其结构类型或功能应用于电气作业场或封闭的电气作业场，主要或完全由专业或受过初级训练人员操作的电气设备。标准规定的共性安全技术要求可用作：各类电气产品安全技术内容的结构基础，对无专业安全标准电气产品初步评价其安全水平，以及电气设备设计、制造、销售和使用的技术基础。标准不适用于用于医疗目的的电气设备、爆炸环境中使用的电气设备、电梯等。

GB 19517—2009 规定的共性安全技术内容包括：一般要求、电击危险防护、机械危险防护、电气联接和机械联接、运行危险防护、电源控制及其危险防护、标志等，还规定了检验项目、检验规则、检验报告以及实施与监督等要求。

3.符合性标准

GB 19517—2009 在附录 A 中规定了 19 大类 329 项符合性国家标准。其中：近 100 项国家标准是我国 3C 认证产品目录的依据标准，为相关电气产品的合格认定提供了标准；电工领域 58 项强制性标准中有 44 项在符合性标准目录中，覆盖面广。符合性国家标准见图 1。

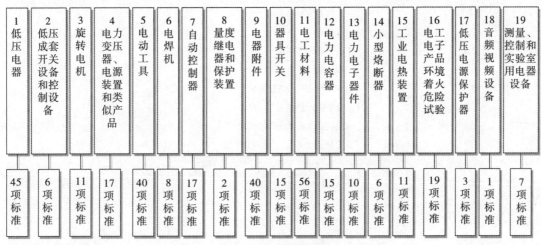

图 1　符合性国家标准

4.GB 19517—2009 修订思考和目标

安标委于 2013 年提出修订申请，计划修订内容包括：

（1）在规范电气设备共性安全要求的基础上，按照电气设备大类制定通用强制性要求，补充、完善相关的共性要求。

（2）作为强制性标准，应重点加强标准实施和落地，应结合 GB 19517—2009 发布实施后实际应用中出现的问题，补充共性安全要求的检验方法，配合安全认证，加强标准实施力。

（3）及时修订标准附录 A 中的符合性标准，一是部分符合性标准已发生更新和替代，二是根据"按大类制定通用强制性国家标准"的规定，部分符合性标准进行了及时修订。

预期的修订目标包括：

（1）探索电工行业行之有效的强标改革模式。

（2）通过引用 GB 19517 符合性标准，使列入符合性标准目录中的推荐性标准具有强制性属性，实现有效实施。

（3）与符合性标准有机衔接，在内容构成上实现判定产品安全水平合格的依据，即无产品标准、国家标准可以验证或者认证的按照本标准验证，得出安全水平合格的判定。

（4）在覆盖范围上保持电工行业技术标准体系的对应性和完整性。

四、GB 19517—××××修订工作

1.修订进展

随着强制性标准整合精简工作的逐渐深入，强制性标准改革思路的逐步明朗，标准的修订原则和技术构架已明确。GB 19517—×××× 修订工作于 2015 年启动，已召开 5 次工作组会议。

第一阶段：标准启动。2015 年 5 月，第一次工作组会讨论确定了标准修订的总体方向。

第二阶段：确定标准思路、框架等。2016 年 3 月，第二次工作组会讨论了标准修订原则，在保留标准强制性属性、扩展标准适用范围、增加制造商声明等方面达成了共识。2016 年 7 月，第三次工作组会确定了标准编写技术结构、标准名称及标准各级目录、标准中引用其他同级基础/通用标准的原则等。2016 年 10 月，第四次工作组会研究分析了防爆电气设备安全要求及全生命周期其他阶段安全要求纳入标准的可能性，从标准整体框架和研究范围角度对标准进行了讨论。第二次至第四次工作组会，确定了标准的技术结构。调整后的标准技术结构见表 1。

表1 调整后的标准技术结构

章序号	名称
第1章	范围
第2章	规范性引用文件
第3章	术语
第4章	总则
4.1	安全水平
4.2	正文与附录A的关系
4.3	第5章和第6章的关系
4.4	制造商声明
4.5	检验
第5章	安全技术的原则要求
5.1	一般要求
5.2	电击危险防护要求
5.3	机械危险防护要求
5.4	电气联接和机械联接要求
5.5	运行危险防护要求
5.6	电源控制及其危险防护要求
5.7	标志和说明书
第6章	安全检验项目要求、方法和合格判定
6.1	环境适应性
6.2	表面
6.3	可触及性
6.4	电气间隙
6.5	爬电距离
6.6	绝缘电阻
6.7	泄漏电流
6.8	表面耐电痕
6.9	耐受冲击电压试验的能力
6.10	耐受交流工频电流试验能力
6.11	温升
6.12	防护外壳等级
6.13	保护接地
6.14	耐热性等34项安全检验项目要求

第三阶段：确定标准技术内容。2016年12月，第五次工作组会上，起草组研究提出了安全项目分类编码对比表，重点讨论了标准第6章的技术内容。

2.下一步工作计划

根据标准修订进展，2017年形成标准征求意见稿，并争取在2017年年末完成标准报批。

GB 19517—××××发布实施后将继续作为低压电气领域顶层强制性国家标准执行，希望通过此次修订工作，能够在电工行业探索出行之有效的强制性标准改革模式，同时为其他行业强制性标准改革提供参考和借鉴。

〔撰稿人：全国电气安全标委会秘书处马红〕

中国电器工业年鉴 2017

统计资料

用数据说明电器工业 2015—2016 年的整体发展情况，以及各重点企业的经济运行情况

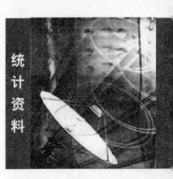

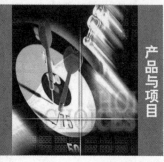

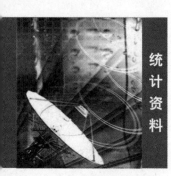

2015年电器工业企业主要经济指标
2016年电器工业企业主要经济指标
2015—2016年中国电器工业协会各分会企业主要经济指标完成情况
2016年全国电力工业统计表

2015年电器工业企业主要经济指标

企业名称	工业总产值（万元）	其中：新产品产值（万元）	工业销售产值（万元）	其中：出口交货值（万元）	全年从业人员平均人数（人）	年末资产总计（万元）	年末负债总计（万元）
电器工业（280家）	37 935 547	18 585 490	37 364 032	2 548 896	301 169	64 541 460	41 491 591
锅炉及辅助设备制造（22家）	3 888 479	2 985 138	3 853 014	315 022	22 513	7 538 897	5 637 542
大型企业（6家）	3 465 062	2 798 690	3 444 241	312 112	18 510	6 868 453	5 347 081
北京巴布科克·威尔科克斯有限公司	221 911	70 496	221 911	39 906	2 030	546 328	468 705
太原锅炉集团有限公司	112 731	64 756	103 987		2 274	257 523	193 865
哈尔滨锅炉厂有限责任公司	864 442	697 689	864 742	133 426	5 553	2 001 490	1 482 651
上海锅炉厂有限公司	870 006	778 673	860 184	11 804	2 417	1 501 955	1 297 863
无锡华光锅炉股份有限公司	150 109	106 458	147 955	30 712	1 289	281 362	152 258
东方电气集团东方锅炉股份有限公司	1 245 863	1 080 618	1 245 462	96 264	4 947	2 279 795	1 751 739
中型企业（4家）	214 270	130 802	210 627	2 037	2 092	219 025	115 619
安徽金鼎锅炉股份有限公司	66 332	50 738	64 580	1 980	505	120 644	46 959
长沙锅炉厂有限责任公司	6 975	722	7 178		545	47 621	56 233
四川东方锅炉工业锅炉集团有限公司	12 369	10 821	10 275	57	584	39 078	2 815
自贡东方气体设备有限公司	128 594	68 521	128 594		458	11 682	9 612
小型企业（12家）	209 147	55 646	198 146	873	1 911	451 419	174 841
北京北锅环保设备有限公司	8 493		8 493		194	9 131	4 154
大连锅炉集团有限公司	11 196	5 670	9 724		241	39 110	35 885
上海克莱德贝尔格曼机械有限公司	66 172	1 235	64 512	873	200	70 597	48 840
杭州杭锅工业锅炉有限公司	48 280	46 569	47 753		249	94 852	47 159
衢州市大通锅炉有限公司	3 214	415	3 308		104	4 963	1 244
湘潭锅炉有限责任公司	7 882		7 790		181	14 861	7 695
自贡东方热能锅炉设备制造有限公司	20 738		20 616		139	3 644	1 691
自贡东联锅炉有限公司	5 283	1 387	5 283		180	180 925	10 070
四川鑫光管业制造有限公司	22 600		22 600		201	14 920	6 894
四川国立能源科技有限公司	2 187	370	1 127		70	8 780	4 300
新疆西电昌峰锅炉有限责任公司	11 032		5 342		80	6 823	4 488
新疆新天锅炉容器制造有限公司	2 070		1 598		72	2 814	2 421
汽轮机及辅机制造（7家）	3 216 537	1 843 525	3 266 126	152 648	28 230	10 101 534	8 322 160
大型企业（5家）	3 156 856	1 840 942	3 205 876	152 247	27 868	10 052 699	8 283 869
哈尔滨汽轮机厂有限责任公司	360 640	180 709	422 745	19 578	6 097	1 257 074	1 270 489

（续）

企业名称	工业总产值（万元）	其中：新产品产值（万元）	工业销售产值（万元）	其中：出口交货值（万元）	全年从业人员平均人数（人）	年末资产总计（万元）	年末负债总计（万元）
上海电气电站设备有限公司	1 045 997	670 904	1 034 767	16 445	5 735	1 906 051	1 499 762
南京汽轮机(集团)有限责任公司	223 945	85 733	223 276	5 720	2 099	540 733	325 796
杭州汽轮动力集团有限公司	399 926	185 018	398 740	42 091	5 503	2 937 802	2 131 334
东方电气集团东方汽轮机有限公司	1 126 348	718 578	1 126 348	68 413	8 434	3 411 039	3 056 488
小型企业（2家）	**59 681**	**2 583**	**60 250**	**401**	**362**	**48 835**	**38 291**
上海益达机械有限公司	54 617		54 617		256	39 344	35 479
浙江博凡动力装备股份有限公司	5 064	2 583	5 633	401	106	9 491	2 812
水轮机及辅机制造（7家）	**991 286**	**494 619**	**958 247**	**155 470**	**11 473**	**2 127 110**	**1 403 505**
大型企业（1家）	**715 605**	**352 137**	**715 605**	**117 435**	**7 876**	**1 446 539**	**1 036 422**
东方电气集团东方电机有限公司	715 605	352 137	715 605	117 435	7 876	1 446 539	1 036 422
中型企业（6家）	**275 681**	**142 482**	**242 642**	**38 035**	**3 597**	**680 571**	**367 083**
上海福伊特水电设备有限公司	100 714		100 714		590	198 786	134 735
浙江富春江水电设备股份有限公司	41 612	37 459	41 612	25 379	847	243 144	79 873
东芝水电设备(杭州)有限公司	67 896	54 954	51 346	7 585	969	114 644	82 372
浙江金轮机电实业有限公司	25 131	24 306	20 986	5 071	461	67 304	39 628
浙江临海机械有限公司	3 928	283	4 195		350	12 722	4 126
宜宾富源发电设备有限公司	36 400	25 480	23 789		380	43 971	26 349
风能原动设备制造（1家）	**96 340**	**96 340**	**95 713**		**319**	**87 079**	**65 395**
中型企业（1家）	**96 340**	**96 340**	**95 713**		**319**	**87 079**	**65 395**
天津东汽风电叶片工程有限公司	96 340	96 340	95 713		319	87 079	65 395
金属切割及焊接设备制造（4家）	**354 844**	**129 032**	**376 117**	**65 038**	**4 371**	**129 141**	**52 470**
大型企业（2家）	**349 364**	**127 637**	**371 907**	**65 032**	**4 222**	**105 812**	**37 883**
浙江天喜实业集团有限公司	190 176	110 945	173 181	54 514	1 499	73 935	29 238
四川大西洋焊接材料股份有限公司	159 188	16 692	198 726	10 518	2 723	31 877	8 645
小型企业（2家）	**5 480**	**1 395**	**4 210**	**6**	**149**	**23 329**	**14 587**
上海梅达焊接设备有限公司	4 757	1 395	3 487	6	75	7 255	5 020
新疆威奥科技股份有限公司	723		723		74	16 074	9 567
烘炉、熔炉及电炉制造（1家）	**378**		**435**		**167**	**24 243**	**43 338**
小型企业（1家）	**378**		**435**		**167**	**24 243**	**43 338**
北京京仪世纪电子股份有限公司	378		435		167	24 243	43 338
发电机及发电机组制造（19家）	**2 870 457**	**2 474 024**	**3 133 712**	**184 052**	**15 139**	**6 322 138**	**4 010 996**
大型企业（4家）	**2 465 662**	**2 295 746**	**2 742 373**	**80 766**	**10 169**	**5 640 304**	**3 638 611**
北京北重汽轮电机有限责任公司	58 245	11 731	58 245		1 585	208 290	156 408
哈尔滨电机厂有限责任公司	355 549	232 147	439 197	38 171	5 762	1 268 208	736 531
浙江运达风电股份有限公司	367 329	367 329	381 292		1 076	482 974	415 602
新疆金风科技股份有限公司	1 684 539	1 684 539	1 863 639	42 595	1 746	3 680 832	2 330 070

（续）

企业名称	工业总产值（万元）	其中：新产品产值（万元）	工业销售产值（万元）	其中：出口交货值（万元）	全年从业人员平均人数（人）	年末资产总计（万元）	年末负债总计（万元）
中型企业（5家）	206 796	130 679	196 544	66 250	3 385	492 457	284 631
北京京城新能源有限公司	70 148	54 250	68 735		441	196 826	138 273
天津市天发重型水电设备制造有限公司	35 128	34 926	35 128	11 381	788	140 424	85 236
浙江耀锋动力科技有限公司	63 500	17 500	56 900	49 800	534	46 800	35 400
湖南零陵恒远发电设备有限公司	8 432	6 250	6 278	938	336	29 535	20 142
哈尔滨电机厂（昆明）有限责任公司	29 588	17 753	29 503	4 131	1 286	78 872	5 580
小型企业（10家）	197 999	47 599	194 795	37 036	1 585	189 377	87 754
天津天发发电设备制造有限公司	8 233	1 102	8 288	1 045	63	8 286	5 993
上海马拉松·革新电气有限公司	25 619		25 472	2 928	174	44 956	5 006
上海伊华电站工程有限公司	3 592		3 628		26	4 967	472
莫利电机（嘉兴）有限公司	14 686		12 518	10 892	220	11 049	227
浙江省金华市电机实业有限公司	11 863	11 404	10 284	9 800	193	16 632	10 906
浙江尤尼威机械有限公司	9 609	8 966	9 344	9 329	93	5 571	4 046
浙江临海浙富电机有限公司	4 692	2 587	5 672	3 042	284	27 482	6 584
湖南省冷水滩电线电缆有限公司	12 150		12 120		187	6 881	3 270
新疆双瑞风电叶片有限公司	46 181	23 540	46 095		292	44 479	38 187
新疆中车新能源装备有限公司	61 374		61 374		53	19 074	13 063
电动机制造（21家）	2 323 138	1 260 356	2 312 147	108 837	27 423	4 890 956	3 653 159
大型企业（7家）	1 937 601	1 202 394	1 929 964	64 975	21 867	4 340 036	3 289 858
西门子电气传动有限公司	165 472		166 041		1 314	130 654	51 488
佳木斯电机股份有限公司	139 988	28 662	148 167	4 310	2 478	332 888	146 995
上海电气集团上海电机厂有限公司	214 983	155 498	200 855	19 481	2 438	378 933	247 613
京马电机有限公司	98 032	74 490	98 032	21 137	1 018	92 290	57 615
六安江淮电机有限公司	146 126	97 321	146 152	2 174	1 249	98 416	29 018
湘电集团有限公司	1 037 711	819 365	1 035 653	17 754	11 607	3 105 049	2 624 890
西安泰富西玛电机有限公司	135 289	27 058	135 064	119	1 763	201 806	132 239
中型企业（8家）	354 501	56 656	351 708	43 559	4 684	438 029	304 708
天津市百利溢通电泵有限公司	10 622	10 600	14 275	9 762	343	21 249	7 055
山西电机制造有限公司	20 345	1 173	18 297	295	907	117 555	75 842
泰豪沈阳电机有限公司	8 893	8 893	8 804	343	661	73 812	66 026
上海ABB电机有限公司	95 765		93 928	29 679	733	54 352	33 832
安徽皖南电机股份有限公司	192 542	32 732	191 024	2 393	705	81 598	44 626
淄博牵引电机集团股份有限公司	350		353		316	43 434	43 433
德州恒力电机有限责任公司	14 348		13 092	1 087	676	31 195	24 940
四川宜宾力源电机有限公司	11 636	3 258	11 935		343	14 834	8 954
小型企业（6家）	31 036	1 306	30 475	303	872	112 891	58 593

(续)

企业名称	工业总产值（万元）	其中：新产品产值（万元）	工业销售产值（万元）	其中：出口交货值（万元）	全年从业人员平均人数（人）	年末资产总计（万元）	年末负债总计（万元）
大连电机集团有限公司	8 504	260	8 082		248	36 981	15 624
大连洪成电机有限公司	1 225		1 347		41	2 954	2 079
大连天元电机股份有限公司	13 785	109	13 646		268	56 889	30 291
浙江华年电机股份有限公司	2 812	937	2 426		90	9 020	6 498
杭州恒力电机制造有限公司	4 092		4 359		185	5 601	3 139
杭州调速电机厂	618		615	303	40	1 446	962
微电机及其他电机制造（6家）	**303 150**	**241 743**	**292 988**	**9 472**	**1 948**	**431 927**	**140 141**
中型企业（2家）	294 705	239 837	284 700	8 015	1 654	420 128	129 002
杭州富生电器股份有限公司	258 817	235 719	253 537	2 968	782	171 666	101 557
浙江方正电机股份有限公司	35 888	4 118	31 163	5 047	872	248 462	27 445
小型企业（4家）	8 445	1 906	8 288	1 457	294	11 799	11 139
北京敬业北微节能电机有限公司	1 906	1 906	1 924		15	1 516	2 349
天津市中环天虹微电机有限公司	2 412		2 314	1 293	115	4 283	3 946
天津市中环天虹电机技术有限公司	2 064		2 047		95	977	341
浙江丽水速诚电机制造有限公司	2 063		2 003	164	69	5 023	4 503
风动和电动工具制造（4家）	**295 768**	**42 332**	**328 692**	**252 675**	**5 272**	**402 298**	**151 278**
大型企业（2家）	252 648	33 547	287 266	213 666	4 259	326 308	103 993
博世电动工具(中国)有限公司	204 724		241 300	167 700	3 110	254 487	67 256
浙江华丰电动工具有限公司	47 924	33 547	45 966	45 966	1 149	71 821	36 737
中型企业（1家）	37 812	6 751	35 963	33 601	750	68 962	45 277
浙江恒友机电有限公司	37 812	6 751	35 963	33 601	750	68 962	45 277
小型企业（1家）	5 308	2 034	5 463	5 408	263	7 028	2 008
浙江金一电动工具有限公司	5 308	2 034	5 463	5 408	263	7 028	2 008
电工机械专用设备制造（3家）	**122 081**	**23 626**	**119 543**	**6 835**	**1 245**	**161 045**	**107 427**
中型企业（2家）	120 486	23 626	118 227	6 835	1 081	151 420	97 767
辽宁东港电磁线有限公司	81 937		83 549		506	39 320	19 196
合肥神马科技集团有限公司	38 549	23 626	34 678	6 835	575	112 100	78 571
小型企业（1家）	1 595		1 316		164	9 625	9 660
汕头机械（集团）公司	1 595		1 316		164	9 625	9 660
变压器、整流器和电感器制造（34家）	**2 420 569**	**1 161 576**	**2 296 719**	**112 531**	**18 059**	**5 589 151**	**2 827 215**
大型企业（4家）	1 593 889	794 654	1 506 675	77 929	8 553	4 171 847	2 011 073
大连第一互感器有限责任公司	55 508	27 065	64 819	419	1 603	187 971	68 023
特变电工衡阳变压器有限公司	750 001	749 018	641 505	49 850	2 742	561 281	250 965
云南通变电器有限公司	67 480	18 571	62 574	1 132	1 045	93 092	43 990
特变电工股份有限公司	720 900		737 777	26 528	3 163	3 329 503	1 648 095

（续）

企业名称	工业总产值（万元）	其中：新产品产值（万元）	工业销售产值（万元）	其中：出口交货值（万元）	全年从业人员平均人数（人）	年末资产总计（万元）	年末负债总计（万元）
中型企业（12家）	547 142	286 481	513 653	26 634	6 301	979 456	555 821
天津市特变电工变压器有限公司	49 230	34 461	47 825		600	92 238	50 371
辽宁易发式电气设备有限公司	25 400	25 400	24 358	12 580	300	28 861	24 305
丹东欣泰电气股份有限公司	41 741		41 741	686	483	120 371	56 540
哈尔滨变压器有限责任公司	23 388	8 583	23 313		533	72 568	40 178
杭州钱江电气集团股份有限公司	103 328	63 010	93 365	5 308	865	168 364	78 500
浙江天际互感器有限公司	13 164	10 230	13 164		335	28 116	5 535
合肥ABB变压器有限公司	58 606		57 453	1 672	442	46 217	28 322
天威保变（合肥）变压器有限公司	47 630		53 369		591	99 027	78 600
明珠电气有限公司	85 976	62 426	50 592	247	650	115 863	75 656
云南变压器电气股份有限公司	57 763	44 362	69 612	4 323	681	99 985	57 184
西安中扬电气股份有限公司	14 141	11 596	12 086		332	42 505	15 054
陕西汉中变压器有限责任公司	26 775	26 413	26 775	1 818	489	65 341	45 576
小型企业（18家）	279 538	80 441	276 391	7 968	3 205	437 848	260 321
北京天路时代电气设备有限责任公司	297				17	1 096	1 157
大连互感器有限公司	1 074	644	1 108		74	21 390	19 493
辽宁华冶集团发展有限公司	31 500		31 500		239	94 806	59 345
上海ABB变压器有限公司	58 278		59 732	3 986	212	34 499	21 204
上海南桥变压器有限公司	6 544	5 601	8 481		279	18 242	6 675
宁波三爱互感器有限公司	4 180		4 192		148	6 118	2 948
宁波天元电气集团有限公司	8 842	815	8 635		87	41 311	15 082
浙江龙祥电气有限公司	1 799		1 799	786	65	4 097	3 674
安庆变压器有限公司	4 942	180	4 445		165	9 657	6 463
华翔翔能电气股份有限公司	64 478	32 760	64 220		294	15 932	6 759
常德国力变压器有限公司	10 917	9 085	10 561		298	10 667	2 378
广州广高高压电器有限公司	20 964	20 059	21 115	1 996	242	47 013	30 153
广州南方电力集团电器有限公司	21 801		18 842		274	27 733	23 722
成都双星变压器有限公司	5 075	5 075	5 926		190	26 139	20 303
四川东方变压器集团有限公司	15 556	6 222	15 245	1 200	235	31 544	11 686
新疆新特顺电力设备有限责任公司	7 932		8 354		117	11 853	3 868
新疆升晟股份有限公司	14 624		11 252		258	35 060	25 359
新疆新特顺京隆电力设备有限公司	735		984		11	691	52
电容器及其配套设备制造（6家）	47 008	23 776	49 374		985	85 240	33 191
小型企业（6家）	47 008	23 776	49 374		985	85 240	33 191
新东北电气（锦州）电力电容器有限公司	10 363	6 913	10 174		271	21 859	5 539
牡丹江北方高压电瓷有限责任公司	3 025	898	2 850		124	6 434	4 205

（续）

企业名称	工业总产值（万元）	其中：新产品产值（万元）	工业销售产值（万元）	其中：出口交货值（万元）	全年从业人员平均人数（人）	年末资产总计（万元）	年末负债总计（万元）
上海库柏电力电容器有限公司	8 001		11 407		97	21 777	8 607
建德市新安江电力电容器有限公司	3 183	1 665	2 906		83	5 579	2 647
常德市天马电气成套设备有限公司	7 696		7 696		120	9 031	1 943
中山市泰峰电气有限公司	14 740	14 300	14 341		290	20 560	10 250
配电开关控制设备制造（61家）	6 797 221	2 046 925	6 541 914	315 687	69 055	10 635 199	5 338 051
大型企业（7家）	4 946 733	1 555 291	4 734 719	217 427	51 974	8 554 596	4 347 488
常熟开关制造有限公司（原常熟开关厂）	181 491	155 616	177 271		1 688	213 333	87 608
宁波天安（集团）股份有限公司	327 610	117 665	304 932	4 524	2 030	493 028	387 943
德力西集团有限公司	1 177 522	178 616	1 115 036	30 242	13 675	1 597 309	896 440
平高集团有限公司	854 000	288 491	811 651	69 026	8 590	1 960 943	1 186 666
广州白云电器设备股份有限公司	119 129	11 161	125 726	544	1 353	228 938	92 770
川开实业集团有限公司	395 646	96 948	362 167	24 640	1 946	300 792	201 831
中国西电集团公司	1 891 335	706 794	1 837 936	88 451	22 692	3 760 253	1 494 230
中型企业（18家）	1 155 596	326 954	1 119 719	57 018	11 987	1 412 100	666 448
北京ABB高压开关设备有限公司	158 232		156 287	15 331	668	152 973	70 179
北京北开电气股份有限公司	98 418	34 922	94 947	13	967	110 133	97 549
北京ABB低压电器有限公司	74 583	13 507	76 482	10 984	682	51 262	21 370
天津百利特精电气股份有限公司	34 174	9 549	37 927	200	569	145 694	60 540
锦州锦开电器集团有限责任公司	12 823	4 818	14 175		1 802	43 005	27 006
哈尔滨九洲电器股份有限公司	20 912	7 806	18 050	160	350	190 233	33 520
上海电器股份有限公司人民电器厂	128 725	56 272	119 298	2 591	858	59 255	38 606
上海西门子线路保护系统有限公司	44 488	13 938	41 717	13 931	652	28 368	11 986
上海西门子开关有限公司	81 833		81 833	5 240	578	59 596	29 467
上海施耐德工业控制有限公司	102 739		102 739	6 472	834	46 491	24 361
上海大华电器设备有限公司	44 570	32 205	51 945		325	35 255	20 492
宁波华通电器集团股份有限公司	71 712	30 119	67 586		647	63 476	33 347
日升集团有限公司	55 981	34 579	55 132		509	52 798	15 439
湖南长高高压开关集团股份公司	70 333	25 256	65 649	948	737	182 229	59 357
广东省顺德开关厂有限公司	34 317		20 738		368	30 000	25 668
广东正超电气有限公司	18 031	14 841	18 031		301	10 936	4 908
云南云开电气股份有限公司	37 068	23 379	38 683	1 148	752	63 560	37 061
新疆新华能电气股份有限公司	66 657	25 763	58 500		388	86 836	55 592
小型企业（36家）	694 892	164 680	687 476	41 242	5 094	668 503	324 115
北京宏达日新电机有限公司	14 615	14 104	14 609	3 243	141	32 422	7 182
北京京仪敬业电工科技有限公司	3 346	2 962	3 285	485	204	27 941	8 933
天津市百利电气有限公司	5 251	5 250	4 403		218	20 578	11 257

(续)

企业名称	工业总产值（万元）	其中：新产品产值（万元）	工业销售产值（万元）	其中：出口交货值（万元）	全年从业人员平均人数（人）	年末资产总计（万元）	年末负债总计（万元）
天津市百利开关设备有限公司	3 861		3 653		111	10 204	2 118
瓦房店防爆电器有限公司	70		151		21	1 118	56
阜新封闭母线有限责任公司	464		477		151	10 791	4 273
瓦房店高压开关有限公司	3 092		1 960		106	18 023	1 048
上海电器陶瓷厂有限公司	10 803	7 454	10 303		145	9 049	4 530
上海施耐德电器配电有限公司	227 219		227 219	37 514	283	145 979	68 629
上海纳杰电气成套有限公司	45 419	14 540	44 631		230	23 789	13 033
上海南华兰陵电气有限公司	71 490		76 546		299	38 255	16 365
宁波开关电器制造有限公司	3 128	27	2 814		113	4 416	1 392
杭州杭开电气有限公司	28 533		28 533		188	41 488	26 471
浙江时通电气制造有限公司	26 089	17 837	26 089		245	26 257	14 171
浙宝电气（杭州）集团有限公司	15 702	9 762	15 768		238	33 298	21 537
浙江申光电气有限公司	457	412	498		45	4 216	2 220
杭州电力设备制造有限公司	45 285	29 435	43 104		173	34 589	16 288
慈溪市大明电气设备成套有限公司	18 821		18 563		111	1 919	376
浙江科润电力设备有限公司	48 144	29 353	45 260		258	24 577	15 438
浙江亚东电器制造有限公司	8 824	3 574	9 023		68	7 761	5 796
慈溪市台联电器设备有限公司	14 460	3 985	13 850		115	6 374	3 796
安徽龙波电气有限公司	28 143	12 676	26 648		196	16 058	11 002
湖南雁能森源电力设备有限公司	5 171		4 420		136	7 353	5 732
湖南雁能配电设备有限公司	8 193	932	8 193		86	7 496	4 673
湛江高压电器有限公司	2 580	1 785	2 536		98	4 864	730
广东珠江开关有限公司	3 285	1 592	3 169		158	12 387	7 949
四川环宇高新电器自动化有限公司	1 500	1 200	1 500		75	6 913	6 251
昆明开关厂有限责任公司	1 096		1 393		98	7 368	4 716
宁夏凯晨电气集团有限公司	19 006	7 800	18 812		185	15 165	8 037
新疆双新电控设备有限公司	3 112		3 100		79	6 830	4 175
新疆奎开电气有限公司	7 409		7 409		180	15 419	5 200
新疆电控设备有限责任公司	357		334		23	2 147	1 771
新疆安特电气集团股份公司	4 461		3 465		58	8 789	4 121
新疆华德利电气成套设备有限公司	2 260		2 512		43	10 006	2 073
新疆燎源成套电气有限公司	4 904		4 904		25	9 384	4 549
新疆昆仑电气有限公司	8 342		8 342		191	15 281	8 227
电力电子元器件制造（12家）	215 272	81 135	216 361	5 839	3 102	419 135	290 722
中型企业（2家）	111 910	47 720	111 086		1 251	242 198	168 978
杭申集团有限公司	85 773	26 883	85 666		885	226 598	159 378

(续)

企业名称	工业总产值（万元）	其中：新产品产值（万元）	工业销售产值（万元）	其中：出口交货值（万元）	全年从业人员平均人数（人）	年末资产总计（万元）	年末负债总计（万元）
桂林机床电器有限公司	26 137	20 837	25 420		366	15 600	9 600
小型企业（10家）	**103 362**	**33 415**	**105 275**	**5 839**	**1 851**	**176 937**	**121 744**
北京京仪椿树整流器有限责任公司	6 797	4 023	5 557	38	188	15 624	10 621
北京星原丰泰电子技术股份有限公司	3 934	1 604	3 274		174	5 818	4 240
天津机床电器有限公司	2 150	89	2 203	352	170	11 261	4 382
天津市第二继电器厂	2 288	1	2 409		110	1 580	1 250
天津神钢电机有限公司	11 766		11 409	4 009	282	8 194	2 765
天津市百利纽泰克电气科技有限公司	5 502	4 677	6 265		195	7 087	1 778
天津市百利电气配套有限公司	1 888	1 762	1 711	1 440	101	1 890	1 291
上海电气电力电子有限公司	41 001		41 001		149	60 213	47 191
广州南洋电器有限公司	7 055	278	6 725		207	28 275	24 198
东方日立(成都)电控设备有限公司	20 981	20 981	24 721		275	36 996	24 028
光伏设备元器件制造（3家）	**800 829**	**644 550**	**723 950**		**2 457**	**1 333 595**	**1 041 216**
大型企业（1家）	**747 347**	**611 790**	**670 369**		**2 257**	**1 239 340**	**961 836**
特变电工新疆新能源股份有限公司	747 347	611 790	670 369		2 257	1 239 340	961 836
小型企业（2家）	**53 482**	**32 760**	**53 581**		**200**	**94 255**	**79 380**
北京京仪绿能电力系统工程有限公司	51 017	32 760	51 211		138	91 041	77 468
天津威乐斯机电有限公司	2 465		2 370		62	3 214	1 912
其他输配电及控制设备制造（8家）	**3 333 113**	**2 043 370**	**3 280 114**	**503 541**	**28 667**	**5 149 198**	**2 633 047**
大型企业（2家）	**2 836 238**	**1 815 695**	**2 701 355**	**440 625**	**25 548**	**4 076 836**	**2 175 894**
正泰集团股份有限公司	2 427 125	1 626 992	2 293 219	425 638	21 761	3 729 847	2 001 597
人民电器集团有限公司	409 113	188 703	408 136	14 987	3 787	346 989	174 297
中型企业（4家）	**454 630**	**203 651**	**537 573**	**62 916**	**2 760**	**1 040 898**	**445 844**
北京ABB电气传动系统有限公司	266 048	172 931	333 404	44 009	973	207 875	121 812
荣信电力电子股份有限公司	105 322	30 720	120 909	6 771	693	712 428	225 979
上海西门子高压开关有限公司	56 560		56 560	12 136	448	81 075	74 369
新疆华隆油田科技股份有限公司	26 700		26 700		646	39 520	23 684
小型企业（2家）	**42 245**	**24 024**	**41 186**		**359**	**31 464**	**11 309**
大连亿德电瓷金具有限责任公司	2 480		2 350		124	2 184	1 507
浙江三辰电器有限公司	39 765	24 024	38 836		235	29 280	9 802
电线电缆制造（36家）	**8 210 603**	**2 037 447**	**7 963 622**	**245 389**	**36 137**	**6 474 661**	**4 204 312**
大型企业（8家）	**6 182 022**	**1 532 632**	**6 048 136**	**216 112**	**26 236**	**4 567 455**	**3 122 214**
远东控股集团有限公司	3 256 000	758 470	3 191 755	54 357	7 522	2 591 350	2 011 288
安徽天康(集团)股份有限公司	528 549	380 473	528 546	5 709	4 189	278 265	200 245
安徽蓝德集团股份有限公司	510 759		510 759	4 439	1 466	197 323	126 773
金杯电工衡阳电缆有限公司	203 979	128 661	193 202		1 020	125 421	42 308

（续）

企业名称	工业总产值（万元）	其中：新产品产值（万元）	工业销售产值（万元）	其中：出口交货值（万元）	全年从业人员平均人数（人）	年末资产总计（万元）	年末负债总计（万元）
金杯电工股份有限公司	467 057	211 101	414 450		1 935	283 715	58 186
广州电气装备集团有限公司	774 741	53 294	776 128	133 968	5 894	810 158	506 908
特变电工（德阳）电缆股份有限公司	358 780		348 585	17 639	3 054	149 272	89 900
昆明电缆集团股份有限公司	82 157	633	84 711		1 156	131 951	86 606
中型企业（14家）	1 593 159	459 673	1 495 334	19 574	8 036	1 311 466	702 005
上海华普电缆有限公司	124 661	2 200	120 112		646	78 199	42 734
杭州电缆有限公司	300 176	130 197	300 254	879	988	324 326	175 596
杭州早川电线有限公司	26 950	22 552	26 589	9 076	641	25 699	9 098
绿宝电缆（集团）有限公司	55 796		3 513		609	18 544	7 826
安徽电缆股份有限公司	243 231	150 829	243 216		523	95 330	56 126
安徽华菱电缆集团有限公司	113 589	11 025	112 942		500	118 098	76 942
安徽江淮电缆集团有限公司	82 534	51 172	82 534		338	119 091	62 309
安徽华星电缆集团有限公司	80 300	7 915	78 694		398	72 868	28 422
江西南缆集团有限公司	71 685	17 961	67 728	8 502	670	53 989	30 553
长缆电工科技股份有限公司	45 313	4 863	46 231	1 117	696	91 168	28 841
衡阳恒飞电缆有限责任公司	187 398	25 178	150 745		704	64 472	41 637
湖南华凌线缆股份有限公司	105 028	26 313	102 626		523	91 894	47 096
广东电缆厂有限公司	99 619		99 900		500	48 714	35 667
广州岭南电缆股份有限公司	56 879	9 468	60 250		300	109 074	59 158
小型企业（14家）	435 422	45 142	420 152	9 703	1 865	595 741	380 094
天津金山电线电缆股份有限公司	32 920	21 727	35 300		252	64 227	28 908
普睿司曼（天津）电缆有限公司	59 094	3 819	64 178	9 703	228	55 697	49 003
乐星电缆（天津）有限公司	19 799				68	10 807	6 052
辽宁宝林集团大连金州电缆有限公司	3 491		4 430		160	63 404	55 220
哈尔滨电缆（集团）有限公司	84 290		84 208		122	64 086	32 781
上海飞航电线电缆有限公司	120 251	8 126	120 304		299	82 791	58 654
淮北市天相电缆有限责任公司	16 022		16 022		61	17 095	3 618
安徽华海特种电缆集团有限公司	10 368	5 705	10 368		140	118 125	77 456
湖南湘鹤集团电缆科技股份有限公司	19 981	5 765	19 219		120	14 378	2 034
自贡市西南电线电缆制造有限公司	28 580		26 177		169	19 562	1 583
红河瑞捷电工有限公司	5 618		5 907		79	12 347	5 774
新疆百商电线电缆有限公司	9 376		9 456		73	56 971	45 291
新疆五元电线电缆有限公司	15 877		14 828		64	9 661	9 196
新疆博源线缆有限公司	9 755		9 755		30	6 590	4 524
特种陶瓷制品制造（1家）	59 090	15 363	54 738	21 192	1 459	119 683	47 267
大型企业（1家）	59 090	15 363	54 738	21 192	1 459	119 683	47 267

（续）

企业名称	工业总产值（万元）	其中：新产品产值（万元）	工业销售产值（万元）	其中：出口交货值（万元）	全年从业人员平均人数（人）	年末资产总计（万元）	年末负债总计（万元）
大连电瓷集团股份有限公司	59 090	15 363	54 738	21 192	1 459	119 683	47 267
石墨及碳素制品制造（3家）	37 272	16 816	36 507	14 575	1 238	96 527	63 774
冲型企业（2家）	31 387	16 816	31 387	11 728	1 136	88 798	62 460
哈尔滨电碳厂	7 507		7 507		459	32 226	27 190
浙江国泰密封材料股份有限公司	23 880	16 816	23 880	11 728	677	56 572	35 270
小型企业（1家）	5 885		5 120	2 847	102	7 729	1 314
天津市中环天佳电子有限公司	5 885		5 120	2 847	102	7 729	1 314
其他原动设备制造（2家）	100 640	90 566	70 527	3 230	712	251 615	144 497
中型企业（1家）	86 000	83 479	55 887		612	233 167	134 822
上海第一机床厂有限公司	86 000	83 479	55 887		612	233 167	134 822
小型企业（1家）	14 640	7 087	14 640	3 230	100	18 448	9 675
克里特集团有限公司	14 640	7 087	14 640	3 230	100	18 448	9 675
绝缘制品制造（6家）	343 650	314 434	265 104	1 937	5 917	847 302	572 856
大型企业（1家）	301 897	286 724	226 771		4 654	734 070	494 670
新东北电气集团高压开关设备有限公司	301 897	286 724	226 771		4 654	734 070	494 670
中型企业（1家）	20 005	14 736	16 709	1 616	495	56 831	40 994
抚顺华泰电瓷电气制造有限公司	20 005	14 736	16 709	1 616	495	56 831	40 994
小型企业（4家）	21 748	12 974	21 624	321	768	56 401	37 192
北京北益电工绝缘制品有限公司	4 476		4 605	296	109	4 180	2 621
湖南广信科技股份有限公司	11 046	8 836	10 794	25	253	24 366	9 113
自贡红星高压电瓷有限公司	2 088		2 055		213	17 621	16 368
新疆新能天宁电工绝缘材料有限公司	4 138	4 138	4 170		193	10 234	9 090
其他电池制造（8家）	899 068	380 513	930 996	35 022	12 319	1 046 039	593 025
大型企业（3家）	719 152	329 927	737 710	9 610	9 927	849 480	411 289
风帆股份有限公司	501 000	308 400	502 000	4 565	6 464	421 478	199 454
哈尔滨光宇蓄电池有限公司	123 748		138 254	1 573	1 760	270 742	104 948
淄博火炬能源有限责任公司	94 404	21 527	97 456	3 472	1 703	157 260	106 887
中型企业（4家）	178 798	50 586	192 247	25 308	2 320	192 746	179 837
天津汤浅蓄电池有限公司	13 852		13 029		339	13 168	6 212
松下蓄电池（沈阳）有限公司	58 598		67 563	25 096	787	95 370	97 377
沈阳东北蓄电池有限公司	55 405	3 980	60 712		839	62 221	69 453
安徽迅启蓄电池有限公司	50 943	46 606	50 943	212	355	21 987	6 795
小型企业（1家）	1 118		1 039	104	72	3 813	1 899
浙江调速电机有限公司	1 118		1 039	104	72	3 813	1 899
其他电工器材制造（5家）	208 754	138 284	197 372	39 904	2 962	277 746	115 010
大型企业（1家）	66 326	39 796	66 094	37 281	1 147	59 413	32 150

企业名称	工业总产值（万元）	其中：新产品产值（万元）	工业销售产值（万元）	其中：出口交货值（万元）	全年从业人员平均人数（人）	年末资产总计（万元）	年末负债总计（万元）
杭州河合电器股份有限公司	66 326	39 796	66 094	37 281	1 147	59 413	32 150
中型企业（2家）	**95 545**	**69 627**	**91 090**	**1 466**	**1 443**	**176 481**	**64 634**
华自科技股份有限公司	49 786	32 360	41 657	500	733	98 255	43 160
桂林电器科学研究院有限公司	45 759	37 267	49 433	966	710	78 226	21 474
小型企业（2家）	**46 883**	**28 861**	**40 188**	**1 157**	**372**	**41 852**	**18 226**
上海捷锦电力新材料有限公司	9 947		7 741		79	5 068	1 591
佛山通宝精密合金股份有限公司	36 936	28 861	32 447	1 157	293	36 784	16 635

2016年电器工业企业主要经济指标

企业名称	工业总产值（当年价）（万元）	其中：新产品产值（万元）	工业销售产值（当年价）（万元）	其中：出口交货值（万元）	全年从业人员平均人数（人）	年末资产总计（万元）	年末负债总计（万元）
电器工业（226家）	**37 922 305**	**18 149 819**	**41 004 642**	**2 429 607**	**265 697**	**65 874 136**	**42 285 521**
锅炉及辅助设备制造（16家）	**3 990 565**	**3 239 456**	**3 944 332**	**226 164**	**21 392**	**8 645 001**	**6 616 234**
大型企业（7家）	**3 782 375**	**3 152 393**	**3 751 968**	**222 224**	**19 591**	**8 248 634**	**6 402 706**
北京巴布科克·威尔科克斯有限公司	244 874	170 204	244 874	17 294	2 005	621 728	545 937
太原锅炉集团有限公司	124 000	87 041	111 664		2 344	273 590	208 647
哈尔滨锅炉厂有限责任公司	959 794	831 811	960 194	100 990	5 357	2 160 077	1 606 199
上海锅炉厂有限公司	830 076	711 957	814 912	20 624	2 315	1 457 281	1 281 952
无锡华光锅炉股份有限公司	170 109	117 026	161 289	25 796	1 350	339 115	200 516
华西能源工业股份有限公司	288 384	201 869	285 164		1 748	1 062 342	748 190
东方电气集团东方锅炉股份有限公司（合并）	1 165 138	1 032 485	1 173 871	57 520	4 472	2 334 501	1 811 264
中型企业（1家）	**66 509**	**50 874**	**64 953**	**239**	**497**	**122 764**	**43 162**
安徽金鼎锅炉股份有限公司	66 509	50 874	64 953	239	497	122 764	43 162
小型企业（8家）	**141 681**	**36 189**	**127 411**	**3 701**	**1 304**	**273 603**	**170 366**
北京北锅环保设备有限公司	4 265		4 265		193	9 617	4 641
大连锅炉集团有限公司	5 846		2 530		233	36 268	34 194
上海克莱德贝尔格曼机械有限公司	73 328	1 527	62 318	1 437	210	90 458	64 909
杭州杭锅工业锅炉有限公司	38 546	30 740	40 076	2 264	242	96 583	48 188
衢州市大通锅炉有限责任公司	3 275	312	3 781		103	5 192	1 474
湘潭锅炉有限责任公司	5 553	3 610	5 594		180	24 574	7 538
新疆西电昌峰锅炉有限责任公司	9 657		7 902		80	7 916	7 042

(续)

企业名称	工业总产值（当年价）（万元）	其中：新产品产值（万元）	工业销售产值（当年价）（万元）	其中：出口交货值（万元）	全年从业人员平均人数（人）	年末资产总计（万元）	年末负债总计（万元）
新疆新天锅炉容器制造有限公司	1 211		945		63	2 995	2 380
汽轮机及辅机制造（6家）	2 438 152	994 654	2 558 157	285 984	24 434	8 211 529	6 381 683
大型企业（4家）	2 374 281	991 213	2 495 950	285 603	24 024	8 161 229	6 346 663
哈尔滨汽轮机厂有限责任公司	420 087	169 889	538 503	90 790	5 612	1 274 052	1 282 162
上海电气电站设备有限公司	1 011 490	470 351	1 025 434	89 141	5 735	2 009 352	1 601 349
杭州汽轮动力集团有限公司	411 282	177 766	400 591	38 698	5 654	3 457 556	2 399 883
东方电气集团东方电机有限公司	531 422	173 207	531 422	66 974	7 023	1 420 269	1 063 269
小型企业（2家）	63 871	3 441	62 207	381	410	50 300	35 020
上海益达机械有限公司	57 749		57 749		227	36 691	32 491
浙江博凡动力装备股份有限公司	6 122	3 441	4 458	381	183	13 609	2 529
水轮机及辅机制造（5家）	1 179 659	580 395	1 179 462	80 729	9 921	3 403 733	2 978 574
大型企业（1家）	950 312	503 136	950 312	26 017	7 772	2 935 182	2 775 365
东方电气集团东方汽轮机有限公司	950 312	503 136	950 312	26 017	7 772	2 935 182	2 775 365
中型企业（3家）	226 151	77 121	226 040	54 712	1 875	456 635	199 181
上海福伊特水电设备有限公司	141 454		141 454		606	187 677	118 909
浙江金轮机电实业有限公司	25 187	23 593	25 112	13 676	440	67 138	39 481
浙江富春江水电设备股份有限公司	59 510	53 528	59 474	41 036	829	201 820	40 791
小型企业（1家）	3 196	138	3 110		274	11 916	4 028
浙江临海机械有限公司	3 196	138	3 110		274	11 916	4 028
风能原动设备制造（1家）	76 887	76 887	83 612		290	78 836	53 425
小型企业（1家）	76 887	76 887	83 612		290	78 836	53 425
天津东汽风电叶片工程有限公司	76 887	76 887	83 612		290	78 836	53 425
金属切割及焊接设备制造（3家）	208 709	147 160	179 848	49 342	1 690	110 861	51 289
大型企业（1家）	202 764	147 160	175 053	49 298	1 572	89 675	38 082
浙江天喜实业集团有限公司	202 764	147 160	175 053	49 298	1 572	89 675	38 082
小型企业（2家）	5 945		4 795	44	118	21 186	13 207
上海梅达焊接设备有限公司	5 133		4 438	44	70	5 609	3 311
新疆威奥科技股份有限公司	812		357		48	15 577	9 896
发电机及发电机组制造（21家）	2 968 197	2 303 092	2 827 011	120 064	14 850	6 940 879	4 406 129
大型企业（4家）	2 492 772	2 201 247	2 345 616	84 635	10 877	5 834 430	3 617 334
北京北重汽轮电机有限责任公司	58 188	45 383	58 188	2 880	1 436	197 542	153 588
哈尔滨电机厂有限责任公司	364 753	153 890	467 903	50 426	5 517	1 191 942	672 322
中国长江动力集团有限公司	67 857		67 857	454	2 032	355 936	345 680
新疆金风科技股份有限公司	2 001 974	2 001 974	1 751 668	30 875	1 892	4 089 010	2 445 744
中型企业（3家）	68 524	55 949	62 746	15 705	2 344	396 687	280 082
北京京城新能源有限公司	7 755	7 265	5 296		421	192 016	139 443
天津市天发重型水电设备制造有限公司	33 546	32 350	33 546	8 440	749	136 230	93 515

（续）

企业名称	工业总产值（当年价）（万元）	其中：新产品产值（万元）	工业销售产值（当年价）（万元）	其中：出口交货值（万元）	全年从业人员平均人数（人）	年末资产总计（万元）	年末负债总计（万元）
昆明电机厂有限责任公司	27 223	16 334	23 904	7 265	1 174	68 441	47 124
小型企业（14家）	406 901	45 896	418 649	19 724	1 629	709 762	508 713
天津天发发电设备制造有限公司	6 828	4 325	7 033	549	55	5 189	3 155
上海马拉松·革新电气有限公司	26 996		26 179	2 151	172	52 616	6 226
上海伊华电站工程有限公司	3 027		2 935		27	2 947	191
浙江省金华市电机实业有限公司	9 417	2 281	8 824		234	21 677	19 777
浙江尤尼威机械有限公司	9 145	8 805	8 423	8 386	89	5 058	2 716
重庆水轮机厂有限责任公司	31 419	28 985	30 348	8 638		177 200	111 400
新疆海装风电设备有限公司	191 923		202 025		176	258 407	257 087
新疆泰胜风能装备有限公司	23 593		23 593		116	43 321	4 387
新疆双瑞风电叶片有限公司	31 835		37 960		254	44 088	37 545
新疆中车新能源装备有限公司	13 255		13 255		51	30 041	25 132
新疆富兴通重型机械制造有限公司	2 008		2 008		20	11 025	6 487
中复连众(哈密)复合材料有限公司	30 200	1 500	32 000		278	29 634	8 851
哈密金风锦辉风电科技有限公司	6 297		8 080		148	6 626	4 785
托克逊中车永电能源装备有限公司	20 958		15 986		9	21 933	20 974
电动机制造（15家）	1 716 379	972 922	1 779 421	103 390	22 092	3 992 932	2 904 133
大型企业（5家）	1 330 770	934 603	1 403 381	46 787	18 312	3 583 289	2 667 361
佳木斯电机股份有限公司	121 957	19 363	118 834	1 617	2 368	289 902	151 309
上海电气集团上海电机厂有限公司	180 381	127 045	178 482	25 932	2 215	402 065	268 548
六安江淮电机有限公司	150 068	113 975	150 079	1 103	1 182	104 803	28 763
湘电集团有限公司	813 195	660 815	892 221	16 698	11 324	2 623 515	2 112 227
西安泰富西玛电机有限公司	65 169	13 405	63 765	1 437	1 223	163 004	106 514
中型企业（5家）	370 183	37 794	360 149	56 445	3 064	337 620	189 676
天津市百利溢通电泵有限公司	18 259		14 598	14 193	328	25 594	9 277
山西电机制造有限公司	25 164	2 152	22 276	288	845	130 961	76 992
大连日牵电机有限公司	18 967		18 342	7 352	400	26 361	13 938
上海ABB电机有限公司	98 129		99 695	32 060	650	61 754	38 554
安徽皖南电机股份有限公司	209 664	35 642	205 238	2 552	841	92 950	50 915
小型企业（5家）	15 426	525	15 891	158	716	72 023	47 096
大连电机集团有限公司	8 254	525	8 577		249	32 710	15 080
大连洪成电机有限公司	908		984		32	2 573	1 732
大连天元电机股份有限公司	2 016		2 102		219	30 405	27 008
杭州恒力电机制造有限公司	3 832		3 862		179	4 928	2 351
杭州调速电机厂	416		366	158	37	1 407	925
微电机及其他电机制造（6家）	52 058	13 156	53 401	7 032	1 399	277 066	54 756
中型企业（1家）	40 134	11 748	41 599	3 323	944	257 358	37 247

（续）

企业名称	工业总产值（当年价）（万元）	其中：新产品产值（万元）	工业销售产值（当年价）（万元）	其中：出口交货值（万元）	全年从业人员平均人数（人）	年末资产总计（万元）	年末负债总计（万元）
浙江方正电机股份有限公司	40 134	11 748	41 599	3 323	944	257 358	37 247
小型企业（5家）	**11 924**	**1 408**	**11 802**	**3 709**	**455**	**19 708**	**17 509**
北京敬业北微节能电机有限公司	954	954	954		16	1 492	2 450
天津市中环天虹微电机有限公司	1 353		1 361	1 040	94	4 308	4 248
天津市中环天虹电机技术有限公司	1 857		1 805		106	970	333
浙江华星电机有限公司	5 888	454	5 940	2 497	191	8 027	5 851
浙江丽水速诚电机制造有限公司	1 872		1 742	172	48	4 911	4 627
风动和电动工具制造（4家）	**289 647**	**41 576**	**285 872**	**244 025**	**4 701**	**404 771**	**171 452**
大型企业（2家）	**247 376**	**34 410**	**246 599**	**208 491**	**3 894**	**325 234**	**121 498**
博世电动工具(中国)有限公司	198 218		199 900	161 792	2 669	238 699	72 636
浙江华丰电动工具有限公司	49 158	34 410	46 699	46 699	1 225	86 535	48 862
中型企业（1家）	**36 263**	**6 816**	**33 907**	**30 178**	**560**	**70 703**	**46 330**
浙江恒友机电有限公司	36 263	6 816	33 907	30 178	560	70 703	46 330
小型企业（1家）	**6 008**	**350**	**5 366**	**5 356**	**247**	**8 834**	**3 624**
浙江金一电动工具有限公司	6 008	350	5 366	5 356	247	8 834	3 624
电工机械专用设备制造（1家）	**80 124**		**78 639**			**39 320**	**22 593**
小型企业（1家）	**80 124**		**78 639**			**39 320**	**22 593**
辽宁东港电磁线有限公司	80 124		78 639			39 320	22 593
变压器、整流器和电感器制造（32家）	**3 564 755**	**910 526**	**3 780 986**	**48 221**	**18 794**	**7 059 065**	**3 445 866**
大型企业（5家）	**2 780 260**	**554 753**	**2 844 026**	**30 608**	**9 728**	**5 848 638**	**2 738 741**
西门子电气传动有限公司	1 204 895		1 237 944		1 242	1 052 679	375 773
特变电工沈阳变压器集团有限公司	467 454	288 787	492 362	19 013	2 334	1 055 916	639 729
大连第一互感器有限责任公司	63 096	31 800	67 283	375	1 600	191 355	57 635
杭州钱江电气集团股份有限公司	161 096	85 964	158 616	3 878	1 450	168 129	70 027
特变电工股份有限公司	883 719	148 202	887 821	7 342	3 102	3 380 559	1 595 577
中型企业（12家）	**519 494**	**312 674**	**509 681**	**14 237**	**6 495**	**860 455**	**489 423**
天津市特变电工变压器有限公司	49 230	34 461	47 825		600	92 238	50 371
辽宁易发式电气设备有限公司	15 798	15 798	14 198	6 115	300	30 614	20 732
丹东欣泰电气股份有限公司	16 188		16 188	85	449	107 854	49 948
浙江天际互感器有限公司	15 792	12 622	16 119		378	31 831	6 385
合肥ABB变压器有限公司	40 915		45 283	597	415	42 099	22 777
天威保变(合肥)变压器有限公司	47 907	42 500	45 216		580	78 474	57 882
明珠电气股份有限公司	100 980	59 934	98 452	2 496	652	125 303	66 666
海鸿电气有限公司	58 629	52 766	51 865	1 592	695	57 054	45 293
云南变压器电气股份有限公司	46 042	34 404	56 142	2 256	671	98 215	52 738
云南通变电器有限公司	67 457	20 917	63 390	435	992	95 617	46 152
西安中扬电气股份有限公司	38 220	34 805	32 667		301	56 326	26 311

（续）

企业名称	工业总产值（当年价）（万元）	其中：新产品产值（万元）	工业销售产值（当年价）（万元）	其中：出口交货值（万元）	全年从业人员平均人数（人）	年末资产总计（万元）	年末负债总计（万元）
陕西汉中变压器有限责任公司	22 336	4 467	22 336	661	462	44 830	44 168
小型企业（15家）	**265 001**	**43 099**	**427 279**	**3 376**	**2 571**	**349 972**	**217 702**
北京天路时代电气设备有限责任公司	4 154	4 154	1 254		17	2 993	2 639
辽宁华冶集团发展有限公司	19 610		19 610		238	95 198	58 371
上海ABB变压器有限公司	59 509	41	62 827	3 259	233	38 012	24 077
上海南桥变压器有限责任公司	8 952	6 952	9 252		263	17 235	6 006
宁波三爱互感器有限公司	3 449		3 473		148	5 897	2 625
衢州杭甬变压器有限公司	39 326	16 756	39 977		265	32 040	16 937
浙江科升电力设备有限公司	5 534	4 724	4 612		74	3 752	1 915
浙江置电非晶电气股份有限公司	12 634	10 472	13 713		134	9 030	2 862
安庆变压器有限公司	3 477		3 156		162	9 088	6 589
广州南方电力集团电器有限公司	26 198		197 871		264	32 256	23 490
云南昆变电气有限公司	35 864		35 320		106	24 853	23 774
新疆新特顺电力设备有限责任公司	4 863		4 858		125	11 177	2 505
新疆升晟股份有限公司	10 019		9 855		260	30 258	20 858
新疆荣信节能电气有限公司	2 134		2 134		27	10 719	6 651
特变电工智能电气有限责任公司	29 278		19 367	117	255	27 464	18 403
电容器及其配套设备制造（3家）	**23 611**	**2 972**	**16 894**	**392**	**502**	**45 974**	**17 642**
中型企业（1家）	**2 362**	**1 252**	**2 883**		**313**	**16 535**	**3 794**
新东北电气(锦州)电力电容器有限公司	2 362	1 252	2 883		313	16 535	3 794
小型企业（2家）	**21 249**	**1 720**	**14 011**	**392**	**189**	**29 439**	**13 848**
上海库柏电力电容器有限公司	17 809		10 569	392	113	23 836	10 997
建德市新安江电力电容器有限公司	3 440	1 720	3 442		76	5 603	2 851
配电开关控制设备制造（54家）	**7 021 134**	**3 057 981**	**6 860 994**	**360 191**	**61 894**	**10 724 269**	**5 319 039**
大型企业（7家）	**5 348 266**	**2 360 158**	**5 196 812**	**266 881**	**47 043**	**9 071 705**	**4 402 928**
新东北电气集团高压开关设备有限公司	555 974	548 361	548 721	23 041	1 692	758 240	475 173
常熟开关制造有限公司（原常熟开关厂）	181 014	154 049	176 688		1 701	224 168	85 138
宁波天安(集团)股份有限公司	285 676	91 328	282 612	69 568	1 875	498 913	384 640
德力西集团有限公司	1 182 328	282 492	1 119 331	27 886	11 813	1 159 937	698 471
平高集团有限公司	992 027	453 067	984 643	30 115	7 357	2 222 927	1 074 681
广州白云电器设备股份有限公司	132 638	101 173	135 505	614	1 260	283 118	93 030
中国西电集团公司	2 018 609	729 688	1 949 312	115 657	21 345	3 924 402	1 591 795
中型企业（16家）	**1 040 279**	**530 659**	**1 030 162**	**59 864**	**10 497**	**949 308**	**539 725**
北京ABB高压开关设备有限公司	175 694	1 077	174 456	16 817	618	164 559	80 000
北京北开电气股份有限公司	80 437	46 286	81 404	306	942	101 151	87 548
北京ABB低压电器有限公司	66 345	12 246	73 341	12 044	649	50 773	22 037

（续）

企业名称	工业总产值（当年价）（万元）	其中：新产品产值（万元）	工业销售产值（当年价）（万元）	其中：出口交货值（万元）	全年从业人员平均人数（人）	年末资产总计（万元）	年末负债总计（万元）
锦州锦开电器集团有限责任公司	14 998	4 825	14 920		1 776	40 769	26 776
上海电器股份有限公司人民电器厂	132 610	79 961	112 410	2 091	807	57 540	32 272
上海西门子线路保护系统有限公司	43 801		43 865	14 787	646	28 054	10 432
上海西门子开关有限公司	85 889	82 232	86 981	5 900	544	66 313	37 992
上海施耐德工业控制有限公司	93 186	93 186	93 186	7 338	528	46 387	24 581
上海大华电器设备有限公司	45 667	31 967	53 254		319	39 469	23 944
浙江开关厂有限公司	54 339	39 435	54 897		608	97 073	78 437
宁波华通电器集团股份有限公司	69 432	27 981	66 538		585	59 504	28 110
日升集团有限公司	57 973	35 926	55 674		507	51 548	14 215
科润电力科技股份有限公司	49 886	39 361	48 578		327	29 820	16 421
广东正超电气有限公司	23 104	16 933	23 104		323	23 181	6 882
云南云开电气股份有限公司	27 137	19 243	27 773	581	712	59 499	32 829
新疆华隆油田科技股份有限公司	19 781		19 781		606	33 668	17 249
小型企业（31家）	**632 589**	**167 164**	**634 020**	**33 446**	**4 354**	**703 256**	**376 386**
北京宏达日新电机有限公司	15 423	14 980	16 107	854	130	30 321	5 625
北京京仪敬业电工科技有限公司	2 653	1 790	2 890	284	202	26 151	7 288
天津市百利电气有限公司	5 471	5 471	4 543		204	20 407	1 108
天津市百利开关设备有限公司	5 095		4 291		103	10 189	2 503
瓦房店防爆电器有限公司	19		158		9	1 094	35
阜新封闭母线有限责任公司	3 511		3 305		145	10 728	5 026
瓦房店高压开关有限公司	1 755		3 507		109	13 604	747
上海电器陶瓷厂有限公司	9 576	6 607	12 075		134	9 085	4 005
上海施耐德电器配电有限公司	216 930		216 930	32 308	277	98 902	62 270
上海纳杰电气成套有限公司	44 594	20 220	44 355		222	28 581	16 408
上海南华兰陵电气有限公司	51 319		55 557		292	42 563	22 346
宁波开关电器制造有限公司	2 106		2 049		101	4 225	1 401
杭州杭开电气有限公司	16 593		16 593		172	44 480	23 214
浙江时通电气制造有限公司	27 126	24 664	27 126		240	27 643	14 785
浙宝电气（杭州）集团有限公司	14 161	8 597	13 869		215	33 068	21 166
杭州电力设备制造有限公司	47 198	28 319	49 350		164	36 795	14 064
慈溪市大明电气设备成套有限公司	14 360		13 150		91	9 576	5 901
浙江亚东电器制造有限公司	1 876	242	1 765		50	37 569	32 165
浙江联能电气有限公司	10 009	6 299	4 761		61	7 717	4 757
广州南洋电器有限公司	6 831		6 808		183	19 044	15 837
广东珠江开关有限公司	3 210	2 123	3 538		173	11 993	7 890
昆明开关厂有限责任公司	977		1 109		71	7 141	4 854

（续）

企业名称	工业总产值（当年价）（万元）	其中：新产品产值（万元）	工业销售产值（当年价）（万元）	其中：出口交货值（万元）	全年从业人员平均人数（人）	年末资产总计（万元）	年末负债总计（万元）
宁夏凯晨电气集团有限公司	20 421	11 000	19 202		174	15 158	7 064
新疆双新电控设备有限公司	3 312		3 264		68	7 326	3 794
新疆奎开电气有限公司	6 874		6 874		150	16 196	5 190
新疆电控设备有限责任公司	383		236		22	2 024	1 837
新疆安特电气集团股份公司	4 160		4 846		57	9 421	4 748
新疆新华能电气股份有限公司	80 000	36 852	78 651		290	87 964	63 639
新疆华德利电气成套设备有限公司	3 468		3 933		45	7 457	1 480
新疆燎原成套电气有限公司	4 981		4 981		19	8 950	3 860
新疆昆仑电气有限公司	8 197		8 197		181	17 884	11 379
电力电子元器件制造（8家）	**131 239**	**40 683**	**129 788**	**7 186**	**1 956**	**325 136**	**231 524**
中型企业（1家）	**67 612**	**31 164**	**67 617**		**864**	**216 923**	**155 624**
杭申集团有限公司	67 612	31 164	67 617		864	216 923	155 624
小型企业（7家）	**63 627**	**9 519**	**62 171**	**7 186**	**1 092**	**108 213**	**75 900**
北京京仪椿树整流器有限责任公司	814	532	207	56	144	12 668	10 051
北京星原丰泰电子技术股份有限公司	4 152	2 562	3 124		154	5 141	3 489
天津市第二继电器厂	2 252	7	2 380		101	1 483	1 265
天津神钢电机有限公司	12 699		12 737	5 567	298	8 927	2 966
天津市百利纽泰克电气科技有限公司	5 822	4 949	5 761		188	8 268	2 983
天津市百利电气配套有限公司	1 573	1 469	1 647	1 563	80	2 036	1 305
上海电气电力电子有限公司	36 315		36 315		127	69 690	53 840
光伏设备元器件制造（3家）	**862 252**	**635 163**	**860 584**		**2 096**	**1 386 182**	**984 635**
大型企业（1家）	**833 979**	**618 235**	**833 197**		**1 898**	**1 306 030**	**919 587**
特变电工新疆新能源股份有限公司	833 979	618 235	833 197		1 898	1 306 030	919 587
小型企业（2家）	**28 273**	**16 928**	**27 387**		**198**	**80 152**	**65 048**
北京京仪绿能电力系统工程有限公司	25 987	16 928	25 037		136	76 497	62 695
天津威乐斯机电有限公司	2 286		2 350		62	3 655	2 353
其他输配电及控制设备制造（8家）	**3 868 619**	**2 129 303**	**3 951 112**	**557 423**	**31 571**	**6 951 725**	**4 390 469**
大型企业（3家）	**3 410 517**	**1 999 951**	**3 482 826**	**458 961**	**29 467**	**5 970 727**	**4 039 042**
正泰集团股份有限公司	2 907 691	1 802 722	2 998 358	443 153	23 946	5 020 052	3 503 618
人民电器集团有限公司	442 211	197 229	427 332	15 808	4 433	412 904	207 606
新疆特变电工集团有限公司	60 615		57 136		1 088	537 771	327 818
中型企业（2家）	**354 732**	**96 088**	**366 102**	**76 423**	**1 489**	**878 956**	**278 802**
北京ABB电气传动系统有限公司	244 183		247 970	31 773	909	209 983	121 648
梦网荣信科技集团股份有限公司	110 549	96 088	118 132	44 650	580	668 973	157 154
小型企业（3家）	**103 370**	**33 264**	**102 184**	**22 039**	**615**	**102 042**	**72 625**
大连亿德电瓷金具有限责任公司	2 918		2 771		94	2 166	1 505
上海西门子高压开关有限公司	45 867		45 867	22 039	288	69 293	63 968

(续)

企业名称	工业总产值（当年价）（万元）	其中：新产品产值（万元）	工业销售产值（当年价）（万元）	其中：出口交货值（万元）	全年从业人员平均人数（人）	年末资产总计（万元）	年末负债总计（万元）
浙江三辰电器有限公司	54 585	33 264	53 546		233	30 583	7 152
电线电缆制造（24家）	**8 350 949**	**2 387 356**	**11 363 139**	**231 228**	**34 186**	**5 719 184**	**3 456 276**
大型企业（6家）	**7 227 418**	**2 033 037**	**10 217 614**	**204 362**	**29 246**	**4 698 487**	**2 877 774**
江苏上上电缆集团	1 063 392	689 009	1 065 675	37 854	3 287	429 609	48 185
远东控股集团有限公司	3 294 801	655 488	6 272 223	38 043	9 556	2 319 416	1 732 672
杭州电缆有限公司	321 077	144 971	317 008	1 498	1 025	389 807	168 350
安徽天康（集团）股份有限公司	715 248	443 456	715 241	8 194	4 698	270 494	189 935
安徽蓝德集团股份有限公司	667 890		667 890	6 823	1 650	197 323	126 773
广州电气装备集团有限公司	1 165 010	100 113	1 179 577	111 950	9 030	1 091 838	611 859
中型企业（6家）	**719 147**	**254 651**	**729 979**	**10 965**	**3 220**	**464 464**	**273 597**
上海华普电缆有限公司	94 055	2 200	107 813		575	66 470	35 960
杭州早川电线有限公司	30 802	25 913	30 665	10 965	646	26 560	9 853
安徽电缆股份有限公司	301 975	190 236	301 962		642	118 353	69 681
安徽华菱电缆集团有限公司	93 979	28 193	93 979		467	136 113	94 885
安徽华星电缆集团有限公司	81 544	8 109	79 913		390	65 907	25 420
广东电缆厂有限公司	116 792		115 647		500	51 061	37 798
小型企业（12家）	**404 384**	**99 668**	**415 546**	**15 901**	**1 720**	**556 233**	**304 906**
天津金山电线电缆股份有限公司	27 366	18 061	26 839		235	64 563	26 271
普睿司曼（天津）电缆有限公司	51 180	2 655	58 362	15 901	234	58 997	51 927
上海飞航电线电缆有限公司	95 267		104 021		292	87 260	61 217
浙江启超电缆股份有限公司	13 919	9 534	9 738		67	13 994	5 696
安徽江淮电缆集团有限公司	77 148	47 678	77 148		190	142 808	54 658
湖南湘鹤集团电缆科技股份有限公司	20 272	6 892	20 272		120	14 841	1 644
广州岭南电缆股份有限公司	60 364	10 068	60 464		286	107 720	53 053
红河瑞捷电工有限公司	5 629		6 116		67	8 361	6 199
云南巨力电缆股份有限公司	16 689	4 780	13 097		93	17 433	9 771
新疆百商电线电缆有限公司	15 468		15 787		62	33 750	22 030
新疆五元电线电缆有限公司	11 096		13 716		57	432	10 090
新疆博源线缆有限公司	9 986		9 986		17	6 074	2 350
特种陶瓷制品制造（1家）	**67 810**	**17 834**	**66 678**	**20 221**	**1 447**	**128 977**	**47 030**
大型企业（1家）	**67 810**	**17 834**	**66 678**	**20 221**	**1 447**	**128 977**	**47 030**
大连电瓷集团股份有限公司	67 810	17 834	66 678	20 221	1 447	128 977	47 030
石墨及碳素制品制造（1家）	**6 267**		**5 346**	**2 809**	**118**	**7 554**	**821**
小型企业（1家）	**6 267**		**5 346**	**2 809**	**118**	**7 554**	**821**
天津市中环天佳电子有限公司	6 267		5 346	2 809	118	7 554	821
其他原动设备制造（2家）	**82 279**	**70 117**	**89 832**	**3 230**	**671**	**259 514**	**146 841**
中型企业（1家）	**60 000**	**57 737**	**67 553**		**583**	**241 581**	**140 954**
上海第一机床厂有限公司	60 000	57 737	67 553		583	241 581	140 954
小型企业（1家）	**22 279**	**12 380**	**22 279**	**3 230**	**88**	**17 933**	**5 887**
克里特集团有限公司	22 279	12 380	22 279	3 230	88	17 933	5 887

(续)

企业名称	工业总产值（当年价）（万元）	其中：新产品产值（万元）	工业销售产值（当年价）（万元）	其中：出口交货值（万元）	全年从业人员平均人数（人）	年末资产总计（万元）	年末负债总计（万元）
绝缘制品制造（3家）	34 012	18 591	35 003	1 952	718	72 187	54 080
中型企业（1家）	27 180	16 308	28 934	1 698	485	56 831	40 994
抚顺华泰电瓷电气制造有限公司	27 180	16 308	28 934	1 698	485	56 831	40 994
小型企业（2家）	6 832	2 283	6 069	254	233	15 356	13 086
北京北益电工绝缘制品有限公司	4 549		4 101	254	95	4 514	2 882
新疆新能天宁电工绝缘材料有限公司	2 283	2 283	1 968		138	10 842	10 204
其他电池制造（5家）	726 317	416 401	695 928	38 188	9 058	913 244	484 408
大型企业（1家）	551 700	360 260	522 823	11 769	6 850	530 793	282 301
风帆股份有限责任公司	551 700	360 260	522 823	11 769	6 850	530 793	282 301
中型企业（3家）	166 742	56 141	163 551	26 419	1 977	371 058	194 630
松下蓄电池（沈阳）有限公司	66 392		64 512	26 178	797	89 834	110 527
沈阳东北蓄电池有限公司	45 271	5 548	43 960		812	63 268	76 461
安徽迅启电池有限公司	55 079	50 593	55 079	241	368	217 956	7 642
小型企业（1家）	7 875		9 554		231	11 393	7 477
天津汤浅蓄电池有限公司	7 875		9 554		231	11 393	7 477
其他电工器材制造（4家）	182 684	93 594	178 603	41 836	1 917	176 197	66 623
中型企业（2家）	134 992	89 510	135 442	40 659	1 544	132 186	47 503
杭州河合电器股份有限公司	73 796	44 278	74 204	39 412	850	44 215	15 802
桂林电器科学研究院有限公司	61 196	45 232	61 238	1 247	694	87 971	31 701
小型企业（2家）	47 692	4 084	43 161	1 177	373	44 011	19 120
上海捷锦电力新材料有限公司	6 113		7 180		77	5 215	2 018
佛山通宝精密合金股份有限公司	41 579	4 084	35 981	1 177	296	38 796	17 102

2015—2016年中国电器工业协会各分会企业主要经济指标完成情况

2015年汽轮机分会部分企业工业总产值完成情况

企业名称	2015年（万元）	2014年（万元）	同比增长（%）
东方汽轮机有限公司	1 126 348	1 369 273	-17.74
上海汽轮机有限公司	650 942	587 062	10.88

(续)

企业名称	2015年(万元)	2014年(万元)	同比增长(%)
杭州汽轮机股份有限公司	372 414	456 777	-18.47
哈尔滨汽轮机厂有限责任公司	360 639	423 394	-14.82
南京汽轮电机集团有限责任公司	223 945	261 737	-14.44
青岛捷能汽轮机股份有限公司	182 943	195 277	-6.32
武汉汽轮发电机厂	95 381	95 016	0.38
无锡透平叶片有限公司	95 087	90 886	4.62
北京北重汽轮电机有限责任公司	58 245	76 248	-23.61
广州广重企业集团有限公司	34 543	32 628	5.87

2015年汽轮机分会部分企业工业销售产值完成情况

企业名称	2015年(万元)	2014年(万元)	同比增长(%)
东方汽轮机有限公司	1 126 348	1 369 273	-17.74
上海汽轮机有限公司	650 942	587 062	10.88
哈尔滨汽轮机厂有限责任公司	422 745	404 625	4.48
杭州汽轮机股份有限公司	373 591	458 653	-18.55
南京汽轮电机集团有限责任公司	223 276	262 159	-14.83
青岛捷能汽轮机股份有限公司	186 922	188 766	-0.98
无锡透平叶片有限公司	93 058	86 184	7.98
武汉汽轮发电机厂	90 834	85 516	6.22
北京北重汽轮电机有限责任公司	58 245	76 248	-23.61
广州广重企业集团有限公司	35 727	31 722	12.63

2015年水电设备分会部分企业工业总产值完成情况

企业名称	2015年(万元)	2014年(万元)	同比增长(%)
东方电气集团东方电机有限公司	715 605	702 911	1.81
哈尔滨电机厂有限责任公司	355 549	408 475	-12.96
中国长江动力集团有限公司	95 381	95 016	0.38
东芝水电设备(杭州)有限公司	67 896	76 312	-11.03
东方电气集团东风电机有限公司	61 125	59 701	2.39
宜宾富源发电设备有限公司	52 012	47 284	10.00
重庆云河水电股份有限公司	52 685	44 737	17.77
重庆水轮机厂有限责任公司	46 698	40 046	16.61
河南瑞发水电设备有限责任公司	41 150	41 042	0.26
天津市天发重型水电设备制造有限公司	35 128	31 701	10.81

2015年水电设备分会部分企业工业增加值完成情况

企业名称	2015年（万元）	2014年（万元）	同比增长（%）
东方电气集团东方电机有限公司	245 444	257 134	-4.55
宜宾富源发电设备有限公司	44 209	40 194	9.99
重庆云河水电股份有限公司	17 240	16 294	5.81
东芝水电设备（杭州）有限公司	10 465	22 587	-53.67
重庆水轮机厂有限责任公司	9 902	10 517	-5.85
河南瑞发水电设备有限责任公司	9 016	11 560	-22.01
浙江金轮机电实业有限公司	8 620	5 710	50.96
广东鸿源众力发电设备有限公司	7 501	7 804	-3.88
赣州发电设备成套制造有限公司	5 260	6 610	-20.42
江西省莲花水轮机厂有限公司	4 920	4 670	5.35

2015年水电设备分会部分企业主营业务收入完成情况

企业名称	2015年（万元）	2014年（万元）	同比增长（%）
东方电气集团东方电机有限公司	498 637	677 139	-26.36
哈尔滨电机厂有限责任公司	432 917	465 429	-6.99
中国长江动力集团有限公司	81 089	86 942	-6.73
东方电气集团东风电机有限公司	60 077	66 896	-10.19
东芝水电设备（杭州）有限公司	51 346	56 177	-8.60
宜宾富源发电设备有限公司	49 633	45 121	10.00
重庆云河水电股份有限公司	47 438	45 733	3.73
河南瑞发水电设备有限责任公司	41 256	40 937	0.78
重庆水轮机厂有限责任公司	35 711	38 113	-6.30
天津市天发重型水电设备制造有限公司	35 543	35 089	1.29

2015年水电设备分会部分企业全员劳动生产率完成情况

企业名称	全员劳动生产率（元/人）	企业名称	全员劳动生产率（元/人）
宜宾富源发电设备有限公司	1 163 395	浙江金轮机电实业有限公司	186 984
江西省莲花水轮机厂有限公司	424 138	赣州发电设备成套制造有限公司	149 858
重庆云河水电股份有限公司	376 419	广东鸿源众力发电设备有限公司	137 626
广东南丰电气自动化有限公司	347 442	杭州杭发发电设备有限公司	117 456
东方电气集团东方电机有限公司	311 635	东芝水电设备（杭州）有限公司	107 998

2015年水电设备分会部分企业经济效益综合指数完成情况

企业名称	经济效益综合指数	企业名称	经济效益综合指数
宜宾富源发电设备有限公司	833	东方电气集团东方电机有限公司	240
江西省莲花水轮机厂有限公司	417	湖南山立水电设备制造有限公司	231
广东南丰电气自动化有限公司	359	赣州发电设备成套制造有限公司	190
重庆云河水电股份有限公司	311	广东鸿源众力发电设备有限公司	179
重庆水轮机厂有限责任公司	283	浙江金轮机电实业有限公司	164

2016年水电设备分会部分企业工业总产值完成情况

企业名称	2016年（万元）	2015年（万元）	同比增长（%）
东方电气集团东方电机有限公司	531 422	715 605	-25.74
哈尔滨电机厂有限责任公司	364 753	355 549	2.59
浙江富春江水电设备有限公司	59 510	41 612	43.01
宜宾富源发电设备有限公司	57 213	52 012	10.00
东芝水电设备（杭州）有限公司	46 048	67 896	-32.18
河南瑞发水电设备有限责任公司	41 991	41 150	2.04
东方电气集团东风电机有限公司	40 701	61 125	-33.41
重庆云河水电股份有限公司	39 330	52 685	-25.35
天津市天发重型水电设备制造有限公司	33 546	35 128	-4.50
重庆水轮机厂有限责任公司	31 419	46 698	-32.72

2016年水电设备分会部分企业工业增加值完成情况

企业名称	2016年（万元）	2015年（万元）	同比增长（%）
东方电气集团东方电机有限公司	145 509	245 444	-40.72
宜宾富源发电设备有限公司	48 630	44 209	10.00
重庆云河水电股份有限公司	16 280	17 240	-5.57
浙江富春江水电设备有限公司	14 249	6 917	106.00
河南瑞发水电设备有限责任公司	10 298	9 016	14.22
重庆水轮机厂有限责任公司	8 399	9 902	-15.18
东芝水电设备（杭州）有限公司	8 208	10 465	-21.57
东方电气集团东风电机有限公司	6 928	5 015	38.15
湖南山立水电设备制造有限公司	6 928	5 137	34.86
杭州杭发发电设备有限公司	5 668	4 663	21.55

2016年水电设备分会部分企业主营业务收入完成情况

企业名称	2016年（万元）	2015年（万元）	同比增长（%）
东方电气集团东方电机有限公司	502 366	498 637	0.75
哈尔滨电机厂有限责任公司	462 850	432 917	6.91
浙江富春江水电设备有限公司	59 474	39 649	50.00
宜宾富源发电设备有限公司	54 596	49 633	10.00
中国长江动力集团有限公司	50 927	81 415	-37.45
东方电气集团东风电机有限公司	44 793	60 077	-25.44
河南瑞发水电设备有限责任公司	41 769	41 256	1.24
重庆水轮机厂有限责任公司	39 930	35 711	11.81
重庆云河水电股份有限公司	36 739	47 438	-22.55
东芝水电设备(杭州)有限公司	33 432	51 346	-34.89

2016年水电设备分会部分企业全员劳动生产率完成情况

企业名称	全员劳动生产率（元/人）	企业名称	全员劳动生产率（元/人）
宜宾富源发电设备有限公司	1 279 737	东方电气集团东方电机有限公司	207 189
江西省莲花水轮机厂有限公司	436 134	浙江富春江水电设备有限公司	171 882
重庆云河水电股份有限公司	383 059	浙江金轮机电实业有限公司	128 227
广东南丰电气自动化有限公司	345 852	杭州杭发发电设备有限公司	122 950
湖南山立水电设备制造有限公司	265 441	赣州发电设备成套制造有限公司	119 179

2016年水电设备分会部分企业经济效益综合指数完成情况

企业名称	经济效益综合指数	企业名称	经济效益综合指数
宜宾富源发电设备有限公司	884	广东鸿源众力发电设备有限公司	219
江西省莲花水轮机厂有限公司	424	赣州发电设备成套制造有限公司	204
广东南丰电气自动化有限公司	348	河南瑞发水电设备有限责任公司	164
重庆云河水电股份有限公司	307	浙江金轮机电实业有限公司	138
湖南山立水电设备制造有限公司	304	杭州杭发发电设备有限公司	121

2015年高压开关分会部分企业工业总产值完成情况

企业名称	2015年（万元）	2014年（万元）	同比增长（%）
河南森源集团有限公司	2 310 594	1 897 112	21.80
大全集团有限公司	1 809 354	1 827 153	-0.97
许继集团有限公司	1 080 155	1 335 354	-19.11
平高集团有限公司	854 111	739 625	15.48
有能集团有限公司	814 640	659 328	23.56
江苏东源电器集团股份有限公司	802 372	755 908	6.15
西安西电开关电气有限公司	752 879	628 765	19.74
山东泰开高压开关有限公司	741 687	741 217	0.06
盛隆电气集团有限公司	622 800	468 864	32.83
正泰电气股份有限公司	493 654	468 316	5.41
华仪集团(华仪电气)股份有限公司	470 137	447 235	5.12
新东北电气集团高压开关设备有限公司	331 897	319 043	4.03
厦门ABB开关有限公司	305 025	303 649	0.45
安徽中电兴发与鑫龙科技股份有限公司	269 260	224 571	19.90
青岛特锐德电气股份有限公司	263 452	180 438	46.01
宁波天安(集团)股份有限公司	256 609	255 216	0.55
浙江天正电气股份有限公司	220 945	204 458	8.06
常熟开关制造有限公司（原常熟开关厂）	181 491	182 592	-0.60
山东泰山恒信开关集团有限公司	180 320	240 680	-25.08
北京科锐配电自动化股份有限公司	152 073	126 120	20.58
西安西电高压开关有限责任公司	139 055	128 117	8.54
川开电气股份有限公司	131 877	144 509	-8.74
宁波奥克斯高科技有限公司	130 168	73 691	76.64
上海电器股份有限公司人民电器厂	128 725	137 247	-6.21
万控集团有限公司	120 658	141 793	-14.91
北京合纵科技股份有限公司	111 743	91 070	22.70
施耐德电气（厦门）开关设备有限公司	109 317	121 816	-10.26
东营市东辰节能电力设备有限公司	108 784	105 211	3.40
天水长城开关厂有限公司	106 781	112 201	-4.83
北京北开电气股份有限公司	98 418	119 000	-17.30

2015年高压开关分会部分企业工业增加值完成情况

企业名称	2015年(万元)	2014年(万元)	同比增长(%)
大全集团有限公司	505 065	501 606	0.69
河南森源集团有限公司	334 072	265 596	25.78
许继集团有限公司	308 027	303 301	1.56
有能集团有限公司	286 855	232 166	23.56
平高集团有限公司	261 939	206 884	26.61
江苏东源电器集团股份有限公司	259 246	226 547	14.43
山东泰开高压开关有限公司	180 969	179 117	1.03
西安西电开关电气有限公司	165 585	134 126	23.45
华仪集团(华仪电气)股份有限公司	121 743	116 171	4.80
厦门ABB开关有限公司	100 000	101 000	-0.99
常熟开关制造有限公司（原常熟开关厂）	97 930	97 609	0.33
盛隆电气集团有限公司	93 211	86 081	8.28
上海电器股份有限公司人民电器厂	81 173	57 579	40.98
安徽中电兴发与鑫龙科技股份有限公司	72 042	59 886	20.30
正泰电气股份有限公司	65 000	61 529	5.64
青岛特锐德电气股份有限公司	60 911	39 111	55.74
山东泰山恒信开关集团有限公司	60 360	5 710	957.09
新东北电气集团高压开关设备有限公司	49 360	65 000	-24.06
川开电气股份有限公司	48 679	54 616	-10.87
宁波天安(集团)股份有限公司	38 491	45 939	-16.21
西安西电高压开关有限责任公司	36 910	33 273	10.93
北京科锐配电自动化股份有限公司	34 709	33 022	5.11
索凌电气有限公司	32 640	35 000	-6.74
四川电器集团股份有限公司	32 411	32 838	-1.30
万控集团有限公司	30 200	35 369	-14.61
宁波奥克斯高科技有限公司	30 126	20 844	44.53
北京合纵科技股份有限公司	28 000	24 600	13.82
沈阳昊诚电气股份有限公司	27 545	20 434	34.80
施耐德开关（苏州）有限公司	26 000	29 600	-12.16
浙江天正电气股份有限公司	25 000	23 380	6.93

2015年高压开关分会部分企业主营业务收入完成情况

企业名称	2015年（万元）	2014年（万元）	同比增长（%）
河南森源集团有限公司	2 248 832	1 835 046	22.55
大全集团有限公司	1 743 605	1 759 675	-0.91
许继集团有限公司	916 144	1 057 962	-13.40
平高集团有限公司	872 361	692 391	25.99
有能集团有限公司	782 238	639 805	22.26
山东泰开高压开关有限公司	723 874	707 971	2.25
江苏东源电器集团股份有限公司	653 132	613 256	6.50
西安西电开关电气有限公司	610 062	608 884	0.19
盛隆电气集团有限公司	560 520	432 016	29.75
正泰电气股份有限公司	502 347	468 164	7.30
华仪集团(华仪电气)股份有限公司	469 590	429 226	9.40
新东北电气集团高压开关设备有限公司	326 605	309 541	5.51
青岛特锐德电气股份有限公司	297 534	148 181	100.79
厦门ABB开关有限公司	292 056	312 491	-6.54
安徽中电兴发与鑫龙科技股份有限公司	248 940	208 144	19.60
宁波天安(集团)股份有限公司	226 559	219 665	3.14
浙江天正电气股份有限公司	220 945	131 908	67.50
常熟开关制造有限公司（原常熟开关厂）	177 271	180 095	-1.57
北京科锐配电自动化股份有限公司	145 781	134 285	8.56
西安西电高压开关有限责任公司	137 668	149 588	-7.97
宁波奥克斯高科技有限公司	130 168	73 691	76.64
川开电气股份有限公司	121 848	129 662	-6.03
万控集团有限公司	120 062	141 476	-15.14
北京合纵科技股份有限公司	111 743	91 070	22.70
施耐德电气（厦门）开关设备有限公司	109 073	122 441	-10.92
东营市东辰节能电力设备有限公司	105 554	98 411	7.26
施耐德开关（苏州）有限公司	104 334	147 112	-29.08
天水长城开关厂有限公司	102 572	107 971	-5.00
杭申集团有限公司	102 558	101 168	1.37
上海电器股份有限公司人民电器厂	101 717	124 434	-18.26

2015年高压开关分会部分企业全员劳动生产率完成情况

企业名称	全员劳动生产率（元/人）	企业名称	全员劳动生产率（元/人）
江苏东源电器集团股份有限公司	1 728 307	孝感汉光森源电气有限责任公司	568 958
有能集团有限公司	1 264 793	施耐德电气（厦门）开关设备有限公司	566 893
北京合纵科技股份有限公司	1 052 632	大全集团有限公司	545 250
厦门ABB开关有限公司	957 854	施耐德开关（苏州）有限公司	529 532
上海电器股份有限公司人民电器厂	946 072	上海南华兰陵电气有限公司	520 747
诸暨市东白电力设备制造有限公司	915 432	特变电工中发上海高压开关有限公司	500 000
山东泰山恒信开关集团有限公司	771 867	苏州朗格电气有限公司	470 000
沈阳昊诚电气股份有限公司	713 601	华仪集团（华仪电气）股份有限公司	459 234
无锡市南方电器制造有限公司	689 167	上海西电高压开关有限公司	442 832
库柏爱迪生（平顶山）电子科技有限公司	686 958	厦门华电开关有限公司	436 559
杭州鸿程科技有限公司	672 000	索凌电气有限公司	429 474
四川电器集团股份有限公司	635 508	江西三龙电气有限公司	420 245
施耐德（陕西）宝光电器有限公司	625 000	浙江华高电气有限公司	420 000
川开电气股份有限公司	598 754	常州太平洋电力设备(集团)有限公司	419 321
常熟开关制造有限公司（原常熟开关厂）	574 707	上海天灵开关厂有限公司	417 626

2015年高压开关分会部分企业经济效益综合指数完成情况

企业名称	经济效益综合指数	企业名称	经济效益综合指数
江苏东源电器集团股份有限公司	1 191	施耐德（陕西）宝光电器有限公司	474
有能集团有限公司	1 098	上海南华兰陵电气有限公司	462
杭州鸿程科技有限公司	762	川开电气股份有限公司	462
北京合纵科技股份有限公司	733	大全集团有限公司	437
上海电器股份有限公司人民电器厂	703	鼎鑫电气有限公司	435
常熟开关制造有限公司（原常熟开关厂）	673	安徽中电兴发与鑫龙科技股份有限公司	412
诸暨市东白电力设备制造有限公司	672	浙江华高电气有限公司	404
施耐德电气（厦门）开关设备有限公司	644	吉林永大集团股份有限公司	402
厦门ABB开关有限公司	625	索凌电气有限公司	402
山东泰山恒信开关集团有限公司	612	施耐德开关（苏州）有限公司	397
沈阳昊诚电气股份有限公司	573	西安启源软件技术有限责任公司	396
库柏爱迪生（平顶山）电子科技有限公司	543	上海西门子开关有限公司	395
江西三龙电气有限公司	496	华仪集团(华仪电气)股份有限公司	390
无锡市南方电器制造有限公司	487	江苏现代电力科技股份有限公司	386
四川电器集团股份有限公司	474	大连红星开关有限公司	384

2016年高压开关分会部分企业工业总产值完成情况

企业名称	2016年（万元）	2015年（万元）	同比增长（%）
河南森源集团有限公司	3 121 878	2 310 594	35.11
大全集团有限公司	1 825 265	1 809 354	0.88
许继集团有限公司	1 415 321	1 080 155	31.03
平高集团有限公司	992 027	854 111	16.15
有能集团有限公司	939 207	814 640	15.29
盛隆电气集团有限公司	829 738	622 800	33.23
江苏东源电器集团股份有限公司	810 396	802 372	1.00
西安西电开关电气有限公司	760 110	752 879	0.96
山东泰开高压开关有限公司	752 077	741 687	1.40
正泰电气股份有限公司	657 617	493 654	33.21
新东北电气集团高压开关设备有限公司	594 175	331 897	79.02
华仪集团(华仪电气)股份有限公司	468 023	470 137	-0.45
青岛特锐德电气股份有限公司	443 327	263 452	68.28
安徽中电兴发与鑫龙科技股份有限公司	269 360	269 260	0.04
浙江天正电气股份有限公司	256 181	220 945	15.95
厦门ABB开关有限公司	255 920	297 500	-13.98
宁波天安(集团)股份有限公司	235 676	256 609	-8.16
北京科锐配电自动化股份有限公司	226 415	152 073	48.89
常熟开关制造有限公司（原常熟开关厂）	181 014	181 491	-0.26
西安西电高压开关有限责任公司	137 719	139 055	-0.96
宁波奥克斯高科技有限公司	137 568	130 168	5.69
北京合纵科技股份有限公司	133 291	109 687	21.52
上海电器股份有限公司人民电器厂	132 610	128 725	3.02
川开电气股份有限公司	129 239	131 877	-2.00
厦门宏发电力电器有限公司	126 631	109 377	15.77
湖南长高高压开关集团股份公司	124 738	75 623	64.95
万控集团有限公司	121 251	120 658	0.49
江苏省如高高压电器有限公司	109 085	92 344	18.13
石家庄科林电气设备有限公司	109 024	83 149	31.12
东营市东辰节能电力设备有限公司	105 211	108 784	-3.28

2016年高压开关分会部分企业工业增加值完成情况

企业名称	2016年（万元）	2015年（万元）	同比增长（%）
大全集团有限公司	535 688	505 065	6.06
河南森源集团有限公司	440 497	334 072	31.86
有能集团有限公司	393 654	286 855	37.23
江苏东源电器集团股份有限公司	294 512	259 246	13.60
平高集团有限公司	286 765	261 939	9.48
山东泰开高压开关有限公司	181 719	180 969	0.41
西安西电开关电气有限公司	181 089	165 585	9.36
正泰电气股份有限公司	163 963	65 000	152.25
华仪集团(华仪电气)股份有限公司	121 641	121 743	-0.08
盛隆电气集团有限公司	121 174	93 211	30.00
新东北电气集团高压开关设备有限公司	118 764	49 360	140.61
许继集团有限公司	101 911	308 027	-66.91
常熟开关制造有限公司（原常熟开关厂）	98 115	97 930	0.19
上海电器股份有限公司人民电器厂	89 984	81 173	10.85
青岛特锐德电气股份有限公司	82 181	60 911	34.92
安徽中电兴发与鑫龙科技股份有限公司	72 300	72 042	0.36
浙江天正电气股份有限公司	50 000	35 236	41.90
湖南长高高压开关集团股份公司	49 115	15 441	218.08
川开电气股份有限公司	45 705	48 679	-6.11
西安西电高压开关有限责任公司	44 230	36 910	19.83
厦门宏发电力电器有限公司	42 000	53 480	-21.47
北京科锐配电自动化股份有限公司	41 390	34 709	19.25
宁波天安(集团)股份有限公司	35 351	38 491	-8.16
四川电器集团股份有限公司	32 262	32 411	-0.46
宁波奥克斯高科技有限公司	31 814	30 126	5.60
索凌电气有限公司	31 257	32 640	-4.24
万控集团有限公司	30 500	30 200	0.99
上海西门子开关有限公司	26 000	20 000	30.00
施耐德（陕西）宝光电器有限公司	25 000	25 000	0.00
江苏省如高高压电器有限公司	23 884	22 163	7.77

2016年高压开关分会部分企业主营业务收入完成情况

企业名称	2016年（万元）	2015年（万元）	同比增长（%）
河南森源集团有限公司	3 088 635	2 248 832	37.34
大全集团有限公司	1 752 254	1 743 605	0.50
许继集团有限公司	1 204 509	916 144	31.48
平高集团有限公司	1 013 784	872 361	16.21
有能集团有限公司	891 030	782 238	13.91
盛隆电气集团有限公司	728 676	560 520	30.00
山东泰开高压开关有限公司	726 876	723 874	0.41
江苏东源电器集团股份有限公司	659 664	653 132	1.00
西安西电开关电气有限公司	655 381	610 062	7.43
正泰电气股份有限公司	593 074	502 347	18.06
青岛特锐德电气股份有限公司	554 274	297 534	86.29
华仪集团(华仪电气)股份有限公司	469 578	469 590	0.00
新东北电气集团高压开关设备有限公司	459 720	326 605	40.76
浙江天正电气股份有限公司	256 181	169 393	51.23
厦门ABB开关有限公司	254 335	292 057	-12.92
安徽中电兴发与鑫龙科技股份有限公司	251 800	248 940	1.15
宁波天安(集团)股份有限公司	184 394	226 559	-18.61
北京科锐配电自动化股份有限公司	176 971	145 781	21.39
常熟开关制造有限公司（原常熟开关厂）	176 688	177 271	0.33
宁波奥克斯高科技有限公司	151 506	130 168	16.39
西安西电高压开关有限责任公司	136 922	137 668	-0.54
湖南长高高压开关集团股份公司	129 299	66 151	95.46
北京合纵科技股份有限公司	126 197	111 745	12.93
万控集团有限公司	121 524	120 062	1.22
厦门宏发电力电器有限公司	121 100	101 571	19.23
川开电气股份有限公司	119 411	121 848	-2.00
北京北开电气股份有限公司	109 994	100 735	9.19
江苏省如高高压电器有限公司	106 732	92 344	15.58
天水长城开关厂有限公司	100 010	102 572	-2.50
东营市东辰节能电力设备有限公司	98 411	105 554	-6.77

2016年高压开关分会部分企业全员劳动生产率完成情况

企业名称	全员劳动生产率（元/人）	企业名称	全员劳动生产率（元/人）
江苏东源电器集团股份有限公司	1 936 305	川开电气股份有限公司	515 859
有能集团有限公司	1 530 537	华仪集团（华仪电气）股份有限公司	496 494
上海电器股份有限公司人民电器厂	1 113 663	上海西屋成套设备有限公司	493 333
无锡市南方电器制造有限公司	929 821	江西三龙电气有限公司	490 625
常州森源力拓开关有限公司	848 113	沈阳高压成套开关股份有限公司	477 261
库柏爱迪生（平顶山）电子科技有限公司	843 636	北海银河开关设备有限公司	473 125
施耐德（陕西）宝光电器有限公司	757 576	上海西门子开关有限公司	467 626
四川电器集团股份有限公司	716 924	索凌电气有限公司	453 000
江苏大烨智能电气股份有限公司	665 019	新东北电气集团高压开关设备有限公司	450 546
沈阳昊诚电气股份有限公司	616 073	湖南长高高压开关集团股份有限公司	430 079
常熟开关制造有限公司（原常熟开关厂）	570 105	特变电工中发上海高压开关有限公司	429 688
施耐德开关（苏州）有限公司	564 103	江苏南瑞泰事达电气有限公司	425 656
上海轩鸿真空电器有限公司	529 412	安徽中电兴发与鑫龙科技股份有限公司	403 010
浙江容大电力设备制造有限公司	529 353	正泰电气股份有限公司	402 166
杭州欣美成套电器制造有限公司	516 728	东营市东辰节能电力设备有限公司	398 452

2016年高压开关分会部分企业经济效益综合指数完成情况

企业名称	经济效益综合指数	企业名称	经济效益综合指数
江苏东源电器集团股份有限公司	1 313	上海西门子开关有限公司	461
有能集团有限公司	1 241	浙江容大电力设备制造有限公司	459
上海电器股份有限公司人民电器厂	786	杭州欣美成套电器制造有限公司	440
常熟开关制造有限公司（原常熟开关厂）	665	上海科石科技发展有限公司	415
常州森源力拓开关有限公司	651	索凌电气有限公司	407
库柏爱迪生（平顶山）电子科技有限公司	645	施耐德开关（苏州）有限公司	403
无锡市南方电器制造有限公司	642	新东北电气集团高压开关设备有限公司	397
江西三龙电气有限公司	629	华仪集团（华仪电气）股份有限公司	396
江苏大烨智能电气股份有限公司	607	鼎鑫电气有限公司	394
施耐德（陕西）宝光电器有限公司	552	安徽中电兴发与鑫龙科技股份有限公司	389
山东恒丰电气有限公司	536	沈阳高压成套开关股份有限公司	386
沈阳昊诚电气股份有限公司	527	库柏（宁波）电气有限公司	381
四川电器集团股份有限公司	521	上海西屋成套设备有限公司	375
盛隆电气集团有限公司	493	江苏省如高高压电器有限公司	372
川开电气股份有限公司	468	大亚电器集团有限公司	372

2015 年电站锅炉分会部分企业工业总产值完成情况

企业名称	2015 年（万元）	2014 年（万元）	同比增长（%）
东方锅炉股份有限公司	1 245 863	1 222 569	1.91
上海锅炉厂有限公司	870 006	880 033	-1.14
哈尔滨锅炉厂有限责任公司	864 442	812 302	6.42
北京巴布科克·威尔科克斯有限公司	221 911	220 512	0.63
杭州锅炉集团股份有限公司	166 575	170 630	-2.38
无锡华光锅炉股份有限公司	150 109	167 222	-10.23
四川川锅锅炉有限责任公司	123 161	119 581	2.99
太原锅炉集团有限公司	112 731	110 278	2.22
江联重工股份有限公司	79 702	71 784	11.03
南通万达锅炉有限公司	57 906	62 904	-7.95

2015 年电站锅炉分会部分企业工业增加值完成情况

企业名称	2015 年（万元）	2014 年（万元）	同比增长（%）
哈尔滨锅炉厂有限责任公司	165 585	158 558	4.43
东方锅炉股份有限公司	137 045	152 821	-10.32
上海锅炉厂有限公司	105 686	68 208	54.95
北京巴布科克·威尔科克斯有限公司	57 086	44 939	27.03
四川川锅锅炉有限责任公司	32 805	17 317	89.44
杭州锅炉集团股份有限公司	28 704	34 587	-17.01
江联重工股份有限公司	23 114	20 817	11.03
太原锅炉集团有限公司	19 574	18 942	3.34
南通万达锅炉有限公司	17 637	20 177	-12.59
武汉锅炉集团有限公司	2 800	3 600	-22.22

2015 年电站锅炉分会部分企业主营业务收入完成情况

企业名称	2015 年（万元）	2014 年（万元）	同比增长（%）
东方锅炉股份有限公司	1 260 151	1 224 114	2.94
哈尔滨锅炉厂有限责任公司	798 515	763 457	4.59
上海锅炉厂有限公司	711 548	730 204	-2.55
北京巴布科克·威尔科克斯有限公司	221 911	220 512	0.63

（续）

企业名称	2015年 （万元）	2014年 （万元）	同比增长 （%）
杭州锅炉集团股份有限公司	194 935	198 893	-1.99
无锡华光锅炉股份有限公司	147 955	171 060	-13.51
四川川锅锅炉有限责任公司	102 244	113 506	-9.92
太原锅炉集团有限公司	94 343	93 540	0.86
江联重工股份有限公司	75 007	75 680	-0.89
南通万达锅炉有限公司	50 694	58 060	-12.69

2015年电站锅炉分会部分企业全员劳动生产率完成情况

企业名称	2015年 （元/人）	2014年 （元/人）	同比增长 （%）
上海锅炉厂有限公司	437 261	268 853	62.64
哈尔滨锅炉厂有限责任公司	399 674	381 424	4.78
杭州锅炉集团股份有限公司	303 105	392 143	-22.71
北京巴布科克·威尔科克斯有限公司	281 212	209 799	34.04
东方锅炉股份有限公司	277 026	296 337	-6.52
四川川锅锅炉有限责任公司	237 545	110 935	114.13
南通万达锅炉有限公司	221 015	243 978	-9.41
江联重工股份有限公司	189 611	174 936	8.39
太原锅炉集团有限公司	86 957	86 414	0.63
武汉锅炉集团有限公司	18 881	24 016	-21.38

2015年电站锅炉分会部分企业经济效益综合指数完成情况

企业名称	2015年	2014年	同比增加百分点
哈尔滨锅炉厂有限责任公司	311.60	302.17	9.43
上海锅炉厂有限公司	310.72	201.84	108.88
杭州锅炉集团股份有限公司	257.01	336.12	-79.11
南通万达锅炉有限公司	225.47	251.86	-26.39
东方锅炉股份有限公司	224.85	249.68	-24.83
北京巴布科克·威尔科克斯有限公司	218.14	189.06	29.08
江联重工股份有限公司	200.59	214.45	-13.86
四川川锅锅炉有限责任公司	197.26	116.81	80.45
太原锅炉集团有限公司	100.85	100.01	0.84
武汉锅炉集团有限公司	98.51	90.71	7.80

2015年绝缘子避雷器分会部分企业工业总产值完成情况

企业名称	2015年(万元)	2014年(万元)	同比增长(%)
南京电气(集团)有限责任公司	66 525	59 298	12.19
大连电瓷集团股份有限公司	58 090	50 612	14.78
金凤凰控股集团有限公司	50 670	40 989	23.62
苏州电瓷厂有限公司	49 071	43 750	12.16
南阳金冠电气有限公司	38 280	33 560	14.06
自贡塞迪维尔钢化玻璃绝缘子有限公司	37 700	21 700	73.73
河北新华高压电器股份有限公司	35 526	38 594	-7.95
成都环球特种玻璃制造有限公司	34 328	36 678	-6.41
江苏神马电力股份有限公司	33 412	32 060	4.22
西安西电高压电瓷有限责任公司	32 312	33 654	-3.99
温州益坤电气有限公司	31 416	30 800	2.00
西安西电避雷器有限责任公司	29 102	26 722	8.91
青州市力王电力科技有限公司	28 490	27 660	3.00
醴陵华鑫电瓷科技股份有限公司	27 029	26 200	3.16
内蒙古精诚高压绝缘子有限责任公司	26 771	24 642	8.64
中材高新材料股份有限公司	25 691	20 446	25.65
重庆鸽牌电瓷有限公司	24 939	27 046	-7.79
浙江金利华电气股份有限公司	24 479	22 400	9.28
萍乡百斯特电瓷有限公司	22 420	21 300	5.26
三瑞科技(江西)有限公司	22 000	18 000	22.22

2015年绝缘子避雷器分会部分企业工业增加值完成情况

企业名称	2015年(万元)	2014年(万元)	同比增长(%)
苏州电瓷厂有限公司	20 279	12 256	65.46
南阳金冠电气有限公司	19 446	18 006	8.00
青州市力王电力科技有限公司	19 042	18 487	3.00
南京电气(集团)有限责任公司	17 666	14 548	21.43
内蒙古精诚高压绝缘子有限责任公司	17 020	16 503	3.13
金凤凰控股集团有限公司	12 521	10 948	14.37
浙江恒大科技电气有限公司	11 925	10 136	17.65
中材高新材料股份有限公司	9 999	6 450	55.02
温州益坤电气有限公司	9 806	9 614	2.00

企业名称	2015年(万元)	2014年(万元)	同比增长(%)
成都环球特种玻璃制造有限公司	8 257	5 169	59.74
浙江中能电气有限公司	7 860	8 510	-7.64
醴陵华鑫电瓷科技股份有限公司	7 834	5 240	49.50
浙江泰仑绝缘子有限公司	7 788	7 352	5.93
河北新华高压电器股份有限公司	7 530	8 965	-16.01
长园高能电气股份有限公司	7 398	6 705	10.34
固力发集团有限公司	7 376	7 011	5.21
山东齐林电力设备有限公司	7 301	12 461	-41.41
广州市迈克林电力有限公司	6 543	4 566	43.30
浙江金利华电气股份有限公司	6 074	5 356	13.40
正泰电气股份有限公司	5 509	5 247	4.99

2015年绝缘子避雷器分会部分企业主营业务收入完成情况

企业名称	2015年(万元)	2014年(万元)	同比增长(%)
南京电气（集团）有限责任公司	76 123	57 690	31.95
成都环球特种玻璃制造有限公司	64 727	51 015	26.88
大连电瓷集团股份有限公司	50 760	53 846	-5.73
金凤凰控股集团有限公司	49 981	45 158	10.68
南阳金冠电气有限公司	44 553	41 253	8.00
苏州电瓷厂有限公司	43 598	41 349	5.44
固力发集团有限公司	36 328	40 002	-9.18
自贡塞迪维尔钢化玻璃绝缘子有限公司	34 119	21 329	59.97
西安西电高压电瓷有限责任公司	32 242	32 276	-0.11
江苏神马电力股份有限公司	31 772	30 697	3.50
河北新华高压电器股份有限公司	30 892	36 258	-14.80
中材高新材料股份有限公司	29 528	21 252	38.94
西安西电避雷器有限责任公司	29 177	27 674	5.43
塞迪维尔玻璃绝缘子（上海）有限公司	28 050	31 396	-10.66
内蒙古精诚高压绝缘子有限责任公司	27 705	26 270	5.46
温州益坤电气有限公司	26 065	25 554	2.00
醴陵华鑫电瓷科技股份有限公司	25 900	22 810	13.55
重庆鸽牌电瓷有限公司	24 365	28 405	-14.22
长园高能电气股份有限公司	19 856	18 244	8.84
广州市迈克林电力有限公司	19 682	18 933	3.96

2015年绝缘子避雷器分会部分企业全员劳动生产率完成情况

企业名称	全员劳动生产率（元/人）	企业名称	全员劳动生产率（元/人）
青州市力王电力科技有限公司	803 460	山东齐林电力设备有限公司	243 364
浙江恒大科技电气有限公司	473 218	山东瑞泰玻璃绝缘子有限公司	235 565
浙江中能电气有限公司	449 143	浙江金利华电气股份有限公司	227 499
南阳金冠电气有限公司	447 034	长园高能电气股份有限公司	218 230
河北新华高压电器股份有限公司	386 154	广州市迈克林电力有限公司	202 570
浙江泰仑绝缘子有限公司	370 857	内蒙古精诚高压绝缘子有限责任公司	193 629
温州益坤电气有限公司	344 070	西安神电电器有限公司	190 136
正泰电气股份有限公司	324 059	金凤凰控股集团有限公司	189 139
江苏祥源电气设备有限公司	291 345	苏州电瓷厂有限公司	181 063
明电舍（郑州）电气工程有限公司	259 558	安徽一天电气技术有限公司	178 491

2015年绝缘子避雷器分会部分企业经济效益综合指数完成情况

企业名称	经济效益综合指数	企业名称	经济效益综合指数
青州市力王电力科技有限公司	677	江苏祥源电气设备有限公司	306
浙江恒大科技电气有限公司	411	温州益坤电气有限公司	291
南阳金冠电气有限公司	396	广州市迈克林电力有限公司	264
河北新华高压电器股份有限公司	374	萍乡华维电瓷科技股份有限公司	250
浙江中能电气有限公司	361	长园高能电气股份有限公司	241
石家庄市发运电气有限公司	346	内蒙古精诚高压绝缘子有限责任公司	238
正泰电气股份有限公司	344	浙江金利华电气股份有限公司	227
宜兴华源电工设备有限公司	311	郑州祥和集团电气设备有限公司	224
明电舍（郑州）电气工程有限公司	308	西安神电电器有限公司	222
浙江泰仑绝缘子有限公司	308	湖南太阳电力电瓷电器制造有限公司	222

2015年电力电容器分会部分企业工业总产值完成情况

企业名称	2015年（万元）	2014年（万元）	同比增长（%）
桂林电力电容器有限责任公司	75 191	61 214	22.83
西安西电电力电容器有限责任公司	51 981	58 253	−10.77
合容电气股份有限公司	42 165	39 449	6.88

(续)

企业名称	2015年（万元）	2014年（万元）	同比增长（%）
上海思源电力电容器有限公司	41 658	35 704	16.68
上海库柏电力电容器有限公司	29 680	32 800	-9.51
上海永锦电气集团有限公司	28 211	24 084	17.14
日新电机(无锡)有限公司	24 269	32 404	-25.10
新东北电气集团电力电容器有限公司	21 772	16 884	28.95
浙江指月电气有限公司	20 729	20 678	0.25
正泰(温州)电气有限公司	18 456	21 033	-12.25
广东顺容电气有限公司	16 505	18 805	-12.23
淄博莱宝电力电容器有限公司	15 073	19 223	-21.59
河南省豫电中原电力电容器有限公司	14 278	12 926	10.46
无锡赛晶电力电容器有限公司	12 892	9 607	34.19
浙江九康电气有限公司	10 956	10 245	6.94

2015年电力电容器分会部分企业工业增加值完成情况

企业名称	2015年（万元）	2014年（万元）	同比增长（%）
桂林电力电容器有限责任公司	23 571	27 608	-14.62
上海思源电力电容器有限公司	15 903	9 722	63.58
新东北电气集团电力电容器有限公司	12 054	6 018	100.30
西安西电力电容器有限责任公司	11 399	18 599	-38.71
合容电气股份有限公司	11 113	10 485	5.99
淄博莱宝电力电容器有限公司	8 763	12 938	-32.27
浙江指月电气有限公司	8 270	8 250	0.24
日新电机(无锡)有限公司	7 896	20 050	-60.62
上海库柏电力电容器有限公司	7 420	8 200	-9.51
正泰(温州)电气有限公司	4 244	4 665	-9.02
广东顺容电气有限公司	4 126	4 701	-12.23
河南省豫电中原电力电容器有限公司	3 570	3 231	10.49
浙江九康电气有限公司	3 162	2 926	8.07
无锡赛晶电力电容器有限公司	3 088	857	260.33
上海上电电容器有限公司	2 787	2 376	17.30

2015 年电力电容器分会部分企业主营业务收入完成情况

企业名称	2015 年（万元）	2014 年（万元）	同比增长（%）
西安西电力电容器有限责任公司	60 467	60 604	-0.23
桂林电力电容器有限责任公司	58 545	79 905	-26.73
上海思源电力电容器有限公司	38 690	36 407	6.27
合容电气股份有限公司	35 583	32 737	8.69
上海库柏电力电容器有限公司	29 680	32 800	-9.51
上海永锦电气集团有限公司	23 796	22 664	4.99
日新电机（无锡）有限公司	22 726	36 723	-38.12
新东北电气集团电力电容器有限公司	20 777	33 835	-38.59
广东顺容电气有限公司	18 302	19 680	-7.00
浙江指月电气有限公司	15 902	15 802	0.63
无锡赛晶电力电容器有限公司	14 979	8 448	77.31
河南省豫电中原电力电容器有限公司	13 894	12 311	12.86
淄博莱宝电力电容器有限公司	13 008	16 836	-22.74
德力西电气（芜湖）有限公司	11 960	9 200	30.00
浙江九康电气有限公司	10 851	10 126	7.16

2015 年电力电容器分会部分企业全员劳动生产率完成情况

企业名称	全员劳动生产率（元/人）	企业名称	全员劳动生产率（元/人）
淄博莱宝电力电容器有限公司	850 777	上海上电电容器有限公司	255 688
上海思源电力电容器有限公司	662 625	新东北电气集团电力电容器有限公司	243 024
上海库柏电力电容器有限公司	628 814	南昌电容器厂	226 412
正泰（温州）电气有限公司	321 515	德力西电气（芜湖）有限公司	206 349
浙江指月电气有限公司	277 530	合容电气股份有限公司	195 651
深圳市三和电力科技有限公司	277 174	广东顺容电气有限公司	191 019
桂林电力电容器有限责任公司	265 144	上虞电力电容器有限公司	154 487
无锡赛晶电力电容器有限公司	257 333		

2015 年电力电容器分会部分企业经济效益综合指数完成情况

企业名称	经济效益综合指数	企业名称	经济效益综合指数
淄博莱宝电力电容器有限公司	724	合容电气股份有限公司	231
上海思源电力电容器有限公司	559	浙江九康电气有限公司	222
桂林电力电容器有限责任公司	324	上海上电电容器有限公司	214
青岛市恒顺众昇集团股份有限公司	304	新东北电气集团电力电容器有限公司	203
深圳市三和电力科技有限公司	300	广东顺容电气有限公司	191
浙江指月电气有限公司	278	河南省豫电中原电力电容器有限公司	180
无锡赛晶电力电容器有限公司	240	上虞电力电容器有限公司	170
南昌电容器厂	236		

2016 年电力电容器分会部分企业工业总产值完成情况

企业名称	2016 年（万元）	2015 年（万元）	同比增长（%）
桂林电力电容器有限责任公司	88 624	75 191	17.86
西安西电电力电容器有限责任公司	61 188	51 981	17.71
上海思源电力电容器有限公司	46 848	41 658	12.46
日新电机(无锡)有限公司	42 145	24 269	73.66
合容电气股份有限公司	39 853	42 165	-5.48
上海库柏电力电容器有限公司	32 170	29 680	8.39
上海永锦电气集团有限公司	29 057	28 211	3.00
广东顺容电气有限公司	25 300	16 505	53.29
新东北电气集团电力电容器有限公司	22 287	21 772	2.37
浙江指月电气有限公司	20 827	20 729	0.47
正泰(温州)电气有限公司	19 693	18 456	6.70
河南省豫电中原电力电容器有限公司	16 091	14 278	12.69
无锡赛晶电力电容器有限公司	16 068	12 892	24.64
德力西电气（芜湖）有限公司	15 750	10 400	51.44
上海上电电容器有限公司	11 442	8 337	37.24

2016年电力电容器分会部分企业工业增加值完成情况

企业名称	2016年（万元）	2015年（万元）	同比增长（%）
桂林电力电容器有限责任公司	22 621	23 571	-4.03
日新电机（无锡）有限公司	17 763	7 896	124.96
西安西电电力电容器有限责任公司	13 644	11 399	19.69
新东北电气集团电力电容器有限公司	12 109	12 054	0.46
合容电气股份有限公司	11 937	11 113	7.41
上海思源电力电容器有限公司	10 242	15 903	-35.60
浙江指月电气有限公司	8 290	8 270	0.24
上海库柏电力电容器有限公司	7 077	7 420	-4.62
广东顺容电气有限公司	5 566	4 126	34.90
无锡赛晶电力电容器有限公司	5 125	3 088	65.97
淄博莱宝电力电容器有限公司	4 210	8 763	-51.96
上海上电电容器有限公司	3 883	2 787	39.33
正泰（温州）电气有限公司	3 620	4 244	-14.70
河南省豫电中原电力电容器有限公司	3 540	3 570	-0.84
德力西电气（芜湖）有限公司	3 465	2 600	33.27

2016年电力电容器分会部分企业主营业务收入完成情况

企业名称	2016年（万元）	2015年（万元）	同比增长（%）
桂林电力电容器有限责任公司	79 703	60 467	31.81
西安西电电力电容器有限责任公司	57 835	58 545	-1.21
上海思源电力电容器有限公司	46 455	38 690	20.07
日新电机（无锡）有限公司	43 383	22 726	90.90
合容电气股份有限公司	34 383	35 583	-3.37
上海库柏电力电容器有限公司	32 170	29 680	8.39
上海永锦电气集团有限公司	24 509	23 796	3.00
广东顺容电气有限公司	23 300	18 302	27.31
德力西电气（芜湖）有限公司	16 890	11 960	41.22
浙江指月电气有限公司	16 442	15 902	3.40
无锡赛晶电力电容器有限公司	15 741	14 979	5.09
河南省豫电中原电力电容器有限公司	15 707	13 894	13.05
新东北电气集团电力电容器有限公司	14 804	20 777	-28.75
浙江九康电气有限公司	10 576	10 851	-2.53
苏州士林电机有限公司	10 080	9 000	12.00

2016 年电力电容器分会部分企业全员劳动生产率完成情况

企业名称	全员劳动生产率（元／人）	企业名称	全员劳动生产率（元／人）
上海库柏电力电容器有限公司	620 789	德力西电气（芜湖）有限公司	275 000
淄博莱宝电力电容器有限公司	553 947	正泰（温州）电气有限公司	274 250
新东北电气集团电力电容器有限公司	533 436	桂林电力电容器有限责任公司	268 656
上海思源电力电容器有限公司	401 647	浙江指月电气有限公司	263 187
上海上电电容器有限公司	356 239	深圳市三和电力科技有限公司	258 485
日新电机(无锡)有限公司	309 460	南昌电容器厂	240 559
无锡赛晶电力电容器有限公司	292 857	合容电气股份有限公司	213 161
广东顺容电气有限公司	278 300		

2016 年电力电容器分会部分企业经济效益综合指数完成情况

企业名称	经济效益综合指数	企业名称	经济效益综合指数
淄博莱宝电力电容器有限公司	504	浙江指月电气有限公司	265
上海思源电力电容器有限公司	402	南昌电容器厂	254
新东北电气集团电力电容器有限公司	359	广东顺容电气有限公司	251
无锡赛晶电力电容器有限公司	297	合容电气股份有限公司	220
桂林电力电容器有限责任公司	295	宁波高云电气有限公司	218
深圳市三和电力科技有限公司	291	浙江九康电气有限公司	206
上海上电电容器有限公司	287	河南省豫电中原电力电容器有限公司	189
日新电机(无锡)有限公司	281		

2015 年电控配电分会部分企业工业总产值完成情况

企业名称	2015 年（万元）	2014 年（万元）	同比增长（%）
大全集团有限公司	1 809 354	1 827 154	-0.97
许继集团有限公司	1 080 155	1 335 654	-19.13
有能集团有限公司	814 640	659 328	23.56
江苏东源电器集团股份有限公司	755 908	683 865	10.53
隆盛电气集团有限公司	622 800	488 368	27.53
深圳市宝安任达电器实业有限公司	592 295	58 500	912.47
正泰电气股份有限公司	493 654	468 316	5.41
环宇集团（南京）有限公司	299 991	230 762	30.00

(续)

企业名称	2015年（万元）	2014年（万元）	同比增长（%）
安徽中电兴发与鑫龙科技股份有限公司	269 260	224 571	19.90
宁波天安（集团）股份有限公司	256 609	255 216	0.55
远东电器集团有限公司	238 855	238 770	0.04
江苏华威线路设备集团有限公司	215 691	208 680	3.36
常熟开关制造有限公司（原常熟开关厂）	181 491	182 592	-0.60
北京科锐配电自动化股份有限公司	152 073	126 120	20.58
天津百利特精电气股份有限公司	139 958	134 614	3.97
江苏士林电气设备有限公司	133 010	60 876	118.49
川开电气股份有限公司	131 877	144 564	-8.78
威腾电气集团	131 169	125 812	4.26
万控集团有限公司	120 658	141 793	-14.91
东营市东辰节能电力设备有限公司	108 784	105 211	3.40

2015年电控配电分会部分企业工业增加值完成情况

企业名称	2015年（万元）	2014年（万元）	同比增长（%）
江苏东源电器集团股份有限公司	1 809 354	1 827 154	-0.97
大全集团有限公司	505 065	510 034	-0.97
许继集团有限公司	308 027	303 301	1.56
有能集团有限公司	286 855	232 166	23.56
北京合纵科技股份有限公司	256 609	255 216	0.55
深圳市宝安任达电器实业有限公司	146 732	13 583	980.26
江苏华威线路设备集团有限公司	140 949	136 513	3.25
常熟开关制造有限公司（原常熟开关厂）	97 930	97 609	0.33
正泰电气股份有限公司	75 436	61 529	22.60
安徽中电兴发与鑫龙科技股份有限公司	72 042	59 886	20.30
环宇集团（南京）有限公司	68 260	48 165	41.72
江苏海纬集团有限公司	50 088	45 619	9.80
川开电气股份有限公司	48 679	54 616	-10.87
宁波天安（集团）股份有限公司	38 491	45 939	-16.21
北京科锐配电自动化股份有限公司	34 709	33 022	5.11
江苏士林电气设备有限公司	34 396	14 490	137.38
寿光巨能电气有限公司	32 814	31 858	3.00
四川电器集团股份有限公司	30 845	32 119	-3.97
远东电器集团有限公司	22 960	22 805	0.68
陕西雷特尔电气有限公司	20 829	14 940	39.42

2015年电控配电分会部分企业主营业务收入完成情况

企业名称	2015年（万元）	2014年（万元）	同比增长（%）
大全集团有限公司	1 743 605	1 759 675	-0.91
许继集团有限公司	916 144	1 057 962	-13.40
有能集团有限公司	782 238	639 805	22.26
江苏东源电器集团股份有限公司	613 256	581 285	5.50
隆盛电气集团有限公司	560 520	432 016	29.75
深圳市宝安任达电器实业有限公司	547 251	51 801	956.45
正泰电气股份有限公司	502 347	468 164	7.30
环宇集团（南京）有限公司	299 845	230 657	30.00
安徽中电兴发与鑫龙科技股份有限公司	248 940	208 144	19.60
远东电器集团有限公司	238 855	238 770	0.04
宁波天安（集团）股份有限公司	226 559	219 665	3.14
江苏华威线路设备集团有限公司	203 024	197 216	2.94
常熟开关制造有限公司（原常熟开关厂）	177 271	180 095	-1.57
北京科锐配电自动化股份有限公司	145 781	134 285	8.56
天津百利特精电气股份有限公司	125 335	200 260	-37.41
川开电气股份有限公司	121 848	129 709	-6.06
万控集团有限公司	120 062	142 483	-15.74
威腾电气集团	111 683	106 677	4.69
江苏士林电气设备有限公司	110 842	57 994	91.13
东营市东辰节能电力设备有限公司	105 554	98 411	7.26

2015年电控配电分会部分企业全员劳动生产率完成情况

企业名称	全员劳动生产率（元/人）	企业名称	全员劳动生产率（元/人）
北京合纵科技股份有限公司	4 824 570	杭州鸿程科技有限公司	672 000
江苏东源电器集团股份有限公司	2 108 114	四川电器集团股份有限公司	614 442
江苏海纬集团有限公司	1 304 383	上海振大电器成套有限公司	599 167
陕西雷特尔电气有限公司	1 210 988	川开电气股份有限公司	598 754
有能集团有限公司	1 117 037	宁波燎原电器集团股份有限公司	595 103
深圳市宝安任达电器实业有限公司	978 213	常熟开关制造有限公司（原常熟开关厂）	580 154
江苏华威线路设备集团有限公司	783 921	远东电器集团有限公司	569 727
哈尔滨朗昇电气股份有限公司	756 087	大全集团有限公司	543 081
江苏士林电气设备有限公司	674 431	西安长城开关制造有限公司	537 500
寿光巨能电气有限公司	672 418	江苏万奇电器集团有限公司	532 724

2015年电控配电分会部分企业经济效益综合指数完成情况

企业名称	经济效益综合指数	企业名称	经济效益综合指数
北京合纵科技股份有限公司	3 033	江苏华威线路设备集团有限公司	581
江苏海纬集团有限公司	1 553	浙宝电气（杭州）集团有限公司	562
江苏东源电器集团股份有限公司	1 434	寿光巨能电气有限公司	562
有能集团有限公司	1 025	江苏士林电气设备有限公司	552
陕西雷特尔电气有限公司	907	四川电器集团股份有限公司	504
远东电器集团有限公司	791	宁波燎原电器集团股份有限公司	467
常熟开关制造有限公司（原常熟开关厂）	677	川开电气股份有限公司	462
深圳市宝安任达电器实业有限公司	665	上海南华兰陵电气有限公司	462
哈尔滨朗昇电气股份有限公司	651	大全集团有限公司	438
江苏万奇电器集团有限公司	634	杭州鸿雁电力电气有限公司	416

2015年低压电器分会部分企业工业总产值完成情况

企业名称	2015年（万元）	2014年（万元）	同比增长（%）
浙江正泰电器股份有限公司	1 000 115	1 069 126	-6.45
人民电器集团有限公司	998 482	986 539	1.21
德力西电气有限公司	546 498	551 958	-0.99
浙江天正电气股份有限公司	412 284	402 156	2.52
厦门ABB低压电器设备有限公司	276 399	287 656	-3.91
苏州西门子电器有限公司	196 658	158 804	23.84
常熟开关制造有限公司（原常熟开关厂）	181 491	182 592	-0.60
环宇集团有限公司	176 412	162 622	8.48
天津百利特精电气股份有限公司	139 958	134 614	3.97
上海电器股份有限公司人民电器厂	128 725	137 247	-6.21
施耐德万高（天津）电气设备有限公司	106 466	105 383	1.03
上海良信电器股份有限公司	105 770	86 276	22.59
常安集团有限公司	100 411	97 343	3.15
福达合金材料股份有限公司	98 818	106 536	-7.24
现代重工（中国）电气有限公司	96 878	93 393	3.73
罗格朗低压电器（无锡）有限公司	95 212	97 186	-2.03
杭申集团有限公司	85 773	85 543	0.27
北京ABB低压电器有限公司	74 583	71 155	4.82
贵州泰永长征技术股份有限公司	67 400	65 000	3.69
安德利集团有限公司	65 859	63 064	4.43

2015年低压电器分会部分企业工业增加值完成情况

企业名称	2015年（万元）	2014年（万元）	同比增长（%）
浙江正泰电器股份有限公司	277 973	331 429	-16.13
人民电器集团有限公司	248 452	243 192	2.16
德力西电气有限公司	99 378	129 697	-23.38
常熟开关制造有限公司（原常熟开关厂）	97 930	97 609	0.33
厦门ABB低压电器设备有限公司	94 877	12 484	659.99
浙江天正电气股份有限公司	90 854	81 567	11.39
上海电器股份有限公司人民电器厂	80 679	57 062	41.39
施耐德万高（天津）电气设备有限公司	62 385	57 841	7.86
环宇集团有限公司	42 408	34 125	24.27
福达合金材料股份有限公司	28 585	24 073	18.74
罗格朗低压电器（无锡）有限公司	28 461	27 957	1.80
贵州泰永长征技术股份有限公司	28 000	26 600	5.26
上海良信电器股份有限公司	27 362	11 540	137.11
现代重工（中国）电气有限公司	25 188	24 282	3.73
厦门宏发开关设备有限公司	24 476	19 006	28.78
北京ABB低压电器有限公司	24 103	34 814	-30.77
宁波燎原电器集团股份有限公司	20 293	11 308	79.46
常安集团有限公司	19 250	17 000	13.24
南京新联电子股份有限公司	18 334	19 680	-6.84
天水二一三电器有限公司	17 766	21 003	-15.41

2015年低压电器分会部分企业主营业务收入完成情况

企业名称	2015年（万元）	2014年（万元）	同比增长（%）
人民电器集团有限公司	990 157	971 525	1.92
浙江正泰电器股份有限公司	847 097	953 314	-11.14
德力西电气有限公司	475 143	515 651	-7.86
浙江天正电气股份有限公司	409 875	386 162	6.14
厦门ABB低压电器设备有限公司	299 931	311 126	-3.60
苏州西门子电器有限公司	244 519	236 988	3.18
常熟开关制造有限公司（原常熟开关厂）	177 271	180 095	-1.57
环宇集团有限公司	175 647	162 781	7.90
天津百利特精电气股份有限公司	125 335	200 260	-37.41
施耐德万高（天津）电气设备有限公司	106 325	106 078	0.23

(续)

企业名称	2015年（万元）	2014年（万元）	同比增长（%）
杭申集团有限公司	102 558	101 168	1.37
上海电器股份有限公司人民电器厂	101 717	124 434	-18.26
上海良信电器股份有限公司	101 093	85 571	18.14
常安集团有限公司	100 168	96 818	3.46
罗格朗低压电器（无锡）有限公司	97 824	93 192	4.97
现代重工（中国）电气有限公司	90 089	86 846	3.73
福达合金材料股份有限公司	84 237	96 487	-12.70
北京ABB低压电器有限公司	77 685	81 437	-4.61
贵州泰永长征技术股份有限公司	67 000	65 000	3.08
安德利集团有限公司	65 870	63 055	4.46

2015年低压电器分会部分企业全员劳动生产率完成情况

企业名称	全员劳动生产率（元/人）	企业名称	全员劳动生产率（元/人）
施耐德万高（天津）电气设备有限公司	1 492 464	上海传诺电子科技有限公司	410 000
上海电器股份有限公司人民电器厂	940 315	杭州鸿雁电力电气有限公司	402 619
厦门ABB低压电器设备有限公司	885 047	贵州泰永长征技术股份有限公司	388 889
德力西电气有限公司	835 109	罗格朗低压电器（无锡）有限公司	388 811
福建鑫威电器有限公司	719 200	北京ABB低压电器有限公司	353 416
宁波燎原电器集团股份有限公司	595 103	浙江科丰电子有限公司	341 667
上海飞力电器厂	583 281	福达合金材料股份有限公司	338 685
常熟开关制造有限公司（原常熟开关厂）	580 154	北京明日电器设备有限责任公司	333 833
绍兴电力设备成套公司	447 824	邳州市国龙电器有限公司	324 612
人民电器集团有限公司	442 873	广东集雅电器有限公司	318 659

2015年低压电器分会部分企业经济效益综合指数完成情况

企业名称	经济效益综合指数	企业名称	经济效益综合指数
施耐德万高（天津）电气设备有限公司	1 375	人民电器集团有限公司	419
厦门ABB低压电器设备有限公司	801	北京ABB低压电器有限公司	414
上海电器股份有限公司人民电器厂	702	绍兴电力设备成套公司	395
常熟开关制造有限公司（原常熟开关厂）	677	天津市华明合兴机电设备有限公司	385
德力西电气有限公司	604	罗格朗低压电器（无锡）有限公司	373
上海飞力电器厂	554	邳州市国龙电器有限公司	372
福建鑫威电器有限公司	551	贵州泰永长征技术股份有限公司	357
宁波燎原电器集团股份有限公司	483	苏州西门子电器有限公司	347
杭州鸿雁电力电气有限公司	427	上海西门子线路保护系统有限公司	341
广东集雅电器有限公司	425	南京新联电子股份有限公司	336

2016年低压电器分会部分企业工业总产值完成情况

企业名称	2016年（万元）	2015年（万元）	同比增长（%）
浙江正泰电器股份有限公司	1 146 191	1 000 115	14.61
人民电器集团有限公司	1 004 972	998 482	0.65
德力西电气有限公司	592 280	546 498	8.38
浙江长城电工科技股份有限公司	326 221	292 802	11.41
苏州西门子电器有限公司	229 162	196 658	16.53
浙江天正电气股份有限公司	204 777	412 284	-50.33
天津百利特精电气股份有限公司	201 040	139 958	43.64
环宇集团浙江高科股份有限公司	184 534	176 412	4.60
常熟开关制造有限公司（原常熟开关厂）	181 014	181 491	-0.26
施耐德万高（天津）电气设备有限公司	133 142	127 759	4.21
上海电器股份有限公司人民电器厂	132 610	128 725	3.02
上海良信电器股份有限公司	122 500	105 770	15.82
常安集团有限公司	109 064	100 411	8.62
福达合金材料股份有限公司	106 827	98 818	8.10
中广核俊尔新材料有限公司	103 870	79 868	30.05
长城电器集团有限公司	94 335	87 822	7.42
华五电气有限公司	85 405	78 835	8.33
温州宏丰电工合金股份有限公司	83 920	61 698	36.02
贵州泰永长征技术股份有限公司	71 119	67 400	5.52
罗格朗低压电器（无锡）有限公司	70 306	95 212	-26.16

2016年低压电器分会部分企业工业增加值完成情况

企业名称	2016年（万元）	2015年（万元）	同比增长（%）
浙江正泰电器股份有限公司	299 138	277 973	7.61
人民电器集团有限公司	249 495	248 452	0.42
常熟开关制造有限公司（原常熟开关厂）	98 115	97 930	0.19
德力西电气有限公司	95 656	99 378	-3.75
上海电器股份有限公司人民电器厂	89 516	80 679	10.95
苏州西门子电器有限公司	58 570	66 868	-12.41
浙江天正电气股份有限公司	43 633	90 854	-51.97
施耐德万高（天津）电气设备有限公司	43 042	42 678	0.85
环宇集团浙江高科股份有限公司	41 976	42 408	-1.02
浙江长城电工科技股份有限公司	40 777	36 240	12.52
罗格朗低压电器（无锡）有限公司	36 730	28 461	29.05
贵州泰永长征技术股份有限公司	29 000	28 000	3.57
厦门宏发开关设备有限公司	28 507	24 476	16.47
加西亚电子电器股份有限公司	27 449	29 512	-6.99
上海永继电气股份有限公司	25 111	29 342	-14.42
北京ABB低压电器有限公司	22 256	24 103	-7.66

（续）

企业名称	2016年（万元）	2015年（万元）	同比增长（%）
北京德威特继保自动化科技股份有限公司	22 226	19 560	13.63
中广核俊尔新材料有限公司	21 383	16 676	28.23
常安集团有限公司	21 365	19 250	10.99
江苏洛凯机电股份有限公司	21 072	17 569	19.94

2016年低压电器分会部分企业主营业务收入完成情况

企业名称	2016年（万元）	2015年（万元）	同比增长（%）
人民电器集团有限公司	997 405	990 157	0.73
浙江正泰电器股份有限公司	900 564	847 097	6.31
德力西电气有限公司	492 674	475 143	3.69
浙江长城电工科技股份有限公司	323 191	289 922	11.48
苏州西门子电器有限公司	214 185	244 519	-12.41
浙江天正电气股份有限公司	204 928	409 875	-50.00
环宇集团浙江高科股份有限公司	181 050	175 647	3.08
常熟开关制造有限公司（原常熟开关厂）	176 688	177 271	-0.33
施耐德万高（天津）电气设备有限公司	132 597	127 590	3.92
上海良信电器股份有限公司	122 500	101 093	21.18
常安集团有限公司	108 800	100 168	8.62
福达合金材料股份有限公司	102 163	84 237	21.28
罗格朗低压电器（无锡）有限公司	99 564	97 824	1.78
中广核俊尔新材料有限公司	99 136	78 706	25.96
上海电器股份有限公司人民电器厂	92 356	101 717	-9.20
长城电器集团有限公司	86 401	84 126	2.70
天津百利特精电气股份有限公司	83 254	125 335	-33.58
杭申集团有限公司	81 119	102 558	-20.90
北京ABB低压电器有限公司	74 858	77 685	-3.64
温州宏丰电工合金股份有限公司	74 502	61 682	20.78

2016年低压电器分会部分企业全员劳动生产率完成情况

企业名称	全员劳动生产率（元/人）	企业名称	全员劳动生产率（元/人）
上海电器股份有限公司人民电器厂	1 107 871	苏州铜盟电气有限公司	557 069
深圳希格玛和芯微电子有限公司	1 072 041	罗格朗低压电器（无锡）有限公司	478 879
北京德威特继保自动化科技股份有限公司	1 043 474	佛山通宝精密合金有限公司	460 304
施耐德万高（天津）电气设备有限公司	873 063	人民电器集团有限公司	451 984
德力西电气有限公司	847 263	南京飞腾电子科技有限公司	411 709
北京明日电器设备有限责任公司	811 910	上海永继电气股份有限公司	404 364
浙江长城电工科技股份有限公司	635 156	绍兴电力设备成套公司	402 719
苏州西门子电器有限公司	603 814	大都克电接触科技（中国）有限公司	383 662
常熟开关制造有限公司（原常熟开关厂）	576 808	邳州市国龙电器有限公司	364 235
宁波燎原电器集团股份有限公司	564 500	常熟市通润开关厂有限公司	362 800

2016 年低压电器分会部分企业经济效益综合指数完成情况

企业名称	经济效益综合指数	企业名称	经济效益综合指数
施耐德万高（天津）电气设备有限公司	998	浙江长城电工科技股份有限公司	537
温州物华电子有限公司	967	苏州铜盟电气有限公司	457
深圳希格玛和芯微电子有限公司	801	南京飞腾电子科技有限公司	424
上海电器股份有限公司人民电器厂	783	人民电器集团有限公司	422
北京德威特继保自动化科技股份有限公司	753	浙江双荣电子有限公司	414
常熟开关制造有限公司（原常熟开关厂）	668	宁波燎原电器集团股份有限公司	402
德力西电气有限公司	654	广东集雅电器有限公司	401
北京明日电器设备有限责任公司	602	北京 ABB 低压电器有限公司	392
苏州西门子电器有限公司	588	贵州泰永长征技术股份有限公司	386
罗格朗低压电器（无锡）有限公司	572	佛山通宝精密合金股份有限公司	383

2015 年电力电子分会部分企业工业总产值完成情况

企业名称	2015 年（万元）	2014 年（万元）	同比增长（%）
河南森源集团有限公司	2 310 594	1 897 112	21.80
中国电子科技集团公司第五十五研究所	340 427	288 725	17.91
厦门科华恒盛股份有限公司	175 727	155 410	13.07
西安中车永电电气有限公司	138 002	106 148	30.01
西安西电电力系统有限公司	101 699	100 072	1.63
山东锦华电力设备有限公司	50 286	59 027	-14.81
佛山市蓝箭电子股份有限公司	43 865	43 520	0.79
北京金自天正智能控制股份有限公司	27 810	38 930	-28.56
河北中瓷电子科技有限公司	27 602	23 925	15.37
深圳深爱半导体股份有限公司	27 359	29 993	-8.78

2015 年电力电子分会部分企业工业增加值完成情况

企业名称	2015 年（万元）	2014 年（万元）	同比增长（%）
河南森源集团有限公司	334 072	384 799	-13.18
中国电子科技集团公司第五十五研究所	121 708	99 726	22.04
西安中车永电电气有限公司	56 202	22 380	151.13
厦门科华恒盛股份有限公司	46 336	37 634	23.12
西安西电电力系统有限公司	21 550	30 698	-29.80
江苏捷捷电子股份有限公司	17 990	16 732	7.52
佛山市蓝箭电子股份有限公司	15 858	15 934	-0.48
河北中瓷电子科技有限公司	8 525	7 257	17.47
山东锦华电力设备有限公司	8 352	8 547	-2.28
西安爱科赛博电气股份有限公司	8 038	7 670	4.80

2015 年电力电子分会部分企业主营业务收入完成情况

企业名称	2015 年（万元）	2014 年（万元）	同比增长（%）
河南森源集团有限公司	2 248 832	1 835 046	22.55
中国电子科技集团公司第五十五研究所	399 339	327 736	21.85
厦门科华恒盛股份有限公司	164 849	146 594	12.45
西安西电电力系统有限公司	102 716	140 055	-26.66
西安中车永电电气有限公司	96 350	89 739	7.37
山东锦华电力设备有限公司	49 015	51 289	-4.43
天津中环半导体股份有限公司	45 601	40 876	11.56
佛山市蓝箭电子股份有限公司	42 870	43 206	-0.78
北京金自天正智能控制股份有限公司	35 974	32 494	10.71
西安卫光科技有限公司	27 599	23 673	16.58

2015 年电力电子分会部分企业全员劳动生产率完成情况

企业名称	全员劳动生产率（元/人）	企业名称	全员劳动生产率（元/人）
西安中车永电电气有限公司	1 240 662	河南森源集团有限公司	310 620
北京东风电器有限公司	497 579	江阴市赛英电子股份有限公司	236 044
西安西电电力系统有限公司	447 095	中国电子科技集团公司第五十五研究所	233 919
佛山市蓝箭电子股份有限公司	339 563	淄博市临淄银河高技术开发有限公司	220 484
江苏捷捷电子股份有限公司	325 309	河北华整实业有限公司	220 000

2015 年电力电子分会部分企业经济效益综合指数完成情况

企业名称	经济效益综合指数	企业名称	经济效益综合指数
西安中车永电电气有限公司	855	河南森源集团有限公司	313
江苏捷捷电子股份有限公司	538	淄博市临淄银河高技术开发有限公司	295
北京东风电器有限公司	354	浙江正邦电力电子有限公司	277
江阴市赛英电子股份有限公司	330	佛山市蓝箭电子股份有限公司	277
西安西电电力系统有限公司	320	中国电子科技集团公司第五十五研究所	256

2016 年电力电子分会部分企业工业总产值完成情况

企业名称	2016 年（万元）	2015 年（万元）	同比增长（%）
河南森源集团有限公司	3 121 878	2 310 594	35.11
中国电子科技集团公司第五十五研究所	360 487	340 427	5.89
西安西电电力系统有限公司	102 652	101 699	0.94

(续)

企业名称	2016年（万元）	2015年（万元）	同比增长（%）
佛山市蓝箭电子股份有限公司	48 927	43 865	11.54
西安中车永电电气有限公司	44 168	138 002	-67.99
深圳深爱半导体股份有限公司	38 812	27 359	41.86
江苏捷捷电子股份有限公司	33 628	24 349	38.11
北京金自天正智能控制股份有限公司	32 130	27 811	15.53
湖北台基半导体股份有限公司	27 419	20 285	35.17
西安爱科赛博电气股份有限公司	24 925	23 370	6.65

2016年电力电子分会部分企业工业增加值完成情况

企业名称	2016年（万元）	2015年（万元）	同比增长（%）
河南森源集团有限公司	440 497	334 072	31.86
中国电子科技集团公司第五十五研究所	146 324	121 708	20.23
西安西电电力系统有限公司	31 450	21 550	45.94
江苏捷捷电子股份有限公司	24 929	17 274	44.32
佛山市蓝箭电子股份有限公司	15 835	15 858	-0.14
湖北台基半导体股份有限公司	11 962	5 948	101.11
北京金自天正智能控制股份有限公司	10 349	9 554	8.32
西安爱科赛博电气股份有限公司	8 226	8 038	2.34
西安中车永电电气有限公司	6 130	56 202	-89.09
深圳深爱半导体股份有限公司	5 154	4 021	28.19

2016年电力电子分会部分企业主营业务收入完成情况

企业名称	2016年（万元）	2015年（万元）	同比增长（%）
河南森源集团有限公司	3 088 635	2 248 832	37.34
中国电子科技集团公司第五十五研究所	464 622	399 339	16.35
佛山市蓝箭电子股份有限公司	47 559	42 870	10.94
西安中车永电电气有限公司	43 963	96 350	-54.37
天津中环半导体股份有限公司	42 069	45 601	-7.75
深圳深爱半导体股份有限公司	35 481	26 566	33.56
北京金自天正智能控制股份有限公司	34 989	36 657	-4.55
江苏捷捷电子股份有限公司	32 935	23 960	37.46
九江赛晶科技股份有限公司	23 578	19 459	21.17
西安爱科赛博电气股份有限公司	23 089	21 481	7.49

2016年电力电子分会部分企业全员劳动生产率完成情况

企业名称	全员劳动生产率（元/人）	企业名称	全员劳动生产率（元/人）
西安西电电力系统有限公司	663 502	河北华整实业有限公司	334 231
北京东风电器有限公司	484 286	佛山市蓝箭电子股份有限公司	329 902
北京金自天正智能控制股份有限公司	431 208	中国电子科技集团公司第五十五研究所	252 588
江苏捷捷电子股份有限公司	408 679	湖北台基半导体股份有限公司	246 132
河南森源集团有限公司	387 625	江阴市赛英电子股份有限公司	227 444

2016年电力电子分会部分企业经济效益综合指数完成情况

企业名称	经济效益综合指数	企业名称	经济效益综合指数
江苏捷捷电子股份有限公司	645	湖北台基半导体股份有限公司	304
北京东风电器有限公司	575	江阴市赛英电子股份有限公司	295
西安西电电力系统有限公司	438	河北华整实业有限公司	292
河南森源集团有限公司	355	佛山市蓝箭电子股份有限公司	273
北京金自天正智能控制股份有限公司	332	淄博市临淄银河高技术开发有限公司	268

2015年牵引电气设备分会部分企业工业总产值完成情况

企业名称	2015年（万元）	2014年（万元）	同比增长（%）
湘电集团有限公司	1 037 711	929 651	11.62
永济新时速电机电器有限责任公司	792 057	756 014	4.77
衡阳瑞达电源有限公司	212 000	187 000	13.37
河南南车重型装备有限公司	30 261	40 600	-25.47
江苏常牵引电机有限公司	24 500	13 000	88.46
常州基腾电气有限公司	14 344	17 363	-17.39
大连日牵电机有限公司	14 063	15 764	-10.79
湘潭牵引机车厂有限公司	13 175	12 260	7.46
湘潭市电机车厂有限公司	10 696	18 249	-41.39
平遥同妙机车有限公司	7 443	5 417	37.40

2015年牵引电气设备分会部分企业主营业务收入完成情况

企业名称	2015年（万元）	2014年（万元）	同比增长（%）
湘电集团有限公司	1 475 135	1 280 520	15.20
永济新时速电机电器有限责任公司	785 117	722 380	8.68
衡阳瑞达电源有限公司	157 380	147 690	6.56

(续)

企业名称	2015年（万元）	2014年（万元）	同比增长（%）
河南南车重型装备有限公司	29 314	40 074	-26.85
江苏常牵引电机有限公司	19 395	11 810	64.23
常州基腾电气有限公司	14 344	17 363	-17.39
大连日牵电机有限公司	12 488	15 840	-21.16
湘潭市电机车厂有限公司	12 102	13 249	-8.66
湘潭牵引机车厂有限公司	11 261	7 373	52.73
平遥同妙机车有限公司	7 234	7 124	1.54

2015年电焊机分会部分企业工业总产值完成情况

企业名称	工业总产值（万元）	企业名称	工业总产值（万元）
唐山开元电器集团有限公司	157 605	浙江肯得机电股份有限公司	33 707
欧地希机电（上海）有限公司	94 525	上海通用电焊机股份有限公司	30 379
小原（南京）机电有限公司	57 269	上海威特力焊接设备制造股份有限公司	29 259
深圳市佳士科技股份有限公司	54 911	上海沪通企业集团有限公司	26 958
上海沪工焊接集团股份有限公司	46 633	昆山华恒焊接股份有限公司	25 548
山东奥太电气有限公司	39 095	上海东升焊接集团有限公司	24 618
北京时代科技股份有限公司	38 955	南京顶瑞电机有限公司	17 599
嘉兴斯达半导体股份有限公司	36 558	南通富力机电设备有限责任公司	16 985
凯尔达集团有限公司	34 401	天津七所高科技有限公司	16 073
深圳华意隆电气股份有限公司	33 716	成都焊研科技有限责任公司	15 074

2015年电焊机分会部分企业工业增加值完成情况

企业名称	工业增加值（万元）	企业名称	工业增加值（万元）
唐山开元电器集团有限公司	72 890	昆山华恒焊接股份有限公司	9 000
欧地希机电（上海）有限公司	28 357	浙江肯得机电股份有限公司	7 664
深圳市佳士科技股份有限公司	20 861	上海东升焊接集团有限公司	7 091
上海沪工焊接集团股份有限公司	18 427	深圳华意隆电气股份有限公司	7 035
上海威特力焊接设备制造股份有限公司	13 370	南京顶瑞电机有限公司	7 022
山东奥太电气有限公司	12 901	上海通用电焊机股份有限公司	6 438
小原（南京）机电有限公司	12 599	山东水泊焊割设备制造有限公司	6 056
嘉兴斯达半导体股份有限公司	12 167	上海沪通企业集团有限公司	5 495
北京时代科技股份有限公司	11 805	成都焊研科技有限责任公司	5 374
凯尔达集团有限公司	11 760	成都焊研威达科技股份有限公司	5 307

2015 年电焊机分会部分企业主营业务收入完成情况

企业名称	主营业务收入（万元）	企业名称	主营业务收入（万元）
唐山开元电器集团有限公司	132 941	上海通用电焊机股份有限公司	30 659
欧地希机电（上海）有限公司	80 790	上海威特力焊接设备制造股份有限公司	26 599
小原（南京）机电有限公司	59 650	上海沪通企业集团有限公司	26 145
深圳市佳士科技股份有限公司	57 248	深圳华意隆电气股份有限公司	23 178
上海沪工焊接集团股份有限公司	45 844	上海东升焊接集团有限公司	21 502
凯尔达集团有限公司	39 509	昆山华恒焊接股份有限公司	19 652
北京时代科技股份有限公司	36 778	南通富力机电设备有限责任公司	18 240
嘉兴斯达半导体股份有限公司	35 845	南京顶瑞电机有限公司	17 555
山东奥太电气有限公司	33 198	天津七所高科技有限公司	15 805
浙江肯得机电股份有限公司	32 857	南通振康焊接机电有限公司	14 925

2015 年电焊机分会部分企业全员劳动生产率完成情况

企业名称	全员劳动生产率（元/人）	企业名称	全员劳动生产率（元/人）
唐山开元电器集团有限公司	466 650	河北渤海机电有限公司	287 620
欧地希机电（上海）有限公司	464 110	南京顶瑞电机有限公司	275 370
林肯电气管理（上海）有限公司	439 230	上海正泰焊接设备有限公司	260 930
小原（南京）机电有限公司	434 450	上海沪工焊接集团股份有限公司	226 090
嘉兴斯达半导体股份有限公司	382 610	安徽日基焊接装备有限公司	208 650
凯尔达集团有限公司	379 350	深圳市鸿栢科技实业有限公司	206 820
北京时代科技股份有限公司	343 170	广州松兴电气股份有限公司	199 250
上海威特力焊接设备制造股份有限公司	320 610	深圳市佳士科技股份有限公司	198 870
伊达新技术电源（昆山）有限公司	301 500	株洲科跃焊接设备有限公司	186 150
上海东升焊接集团有限公司	289 430	广州瀚为电气机械有限公司	174 660

2015 年电焊机分会部分企业经济效益综合指数完成情况

企业名称	经济效益综合指数	企业名称	经济效益综合指数
山东同力达智能机械有限公司	477	宁夏吴忠市好运电焊机有限公司	296
唐山开元电器集团有限公司	456	凯尔达集团有限公司	296
泰勒螺柱焊接系统（上海）有限公司	452	天津久辉电气有限公司	288
深圳市鸿栢科技实业有限公司	408	北京时代科技股份有限公司	286
小原（南京）机电有限公司	384	广州松兴电气股份有限公司	283
欧地希机电（上海）有限公司	382	河北渤海机电有限公司	281
林肯电气管理（上海）有限公司	350	深圳市佳士科技股份有限公司	280
嘉兴斯达半导体股份有限公司	343	上海沪通企业集团有限公司	277
安徽日基焊接装备有限公司	309	南京顶瑞电机有限公司	274
伊达新技术电源（昆山）有限公司	301	上海威特力焊接设备制造股份有限公司	273

2016年电焊机分会部分企业工业总产值完成情况

企 业 名 称	工业总产值（万元）	企 业 名 称	工业总产值（万元）
唐山开元电器集团有限公司	162 910	昆山华恒焊接股份有限公司	30 723
欧地希机电（上海）有限公司	104 990	凯尔达集团有限公司	29 193
小原（南京）机电有限公司	71 000	深圳华意隆电气股份有限公司	28 996
深圳市佳士科技股份有限公司	58 231	上海沪通企业集团有限公司	26 563
上海沪工焊接集团股份有限公司	51 200	北京时代科技股份有限公司	25 669
山东奥太电气有限公司	50 824	成都华远电器设备有限公司	21 430
深圳市瑞凌实业股份有限公司	45 315	上海东升焊接集团有限公司	21 257
嘉兴斯达半导体股份有限公司	37 586	南京顶瑞电机有限公司	18 040
浙江肯得机电股份有限公司	34 077	上海威特力焊接设备制造有限公司	17 885
上海通用电焊机股份有限公司	30 987	南通富力机电设备有限责任公司	16 777

2016年电焊机分会部分企业工业增加值完成情况

企 业 名 称	工业增加值（万元）	企 业 名 称	工业增加值（万元）
唐山开元电器集团有限公司	69 743	上海沪工焊接集团股份有限公司	8 938
欧地希机电（上海）有限公司	31 497	南京顶瑞电机有限公司	8 365
小原（南京）机电有限公司	19 375	上海沪通企业集团有限公司	7 181
深圳市佳士科技股份有限公司	19 338	成都华远电器设备有限公司	7 175
昆山华恒焊接股份有限公司	18 535	深圳华意隆电气股份有限公司	6 845
山东奥太电气有限公司	18 093	上海通用电焊机股份有限公司	6 415
深圳市瑞凌实业股份有限公司	14 662	上海东升焊接集团有限公司	6 138
嘉兴斯达半导体股份有限公司	13 348	北京时代科技股份有限公司	5 677
凯尔达集团有限公司	10 115	河北渤海机电有限公司	5 301
浙江肯得机电股份有限公司	9 079	山东水泊焊割设备制造有限公司	5 217

2016年电焊机分会部分企业主营业务收入完成情况

企 业 名 称	主营业务收入（万元）	企 业 名 称	主营业务收入（万元）
唐山开元电器集团有限公司	141 533	凯尔达集团有限公司	29 442
欧地希机电（上海）有限公司	89 735	上海沪通企业集团有限公司	25 361
小原（南京）机电有限公司	66 211	昆山华恒焊接股份有限公司	23 633
深圳市佳士科技股份有限公司	61 241	北京时代科技股份有限公司	21 826
深圳市瑞凌实业股份有限公司	51 817	深圳华意隆电气股份有限公司	19 933
上海沪工焊接集团股份有限公司	50 012	上海东升焊接集团有限公司	19 354
嘉兴斯达半导体股份有限公司	37 422	南京顶瑞电机有限公司	18 905
山东奥太电气有限公司	36 850	南通富力机电设备有限责任公司	17 861
浙江肯得机电股份有限公司	34 084	成都华远电器设备有限公司	16 520
上海通用电焊机股份有限公司	30 865	上海威特力焊接设备制造有限公司	16 261

2016年电焊机分会部分企业全员劳动生产率完成情况

企业名称	全员劳动生产率（万元/人）	企业名称	全员劳动生产率（万元/人）
江苏大德重工股份有限公司	66.67	河北渤海机电有限公司	28.50
小原（南京）机电有限公司	66.35	深圳市骏腾发自动焊接装备股份有限公司	25.85
欧地希机电（上海）有限公司	49.29	安徽日基焊接装备有限公司	24.56
唐山开元电器集团有限公司	46.34	山东埃森自动焊接设备有限公司	23.40
嘉兴斯达半导体股份有限公司	41.71	深圳市佳士科技股份有限公司	21.30
伊达新技术电源（昆山）有限公司	36.00	成都华远电器设备有限公司	21.29
昆山华恒焊接股份有限公司	34.01	南通齐胜则焊接机器制造有限公司	20.59
上海东升焊接集团有限公司	33.73	广州松兴电气股份有限公司	20.58
南京顶瑞电机有限公司	32.80	成都熊谷加世电器有限公司	20.55
凯尔达集团有限公司	29.75	北京时代科技股份有限公司	19.71

2016年电焊机分会部分企业经济效益综合指数完成情况

企业名称	经济效益综合指数	企业名称	经济效益综合指数
山东中车同力达智能机械有限公司	532	成都华远电器设备有限公司	321
小原（南京）机电有限公司	531	山东埃森自动焊接设备有限公司	321
江苏大德重工股份有限公司	494	南京顶瑞电机有限公司	316
唐山开元电器集团有限公司	438	南通齐胜则焊接机器制造有限公司	311
欧地希机电（上海）有限公司	414	昆山华恒焊接股份有限公司	304
嘉兴斯达半导体股份有限公司	366	上海沪通企业集团有限公司	300
伊达新技术电源（昆山）有限公司	344	安徽日基焊接装备有限公司	292
宁夏吴忠市好运电焊机有限公司	332	宁波新州焊接设备有限公司	290
深圳市鸿栢科技实业有限公司	330	天津久辉电气有限公司	279
广州松兴电气股份有限公司	327	河北渤海机电有限公司	278

2015年焊接材料分会部分企业工业总产值完成情况

企业名称	2015年（万元）	2014年（万元）	同比增长（%）
天津大桥焊材集团有限公司	490 622	645 252	-23.96
天津市金桥焊材集团有限公司	423 919	566 500	-25.17
四川大西洋焊接材料股份有限公司	170 214	206 570	-17.60
山东聚力焊接材料有限公司	169 780	142 670	19.00
山东索力得焊材股份有限公司	158 337	167 063	-5.22
中国电建集团上海能源装备有限公司	149 143	139 125	7.20
武汉铁锚焊接材料股份有限公司	138 084	116 000	19.04
昆山京群焊材科技有限公司	109 762	106 127	3.43
株洲湘江电焊条有限公司	86 752	83 573	3.80

(续)

企业名称	2015年(万元)	2014年(万元)	同比增长(%)
常州华通焊业股份有限公司	80 028	95 177	-15.92
江苏中江焊丝有限公司	49 278	55 810	-11.70
上海中洲特种合金材料股份有限公司	33 445	37 823	-11.57
浙江信和科技股份有限公司	31 376	33 025	-4.99
浙江新元焊材有限公司	30 610	34 458	-11.17
宜昌猴王焊丝有限公司	29 510	36 301	-18.71
张家港市亨昌焊材有限公司	20 116	26 475	-24.02
北京金威焊材有限公司	19 250	23 475	-18.00
天津三英焊业股份有限公司	17 757	13 991	26.92
浙江亚通焊材有限公司	17 409	24 261	-28.24
云南奥云焊材科技有限公司	17 173	12 198	40.79

2015年焊接材料分会部分企业工业增加值完成情况

企业名称	2015年(万元)	2014年(万元)	同比增长(%)
天津市金桥焊材集团有限公司	67 541	85 417	-20.93
株洲湘江电焊条有限公司	57 970	61 021	-5.00
武汉铁锚焊接材料股份有限公司	54 923	49 030	12.02
山东聚力焊接材料有限公司	51 390	48 340	6.31
天津大桥焊材集团有限公司	51 377	41 152	24.85
四川大西洋焊接材料股份有限公司	39 400	43 593	-9.62
山东索力得焊材股份有限公司	34 834	36 281	-3.99
中国电建集团上海能源装备有限公司	30 779	27 768	10.84
常州华通焊业股份有限公司	20 006	23 850	-16.12
昆山京群焊材科技有限公司	17 541	16 827	4.24
宜昌猴王焊丝有限公司	10 566	12 154	-13.07
江苏中江焊丝有限公司	8 216	10 912	-24.71
云南奥云焊材科技有限公司	6 623	4 267	55.21
天津三英焊业股份有限公司	5 545	3 061	81.15
张家港市亨昌焊材有限公司	4 725	5 620	-15.93
北京金威焊材有限公司	4 541	5 402	-15.94
浙江新元焊材有限公司	3 566	4 364	-18.29
浙江信和科技股份有限公司	3 206	4 478	-28.41
上海斯米克焊材有限公司	2 448	2 561	-4.41
锦州天鹅焊材股份有限公司	2 365	2 406	-1.70

2015年焊接材料分会部分企业主营业务收入完成情况

企业名称	2015年(万元)	2014年(万元)	同比增长(%)
天津大桥焊材集团有限公司	521 518	665 490	-21.63
天津市金桥焊材集团有限公司	445 224	555 399	-19.84
四川大西洋焊接材料股份有限公司	210 027	267 207	-21.40
山东索力得焊材股份有限公司	158 728	166 058	-4.41
中国电建集团上海能源装备有限公司	150 690	134 849	11.75
山东聚力焊接材料有限公司	133 832	125 790	6.39
武汉铁锚焊接材料股份有限公司	106 917	87 109	22.74
常州华通焊业股份有限公司	81 467	98 559	-17.34
江苏中江焊丝有限公司	54 256	55 276	-1.85
株洲湘江电焊条有限公司	50 637	58 297	-13.14
上海中洲特种合金材料股份有限公司	32 848	35 206	-6.70
宜昌猴王焊丝有限公司	28 375	34 895	-18.68
浙江新元焊材有限公司	23 534	30 898	-23.83
浙江信和科技股份有限公司	22 106	32 779	-32.56
张家港市亨昌焊材有限公司	20 339	26 044	-21.91
北京金威焊材有限公司	18 398	23 044	-20.16
浙江亚通焊材有限公司	17 796	24 200	-26.46
林肯电气（唐山）焊接材料有限公司	17 776	20 105	-11.58
常州长江焊材有限公司	16 962	12 350	37.34
天津三英焊业股份有限公司	16 623	14 719	12.94

2015年焊接材料分会部分企业全员劳动生产率完成情况

企业名称	全员劳动生产率(元/人)	企业名称	全员劳动生产率(元/人)
云南奥云焊材科技有限公司	1 249 623	北京金威焊材有限公司	255 112
株洲湘江电焊条有限公司	861 367	昆山京群焊材科技有限公司	247 754
武汉铁锚焊接材料股份有限公司	555 339	天津三英焊业股份有限公司	247 545
武汉银海焊接科技有限公司	502 439	宝鸡市宇生焊接材料有限公司	239 630
中国电建集团上海能源装备有限公司	493 253	浙江新锐焊接科技股份有限公司	216 389
宜昌猴王焊丝有限公司	419 286	成都新大洋焊接材料有限责任公司	214 900
山东聚力焊接材料有限公司	411 120	浙江亚通焊材有限公司	193 770
山东索力得焊材股份有限公司	405 991	张家港市亨昌焊材有限公司	183 140
常州华通焊业股份有限公司	320 096	兰州威特焊材科技股份有限公司	158 000
常熟市华银焊料有限公司	296 622	江苏中江焊丝有限公司	146 192

2015年焊接材料分会部分企业经济效益综合指数完成情况

企业名称	经济效益综合指数	企业名称	经济效益综合指数
云南奥云焊材科技有限公司	904	北京金威焊材有限公司	279
株洲湘江电焊条有限公司	608	浙江新锐焊接科技股份有限公司	253
武汉银海焊接科技有限公司	431	天津三英焊业股份有限公司	235
山东聚力焊接材料有限公司	425	江苏中江焊丝有限公司	228
武汉铁锚焊接材料股份有限公司	422	宝鸡市宇生焊接材料有限公司	226
山东索力得焊材股份有限公司	403	浙江亚通焊材有限公司	221
中国电建集团上海能源装备有限公司	394	张家港市亨昌焊材有限公司	215
宜昌猴王焊丝有限公司	343	安丘新建业登峰焊接材料有限公司	202
常州华通焊业股份有限公司	328	上海焊接器材有限公司	199
常熟市华银焊料有限公司	304	天津市金桥焊材集团有限公司	184

2016年焊接材料分会部分企业工业总产值完成情况

企业名称	2016年（万元）	2015年（万元）	同比增长（%）
天津大桥焊材集团有限公司	528 730	490 622	7.77
天津市金桥焊材集团有限公司	435 994	423 919	2.85
山东聚力焊接材料有限公司	186 530	169 780	9.87
山东索力得焊材股份有限公司	174 490	158 337	10.20
四川大西洋焊接材料股份有限公司	160 042	167 776	-4.61
中国电建集团上海能源装备有限公司	148 423	149 143	-0.48
武汉铁锚焊接材料股份有限公司	105 001	138 084	-23.96
昆山京群焊材科技有限公司	91 928	109 762	-16.25
株洲湘江电焊条有限公司	91 089	86 752	5.00
哈焊所华通（常州）焊业股份有限公司	80 910	80 028	1.10
江苏中江焊丝有限公司	49 642	49 278	0.74
宜昌猴王焊丝有限公司	33 336	29 510	12.97
上海中洲特种合金材料股份有限公司	31 286	33 445	-6.46
浙江新元焊材有限公司	29 291	30 610	-4.31
林肯电气（唐山）焊接材料有限公司	26 754	17 112	56.35
浙江信和科技股份有限公司	22 646	31 376	-27.82
张家港市亨昌焊材有限公司	21 450	20 116	6.63
浙江亚通焊材有限公司	17 880	17 409	2.71
云南奥云焊材科技有限公司	17 869	17 173	4.05
北京金威焊材有限公司	17 789	19 250	-7.59

2016年焊接材料分会部分企业工业增加值完成情况

企业名称	2016年（万元）	2015年（万元）	同比增长（%）
天津市金桥焊材集团有限公司	92 441	67 541	36.87
株洲湘江电焊条有限公司	60 869	57 970	5.00
天津大桥焊材集团有限公司	58 248	51 377	13.37
山东聚力焊接材料有限公司	56 276	51 390	9.51
武汉铁锚焊接材料股份有限公司	55 112	54 923	0.34
山东索力得焊材股份有限公司	38 844	34 834	11.51
中国电建集团上海能源装备有限公司	30 065	30 779	-2.32
四川大西洋焊接材料股份有限公司	27 130	29 089	-6.73
昆山京群焊材科技有限公司	17 566	17 541	0.14
哈焊所华通（常州）焊业股份有限公司	17 528	20 006	-12.39
宜昌猴王焊丝有限公司	12 140	10 566	14.90
上海中洲特种合金材料股份有限公司	10 807	11 562	-6.53
江苏中江焊丝有限公司	9 734	8 216	18.48
云南奥云焊材科技有限公司	6 746	6 623	1.86
张家港市亨昌焊材有限公司	5 318	4 725	12.55
北京金威焊材有限公司	5 136	4 482	14.59
浙江新元焊材有限公司	4 183	3 566	17.30
天津三英焊业股份有限公司	3 500	5 545	-36.88
浙江信和科技股份有限公司	3 147	3 206	-1.84
浙江亚通焊材有限公司	2 922	2 364	23.60

2016年焊接材料分会部分企业主营业务收入完成情况

企业名称	2016年（万元）	2015年（万元）	同比增长（%）
天津大桥焊材集团有限公司	547 125	521 518	4.91
天津市金桥焊材集团有限公司	476 470	445 225	7.02
四川大西洋焊接材料股份有限公司	194 203	197 700	-1.77
山东索力得焊材股份有限公司	176 162	158 728	10.98
山东聚力焊接材料有限公司	172 502	157 263	9.69
中国电建集团上海能源装备有限公司	147 821	150 690	-1.90
武汉铁锚焊接材料股份有限公司	89 902	106 917	-15.91
哈焊所华通（常州）焊业股份有限公司	85 347	81 467	4.76
株洲湘江电焊条有限公司	58 169	50 637	14.87
江苏中江焊丝有限公司	55 427	54 256	2.16
林肯电气（唐山）焊接材料有限公司	34 030	17 312	96.57
上海中洲特种合金材料股份有限公司	32 137	33 691	-4.61
宜昌猴王焊丝有限公司	32 055	28 375	12.97
浙江新元焊材有限公司	25 716	23 534	9.27
张家港市亨昌焊材有限公司	21 820	20 339	7.28
浙江信和科技股份有限公司	21 503	22 106	-2.73

企业名称	2016年 （万元）	2015年 （万元）	同比增长 （%）
上海焊接器材有限公司	18 968	13 667	38.79
北京金威焊材有限公司	18 510	18 398	0.61
云南奥云焊材科技有限公司	17 467	15 612	11.88
浙江亚通焊材有限公司	17 218	17 796	-3.25

2016年焊接材料分会部分企业全员劳动生产率完成情况

企业名称	全员劳动生产率 （元/人）	企业名称	全员劳动生产率 （元/人）
云南奥云焊材科技有限公司	1 272 830	浙江新锐焊接科技股份有限公司	300 238
株洲湘江电焊条有限公司	860 948	北京金威焊材有限公司	296 879
武汉铁锚焊接材料股份有限公司	588 803	常熟市华银焊料有限公司	263 243
武汉银海焊接科技有限公司	529 070	浙江亚通焊材有限公司	258 584
中国电建集团上海能源装备有限公司	522 870	哈焊所华通（常州）焊业股份有限公司	254 398
宜昌猴王焊丝有限公司	489 516	昆山京群焊材科技有限公司	223 771
山东索力得焊材股份有限公司	451 674	张家港市亨昌焊材有限公司	223 445
山东聚力焊接材料有限公司	407 797	宝鸡市宇生焊接材料有限公司	216 981
上海中洲特种合金材料股份有限公司	318 791	江苏中江焊丝有限公司	189 377
兰州威特焊材科技股份有限公司	316 182	天津三英焊业股份有限公司	175 879

2016年焊接材料分会部分企业经济效益综合指数完成情况

企业名称	经济效益 综合指数	企业名称	经济效益 综合指数
云南奥云焊材科技有限公司	872	浙江亚通焊材有限公司	290
株洲湘江电焊条有限公司	611	兰州威特焊材科技股份有限公司	287
山东索力得焊材股份有限公司	452	上海中洲特种合金材料股份有限公司	285
山东聚力焊接材料有限公司	440	哈焊所华通（常州）焊业股份有限公司	272
武汉银海焊接科技有限公司	439	常熟市华银焊料有限公司	272
武汉铁锚焊接材料股份有限公司	433	天津市金桥焊材集团有限公司	254
中国电建集团上海能源装备有限公司	396	张家港市亨昌焊材有限公司	247
宜昌猴王焊丝有限公司	392	江苏中江焊丝有限公司	232
浙江新锐焊接科技股份有限公司	340	宝鸡市宇生焊接材料有限公司	226
北京金威焊材有限公司	316	安丘新建业登峰焊接材料有限公司	223

2015年防爆电机分会部分企业工业总产值完成情况

企业名称	2015年 （万元）	2014年 （万元）	同比增长 （%）
山东华力电机集团股份有限公司	222 518	238 434	-6.68
南阳防爆集团股份有限公司	162 326	222 791	-27.14

(续)

企业名称	2015年(万元)	2014年(万元)	同比增长(%)
六安江淮电机有限公司	146 126	146 018	0.07
佳木斯电机股份有限公司	139 988	220 451	-36.50
江苏大中电机股份有限公司	139 427		
安徽皖南电机股份有限公司	122 154	126 613	-3.52
重庆赛力盟电机有限公司	43 602	40 517	7.61
上海品星防爆电机有限公司	40 524	37 642	7.66
江苏锡安达防爆股份有限公司	28 716	29 451	-2.50
中泉集团有限公司	19 096	18 878	1.15
江苏华源电机有限公司	10 757	10 220	5.26
佳木斯防爆电机有限公司	8 700	4 350	100.00
浙江防爆电机有限公司	6 330	8 239	-23.18
分宜宏大煤矿电机制造有限公司	5 683	10 015	-43.26
中煤科工集团重庆研究院有限公司	5 450	6 800	-19.85

2015年防爆电机分会部分企业工业增加值完成情况

企业名称	2015年(万元)	2014年(万元)	同比增长(%)
南阳防爆集团股份有限公司	52 431	65 100	-19.46
山东华力电机集团股份有限公司	47 285	50 691	-6.72
六安江淮电机有限公司	46 301	46 287	0.03
江苏大中电机股份有限公司	31 185		
安徽皖南电机股份有限公司	29 984	31 400	-4.51
重庆赛力盟电机有限公司	9 424	14 348	-34.32
江苏锡安达防爆股份有限公司	8 518	8 846	-3.71
江苏华源电机有限公司	8 247	7 835	5.26
上海品星防爆电机有限公司	5 352	5 032	6.36
江苏远中电机有限公司	3 990	4 509	-11.52
中泉集团有限公司	3 812	3 745	1.79
中煤科工集团重庆研究院有限公司	2 842	3 500	-18.80
沈阳黎明电机有限公司	1 962	2 590	-24.25
分宜宏大煤矿电机制造有限公司	1 705	3 003	-43.22
山东山防防爆电机有限公司	1 404		

2015年防爆电机分会部分企业工业销售产值完成情况

企业名称	2015年(万元)	2014年(万元)	同比增长(%)
山东华力电机集团股份有限公司	220 386	236 689	-6.89
南阳防爆集团股份有限公司	165 215	219 710	-24.80
佳木斯电机股份有限公司	148 167	200 474	-26.09
六安江淮电机有限公司	146 152	146 029	0.08
江苏大中电机股份有限公司	139 820		

（续）

企业名称	2015年（万元）	2014年（万元）	同比增长（%）
安徽皖南电机股份有限公司	121 950	126 010	-3.22
重庆赛力盟电机有限公司	45 406	42 107	7.83
上海品星防爆电机有限公司	39 342	36 516	7.74
江苏锡安达防爆股份有限公司	28 051	29 451	-4.75
中泉集团有限公司	18 963	18 537	2.30
江苏华源电机有限公司	10 219	9 709	5.25
佳木斯防爆电机有限公司	7 210	3 605	100.00
分宜宏大煤矿电机制造有限公司	6 895	9 832	-29.87
浙江防爆电机有限公司	6 040	8 533	-29.22
山东山防防爆电机有限公司	5 220	3 662	42.55

2016年防爆电机分会部分企业工业总产值完成情况

企业名称	2016年（万元）	2015年（万元）	同比增长（%）
山东华力电机集团股份有限公司	192 876	222 518	-13.32
六安江淮电机有限公司	150 068	146 126	2.70
卧龙电气南阳防爆集团股份有限公司	146 776	167 218	-12.22
安徽皖南电机股份有限公司	134 977	122 154	10.50
江苏大中电机股份有限公司	128 922	128 563	0.28
佳木斯电机股份有限公司	121 957	139 988	-12.88
西安泰富西玛电机有限公司	65 169	135 289	-51.83
上海品星防爆电机有限公司	40 932	40 524	1.01
宁夏西北骏马电机制造股份有限公司	26 642	31 810	-16.25
中达电机股份有限公司	26 188	27 008	-3.04

2016年防爆电机分会部分企业工业增加值完成情况

企业名称	2016年（万元）	2015年（万元）	同比增长（%）
六安江淮电机有限公司	48 321	46 301	4.36
卧龙电气南阳防爆集团股份有限公司	48 106	52 431	-8.25
山东华力电机集团股份有限公司	46 483	47 285	-1.70
安徽皖南电机股份有限公司	33 220	29 984	10.79
江苏大中电机股份有限公司	31 082	31 000	0.26
西安泰富西玛电机有限公司	13 034	29 764	-56.21
宁夏西北骏马电机制造股份有限公司	9 501	11 344	-16.25
上海品星防爆电机有限公司	5 371	5 352	0.36
中达电机股份有限公司	5 108	5 720	-10.70
江苏远中电机股份有限公司	4 636	3 990	16.19

2016年防爆电机分会部分企业工业销售产值完成情况

企业名称	2016年(万元)	2015年(万元)	同比增长(%)
山东华力电机集团股份有限公司	193 262	220 386	-12.31
六安江淮电机有限公司	150 079	146 152	2.69
卧龙电气南阳防爆集团股份有限公司	147 671	170 080	-13.18
安徽皖南电机股份有限公司	133 852	121 950	9.76
江苏大中电机股份有限公司	128 530	128 480	0.04
佳木斯电机股份有限公司	118 834	148 167	-19.80
西安泰富西玛电机有限公司	63 765	135 064	-52.79
上海品星防爆电机有限公司	39 536	39 342	0.49
中达电机股份有限公司	24 564	24 008	2.32
宁夏西北骏马电机制造股份有限公司	22 323	30 145	-25.95

2015年中小型电机分会部分企业工业总产值完成情况

企业名称	2015年(万元)	2014年(万元)	同比增长(%)
卧龙控股集团有限公司	1 495 687	1 277 794	17.05
湘电集团有限公司	1 062 208	929 651	14.26
永济新时速电机电器有限责任公司	792 057	756 019	4.77
珠海凯邦电机制造有限公司	423 047	409 376	3.34
南京汽轮电机（集团）有限责任公司	273 679	261 737	4.56
山东华力电机集团股份有限公司	222 518	238 434	-6.68
上海电气集团上海电机厂有限公司	214 983	247 186	-13.03
上海日用－友捷汽车电气有限公司	169 480	151 060	12.19
六安江淮电机有限公司	146 126	146 018	0.07
哈电集团佳木斯电机股份有限公司	139 988	220 451	-36.50
江苏大中电机股份有限公司	128 563	139 427	-7.79
安徽皖南电机股份有限公司	122 154	126 613	-3.52
西安泰富西玛电机有限公司	115 289	117 784	-2.12
浙江西子富沃德电机有限公司	101 738	106 175	-4.18
安波电机集团有限公司	83 033	79 610	4.30

2015年中小型电机分会部分企业工业增加值完成情况

企业名称	2015年(万元)	2014年(万元)	同比增长(%)
卧龙控股集团有限公司	306 573	266 227	15.15
湘电集团有限公司	247 230	271 111	-8.81
永济新时速电机电器有限责任公司	130 794	117 380	11.43
珠海凯邦电机制造有限公司	85 108	89 443	-4.85
南京汽轮电机（集团）有限责任公司	66 803	59 077	13.08

(续)

企业名称	2015年(万元)	2014年(万元)	同比增长(%)
上海电气集团上海电机厂有限公司	62 304	69 029	-9.74
山东华力电机集团股份有限公司	47 285	50 691	-6.72
六安江淮电机有限公司	46 301	46 287	0.03
上海日用-友捷汽车电气有限公司	45 380	40 875	11.02
江苏大中电机股份有限公司	31 000	31 185	-0.59
安徽皖南电机股份有限公司	29 984	31 400	-4.51
哈尔滨电气动力装备有限公司	29 677	19 448	52.60
西安泰富西玛电机有限公司	28 847	29 471	-2.12
浙江金龙电机股份有限公司	25 404	24 202	4.97
江西特种电机股份有限公司	24 616	28 954	-14.98

2015年中小型电机分会部分企业主营业务收入完成情况

企业名称	2015年(万元)	2014年(万元)	同比增长(%)
卧龙控股集团有限公司	1 876 054	1 490 552	25.86
湘电集团有限公司	1 471 127	1 280 520	14.89
永济新时速电机电器有限责任公司	839 422	793 222	5.82
珠海凯邦电机制造有限公司	283 652	332 157	-14.60
南京汽轮电机(集团)有限责任公司	272 740	263 211	3.62
山东华力电机集团股份有限公司	224 698	240 236	-6.47
上海电气集团上海电机厂有限公司	198 389	238 188	-16.71
哈电集团佳木斯电机股份有限公司	150 891	204 391	-26.18
上海日用-友捷汽车电气有限公司	146 870	137 825	6.56
六安江淮电机有限公司	146 152	146 029	0.08
江苏大中电机股份有限公司	125 587	137 780	-8.85
安徽皖南电机股份有限公司	119 985	125 650	-4.51
西安泰富西玛电机有限公司	116 164	116 497	-0.29
浙江西子富沃德电机有限公司	98 882	102 266	-3.31
安波电机集团有限公司	77 036	76 967	0.09

2015年中小型电机分会部分企业全员劳动生产率完成情况

企业名称	全员劳动生产率(元/人)	企业名称	全员劳动生产率(元/人)
上海日用-友捷汽车电气有限公司	924 236	上海电气集团上海电机厂有限公司	255 555
六安江淮电机有限公司	442 648	浙江金龙电机股份有限公司	244 034
卧龙控股集团有限公司	321 018	哈尔滨电气动力装备有限公司	240 105
安徽皖南电机股份有限公司	305 959	浙江西子富沃德电机有限公司	237 747
南京汽轮电机(集团)有限责任公司	305 176	山东华力电机集团股份有限公司	236 071
江苏大中电机股份有限公司	293 006	江苏锡安达防爆股份有限公司	221 823
永济新时速电机电器有限责任公司	271 244	湘电集团有限公司	212 836
中电电机股份有限公司	263 815		

2015年中小型电机分会部分企业经济效益综合指数完成情况

企业名称	经济效益综合指数	企业名称	经济效益综合指数
上海日用-友捷汽车电气有限公司	724	浙江金龙电机股份有限公司	265
六安江淮电机有限公司	392	江苏远东电机制造有限公司	250
卧龙控股集团有限公司	310	永济新时速电机电器有限责任公司	250
安徽皖南电机股份有限公司	306	杭州新恒力电机制造有限公司	247
中电电机股份有限公司	306	江苏锡安达防爆股份有限公司	238
江苏大中电机股份有限公司	299	浙江西子富沃德电机有限公司	235
山东华力电机集团股份有限公司	278	杭州江潮电机有限公司	218
南京汽轮电机（集团）有限责任公司	266		

2016年中小型电机分会部分企业工业总产值完成情况

企业名称	2016年（万元）	2015年（万元）	同比增长（％）
卧龙控股集团有限公司	1 591 532	1 495 687	6.41
湘电集团有限公司	872 643	1 037 711	-15.91
中车永济电机有限公司	585 733	792 057	-26.05
珠海凯邦电机制造有限公司	299 663	423 047	-29.17
南京汽轮电机（集团）有限责任公司	292 793	273 679	6.98
山东华力电机集团股份有限公司	192 876	222 518	-13.32
上海电气集团上海电机厂有限公司	180 381	214 983	-16.10
上海日用-友捷汽车电气有限公司	178 794	169 480	5.50
六安江淮电机有限公司	150 068	146 126	2.70
安徽皖南电机股份有限公司	134 977	122 154	10.50
江苏大中电机股份有限公司	128 922	128 563	0.28
佳木斯电机股份有限公司	121 957	139 988	-12.88
安波电机集团有限公司	106 028	83 033	27.69
浙江西子富沃德电机有限公司	96 148	101 738	-5.49
江西特种电机股份有限公司	90 899	71 518	27.10

2016年中小型电机分会部分企业工业增加值完成情况

企业名称	2016年（万元）	2015年（万元）	同比增长（％）
卧龙控股集团有限公司	326 574	306 573	6.52
湘电集团有限公司	215 800	247 230	-12.71
中车永济电机有限公司	145 794	150 794	-3.32
南京汽轮电机（集团）有限责任公司	83 460	66 803	24.93

(续)

企业名称	2016年(万元)	2015年(万元)	同比增长(%)
上海电气集团上海电机厂有限公司	64 205	62 304	3.05
珠海凯邦电机制造有限公司	55 694	85 108	-34.56
六安江淮电机有限公司	48 321	46 301	4.36
上海日用-友捷汽车电气有限公司	46 782	45 380	3.09
山东华力电机集团股份有限公司	46 483	47 285	-1.70
安徽皖南电机股份有限公司	33 220	29 984	10.79
江苏大中电机股份有限公司	31 082	31 000	0.26
江西特种电机股份有限公司	30 178	24 616	22.60
哈尔滨电气动力装备有限公司	27 943	29 677	-5.84
浙江金龙电机股份有限公司	27 650	25 404	8.84
浙江西子富沃德电机有限公司	25 473	19 234	32.44

2016年中小型电机分会部分企业主营业务收入完成情况

企业名称	2016年(万元)	2015年(万元)	同比增长(%)
卧龙控股集团有限公司	1 998 300	1 876 054	6.52
湘电集团有限公司	1 524 507	1 471 127	3.63
中车永济电机有限公司	803 188	839 422	-4.32
南京汽轮电机（集团）有限责任公司	292 482	272 740	7.24
山东华力电机集团股份有限公司	198 534	224 698	-11.64
上海电气集团上海电机厂有限公司	179 567	198 389	-9.49
珠海凯邦电机制造有限公司	174 375	283 652	-38.52
上海日用-友捷汽车电气有限公司	161 106	146 870	9.69
六安江淮电机有限公司	150 079	146 152	2.69
安徽皖南电机股份有限公司	134 010	119 985	11.69
江苏大中电机股份有限公司	128 581	125 587	2.38
佳木斯电机股份有限公司	115 947	151 070	-23.25
江西特种电机股份有限公司	101 745	69 304	46.81
浙江西子富沃德电机有限公司	95 813	98 882	-3.10
安波电机集团有限公司	91 111	77 036	18.27

2016年中小型电机分会部分企业全员劳动生产率完成情况

企业名称	全员劳动生产率(元/人)	企业名称	全员劳动生产率(元/人)
上海日用-友捷汽车电气有限公司	972 599	上海电气集团上海电机厂有限公司	293 979
六安江淮电机有限公司	458 889	江苏大中电机股份有限公司	293 226
南京汽轮电机（集团）有限责任公司	375 439	浙江金龙电机股份有限公司	274 306
卧龙控股集团有限公司	344 415	哈尔滨电气动力装备有限公司	240 267
安徽皖南电机股份有限公司	342 474	山东华力电机集团股份有限公司	232 997
浙江西子富沃德电机有限公司	311 781	江苏锡安达防爆股份有限公司	220 608
中电电机股份有限公司	308 307	浙江中源电气有限公司	217 980
中车永济电机有限公司	299 126		

2016年中小型电机分会部分企业经济效益综合指数完成情况

企业名称	经济效益综合指数	企业名称	经济效益综合指数
上海日用-友捷汽车电气有限公司	738	中车永济电机有限公司	290
六安江淮电机有限公司	403	浙江金龙电机股份有限公司	280
安徽皖南电机股份有限公司	322	山东华力电机集团股份有限公司	270
卧龙控股集团有限公司	318	江苏锡安达防爆股份有限公司	246
南京汽轮电机(集团)有限责任公司	312	上海电气集团上海电机厂有限公司	239
浙江西子富沃德电机有限公司	310	安波电机集团有限公司	229
江苏大中电机股份有限公司	299	杭州新恒力电机制造有限公司	226
中电电机股份有限公司	293		

2015年微电机分会部分企业工业总产值完成情况

企业名称	2015年(万元)	2014年(万元)	同比增长(%)
卧龙控股集团有限公司	1 495 687	1 277 794	17.05
深圳拓邦股份有限公司	144 825	114 738	26.22
浙江琦星电子有限公司	36 069	53 727	-32.87
南通镇康焊接机电有限公司	14 925	17 186	-13.16
上海金陵电机股份有限公司	10 372	14 828	-30.05
杭州集智机电股份有限公司	9 383	9 582	-2.08
东阳市东政电机有限公司	9 315	8 602	8.29
西安微电机研究所	7 429	6 141	20.97
常州市金坛微特电机有限公司	6 923	8 795	-21.28
天津市中环天虹微电机有限公司	3 610	3 702	-2.49

2015年微电机分会部分企业工业增加值完成情况

企业名称	2015年(万元)	2014年(万元)	同比增长(%)
卧龙控股集团有限公司	233 380	200 548	16.37
深圳拓邦股份有限公司	38 273	32 081	19.30
浙江琦星电子有限公司	9 120	11 634	-21.61
杭州集智机电股份有限公司	5 688	6 047	-5.94
南通镇康焊接机电有限公司	2 985	8 780	-66.00
西安微电机研究所	1 900	1 983	-4.19
常州市金坛微特电机有限公司	1 731	2 198	-21.25
东阳市东政电机有限公司	1 677	1 514	10.77
天津市中环天虹微电机有限公司	1 176	956	23.01

2015年微电机分会部分企业主营业务收入完成情况

企业名称	2015年（万元）	2014年（万元）	同比增长（%）
卧龙控股集团有限公司	1 447 172	1 220 007	18.62
深圳拓邦股份有限公司	140 560	106 621	31.83
浙江琦星电子有限公司	33 813	45 121	-25.06
南通镇康焊接机电有限公司	14 925	17 186	-13.16
上海金陵电机股份有限公司	10 657	1 290	726.12
杭州集智机电股份有限公司	9 790	9 625	1.71
西安微电机研究所	7 501	6 302	19.03
常州市金坛微特电机有限公司	6 841	8 684	-21.22
东阳市东政电机有限公司	5 922	6 399	-7.45
天津市中环天虹微电机有限公司	3 565	3 562	0.08

2015年微电机分会部分企业全员劳动生产率完成情况

企业名称	全员劳动生产率（元/人）	企业名称	全员劳动生产率（元/人）
杭州集智机电股份有限公司	526 667	南通镇康焊接机电有限公司	114 808
卧龙控股集团有限公司	282 303	深圳拓邦股份有限公司	107 781
东阳市东政电机有限公司	186 333	常州市金坛微特电机有限公司	107 516
浙江琦星电子有限公司	153 020	成都精密电机厂	70 571

2015年微电机分会部分企业经济效益综合指数完成情况

企业名称	经济效益综合指数	企业名称	经济效益综合指数
浙江琦星电子有限公司	630	南通镇康焊接机电有限公司	191
杭州集智机电股份有限公司	606	深圳拓邦股份有限公司	170
卧龙控股集团有限公司	279	上海司壮电机有限公司	168
东阳市东政电机有限公司	246	西安微电机研究所	121
成都精密电机厂	208	苏州电讯电机厂	66

2016年微电机分会部分企业工业总产值完成情况

企业名称	2016年（万元）	2015年（万元）	同比增长（%）
卧龙控股集团有限公司	1 495 687	1 277 794	17.05
深圳拓邦股份有限公司	144 825	114 738	26.22
南通镇康焊接机电有限公司	14 925	17 186	-13.16
上海金陵电机股份有限公司	10 372	14 828	-30.05

（续）

企业名称	2016年（万元）	2015年（万元）	同比增长（%）
杭州集智机电股份有限公司	9 383	9 582	-2.08
东阳市东政电机有限公司	9 315	8 602	8.29
西安微电机研究所	7 429	6 141	20.97
常州市金坛微特电机有限公司	6 923	8 795	-21.28
天津市中环天虹微电机有限公司	3 610	3 702	-2.49
成都精密电机厂	3 308	2 922	13.21

2016年微电机分会部分企业工业增加值完成情况

企业名称	2016年（万元）	2015年（万元）	同比增长（%）
卧龙控股集团有限公司	251 466	233 380	7.75
深圳拓邦股份有限公司	49 431	38 273	29.15
江苏超力电器有限公司	16 182	12 405	30.45
汉中万目仪电有限责任公司	4 213	3 773	11.66
西安微电机研究所	2 265	1 900	19.21
惠州市龙德科技有限公司	2 000	1 000	100.00
常州市金坛微特电机有限公司	1 689	1 731	-2.43
宁波菲仕电机技术有限公司	1 222	1 029	18.76
成都精密电机厂	1 030	741	39.00

2016年微电机分会部分企业主营业务收入完成情况

企业名称	2016年（万元）	2015年（万元）	同比增长（%）
卧龙控股集团有限公司	1 447 172	1 220 007	18.62
深圳拓邦股份有限公司	140 560	106 621	31.83
浙江琦星电子有限公司	33 813	45 121	-25.06
南通镇康焊接机电有限公司	14 925	17 186	-13.16
杭州集智机电股份有限公司	9 790	9 625	1.71
西安微电机研究所	7 501	6 302	19.03
常州市金坛微特电机有限公司	6 841	8 684	-21.22
东阳市东政电机有限公司	5 922	6 399	-7.45
天津市中环天虹微电机有限公司	3 565	3 562	0.08
成都精密电机厂	3 363	2 831	18.79

2016年微电机分会部分企业全员劳动生产率完成情况

企业名称	全员劳动生产率（元/人）	企业名称	全员劳动生产率（元/人）
山东祥和集团博山微电机厂	265 204	常州市金坛微特电机有限公司	79 491
山东山博电机集团有限公司	105 563	深圳拓邦股份有限公司	66 667
卧龙控股集团有限公司	95 247	天津安全电机有限公司	65 385
惠州市龙德科技有限公司	87 508	西安微电机研究所	61 347
成都精密电机厂	85 124		

2016年微电机分会部分企业经济效益综合指数完成情况

企业名称	经济效益综合指数	企业名称	经济效益综合指数
江苏超力电器有限公司	442	成都精密电机厂	181
山东山博电机集团有限公司	264	卧龙控股集团有限公司	181
深圳拓邦股份有限公司	225	汉中万目仪电有限责任公司	173
西安微电机研究所	209	天津安全电机有限公司	143
无锡黄氏电器制造有限公司	202	苏州电讯电机厂有限公司	140

2015年电线电缆分会部分企业工业总产值完成情况

企业名称	2015年（万元）	2014年（万元）	同比增长（%）
通鼎集团有限公司	2 589 687	2 356 726	9.88
天津塑力线缆集团有限公司	2 493 747	2 873 280	-13.21
宝胜集团有限公司	2 379 268	2 148 001	10.77
兴乐集团有限公司	1 655 695	1 456 054	13.71
江苏上上电缆集团有限公司	1 060 654	1 099 315	-3.52
浙江富春江通信集团有限公司	899 712	776 026	15.94
浙江万马股份有限公司	613 958	544 180	12.82
安徽蓝德集团股份有限公司	473 929	325 276	45.70
福建南平太阳电缆股份有限公司	407 497	375 070	8.65
特变电工（德阳）电缆股份有限公司	358 780	297 343	20.66
航天电工集团有限公司	331 206	304 667	8.71
广东南洋电缆集团股份有限公司	310 500	299 985	3.51
远程电缆股份有限公司	280 000	199 240	40.53
江苏闪奇电器集团有限公司	278 621	268 910	3.61
浙江洪波科技股份有限公司	250 545	246 896	1.48
兰州众邦电线电缆集团有限公司	250 000	230 000	8.70

2015年电线电缆分会部分企业工业增加值完成情况

企业名称	2015年（万元）	2014年（万元）	同比增长（%）
浙江万马股份有限公司	261 528	65 897	296.87
通鼎集团有限公司	258 736	256 327	0.94
浙江富春江通信集团有限公司	190 926	177 302	7.68
兴乐集团有限公司	167 419	123 409	35.66
安徽蓝德集团股份有限公司	148 653	91 007	63.34
广东电缆厂有限公司	126 487	120 463	5.00
宝胜集团有限公司	106 384		
江苏上上电缆集团有限公司	103 668	85 953	20.61
特变电工（德阳）电缆股份有限公司	91 130	74 603	22.15
通光集团有限公司	46 976	22 500	108.78
福建南平太阳电缆股份有限公司	42 428	43 513	-2.49
青岛豪迈电缆集团有限公司	40 895	42 065	-2.78
衡阳恒飞电缆有限责任公司	35 830	32 045	11.81
广东南洋电缆集团股份有限公司	34 150	29 390	16.20
航天电工集团有限公司	34 006	31 596	7.63
四川川东电缆有限责任公司	31 100	29 620	5.00
远程电缆股份有限公司	29 537	35 901	-17.73

2015年电线电缆分会部分企业主营业务收入完成情况

企业名称	2015年（万元）	2014年（万元）	同比增长（%）
通鼎集团有限公司	2 580 326	2 332 905	10.61
天津塑力线缆集团有限公司	2 267 041	2 378 424	-4.68
兴乐集团有限公司	1 655 695	1 420 646	16.55
浙江富春江通信集团有限公司	1 420 746	1 266 495	12.18
宝胜集团有限公司	1 346 128	1 254 865	7.27
江苏上上电缆集团有限公司	1 090 815	1 084 742	0.56
浙江万马股份有限公司	611 346	519 387	17.71
安徽蓝德集团股份有限公司	453 026	301 739	50.14
航天电工集团有限公司	339 073	296 393	14.40
特变电工（德阳）电缆股份有限公司	333 213	278 453	19.67
福建南平太阳电缆股份有限公司	294 092	267 492	9.94
江苏闪奇电器集团有限公司	270 053	257 225	4.99
浙江洪波科技股份有限公司	245 674	242 484	1.32
远程电缆股份有限公司	239 806	196 326	22.15
兰州众邦电线电缆集团有限公司	234 000	225 000	4.00
广东南洋电缆集团股份有限公司	226 900	219 850	3.21
宁波金田新材料有限公司	225 165	278 155	-19.05

2015年电线电缆分会部分企业全员劳动生产率完成情况

企业名称	全员劳动生产率（元/人）	企业名称	全员劳动生产率（元/人）
广东电缆厂有限公司	2 480 128	青岛豪迈电缆集团有限公司	588 417
安徽蓝德集团股份有限公司	1 227 524	浙江富春江通信集团有限公司	566 882
兴乐集团有限公司	1 163 440	华尔达集团有限公司	481 615
桂林国际电线电缆集团有限责任公司	1 157 821	宁波球冠电缆股份有限公司	445 378
江苏海达电缆有限公司	1 111 602	无锡巨丰复合线有限公司	432 000
青岛中能电线电缆制造有限公司	795 198	江苏迅达电磁线有限公司	426 768
浙江万马股份有限公司	707 022	天津天缆集团有限公司	423 756
浙江洪波科技股份有限公司	592 368	通光集团有限公司	413 157
衡阳恒飞电缆有限责任公司	592 231		

2015年绝缘材料分会部分企业工业总产值完成情况

企业名称	2015年（万元）	2014年（万元）	同比增长（%）
长园集团股份有限公司	486 936	391 291	24.44
广东生益科技股份有限公司	427 728	465 520	-8.12
四川东材科技集团股份有限公司	194 498	195 715	-0.62
山东金宝电子股份有限公司	140 040	230 500	-39.25
宁波华缘玻璃钢电器制造有限公司	69 190	65 895	5.00
浙江荣泰科技企业有限公司	57 216	54 491	5.00
苏州太湖电工新材料股份有限公司	48 600	52 600	-7.60
苏州巨峰电气绝缘系统股份有限公司	44 858	56 566	-20.70
超美斯材料股份有限公司	40 000	40 000	0.00
江苏亚宝绝缘材料股份有限公司	39 426	38 022	3.69
固德电材系统（苏州）股份有限公司	37 637	27 342	37.65
湖南恒缘新材料科技股份有限公司	36 243	31 516	15.00
北京新福润达绝缘材料有限责任公司	28 000	13 440	108.33
南通中菱绝缘材料有限公司	24 586	26 246	-6.32
株洲时代电气绝缘有限责任公司	24 508	48 810	-49.79

2015年绝缘材料分会部分企业工业增加值完成情况

企业名称	2015年（万元）	2014年（万元）	同比增长（%）
长园集团股份有限公司	192 827	99 393	94.00
四川东材科技集团股份有限公司	49 868	50 886	-2.00
株洲时代电气绝缘有限责任公司	24 508	48 810	-49.79
山东金宝电子股份有限公司	19 800		
浙江荣泰科技企业有限公司	17 266	15 030	14.88

(续)

企业名称	2015年（万元）	2014年（万元）	同比增长（%）
苏州巨峰电气绝缘系统股份有限公司	16 818	15 047	11.77
宁波华缘玻璃钢电器制造有限公司	14 668	13 969	5.00
苏州太湖电工新材料股份有限公司	13 780	12 290	12.12
广东生益科技股份有限公司	10 483	123 913	-91.54
泰州魏德曼高压绝缘有限公司	9 650	9 717	-0.69
固德电材系统（苏州）股份有限公司	7 415	5 566	33.22
江苏亚宝绝缘材料股份有限公司	5 913	3 079	92.04
北京新福润达绝缘材料有限责任公司	5 000	2 216	125.63
湖南恒缘新材料科技股份有限公司	4 727	5 082	-6.99
山东省呈祥电工电气有限公司	4 100		

2015年绝缘材料分会部分企业主营业务收入完成情况

企业名称	2015年（万元）	2014年（万元）	同比增长（%）
广东生益科技股份有限公司	453 189	440 809	2.81
长园集团股份有限公司	416 185	334 864	24.28
山东金宝电子股份有限公司	215 550	240 730	-10.46
四川东材科技集团股份有限公司	140 667	143 701	-2.11
宁波华缘玻璃钢电器制造有限公司	67 089	63 895	5.00
浙江荣泰科技企业有限公司	58 226	55 884	4.19
苏州太湖电工新材料股份有限公司	46 449	47 698	-2.62
苏州巨峰电气绝缘系统股份有限公司	43 379	48 347	-10.28
江苏亚宝绝缘材料股份有限公司	39 368	37 906	3.86
固德电材系统（苏州）股份有限公司	36 158	28 205	28.20
超美斯材料股份有限公司	33 112	28 663	15.52
株洲时代电气绝缘有限责任公司	30 036	38 153	-21.27
湖南恒缘新材料科技股份有限公司	27 871	27 671	0.72
山东省呈祥电工电气有限公司	20 380		
南通中菱绝缘材料有限公司	20 135	21 475	-6.24

2015年绝缘材料分会部分企业全员劳动生产率完成情况

企业名称	全员劳动生产率（元/人）	企业名称	全员劳动生产率（元/人）
固德电材系统（苏州）股份有限公司	1 090 441	四川东材科技集团股份有限公司	256 919
株洲时代电气绝缘有限责任公司	612 700	北京新福润达绝缘材料有限责任公司	232 558
浙江荣泰科技企业有限公司	558 770	山东澳兴绝缘材料有限公司	229 588
苏州太湖电工新材料股份有限公司	445 955	江苏亚宝绝缘材料股份有限公司	229 186
宁波华缘玻璃钢电器制造有限公司	386 000	泰州魏德曼高压绝缘有限公司	222 350
长园集团股份有限公司	333 035	上海同立电工材料有限公司	185 625
苏州巨峰电气绝缘系统股份有限公司	290 969	嘉兴市清河高力绝缘有限公司	180 000
蓬莱市特种绝缘材料厂	277 669		

2015年绝缘材料分会部分企业经济效益综合指数完成情况

企业名称	经济效益综合指数	企业名称	经济效益综合指数
固德电材系统（苏州）股份有限公司	851	蓬莱市特种绝缘材料厂	267
浙江荣泰科技企业有限公司	509	许绝电工股份有限公司	266
苏州太湖电工新材料股份有限公司	478	山东澳兴绝缘材料有限公司	258
株洲时代电气绝缘有限责任公司	425	浙江省乐清树脂厂	251
宁波华缘玻璃钢电器制造有限公司	407	山东金宝电子股份有限公司	248
长园集团股份有限公司	383	泰州魏德曼高压绝缘有限公司	246
江苏亚宝绝缘材料股份有限公司	316	江苏冰城电材股份有限公司	244
苏州巨峰电气绝缘系统股份有限公司	303		

2016年绝缘材料分会部分企业工业总产值完成情况

企业名称	2016年（万元）	2015年（万元）	同比增长（%）
长园集团股份有限公司	578 297	486 936	18.76
广东生益科技股份有限公司	505 423	427 728	18.16
山东金宝电子股份有限公司	207 165	140 040	47.93
四川东材科技集团股份有限公司	200 062	194 498	2.86
浙江华正工新材料股份有限公司	78 383	69 517	12.75
浙江荣泰科技企业有限公司	58 676	57 216	2.55
超美斯材料股份有限公司	50 000	40 000	25.00
苏州太湖电工新材料股份有限公司	49 300	48 600	1.44
江苏亚宝绝缘材料股份有限公司	43 409	39 426	10.10
苏州巨峰电气绝缘系统股份有限公司	41 818	44 858	-6.78
华缘新材料股份有限公司	36 288	34 465	5.29
湖南恒缘新材料科技股份有限公司	28 130	36 243	-22.38
固德电材系统（苏州）股份有限公司	27 736	37 638	-26.31
北京新福润达绝缘材料有限责任公司	27 000	28 000	-3.57
南通中菱绝缘材料有限公司	19 857	24 586	-19.23

2016年绝缘材料分会部分企业工业增加值完成情况

企业名称	2016年（万元）	2015年（万元）	同比增长（%）
长园集团股份有限公司	254 296	192 827	31.88
广东生益科技股份有限公司	136 797	104 830	30.49
四川东材科技集团股份有限公司	50 016	49 868	0.30
浙江荣泰科技企业有限公司	19 505	17 266	12.97
苏州巨峰电气绝缘系统股份有限公司	18 440	16 818	9.64
山东金宝电子股份有限公司	17 400	19 800	-12.12

(续)

企业名称	2016年（万元）	2015年（万元）	同比增长（%）
苏州太湖电工新材料股份有限公司	14 994	13 780	8.81
浙江华正新材料股份有限公司	13 628	17 896	-23.85
华缘新材料股份有限公司	8 122	5 189	56.52
江苏亚宝绝缘材料股份有限公司	7 523	5 913	27.23
固德电材系统（苏州）股份有限公司	6 400	7 400	-13.51
南通中菱绝缘材料有限公司	5 759		
江阴市沪澄绝缘材料有限公司	5 691	3 237	75.81
上海同立电工材料有限公司	5 515	6 687	-17.53
西安西电电工材料有限公司	5 036	4 479	12.44

2016年绝缘材料分会部分企业主营业务收入完成情况

企业名称	2016年（万元）	2015年（万元）	同比增长（%）
长园集团股份有限公司	584 896	416 185	40.54
广东生益科技股份有限公司	515 080	453 189	13.66
山东金宝电子股份有限公司	237 583	215 550	10.22
四川东材科技集团股份有限公司	167 756	140 667	19.26
浙江华正新材料股份有限公司	92 983	70 033	32.77
浙江荣泰科技企业有限公司	57 977	58 226	-0.43
苏州太湖电工新材料股份有限公司	47 803	46 449	2.92
江苏亚宝绝缘材料股份有限公司	43 072	39 368	9.41
超美斯材料股份有限公司	40 746	33 112	23.05
苏州巨峰电气绝缘系统股份有限公司	37 462	43 379	-13.64
华缘新材料股份有限公司	31 015	29 457	5.29
湖南恒缘新材料科技股份有限公司	28 259	27 871	1.39
固德电材系统（苏州）股份有限公司	26 747	36 158	-26.03
株洲时代电气绝缘有限责任公司	24 125	29 938	-19.42
南通中菱绝缘材料有限公司	19 857	20 135	-1.38

2016年绝缘材料分会部分企业全员劳动生产率完成情况

企业名称	全员劳动生产率（元/人）	企业名称	全员劳动生产率（元/人）
上海同立电工材料有限公司	1 081 373	浙江华正新材料股份有限公司	313 292
固德电材系统（苏州）股份有限公司	914 286	苏州巨峰电气绝缘系统股份有限公司	292 235
浙江荣泰科技企业有限公司	629 185	江阴市沪澄绝缘材料有限公司	277 610
苏州太湖电工新材料股份有限公司	482 122	四川东材科技集团股份有限公司	274 813
南通中菱绝缘材料有限公司	389 088	江苏亚宝绝缘材料股份有限公司	271 588
广东生益科技股份有限公司	379 570	嘉兴市清河高力绝缘有限公司	256 667
江苏冰城电材股份有限公司	379 082	北京新福润达绝缘材料有限责任公司	233 645
长园集团股份有限公司	339 423		

2016年绝缘材料分会部分企业经济效益综合指数完成情况

企业名称	经济效益综合指数	企业名称	经济效益综合指数
固德电材系统（苏州）股份有限公司	715	江苏华荣绝缘材料有限公司	291
浙江荣泰科技企业有限公司	529	许绝电工股份有限公司	289
苏州太湖电工新材料股份有限公司	519	嘉兴市清河高力绝缘有限公司	287
广东生益科技股份有限公司	386	山东金宝电子股份有限公司	286
江苏亚宝绝缘材料股份有限公司	348	华缘新材料股份有限公司	282
长园集团股份有限公司	345	苏州巨峰电气绝缘系统股份有限公司	275
浙江华正新材料股份有限公司	296	江阴市沪澄绝缘材料有限公司	266
江苏冰城电材股份有限公司	291		

2015年铅酸蓄电池分会部分企业工业总产值完成情况

企业名称	2015年（万元）	2014年（万元）	同比增长（%）
超威电源有限公司	7 497 736	6 419 752	16.79
骆驼集团股份有限公司	1 298 769	1 291 724	0.55
理士国际技术有限公司	883 220	827 587	6.72
江苏双登集团有限公司	715 011	676 500	5.69
浙江南都电源动力股份有限公司	543 526	389 671	39.48
风帆股份有限公司	501 000	553 700	-9.52
江苏澳鑫科技发展有限公司	263 895	159 976	64.96
深圳市雄韬电源科技股份有限公司	233 432	203 668	14.61
江苏苏中电池科技有限公司	206 052	79 280	159.90
巨江电源科技有限公司	171 545	136 832	25.37
成都川西蓄电池（集团）有限公司	136 596	12 873	961.10
山东圣阳电源股份有限公司	134 702	125 190	7.60
湖南丰日电源电气股份有限公司	129 245	109 140	18.42
天津杰士电池有限公司	128 023	139 443	-8.19
哈尔滨光宇集团股份有限公司	123 748	121 102	2.18

2015年铅酸蓄电池分会部分企业工业增加值完成情况

企业名称	2015年（万元）	2014年（万元）	同比增长（%）
超威电源有限公司	1 121 488	176 630	534.94
骆驼集团股份有限公司	405 735	403 534	0.55
江苏双登集团有限公司	212 156	200 582	5.77
理士国际技术有限公司	157 952	60 618	160.57
风帆股份有限公司	101 905	92 287	10.42
浙江南都电源动力股份有限公司	97 263	62 593	55.39
江苏澳鑫科技发展有限公司	73 888	44 793	64.95

（续）

企业名称	2015年（万元）	2014年（万元）	同比增长（%）
江苏苏中电池科技有限公司	37 508	13 856	170.70
哈尔滨光宇集团股份有限公司	33 559	37 458	-10.41
天津杰士电池有限公司	31 478	27 100	16.15
山东圣阳电源股份有限公司	26 940	25 038	7.60
深圳市雄韬电源科技股份有限公司	25 332	21 159	19.72
淄博火炬能源有限责任公司	24 913	24 319	2.44
福建省闽华电源股份有限公司	18 563	21 521	-13.74
成都川西蓄电池（集团）有限公司	15 376	13 828	11.19

2015年铅酸蓄电池分会部分企业主营业务收入完成情况

企业名称	2015年（万元）	2014年（万元）	同比增长（%）
超威电源有限公司	7 497 736	6 564 987	14.21
天能集团	7 239 327	6 057 873	19.50
理士国际技术有限公司	773 962	697 941	10.89
江苏双登集团有限公司	697 872	628 210	11.09
松下蓄电池（沈阳）有限公司	681 674	117 264	481.32
风帆股份有限公司	567 938	568 437	-0.09
骆驼集团股份有限公司	537 699	516 719	4.06
浙江南都电源动力股份有限公司	515 313	376 167	36.99
深圳市雄韬电源科技股份有限公司	241 773	197 540	22.39
江苏澳鑫科技发展有限公司	207 875	140 704	47.74
江苏苏中电池科技有限公司	205 737	81 550	152.28
巨江电源科技有限公司	174 973	134 472	30.12
山东圣阳电源股份有限公司	137 976	124 612	10.72
成都川西蓄电池（集团）有限公司	135 500	121 857	11.20
河南金马蓄电池有限公司	133 000	12 050	1 003.73

2015年铅酸蓄电池分会部分企业全员劳动生产率完成情况

企业名称	全员劳动生产率（元/人）	企业名称	全员劳动生产率（元/人）
江苏双登集团有限公司	839 889	成都川西蓄电池（集团）有限公司	226 785
骆驼集团股份有限公司	730 002	深圳市雄韬电源科技股份有限公司	199 153
超威电源有限公司	552 730	江苏苏中电池科技有限公司	194 141
浙江南都电源动力股份有限公司	393 300	哈尔滨光宇集团股份有限公司	190 676
天津杰士电池有限公司	376 982	浙江卧龙灯塔电源有限公司	171 574
江苏澳鑫科技发展有限公司	295 553	宁波东海蓄电池有限公司	167 006
浙江杰斯特电源有限公司	287 929	风帆股份有限公司	157 650
安徽迅启蓄电池有限公司	287 296		

2015年铅酸蓄电池分会部分企业经济效益综合指数完成情况

企业名称	经济效益综合指数	企业名称	经济效益综合指数
松下蓄电池（沈阳）有限公司	1 931	浙江杰斯特电源有限公司	305
江苏双登集团有限公司	605	江苏澳鑫科技发展有限公司	271
骆驼集团股份有限公司	586	哈尔滨光宇集团股份有限公司	261
超威电源有限公司	491	宁波东海蓄电池有限公司	259
河南金马蓄电池有限公司	398	四川美凌蓄电池有限公司	243
安徽迅启蓄电池有限公司	349	江苏苏中电池科技有限公司	239
浙江南都电源动力股份有限公司	330	深圳市雄韬电源科技股份有限公司	225
天津杰士电池有限公司	323		

2015年工业锅炉分会部分企业工业总产值完成情况

企业名称	2015年（万元）	2014年（万元）	同比增长（%）
泰山集团股份有限公司	152 485	154 181	-1.10
太原锅炉集团有限公司	112 731	110 278	2.22
江联重工股份有限公司	95 642	86 141	11.03
苏州海陆重工股份有限公司	75 503	81 474	-7.33
安徽金鼎锅炉股份有限公司	66 947	66 128	1.24
博瑞特热能设备股份有限公司	55 872	50 849	9.88
天津宝成机械制造股份有限公司	55 752	47 364	17.71
江苏太湖锅炉股份有限公司	51 708	52 160	-0.87
杭州杭锅工业锅炉有限公司	48 280	43 682	10.53
哈尔滨红光锅炉集团有限公司	47 780	42 423	12.63
无锡太湖锅炉有限公司	45 538	49 855	-8.66
无锡华光工业锅炉有限公司	40 016	41 470	-3.51
三浦工业设备（苏州）有限公司	33 866	26 161	29.45
江苏四方锅炉有限公司	32 000	34 600	-7.51
浙江特富锅炉有限公司	31 257	37 493	-16.63
山东泰安山锅集团有限公司	26 640	26 348	1.11
无锡锡能锅炉有限公司	25 239	30 492	-17.23
上海工业锅炉有限公司	25 200	9 800	157.14
江苏双良锅炉有限公司	24 486	40 338	-39.30
常州能源设备总厂有限公司	23 717	29 551	-19.74

2015年工业锅炉分会部分企业工业增加值完成情况

企业名称	2015年(万元)	2014年(万元)	同比增长(%)
泰山集团股份有限公司	37 681	38 177	-1.30
江联重工股份有限公司	27 737	24 981	11.03
安徽金鼎锅炉股份有限公司	25 238	21 624	16.71
苏州海陆重工股份有限公司	20 674	19 085	8.33
哈尔滨红光锅炉集团有限公司	20 251	21 635	-6.40
博瑞特热能设备股份有限公司	18 014	15 349	17.36
天津宝成机械制造股份有限公司	17 841	12 855	38.78
三浦工业设备(苏州)有限公司	15 757	10 152	55.21
无锡华光工业锅炉有限公司	14 558	7 244	100.97
江苏太湖锅炉股份有限公司	13 410	13 674	-1.93
无锡太湖锅炉有限公司	11 223	11 892	-5.63
杭州杭锅工业锅炉有限公司	10 499	8 198	28.07
无锡锡能锅炉有限公司	9 920	10 856	-8.62
浙江特富锅炉有限公司	7 638	7 520	1.57
常州能源设备总厂有限公司	6 508	6 846	-4.94
山东泰安山锅集团有限公司	5 797	5 270	10.00
方快锅炉有限公司	4 859	3 695	31.50
本溪锅炉(集团)有限公司	4 200	3 437	22.19
徐州工业锅炉有限公司	4 061	3 960	2.55
山东华源锅炉有限公司	3 896	3 247	19.99

2015年工业锅炉分会部分企业主营业务收入完成情况

企业名称	2015年(万元)	2014年(万元)	同比增长(%)
泰山集团股份有限公司	170 213	175 786	-3.17
苏州海陆重工股份有限公司	98 426	115 379	-14.69
太原锅炉集团有限公司	94 981	93 539	1.54
江联重工股份有限公司	90 008	90 816	-0.89
安徽金鼎锅炉股份有限公司	63 244	67 013	-5.62
天津宝成机械制造股份有限公司	57 413	51 750	10.94
博瑞特热能设备股份有限公司	55 872	50 849	9.88
江苏太湖锅炉股份有限公司	51 670	53 928	-4.19
杭州杭锅工业锅炉有限公司	47 503	42 170	12.65
哈尔滨红光锅炉集团有限公司	43 842	54 120	-18.99

(续)

企业名称	2015年(万元)	2014年(万元)	同比增长(%)
无锡太湖锅炉有限公司	43 559	49 855	-12.63
三浦工业设备（苏州）有限公司	34 368	24 697	39.16
江苏双良锅炉有限公司	31 931	46 718	-31.65
浙江特富锅炉有限公司	31 256	34 510	-9.43
无锡华光工业锅炉有限公司	29 961	36 343	-17.56
江苏四方锅炉有限公司	27 520	29 857	-7.83
山东泰安山锅集团有限公司	26 497	24 458	8.34
无锡锡能锅炉有限公司	24 798	32 613	-23.96
河北艺能锅炉有限责任公司	22 286	20 215	10.24
广州迪森热能设备有限公司	20 026	30 056	-33.37

2015年工业锅炉分会部分企业全员劳动生产率完成情况

企业名称	全员劳动生产率(元/人)	企业名称	全员劳动生产率(元/人)
杭州杭锅工业锅炉有限公司	421 647	江联重工股份有限公司	227 539
博瑞特热能设备股份有限公司	383 277	浙江特富锅炉有限公司	225 976
安徽金鼎锅炉股份有限公司	368 438	哈尔滨红光锅炉集团有限公司	224 761
天津宝成机械制造股份有限公司	367 856	徐州工业锅炉有限公司	218 333
三浦工业设备（苏州）有限公司	343 290	广州天鹿锅炉有限公司	215 462
无锡华光工业锅炉有限公司	293 508	上海新业锅炉高科技有限公司	201 987
无锡锡能锅炉有限公司	273 278	湘潭锅炉有限责任公司	193 514
江苏太湖锅炉股份有限公司	270 909	苏州海陆重工股份有限公司	182 956
无锡太湖锅炉有限公司	261 000	泰山集团股份有限公司	181 770
常州能源设备总厂有限公司	229 965	营口绿源锅炉有限责任公司	171 163

2015年工业锅炉分会部分企业经济效益综合指数完成情况

企业名称	经济效益综合指数	企业名称	经济效益综合指数
博瑞特热能设备股份有限公司	548	无锡太湖锅炉有限公司	228
杭州杭锅工业锅炉有限公司	351	本溪锅炉(集团)有限公司	227
天津宝成机械制造股份有限公司	331	无锡华光工业锅炉有限公司	223
三浦工业设备（苏州）有限公司	326	江联重工股份有限公司	219
南京仁泰法恩电气有限公司	298	哈尔滨红光锅炉集团有限公司	211
江苏太湖锅炉股份有限公司	267	上海新业锅炉高科有限公司	204
泰山集团股份有限公司	260	苏州海陆重工股份有限公司	202
无锡锡能锅炉有限公司	257	营口绿源锅炉有限责任公司	197
广州天鹿锅炉有限公司	234	湘潭锅炉有限责任公司	185
河北艺能锅炉有限责任公司	230	山东泰安山锅集团有限公司	183

2015年变频器分会部分企业工业总产值完成情况

企业名称	2015年（万元）	2014年（万元）	同比增长（%）
广州智光电气股份有限公司	130 693	105 695	23.65
深圳市英威腾电气股份有限公司	109 700	95 483	14.89
株洲变流技术国家工程研究中心有限公司	74 569	66 770	11.68
台州富凌电气股份有限公司	42 441	49 474	-14.22
北京合康亿盛变频科技股份有限公司	32 976	44 176	-25.35

2015年变频器分会部分企业工业增加值完成情况

企业名称	2015年（万元）	2014年（万元）	同比增长（%）
深圳市英威腾电气股份有限公司	61 800	50 540	22.28
台州富凌电气股份有限公司	17 633	25 921	31.97
大连普传科技股份有限公司	8 563	7 865	8.90
山东新风光电子科技股份有限公司	7 548	9 615	-21.50
广州东芝白云菱机电力电子有限公司	2 779	5 786	-51.97

2015年变频器分会部分企业主营业务收入完成情况

企业名称	2015年（万元）	2014年（万元）	同比增长（%）
深圳市英威腾电气股份有限公司	107 461	104 118	3.21
广州智光电气股份有限公司	65 584	60 741	7.97
株洲变流技术国家工程研究中心有限公司	42 723	53 405	-20.00
台州富凌电气股份有限公司	40 032	41 465	-3.46
深圳市蓝海华腾技术股份有限公司	30 358	20 210	50.21

2015年变频器分会部分企业全员劳动生产率完成情况

企业名称	全员劳动生产率（元/人）	企业名称	全员劳动生产率（元/人）
台州富凌电气股份有限公司	783 689	上海格立特电力电子有限公司	206 105
大连普传科技股份有限公司	269 277	山东新风光电子科技股份有限公司	180 574
广州东芝白云菱机电力电子有限公司	207 388		

2015年变频器分会部分企业经济效益综合指数完成情况

企业名称	经济效益综合指数	企业名称	经济效益综合指数
天津华云自控股份有限公司	742	上海格立特电力电子有限公司	241
台州富凌电气股份有限公司	570	大连普传科技股份有限公司	238
山东新风光电子科技股份有限公司	545		

2016年全国电力工业统计表

指标名称	单位	2016年	2015年	同比增长（%）
发电量	亿kW·h	59 897	56 938	5.2
水电	亿kW·h	11 807	11 117	6.2
其中：抽水蓄能	亿kW·h	306	158	94
火电	亿kW·h	42 886	41 868	2.4
其中：燃煤（含煤矸石）	亿kW·h	39 058	38 539	1.3
燃气	亿kW·h	1 881	1 669	12.7
核电	亿kW·h	2 132	1 714	24.4
风电	亿kW·h	2 410	1 853	30.1
太阳能发电	亿kW·h	662	385	72.0
全社会用电量	亿kW·h	59 198	56 373	5.0
第一产业	亿kW·h	1 075	1 020	5.3
第二产业	亿kW·h	42 108	40 928	2.9
其中：工业	亿kW·h	41 383	40 231	2.9
其中：轻工业	亿kW·h	7 016	6 719	4.4
重工业	亿kW·h	34 367	33 511	2.6
第三产业	亿kW·h	7 961	7 159	11.2
城乡居民生活用电	亿kW·h	8 054	7 266	10.8
发电装机容量	万kW	164 575	152 121	8.2
水电	万kW	33 211	31 953	3.9
其中：抽水蓄能	万kW	2 669	2 303	15.9
火电	万kW	105 388	100 050	5.3
其中：燃煤（含煤矸石）	万kW	94 259	89 506	5.3
燃气	万kW	7 008	6 603	6.1

（续）

指标名称	单位	2016年	2015年	同比增长（%）
核电	万kW	3 364	2 717	23.8
风电	万kW	14 864	13 130	13.2
太阳能发电	万kW	7 742	4 263	81.6
220kV及以上输电线路回路长度	km	642 389	607 643	5.7
其中：直流部分	km	28 254	25 429	11.1
其中：±800kV	km	12 300	10 580	16.3
±660kV	km	1 336	1 336	
±500kV	km	12 977	11 872	9.3
±400kV	km	1 640	1 640	
其中：交流部分	km	614 135	582 213	5.5
其中：1 000kV	km	7 366	3 114	136.6
750kV	km	17 478	15 665	11.6
500kV	km	165 992	157 984	5.1
330kV	km	28 336	26 811	5.7
220kV	km	394 962	378 639	4.3
220kV及以上公用变设备容量	万kV·A	341 564	315 408	8.3
其中：直流部分	万kV·A	21 313	18 383	15.9
其中：±800kV	万kV·A	4 902	3 180	54.2
±500kV	万kV·A	16 411	15 203	7.9
其中：交流部分	万kV·A	320 251	297 025	7.8
其中：1 000kV	万kV·A	10 800	5 700	89.5
750kV	万kV·A	12 710	10 850	17.1
500kV	万kV·A	114 163	106 857	6.8
330kV	万kV·A	9 844	9 364	5.1
220kV	万kV·A	172 734	164 254	5.2
基建新增发电装机容量	万kW	12 061	13 184	-8.5
水电	万kW	1 174	1 375	-14.6
其中：抽水蓄能	万kW	374	92	306.5
火电	万kW	4 836	6 678	-27.6
其中：燃煤（含煤矸石）	万kW	3 812	5 402	-29.4
燃气	万kW	262	696	-62.4
核电	万kW	720	612	17.7
风电	万kW	1 873	3 139	-40.3
太阳能发电	万kW	3 459	1 380	150.6
新增220kV及以上输电线路回路长度	km	34 906	33 248	5.0
其中：直流部分	km	2 863		
其中：±800kV	km	1 720		
±500kV	km	1 143		

（续）

指标名称	单位	2016年	2015年	同比增长（％）
其中：交流部分	km	32 043	33 248	-3.6
其中：1 000kV	km	4 252	5	84940.0
750kV	km	1 813	1 639	10.6
500kV	km	7 410	7 389	0.3
330kV	km	1 525	2 162	-29.4
220kV	km	17 043	22 054	-22.7
全国新增直流换流容量	万kW	2 640	250	956.0
其中：±800kV	万kW	1 600	250	540.0
±500kV	万kW	1 040		
新增220kV及以上变电设备容量	万kV·A	24 336	21 902	11.1
1 000kV	万kV·A	5 100		
750kV	万kV·A	1 860	3 570	-47.9
500kV	万kV·A	7 715	8 880	-13.1
330kV	万kV·A	480	642	-25.2
220kV	万kV·A	9 181	8 810	4.2
电力工程建设投资完成	亿元	8 855	8 576	3.3
其中：电源工程建设投资完成	亿元	3 429	3 936	-12.9
其中：水电	亿元	612	789	-22.4
火电	亿元	1 174	1 163	0.9
核电	亿元	506	565	-10.5
风电	亿元	896	1 200	-25.3
其中：电网工程建设投资完成	亿元	5 426	4 640	16.9
6 000kW及以上电厂供电标准煤耗	g/(kW·h)	312	315	-3.0①
6 000kW及以上电厂发电设备利用小时	h	3 785	3 988	-203.0①
水电	h	3 621	3 590	31.0①
火电	h	4 165	4 364	-199.0①
核电	h	7 042	7 403	-361.0①
风电	h	1 742	1 724	18.0①
线路损失率	％	6.47	6.62	-0.16①

注：1. 发电量、全社会用电量和发电装机容量指标数据为中电联行业统计的全口径数据。
2. 风电、太阳能发电的发电量、装机容量均为并网口径。
3. 由于统计口径、并网时点确认等因素，基建新增装机容量和发电装机容量增量存在一定差异。
4. 新疆维吾尔自治区统计数据采用新疆电力公司口径数据，全国合计数据及上年同期数据相应调整。
5. 电力工程建设投资完成额指标数据为纳入中电联电力行业统计的大型电力企业投资完成数据。

① 均为2016年与2015年的差额。

中国电器工业年鉴 2017

大事记

记录 2015—2016 年发生的，对电器工业产生重要影响的政策法规、新技术、新产品及重大事件等

综述

行业概况

产品与项目

标准化

统计资料

大事记

 综述

 行业概况

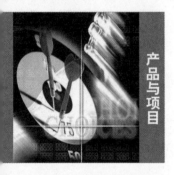 产品与项目

大事记（2015年）
大事记（2016年）

 标准化

 统计资料

 大事记

中国电器工业年鉴 2017

大事记

大事记（2015年）

1月

6日 由国网智能电网研究院自主研制的世界首台200kV高压直流断路器在北京市重点实验室"电力系统电力电子实验室"完成了型式试验，标志着我国在直流输电核心装备研发领域取得了重大突破。

19日 ABB成功交付一条位于挪威和丹麦之间的高压直流输电（HVDC）线路。电压等级为500kV的斯卡格拉克海峡4号输电线路采用了电压源换流器（VSC），ABB为其提供了两座700MW的VSC站。这条新线路与使用经典的电流源型高压直流输电技术（LCC-HVDC）的斯卡格拉克海峡3号线路按双极性模式运行，这是两种直流输电技术第一次以这样的双极方式连接。

29日 在北京举行的中法绿色发展论坛中，法国总理瓦尔斯会见了德力西集团董事局主席胡成中。

2月

2日 财政部、工业和信息化部、中国保监会联合印发《关于开展首台（套）重大技术装备保险补偿机制试点工作的通知》，确定从2015年起开展首台（套）重大技术装备保险补偿机制试点工作。

9日 重庆神华万州电厂1号机组一次通过168h运行。作为国内首台高效一次再热超净排放1050MW超超临界机组，其投运标志着东方电气集团自主研制的新一代百万千瓦等级燃煤机组技术取得全新突破。东方电气此次采用28MPa/600℃/620℃参数等级的新一代高效超净排放燃煤机组，更加清洁、高效，煤耗更低，达到世界在建机组的一流水平。

17日 连云港正式投用12MW风力发电叶片试验台，这是国内首座全自动液压加载的风电试验台，项目产能列全球第三、亚洲第一。

3月

1日 印度BIS认证机构开始执行IS 694（PVC电缆产品）新版本，以取代旧版本。

9日 工业和信息化部印发了《关于开展2015年智能制造试点示范专项行动的通知》，并下发了《2015年智能制造试点示范专项行动实施方案》，决定自2015年启动实施智能制造试点示范专项行动，以促进工业转型升级，加快制造强国建设进程。

13日 《2014中国电线电缆市场质量白皮书》正式发布。

16日 国家能源局正式公告2015年《光伏发电建设实施方案》，2015年新增太阳能装机目标从原来的15GW大幅上调至17.8GW。

★ 国家电网公司发布《2015年智能电网项目建设意见》指出，国家电网公司将稳步推进智能电网推广项目建设，组织开展智能电网调度控制系统、新能源功率预测及运行控制系统推广建设，完成36套地调系统升级改造，覆盖全部并网风电场和光伏电站。

18日 哈尔滨电机厂有限责任公司中标世界装机容量最大的河北丰宁抽水蓄能电站机组及其附属设备采购合同，合同总额超过12亿元。丰宁抽水蓄能电站将安装6台单机容量为30万kW的机组，预计2019年12月首台机组投产发电。

4月

18日 由中航工业哈尔滨东安发动机（集团）有限公司下属公司哈尔滨东安科技开发公司研制的国内首台具有自主知识产权的WD18微型燃气轮机发电机组完成满载运行，研制取得成功，填补了国内空白。WD18微型燃气轮机发电机组的额定输出功率为18kW，2010年开始研制。

5月

8日 国务院印发《中国制造2025》。

★ 随着500kV高邮变电站的顺利投运，国内首套继电保护状态监测及智能诊断系统正式上线运行。

16日 国务院下发《关于推进国际产能和装备制造合作的指导意见》。未来我国将会结合产业优势和资金优势与国外需求进行对接，同时加大政策支持力度，健全服务保障体系，实现国内经济发展、产业转型升级的双促进。根据《指导意见》总体要求，近期国际产能和装备制造合作将会以亚洲周边国家和非洲国家为主要方向，根据不同国家和行业的特点，有针对性地采用贸易、承包工程、投资等多种方式有序推进。到2020年，我国与重点国家产能合作机制基本建立，形成若干境外产能合作示范基地。我国国际产能合作不是鼓励落后产能走出去，而是鼓励优势产能、先进产能走出去，这是《指导意见》的重要核心。

29日 世界首个"三百"工程

（百万机组、百万主变压器、百万特高压线路）——中国电力平圩电厂三期1000kV送出工程5号机组投运仪式隆重举行。特变电工衡阳变压器有限公司承担该工程自主研制的3台世界首创1000kV发电机变压器顺利通过168h运行考验，一次投运成功。

6月

11日 在全国火电600MW级以上机组能效水平对标及竞赛第十九届年会上，按照《全国火电燃煤机组竞赛评比管理办法》规定，2014年度全国火电600MW级以上机组竞赛共评选出95台优胜机组，其中使用哈尔滨锅炉厂有限责任公司设备的机组有34台，占总数的35.8%，标志着哈锅产品领跑全国火电600MW级以上机组能效水平对标及竞赛总成绩榜单。

12日 世界首次采用大容量柔性直流与常规直流组合模式的背靠背直流工程——云南电网主网与南方电网主网异步联网工程正式开工建设，工程率先采用柔性直流加常规直流组合模式。该工程无论电压等级还是建设规模，与同类工程相比均为世界第一。

19日 安庆电厂二期扩建工程4号机组168h试运行圆满完成，正式投入商业运行。安庆电厂二期工程两台机组采用东方电气集团东方锅炉股份有限公司自主研发的1000MW等级高效超超临界锅炉技术，168h满负荷试运行期间，优异的效率和性能创造了国内火电机组技术经济指标的新纪录。

27日 世界首台66万kW超超临界二次再热机组——江西华能安源电厂1号机组投运。该机组锅炉由哈尔滨锅炉厂有限责任公司研制，汽轮机、发电机由东方电气集团提供。该机组率先在国内选用了高参数的二次再热超超临界锅炉和汽轮发电机组，是在更高技术上的产业升级，发电煤耗、发电效率、环保指标均达到了世界一流水平。

30日 东方电气集团东方电机有限公司中标金沙江白鹤滩水电站左岸8台套水轮发电机组及其辅助设备项目。白鹤滩水电站位于四川省宁南县和云南省巧家县境内，是金沙江下游干流河段梯级开发的第二个梯级电站，规划16台单机100万kW机组，也是目前世界上最大单机容量机组。

本月 国家能源局、工业和信息化部和国家认监委三部委联合下发《关于促进先进光伏技术产品应用和产业升级的意见》。随即，光伏行业掀起了一场提高效率、降低价格的技术论争，光伏企业纷纷推出高效光伏组件和相关技术，通过竞争方式赢得"领跑者"市场。

7月

2日 工业和信息化部确定并公布了2015年46个智能制造试点示范项目名单。46个试点示范项目覆盖了38个行业，分布在21个省（自治区、直辖市），许继电气、正泰电器、特变电工、上海电气等电气企业上榜。

6日 国家发展改革委、国家能源局发布《关于促进智能电网发展的指导意见》，提出到2020年初步建成安全可靠、开放兼容、双向互动、高效经济、清洁环保的智能电网体系，满足电源开发和用户需求，全面支撑现代能源体系建设，推动我国能源生产和消费革命；带动战略性新兴产业发展，形成有国际竞争力的智能电网装备体系的发展目标。

7日 国家发展改革委、国家能源局启动实施了2015年新增农村电网改造升级近千亿投资项目，涉及河北、山西、内蒙古、辽宁等多个省市，共计项目2139个。

★ 国家发改委、能源局对外发布《关于规范煤制燃料示范工作的指导意见（第二次征求意见稿）》，明确提出稳步推进煤制燃料示范项目建设，依托示范项目不断完善国内自主技术，加快转变煤炭利用方式。

8日 全国防爆电器职业教育集团成立大会在黑龙江省双鸭山市隆重召开，这是电工行业成立的首个职教集团。

9日 美国商务部公布对华光伏产品反倾销、反补贴案第一次行政复审终裁结果，中国强制应诉企业的倾销税率为0.79%和33.08%，获得分别税率的企业为9.67%，其他涉案企业的税率为238.95%；中国强制应诉企业的补贴税率为15.43%和23.28%，其他涉案企业的税率为20.94%。

10日 英利绿色能源控股有限公司宣布其正在为拉美地区最大的两个太阳能光伏和太阳能热混合型发电项目供应240MW光伏组件。两个项目均配备建设了110MW的太阳能热发电能力以及17.5小时的储热装置。

22日 保定天威保变电气股份有限公司自主研发设计的我国首台最大容量500kV级三相一体有载调压自耦变压器——山东茌平信源铝业OSFPSZ-1200000kV·A/500kV变压器首台产品一次试验成功，各项性能指标完全满足合同要求。

27—29日 中国电器工业协会第五届会员代表大会在杭州召开。原机械工业部副部长陆燕荪、国资委行业协会联系办公室行业协会处处长梁方、中国机械工业联合会执行副会长兼秘书长赵驰等上级部门的领导莅临并发表了重要讲话，中电协领导及分支机构、会员代表共400余人参加了大会。会议选举正泰集团股份有限公司董事长南存辉为会长，刘常生为执行副会长，郭振岩、方晓燕、周彦伦等37人为副会长，机械工业北京电工技术经济研究所所长郭振岩当选为秘书长。根据秘书长提名，聘任金忠利、白文波、王劲光为副秘书长。上海电器科学研究所（集团）有限公司董事沈小宇当选为第一届监事会监事长。大会审议通过住所及法人变更的议案、《分支机构管理办法》和《分支机构资产财务管理办法》等议案。

29日 在美国NTS实验室，上上电缆AP1000核电最高安全等级1E级壳内电缆通过了高温高压水喷射冲击试验，标志着上上电缆自主研发的国产（三代核电）AP1000核电1E级壳内电缆各项性能指标达到世界领先水平。此次高温高压水喷射冲击试验是西屋电力公司根据设计要求以及安全壳内复杂环境提出的针对壳内1E级电缆进行的额外试验。试验条件极其苛刻，除了原始状态的电缆要经受该试验之外，还要求经过正常工况和异常工况热老化及辐照老化后的电缆也要经受该试验。试验中电缆要经受近300℃高温、逾15MPa高压水的持续冲击，试验后电缆包覆材料不能有脱落。该试验项目在低烟无卤阻燃壳内电缆上的应用属世界首次。

31日 国家能源局印发《配电网建设改造行动计划（2015—2020年）》，重点要求提升低压电网装备水平，优化升级配电变压器、更新改造配电开关、提高电缆化率、配网自动化覆盖水平等。

本月 澳大利亚政府反倾销委员会致函桂林国际线缆集团有限责任公司，终止其于2014年11月6日对自中国进口的电缆产品发起的反倾销调查。这是中国线缆企业第二次在澳大利亚反倾销调查中成功维权。

8月

10日 工业和信息化部、国家质检总局和发改委三部委联合印发《关于发布＜配电变压器能效提升计划(2015—2017年)＞的通知》。随着《配电变压器能效提升计划（2015—2017年）》的实施，非晶合金配电变压器、S13立体卷铁心配电变压器、自动调容调压配电变压器和高过载能力配电变压器等新型节能配电变压器的市场容量迅速扩大。在农网升级改造项目中，签订了大批新型变压器合同。

18日 宁波东方电缆股份有限公司为福建莆田南日岛海上400MW风电项目提供的第一根220kV 1 600mm²（3根总长36.35km）交联聚乙烯绝缘光电复合海底电缆通过产品交接验收，运往项目施工现场。这标志着我国首根国产220kV 1 600mm²交联聚乙烯绝缘光电复合海底电缆成功交付，填补了国内该领域的空白。

24日 继哈电集团哈尔滨锅炉厂有限责任公司设计制造的华能安源66万kW超超临界二次再热机组1号锅炉建成投产后，华能安源66万kW超超临界二次再热2号机组锅炉也顺利通过168h试运行，标志着我国第一座二次再热电厂建成投运，为二次再热技术在国内推广应用发挥着重要的引领示范作用。哈锅与华能集团共同打造了我国二次再热标杆电厂，开启了我国二次再热技术新纪元。

27日 中国电器工业协会在北京组织召开了电气电子产品生态设计国际研讨会。中国电器工业协会副会长方晓燕出席会议并致辞，电工行业企业、科研院所、检测认证机构等相关单位40余名代表参会。

9月

1日 NB/T 42051—2015《额定电压0.6/1kV铝合金导体交联聚乙烯绝缘电缆》正式实施。该标准是铝合金电缆行业迄今为止最权威、最重要的一部。

8日 通用电气公司（GE）收购法国阿尔斯通公司电力和电网业务的交易获得欧盟批准。同时，美国司法部也发布一项批准指令，允许这项并购交易的完成。2015年11月2日，GE宣布完成对于阿尔斯通电力与电网业务的收购。GE在包括欧洲、美国、中国、印度、日本和巴西在内的20多个国家和地区通过了监管批准，从而完成了交易。这是GE迄今为止在工业领域最大的一笔收购。

17日 哈尔滨电气集团公司签订江西丰城三期扩建工程两台100万kW超超临界二次再热机组三大主机设备合同。至此，哈锅拿到华能莱芜、华能安源、大唐雷州、华能句容、江西丰城等5个项目锅炉合同，在二次再热锅炉领域遥遥领先。

22日 哈电集团哈尔滨电气国际工程有限责任公司与巴基斯坦Quaid-E-Azam电力公司签订巴基斯坦必凯（Bhikki）1 180MW联合循环电站EPC总承包交钥匙工程项目。这是中国企业在海外承建的第一个容量最大、效率最高的209HA的H级联合循环电站项目。

25日 世界首台100万kW超超临界二次再热燃煤发电机组——国电泰州电厂二期工程3号机组正式投入运营，脱硫、脱硝装置同步投运。该项目设计发电煤耗256.2 g/(kW·h)，比当今世界最好水平低6g/(kW·h)，二氧化碳、二氧化硫、氮氧化物和粉尘排放量减少5%以上，首次在全世界将二次再热技术应用到百万千瓦超超临界燃煤发电机组。上海电气提供了锅炉、汽轮机、发电机成套设备。

★ 英国商品研究所（简称CRU）发布了全球绝缘线缆企业规模排名，江苏上上电缆集团位列第9名，比2014年上升一位，仍然是中国唯一一家跻身世界前十的线缆企业。

★ 中国大连重工研制出全球最大风电转子核心部件。该产品直径6.9m，重达40t，圆心偏移不能超过15μm，是铸件领域最难加工的薄壁大型旋转产品，实现了一次造型、一次浇注、一次通过美国通用电气公司专家的多项严格联检，大幅提高了产品一体成型能力，并成为美国通用电气公司6MW海上风电项目这一关键部件的独家供应商。

本月 哈电集团哈尔滨锅炉厂有限责任公司高效清洁燃煤电站锅炉国家重点实验室建设申请正式获得国家科技部批准，成为我国第一家电站锅炉国家重点实验室企业。高效清洁燃煤电站锅炉国家重点实验室以哈锅燃烧技术中心为主体，包括博士后科研工作站、材料试验室和工艺试验室。

10月

1日 湘电风能有限公司平海湾项目首批5MW海上风力发电机组启运，标志着湘电风能在海上风电领域迈出了实质性的步伐，也为湘潭未来的海上风电发展奠定了基础。

5日 国电南瑞变电技术公司承担的巴西特里斯皮尔斯水电送出项目500kV变电站监控系统项目

中，首批 3 个即 CLAUDIA 变电站、PARANAITA 变电站、SINOP 变电站的变电站监控系统通过巴西 TPT 公司验收，成功投运。巴西特里斯皮尔斯水电送出项目是中国国家电网公司在海外第一个大型输电特许权绿地项目，国网巴西公司和巴西 COPEL 公司联合组建的巴西 TPT 公司负责该项目的建设和运营。国电南瑞变电公司承担了该项目所有 6 座 500kV 变电站监控系统的建设，项目系统采用了国电南瑞自主研发的 NS3000 后台监控软件系统和 NSD500V 系列测控装置，并根据巴西业主要求提供了葡萄牙语的监控系统操作界面和菜单。

7 日 国内变电容量最高的 6 000MV·A/1 000kV 特高压主变系统在苏州完成安装。此举标志着全球在建规模最大、变电容量最高、单体供电能力最强的 1 000kV 特高压变电站核心工程建竣。

9 日 国家发展改革委批复内蒙古西部电网输配电价改革试点首个监管周期输配电准许收入和输配电价。

★ 《国务院办公厅关于加快电动汽车充电基础设施的指导意见》和《电动汽车充电基础设施发展指南（2015—2020 年》发布，明确提出到 2020 年要完成为 500 万辆电动汽车配套建设相应规模的充电基础设施的任务目标。

★ 中航工业首个单体达到 10MW 的中航工业宝胜一期屋顶分布式光伏项目成功并网发电。此次并网的 10MW 项目建设地点位于江苏扬州宝胜科技城四个大型厂房屋顶，占用屋顶面积约 16 万 m^2，建设周期 4 个月。项目采用"自发自用、余电上网"的模式，预计年均发电量 1 100 万 kW·h，减排二氧化碳 30.4 万 t，相当于节约标准煤约 11.7 万 t。

12 日 国家能源局会同有关部门在江苏省常州市组织召开全国电动汽车充电基础设施促进联盟成立暨建设经验交流现场会，并正式成立国家电动汽车充电基础设施促进联盟，加快电动汽车充电基础设施建设的有关部署，推动全国电动汽车充电基础设施建设。

13 日 中国葛洲坝集团公司发布消息称，由该公司参建的西藏最大水电工程藏木水电站 6 号机组当日正式并网发电。

★ 西部资源、大连热电两公司宣布终止筹划重组。前者改为筹划增发事项继续停牌，后者在召开说明会之后复牌。

14 日 应印度政府邀请，全国政协常委、浙江省工商联主席、正泰集团董事长南存辉随中国基础设施（能源）工商企业考察团赴印考察。考察期间，印度总理莫迪和中国驻印度大使乐玉成分别在新德里会见了考察团，印度多名部长和官员参加会见。

23 日 美国通用电气（GE）公司再度联手哈尔滨电气集团公司签署协议，组建重型燃机合资企业。这是双方战略合作关系的进一步升级，也是双方自 2003 年以来，燃气轮机技术转让合作关系的历史性突破。

26—28 日 第十四届世界风能大会在以色列耶路撒冷举行。在该届大会上，世界风能协会举行了理事会成员换届竞选，新疆金风科技股份有限公司董事长武钢当选 WWEA 副主席，成为理事会中的首位中国企业家。

本月 中国西电研制成功国内首台高性能 220kV 70MV·A 串联变压器，这台高新技术产品，是中国西电为南京 220kV 西环网统一潮流控制器工程设计制造的关键设备。

11 月

2 日 GE 宣布完成了对阿尔斯通电力与电网业务的收购，这是其迄今为止在工业领域最大的一笔收购。2014 年，GE 和阿尔斯通达成协议，以 123.5 亿欧元的价格收购阿尔斯通的发电与电网业务。此后，并购方案做出了一系列调整，最终的收购价格为 97 亿欧元（约 106 亿美元）。GE 的目标是在第五年达到 30 亿美元的成本协同效益和强劲的交易回报。

3 日 新华社授权发布《中共中央关于制定国民经济和社会发展第十三个五年规划的建议》。

★ 亚洲单站装机容量最大的抽水蓄能电站——江西洪屏抽水蓄能电站土建工程基本结束，全面进入机电设备安装调试高峰期。一期工程建成发电后，年发电量达 20 亿 kW·h。

16 日 世界首台百万千瓦超超临界二次再热燃煤发电机组已完成性能试验，机组发电效率 47.82%，发电煤耗 256.8g/（kW·h），供电煤耗为 266.5 g/（kW·h），各项指标数据全部达到了设计和攻关要求，项目的发电效率、发电煤耗、环境指标创下 3 个世界之最，是目前世界综合指标最好的火电机组。

18 日 中国电机工程学会在武汉举行 2015 年年会，发布了"十三五"电力科技重大技术方向研究报告，提出未来 5 年中国电力科技领域将重点开展 9 个重大技术方向、38 项关键技术研究工作。9 个重大技术方向是：智能电网技术、中国新一代能源系统技术、全球能源互联网技术、高效清洁火力发电技术、可再生能源发电及利用技术、水力发电技术、先进核能发电技术、系统能效提升技术、基础性和前瞻性技术。

24 日 全国变压器能效提升产业联盟成立大会在京召开。会议确定西安西电变压器有限责任公司为理事长单位，机械工业北京电工技术经济研究所、中国电力科学研究院、国网节能服务有限公司等 7 家单位为副理事长单位，秘书处设在机械工业北京电工技术经济研究所。

25 日 ABB 集团高级副总裁、ABB（中国）有限公司董事长兼总裁顾纯元博士成为瑞典皇家工程科学院 15 名新院士中的一员。

26 日 浙江温州检验检疫局低压电器实验室和德国电子电器工业检测认证研究院（VED）宣布，双方合作建立亚洲最大的低压电器检测认证实验室。

27 日 国家知识产权局印发《关于第十七届中国专利奖授奖的决定》。电器工业共有 14 项专利获奖。其中，超威电源有限公司的"一种三维双极型高功率铅蓄电池"获专利金奖，另有13项获得专利优秀奖。

12月

9日 广东清远抽水蓄能电站正式投产发电。该电站为国内已投产抽水蓄能电站中单机容量最大的电站。清远抽水蓄能电站主机设备的多项设计均属国内蓄能电站首次应用，包括首次实现抽水蓄能电站监控系统国产化，首次成功应用转轮长短叶片，首次应用厂房三维设计技术，首次要求转轮静平衡提高到ISO 19402.5标准，首次实施主机设备全过程监造，首次采用工业以太网实现监控系统下位机光纤双环冗余结构。

17日 第四届中国能源经济论坛暨2015中国能源年度人物颁奖典礼在京举行。中国电器工业协会会长、正泰集团董事长、全国政协常委南存辉当选"2015中国能源年度人物"，中国电器工业协会副会长、机械工业北京电工技术经济研究所所长郭振岩摘得"2015中国能源装备年度领军人物"。

★ 世界上电压等级最高、输送容量最大的真双极柔性直流工程——厦门±320kV柔性直流输电科技示范工程投运，标志着我国全面掌握了高压大容量柔性直流输电关键技术和工程成套能力，实现了柔性直流输电技术领域的国际引领。该工程采用的核心装备M2000型柔性直流换流阀及FLEXCON-VBC-1000型阀基控制设备为国内装备企业研发制造并首次应用。

23日 华能莱芜电厂百万千瓦超超临界二次再热6号机组通过168h试运行。

28日 国家质检总局、国家标准委发布新修订的有关电动汽车充电接口和通信协议的5项国家标准，有望在充电桩兼容方面取得突破。新标准于2016年1月1日起实施。

29日 2016年全国能源工作会议在京召开。会议传达了国务院总理李克强、副总理张高丽对此次会议做出的重要批示。国家发展改革委主任徐绍史出席会议并讲话。国家发展改革委副主任、国家能源局局长努尔·白克力在会上做了题为"勇于担当 奋发有为 努力建设清洁低碳安全高效的现代能源体系"的报告。

本月 由东芝水电设备（杭州）有限公司承制的云南观音岩水电站4号水轮发电机顺利通过7h满负荷试运行，各项技术指标满足规范及合同要求，性能指标优良，成功投产发电。此次的成功投产，使东芝水电设备（杭州）有限公司成为国际一流的水轮发电机组制造商。电站总装机容量3 000MW，安装5台600MW的混流式水轮发电机组。其中4号机、5号机两台666.67MV·A大容量水轮发电机由东芝水电供货。

大事记（2016年）

1月

5日 工业和信息化部等五部委联合制定发布了《电动汽车动力蓄电池回收利用技术政策（2015年版）》，提出加强对电动汽车动力电池回收利用工作的进一步指导和规范，明确了电池回收责任主体和追责方式，旨在促进动力电池有序回收利用和资源循环利用。

6日 宜兴市人民法院受理了远东控股与远东电缆诉讼中国电器工业协会电线电缆分会名誉权一案。

8日 由南瑞集团研制的世界首套1 100kV可控并联电抗器通过了中国电机工程学会产品技术鉴定。这标志着我国已完全掌握了特高压可控并联电抗器研制核心技术，对于确保特高压电网安全运行、推动构建全球能源互联网具有重要意义。

11日 国家电网开工建设世界上输送容量最大、输送距离最远的特高压输电工程——准东—皖南±1 100kV输电工程。

12日 装机容量3.4MW的大型海洋潮流能发电机组总成平台在浙江舟山岱山县秀山岛南部海域下海。

13日 由中国二重承担制造的4件CPR1000稳压器锻造波动管研制成功发往广东阳江核电站5号机组安装现场。这是国内制造的首套CPR1000稳压器锻造波动管，填补了我国CPR1000锻造波动管制造的空白，更标志着我国核电专用锻造冷却剂管道生产能力跨入世界先进行列。

15日 清华大学"复杂电网自律—协同无功电压自动控制系统关键技术及应用"通过教育部科技成果鉴定。截至2015年年底，这套系统已经在我国华北、华东、华中、西北、南方、西南6大区域电网和北京、天津、重庆、江苏等22个省级电网中推广应用。这套系统还被北美最大的区域电网公司美国PJM公司采用，成为我国向美国输出的首例先进电网控制系统。该系统在江苏电网投运后，每年可降低损耗3%～5%，节约电能近1亿kW·h，相当于每年节省约5 000万元。

★ 加快推进煤电超低排放和节能改造动员大会召开，开出了煤电节能减排进一步"提速扩围"的行动令。要求东部地区的改造任务提前到2017年前完成，中西部地区也要分别在2018年前、2020年前完成。

18日 中车株洲电机公司研究院和工程研究中心举行奠基仪式，株洲市委书记贺安杰在奠基仪式上讲话。该中心占地面积逾5.3万m^2（80亩），总投资近3亿元。

20日 工业和信息化部发布《铅蓄电池行业规范条件（2015年本）》企业名单（第一批），39家企业在列。

26日 国家发展改革委副主任、国家能源局局长努尔·白克力在全国"十三五"能源规划专题论证会上指出，近两年能源发展新常态的特征主要表现在消费增长减速换挡、结构优化步伐加快、发展动力开始转换三个方面。

28日 由中国广核集团自主开发建设的江苏如东150MW海上风电场示范项目成功实现首批6台风机并网发电。如东项目的建设和首批风机并网发电，实现了国内外海上风电多个"第一"：国内第一个离岸最远的海上风电场，离岸约25km；国内水深最深的海上风电场，最深达15m；亚洲第一座投运的海上升压站；国内最长的110kV三芯海缆；基础钢管桩达到全球之最；国内第一个深水区无过渡段单桩基础；采用全球首创的可拆卸式稳桩平台浮吊吊打沉桩工艺等。

★ 四川省政府常务会议审议通过大渡河硬梁包水电站核准。

29日 江苏上上电缆集团董事长、总经理丁山华入选"2015中国十大经济年度人物"。

★ 中关村能源互联网产业技术联盟筹备成立大会在人民大会堂召开。

★ 国内首个百万千瓦级大型地下厂房和百米级高坝整体EPC水电项目——杨房沟水电站合同在成都签订。中国电建所属水电七局、华东院，雅砻江流域水电开发有限公司成功合作，标志着继鲁布革水电站之后我国水电建设领域的又一次重大改革实践，为新常态下水电市场转型升级提供新的发展方向。杨房沟水电站是雅砻江流域中游河段上梯级发电骨干电站。工程枢纽主要由最大坝高155m的混凝土双曲拱坝、泄洪消能建筑物和引水发电系统等组成，正常蓄水位为2 094m，相应库容4.558亿m^3，装机容量150万kW，多年平均年发电量68.74亿kW·h。电站计划2021年11月投产发电，2022年工程竣工，总投资200亿元。

2月

1日 《额定电压1kV（U_m=1.2kV）到35kV（U_m=40.5kV）铝合金芯挤包绝缘电力电缆》正式实施，标志着铝合金电缆国家标准正式诞生，具有里程碑的意义。

17日 工业和信息化部正式发布《铅蓄电池行业规范条件（2015年本）》企业名单（第一批），风帆股份、天能电池、超威电源、亿能电源、圣阳电源、雄韬电源、荷贝克电源、普发电源、威盛电源、丰江实业等39家企业入选。

19日 新松机器人和施耐德电气在沈阳签署全面战略合作协议，建立全面战略合作伙伴关系。

29日 国家发改委、工业和信息化部、国家能源局联合发布《关于推进"互联网+"智慧能源发展的指导意见》，将发展储能和电动汽车应用新模式作为十大重点任务之一。

3月

3日 《2015中国电线电缆市场质量白皮书》正式发布。

5日 在第十二届全国人民代表大会第四次会议上，李克强总理所做的2016年政府工作报告中，提及燃煤电厂超低排放和节能改造、第三代核电技术取得重大进展、国企改革以及重点抓好钢铁、煤炭等困难行业去产能等。

17日 国家能源局发布《关于下达2016年全国风电开发建设方案的通知》，提出2016年全国风电开发建设总规模将达到3 083万kW。这一目标比2015年实现风电新增装机3 297万kW略低。

20日 全球首座高温气冷堆示范工程压力容器在华能石岛湾核电厂吊装成功，标志着我国在高温气冷堆示范工程建设和核电装备制造两方面均取得重大突破。

30日 2016全球能源互联网大会在北京召开。此次大会由中国国家电网公司、联合国关注气候变化行动、国际能源署和美国爱迪生电气协会联合主办。

4月

1日 国家电网公司关于国产特高压GIS瓷套管技术研讨会在西电西瓷召开。同意在苏州站使用一支西电西瓷生产的1 100kV GIS瓷套管，这将成为第一支挂网运行的国产特高压GIS瓷套管。

7日 国家发展改革委、国家能源局联合下发了《能源技术革命创新行动计划（2016—2030年）》，明确了我国能源技术革命的总体目标。

12日 由哈电集团哈尔滨电机厂有限责任公司参与制造的我国单机容量最大抽水蓄能机组——仙居电站首台机组并网发电，这标志着我国已完全掌握了抽水蓄能机组的核心技术，为今后大规模建设抽水蓄能电站提供了技术支撑。

23日 中国电力企业联合会在山东省泰安市组织召开了山东泰开变压器有限公司开发研制的世界首台"SSZ13-240000/220超级节能变压器"新产品鉴定会。该产品空载损耗值比GB/T 6451—2008下降了40%，负载损耗值下降了25%，产品噪声降低至60dB以下，抗短路能力强，电源质量优良。

5月

5日 东方电气集团东方电机有限公司完全自主开发研制的350MW空冷汽轮发电机完成厂内真机型式试验,转子温升、负序能力、定转子过电流等各项试验数据表明,产品全面满足设计要求。

11日 中关村储能产业技术联盟发布《储能产业研究白皮书》。《白皮书》显示,截至2015年年底,我国累计运行储能项目(不含抽水蓄能、压缩空气和储热)118个,累计装机规模105.5MW,占全球储能项目总装机的11%,2010—2015年年复合增长率为110%,超过全球的6倍。

12日 晶澳太阳能公司凭借强大的产品质量管控能力和光伏实验室专业测试能力,顺利通过国际电工安全认证体系审核,成为首家获得TÜV南德意志集团CTF实验室资质的光伏企业。

16日 国家发展改革委、国家能源局等八部门联合印发《关于推进电能替代的指导意见》。提出:2020年前,实现能源终端消费环节电能替代散烧煤、燃油消费总量约1.3亿t标准煤,带动电能占终端能源消费比重提高约1.5%,促进电能占终端能源消费比重达到27%。

24—25日 中国电器工业协会防爆电器分会七届一次会员大会在珠海召开,共有87家单位及97名代表参加。会议选举华荣科技股份有限公司等59家单位为防爆电器分会第七届理事会成员。选举华荣科技股份有限公司胡志荣董事长为防爆电器分会第七届理事长,沈阳电气传动研究所(有限公司)易兰利董事长为常务副理事长,尹宇等17人为副理事长,浙江佳洲电器有限公司等40家企业为理事单位。理事会表决同意沈阳电气传动研究所(有限公司)李绍春副所长为防爆电器分会第七届理事会秘书长,沈阳电气传动研究所(有限公司)杨秀东主任、华荣科技股份有限公司郑晓荣副总裁、国家安全生产沈阳防爆电气检测检验中心刘大平副主任、合隆防爆电气有限公司胡秋毫总经理为防爆电器分会七届理事会副秘书长,沈阳电气传动研究所(有限公司)于晓光主任为行业发展部和办公室主任,沈阳电气传动研究所(有限公司)刘秀霞主任为分会信息交流部主任,沈阳电气传动研究所(有限公司)杨秀东主任兼任科技质量部主任,合隆防爆电气有限公司胡秋毫总经理兼任市场经营协调部主任。

25日 2015年度全国火电机组600MW级以上机组年度竞赛评选结果揭晓,共评选出以华能南京金陵发电有限公司1 000MW机组为代表的102台优胜机组。其中,使用哈电集团哈尔滨锅炉厂有限责任公司设备的机组有35台,占总数的34.3%,"哈锅"牌继续领跑竞赛榜单。其中,该公司提供的优质设备助力华能南京金陵机组荣获1 000MW级超超临界机组一等奖;福建鸿山、国电费县和国电泉州机组荣获600MW级超临界湿冷机组一等奖;天津大唐国际盘山、内蒙古大唐国际托克托机组荣获600MW级亚临界湿冷机组一等奖;陕西德源府谷机组荣获600MW级亚临界空冷机组一等奖。同时,华能南京金陵1 000MW机组荣获供电耗煤指标最优机组和厂用电率指标最优机组第一名;贵溪600MW机组荣获厂用电率指标最优机组。

6月

1日 保定天威保变电气股份有限公司为榆横—潍坊1 000kV特高压交流工程自主研发的世界首台投入商业运行、1 000MV·A/1 000kV现场组装变压器一次试制成功,各项性能指标均达到合同要求,顺利通过出厂验收。与目前工程应用的1 000kV整体式特高压变压器相比,现场组装特高压变压器最大运输部件的重量以及运输尺寸高度都有所降低,完全满足公路运输限界要求,同时扩大了特高压变压器应用的地域范围。

6日 哈电集团哈尔滨电机厂有限责任公司成立65周年。哈电机1951年建厂,被誉为生产大中型发电设备的"共和国长子"。目前,该公司制造的水轮发电机组最大单机容量达800MW,汽轮发电机最大单机容量达1 200MW,并具备了制造单机容量1 000MW水轮发电机组和1 750MW核电汽轮发电机的能力,掌握了目前世界上最先进的制造技术,核心竞争力大幅提升,创造了国内装备制造业的多个"第一"。

17日 通用电气和法国电力公司在法国布尚举行投产仪式,庆祝首个配备GE HA燃气轮机的联合循环电厂正式开工运营,此举也标志着发电技术和数字化集成进入一个新时代。布尚电厂凭借GE燃气轮机提供的高达62.22%的效率,已被吉尼斯世界纪录认证为"全球最高效的联合循环电厂"。

★ 西门子-歌美飒签订约束性协议合并风电业务,西门子将拥有59%股权,并将合并业务计入报表,歌美飒现有股东将拥有41%股权。

20日 汝州协鑫100MW光伏发电项目成功顺利并网发电。该项目是集团所属西开有限与协鑫(集团)控股有限公司首次合作的新能源领域12个光伏变电站项目中第一个并网发电的项目,同时也是西开有限从设备供应商向电力综合成套服务商转型的第一个里程碑项目。

28日 工信部公布2016年智能制造试点示范项目名单,共确定63个智能制造试点示范项目。其中,电器工业有2个,分别是哈尔滨电机厂有限责任公司的发电设备远程运维服务试点示范项目、新疆金风科技股份有限公司的风电设备远程运维服务试点示范项目。

29日 由国网智能电网研究院自主研制的世界首台200kV高压直流断路器在北京市重点实验室"电力系统电力电子实验室"完成了型式试验,标志着我国在直流输电核心装备研发领域取得了重大突破。

30日 国家动力电池创新中心在北京正式成立。

7月

1日 工业和信息化部、国家发展改革委、科技部、财政部、环境保护部、商务部、海关总署、国家质检总局等八部委联合公布的《电器电子产品有害物质限制使用管理办法》，开始实施。

9日 联合国秘书长潘基文访问了国际小水电中心，出席由联合国开发计划署、联合国工业发展组织、国际小水电中心共同举办的"应对气候变化南南合作主题会"，并发表重要讲话。联合国副秘书长吴红波、中国驻联合国代表刘结一大使等陪同出席。

8月

1日 由全国安全防范报警系统标准化技术委员会报批的行业标准GA/T 1297—2016《安防线缆》正式实施，实现了行业标准化的又一次突破。该标准的实施不仅对安防线缆行业起到淘汰落后技术、压缩过剩产能的促进作用，还对安防线缆企业研发创新和安防工程企业应用创新起到促进作用。

15日 装机容量3.4MW的大型海洋潮流能发电机组两个涡轮水轮机模块在浙江省舟山市岱山县秀山岛南部海域成功运行发电。此次顺利投运发电的大型海洋潮流能发电机组系统群由我国自主研发生产，拥有完全自主知识产权。

30日 中国西电研制的2台酒泉—湖南±800kV特高压直流输电工程酒泉站ZZDFPZ-412300/750-400换流变压器，一次性通过全部试验，各项性能指标满足或优于国家标准和技术协议的要求，技术达到国际领先水平，标志着网侧750kV、国产容量最大的换流变压器在中国西电研制成功。

★ 南方电网建成投运世界电压等级最高、输电容量最大的柔性直流输电工程——鲁西背靠背柔性直流工程。该工程是目前世界上首次采用柔性直流与常规直流组合模式的背靠背工程，柔直单元额定容量100万kW、直流电压±350kV，电压和容量都是目前世界最高水平，工程的综合自主化率达到100%。

本月 南方电网公司位于广州市增城区的广州特高压试验研究/检修基地（简称"特高压基地"）启动了首台换流变压器工厂化检修项目，标志着国内首个1 000kV电压等级的变压器检修基地正式建成启用。特高压基地是国家发改委批复建设的特高压工程技术（广州、昆明）国家工程实验室项目的一部分，一期工程建设总投资4.98亿元，用地面积60 373m²，于2011年1月启动，已建成试验检修大厅、输电线路抗冰试验室、备品备件设备缓冲库、综合楼等设施，是国内首家具备开展±1 000kV电压等级特高压换流变压器检修能力的工厂化检修基地，也是目前国内唯一一家同时具备开展交流1 000kV和直流±1 000kV电压等级设备检修、试验和研究能力的综合性特高压技术平台。

9月

2日 云南勐戛河6级5号机组、勐典河3级6号机组现场试验全部顺利完成。天津电气院水电设备成套公司为此研发设计了调速器（TDBWT-50T-12）和调压阀（型号TFL800-200）并且顺利完成静态、动态试验，技术性能及指标全面达到国家标准要求。该型号调压阀为新型结构且具有水平衡能力，通径0.8m，过流能力为12.25m³，机组出力16 000kW，特别适合高水头电站，为国内首创。

9日 中国科学院电工研究所成功研制世界首根100m量级铁基超导长线。这一成果创造了铁基超导材料从实验室走向产业化的里程碑，标志着我国在铁基超导材料技术领域的研发走在世界前沿。

28日 南京电气（集团）有限责任公司建厂80周年。

10月

9—13日 第23届世界能源大会在土耳其伊斯坦布尔召开。会议的主题为"拥抱新领域"，来自近50个国家和地区的能源行业精英、高级政府官员和企业专家参加了会议。"能源大转型"是此次会议上的主流观点。会议预测，到2060年化石能源所占比例达到60%以上，但在气候变化的压力下，能源消费结构进一步向清洁化转型。会议还达成了一系列重要的能源合作项目和协议。

21日 工业和信息化部印发《产业技术创新能力发展规划（2016—2020年）》，提出6大重点任务，以及"十三五"期间工业和信息化领域部分行业发展的重点方向。

28日 国家能源局以国能新能〔2016〕291号印发《生物质能发展"十三五"规划》，提出推进生物质能分布式开发利用，扩大市场规模，完善产业体系，加快生物质能专业化、多元化、产业化发展步伐。

31日 保定天威保变电气股份有限公司为上海庙—临沂±800kV特高压直流输电工程上海庙换流站研制的首台±200kV换流变压器（ZZDFPZ-509.3MV·A/500-200kV换流变压器），一次性通过试验，各项性能指标完全满足国家标准、IEC标准及产品技术协议要求，标志着保变电气直流技术水平和生产能力均已达到世界领先水平。

11月

7日 国家发改委、国家能源局对外正式发布《电力发展"十三五"规划》。根据《电力发展"十三五"规划》，预计2020年全社会用电量6.8万亿～7.2万亿kW·h，年均增长3.6%～4.8%，全国发电装机容量20亿kW，年均增长5.5%，人均装机突破1.4kW，人均用电量5 000kW·h

左右，接近中等发达国家水平，电能占终端能源消费比重达到27%。

11日 受"双11"采购流量热潮、铜价连续上涨态势与买卖宝电线电缆、电工电气产品降价回馈三重影响，电工电气电子商务交易平台买卖宝当日成交额刷新了单日历史成交记录，交易额全面爆发。

17日 《能源发展"十三五"规划》获国家能源委审议通过。随后，由国家能源局组织编制的电力、水电、风电、煤层气、生物质、可再生能源、天然气、太阳能等一大批能源领域专项规划相继公布。

18日 巴西杰瑞电站48号机调试完成并移交业主，标志着东方电气集团东方电机有限公司为巴西杰瑞电站提供的22台机组全部成功投运。

28日 国家能源局正式印发《风电发展"十三五"规划》，明确了"十三五"期间风电发展目标和建设布局。

★ 中国机械工业联合会能源互联网设备与技术分会成立大会在北京召开。

29日 人社部印发《关于表彰第十三届中华技能大奖和全国技术能手的决定》，授予王刚等30名同志"中华技能大奖"荣誉称号。电器工业共有2人获得该称号，分别是：哈尔滨汽轮机厂有限责任公司董礼涛、东方电气集团东方锅炉股份有限公司孔建伟。

30日 欧洲官方正式发布欧洲生态设计工作规划（EU Ecodesign Working Plan），光伏与逆变器被纳入该工作规划。

★ 智能制造系统解决方案供应商联盟成立大会在北京召开。该联盟有13家理事长单位，41家理事单位。工业和信息化部副部长辛国斌担任联盟指导委员会主任，装备工业司原司长张相木担任专家委员会主任。

★ 特变电工衡阳变压器有限公司自主研制的750kV级世界最大容量1 230MV·A现场组装式发电机变压器一次性通过全部出厂试验、型式试验和特殊试验，各项性能指标均优于技术协议和国标要求，技术及质量管控能力达到世界领先水平。该产品在结构设计、漏磁和温升控制、解体运输、现场组装和干燥工艺等方面进行了重大技术创新，填补了国内多项技术空白。

12月

7日 工业和信息化部发布了《智能制造"十三五"发展规划》，明确了"十三五"期间我国智能制造发展的指导思想、目标和重点任务。

10日 国家发改委印发《可再生能源发展"十三五"规划》，提出要推动储能技术在可再生能源领域的示范应用，实现储能产业在市场规模、应用领域和核心技术等方面的突破。

15日 江苏海门江苏通光集团与北京化工研究院联手，在国内独家开发生产出纳米光缆。纳米光缆由于在光纤中加入了纳米材料，抗腐蚀性、抗机械冲击、使用寿命均大大优于普通光缆，因而特别适用于恶劣环境。据测定，其各项指标均优于普通光缆。

20日 欧盟委员会发布对中国光伏产品反倾销反补贴日落复审和期中复审调查结果的披露文件，拟继续对中国光伏产品采取反倾销反补贴措施，建议将双反再延长两年时间。

21日 中国工业经济联合会公布第四届中国工业大奖名单。"超威集团：无镉铅蓄电池多阶段内化成工艺"项目获表彰奖。

★ 清华大学发布具有完全自主知识产权的第四代核能技术60万kW高温气冷堆核电站技术方案，标志着我国高温气冷堆技术正式跨入可以转化为先进生产力的商用阶段。建成后将成为国际首个商用高温气冷堆核电站。60万kW高温气冷堆核电站采用6个反应堆模块连接1台蒸汽机轮机的设计方案，与常规压水堆核电站核岛厂房体积和占地面积相当。每个反应堆模块热功率为250MW，机组的热功率将达到1 500MW，电功率可达655MW，发电效率43.7%。

25日 环境保护税法获得十二届全国人大常委会第二十五次会议表决通过，这是我国第一部推进生态文明建设的单行税法，将于2018年1月1日起施行。

28日 工业和信息化部、科技部等五部门在北京联合召开新闻发布会，发布了新修订的5项电动汽车充电接口及通信协议国家标准，全面提升了充电的安全性和兼容性。